Matthew Fox

Der Weg der Verwandlung

HERDER / SPEKTRUM

Band 4361

Das Buch

„Dieses Buch ist eine Quelle der Inspiration und der Freude" (Rupert Sheldrake): Das grundlegende Hauptwerk des mutigen und kreativen Denkers Matthew Fox vereint in überzeugender Synthese die mystische Tradition aus dem Mittelalter mit der modernen Vision einer ökologisch verantwortlichen Schöpfungsspiritualität. In vier „Gesprächen" mit dem Universalgenie Thomas von Aquin knüpft Fox ans Mittelalter an: an eine Zeit vor der künstlichen Trennung von Herz und Verstand. Die Erinnerung an die organische, ganzheitliche Weltsicht ist notwendig in einer Zeit, in der der Rationalismus an sein Ende gekommen ist. Fox aktiviert die eigene spirituelle Tradition des Westens und bietet eine neue, überraschende, leicht zugängliche und vor allem: aktuelle Thomas-Lektüre. „Dieses Werk ist nicht nur für die Kirche, sondern auch für die größere Welt äußerst wichtig, denn diese sucht nach einer Philosophie, die in moralischen, sozialen und politischen Problemen der heutigen Zeit als Leitlinie dienen kann." (Bede Griffiths)

Der Autor

Matthew Fox, geboren 1940, studierte Philosophie und Theologie in den USA und Europa. Er wurde 1993 aus dem Dominikanerorden ausgeschlossen; heute ist er anglikanischer Priester, herausragender Vertreter einer Befreiungstheologie für die westliche Welt und Gründer und Leiter des *Institute in Creation Spirituality* in Oakland, Kalifornien. Fox ist Dozent und Autor zahlreicher Bücher.

Matthew Fox

Der Weg der Verwandlung – Geist und Kosmos

Mit einem Vorwort von Rupert Sheldrake
Nachwort von Bede Griffiths

Aus dem Amerikanischen von
Jörg Wichmann

Herder
Freiburg · Basel · Wien

Gedruckt auf umweltfreundlichem,
chlorfrei gebleichtem Papier

Lizenzausgabe mit freundlicher Genehmigung
des Aquamarin Verlags

Herstellung: Freiburger Graphische Betriebe 1995
Umschlaggestaltung: Joseph Pölzelbauer
Umschlagmotiv: Objekt der Kontemplation © Winfried Gaul
ISBN 3-451-04361-0

Gottes Freude ist absolut
und bedarf der Gemeinschaft.
(Kommentar zu Peter Lombards
Buch der Sentenzen Bd. 1. 2,1,4)

Für Père M.D. Chenu, O.P., meinen Mentor und Bruder in der Gemeinschaft des Denkens, der wie sein Bruder Thomas von Aquin nie davor zurückwich, die Zeichen seiner Zeit zu studieren.

Und für Doris und George Carland für ihre stets zuverlässige Unterstützung.

Inhalt

Danksagungen

Zunächst möchte ich meinen vielen Mentoren danken, die mich im Laufe der Jahre in das Denken und in die Spiritualität des Aquinaten eingeführt haben. Unter den dominikanischen Mentoren nimmt Pater M.D. Chenu einen besonderen Platz ein, der der Tradition der Schöpfungsspiritualität den Namen gab. Ein solcher Platz gebührt auch Pater James Weisheipl, der mich in meiner dreijährigen Zeit in River Forest in Illinois die Geschichte der Philosophie lehrte. Außerdem sind zu nennen die Patres Humbert Crilly, Tony Shillacci, Ralph Powell und Benedict Ashley. Mein Dank gilt auch Pater Clem Collins, der mich als erster auf Thomas von Aquin hinwies, als ich noch ein Teenager und er mein Gemeindepfarrer war, wie auch Pater Thomas Gilby der englischen Dominikanerprovinz, der die nützlichste Textauswahl aus Thomas' Werken zusammengestellt hat. Seine Übersetzungen empfinde ich nach wie vor als die frischesten und lebendigsten. Von den Nicht-Dominikanern hat natürlich das Werk von Josef Pieper großen Einfluß darauf gehabt, Thomas für mich und viele andere lebendig werden zu lassen. Außerdem möchte ich meinem Professor für die Geschichte der Spiritualität am Institut catholique de Paris, Abbé Louis Cognet, danken.

Hinsichtlich der Herausgabe dieses Buches bin ich ganz besonders David Gentry-Akin und Pater Bede Griffiths zu Dank verpflichtet. Und für ihre Ermunterung auch Dan Morrissey O.P., Thomas Berry und Brian Swimme wie auch vielen anderen von der Fakultät des Institute in Culture and Creation Spirituality (ICCS), die dafür sorgten, daß die Flamme zu Hause weiter brannte, während ich in meinem Sabbatjahr die lateinische Ausgabe der Bibelkommentare des Aquinaten mit ans Meer nahm, wo ich mich ganz in seine Werke versenken konnte. Besonders danke ich Jim Conlon, Marlene DeNardo und Bob Frager, die während meiner Abwesenheit Aufgaben am ICCS übernahmen und Robert Rice sowie Adriana Diaz für ihre ständige Ermutigung. Dank auch an Dan und Elisabeth Turner von der Zeitschrift 'Creation Spirituality' für ihre Unterstützung und Ermunterung, und an Sue Espinoza und Marie Devlin von den Friends of Creation Spirituality, wie auch an meinen Lektor Tom Grady von Harper San Francisco. Besonderen Dank auch an die BibliothekarInnen der Graduate Theological Union in Berkeley, Kalifornien, für ihre freundliche Kooperationsbereitschaft.

Vielen Dank an Rupert Sheldrake, der sich trotz seines vollen Terminkalenders Zeit nahm, das Vorwort zu schreiben, und an Pater Bede Griffiths für das Nachwort. Ein abschließender Dank gilt meinem Begleiter in den langen Stunden, in denen ich die Werke des Thomas durchging, meinem vierbeinigen Freund und spirituellen Führer Tristan, der den Rat Meister Eckharts erfüllte, daß diejenigen, die dicke Bände schreiben, einen Hund bei sich haben sollten, der ihnen Leben gibt.

Zum englischen Übersetzungstext:

Das mittelalterliche Latein ist ein sehr einfaches. Aber gerade diese Einfachheit läßt der Übersetzung großen Spielraum, der auch genutzt werden muß, weil unsere Sprache viel nuancenreicher ist als das scholastische Latein. Im Vorwort zu seinem Werk über die Theologie der griechischen Kirche (Contra errores Graecorum) gibt Thomas von Aquin Ratschläge zur Übersetzung, obwohl er selbst weder Griechisch noch Hebräisch sprach. Er sagt: „Die Aufgabe eines geschickten Übersetzers bei der Übertragung der katholischen Theologie von einer Sprache in die andere besteht darin, den Sinn zu erhalten, während die Sprache sich gemäß der je anderen Ausdrucksweise verändert. Eine Version, in der die lateinischen Ausdrücke Wort für Wort in die Umgangssprache übertragen werden, kann ungeschickt und verwirrend sein."

Der Übersetzungsprozeß zu diesem Buch hatte vier Stadien. Zunächst las ich alle wesentlichen Werke des Thomas von Aquin, für die noch keine zuverlässige englische Übersetzung vorlag und markierte die Stellen, die mir für ein Buch zur Schöpfungsspiritualität geeignet schienen. Dann gab ich diese Abschnitte an Herrn Richard Tres, der sie wörtlich übersetzte. Dann ging Pater Bede Griffiths diese Texte durch und brachte sie in ein weniger wortgetreues, aber flüssigeres Englisch. Schließlich arbeitete ich selbst sie noch einmal durch, um eine Einheitlichkeit des Gesamttextes zu gewährleisten. Herrn Tres und Pater Griffiths schulde ich also Dank für ihre Hilfe bei den Übersetzungen für den vorliegenden Band. Wir haben die Bibelzitate verändert und statt des Textes der lateinischen Vulgata zeitgenössische Bibelübersetzungen gewählt, die unseren Leserinnen und Lesern vertrauter sein werden. Die Psalmen sind in der heute üblichen Weise beziffert und nicht wie bei Thomas von Aquin.

Anmerkungen zur deutschen Übersetzung:

Bei den „Gesprächen mit Thomas von Aquin" handelt es sich um eine Zusammenstellung von Textstellen, die nicht primär textkritisch-wissenschaftlichen Interessen dienen, sondern für moderne Leserinnen und Leser zugänglich und verständlich sein sollen. Daraus ergab sich als Leitlinie, so textnah wie nötig und so einfach und flüssig wie möglich zu formulieren.

Soweit es aufgrund der Quellenangaben und der vorhandenen Literatur möglich und sinnvoll war, sind die Zitate von Thomas von Aquin mit der lateinischen Fassung und bereits vorliegenden deutschen Übersetzungen verglichen worden. Die Textstellen, die ohne Vergleiche direkt aus der englischen Übersetzung von Fox übertragen worden sind, sind in der Quellenangabe mit einem * markiert.

Einige Zitatstellen wurden gegenüber dem lateinischen Original leicht um rhetorische Wendungen gekürzt, die zur Aussage des Satzes nicht beitragen. Inhaltliche Fortlassungen sind mit ... gekennzeichnet. In Klammern () stehen für das Verständnis notwendige Hinzufügungen, sowie die lateinischen Originalbegriffe, wo sie zur Verdeutlichung bestimmter Ausdrücke sinnvoll schienen.

Da Fox sich bemüht, eine nicht-sexistische Sprache (gender inclusive language) zu benutzen, bezieht er sich auf „Gott" möglichst nicht mit Personal- oder Relativpronomina, sondern wiederholt „Gott". Dies auch an Stellen, an denen Thomas von Aquin oder die Bibel das nicht tut. Soweit es im deutschen Sprachfluß möglich war, folgt ihm die deutsche Übersetzung darin. Auch sonst werden, wie in den anderen vorliegenden Übersetzungen von Fox, nach Möglichkeit sprachliche Formen benutzt, die beide Geschlechter umfassen. Daß dies manchmal ungewohnt klingt, ist beabsichtigt und in einer Zeit sprachlicher Umbildungen unvermeidbar. In der sehr eindeutig patriarchalen Sprache Thomas von Aquins ließ sich dieser Grundsatz nur sehr begrenzt umsetzen, um nicht den Text Thomas' zu verfälschen.

Die Bibelzitate lehnen sich an die Einheitsübersetzung an und weichen von dieser so weit ab, wie der Text bei Thomas oder Fox es erfordert. Thomas' Bibelquellenangaben sind, wie seinerzeit üblich, oft fehlerhaft (oder folgen der damaligen, inzwischen geänderten Zählweise, zum Beispiel der Psalmen) und deshalb, da es sich hier um keine textkritische Ausgabe handelt, auf die korrekte und heute übliche Zitierweise verändert worden. Bibelstellen, die sich nach Thomas' Angaben nicht auffinden ließen, sind in der Anmerkung mit * gekennzeichnet.

Vorwort

Es ist mir eine Ehre, zu diesem wundervollen Buch beizutragen, und ich schreibe es mit der Begeisterung eines Bekehrten. In meiner Ausbildung als Biologe hörte ich kaum vom Hl. Thomas von Aquin, außer wenn er als ein mittelalterlicher Scholastiker abgetan wurde, als einer von denen, die ihre Zeit mit Diskussionen darüber verschwendeten, wieviele Engel auf einer Nadelspitze stehen können. Er gehörte jenem dunklen Zeitalter des Aberglaubens an, das mit dem Heraufdämmern des modernen wissenschaftlichen Bewußtseins endete.

Das ist ein noch weithin herrschendes Vorurteil. Aus konventioneller moderner Sicht ist die Natur unbelebt und mechanisch. Diese Einstellung entstand während der wissenschaftlichen Revolution im 17. Jahrhundert und erhob sich als Reaktion gegen die organische, animistische Weltsicht des späten Mittelalters. Als der Organismus als die führende Metapher von der Maschine abgelöst wurde, erschien die von unsichtbaren Seelen und Intelligenzen durchdrungene Welt des Aquinaten unwissenschaftlich und unglaubwürdig und wurde immer mehr als eine hochgestochene Form des Aberglaubens mißachtet.

Erst im Jahre 1978, nachdem ich mehr als zwanzig Jahre in Universitäten und Instituten wissenschaftlich geforscht hatte, erfuhr ich mehr über diesen großen visionären Denker. Bis dahin war ich zu der Überzeugung gekommen, daß die mechanistische Wissenschaft zu begrenzt ist. Ich entwickelte eine neue Hypothese, die Hypothese der formbildenden Verursachung, die die Vorstellung eines der Natur innewohnenden Gedächtnisses beinhaltet. Im Alter von fünfunddreißig Jahren ging ich nach Südindien, in Dom Bede Griffiths' Ashram am Ufer des Flusses Cauvery nahe dem kleinen tamilischen Dorf Tannirpalli. Ich schrieb an einem Buch über diese Hypothese, das unter dem Titel 'A New Science of Life' (deutsch: Das schöpferische Universum) erschien. Während meines Aufenthaltes führte mich Pater Bede in verschiedene Aspekte der philosophischen und mystischen Überlieferungen des Westens ein, von denen ich kaum etwas wußte.

Unter den Palmen dieses Ashrams wurde mir deutlich, daß die europäische

Kultur eine Tiefe und Weisheit enthält, für die ich bislang blind gewesen war. Und ich stellte fest, daß besonders die Schriften des Hl. Thomas voll relevanter Ideen für die Probleme steckten, über die ich gerade nachdachte. Er schrieb über eine lebendige Welt, die von formbildenden Einflüssen durchdrungen ist, von Verursachungen, die weit über die begrenzten Konzepte einer mechanistischen Wissenschaft hinausgingen. Er war ein Denker, den wir heute als holistisch bezeichnen würden, ging aber in seinem Erkennen der alles durchdringenden geistigen Einflüsse weit über die meisten modernen Holisten hinaus.

Obwohl ich in Indien viel Neues über die philosophische und mystische Tradition des Westens lernte, erkannte ich, daß ich immer schon etwas über diese große Vision gewußt habe, nicht durch Bücher, sondern durch meine direkte Erfahrung gotischer Kathedralen und Kirchen. Ich bin in den englischen Midlands geboren und aufgewachsen, nur fünfzehn Meilen von Lincoln und acht von Southwell entfernt, und besuchte die dortigen Kathedralen häufig mit meinem Vater. Sie gehören immer noch zu den inspirierendsten Stätten, die ich kenne. Ich sehe jetzt, daß sie Aspekte einer großen Synthese sind, in welcher der christliche Glaube mit vorchristlichem Animismus zusammengebracht wurde. Dies fand durch die Assimilation vorchristlicher antiker Philosophien statt, durch die Aufnahme lokaler Glaubensformen und -praktiken und durch die Verbreitung der Kulte der Gottesmutter und der Heiligen. Ich mußte nach Indien gehen, um die kulturelle und geistige Blüte des mittelalterlichen Europa und die Rolle, die der Hl. Thomas von Aquin darin spielte, schätzen zu lernen. Bei ihm fand ich eine Weite des Ansatzes, eine wahre Katholizität, die wir heute unter Hindus häufiger als unter Christen finden: „Alles Wahre, gleich wer es ausspricht, stammt vom Heiligen Geist."

Der Triumph der mechanistischen Weltanschauung hat die charakteristischen Züge der modernen Welt einschließlich der ökologischen Krise hervorgebracht. Während sich der humanistische Traum eines endlosen technischen und ökonomischen Fortschrittes in einen Alptraum verwandelt, suchen viele nach einer neuen Philosophie und Lebensweise. Bei diesem Prozeß ist es für die Menschen des Abendlandes nicht nur wichtig, von anderen Kulturen zu lernen, sondern auch zu erkennen, daß es innerhalb der westlichen Überlieferung große Quellen der Inspiration gibt, zu denen auch die Schriften des Aquinaten gehören.

Bis jetzt sind die Einsichten des Thomas in verstaubten Folianten vergraben geblieben, manche nicht einmal aus dem Lateinischen übersetzt. Außerdem blieben sie hinter einem Nebel scholastischer und neuscholastischer Kommentare und Deutungen verborgen, so daß sie nur in sehr begrenzten

Orten, wie römisch-katholischen Seminaren, überlebt haben. Das vorliegende Buch verändert all das. Matthew Fox läßt Thomas von Aquin für sich selbst sprechen und ermöglicht ihm durch die Dialogform gleichzeitig, die Relevanz des von ihm Gesagten deutlich werden zu lassen. Nach sieben Jahrhunderten können wir Thomas wieder begegnen und hören, was er uns zu sagen hat.

Ich finde, er hat mir eine ganze Menge zu sagen. Als Biologe schätze ich besonders sein starkes Gefühl für die Spontaneität des Lebens. Doch geht er noch viel weiter und führt uns hinein in den erstaunlichen Bereich der schöpferischen Synthese. Denn das natürliche Leben und das geistige Leben sind nicht unabhängig vom Leben Gottes. Sie sind ein Ausdruck von Gottes Leben und schöpferischer Kraft:

„'Göttliches Leben' ist über alle Maßen Leben, und die aktive und erhaltende Ursache des Lebens an sich, das heißt des gewöhnlichen Lebens. Infolge dessen geht jedes einzelne Leben und jede lebendige Bewegung und jeder Lebensbeginn vom göttlichen Leben aus, das über alles Leben hinausreicht. ... Gott ist die Ursache allen Lebens. Sei es das geistige Leben bei den Engeln, das Verstandesleben bei den Menschen oder das empfindende Leben bei den Pflanzen oder irgendein anderes Leben."

In der Biologie sind die belebenden Prinzipien die Seelen der Pflanzen, Tiere und Menschen. Sie werden in der vitalistischen Tradition als das Lebensprinzip oder die Lebenskraft bezeichnet. In gewissem Sinne sind sie in der modernen Wissenschaft unter der Maske der Felder wieder aufgetaucht, wie zum Beispiel derjenigen des morphogenetischen Feldes, das die Entwicklung von Embryonen, Pflanzen und Tieren formt. Ich habe diese, in der Entwicklungsbiologie gut begründete Feldidee zu einem Konzept der morphogenetischen Felder verallgemeinert. Nach der Hypothese der formgebenden Verursachung beinhalten diese Felder ein Gedächtnis, eine Art angesammeltes oder kollektives Gedächtnis einer Spezies. Sie organisieren nicht nur die körperliche Entwicklung, sondern auch instinktives Verhalten und geistige Aktivität. (1) Unabhängig davon, ob die empirische Forschung diese Idee der morphogenetischen Felder bestätigen wird oder nicht, bleibt ohne Zweifel, daß ein großer Teil der mittelalterlichen Seelenvorstellung als eines unsichtbaren belebenden Prinzips in das Feldkonzept übergegangen ist. (2) Das ist besonders im Falle von Magneten deutlich, von denen man schon seit alter Zeit bis ins 17. Jahrhundert hinein glaubte, daß sie in sich und um sich herum magnetische Seelen hätten. Heute würden wir sagen, daß die Eigenschaften eines Magneten von dem magnetischen Feld in ihm und um ihn herum abhängen. Im Zusammenhang mit elektromagnetischen Feldern und besonders mit den Eigenschaften solcher Felder, die sich in Hologrammen ausdrücken, eröffnet Thomas von Aquin meiner Ansicht nach eine erstaunliche gedankliche Perspektive, indem er uns dazu einlädt, die durchdringende Natur der Seele mit derjenigen Gottes zu vergleichen: „Die ganze menschliche Seele ist im ganzen Körper und auch in jedem Teil des Körpers, so wie Gott im gesamten Universum gegenwärtig ist."

Das legt für mich die Notwendigkeit nahe, nach einer Verbindung zwischen den modernen Feld- und Energievorstellungen und Aspekten des göttlichen Seins zu suchen:

„Jedes Geschöpf hat in gewisser Weise Teil an der Ähnlichkeit mit dem göttlichen Wesen. ... Alle erschaffenen Dinge sind Bilder ihrer ersten Ursache, also Gottes. ... In allen Geschöpfen findet sich ein Bild der Dreifaltigkeit wie eine Spur."

Für mich ist es hilfreich, den Feldaspekt der physischen Realität mit dem Logos, dem Wort, dem formbildenden Prinzip, zu vergleichen. Der energetische Aspekt der Wirklichkeit, mit der Energie als dem Prinzip des Fließens, des Wandels und der Aktivität, ist wie ein Aspekt des Geistes. Beide treten aus einer vereinenden Quelle hervor und beziehen sich auf sie zurück.

Und wenn wir in Versuchung kommen, uns das menschliche Wesen zu einfach vorzustellen, erinnert uns Thomas von Aquin:

„Wenn es heißt „Nach dem Bilde Gottes schuf Gott ihn" (Gen.1), so ist das nicht so zu verstehen, daß der Vater den Menschen nur nach dem Bilde des Sohnes gemacht habe, der Gott ist, – so deuten es einige. Vielmehr ist es so zu verstehen, daß die Dreieinige Gottheit den Menschen nach ihrem Bilde schuf, das heißt dem Bilde der ganzen Dreifaltigkeit."

Für mich ist dieses Buch eine Quelle der Freude und der Inspiration; und ich bin sicher, es wird auch für andere so sein.

Rupert Sheldrake

(1) Siehe Rupert Sheldrake, Das schöpferische Universum – Die Theorie des morphogenetischen Feldes, München 1984 und: The Presence of the Past, New York 1989.

(2) Siehe Sheldrake, The Rebirth of Nature, New York 1991.

Einführung

Die Spiritualität Thomas von Aquins und die spirituelle Renaissance unserer Zeit

Die Gotteserfahrung sollte nicht auf wenige oder auf Alte beschränkt werden. (O)

Der Psychologe C.G. Jung gab einmal zu, er sei in das Werk des Hl. Thomas eingetaucht, hätte sich danach aber nicht erfrischt gefühlt. (1) Ich fürchte, Jung ist nicht der einzige Leser des 20. Jahrhunderts, der eine solche Erfahrung mit Thomas gemacht hat. Nachdem ich über viele Jahre hinweg in verschiedenen Foren und Hörsälen versucht habe, über Thomas von Aquin zu lehren, bin ich immer wieder darauf gestoßen, wie sehr seine scholastische Methodik dem Geist des 20. Jahrhunderts hinderlich ist. Und dennoch wird ein großer Teil seiner Weltanschauung auch von Hildegard von Bingen, Franz von Assisi, Mechthild von Magdeburg, Meister Eckhart, Dante, Juliana von Norwich, Nikolaus von Kues und anderen großen Denkerinnen und Denkern des Mittelalters geteilt, entweder weil sie ihn beeinflußten (Hildegard und Franz), oder weil er sie beeinflußte (die anderen Erwähnten).

Jahrelang habe ich mich gefragt, ob der spirituelle Genius des Aquinaten uns für immer verloren ist. Soll sich nur noch eine akademische Elite an ihn erinnern, die sich auf eine obskure rationalistische Haarspalterei spezialisiert hat? Gibt es einen Weg, Thomas von den Toten aufzuerwecken? Ist er es wert? Thomas hat selbst eine Meinung zu den von mir gestellten Fragen geäußert, als er sagte: „Wir alle haben ein natürliches Verlangen, Gott zu erkennen, und der Erfolg dieser Suche sollte nicht auf wenige oder auf Alte beschränkt werden.“ (2) Wenn er uns in unserem Verlangen, Gott zu erkennen, helfen kann, dann ist es Zeit, ihm wieder ein Gehör zu verschaffen, das sich nicht auf die Elite einiger akademischer Spezialisten beschränkt oder auf jene, die im Gedenken an eine verflossene Epoche leben.

Versuch einer Erneuerung unseres Aquin-Verständnisses

Ich versuche im vorliegenden Buch, Thomas von Aquin wieder zugänglich zu machen und ihm ein Forum zu geben, in dem er für unsere Zeit hörbar wird. Ich stelle Thomas ausschließlich in seinen eigenen Worten dar, jedoch in einer Form, die es dem Geist und Herz des 20. Jahrhunderts gestattet, ihn auf frische Weise zu hören. Grundlage für diese Überarbeitung des Thomas von Aquin ist die Struktur des Buches mit vier Aspekten.

1. Indem ich Thomas interviewe, entscholastisiere ich ihn. Durch das Interview bin ich in der Lage, ihm unsere Fragen zu stellen und ihn unseren drängenden spirituellen Themen zu erschließen. Das ist wichtig, denn die Fragen, die die Menschen des 13. Jahrhunderts beschäftigten, sind natürlich nicht immer von Interesse für uns. Wie der Aquinate selbst sagt: „Und nicht einmal die Glaubenslehrer sind verpflichtet, alles zu jeder Zeit explizit zu glauben. Denn wie für einzelne Menschen gibt es für die ganze Menschheit einen Fortschritt im Glauben." (3) Auch angesichts der Form mittelalterlicher Scholastik hat diese Interviewform etwas Passendes: Im Kern der Scholastik stand die Kunst, Fragen zu stellen, so daß es für Thomas nicht befremdlich wäre, wenn ihm, so wie ich es in diesem Buch tue, unsere Fragen vorgelegt würden.

Die Methode des Interviews ist auch deshalb nützlich, weil die vorhandenen Quellenwerke über Thomas von Aquin (4) davon ausgehen, daß allgemeine philosophische Kategorien wie 'Gott', 'Mensch' (5), 'Moral' usw. für heutige Leser ausreichen. Die Annahme, solche Kategorien könnten zeitgenössische Geister interessieren, macht die Texte öde und langweilt zeitgenössische Leser und Leserinnen häufig. Sie führt nämlich zu einer bloßen Ansammlung von Aussagen des Thomas, die nur zum Teil nützlich und nur zum Teil lebendig ist. Die daraus resultierende Zerteilung der Gedanken des Thomas läßt die Leser vergeblich nach dem Saft, der Vitalität und der Person hinter dem analytischen Geist suchen. Meiner Erfahrung nach sind die meisten Studierenden von solchen Darstellungen nicht begeistert. Durch die von mir verwendete Methode des Interviews wird Thomas von der scholastischen Methodik getrennt, die für das 20. Jahrhundert umständlich wirkt, so daß er wieder frisch und neu sprechen kann. (6) Seine persönliche Seite, seine leidenschaftliche und mystische Persönlichkeit treten wieder hervor, und dies besonders in seinen Bibelkommentaren.

2. Der zweite Zugang, den ich zu Thomas von Aquin gewählt habe, besteht darin, daß ich viele seiner Bibelkommentare wie auch seinen Kommentar zu Dionysius erstmals ins Englische übersetzt habe. Es ist bemerkenswert, wie wenige der Bibelkommentare des Thomas ins Englische und Deutsche über-

setzt worden sind, besonders in Anbetracht der Tatsache, wie wichtig die Schrift für ihn und die Dominikaner seiner Zeit sowie für das gesamte geistige Erwachen im 12. und 13. Jahrhundert war. Père Chenu sagt über die Arbeit des Thomas an der Schrift, daß sie sich „gewiß über seine gesamte Lehrlaufbahn erstreckt, da die Erklärung der Bibel die erste Aufgabe des 'Magisters in der Theologie' war." (7) Zu leicht verloren die Thomisten die Beobachtung Chenus aus dem Blick, daß „die Bibel in der theologischen Ausbildung im 13. Jahrhundert der Grundtext war. ... Die Universität des 13. Jahrhunderts bringt nur im Rahmen einer biblischen Ausbildung ihre Disputationen und Summen hervor." (8)

Um die ganze Spiritualität des Thomas von Aquin wiederzuentdecken, müssen wir auf seine Werke zur Bibel zurückgehen. (9) Das ist sehr wichtig, um unser Verständnis des Thomas nicht nur auf eine rein philosophische Tradition zu gründen, sondern auch auf eine biblische und theologische. Thomas kannte die Bibel durch und durch; und es ist traurig zu bemerken, wie wenig Interesse viele Thomisten im Laufe der Jahrhunderte an seiner biblischen Theologie fanden. Weisheipl kommentiert, daß es „zehn bestimmte (verschiedene) Werke gibt, die dem Thomas als die Frucht seiner reifen Jahre als Magister zugeschrieben werden müssen: der Kommentar zu Hiob, der zu den Prophezeiungen und Klageliedern des Jeremia, der zu den Psalmen, der zum Hohen Lied und die Kommentare zu Matthäus, zu Johannes und zu den Paulusbriefen." (10) Wenn dies der Fall ist, daß nämlich seine Bibelkommentare die 'Frucht seiner reifen Jahre als Magister' darstellen, dann ist es um so erstaunlicher, daß diese so weitgehend ignoriert worden sind. In den folgenden Gesprächen ist von diesen Werken ausführlich Gebrauch gemacht worden.

Thomas Bibelkommentare sind unter anderem deshalb so wichtig für eine vollständige Behandlung seiner Spiritualität, weil er in ihnen weniger als in anderen Werken durch die scholastische Methodik eingeengt wurde. Der inneren Logik des Bibeltextes folgend, konnte er frei Verbindungen herstellen, seinen schöpferischen Genius arbeiten und sein Herz ebenso wie seinen Kopf sprechen lassen. Hier bricht oft heftig seine Leidenschaft hervor, besonders wenn er über seine große Liebe spricht, über die Weisheit.

In seinem Kommentar zu Dionysius fand Thomas von Aquin in dem syrischen Mönch des 6. Jahrhunderts (der bis ins 14. Jahrhundert für Dionysius Areopagita, den in der Apostelgeschichte erwähnten Begleiter des Paulus, gehalten wurde) einen kosmologischen Denker, eine Alternative zum introspektiven Gewissen des Augustinus, der das westliche Denken beherrschte. Thomas schrieb den Kommentar zu Dionysius schon früh in seiner Laufbahn, und er kann in vieler Hinsicht als ein den folgenden Werken zugrundeliegendes Quellenwerk betrachtet werden. Er wurde durch seinen Mentor, Albertus Magnus, dazu angeleitet, als er noch in seinen Zwanzigern war. Als er älter war, ergänzte er diesen Kommentar durch eine Serie von Kommentaren über Aristoteles, den wissenschaftlichen Kosmologen, der auf dem Wege über den Islam in der Zeit des Aquinaten neu entdeckt wurde.

Sein ganzes Leben hindurch hatte Thomas eine Leidenschaft für die Kosmologie, die ihn sowohl zu Dionysius als auch zu Aristoteles hinzog. (11) Diese Anziehung brachte ihm in der christlichen Gemeinschaft eine Menge Kritik ein, als er die Wissenschaft des Heiden Aristoteles aufgriff, um dem christlichen Glauben wieder eine kosmologische Perspektive zu verleihen. Man könnte sogar sagen, daß diese Anziehung ihn sein Leben kostete und ganz gewiß seine Gesundheit. Während seines letzten Lebensjahres verstummte er, und es heißt, er sei aufgrund der Überlastung und der intensiven Kämpfe an einem Zusammenbruch gestorben – einem Verlust der Anima, wie Marie-Luise von Franz es ausdrückt. (12)

Während jener letzten Jahre mußte er sowohl mit den christlichen 'Fundamentalisten' auf der rechten Seite kämpfen, die seine Idee von Wissenschaft und Kosmologie ablehnten, als auch auf der linken mit den 'säkularisierten' Anhängern des Siger von Brabant, die die Autorität zur Deutung des Aristoteles für sich forderten und ihn aller Anspielungen auf das Göttliche entledigen wollten. In der Mitte zwischen diesen beiden Extremen fand Thomas von Aquin sich immer isolierter. Er meinte, man könne beides zugleich haben: einerseits Wissenschaft und Kenntnis der Natur und damit auch des Gottes der Natur, durch welche Überlieferung auch immer (denn die Gnade löscht die Natur nicht aus, sondern ergänzt sie), und andererseits die Offenbarung Gottes durch die Schrift und Überlieferungen der Kirche. Wie er es in unserem 'Ersten Gespräch' sagt: Die Offenbarung kommt in zwei Bänden, dem einen der Natur und dem anderen der Bibel.

Besonders die Protestanten sind durch die magere Aufmerksamkeit, die der biblischen Grundlage des Thomas gewidmet wurde, außen vor geblieben, angefangen mit Martin Luther selbst, der Thomas' Bibelkommentare nie gelesen hat, sondern nur ärgerlich auf die ausschließlich an der Summa orientierten Thomisten seiner Zeit reagierte. Ich hoffe, daß diese Wiedergewinnung der biblischen Einsichten des Thomas von Aquin auch Protestanten in die erstaunliche kosmologische und mystische Welt des Thomas einladen kann, der schließlich selbst ein christlicher Protestierender war und mit seiner prophetischen Berufung in Kontakt stand.

3. Ein dritter Grundzug meiner Behandlung des Thomas von Aquin ist der Versuch, unsere Gespräche auf spirituelle Themen und um die vier Pfade der

Schöpfungsspiritualität im besonderen zu konzentrieren. Ich kenne keine andere Ausgabe oder Zusammenfassung des Thomas, die versucht, seine Spiritualität herauszuarbeiten. Ein Grund dafür liegt darin, daß, wie mein früherer Professor für die Geschichte der Spiritualität am Institut catholique de Paris, der Abbé Louis Cognet, sagte: „Thomas von Aquin in seiner Summa theologica nicht eine einzige Frage über die Spiritualität hat, weil seine Spiritualität sich überall in seinem Werk findet." (13) Für Thomas von Aquin, wie für alle anderen schöpfungsorientierten Denkerinnen und Denker, ist das ganze Leben, das Dasein selbst, das Universum und die ganze Geschichte geheimnisvoll und heilig. Oder, wie Rabbi Heschel sagt: „Einfach zu sein ist Segen; einfach zu leben ist heilig." (14) Leserinnen und Leser werden diese Theologie ausführlich in unserem 'Ersten Gespräch' dargelegt finden, wo es um die Via Positiva geht, wie die schöpfungsspirituelle Tradition es nennt. Dort wird sehr deutlich, daß die Kosmologie den Schlüssel dazu bildet, daß die Spiritualität des Thomas sich überall findet. Und der Mangel an Kosmologie seitens der westlichen Interpreten des Thomas bildet auch den Schlüssel für die Fehldeutungen und Mißverständnisse seines spirituellen Genius.

Das vorliegende Buch bietet aber nicht nur eine Erforschung der überall im Werk des Thomas vorfindlichen Spiritualität, sondern auch eine auf dieses Werk angewandte Hermeneutik. Diese Hermeneutik oder Interpretation ist eine der Gaben der Schöpfungsspiritualität an unsere Zeit. (15) Ohne die von der Schöpfungsspiritualität angewandte kritische Hermeneutik laufen Studien über Spiritualität Gefahr, flach zu werden oder in fromme Ideologien und sentimentale Gedanken zu verfallen, die unter anderem dazu dienen, den Status quo zu heiligen. Unweigerlich würde dabei die Dialektik zwischen Mystik und Prophetie übersehen, und Kreativität und Gerechtigkeit fielen dem Vergessen anheim. (16)

Im einzelnen benutzt der hermeneutische Ansatz dieses Buches die vier Pfade der Via Positiva (Erfahrung des Gottes der Freude), der Via Negativa (Erfahrung des Gottes der Dunkelheit, des Loslassens und Leidens), der Via Creativa (Erfahrung des Gottes, mit dem/der wir mitschaffen) und der Via Transformativa (Erfahrung des Gottes durch Schaffen von Gerechtigkeit, Feiern und Mitgefühl in der Gesellschaft). Diese vier Pfade bilden den Rahmen des Quellenbuches über Thomas von Aquin. Sie ermöglichen es uns, Weisheit aus all seinen Schriften zu ziehen, aus den biblischen ebenso wie aus den Aristoteles-Kommentaren, aus den Summen ebenso wie aus den philosophischen Fragestellungen, und sie in ein zusammenhängendes 'Gespräch' über diejenigen Themen der Spiritualität einzubinden, die uns am meisten interessieren.

Bemerkenswerterweise gibt es Stellen bei Thomas, die der Benennung der vier Pfade, wie ich sie oben und an anderer Stelle aufgeführt habe, sehr nahe kommen. So sagt er:

> „Ordnung bezieht sich auf viererlei Weise auf die Vernunft. Es gibt eine Ordnung, die die Vernunft nicht schafft, sondern nur wahrnimmt; das ist die Ordnung der natürlichen Dinge. (Diesen Akt des Wahrnehmens betrachte ich als Pendant zu den Pfaden I und II, die Pfade des Nichthandelns oder des Annehmens von Ehrfurcht und Dunkelheit sind; M.F.) Eine zweite Ordnung errichtet die Vernunft selbst als eigenen Denkakt, wenn sie sich zum Beispiel Konzepte von etwas macht und auch Zeichen dafür findet, denn Worte drücken die Bedeutung von Konzepten aus. Eine dritte Ordnung baut die Vernunft in den Tätigkeiten des Willens auf. (Diese beiden 'Ordnungen' sehe ich als Pendant zur Via Creativa, auf der Worte wie auch Willens- oder Herzenskräfte zum Ausdruck kommen; M.F.) Eine vierte Ordnung errichtet die Vernunft beim Planen äußerer Dinge, die sie verursacht, wie etwa eine Skulptur oder ein Haus. (Diese vierte Ordnung kann man als Via Transformativa ansehen; M.F.)" (17)

Man kann sich den vier Pfaden im Werke Thomas' auch über die vier Ursachen nähern, die er mit Aristoteles so weit entwickelt hat. In gewisser Hinsicht entspricht die Via Positiva der Wirkursache (causa efficiens), dem Anfang der Dinge und unserer geistigen Reise (unserer Freude und Ehrfurcht); die Via Negativa entspricht gewissermaßen der materiellen Ursache (causa materialis), weil sie im Sinne einer Rückkehr zur Quelle oder zum Nichts durch Loslassen die Quelle der Reise ist (auch im Hinblick auf Materie als Entsagung und Leere); die Via Creativa entspricht auf jeden Fall der Formursache (causa formalis), weil wir aus unserer Kreativität die Form gebären, die unsere Phantasie zum Ausdruck bringt; und die Via Transformativa entspricht der Zweckursache (causa finalis), der 'Ursache der Ursache', die in der Überlieferung der Schöpfungsspiritualität das Mitgefühl ist. Das bringt uns aber wieder zurück zu Pfad I und zur Wirkursache, so wie das Feiern (ein wesentlicher Teil des Mitgefühls) uns zurückbringt zu größerer Freude und Ehrfurcht (zur Via Positiva). Denn bei Thomas ist Mitgefühl der Anfang und das Ende allen Seins.

Auch bei anderer Gelegenheit spricht Thomas von Aquin über den vierfältigen Pfad, wenn er sagt:

> „Die Seele wird auf viererlei Weise zu Gott erhoben. Nämlich zur Bewunderung der Größe von Gottes Kraft, wie in Jes.40: 'Erhebe deine Augen und siehe, wer diese Dinge erschaffen hat.' Und in Psalm 104: 'Wie wunderbar sind deine Werke, o Herr.' Das ist die Erhebung des Glaubens. Zweites wird der Geist dazu erhoben, das Wundervolle an der äußeren Schönheit zu gewahren, wie in Hiob 2: 'Du kannst dein Angesicht unbefleckt erheben und wirst dich nicht fürchten. Du wirst das Elend vergessen und wie die Mittagssonne wird sich das Licht für dich erheben.' Das ist die Erhebung der Hoffnung. Drittens wird der Geist erhoben, um sich an die göttliche Güte und Heiligkeit zu binden, wie Jesaja (51) sagt: 'Erhebe dich Jerusalem, usw.' Das ist die Erhebung der göttlichen Liebe. Viertens wird der Geist zur Arbeit an der Nachahmung der göttlichen Gerechtigkeit erhoben, wie in Klagelieder 5: 'Wir werden unsere Herzen mit unseren Händen erheben zu Gott im Himmel.' Das ist die Erhebung der Gerechtigkeit." (18)

Ganz offenbar entsprechen diese 'vier Wege' oder 'vier Bewegungen' den vier Pfaden der Schöpfungsspiritualität. (19)

4. Meine Behandlung des Aquinaten versucht auch, über seine Deutung und Verwendung in der modernen Epoche hinauszukommen. Diese mit der Aufklärung im 18. Jahrhundert anfangende Epoche, oft als 'Moderne' bezeichnet, wird häufig als mechanistisch und buchstabengläubig gekennzeichnet. Und die Vorurteile der Aufklärungszeit sind bei der Interpretation des Thomas von Aquin im Laufe der Jahrhunderte häufig zum Tragen gekommen.

Die Schöpfungsspiritualität ist auch als 'postmoderne Theologie' (20) bezeichnet worden, ein Name, gegen den ich nichts habe, sofern dabei auch der Ausdruck 'vormodern' mitgedacht wird. In unserer heutigen Sehnsucht nach Kosmologie, die im Licht der ökologischen Krise, der Jugendkrise, der Armutskrise in der sogenannten Dritten Welt und durch verschiedene ökofeministische Bewegungen kritisch geworden ist, dürfen wir nicht nur darauf achten, uns aus der modernen Epoche herauszubewegen, sondern müssen auch auf die Weisheit blicken, die der modernen Epoche vorherging. Voltaire, einer der Vorreiter der 'Aufklärung' der Moderne, erklärte, er wolle 'Aphrodite auslöschen'; damit meinte er das Abtöten des Prinzips des Eros (der Lebensliebe), das die Weisheitsspiritualität der vormodernen heidnischen und biblischen Völker gekennzeichnet hat. Daß Aphrodite bei der mittelalterlichen Wiedergeburt des Geistes nicht gefehlt hat, können sowohl die Kathedrale von Chartres als auch die Hingabe des Franz von Assisi an die 'Frau Armut' bezeugen. Doch haben Voltaire und Co. ihr Ziel für die westliche Kultur weitgehend erreicht. Die Göttin scheint tot zu sein. Überall stirbt Mutter Erde. (21) Nach der Verbannung des Eros aus Gesellschaft und Religion finden wir nun eine Zunahme der Pornographie in vielerlei Schattierungen, einschließlich des Militarismus, der großen Kunstform des 20. Jahrhunderts.

Ist die westliche Kultur das, was C.G. Jung als 'überholten Irrtum' bezeichnete? Ist unsere Gesellschaft so phantasielos geworden, wie Henry Adams zu Beginn dieses Jahrhunderts erklärte, daß wir weder eine Kunst noch einen Glauben hervorbringen könnten? Ich stimme mit dem Psychologen James Hillman darin überein, daß die Zeit eines kulturellen Zusammenbruchs eine Zeit sei, 'zurückzugehen', um etwas von der Weisheit unserer Vorfahren zu retten. Während er sich entschieden hat, ins 16. Jahrhundert zurückzugehen, ziehe ich das 12. und 13. Jahrhundert vor, wo es eine Renaissance gab, die der große Historiker Père Chenu als die einzige Renaissance bezeichnet hat, die in der westlichen Welt Erfolg hatte. Sie hat funktioniert, weil sie die Phantasie ergriffen und die Arbeit der befreiten Leibeigenen, der Frauen und der Jugend angeregt hat. Es war eine Renaissance von der Basis her, die durch eine Wiederentdeckung der Göttin eingeleitet wurde, das Symbol kosmischer Kreativität und göttlicher Schönheit in allen Wesen. (In Frankreich wurden innerhalb von 125 Jahren 500 Kirchen in der Größe der Kathedrale von Chartres gebaut, die alle der Maria, der Muttergottheit der Christen, geweiht waren.) Mit der Wiederentdeckung der Göttin tauchte auch der Archetyp des Grünen Mannes auf, der sich in und auf den Kathedralen findet. (22) Der kosmische Christus lag in der Luft – wie auch in den Skulpturen der Kathedralen aus dem 12. Jahrhundert zu sehen ist. Diese Renaissance funktionierte, weil ihr eine Kosmologie zugrunde lag. Wie Chenu sagt, führte sie zu einer Neugeburt, einer neuen Existenz in all den veränderten Bedingungen der Zeiten, Orte und Personen. (23) Es ging nicht um eine bloße Imitation, die den Antrieb der elitären und überaus anthropozentrischen Renaissance des 16. Jahrhunderts bildete. (24)

In mancher Hinsicht verkörpert Thomas von Aquin die Geschichte der Renaissance des 12. und 13. Jahrhunderts. In den Befreiungsbewegungen seiner Zeit, von der Universität bis zur Kirche, vom städtischen Leben, das den Feudalismus ablöste, bis zur Prediger- und Armutsbewegung, war er eine wichtige Gestalt. Josef Pieper sagt:

> „Die geistige Dynamik des frühen 13. Jahrhunderts wird ... vor allem durch zwei Kräfte bestimmt, beide revolutionär und beide voll ungeheurer Vitalität: einerseits durch den radikalen Evangelismus der

> Armutsbewegung, der die Bibel neu entdeckt und zur Richtschnur christlicher Lehre und christlichen Lebens macht; andererseits durch das nicht minder vehemente Drängen zu einer rein natürlichen Erforschung der vor Augen liegenden Realität, ... Das Besondere des Hl. Thomas, der diesen beiden geistigen Erscheinungen als Student in Neapel begegnet, ist, daß er das Recht beider Grundanliegen erkennt und anerkennt; daß er selber sich mit beiden identifiziert; daß er beide bejaht, obwohl sie einander geradezu entgegengesetzt sind; und daß er beide in seiner eigenen geistlichen und geistigen Existenz zu verbinden sucht." (25)

In intellektueller Hinsicht erreichten die Bemühungen Thomas von Aquins eine Art Architektur des Geistes, die nicht weniger beeindruckend ist als die neu erfundene Architektur der gotischen Kathedralen für die Kirchen. Das Werk des Aquinaten bildet eine Art Kanal für die Mikrokosmos/Makrokosmos-Psychologie von Hildegard von Bingen und Franz von Assisi, die ihm vorhergingen. Und es baut ein Sprungbrett für die Spiritualität von Mechthild, Eckhart, Dante (dessen Lehrer Remigio de Girolomi unter Thomas studiert hatte), Juliana von Norwich und Nikolaus von Kues, die auf Thomas zurückblickten und seine Schöpfungstheologie in ihre lebendige Praxis einbauten. Ähnlich wie Thomas und alle Propheten stießen auch diese Personen auf Widerstand.

In diesem Buch ist meine Perspektive also sowohl vormodern als auch postmodern, denn nur indem wir die moderne Epoche des Mechanismus und Dualismus, des Patriarchats und des Anthropozentrismus, der Kontrolle und des Rationalismus bewußt verlassen, können wir unsere Herzen wie auch unseren Geist wiedergewinnen.

In unseren Bemühungen um Thomas von Aquin müssen wir auch den Thomismus hinter uns lassen. Wie so viele andere 'Ismen' ist auch der Thomismus eine verknöcherte und ideologisierte, reduktionistische Bewegung, der die Weite und geistige Tiefe des Thomas von Aquin fehlt. Es ist kein Wunder, daß die Thomisten uns so wenig von Thomas' Spiritualität übermittelt haben, können sie sich derselben doch gar nicht bewußt werden, wenn sie zum Beispiel die Bibel ignorieren, oder die soziale Gerechtigkeit, oder das Mystische, oder die Kosmologie und die wissenschaftliche Geschichte des Universums, oder den apophatischen Gott der Via Negativa, oder die Kreativität, oder die theologische Tradition des ursprünglichen Segens.

Ebenso wie Jung kein Jungianer, wie Jesus kein Christ und Buddha kein Buddhist war, so war Thomas von Aquin kein Thomist. Ich glaube, daß die vier Pfade der Schöpfungsspiritualität, die wir hier als grundlegende Hermeneutik anwenden, zusammen mit einer bewußten Bemühung, die moderne Aufklärungsepoche hinter uns zu lassen, uns auch dabei hilfreich sein können, den Thomismus zu überwinden. Josef Pieper schreibt:

> „Hiermit mag hinreichend deutlich geworden sein, wie fragwürdig es ist, die Lehre des heiligen Thomas einen '...ismus' zu nennen, und mit welch schwerwiegenden Vorbehalten wir hier von 'Thomismus' sprechen." (26)

Lassen Sie es mich sehr deutlich sagen: Ich habe dieses Buch nicht geschrieben, um in irgendeiner Gestalt oder Form einen Thomismus zu restaurieren. Ich bin kein Thomist, kein Neothomist oder Kryptothomist. Ich bin ein Bürger des späten 20. Jahrhunderts, der sehr besorgt ist über die Art und Weise, wie unsere Spezies die Erde, die Jugend, die Frauen, die Armen, die anderen Geschöpfe, die eigenen Körper und die eigene Seele behandelt. Ich bin ein Schüler der abendländischen Spiritualität, um zu lernen, welche Weisheit in den Tiefen unserer Überlieferung verborgen ist, die uns dabei helfen könnte, unsere Lebensweise, unsere Beziehungen, unser Feiern und unser Heilen zu verändern. Ich habe das Privileg genossen, in den Schätzen von Meister Eckhart (der Thomas viel verdankt), von Hildegard von Bingen, Juliana von Norwich, Nikolaus von Kues und anderen aus dem Mittelalter graben zu dürfen. (27) Thomas von Aquin gehört zu diesen anderen als ein spiritueller Autor eigener Prägung. Während ich an diesem Buch schrieb, habe ich jedoch den Aquinaten als einen Genius bewundern gelernt, der so beeindrukkend ist wie Albert Einstein, Wolfgang Amadeus Mozart oder Hildegard von Bingen. Ich finde bei Thomas von Aquin viel Kraft und Weisheit; und der Zweck dieses Buches ist, anderen etwas von dieser Weisheit und dieser Kräftigung zugänglich zu machen.

Dazu können die Leserinnen und Leser sich jedoch nicht nur mit ihrer linken Hirnhälfte an Thomas annähern. Um seine Spiritualität zu begreifen, muß man das Buch mit der rechten und linken Hirnhälfte lesen, mit Herz und Kopf. Thomas hat lange genug unter Menschen gelitten, die ihn ohne Herz, ohne Kosmologie, ohne Weisheit, ohne Mystik interpretiert haben. Eine rationalistische Ideologie tut dem Lebenswerk des Thomas unrecht. Ich war erstaunt, bei Thomas zu lesen, daß das dem Intellekt entsprechende Körperorgan das Herz sei, und zu erleben, wie stark er in seinen Schriften das Herz betont.

Dieses Buch kann als ein 'Thomas-Reader' verstanden werden, und ich hoffe, daß einige es in dieser Art aufnehmen werden. Aber es ist noch mehr als das: Es ist eine Abhandlung über Spiritualität in Thomas' eigenen Worten. Vor kurzem hielt ich einen Vortrag über Thomas, wobei ich einige der in diesem Buch verwendeten Textstellen zitierte. Drei Reaktionen auf diesen Vortrag sind mir noch lebhaft in Erinnerung geblieben. Jemand sagte: „Mein ganzes Leben lang bin ich Katholik gewesen. Diese Darstellung zeigt mir, wie verletzlich die Wahrheit ist." Eine andere Studentin sprach von ihrer 'Trauer' über die Art und Weise, wie ihr in der Vergangenheit Thomas von Aquin nahe gebracht worden sei und welch eine verzerrte Sicht sie von ihm bekommen hatte. Ein dritter sagte, er habe bei verschiedenen Gelegenheiten an katholischen Universitäten Thomas studiert, habe aber nie von den aufregenden Dingen gehört, die Thomas in den von mir zitierten Textstellen gesagt habe. Die Wahrheit des Thomas ist von seinen Interpreten in der modernen, rationalistischen Epoche häufig verzerrt worden, von Interpreten, die seelisch nicht an ihn heranreichen. Kleinmütige Seelen, um einen von Thomas Lieblingsbegriffen zu verwenden, waren nicht in der Lage, seine großmütigen Ideen zu begreifen. Durch eine solche Art von Prokrustesbett wurde die Seele des Aquinaten oft auf die Größe seiner Interpreten reduziert.

Zu Beginn seiner 'Summa theologica' spricht Thomas selbst ein Problem an, das ich mit den Thomisten habe, wenn er sagt, er schreibe dieses Buch, weil er erlebt habe, daß Studenten durch die Häufung „nutzloser Fragen, Artikel und Beweisführungen" häufig gehemmt werden, und weil sie „den Stoff nicht in thematischer Ordnung, sondern nach der Darstellung der jeweiligen Bücher" zu lernen haben. (28) Viele, die über Thomas von Aquin unterrichtet haben, haben nicht die wichtigen Fragen behandelt und sind keiner zum Thema gehörigen Ordnung gefolgt, weil sie die Geschichte der westlichen Spiritualität nicht kannten. Ohne Kenntnis der Schöpfungstheologie oder des Ursprungs der Weisheitsliteratur in der Geschichte der Göttin fehlt ihnen eine tiefe und kritische Hermeneutik, die die spirituellen Themen aus den Gedanken des Thomas hervortreten läßt. Ich hoffe, dieses Buch leistet, was Thomas versuchte, als er sagte, er wolle in seiner Summa theologica „diese und andere Fehler vermeiden" (29).

Die modernistische Epoche ist eine rationalistische. Descartes, einer ihrer philosophischen Begründer, sagte: „Ich denke, also bin ich." Thomas von Aquin ist ebenso vorrationalistisch, wie er vormodernistisch ist. Obwohl manche Thomisten in ihrer Argumentation oft Descartes und die moderne Philosophie ablehnen, unterliegen sie doch rationalistischen Tendenzen, wenn sie sich eifrig darum bemühen zu beweisen, daß Thomas 'wissenschaftlich' und rational war. Dabei beschränken sie sich häufig auf die scholastischen Texte des Aquinaten und auf das lineare Denken der Scholastik. Ich meine, Thomas verdient – und wir brauchen heute von Thomas – ein nicht lineares Eingehen auf seine erstaunlich mystischen und intellektuellen Gedanken. So versucht dieses Buch, einen ersten Schritt in dem Prozeß der Überarbeitung dieses tiefen und mystischen Denkers zu tun. (Das 'Zweite Gespräch' über die Via Negativa enthält seine eigenen Argumente für eine nicht-lineare Benennung der Erfahrung des Göttlichen.) Die Dialogform gibt Thomas ein Ventil für seine erstaunlich dialektische und dynamische und sogar leidenschaftliche kosmische Spiritualität. Und doch sind die ihm in diesem Buch zugeschriebenen Worte alle seine eigenen.

Das Zweite Vatikanische Konzil von 1962–65 führte zu einer Minderbetonung des Thomismus, und das mit gutem Grund. Jetzt ist aber Zeit, wieder hinzuschauen – nicht auf den Thomismus, sondern auf Thomas, nicht durch thomistische Linsen, sondern durch die größeren Linsen der Schöpfungsspiritualität, der neuen Kosmologie und der von ihnen gebotenen Hermeneutik.

Meine persönliche Begegnung mit Thomas von Aquin reicht bis in meine Schulzeit zurück, wo ich auf der High School mit Freunden in philosophische Debatten verwickelt war und auf Vorschlag meines Gemeindepriesters etwas von Thomas und etwas aus dem Kommentar von G.K. Chesterton über Thomas las. Als ich mich dann dem Dominikanerorden anschloß, studierten wir im Zuge unserer philosophischen Ausbildung sehr viel von Thomas (besonders seine Kommentare zu Aristoteles' Ethik und Physik, den logischen Schriften und der Metaphysik). Später, in der Theologie, studierten wir seine Summa theologica. Wie vieles von ihm aber haben wir nie studiert! Niemals studierten wir seine biblischen Werke oder seinen Kommentar zu Dionysius, noch fielen je die Worte Mystik oder Prophetie in Zusammenhang mit Thomas. Der Versuch, einige neue Fragen an diesen mittelalterlichen 'Magister' zu stellen, hilft uns hoffentlich dabei, ihn als den Mystiker und Propheten zu schätzen, der er war. Es kann auch einer neuen Generation junger Sucherinnen und Sucher nach Spiritualität dabei helfen, aus ihrem abendländischen Erbe Weisheit zu ziehen.

Obwohl die Methode dieses Buches ausdrücklich darin besteht, Thomas in seinen eigenen Worten sprechen zu lassen, handelt es sich natürlich um ein deutendes Werk. (Einstein und Heisenberg haben gezeigt, daß alles menschliche Wissen interpretierend und relativ ist – eines der Prinzipien, das uns über die Objektivitätsbesessenheit der modernen Epoche hinausgebracht hat.) Das vorliegende Buch deutet durch die Fragen, die ich stelle, durch die Anordnung der gestellten Fragen, durch die Texte, die ich als Thomas' 'Antworten' zusammengestellt habe, und durch die von mir ausgelassenen Texte. Ich hoffe, daß wir in dieser ersten postmodernen Interpretation des Aquinaten etwas von seinem geistigen Genie entdecken können. Thomas ist oft Opfer eines Reduktionismus geworden, dem es praktisch gelungen ist, ihn zum Erstarren zu bringen. Der fortwährende Mißbrauch an Thomas, der sein Denken auf eine bequeme Ideologie zurechtgestutzt hat, trat bereits im 16. Jahrhundert auf, als die Thomisten, wie Chenu kommentiert, den Entdeckergeist verloren, der für Thomas so wichtig war, und den von der Renaissance jener Zeit aufgeworfenen Themen nichts Neues mehr hinzufügten. (30)

Einer der Gründe für meine Methodik wird von Thomas selbst gut formuliert, wenn er schreibt: „Wir nehmen von unseren Vorläufern die Ansichten über die Wahrheit der Dinge an, die wir für wahr halten und legen den Rest ab." (31) Mit anderen Worten, nicht alles aus der Vergangenheit ist für uns heute von gleichem Wert. Ich hoffe, daß die in diesem Buch verwendete Methodik einiges von Thomas zutage fördern wird, was wirklich wertvoll ist. Und wir können loslassen, was es nicht ist. (Ich werde auf diese beiden Bereiche später noch genauer eingehen.) Mögen diejenigen, die sich über meine Auswahl beklagen, darüber meditieren, wie selektiv die meisten von den Thomisten aus Thomas ausgewählten Themen sind und wie vollständig sie seine kosmische Vision ausgelassen haben, seinen lebenslangen Kampf darum, Materie und Geist zusammenzubringen, sein politisches Bewußtsein zugunsten der Rechte der Armen, seinen Einsatz für eine intellektuelle und religiöse Ökumene, die diesen mystischen Genius und intellektuellen Propheten so inspirierten.

Ich hoffe, daß dieses Buch und die vier in dieser Einführung kurz herausgestellten Punkte die Zugänglichkeit des Aquinaten für viele Studierende der Spiritualität erleichtern helfen. Ich stelle mir dieses Buch als ein Quellenwerk vor, aus dem neue Einsichten bezüglich unseres abendländischen Geisteserbes gewonnen werden können, ein Erbe, das auf keinen Fall einseitig psychologisch, introspektiv, anthropozentrisch, schuldbeladen und politisch rechtslastig ist. Wenn wir die erschreckende Abwertung der Natur und der menschlichen Natur, des Körpers und der Sexualität lesen, die Professor Jean Delumeau in seinem Buch über 'Sünde und Angst – Das Auftreten einer abendländischen Kultur der Schuld vom 13. bis 18. Jahrhundert' zusammengestellt hat, dann verstehen wir erst die radikale Alternative, für die Thomas von Aquin steht. Wie Delumeau sagt, verschmähte Thomas das Makabre, das die Sündenfall/Erlösungs-Spiritualität in Europa beherrschte (32); und er achtete auch die menschliche Intelligenz. Kurz gesagt gehört Thomas von Aquin tatsächlich in den 'Stammbaum' der Mystikerinnen und Propheten der Schöpfungsspiritualität, auch wenn seine Interpreten nicht immer dieser Tradition angehört haben. (33)

Thomas' Geschichte: Sein Leben und sein Werk

Thomas von Aquin wurde im Jahre 1225 in einer Burg namens Roccasecca bei Neapel geboren und war praktisch sein ganzes Leben hindurch und darüber hinaus die Verkörperung des Kontroversen. Er wurde in eine Familie des Landadels geboren, die ihn eines Tages gern als Abt des berühmten Klosters Monte Cassino gesehen und damit das gesunkene Glück der Familie gesteigert hätte. Im Alter von fünf Jahren gaben sie ihn als einen Benediktineroblaten in die Abteischule. Neun Jahre später verließ er die Abtei, um an der staatlichen, vom Papst unabhängigen Universität von Neapel die Künste zu studieren. Dort hörte er den Iren Peter von Hibernia über Aristoteles vortragen, dessen Gedankengut für so revolutionär gehalten wurde, daß der Papst den Christen verboten hatte, ihn zu studieren.

Im Jahre 1244 empfing Thomas in Neapel das Habit der Dominikaner. Diese neue 'Aussteiger'bewegung war im Jahre 1215 von Dominikus, einem Zeitgenossen des Franz von Assisi, gegründet worden. Unter anderem wagte dieser Orden es, in den neu begründeten Universitäten zu lehren und lehnte das feudal-monastische, politisch-religiöse Establishment geradeheraus ab. Chesterton weist darauf hin, daß der Anschluß an eine solche Gruppierung für jemanden von Thomas von Aquins Abstammung so war, als würde heute jemand „weglaufen und eine Zigeunerin heiraten". Für ihn galt das besonders, weil seine Familie es darauf abgesehen hatte, daß er den Ehrenplatz in Monte Cassino einnehmen würde. Seine Familie war so aufgebracht darüber, daß er sich diesem neuen religiösen Orden anschloß, daß seine Brüder ihn auf seinem Weg zu den Dominikanern nach Paris entführten und gefangen setzten. Er widerstand allen Versuchungen, seinen Eid zu brechen, wie es heißt, auch sexuellen Verlockungen (34).

Mit Hilfe seiner Schwester konnte Thomas sich ein Jahr später aus der Gefangenschaft befreien. Die Dominikaner schickten ihn 1245 nach Paris, wo er seinen Mentor traf, den großen dominikanischen Wissenschaftler, Philosophen und Alchemisten Albertus Magnus, dem er 1248 nach Köln folgte. Er wurde dort ordiniert und kehrte 1252 zur Promotion nach Paris zurück, um zunächst als Baccalaureus über die Bibel (1252–54) und dann über die Sentenzen zu lesen und Lektor der Schrift zu werden (1254–56). Im Jahre 1256 wurde er durch eine besondere päpstliche Dispens zum Magister der Theologie promoviert, denn er war noch vier Jahre zu jung dafür. Nachdem er von 1257–59 in Paris Theologie gelehrt hatte, brach er nach Italien auf und wurde an den päpstlichen Hof in Anagni, Orvieto, Rom und Viterbo gerufen. 1269 kehrte er nach Paris zurück, wo er bis 1272 blieb, als er als Magister der Theologie an die Universität von Neapel und das dominikanische Studienhaus zurückkehrte. Während er im folgenden Jahr am 6. Dezember in der Kapelle des Hl. Nikolaus die Eucharistie feierte, hatte er ein Erlebnis, das ihn verstummen ließ. Seine engsten Verwandten und Freunde dachten, er sei verrückt geworden. Er sprach nur noch die folgenden Worte: „Alles, was ich geschrieben habe, erscheint mir wie Stroh im Vergleich zu dem, was mir offenbart worden ist.“ Nach dem Vorfall schrieb er kein Wort mehr und blieb stumm. Er starb am 7. März 1274 im Zisterzienserkloster von Fossanuova, wohin er gebracht worden war, als er auf einer Reise krank wurde. Er war da neunundvierzig Jahre alt und auf dem Weg zum Konzil von Lyon, wohin er von Papst Gregor IX. gerufen worden war.

Am 7. März 1277 verdammte Stephan Tempier, der Bischof von Paris, 219 Thesen, darunter viele von Thomas. Im gleichen Jahr verdammte auch der Erzbischof von Canterbury, Robert Kilwardby O.P., die philosophischen Positionen des Aquinaten. Das Generalkapitel der Dominikaner hielt jedoch im Jahre 1278 die Lehre des Thomas aufrecht, wogegen im Jahre 1282 das Generalkapitel der Franziskaner die Lesung seiner Summa theologica in ihren Schulen verbot. Der folgende Erzbischof von Canterbury, John Peckham, verdammte die Ideen des Thomas im Jahre 1284 wiederum. Im Jahre 1323 wurde Thomas von Aquin dann durch Papst Johannes XXII. kanonisiert, und 1324 widerrief der Erzbischof von Paris, Stephan Bourret, die Verdammung des Thomas durch den Bischof von Paris aus dem Jahre 1277. Im Tode schien dieser Mann mindestens ebenso kontrovers geblieben zu sein wie in seinem Leben.

Es folgt noch eine bizarre Geschichte, die die Kontroverse um Thomas hervortreten läßt. Es scheint so, als hätten die Zisterziensermönche, bei denen er starb, seinen Leichnam ausgegraben und den Kopf abgetrennt, so daß sie, wenn die Dominikaner seinen Körper einforderten, eine ordentliche Reliquie für sich behalten würden. Später kochten sie auch das Fleisch des Leichnams ab, so daß sie die Knochen in einem kleinen Behälter aufbewahren konnten. Schließlich übernahmen die Dominikaner, was von seinem Körper übriggeblieben war, um ihn in Toulouse, in Frankreich, zu bestatten, wo er noch heute liegt und wo Dominicus Jahre zuvor seinen Orden gegründet hatte. (35)

Es gibt viele Diskussionen darüber, was in Thomas' letztem Jahr geschehen ist, ob sein Verstummen Folge einer mystischen Erfahrung war, oder ob es ein geistiger 'Zusammenbruch' war (wie Weisheipl es ausdrückt), eine Folge seines gewaltigen Arbeitsprogramms und seines heftigen intellektuellen Kampfes gegen rechtslastige Christen, die gegen seine Einbeziehung des heidnischen Wissenschaftlers Aristoteles waren, wie auch gegen die atheistischen Aristoteliker aus dem Lager des Siger von Brabant. Am Ende unseres 'Zweiten Gesprächs' gebe ich einen Teil eines Werkes wieder, das manche Gelehrte dem Aquinaten zuschreiben, das Werk eines Theologen, der eine Art schizophrener Phase durchmacht, weil er einen Durchbruch seiner Anima erlebt hat, wie Marie-Louise von Franz es beschreibt. Alle diese Theorien könnten im Grunde sogar zusammenpassen. Jahrelang war seine Arbeitsleistung nicht nur in der Quantität außergewöhnlich, sondern auch in ihrer Qualität heldenhaft. Er war dadurch in nie endende Kämpfe verwickelt. Bei wenigstens einer Gelegenheit mußte der König von Frankreich seine Truppen aussenden, um den Konvent des Thomas in Paris zu schützen, weil die Menge sein Blut wollte. Eine Episode, die wohl die Anima-Seite seiner Seele am meisten belastet hat, war das Verlassensein, das er empfunden haben muß, als sein lebenslanger theologischer Kamerad, der Franziskaner Bonaventura, sich von ihm zurückzog und sich auf eine sicherere, augustinische Weltanschauung festlegte, während Thomas in seinen späten Jahren Aristoteles erforschte. (Bonaventura nahm auch ein politisches Amt an, er wurde Ordensgeneral der Franziskaner, während es von Thomas heißt, er habe zum Beispiel das Angebot abgelehnt, Kardinal zu werden.) Ich nehme an, daß einige der starken Aussagen, die Thomas darüber macht, daß man die Wahrheit mehr lieben muß als Freunde, daß man sogar die Wahrheit als Freund lieben soll, von dieser traumatischen Episode in seinem Leben stammen (siehe 'Drittes Gespräch'). Beim Nachdenken über die tragische Geschichte, zu der das Leben des Aquinaten wurde – nicht unähnlich der Tragödie des Franz von Assisi, dem vor seinem Tode der Orden genommen wurde, oder der Hinrichtung Jesu – kann uns vielleicht eine der scharfsinnigen Beobachtungen des Thomas Einsicht vermitteln. Er schreibt:

> „Vom Heiligen Evangelisten Johannes wird in den Konferenzen der Väter erzählt, daß einmal alle entsetzt waren, als sie ihn mit seinen Jüngern beim Spielen fanden. Er aber soll einen der Betreffenden, der einen Bogen trug, aufgefordert haben, einen Pfeil abzuschießen. Nachdem dieser es mehrere Male getan hatte, fragte Johannes ihn, ob er es unendlich häufig tun könne. Der Mann antwortete ihm, wenn er es versuchte, würde der Bogen irgendwann brechen. Darüber zog der

> Bruder Johannes den Vergleich, daß auch der menschliche Geist bräche, wenn seine Spannung nie gelockert würde." (36)

Ich glaube, dies ist ein überzeugender Hinweis auf die Erschöpfung und Ausgebranntheit des Thomas. Sein Bogen brach einfach.

Ich habe oben kurz die Grundelemente seines Lebensweges umrissen. Betrachten wir nun sein Werk, den Bogen, den er in seinem Kampf darum spannte, der abendländischen Theologie eine kosmische Spiritualität zu bringen. Professor Weisheipl nimmt an, daß eine vollständige Ausgabe der Werke des Aquinaten 40 bis 50 Bände füllen würde. Unsere derzeitigen Ausgaben füllen 25 Bände von enzyklopädischem Format mit durchschnittlich 650 Seiten. Alle diese Bände sind handgeschrieben, oft in fast unleserlicher Kurzschrift, oder Sekretären diktiert, die sie natürlich von Hand aufschrieben oder während seiner Vorträge notierten. Dazu gehören folgende Hauptwerke:

Summa theologica
Summa contra gentiles
Quaestiones disputates (Diskussionen über spezielle Themen): Über das Böse; Über die Macht Gottes; Über Geistwesen; Über die Seele; Über die Wahrheit; Über die Einheit des inkarnierten Wortes; Über die Tugenden
Kommentare zur Bibel: u.a. zu den Psalmen, zu Jesaja, Jeremia, Klageliedern, Hiob, zum Matthäusevangelium, zum Johannesevangelium, zu den Paulusbriefen, und die Catanea aurea, eine Sammlung von Kommentaren der Kirchenväter zu den Evangelien.
Kommentar zu den Büchern der Sentenzen (von Petrus Lombardus), Kommentare zu Aristoteles: u.a. Über Werden und Vergehen; Über Himmel und Erde; Über Satz und Urteil; Über Gedächtnis und Erinnerung; Über die Metaphysik; Über Meteorologie; Über die Nikomachische Ethik; Über die Physik; Über die Politik; Über die Beweisführung; Über Sinne und Wahrnehmung; Über die Seele.
Sonstige Kommentare: u.a. Über Boethius' Abhandlungen „Daß Substanzen gut sind, sofern sie sind" und „Über die Trinität"; zu Dionysius' „Über die heiligen Namen"; zu Proklos' „Die Ursachen".
Allgemeine Fragen: u.a. Über die Zulassung von Knaben in den Orden; Über die Bedeutungen der Heiligen Schrift; Über die göttlichen Attribute; Über die Unsterblichkeit der Seele; Ob die Seele sich in der Einheit durch ihr Wesen erkennt.

Polemische Schriften: u.a. Gegen die, die die Verehrung Gottes und die Religion angreifen (Apologie der Orden); Über den gesunden Menschenverstand (gegen die Averroisten); Gegen die zerstörerische Lehre derer, die Knaben am Eintritt in Orden hindern wollen (Apologie der Orden); Über die Ewigkeit der Welt; Über die Vollkommenheit des religiösen Lebens.

Fünf „vorgetragene Meinungen" und zahlreiche Briefe, von einer Diskussion über den Wucher zu „Wie man lernen soll" und von „Astrologie" zu „Die Bewegung des Herzens".

Liturgische Stücke: u.a. Über den Angulus; Über das Apostolische Glaubensbekenntnis; Über das Vaterunser; Das Fronleichnams-Amt; Gebete wie das „Adoro te" und andere Gedichte; auch einige Predigten.

Es ist schon ermüdend, diese Werke aufzulisten, noch viel mehr, sie zu lesen! Kein Wunder, daß Professor Weisheipl berichtet, daß Thomas vier Sekretäre um sich hatte, die ihm bei seiner Arbeit halfen. Welch eine Lebensarbeit, all das in einer Periode von 21 Jahren (1252–73) niedergeschrieben zu haben, und alles mit großer Aufmerksamkeit auf Qualität und Tiefe, die charakteristisch für ihn ist. Und natürlich fand das vor der Zeit der Fotokopierer, Computer und Schreibmaschinen statt. Es ist wichtig, sich daran zu erinnern, daß seine große Summa theologica noch unvollendet war, als er verstummte und starb. Es ist eine große unvollendete Sinfonie, und ich habe den Verdacht, daß dahinter eine tiefere Bedeutung steckt: Sie bleibt unvollendet und deshalb mit offenem Ende.

Ist es angesichts der Aufzählung der Leistungen und Gaben dieses großen Ideenkünstlers noch merkwürdig, daß er ausbrannte oder zusammenbrach oder 'völlig von Sinnen war' (wie seine Schwester von ihm sagte) und vor seinem fünfzigsten Lebensjahr erschöpft war? Es wird berichtet, daß er, nachdem er seinen Schreibstift niedergelegt hatte, gesagt haben soll: „Das einzige, was ich nun, da Gott meinem Schreiben ein Ende gesetzt hat, noch wünsche, ist, daß er auch mein Leben schnell beende." Drei Tage nach dieser Aussage machte er sich auf zu seiner letzten Reise. Dieser Ausspruch zeigt, wie völlig er sein Dasein mit seinem Schreiben identifiziert hatte. Er war ein Künstler. Seine Berufung war, zu schreiben und zu denken. Als er es nicht mehr konnte, war er auch mit dem Leben am Ende. Das Ende des einen war das Ende des anderen. In unserem 'Dritten Gespräch' begegnen wir seiner Liebe zu seiner kreativen Berufung noch weiterhin, wenn er über die Kraft des Lehrens, Schreibens und Teilens der Früchte der Kontemplation mit anderen spricht.

Sein Leben war nicht nur kontrovers; es entbehrte auch nicht der Ironie –

der größte Denker und erstaunlichste Schriftsteller der Christenheit wird stumm. Sein Leben ist in seiner Gesamtheit eine Art Gleichnis voller Paradoxie. Ein Teil dieser Paradoxie besteht auch in der Verwendung, die sein Leben und Werk durch starre Vertreter der Orthodoxie gefunden hat, die seine Lehren über Gewissen und Gerechtigkeit (siehe 'Viertes Gespräch') ebenso leichthin ignorieren wie seine Hingabe an die Bibel und an die Kreativität. Dieser Mißbrauch des Aquinaten übersieht völlig die Zen-artige Qualität seiner Berufung zur Entleerung des Geistes von allen Dingen und zur Begegnung mit dem apophatischen Gott der Dunkelheit, von dem wir nichts wissen können, außer daß wir nichts wissen (siehe das 'Zweite Gespräch').

Quellen zur Spiritualität Thomas von Aquins

Daß Thomas' Werk zu einem 'Ismus' gemacht wurde, hat auch dazu geführt, daß sein Denken in dogmatische Aussagen und Beweistexte eingefroren wurde. Man kann sich kaum etwas vorstellen, was seinem eigenen zutiefst ökumenischen Geist mehr zuwiderliefe. (37) Thomas suchte Wahrheit wie ein wildes Tier Nahrung; und er suchte sie, wo immer er sie bekommen konnte. Es wird die Geschichte erzählt, daß ihm die neue Kathedrale von Notre-Dame gezeigt wurde, die auf dem Ile de la cité in Paris erbaut wurde. Seine Reaktion darauf war: „Ich würde all das für nur einen der Kommentare Gregors hingeben." Sein intellektueller Hunger war noch unersättlicher als sein kulinarischer. Er hat erklärt, daß „der auf menschliche Autorität gestützte Beweis der schwächste ist" (38), und hat doch seit seinem Tode darunter gelitten, zu einem Lieferanten von Beweistexten und einer Bastion der Autorität gemacht zu werden.

Es ist in Vergessenheit geraten, daß die Scholastik in ihrer besten Zeit eine radikale intellektuelle Bewegung war, die vom Islam nach Europa kam und grundlegend in einer Methode des Fragenstellens bestand. Aus diesem Grunde sprach sie die radikalen neuen Bewegungen der Renaissance des 12. und frühen 13. Jahrhunderts so an. Sie half dabei, die etablierte intellektuelle Methode, einfach Autoritäten zu zitieren, gewöhnlich die Kirchenväter, umzustoßen. Diejenigen, die sich für Hüter des Status quo und der 'ewigen Tradition' hielten, verabscheuten diese neuen Denker, wie im folgenden Kommentar des Bischofs Stephan von Tournai (1192–1203) in einem Brief an den Papst deutlich wird:

„In unserer Zeit ist das Studium der Schrift in einen Zustand der

Verwirrung gefallen, denn die Studenten begeistern sich nur noch für Neuigkeiten, und die Magister sind mehr erpicht auf Ruhm als auf die Lehre. Überall stellen sie neue und moderne Zusammenfassungen auf und begleitende Kommentare zur Theologie; und mit diesen lullen sie ihre Zuhörer ein, bannen und betrügen sie, als würden die Werke der heiligen Väter nicht mehr genügen." (39)

Die neuen Denker schlugen zurück. So schrieb Rupert von Deutz:

> „Die Notwendigkeit zwingt mich zu sagen, daß die Schriften des Hl. Augustinus nicht Teil des Kanon sind, daß wir uns nicht in allen Dingen so auf sie verlassen können, wie auf die kanonischen Bücher. ... Darüber hinaus haben sie (seine geistigen Gegner) angefangen, mich als einen Häretiker zu bezeichnen, weil ich sage, daß der Hl. Augustinus nicht kanonisch ist." (40)

Richard von Saint-Victor beschuldigt die alte Garde der 'Trägheit'. Sie „trödeln faul herum und verspotten und verlachen den Fleiß anderer in der Suche nach der Entdeckung der Wahrheit. Aber der im Himmel wohnt, wird sie verlachen, der Herr wird sie verspotten." (41) Auch Abelard von Bath bekämpfte die Selbstzufriedenheit des Establishment. Er schreibt:

> „Diese Generation hat eine angeborene Untugend, sie kann nämlich nichts akzeptieren, was von Zeitgenossen entdeckt wurde. Wenn ich also etwas veröffentlichen will, was ich entdeckt habe, so schreibe ich es jemand anderem zu und sage: 'Ein gewisser Mann, nicht ich, hat gesagt ...'" (42)

In der leidenschaftlichen Polemik dieser Aussagen spürt man den Zusammenprall der Kulturen und einen Paradigmenwechsel. Thomas Kuhn stellt fest, daß wir ein Zeichen des Paradigmenwechsels in der Heftigkeit des Widerstandes finden, dem das neue Paradigma begegnet. Und zweifellos mußte die alte monastische Theologie, die die feudalen Privilegien unterstützte, von denen sie begünstigt wurde, und die sich auf das Argument der Autorität stützte, für ein neues Paradigma abtreten. Dieses Paradigma wurde repräsentiert durch eine Bewegung zu den Städten hin, eine Wiederentdeckung der Natur und eine Begründung von Universitäten, an denen unter anderem die neue Wissenschaft und Kosmologie studiert wurde, die den ländlichen monastischen Schulen ihr Bildungsmonopol entzog und ihre Lehrmethoden veränderte. Die Scholastik war Teil des neuen Paradigmas, denn sie stellte das Fragen und Denken höher als das Zitieren der Autoritäten.

Es kann keine Frage darüber bestehen, auf welcher Seite des Paradigmenwechsels Thomas von Aquin stand. Er kannte die alten Wege, denn er war in einer monastischen Gemeinschaft herangewachsen, er setzte sich aber für die neuen ein und zahlte für diese Entscheidung einen persönlichen Preis, durch den sein Entschluß zweifelsohne gefestigt wurde. Thomas stimmt für Fragen und Vernunftgründe gegenüber dem Autoritätsbeweis, wenn er schreibt:

> „Manche glauben, nichts sei überzeugend, solange es nicht durch das Zitat eines Dichters oder einer Autorität belegt wird. Das ist entweder ein Ergebnis der Gewohnheit oder der Urteilsschwäche, weil die Betreffenden nicht selbst entscheiden können, ob ihnen die Schlußfolgerung eines Argumentes gewiß scheint. Deshalb vertrauen sie nicht auf ihr eigenes Urteil, sondern brauchen das Urteil einer anerkannten Autorität." (43)

Man kann in diesem Kommentar eine gewisse Verachtung für diejenigen spüren, die sich weigern, den Verstand zu benutzen, den Gott ihnen gegeben hat. Für Thomas gab es genausowenig eine 'christliche Wahrheit', wie es so etwas wie eine 'christliche Gnade' oder 'christliche Ekstase' gab („Amor facit ecstasim," schreibt er – „Die Liebe (im allgemeinen Sinne) bringt Ekstase hervor." (44)) Wahrheit war Wahrheit, Gnade war Gnade und Ekstase war Ekstase – keine menschliche Gruppierung hatte ein Monopol darauf. Er sagt: „Welche Wahrheit irgend jemand auch erkennt, immer beruht sie auf der Teilhabe an dem Licht, das in die Dunkelheit scheint. Denn alles Wahre (omne verum), gleich wer es ausspricht, stammt vom Heiligen Geist." (45) Er suchte die Wahrheit bei jüdischen und islamischen Philosophen und heidnischen Wissenschaftlern, bei christlichen Theologen der Vergangenheit und römischen Philosophen. (Chenu sagt, Thomas sei von islamischen Philosophen ebenso stark beeinflußt gewesen wie von Dionysius. (46)) Doch begegnete Thomas der Vielfalt der Ideen nicht wie einer Art intellektuellem Selbstbedienungsladen, sondern er argumentierte mit einer jeden, rieb sich an denen, mit denen er übereinstimmte, und an denen, mit denen er nicht übereinstimmte, und gab stets die Gründe für seine Ansichten an. In seinen Abweichungen von Augustinus oder Dionysius zum Beispiel war er meistens sehr spitzfindig, doch handelte es sich um erhebliche Abweichungen, denn er wollte den Glauben in große neue Richtungen weitertreiben.

Es sagt zum Beispiel viel, daß Thomas ganze Kommentare über zehn der

Werke des Aristoteles schrieb, doch nicht einen über Platon, auf den Augustinus sich stützte. Er zieht Aristoteles ausdrücklich dem Platon vor, was mit dem Vertrauen des ersteren auf die Materie und mit seiner Kosmologie zu tun hat und dem, was Pieper die „entschiedene Hinwendung zum Konkreten", nennt, „zur erfahrbaren Realität der Welt. ... Der Leib, die Sinne und das, was sie zu fassen bekommen – all das wird, auf eine bis dahin unerhörte Weise, ernst genommen." (47) Thomas fand den Aspekt der Inkarnation bei Aristoteles viel deutlicher als bei Platon und fand diesen deshalb des tieferen Studiums und der Inkorporation in die christliche Theologie wert. Er liebte, was wir heute als die 'wissenschaftliche' Dimension des Aristoteles bezeichnen würden, der die Natur erforschte, um die Wahrheit zu finden. Die Wahrheit der Natur und die Entfaltung des größten Wissenschaftlers seiner Zeit, des Aristoteles, in der Theologie waren für Thomas' Glauben absolut wesentlich. Er sagt: „Offenbar ist die Meinung derer falsch, die sagten, auf die Ansichten über die Geschöpfe käme es bei der Glaubenswahrheit nicht an, soweit man nur über Gott richtig denke,... . Ein Irrtum über die Geschöpfe führt nämlich zu einer falschen Meinung über Gott." (48) In einer sehr deutlichen Passage stellt Thomas Platon und Aristoteles einander gegenüber und schreibt, daß der letztere eine mittlere Position zwischen den „physikalischen Philosophen" sei, die „keinen Bezug zu den universellen Substanzen hatten und sich nur an Fakten hielten" und den platonischen Philosophen, die nach „der reinen und essentiellen Seele, der Ursache und Idee von allem, was in einzelnen Seelen ist" suchten. Er sagt: „Aristoteles versucht, das Gleichgewicht zwischen den Platonisten und den physikalischen Philosophen, zwischen der allgemeinen Natur der Seele und den besonderen Charakteristika jedes Typs zu halten." (49) Der Aquinate bewunderte nicht nur das Gleichgewicht bei Aristoteles, sondern suchte auch selbst danach. In einer Aussage legt Thomas offen, warum er den kontroversen Aristoteles dem gut etablierten Platon vorzog. „Aristoteles Lehre entspricht mehr (als Platons) unserer Erfahrung." (50)

Für ebenso klar halte ich es, warum Thomas in seiner Spiritualität dem Dionysius mehr verdankt als dem Augustinus. (Den ersteren zitiert er an mehr als 1.700 Stellen und hat über sein Werk einen Hauptkommentar geschrieben, etwas, das er mit keinem Werk des Augustinus tat.) Dionysius ist viel mehr ein Schöpfungsmystiker als Augustinus. Seine Haltung östlicher Spiritualität ist viel mehr auf die theosis gerichtet, die Vergöttlichung des Universums, als auf Schuld und Erlösung. Wie Chenu deutlich macht, führte die augustinische Voreingenommenheit dazu, die Sakramente als Heilmittel für eine gefallene Welt zu betrachten, während bei Dionysius die symbolische Handlung einen normalen Teil der Dynamik des Kosmos bildet, der zu Gott hinaufreicht. (51) Die Heiligung der ganzen Natur war für Dionysius ebenso wichtig wie für Thomas. Dionysius hatte einen schöpfungsorientierten Zugang zur Spiritualität und einen kosmischen, der Augustinus fehlte. Chenu stellt fest, daß Augustinus das Gottesbild oder *mens,* den Geist, internalisierte und damit übermäßig psychologisierte. Im Kontrast dazu sprechen sowohl Thomas als auch Dionysius vom Gottesbild oder mens des Menschen im Zusammenhang mit Kreativität und Kosmologie. (52) Darüber hinaus sieht Thomas in Dionysius einen maßgeblichen Beobachter des geistigen Prozesses, wenn er sagt: „Daraus ergibt sich, daß Dionysius die Bewegungen der Kontemplation viel vollständiger und subtiler beschreibt (als Richard von St. Victor).“ (53) Die in der introspektiven Psychologie des Augustinus völlig fehlende kosmische Dimension ist bei Dionysius sehr reich. Thomas war so sehr darum bemüht, eine Kosmologie darzustellen, daß er zunächst meinte, die Mystik des Dionysius falle mit der Wissenschaft des Aristoteles zusammen. Als er später ihre gewaltigen Unterschiede erkannte, stellte er sich auf die Seite des Aristoteles. Obwohl Dionysius ihn zu Beginn seiner Laufbahn begeistert hatte (sein Mentor Albertus Magnus hatte ihn in das Werk des Dionysius eingeführt), hielt er immer seine kritische Distanz zu ihm und schrieb, daß der obskure Stil des Dionysius unter den modernen Autoren ungewöhnlich sei. Wie Chenu ausdrückt, hatte Thomas ein inneres Widerstreben gegenüber „dem Stil, der Denkart, letztlich der Geisteshaltung des Areopagiten“ (54). Die Kosmologie war es, die Thomas völlig anzog. Chenu sagt: „Die Menschheit erscheint in der Summa zunächst nicht als der mystische Leib Christi, sondern als Teil einer Kosmologie.“ (55) Thomas suchte diese Kosmologie, wo er konnte, bei heidnischen Wissenschaftlern oder bei östlichen Theologen.

Man kann sagen, daß die sehr frühe Erziehung des Aquinaten als Benediktiner ihn erheblich beeinflußt hat. Die monastische Tradition behandelte die Spiritualität nicht so sehr als eine Reihe von Techniken, sondern eher als eine Lebensweise. Ich glaube, daß Thomas diese Haltung sein Leben lang beibehielt. In reiner Form ist die benediktinische Tradition ebenfalls sehr schöpfungsorientiert; und ihre grundlegende Spiritualität muß Thomas tief beeindruckt haben, wenn auch ihr weltlicher Erfolg während des Mittelalters ihr die geistigen Wurzeln raubte. Besonders deutlich wird dies in seiner lebenslangen Liebe zur Weisheit, zur Weisheitsliteratur und zu den Psalmen, die die Mönche natürlich täglich sangen. Thomas leitet seinen Kommentar zu den Psalmen mit der Bemerkung ein, daß „dieses Buch sich mit dem allgemeinen Gegenstand aller Theologie beschäftigt. ... Es enthält die ganze Heilige Schrift.“ (56)

Von den Mönchen lernte er zweifellos den Wert der Meditation kennen oder dessen, was wir heute als Aktivität der 'rechten Hirnhälfte' bezeichnen. Thomas lehnt die dualistische Unterscheidung des Augustinus ab, der den Geist in eine 'ratio superior', die die Weisheit und ewigen Dinge erfährt, und eine 'ratio inferior', die sich mit Wissenschaft und zeitlichen Dingen beschäftigt, einschließlich des Gedächtnisses, der Vorstellungskraft und des Instinktes. Diese beiden geistigen Dimensionen sind für Thomas ein und die gleiche Kraft der Vernunft, nur mit unterschiedlichen Aufgaben. Augustinus hatte gelehrt, daß die Trinität nur auf die 'ratio superior' einwirkt. Nicht so Thomas: „Die höhere und niedere Vernunft (ratio superior et inferior) können keineswegs zwei Vermögen sein..., ... die eine ist das Medium, durch das die andere erkannt wird." (57) Chenu zufolge hat Thomas eine dualistische Theorie, die ratio inferior von ratio superior trennte, nur verachtet. „Es gibt keine spezifische Fähigkeit für die göttlichen Dinge. ... Keine Wissenschaft vom Menschen ist völlig wahr, die ihren Gegenstand nicht in der materiellen Realität findet, in die der menschliche Körper einbezogen ist, sowohl in seinem Sein als auch in seinem Handeln." (58) Wir können der Materie nicht entfliehen und sollten es auch nicht versuchen.

Sich auf die Materie einzulassen bedeutet, sich auf die Geschichte einzulassen. Und Thomas' Einsatz für die Geschichte war nicht nur theoretisch, sondern auch praktisch. Er war gerade deshalb eine so kontroverse Gestalt – und die Kontroversen, in die er verwickelt war, führten zu seinem frühen Tod –, weil er lebte, wofür er kämpfte. Er versuchte, der Geschichte nicht zu entfliehen und zahlte einen hohen Preis für den Versuch, der Christenheit einen Paradigmenwechsel anzubieten – ein Angebot, das sie zum größten Teil abgelehnt hat.

Die Heilige Schrift ist der Schlüssel zu Thomas' Spiritualität, wie auch zu seiner Theologie. „Es ist eine himmlische Lebensart, die Tage mit dem Studium der Heiligen Schrift zu verbringen." (59), schreibt er. Und er spricht besonders davon, wie wichtig sie für Prediger ist: „Das Studium religiöser Autoren und besonders das Studium der Schrift sollte vorgeschrieben werden, insbesondere bei denjenigen, die zum Predigen bestimmt werden." (60) Chenu greift diesen Einsatz des Thomas für eine biblische Spiritualität auf, wenn er schreibt: „Aber die Substanz seines Bemühens selbst ist biblisch. Seine Theologie gründet in der evangelischen Bewegung, wie die Renaissance, von der sie eine Auswirkung ist." (61) Mit diesem Satz unterstreicht Chenu die Dialektik zwischen Mystik und Prophetie, die den Schlüssel zur Spiritualität des Aquinaten bildet, wie zu jeder schöpfungsorientierten Spiritualität: Ein Prophet ist ein Mystiker in Aktion. (62) Die Bemerkung, daß sein Werk eine Auswirkung der Renaissance seiner Zeit gewesen sei, bedeutet ein sehr großes Kompliment für Thomas, der bewußt und ausdrücklich Teil der Armutsbewegung war, wie sie durch Peter Waldo oder Franz von Assisi repräsentiert wurde, weil auch Christus selbst arm gewesen ist. Josef Pieper erkennt die Rolle der Schrift im Werk und der Spiritualität des Aquinaten, wenn er darauf hinweist, daß es in der Summa theologica drei umfangreiche Traktate biblischer Theologie gibt, „gegen die bereits viel 'systematischere' Theologie der Sentenzenkommentare, eine Neuerung. Sie ist dem besonderen Impuls der Armutsbewegung zu verdanken. Thomas führt das Biblische geradezu als Argument dafür an, daß die Bettelorden zur Predigt und zur Seelsorge zuzulassen seien: 'Es finden sich (im Pfarrklerus), so sagt er, doch nur sehr wenige, paucissimi, welche die Heilige Schrift kennen – obwohl doch der Verkünder des Wortes Gottes in der Heiligen Schrift bewandert sein muß'."(63)

Zur gleichen Zeit, als Thomas seinen Kommentar über die Physik des Aristoteles schrieb, stellten die mit ihm in St. Jaques in Paris lebenden Dominikanerbrüder die erste Bibelkonkordanz zusammen; und mit Hilfe eines konvertierten Juden, der den hebräischen Text verglich, wurde eine Suche nach den ursprünglichen Texten der Bibel unternommen. Chenu sagt: „In der theologischen Ausbildung im 13. Jahrhundert war die Bibel der Grundtext. ... Wir stehen somit vor der Tatsache, daß für Thomas als Magister der Theologie die Texte der Heiligen Schrift selbst, das Alte und das Neue Testament, Lehrstoff seiner offiziellen Vorlesungen sind." (64) Wären die Thomisten dem Geist ihres Meisters treu geblieben, so hätten sie Luther in seinem Bemühen, die Theologie auf eine biblische Basis zurückzuführen, nicht so völlig mißverstanden. Chenu stellt fest, daß die Thomisten im 16. Jahrhundert „das herausragende geistige Gleichgewicht ihres Meisters verloren haben, das sie in die Lage versetzt hätte, die rationalen Werte dieser zweiten Renaissance zu verstehen, zu schätzen und zu assimilieren. Sie wären mit ausgewogenen Lösungen wohl ausgerüstet gewesen, weil das Werk des Hl. Thomas während einer sehr rationalistischen Renaissance im 13. Jahrhundert (die aristotelische Bewegung) geschaffen wurde und es Thomas gelungen war, eine Kohärenz zwischen Glaube und Vernunft im Bereich des Glaubens selbst zu erreichen. Doch hatte ihre Theologie den Mut wie auch ihre ursprüngliche Frische verloren und die Notwendigkeit ständiger Neuentdeckung vergessen." (65)

Das Versagen des Thomismus lag in seinem Mangel an Mut und an Vertrauen (die biblische Bedeutung von 'Glaube'). Letztlich war es also ein Versagen an Spiritualität, in der Praxis ebenso wie in der Theorie. Zustimmend zitiert Chenu die Analyse von Professor Gilson:

> „Man kann sagen, daß die thomistische Schule in der Renaissance insofern völlig versagt hat, als sie sich gegen die Renaissance stellte, statt sie aufzugreifen und ihre geistige Ausrichtung aus ihr zu beziehen, wie der Hl. Thomas es mit der philosophischen Bewegung des 13. Jahrhunderts getan hat. Der Thomismus hätte nicht nur den Hintergrund dazu gehabt, sondern es wäre auch seine Pflicht gewesen ... Und man kann durchaus die Frage stellen, warum ein Mann wie Cajetan in dieser Hinsicht versagte. Es kann sein, daß das ursprüngliche, schöpferische Werk des Thomas dem unoriginellen Werk des Kommentators Platz gemacht hat." (66)

All das ist für die heutige Zeit äußerst relevant. Werden diejenigen, die sich in der Linie des Thomas von Aquin sehen, wie sie es mit der Renaissance des 16. Jahrhunderts taten, auch die große Renaissance verpassen, die heute im Abendland geschieht, die aus der Wissenschaft entstehende Begeisterung für eine neue Schöpfungsgeschichte? Oder gibt es noch Leben in der westlichen Christenheit, mit dem sie auf eine Kosmologie antworten kann, wenn sie davon hört?

Jenseits des Rationalismus: Thomas von Aquin in der Postmoderne

Damit die abendländische Religion eine solche echte Antwort auf die Renaissance geben kann, muß es besonders zum Ende der rationalistischen Ära dieser modernen Periode ein Erwachen der Mystik geben. Unsere Herzen müssen sich erweitern. Und die Theologie braucht in diesem Unternehmen kein Hindernis zu sein, sofern sie ihr Herz, ihre mystische Dimension wiederentdecken kann. Der benediktinische Mönch Bede Griffiths sagt dazu aus seinem indischen Ashram:

> „Der Hl. Thomas von Aquin schrieb selbst diese furchtbar logische, rationale Summa theologica und sagte am Ende seines Lebens: 'Alles, was ich geschrieben habe, scheint mir wie Stroh, verglichen mit dem, was ich geschaut habe.' Dann greifen seine Nachfolger das System auf, wiederholen die ganze Rationalisierung und Konzeption, verlieren aber sein Verständnis. Deshalb muß man über die theologischen Begriffe hinaus an die Quelle der mystischen Erfahrung gehen, der sie angeblich dienen sollen." (67)

Es hat über die Rolle, die die Vernunft oder ratio in unserem Verständnis des Aquinaten spielen soll, ungeheure Verwirrung gegeben. Man muß sich klarmachen, daß die Wiederentdeckung der aristotelischen wissenschaftlichen Methode im Mittelalter einen Hauch frischen Windes nach Jahrhunderten der Allegorisierung und eines schweren Einschlags von Aberglauben war – nach einer Zeit, von der man sagen kann, daß die rechte Hirnhälfte in ihr Amok lief. Die Befreiungsbewegungen aus Thomas' Zeit riefen nach Rationalität, nach dem Einsatz unserer gottgegebenen Vernunft, nach der Übung unseres 'linken Hirns' mit Hilfe von Definitionen, Unterscheidungen und syllogistischen Begründungen. Thomas nahm diese Mentalität, ein Geschenk der scholastischen Bewegung seiner Zeit, zwar auf, unterwarf sich ihr jedoch keineswegs. Es heißt, er war kein Rationalist. Im Gegenteil war er ein Mystiker, genau wie Bede Griffiths es bezeugt. Hier zeigt sich das erstaunliche Gleichgewicht des Aquinaten: Es scheint, daß er beide Hirnhälften voll entfaltet hatte. Die Schöpfungsspiritualität ist niemals anti-intellektuell (Hildegard von Bingen sagte im 12. Jahrhundert, daß alles Wissen von Gott komme). Unsere linke Hirnhälfte ist ebenso ein Geschenk Gottes wie unsere rechte. Wir sind aber stets in Gefahr, einseitig zu leben und entweder zur einen oder zur anderen allein zu neigen. Chenu stellt fest, daß es hier gelte, „den Gegensatz zwischen positiver und scholastischer Theologie zu verbannen, den die Modernen aufgestellt haben und an dem wir noch kranken.“ (68) Zur geistigen Größe des Aquinaten gehört seine Fähigkeit, sowohl der rechten als auch der linken Hirnhälfte treu zu bleiben. Doch sind seine Interpreten im Laufe der Jahrhunderte selten so ausgewogen gewesen.

Unsere heutige Schwierigkeit, die mystische Seite des Thomas zu sehen, besteht darin, daß die moderne Zeit uns alle so anti-mystisch gemacht hat. Jaroslav Pelikan sagt: „Die Suche der Aufklärung nach dem historischen Jesus wurde möglich und notwendig, als die Philosophie der Aufklärung den kosmischen Christus entthronte.“ (69) Der Kosmische Christus repräsentiert natürlich einen Hauptarchetypus der mystischen Tradition des Abendlandes, und Thomas von Aquin kannte ihn gut. (70) Die moderne Epoche ist eine rationalistische gewesen und hat unser Verständnis der Vernunft selbst verfälscht, hat sie von Staunen und Ehrfurcht, und damit von der Mystik getrennt. Was wir heute mit Vernunft meinen, ist nicht, was der Aquinate meinte, wie Josef Pieper feststellt: „Die nachdrückliche und stets wiederkehrende Hervorhebung von Vernunft und Vernunftordnung im Werk des heiligen Thomas ist selbstverständlich nicht im mindesten aufklärerisch gemeint.“ (71)

Was ist nun Thomas' Verständnis der ratio, der Vernunft? Pieper sagt, ratio bedeute im weitesten Sinne die Kraft des Menschen, die Wirklichkeit zu erfassen. (72) Meine Gespräche mit Thomas von Aquin eröffnen etwas von der Tiefe wie auch der Weite dieses Verständnisses der Vernunft als unserer Kraft, die Realität zu erfassen, denn wir sehen sie mal mit der Kreativität und der Phantasie, mal mit der Liebe gleichgesetzt. Die Vernunft, so sagt Thomas, ist, „was uns Freiheit im Handeln gibt." (73) Muß er sich festlegen, so hält Thomas daran fest, daß Liebe über Wissen geht, wenn er zum Beispiel sagt: „Die Seele wird durch die Kraft der Zuneigung (vis appetitivam) mehr zu einer Sache hingezogen als durch die Wahrnehmung (vis apprehensivam)." (74) Und doch verfolgt er ständig die Frage des Wissens, weil Liebe und Wissen so eng aufeinander bezogen sind: Wir können nur lieben, was wir kennen. Letztlich sind wir dazu berufen, Gott nicht nur zu kennen, sondern zu lieben. „Das Lieben Gottes ist dem Erkennen Gottes überlegen. Denn die göttliche Güte, wie sie vom Willen begehrt wird, ist vollkommener, als der Anteil daran in uns, den wir mit dem Verstand erfassen." (75) Thomas widersetzt sich aber auch der bloßen Abstraktion, wenn er feststellt, daß „die Vernunft sowohl spekulativ als auch praktisch ist." (76) Klingt denn die folgende Beobachtung des Aquinaten wie die eines Rationalisten? „In der Mitte des Menschen befindet sich das Herz, dem eine gewisse Weisheit und Verständnis zugeschrieben werden. So hat zwar der Geist (intellectus) kein körperliches Organ, da aber das Herz unser wichtigstes Organ ist, bezieht man es gewöhnlich auf den Geist." (77) Oder seine Aussage: „Die Gegenstände des Herzens sind Wahrheit und Gerechtigkeit." (78)

Da das vorliegende Buch in seinen Fragen und in dem vierfältigen mystisch-prophetischen Pfad die rationalistische Voreingenommenheit der Moderne hinter sich läßt, kann sein Anliegen als eine Reise des Herzens verstanden werden. Auf den vier Pfaden sehen wir die Mystik des Aquinaten lebendig werden:

1. Das Herz der Verzückung, der Ehrfurcht, des Staunens und der Freude. (Via Positiva)
2. Das Herz des Schweigens, des Loslassens, des Leidens, der Trauer und des 'Brüllens' (sein Wort). (Via Negativa)
3. Das Herz der Leidenschaft für die Kreativität, das Mitschaffen, das Gebären des Lebens und der Kraft (Tugend) in all ihren Formen: die Kunst des Kraftbringens. (Via Creativa)
4. Das Herz, das Mitgefühl ist: moralische Empörung gegenüber dem Unrecht, das zu dem leidenschaftlichen Werk des Gerechtigkeitschaffens und Heilens führt und zum Herzenswerk, das das Feiern umfaßt und erfordert. (Via Transformativa)

Thomas von Aquin macht es denen nicht leicht, die verkennen, daß die Suche nach der Wahrheit eine Frage der Kopf- wie auch der Herzensarbeit ist. Er stellt fest, daß es eine Sünde sei, nicht zu wissen oder das Wissen zu verweigern, was wir wissen sollen. „Ein Irrtum wird der Vernunft als Sünde zugeschrieben, wenn sie sich in Unkenntnis oder Irrtum über etwas befindet, was sie wissen könnte oder sollte." (79) Ein fundamentalistisches oder buchstabengetreues Denken oder Gedankenlosigkeit sind sündig, wie Thomas es sieht. „Unkenntnis bedeutet einen Mangel an Wissen, das heißt, einen Mangel an solchem Wissen, das man natürlicherweise zu kennen wünscht. Einiges davon zu wissen, sind wir verpflichtet, nämlich das, was wir zur korrekten Ausführung einer verpflichtenden Handlung wissen müssen. ... Eine nachlässige Unkenntnis über etwas, was wir wissen sollten, ist darum eine Sünde." (80) Mir drängt es sich zum Beispiel auf, daß wir unsere Kosmologie heute kennen müssen, um richtig handeln zu können. Und daß wir ökologisches Wissen haben müssen. Und daß wir unsere mystische Fähigkeit kennen müssen, die uns Hoffnung und Kraft gibt und uns über den Pessimismus und die Verzweiflung hinausführt, die die Anthropozentrik hervorbringt. Nach den Kriterien des Thomas ist Anthropozentrik eine Sünde, eine Abweichung von dem, was wir wissen können und sollten.

Thomas erkennt, daß unsere Weigerung zu lernen häufig von einem harten Herzen stammt, eine weitere Gelegenheit, bei der er die enge Verbindung zwischen Herz und Kopf sieht. „Geistige Blindheit und Herzenshärte haben damit zu tun, daß der menschliche Geist sich an das Böse hängt und sich vom göttlichen Licht abwendet." (81) So wird die Reinheit des Geistes von unseren Gefühlen berührt, von unserer Bildung und unserem Entdeckerwillen. Auch Neid kann unserer Verantwortung zu lernen im Wege stehen, wie Thomas genau beobachtet. „Neidische Menschen behindern den Fortschritt der Seele, 'die zu den Sehern sagen: Seht nichts!' (Jes.30,10). Sie stellen nicht um zu lernen Fragen, sondern um zu behindern." (82) (Im 'Dritten Gespräch' spricht Thomas von der Angst sogar als von einer 'Sünde'.) Darin steckt eine Lektion für alle, die nicht bereit sind, loszulassen und dem schöpferischen Geist zu trauen, der nach der Schrift 'alle Dinge neu macht'.

Thomas von Aquins Gaben an unsere Zeit

Im folgenden möchte ich kurz und knapp einige der Beiträge auflisten, die Thomas von Aquin zu unserer Suche nach einer echten geistigen Vision, zur aufkommenden Renaissance in unserer Zeit leistet. Leserinnen und Leser dieses Buches werden zweifellos weitere finden. Die von mir gebotene Aufstellung kann aber den Lesenden bei ihrer Würdigung der darauffolgenden Gespräche helfen.

1. Ich glaube, daß Thomas mehr als irgend ein anderer Theologe der letzten tausend Jahre die Wichtigkeit der Kosmologie für das Glaubensleben und die Glaubenspraxis verstanden hat. Wissenschaft, Mystik und Kunst – die drei Elemente einer lebendigen Kosmologie – finden in seiner Spiritualität breiten und tiefgehenden Ausdruck. Wie für Hiob muß auch für ihn das Leben in den Zusammenhang der gesamten Schöpfung gestellt werden, denn „die Gottheit wird besser durch das ganze Universum repräsentiert, als durch ein einzelnes Ding" (siehe 'Erstes Gespräch'). (83) Henry Adams verstand die prophetische Wirkung der Kosmologie des Thomas auf unsere Zivilisation, als er schrieb:

> „Eine ökonomische Zivilisation sorgt sich um das Universum so sehr wie ein Bienenstock sich um den Ozean kümmert, es ist ein zu meidender Bereich. Der Bienenstock eines Hl. Thomas jedoch schützte Gott und Mensch, Geist und Materie, Universum und Atom, das Eine und das Viele innerhalb der Wände eines harmonischen Heimes." (84)

2. Alles Sein ist heilig. Da Thomas uns hilft, das Unendliche im Endlichen zu finden, hilft er uns, die wahre Bedeutung und Erfahrung des Geistes wiederzuentdecken, die er als unsere Fähigkeit versteht, für alles Dasein offen zu sein, als unsere Fähigkeit für das Unendliche. In unserer Zeit hat eine solche Einstellung wichtige Folgen, zum Beispiel was die Probleme unserer Kultur mit der Sucht angeht. Könnte alle Sucht eine Art Suche nach dem Unendlichen sein? Aber eine Suche, die durch die Objekte der Abhängigkeit nicht befriedigt werden kann? Thomas von Aquin lehrt uns, wie wir tatsächlich das Unendliche im Endlichen, in der Schöpfung selbst, erfahren können. Für ihn ist alles Sein heilig. Es ist sakramental, eine Offenbarung des Göttlichen. Das Dasein ist für Thomas kein Substantiv, keine statische Substanz, sondern ein dialektischer Tanz von Akt und Potenz, von Materie und Form, von Potential und Fruchtbarkeit. Alles ist dabei, ins Dasein zu erblühen. Geburt und Kreativität sind überall.

3. Ökumene: Wie ich oben bereits zeigte, war Thomas alles andere als ein enger Denker. Er war ein eifriger und hungriger Suchender nach der Wahrheit, der daran festhielt, daß sie überall gefunden werden könne. Er schreibt:

„Alles Wahre, von wem es auch ausgesprochen wird, stammt vom Heiligen Geist." (85)

„Die alten heidnischen Tugenden stammten von Gott." (86)

„Vielen Heiden ist eine Offenbarung über Christus zuteil geworden." (87)

Sein Einsatz für Aristoteles war für kleingeistige Christen beunruhigend, nicht nur weil Aristoteles ein Wissenschaftler war, sondern auch weil er ein 'Heide' war.

4. Das Wunderbare, die Via Positiva, ist bei Thomas von Aquin Ausgangspunkt allen Wissens. Wie sehr unterscheidet sich dies von der modernen Epoche, in der zum Beispiel Descartes den Zweifel als Ausgangspunkt des Lernens ansetzte. Wie anthropozentrisch und selbstbezogen ist es, das Lernen mit dem Zweifel zu beginnen! Wie kindlich und kosmisch ist dagegen das Staunen. Dem Einsatz des Thomas für das Wunderbare liegt seine Achtung vor allen Dingen zugrunde. Er sagt: „Die Ursache dessen, worüber wir staunen, ist uns verborgen", und „kein Philosoph war je in der Lage, das Wesen einer einzigen Fliege zu begreifen." Die Welt ist zu reich, um sie zu 'begreifen', aber wir dürfen für immer über sie staunen. In Thomas' Liebe für das Wunderbare liegt aber eine große Kraft des Puer (88), die eine müde Zivilisation mit einem müden Bildungssystem, das von einem zynischen negativen Senexbild stammt, seit langer, langer Zeit nicht mehr gefühlt hat.

5. Im Herzen allen Daseins und im Herzen aller Dinge liegt für Thomas Segen, das theologische Wort für das Gute. Jedes Wesen ist in seiner Essenz gut und hat an der göttlichen Güte teil. Jede Sehnsucht ist ein Verlangen nach dem Guten, ein Verlangen nach Segen. Die Spiritualität des Aquinaten ist eindeutig eine des ursprünglichen Segens. Es ist sehr interessant, daß er in seiner Summa theologica die Idee der Erbsünde erst im Teil II und dort nur in den Fragen 82 und 83 behandelt. Dieser Abhandlung der Erbsünde gehen seine Traktate über Gott, die Schöpfung, das Sechstagewerk, die Menschheit und die göttliche Regierung voraus (Fragen 1–119 aus Teil I).

6. Thomas von Aquin repräsentiert einen riesigen Schritt bei der abendländischen Wiederentdeckung eines ökologischen Bewußtseins. Jede Kreatur hat für ihn Anteil an dem, was er als „Würde der Verursachung" versteht. Sowohl in Tieren als auch Pflanzen respektiert er die 'Seele'. Er deanthropozentriert die Erlösung gänzlich, wenn er sagt: „Die Bedeutung der Erlösung liegt zuerst und hauptsächlich darin, daß etwas im Guten bewahrt wird." (89) Ich kann mir kein grundlegenderes Prinzip für eine ökologische Ethik vorstellen, als diese Forderung: Dinge in ihrer Güte, in ihrem Gesegnetsein zu bewah-

ren. Dieses und seine anderen Lehren über die Kosmologie, über das Gute in allen Dingen und die wechselseitige Abhängigkeit aller Dinge machen ihn zu einem wichtigen ökologischen Denker. In seiner Lehre, daß alle Geschöpfe daran teilhaben, das göttliche Ziel hervorzubringen, erkennt er an, was der Wissenschaftler Erich Jantsch als den göttlichen 'Geist' bezeichnet, der dem ganzen Evolutionsprozeß innewohnt.

7. Thomas preist die Größe und Großartigkeit eines jeden menschlichen Wesens und erinnert uns daran, daß wir capax universi (des Universums fähig) sind und daß wir in unserer Fähigkeit, zu wissen, zu lieben und zu schaffen, unendlich sind. In dieser Einsicht liegt eine Lösung für viele Abhängigkeiten, einschließlich der Verlockungen der Gier, die nach Thomas' brillanter Analyse eine Sünde des Geistes ist, das heißt, eine Suche nach dem Unendlichen, und weniger eine Sünde des Materialismus als solchem.

8. Er preist die Stille und das Loslassen auf eine dem Zen verblüffend ähnliche Weise. Er spricht über das Leerwerden des Geistes und darüber, daß wir wissen, was Gott nicht ist, nicht jedoch, was Gott ist (siehe 'Zweites Gespräch'). Er preist sowohl den kataphatischen Gott des Lichtes und der Schöpfung, wie auch den apophatischen Gott der Stille und Geistesentleerung. Der menschliche Geist ist nicht nur radikal empfänglich, er ist ein Abgrund der Leere. „Alles, was ich geschrieben habe, ist Stroh."

9. Thomas analysiert auch – und in ungeheurer Tiefe – die Schwächen der Menschheit. Für die heutige Zeit ist besonders relevant seine brillante Analyse der Angst, der Verzweiflung, der Kleinmütigkeit und der acedia, die in der Ausgebranntheit und geistigen Traurigkeit liegt, die uns so sehr niederdrückt, daß wir uns weigern, neue Dinge anzufangen. Ganz zu recht bezeichnet er die Angst – die in den Fundamentalismen auf der heutigen Welt vorherrscht – als eine 'Sünde'. Und auch seine Lehre, daß die Verzweiflung die gefährlichste aller Sünden sei, hat guten Grund, denn ein Mensch in Verzweiflung 'zappelt im Bösen'. Und er warnt davor, daß das größte aller Übel ein Lehrer sei, der Verzweiflung lehrt.

10. Seine Psychologie ist so reich, weil sie nicht anthropozentrisch ist und auch nicht abtötend introspektiv. Wie die Psychologie der Hildegard von Bingen handelt es sich um eine Mikrokosmos/Makrokosmos-Psychologie. Sein Verständnis der menschlichen Motivation, Gefühle und Kräfte ist brillant. Ich habe sogar den Eindruck, daß in all seinen Schriften sein Genius sich am meisten in den Texten über die menschliche Psychologie offenbart.

11. Thomas preist die deificatio, die Vergöttlichung der Menschheit, und arbeitet ausführlich aus, was das bedeutet. Indem er eine Theologie des Segens in der Schöpfung und unserer Vergöttlichung oder Heiligung entwickelt, kor-

rigiert er das Ungleichgewicht, das sich in bezug auf die klassischen drei Glaubensartikel – Schöpfung, Erlösung und Heiligung (oder Vergöttlichung) – in die westliche Theologie geschlichen hat. Die westliche Theologie hat dazu tendiert, den ersten und dritten Artikel unter den zweiten zu subsummieren oder völlig zu ignorieren. Bei Thomas findet sich diese Vernachlässigung der Artikel eins und drei nirgends.

12. Seine Moral gründet sich nicht auf Gesetze und Gebote, sondern auf die Via Creativa, das heißt auf das Gebären unseres größten und besten Selbst auf dem Wege der Tugend (was in seiner Sprache auch 'Kraft' bedeutet). Seine Moral liegt eindeutig in einer Ethik der Stärkung. Ein Beispiel dafür ist sein wunderbarer Traktat über die Tugend des Großmutes, das Gegenmittel gegen die Kleinmütigkeit, die aus Angst und Verzweiflung entsteht. Der Schlüssel zur moralischen Handlung ist nach Thomas' Sicht der Akt der Entscheidung. Wir wählen und müssen wählen, und unsere äußerste Kraft finden wir in den Entscheidungen, die wir treffen.

13. Die Spiritualität des Aquinaten ist hoffnungsvoll. Er hat ein Mittel gegen die Verzweiflung: sich in die Schöpfung verlieben, „amor facit ecstasim" (die Liebe bringt Ekstase hervor), ist eines davon. „Freude erweitert das Herz," stellt er fest. In seiner Spiritualität liegt eschatologische Kraft. Sie spricht die Zukunft an und nicht nur eine erschöpfte Vergangenheit. Thomas erklärt, die Freude sei die edelste Handlung der Menschheit. Wäre es nicht großartig, wenn unsere erziehenden, religiösen, politischen und ökonomischen Systeme um diese Idee herum neu gebildet würden, daß der Sinn der Menschheit darin liegt, daß wir einander diese 'edelste' unserer Handlungen darbringen?

14. Er preist die Sinne und die Leidenschaften, wobei er die letzteren als 'Sitz der Tugenden' ansieht. Wut hat für ihn zum Beispiel einen angemessenen Ort, und Sinnlichkeit ist nicht ein Problem, sondern ein Segen. Vergnügen ist für ihn kein Problem, sondern liegt im Kern einer gesunden Motivation. „Lust ist die Vollkommenheit des Handelns." (90) Das Universum ist aus Gottes Lust heraus entstanden. „Absolute Freude ist Gottes, und aus ihr heraus geschah die Schöpfung." „Gott freut sich ständig." Das Bewußtsein entsteht aus Freude, denn „Gott ist immer froh und deshalb höchst bewußt." Einer der Gründe, warum Thomas Aristoteles vor Platon vorzog, ist der, daß er dem Vergnügen gegenüber weniger mißtrauisch war. Aristoteles wies nämlich Platons Argumente gegen das Vergnügen zurück (91). Für Thomas ist es Sünde, das Vergnügen absichtlich zu meiden, obwohl es natürlich notwendig ist, echtes von unechtem Vergnügen zu unterscheiden.

15. Er stellt fest, daß Materie und Geist nicht antagonistisch sind. Für Tho-

mas sind Körper und Seele im Menschen wahre Gefährten. Diese Abkehr vom Dualismus war im Kern Ursache der drei formalen Verdammungen seines Denkens. Es stellt einen radikalen Paradigmenwechsel vom augustinischen und neuplatonischen Denken dar, in dem die Seele 'mit dem Körper im Krieg liegt' und wo „Geist alles ist, was nicht Materie ist" (Augustinus, 92). Thomas von Aquin hält an der 'Konsubstanzialität' von Seele und Körper fest, die zusammen eine „wunderbare Verknüpfung (connexio mirabilis)" bilden (93). Er sagt: „In Verbindung mit dem Körper ist die Seele Gott ähnlicher als in Trennung von ihm, weil die Seele im Körper vollständiger ihrem Wesen entspricht." (94)

Für Thomas ist Sexualität gut. Er lehnt die augustinische Vorstellung ab, nach der sexuelle Liebe immer Sünde beinhaltet, weil die Fülle der Lust die Vernunft überwältigt. Verschiedene Kirchenväter haben gelehrt, daß die Vermehrung der menschlichen Rasse im Garten Eden auf irgendeine nicht-sexuelle Weise stattgefunden haben muß. Thomas antwortet darauf: „Das kann nicht vernünftigerweise gesagt werden. Denn was zur Natur des Menschen gehört, wird ihm durch die Sünde weder genommen, noch verliehen." (95) Sinnlichkeit ist bei Thomas 'ein sehr großer Segen' (siehe 'Erstes Gespräch') und Unsinnlichkeit ist ein moralischer Mangel.

Wir haben gehört, daß der Kommentar des Aquinaten über das Hohelied verlorengegangen ist. Das ist sehr merkwürdig, weil wir seine gesamten übrigen Werke besitzen und weil er gerade dieses Buch so sehr geliebt hat, daß er es in den vorliegenden Werken unzählige Male zitierte. Manchmal frage ich mich, ob sein Kommentar zum Hohenlied absichtlich von Personen beseitigt worden ist, die seine weniger allegorische und wörtlichere oder historischere Exegese als zu heiß empfunden haben.

16. Thomas hebt die Gerechtigkeit sehr hervor und hat sich sein Leben lang sehr für die Gerechtigkeit und die Gerechtigkeitsbewegungen seiner Zeit eingesetzt. Bezeichnenderweise ist der Abschnitt über die Gerechtigkeit in seiner langen Abhandlung über die Tugenden, die in seinem Denken in vieler Hinsicht die Via Creativa repräsentiert, bei weitem der längste. In seinem Kommentar über Aristoteles' Ethik ist ein ganzes Buch seinem Traktat über die Gerechtigkeit gewidmet, und in seiner Summa theologica wird die Gerechtigkeit viel ausführlicher als jede andere Tugend abgehandelt. Bei verschiedenen Gelegenheiten setzt Thomas die Erlösung (redemptio) mit der Befreiung (liberatio) gleich. Gerechtigkeit definiert er auch als die Bewahrung der Schöpfung und sagt, daß Christus die Gerechtigkeit selbst sei.

17. Thomas von Aquin zeigte seiner prophetischen Berufung gegenüber große Treue. Wie wir sahen, läuft seine Lebensgeschichte derjenigen vieler

Prophetinnen und Propheten parallel, nicht nur was seine Verdammung anbetrifft, sondern auch in der erzwungenen Isolation und Einsamkeit, die sich daraus ergab, daß er seiner Zeit voraus war. Ich halte seine reiche Lehre über die Prophetie (siehe 'Viertes Gespräch') zum Teil für sehr persönlich, denn er lebte, was er lehrte. Ist ein Prophet jemand, der oder die sich 'einmischt', wie Rabbi Heschel sich ausdrückt, dann war Thomas auf jeden Fall ein Prophet, der seinen Preis dafür zahlen mußte, daß er sich in ein jahrhundertealtes religiöses Paradigma einmischte, indem er die Kosmologie des Aristoteles dem introspektiven Gewissen des Augustinus vorzog.

18. Wir müssen ihn auch seines Mutes und seiner reichhaltigen Lehre über Mut und Großmut wegen loben. Seine eigene Lehre über die großmütige Persönlichkeit führte er hervorragend in seinem mutigen Bemühen aus, eine radikale, prophetische Politik mit einem vertieften Studium der Natur zusammenzubringen. Schon als junger Mann bewies er Mut, als er sich dem aufstrebenden Dominikanerorden anschloß und dabei die Wünsche seiner Familie überging, um zu neuen Ländern aufzubrechen, um sich Aristoteles zu eigen zu machen, mit seinen Gegnern öffentlich zu debattieren und seiner Linie treu zu bleiben. Wenn er schreibt, daß es mehr Mut braucht, im Kampf auszuharren, als schnell durch ihn hindurchzukommen, spricht er wohl aus eigener Erfahrung. Denn sein ganzes Leben war, besonders in den letzten Jahren, ein großer Kampf. Doch verlor er im Streit nie sein Gleichgewicht. Er blieb seiner Mystik ebenso treu wie seiner Prophetie. Beide brauchten ein sehr großes Herz, was schließlich die etymologische Bedeutung des Wortes 'courage' ist.

19. Thomas bietet uns einen großen Reichtum an Bildern für Gott, die Gottheit und Jesus Christus, dessen Person und Leben er auf vielfache Weise betrachtet hat. Er entwickelt eine Theologie des Kosmischen Christus, wie auch eine reiche Theologie Jesu als Prophet, sowie der gesamten prophetischen Berufung, einer Berufung, die er eng mit der rechten Verwendung von Phantasie oder künstlerischem Bewußtsein verbindet. Er bleibt dem dynamischen Sinn eines trinitarischen Bewußtseins im Unterschied zu einem starren Monotheismus treu und zeigt auch viele Gottesbilder, die sehr feministisch sind, zum Beispiel Gott als 'die Quelle hinter der Quelle' oder Christus als 'Mutter' (siehe 'Drittes Gespräch'). Ein bei Thomas häufig wiederholtes Gottesbild ist dasjenige von Gott als einem Künstler und vom Universum als einem göttlichen Kunstwerk.

20. Kunst und Kreativität sind für Thomas von Aquin wesentliche Komponenten des menschlichen Bewußtseins und des geistigen Weges. Er entwickelt sogar eine ganze Spiritualität der Arbeit, die darauf beruht, daß sich das Gottesbild in uns in unserer Kreativität ausdrückt. Er erklärt, in Gott gebe es

vollkommene Fruchtbarkeit (siehe 'Drittes Gespräch'). Der Geist sei fähig, Kunstwerke hervorzubringen; und das Böse resultiere aus unserem Versagen zu handeln und dem Verstecken unseres Lichtes unter einem Scheffel. Er betrachtet Kraft als eine Stärkung, die aus der Kreativität kommt, einschließlich der Kreativität, unsere eigenen Kräfte oder Tugenden zu entwickeln, und sie zur Basis unseres Lebens in der Welt zu machen, das heißt, zu unserer Moral.

21. Schließlich kann man wohl sagen, daß die Essenz des Werkes von Thomas von Aquin nicht nur seine lebenslange Suche nach der Wahrheit, sondern auch seine intensive Suche nach Weisheit ist. Die Weisheit hat Thomas sein ganzes Leben hindurch gerufen; und er antwortete. Seine Antrittsvorlesung an der Universität zu Paris und der Prolog zu seinem ersten großen Werk, dem mit achtundzwanzig Jahren geschriebenen Kommentar zu den Sentenzen, basieren zum Beispiel auf Weisheitstexten aus Psalm 103, dem Buche Kohelet (1,7) und dem Buch Jesus Sirach (24,40). Thomas lehrte, daß die Weisheit Gottes sich in allen Geschöpfen manifestiere, und bezeichnete Jesus als inkarnierte Weisheit, und er hob hervor, daß die Weisheit den Kosmos regiere. Er schrieb, daß es vier Aufgaben für die Weisheit gebe, und verband diese in seinem Prolog zum ersten Buch der Sentenzen mit dem Mysterium der Inkarnation: Erstens, die Mysterien Gottes zu enthüllen; zweitens, die Schöpfung hervorzubringen, wie ein Künstler die Kunst gebiert; drittens, die Schöpfung zu erneuern; und viertens, die Schöpfung zu vollenden. Beachten Sie, daß diese Theologie der Inkarnation das Wort 'Erlösung' nicht einmal erwähnt. Er verwendet vielmehr das Wort 'Erneuerung', und selbst dieses ist erst die dritte Aufgabe der Weisheit. (96)

Thomas meinte, die Weisheit sei uns nur geliehen, sie sei nichts, was wir besitzen. Weisheit komme aus dem Herzen und manifestiere sich in den Geschöpfen. Sie ist die Frau; sie ist ein Reichtum; sie kommt von den Propheten und begleitet die Gerechtigkeit; sie ist verborgen und geheimnisvoll, aber wir nehmen an der Weisheit Gottes teil, weil wir Söhne und Töchter Gottes sind wie Christus, der die inkarnierte Weisheit ist, die die Propheten hervorbringt. Dieses von Thomas reich entwickelte Thema der Weisheitstheologie und Christi als Weisheit wird heute von feministischen Theologinnen wieder entdeckt. Daran zeigt sich, wie sehr die Sündenfall-Erlösungs-Deutungen die abendländische Theologie haben verarmen lassen. Die mittelalterliche Renaissance war unserer Zeit sehr ähnlich; es kam ebenfalls zu einem Zusammenbruch der vorherrschenden Weltanschauung und des wirtschaftlich-politischen Systems. Ein Bewußtsein für die Erde und für die Göttin kam auf. Aus einem neuen wissenschaftlichen Bild der Natur entstand eine neue Kosmologie. Aus Basisgemeinden und der Geschichte der Unterdrückten wurden soziale Gerechtigkeitsbewegungen geboren und mit diesen eine neue Vitalität auf der Ebene des mystischen und prophetischen Bewußtseins. Angesichts der oben zitierten Gründe deutet all dies darauf hin, daß die Leistungen des Aquinaten unser eigenes Ringen um ein geistiges Erwachen und prophetischen Einsatz nähren können.

Der 'Pferdefuß' des Aquinaten

Nachdem ich Thomas für einige seiner bleibenden Leistungen gelobt habe, halte ich es für ebenso wichtig, seine 'Pferdefüße', die Mängel bei ihm, zu betrachten. Wir sollten das bei unseren Heiligen aus verschiedenen Gründen immer tun: Erstens, weil kein Mensch vollkommen ist (und nur ein neurotischer Mensch dies sein wollte). Wenn eine Hagiographie die Heiligen als vollkommen malt, dann tut sie uns anderen damit überhaupt keinen Gefallen, denn wir können uns mit Vollkommenheit nicht identifizieren. Die meisten von uns finden den Zugang zu den Heiligen über ihre Schwächen, nicht über ihre sogenannte Vollkommenheit. Wir können uns mit ihnen und ihrem Weg leichter identifizieren, wenn wir etwas von ihren 'Pferdefüßen' wissen.

Außerdem ist es ein grundsätzlich falsches Bewußtsein, wenn wir zu der Annahme geführt werden, irgendwelche Heiligen seien 'vollkommen'. Denn wenn dann die Wahrheit bekannt wird, müssen wir die Heldin oder den Helden von ihrem Podest herunterwerfen. Und wenn die Wahrheit uns verborgen bleibt, tun wir etwas noch Schlimmeres: Wir projizieren die Größe und Einzigartigkeit unserer eigenen Seele auf die Heiligen, statt unseren eigenen geistigen Weg zu gehen. Wir bauen dann eine Heldenbeziehung auf – die unweigerlich eine Haßliebe ist – statt einer Kindesbeziehung.

Alle Heiligen haben ihre Pferdefüße. Gandhi war grausam zu seiner Frau; Martin Luther King hat offenbar bei seiner Doktorarbeit gemogelt und war in seiner Ehe nicht treu; Dorothy Day war in ihrer Ekklesiologie sehr klerikal und in ihrer Einstellung zu Frauen sexistisch. Die Pferdefüße von Heiligen machen sie nicht weniger heilig. In unserem 'Vierten Gespräch' spricht Thomas darüber, wenn er darauf hinweist, daß Prophetinnen und Propheten nicht 24 Stunden am Tag solche sind. „Das prophetische Licht", so schreibt er, „ wohnt dem Propheten nicht inne, sondern ist eine Art vorübergehender Zustand." (97) Hätten Propheten immer recht, so würden wir einander nicht brauchen! Wir würden keine Kirche brauchen, die Gemeinschaft von Mystikerinnen und Propheten, die sich gegenseitig unterstützen und herausfordern können, und die gemeinsam das ganze Leben feiern können, seine Freuden und seine Kämpfe. Wie Thomas zeigt, wird bei einer Offenbarung an Propheten nicht „allen alles offenbart, sondern einiges dem, anderes jenem.“ (98)

Obwohl Thomas von Aquin die schwere und sogar archetypische Bürde trägt, von der römisch-katholischen Kirche zu einem Heiligen erklärt worden zu sein, hat er nichtsdestoweniger seine Pferdefüße. Insbesondere sehe ich bei ihm folgende vier Schwächen.

Der erste Pferdefuß des Thomas betrifft die Frauen, denen gegenüber er günstigenfalls ambivalent und schlimmstenfalls sexistisch eingestellt ist. Manchmal hat er den Frauen gegenüber Günstiges zu sagen, wie zum Beispiel, wenn er die Ehe als 'vollkommene Freundschaft' und einzigartige Berufung preist und sagt: „Vollkommene Freundschaft, wie sie zwischen einem Mann und seiner Ehefrau existiert, für die ein Mann sogar Vater und Mutter verläßt (Gen.2), kann es nicht für viele geben.“ (99) Zwischen Eheleuten fordert er eine Beziehung auf Gegenseitigkeit, wenn er sagt: „Mann und Frau sollten so zusammenleben, daß einer erfüllt, was der anderen recht ist. Das wird bei unterschiedlichen Menschen Unterschiedliches sein.“ (100) Im Herzen der Beziehung zwischen Mann und Frau in der Ehe liegt eine Tugend: „Es gibt eine Tugend, die Ehemann wie Ehefrau zukommt und die ihre Freundschaft miteinander glücklich macht. Eine derartige Freundschaft kann also auf Tugend, Nützlichkeit und Lust beruhen.“ (101) Diese Dimension der Freundschaft liefert für Thomas das stärkste Argument für die eheliche Treue. Er schreibt:

> „Überfließende Liebe ist von der Natur nicht für viele Menschen, sondern nur für einen entworfen. Das wird in der geschlechtlichen Liebe deutlich, in welcher ein Mann nicht gleichzeitig viele Frauen intensiv lieben kann. Die vollkommene Freundschaft der Tugendhaften kann sich also nicht auf viele Menschen beziehen.“ (102)

Darin, daß Thomas von 'überfließender Liebe' zwischen Mann und Frau spricht, zeigt sich unter anderem sein Lob der Ehe als ein Sakrament, eine theologische Errungenschaft, die in der Kirche seiner Zeit erst ein Jahrhundert alt war. Er entwickelt eine Theologie der Ehe als Freundschaft, wenn er sagt: „Je größer die Freundschaft, um so beständiger sollte sie sein. Die größte Freundschaft aber besteht zwischen Mann und Ehefrau.“ (103) Und die Verbindlichkeit macht diese größte der Freundschaften öffentlich. „Die Form der Ehe liegt in einer untrennbaren Einheit der Seelen, durch die beide gehalten sind, dem anderen unzertrennlich die Treue zu halten." (104) Sein Argument gegen die Polygamie ist das folgende: „Freundschaft beruht auf Gleichheit. Die Erfahrung zeigt, daß bei Männern, die mehrere Ehefrauen haben, die Frauen wie Bedienstete behandelt werden." (105) Er stellt fest, daß die Menschen „von Natur aus mehr zur ehelichen als zur politischen Gemeinschaft neigen," weil sie „von Natur aus mehr eheliche als politische Wesen sind." (106) Er glaubt, daß die 'eheliche Freundschaft' bei der menschlichen Rasse einzigartig ist.

> „Aristoteles kommt zu dem Schluß, daß die Paarung von Männchen und Weibchen bei anderen Tieren nur der Zeugung von Nachkommen dient. Beim Menschen dient die Verbindung von Mann und Frau aber nicht nur der Fortpflanzung, sondern auch notwendigen Funktionen des Lebens. ... Wenn beide ihre jeweiligen Dienste zum Gemeinwohl beisteuern, wird für die gegenseitigen Bedürfnisse gesorgt." (107)

Sein grundlegendes Argument gegen außereheliche Sexualität besteht in dem Risiko, dem die Kinder ausgesetzt sind, die eventuell aus einer solchen Verbindung geboren werden.

> „Beim Menschen brauchen die Nachkommen nicht nur körperliche Nahrung, wie bei anderen Tieren, sondern auch eine Erziehung der Seele. Denn andere Tiere besitzen von Natur aus ihre eigene Klugheit, mittels derer sie für sich sorgen können. Ein Mensch lebt aber aus der Vernunft, die man durch eine lange Erfahrung in der Welt entwickeln muß, um so Klugheit zu erlangen. Deshalb müssen Kinder von Eltern erzogen werden, die selbst erfahrene Leute sind." (108)
>
> Kinder sind für ihre Eltern ein Segen, denn „Kinder sind das gemeinsame Gut von Mann und Frau, deren Verbindung der Kinder wegen besteht." (109)

Thomas lobt die Frauen im Evangelium wegen ihrer Stetigkeit gegenüber Jesus, einer Treue, die die männlichen Freunde Jesu beschämt.

> „Weil beide Frauen noch nahe am Kreuz stehenblieben, während die Jünger geflohen waren und ihn zurückgelassen hatten, empfiehlt Johannes die hingebungsvolle Beständigkeit der Frauen. Bei Hiob 19,20 heißt es: 'Mein Fleisch ist verzehrt, meine Knochen kleben am Gebein.' Es ist, mit anderen Worten, als hätten sich die Jünger, durch

das Fleisch bezeichnet, zurückgezogen, während die Frauen, durch die Haut bezeichnet, geblieben sind." (110)

Er preist die Frauen auch als Prophetinnen. Zum Beispiel bewundert er Maria Magdalena wegen ihres Mutes und bezeichnet sie als 'Prophetin' und die 'Apostelin der Apostel', die als erste die Frohe Botschaft der Auferstehung verkündet hat. „Ihr wurde die Verkündigung der Auferstehung des Herrn an die Jünger anvertraut; so wie zuerst eine Frau dem Mann die Worte des Todes verkündete, so verkündet auch eine Frau die Worte des Lebens." (111)

Es gibt jedoch noch eine andere Seite an der Lehre des Aquinaten über Frauen. Nachdem er Maria Magdalena an einer Stelle als erste Predigerin der Frohen Botschaft und als 'Apostelin der Apostel' gepriesen hat, sagt er an anderer Stelle, daß Frauen in der Kirche nicht Predigerin sein sollten. (112) Nachdem er an einer Stelle die eheliche Liebe als größte Freundschaft und Beziehung unter Gleichen gepriesen hat, wie wir oben sahen, spricht er an anderer Stelle von der Beziehung zwischen Ehemann und –frau als einer Freundschaft der 'Ungleichheit' (113) und sagt, daß „der Mann als der würdigere über der Ehefrau steht; der Ehemann bestimmt jedoch nicht in den Belangen, die Sache der Frau sind." (114) Nachdem er an einer Stelle gelehrt hat, daß die Ehe idealerweise eine gerechte Beziehung unter Gleichen ist, schreibt er an anderer Stelle über die natürliche Minderwertigkeit der Frauen.

> „Es ist klar, daß die Zeugung eines weiblichen Wesens außerhalb der Absicht der Einzelnatur liegt, also der Kraft eines bestimmten Samens, die immer eine möglichst vollkommene atur agnis anstrebt. Es steht aber im Einklang mit der allgemeinen Natur, also der allgemeinen Antriebskraft in der Zeugung niederer Wesen, daß auch weibliche gezeugt werden. Denn ohne Weibliches wäre die Fortpflanzung einer Reihe von Tieren nicht zu erreichen." (115)

Nachdem er gelehrt hat, daß Frauen minderwertige Wesen seien, lehrt er auch, daß ihr Körper Teil der Ursache für diese Minderwertigkeit ist und daß bei ihnen die Emotionen über den Verstand herrschen.

„Aristoteles gibt Beispiele von Frauen, in denen zum größten Teil die Vernunft nur sehr schwach erblüht, wegen der unvollkommenen Natur ihres Körpers. Deshalb können sie in den meisten Fällen ihre Gefühle nicht durch die Vernunft beherrschen, sondern werden von ihren Gefühlen beherrscht. Man findet nämlich nur selten weise oder tapfere Frauen, weshalb man Frauen nicht ohne nähere Bestimmung als beherrscht oder unbeherrscht bezeichnen kann. Das gleiche Argument gilt für die Kranken, das heißt für jene, die aufgrund einer schlechten Einstellung ein krankes Temperament haben, welches das Urteil der Vernunft unterdrückt nach der Weise ihres verbogenen Wesens." (116)

In der Summa theologica sagt Thomas in seiner Abhandlung 'Über die Erschaffung der Frau', daß

> „die Frau hinsichtlich ihrer Einzelnatur mangelhaft und zufallsbedingt ist, weil die aktive Kraft, die im männlichen Samen liegt, beabsichtigt, etwas hervorzubringen, was ihr dem männlichen Geschlecht nach vollkommen ähnlich ist. Die Zeugung der Frau kommt durch einen Mangel in der aktiven Kraft, einen schlechten materiellen Zustand oder durch eine von außen bewirkte Veränderung zustande, wie den Südwind, der nach Aristoteles feucht ist." (117)

Er kommt dabei jedoch zu dem Schluß, daß „die Frau hinsichtlich der allgemeinen Natur nicht zufallsbedingt, sondern in der Absicht der Natur zum Zeugungsakt vorgesehen ist." (118)

Das ist höchst widerliches Zeug und für heutige Frauen wie Männer abstoßend. Bei der Suche nach Strohhalmen für die Begründungen wird er manchmal sogar absurd, wie im Zitat des Aristoteles über den Einfluß des südlichen feuchten Windes. Aus all dem wird aber seine Zwiespältigkeit deutlich; Thomas widerspricht sich immer wieder, wenn es um das Thema der Frauen und der männlich-weiblichen Beziehungen geht.

Seine Geschlechtertheorie hat eine offenkundige Anziehung für Männer, die ihre Privilegien dadurch legitimiert sehen wollen. Auch hier zeigen sich die Pferdefüße des Aquinaten. „Die Frau ist dem Mann von Natur aus unterstellt, denn im Mann (sogar: in homine) überwiegt von Natur aus die unterscheidende Kraft des Verstandes," (119) ... „wobei der Mann das Haupt der Frau ist." (120) Er weist den männlichen Egoismus jedoch zur Vorsicht an, wenn er die Männer daran erinnert, daß die unendliche göttliche Kraft „den Mann aus dem Lehm der Erde und die Frau aus dem Mann" hervorgebracht hat. (121) Und er erinnert die Männer auch daran, daß die Frau „nicht Tochter Adams heißt", sondern „ausschließlich aus der göttlichen Kraft" hervorgebracht wurde. (122) Und in einem Bruch mit Augustinus hält er daran fest, daß Männer und Frauen gleichermaßen nach Gottes Ebenbild geschaffen sind. „Das Ebenbild Gottes ist beiden Geschlechtern gemein, da es dem

Geist (mens) nach da ist, in dem es keinen Geschlechtsunterschied gibt." (123)

Abgesehen davon, daß er sich zu sehr auf Aristoteles stützte, kann für die Ambivalenz, ja die Schizophrenie, des Thomas gegenüber den Frauen noch ein weiterer Grund angeführt werden. Er kannte so wenige. In der frühen Zeit der Pariser Universität lehrten dort auch Frauen und spielten hervorragende Rollen. (Heloisa war zu ihrer Zeit als die hervorragendste Studentin an der Universität bekannt, und die brillanten Briefwechsel aus ihrem späteren Leben zeugen von ihrem intellektuellen Genius und ihrer geistigen Tiefe.) Doch zur Zeit des Aquinaten waren keine Frauen an der Universität mehr zu sehen. Es ist zu bezweifeln, ob er überhaupt Studentinnen hatte, und gewiß hatte er keine Lehrerinnen. Vom fünften Lebensjahr bis zu seinem Tode lebte er in einer rein männlichen und zölibatären Gemeinschaft. Die einzigen Frauen, die in seiner Lebensbeschreibung Erwähnung finden, sind seine Mutter, seine Schwestern und eine Prostituierte.

Nach Professor James Weisheipl war seine Mutter fünf Monate nach dem Tode seines Vaters diejenige, die die Brüder des Thomas dazu anstiftete, ihn zu kidnappen. Sie hatte für ihn ehrgeizige Pläne, die davon abhingen, daß er in das monastisch-feudale Establishment seiner Zeit eintreten würde. So brachte sie nicht viel Verständnis für die neue Kultur auf, von der Thomas sich angezogen fühlte. Laut Weisheipl „verhält sich die Sache so: Dona Theodora und ihr Mann, Landulf, hatten sorgfältige Pläne für die Zukunft der Familie gemacht, und Thomas sollte bei deren Sicherung eine bedeutende Rolle spielen." (124) Der Eintritt in den neuen und gegen das Establishment gerichteten Dominikanerorden war nicht Teil ihrer Pläne.

Eine zweite Frau in seinem Leben war eine Prostituierte oder „ein entzückendes, aufreizend gekleidetes Mädchen", das seine Brüder während seiner Gefangenschaft in seine Zelle brachten, um ihn verführen zu lassen. Wie Weisheipl zeigt, „gibt es allen Grund zu glauben, daß die Dirnenepisode historische Tatsache ist", (125) und obschon Thomas der Verlockung widersteht, kann man nur darüber spekulieren, wie diese gewaltsame Episode sein späteres Verständnis der Frauen gefärbt haben mag. Es gibt deutliche Hinweise darauf, daß Thomas sein ganzes Leben hindurch keusch geblieben ist; und gewöhnlich folgt aus einem solchen Lebensstil kein tieferes Verständnis des anderen Geschlechts.

Eine dritte Erfahrung des Aquinaten mit Frauen war die mit seinen fünf Schwestern. Unter ihnen war die Gräfin Theodora von San Severino, die in seinen letzten Tagen sagte, er sei ganz von Sinnen (stupefactus) (126). Eine weitere, für uns nicht benannte Schwester starb als kleines Kind bei einem schweren Unwetter, aufgrund dessen Thomas sein ganzes Leben hindurch Angst vor Gewittern hatte. Marotta wurde Benediktinerin und Äbtissin von Santa Maria de Capua. Sie starb ungefähr im Jahre 1259. Maria heiratete Guglielmo von San Severino und starb im Jahre 1286. Ihre Tochter, Katharina, war im Kanonisationsprozeß ihres Onkels aktiv. Thomas' jüngere Schwester Theodora wurde mit dem Grafen Roger von San Severino verheiratet und starb ungefähr 1310. Von seiner fünften Schwester wissen wir außer ihrem Namen, Adelasia, nichts. Man muß sich natürlich fragen, wie nahe Thomas seinen Schwestern stand, wenn er schon im Alter von fünf Jahren sein Zuhause verlassen hat.

Zum Verständnis der oft kläglichen Aussagen des Aquinaten über Frauen hat Marie-Louise von Franz Bemerkenswertes gesagt, als sie über den Autor der 'Aurora consurgens' schrieb, den sie für Thomas von Aquin hält (wobei ihr der Dominikaner Victor White beipflichtet – Teile dieses Textes sind am Ende unseres 'Zweiten Gesprächs' wiedergegeben). Sie schreibt:

> „Wir müssen zu dem Schluß kommen, daß dieser Autor noch nie zuvor eine Beziehung zum weiblichen Prinzip hatte. Aus dem Text wird deutlich, daß er ein Kleriker ist, und ich könnte mir vorstellen, daß er einen negativen Mutterkomplex und aus diesem oder einem anderen Grunde keine Beziehung zum weiblichen Prinzip hatte, womit sowohl seine eigene weibliche Seite wie auch die Frauen gemeint sind." (127)

Aufgrund dieser Pferdefüße des Thomas bezüglich der Frauen gebe ich ihm in meinem 'Stammbaum' der Schöpfungsspiritualität nicht vier, sondern nur dreieinhalb Sterne (128). Das ist schade, denn er war in vieler Hinsicht nicht ein Feind, sondern ein Verbündeter des feministischen Bewußtseins. Daß seine Lehre über die Frauen nicht in sich konsistent ist, zeigen vielleicht seine eigenen Zweifel, als er das Kreuz von Jahrhunderten des christlichen Dualismus auf sein Gewissen nahm und versuchte, es abzubauen.

Zweitens gehört zu den 'Pferdefüßen' des Aquinaten seine Lehre über die Sexualität. Obwohl wir oben sahen, daß er die Sexualität als einen Segen pries, ist sein biologisches Verständnis dieses Themas eine furchtbar unangemessene Grundlage zum Aufbau einer Sexualethik. Als Menschen des 20. Jahrhunderts vergessen wir leicht, daß erst in der Mitte des 19. Jahrhunderts herausgefunden wurde, daß die Frauen das Ei hervorbringen, das zusammen mit dem Spermium das Kind erzeugt. Die Unkenntnis der westlichen Zivilisation über die sexuellen Fakten ist zeitweilig Quelle ungeheurer Gewalt gegen Frauen gewesen. Thomas von Aquin lernte seine Sexualbiologie bei Aristoteles, der lehrte, daß der Vater die Form, die Mutter die Materie stelle. Der Mann liefere den Samen, die Frau den Boden. „Der Vater stellt den hauptsächlichen Teil des Sohnes, die Form, und die Mutter stellt die Materie." (129) Indem er das aristotelische Buch "Über die Fortpflanzung der Tiere" zitiert, sagt Thomas: „Bei den vollkommenen Tieren, die geschlechtlich gezeugt werden, liegt die aktive Kraft im männlichen Samen, das Materielle des Fötus wird dagegen vom Weiblichen gebracht." (130) Diese Sexualtheorie bekräftigt er wieder. „Bei den vollkommenen Tieren liegt die aktive Zeugungskraft beim männlichen Geschlecht, die passive beim weiblichen." (131) Man muß Thomas zugute halten, daß er in dieser bizarren Sexualbiologie wenigstens beständig ist, wenn er erklärt, daß es einem Mord nahekomme, wenn ein Mann zu einem anderen Zweck als der Zeugung eines Kindes Samen ergießt. (132) Beständig ist er deswegen, weil daraus, daß der Mann das gesamte aktive Prinzip oder die Form seines Nachwuchses liefert, folgen würde, daß jeder Samen heilig ist. Zugute zu halten ist Thomas auch, daß er die Heiligkeit des männlichen Samens lehrte, den er als Grundlage des menschlichen Lebens verstand. Diese Position liegt weit entfernt von anderen mittelalterlichen Autoren, die den Samen 'übelriechend', 'eklig' und 'stinkend' beschrieben. (133)

Am wichtigsten ist, sich bewußt zu machen, daß die Ethik des Thomas auf einer falschen Biologie begründet war. Würde er heute leben, wäre er sicherlich der letzte, der seiner eigenen Ethik anhinge, weil er nicht mehr die Sexualtheorien des Aristoteles als Ausgangspunkt nähme. Angesichts Thomas' Einsatz für die Wissenschaft, der ihm so viel theologischen Ärger gemacht hat, können wir davon ausgehen, daß er im heutigen Kontext seinen Sexismus nicht rechtfertigen würde oder könnte. Wenn ein Irrtum über die Natur, wie er sagt, zu einem Irrtum über Gott führen kann, wieviel mehr ist es dann richtig, daß ein Irrtum über die Natur zu einer fehlerhaften Moral führt. Denn seine Moral hängt eindeutig von seinem Verständnis darüber ab, was natürlich oder nicht natürlich ist. Er sagt zum Beispiel, daß „die natürliche Liebe eine Art natürlicher Neigung ist, die Gott der Natur eingeprägt hat. Nichts Natürliches aber ist pervers, weshalb es unmöglich ist, daß eine natürliche Neigung oder Liebe pervers sei." (134) Es ist kaum vorstellbar, daß seine Kirche diese auf einer bizarren Biologie beruhende Sexualethik weiterhin lehren könnte oder wollte. (135)

Drittens müssen wir auch Thomas' Einstellung gegenüber seinem eigenen Körper und gegenüber Tieren in Frage stellen. Er war ein Mann mit erheblichem Appetit, und sein Umfang könnte darauf hindeuten, daß er in der Praxis weniger in Kontakt mit seinem Körper war, als in seiner Theorie, wo er schreibt, daß der Körper der Seele gleichrangig sei. Manchmal vollzieht er auch eine Abkehr vom Körper, die kaum zum Gedanken der Fleischwerdung paßt, wenn er etwa schreibt: „Das Leben der Götter (das heißt der geistigen Substanzen) ist vollkommen glücklich, weil sie nur das geistige Leben haben.“ (136) Kündigt er hiermit, wenn er das intellektuelle Leben höher als das körperliche lobt, schon seinen eigenen Zusammenbruch an? Und wie, wenn er selbst keusch geblieben ist, konnte er zu dem Schluß kommen, daß sexuelle Aktivität das intellektuelle Leben auszehre? Wer könnte sagen, daß erotische Liebe nicht die geistige und schöpferische Arbeit und eine tiefe Spiritualität fördere?

Was die Tiere angeht, haben wir schon gesehen, daß Thomas die Seele bei den Tieren preist. Er bewundert ihre Weisheit und bezeichnet sie als schlau und klug. (137) Und er achtet die Tatsache, daß alle Geschöpfe an der 'Würde der Verursachung' teilhaben. Und wir haben auch gesehen, wie er eine Unterscheidung zwischen einer 'niederen' und einer 'höheren' Vernunft bei Menschen ablehnt. Nichtsdestoweniger scheint er Tiere oft abzuwerten. Vielleicht läßt sich dies zum Teil dadurch erklären, daß er Menschen dazu drängen wollte, ihren Verstand mehr zu benutzen, da er ja gegen den Antiintellektualismus des Mittelalters ankämpfen mußte. Doch werden die Tiere im Werk des Aquinaten nicht mit soviel Achtung behandelt, wie man sich wünschen könnte. Menschlicher Chauvinismus schleicht sich in seine Schriften ein. Thomas ist zum Beispiel fest davon überzeugt, daß die menschliche Auferstehung den menschlichen Körper mit umfassen wird – der Mensch wird ein 'vollkommenes Alter' von etwa dreiunddreißig Jahren haben. Er ist aber zutiefst anthropozentrisch, wenn er leugnet, daß auch andere Geschöpfe an der Auferstehung teilhaben werden.

Ein vierter Bereich ist der latente Antisemitismus des Thomas. Ich sage hier 'latent', weil er ein sehr biblischer Denker war, dessen Pastoraltheologie zum größten Teil auf seinen verschiedenen Bibelkommentaren beruht, die von einer jüdischen Weltsicht ausgehen. Um nur ein Beispiel in dieser Hinsicht zu zitieren, sagt er „die Alten irrten in der Annahme, der gerechte Gott sei der Gott des Alten Testamentes und ein anderer Gott, nämlich der des Neuen Testamentes, sei gut.“ (138) Wie wir sahen, vertritt Thomas in vieler Hinsicht eine Tiefenökumene. Die Weisheit oder Lebensweise der jüdischen und biblischen Überlieferung wertet er in keiner Hinsicht ab, ja, sein Einsatz für eine nicht-dualistische Philosophie ist eine Bewegung fort vom Hellenismus zu einer jüdischeren und biblischeren Spiritualität.

Obwohl es in seiner Gesamtphilosophie keine große Rolle spielt, äußert Thomas sich leider verschiedentlich antisemitisch. In einer in seinem letzten Lebensjahr in Neapel gehaltenen Rede antwortet er auf die Frage, ob die Juden, weil sie nicht die Gottheit getötet haben, nicht nur genausoviel gesündigt haben, als hätten sie irgendeinen anderen Menschen getötet, und sagt: „Ich antworte, daß jemand, der das Gewand des Königs bespritzt, ebenso schuldig ist, als hätte er den König selbst bespritzt. Deshalb wurden die Juden, obwohl sie nicht Gott töten konnten, sondern nur die menschliche Natur, mit welcher Christus bekleidet war, bestraft als hätten sie die Gottheit getötet." (139) Es ist unakzeptabel, daß Thomas die Tötung Jesu hier dem ganzen jüdischen Volk zuschreibt; daß er dies in einer öffentlichen Predigt und am Höhepunkt seines Lebens tut, macht es um so verwerflicher.

Das unvollendete Werk des Thomas

Mir scheint, daß jeder dieser 'Pferdefüße' des Aquinaten zeigt, wie unfertig seine Bemühung war, die abendländische Religion in ein weniger dualistisches Gleis zu bringen, und wie unfertig sie bis heute geblieben ist. Zum Beispiel halte ich das Folgende bei der Einschätzung der Rolle des Thomas für den Feminismus für äußerst wichtig. Obwohl er hinsichtlich der Rolle der Frau in der Kultur verwirrt und sein Wissen über die Sexualbiologie so bodenlos war, wie das der meisten westlichen Menschen der letzten zweieinhalbtausend Jahre, kann seine Gesamtphilosophie doch mit Recht als feministisch verstanden werden. Die Themen, die ihn beschäftigt haben – Kosmologie, Weisheit, Beziehung, Schöpfung, Geist in der Materie und nicht im Gegensatz zu ihr, Wissenschaft, Kreativität, Gerechtigkeit, Wahrheit bei den Heiden, Leidenschaft als Sitz aller Tugend, Sinnlichkeit, Natur, Mitgefühl, Christus als Weisheit, alternative Gottesbilder, Gewissen – all diese Themen beschäftigen feministische Denkerinnen und Denker. Daß er schon direkt nach seinem Tode wegen seines Eintretens für die Konsubstanzialität von Körper und Seele verdammt wurde, ist ein Beweis dafür, daß die zeitgenössischen Hüter des Status quo verstanden hatten, wie radikal seine nicht-dualistischen Positionen waren. (140) Einige seiner wichtigsten Grundprinzipien, diejenigen gerade, die zu seiner Verdammung führten, sind feministisch. Daß er keine Frauen kannte, ist eine große Tragödie. Und die Geschichte kann ihn auch nicht aus der Verantwortung dafür entlassen, daß er der Unterdrückung der Frauen zusätzliches Gewicht verlieh.

Trotz seiner Ambivalenz gegenüber Frauen und Körper und trotz seines Sexismus können viele Frauen bei Thomas nicht nur einen Feind, sondern einen Verbündeten auf der tiefsten Ebene ihres geistigen Ringens finden. Was geschieht zum Beispiel, wenn Frauen seine Lehre über Großmut und Stärke auf sich anwenden? Welche Wertschätzung folgt aus der Bestätigung des weiblichen Seins und der Kreativität und Kraft? Was geschieht, wenn Frauen in ihrer Suche nach einer lebendigen Kosmologie bekräftigt werden? Niemand wird die Mystikerin und Aktivistin des 13. Jahrhunderts, Mechthild von Magdeburg, als eine unkritische Frau bezeichnen können, denn sie war aktives Mitglied der Beginengemeinschaft, der feministischen Bewegung des Mittelalters. Und sie war eine große Anhängerin von Thomas von Aquin. Sie fand in seinem Werk die Grundlage für eine Befreiung der Frauen, und das mit gutem Grund. Denn obschon seine Erfahrung mit Frauen äußerst begrenzt und sein biologisches Verständnis völlig verdorben war, war doch sein grundlegendes philosophisches Bemühen feministisch.

Thomas versuchte, die abendländische Zivilisation vom Dualismus des hellenistischen und neuplatonischen Denkens fortzubringen. Für diesen prophetischen Einsatz zahlte er einen hohen Preis, sowohl politisch als auch persönlich. Politisch gesehen ist es eine Tatsache, daß die Kirche trotz frommer Auszeichnungen niemals den Weg des Nichtdualismus gegangen ist, den Thomas vor sieben Jahrhunderten einleitete. Wie Chenu sagt, „war das Christentum kaum jemals in der Lage, sich der Anziehung des dualistischen Spiritualismus von Augustinus und Descartes wirksam zu widersetzen". (141) Und an anderer Stelle:

> „In der größten Stunde der Universität von Paris, in der emanzipierten Welt der Kommunen, zog Thomas von Aquin den Ärger und die Verachtung der Intellektuellen und religiösen Leute auf sich, indem er die Wichtigkeit der Materie in der Metaphysik des Universums, in der Konstitution des Menschen und der Evolution der Gesellschaft verkündete. Und die subtile Analyse, mit Hilfe derer er die Innerlichkeit des Bewußtseins und die Freiheit des Geistes trotz der Begrenzung der Materie rechtfertigte, konnte den Verdacht nicht zerstreuen ... Die verzögerte Anerkennung seiner Theologie sollte dazu führen, daß sie mehr offiziell als praktisch wirksam wurde." (142)

Historisch und politisch gesehen hat Thomas versagt. Persönlich durchlief Thomas den Schmerz, den eine nachpatriarchale Geisteshaltung von Menschen fordert. Denn wenn Marie-Louise von Franz mit ihrem Verständnis Recht hat, daß sein Zusammenbruch ein Bruch mit seiner eigenen Anima oder weiblichen Seite war, dann starb Thomas als Folge des überaus patriarchalen Milieus, in dem er arbeitete und kämpfte. Obwohl er während seiner Lebenszeit Frauen nicht unterstützte, steht er mit seinem Tode zu ihnen. Seine Aussagen über Frauen stimmen nicht überein mit seinem lebenslangen zähen Kampf gegen den Dualismus. Daß er den Zusammenbruch über den Verlust des Weiblichen in einer mystischen Erfahrung während der Eucharistiefeier erlitt, erhöht die Ironie des Ereignisses nur um so mehr, während es die Lektion vertieft, die er uns durch seine Schriften und das Gleichnis seines Lebens und Todes weitergibt. Das tragische Ende von Thomas' Leben erinnert uns an die Schwierigkeit, die zur Durchsetzung eines Paradigmenwechsels gehört, der sowohl die seelische und körperliche, wie auch die intellektuelle und politische Ebene unseres Daseins berührt.

Und es vertieft auch die Herausforderung an uns Heutige, bei der großen Bewegung fort vom Dualismus und hin zu einer achtungsvollen Beziehung zur ganzen Schöpfung nicht noch einmal zu versagen. Die Erde wartet auf unsere Entscheidung, während wir uns auf den Weg ins dritte christliche Jahrtausend machen, das Überleben unseres zerbrechlichen Planeten in unseren menschlichen Händen. Thomas selbst lehrte, daß im Kern aller moralischen Handlungen des Menschen die Entscheidung liegt. Ich hoffe, daß dieses Buch und der Anteil an Weisheit, den Thomas von Aquin darin für uns öffnet, zur Renaissance beitragen wird, die unsere Zeit von uns fordert. Auf diese Weise könnte der Planet wiederum an der 'absoluten Freude' teilhaben, die ihn ganz zu Beginn ins Dasein phantasiert hat. Denn, wie Thomas es sagen würde, sollte das Wissen um die absolute Freude Gottes nicht auf die Wenigen oder die Alten beschränkt bleiben.

Anmerkungen

0 Summa contra gentiles, Bd. I.4, 4.Abschn.*
1 Brief an Br.Victor White, O.P., 31.12.1949. In: Gerhard Adler u. Aniela Jaffe (Hrsg.): C.G.Jungs Briefe, Princeton 1973, I, S.540.
2 Summa contra gentiles, Bd. I.4, n.4*
3 De veritate q.14.a.11
4 zum Beispiel Thomas Gilby, St. Thomas Aquinas: Philosophical Texts, Durham 1982; Gilby, St. Thomas Aquinas: Theological Texts, Durham 1982, Mary T.Clark Hrsg., An Aquinas Reader, Garden City 1972; und Vernon J. Bourke, The Pocket Aquinas, New York 1960.
5 Diese alten philosophischen Kategorien zeigen einen sehr deutlichen Sexismus, wenn zum Beispiel 'Mensch' und 'Mann' mehr oder weniger synonym gebraucht werden.
6 Vielleicht empfinden wir die Scholastik heute als so umständlich, weil wir heute über eigene wissenschaftliche Methoden verfügen, die sie ersetzt haben. C.G.Jung würdigt die Scholastik im Verhältnis zur heutigen Wissenschaft, indem er darauf hinweist (in: Symbole der Wandlung), daß der scholastische Geist der modernen wissenschaftlichen Methodik Pate gestanden hat und durch seine Errungenschaften eine solide Grundlage für die intellektuellen Funktionen legte, auf denen moderne Wissenschaft und Technik basieren.
7 M.-D.Chenu O.P., Das Werk des Hl. Thomas von Aquin, Graz 1960, S. 275
8 Chenu, S. 263
9 Zu den Werken Thomas von Aquins siehe: Chenu, Das Werk des Hl. Thomas von Aquin; und: James Weisheipl, Thomas von Aquin – Sein Leben und seine Theologie, Graz Wien Köln, 1980
10 Weisheipl, S.115
11 Als Beispiel für die Leidenschaft des Thomas an der wissenschaftlichen Kosmologie siehe den Anhang.
12 Siehe: Weisheipl, S. 294f; und siehe: Marie-Louise von Franz, Alchemy – An Introduction to the Symbolism and the Psychology, Toronto 1980, S.216; bzw. das Werk von ihr zum gleichen Thema: Marie-Louise von Franz, Aurora Consurgens, ein dem Thomas von Aquin zugeschriebenes Dokument der alchemistischen Gegensatzproblematik; als: 3.Ergänzungsband zu C.G.Jung, Mysterium Conjunctionis, Gesamtausgabe Bd. 14/3, Olten 1971.
13 Aus Notizen, die ich in der Vorlesung Cognets über die Geschichte der abendländischen Spiritualität im Jahre 1969 machte.
14 Abraham Heschel, "On Prayer" in: Conservative Judaism 25, Herbst 1970, S.8
15 Siehe mein Buch: Schöpfungsspiritualität, Heilung und Befreiung für die Erste Welt, Stuttgart 1993
16 Die gängigen englischsprachigen Werke über die Spiritualität bei Thomas von Aquin (z.B. von Simon Tugwell oder Walter Principe) vernachlässigen entweder die prophetische und kreative Dimension bei Thomas oder seine ausgeprägte Kosmologie.
17 zu Aristoteles' Ethik Bd. I, L. 1, S.6*
18 Psalmenkommentar, Präambel, S.148* (Text aus Hiob 2 und Klagel. 5*)
19 Zu den vier Pfaden, wie sie sich im Werk Meister Eckharts zeigen, siehe auch mein: "Meister Eckhart on the Fourfold Path of a Creation-Centered Spiritual Journey" in: Matthew Fox Hrsg., Western Spirituality: Historical Roots, Ecumenical Routes, Santa Fe 1980, S.215-48.
20 Siehe David Griffith, Sacred Interconnections: Postmodern Spirituality, Political Economy and Art, Albany 1990, Introduction; und: Georges DeSchrijver in: Lectures at Katholieke Universiteit Leuven, Belgien, Herbst 1990.
21 Siehe „Deine Mutter stirbt" in meiner: Vision vom Kosmischen Christus, Stuttgart 1991.
22 Siehe Henry Adams, Mont-Saint-Michel & Chartres, Garden City 1959; und: William Anderson, Green Man – The Archetype of Oneness with the Earth, San Francisco 1990.
23 M.D. Chenu, Nature, Man and Society in the Twelfth Century, Chicago 1968, S.3
24 Betrachten wir dazu nur den Unterschied zwischen dem Petersdom in Rom aus dem 16. Jahrhundert, an dem nicht ein Grashalm steht und dessen Inneres von kaltem Marmor und riesenhaften Statuen übertriebener menschlicher – meist männlicher – Gestalten geprägt ist, mit den französischen Tempeln aus dem 12. Jahrhundert, in denen der Kosmos, die Natur und ihre Prozesse gefeiert werden.

25 Josef Pieper, Hinführung zu Thomas von Aquin, München 1958, S. 50
26 Josef Pieper, Unaustrinkbares Licht – Das negative Element in der Weltansicht des Thomas von Aquin, München 1963, S.60f
27 Siehe dazu meine Schriften: Breakthrough – Meister Eckhart's Creation Spirituality in New Translation, Garden City 1980; Meditations with Meister Eckhart, Santa Fe 1983; Illuminations of Hildegard of Bingen, Santa Fe 1985; Hildegard of Bingen's Book of Divine Works with Letters and Songs, Santa Fe 1987; "Creation Spirituality from Hildegard of Bingen to Julian of Norwich – 300 Years of an Ecological Spirituality in the West" in: Philip N.Joranson u. Ken Butigan Hrsg., Cry of the Environment, Santa Fe 1984, S.85-106; sowie die Kapitel über mittelalterliche MystikerInnen in: Vision vom Kosmischen Christus, Stuttgart 1991.
28 Summa theologica, Prolog
29 Summa theologica, Prolog
30 Chenu, Faith and Theology, New York 1968, S.33
31 zu Aristoteles' Metaphysik Bd. XI, L. 1, S.119*
32 Siehe Jean Delumeau, Sin and Fear – The Emergence of a Western Guilt Culture 13th to 18th Centuries, New York 1990, S.70 u. 145
33 Siehe mein Buch "Der Große Segen – Umarmt von der Schöpfung", München 1991, S.346-356. Nachdem ich die 'Ismen' am Thomismus kritisiert habe, möchte ich anerkennen, wie sehr ich einigen Gelehrten zu Dank verpflichtet bin, die uns den geistigen Genius des Aquinaten nahegebracht haben. Besonders möchte ich Dank aussprechen meinem Mentor Père Marie Dominic Chenu; Josef Pieper (unter anderem "Muße und Kult", München 1948, "Zucht und Maß – über die vierte Kardinaltugend", Leipzig 1939, "Zustimmung zur Welt – Eine Theorie des Festes", München 1963); Athanasius Weisheipl, bei dem ich drei Jahre lang studieren durfte; Etienne Gilson; und sogar G.K.Chesterton, dessen Werk über Thomas zwar völlig der ökumenische Geist des Aquinaten fehlt, der aber dennoch viel vom 'Revolutionär' Thomas vermitteln konnte (siehe sein „St. Thomas von Aquin", Heidelberg 1957). Erwähnt werden sollen auch Jacques Maritain, Rudolf Steiner und John D. Caputo, die sich in unserem Jahrhundert mit der Mystik des Thomas auseinandergesetzt haben. Außerdem stütze ich mich auch auf das Werk des englischen Dominikaners Thomas Gilby.
34 Man muß sich fragen, wie sehr das Trauma dieses Verführungsversuchs (seine Brüder sollen eine Prostituierte in seine Arrestkammer geschickt haben, um seine Keuschheit zu brechen) seine Einstellung gegenüber Frauen und Sexualität verletzt hat, wie sie sich in seinem späteren Denken zeigt.
35 Weisheipl, S. 302-3
36 Summa theologica Bd. II q.168.a.2*
37 Ich verwende den Begriff 'ökumenisch' hier in der Weise, wie ich ihn in meinem „Vision vom Kosmischen Christus" definiert habe: als das Zusammenfinden der Religionen der Welt um ihre kosmische Weisheit oder ihre mystischen Überlieferungen.
38 Summa theologica Bd. I q.1.a.8. ad 2
39 in Chenu, Man and Society, S.311
40 ebenda, S.315
41 ebenda, S.310
42 ebenda, S.312
43 zu Aristoteles' Metaphysik Bd. II, L. 5, S.135-36*
44 zu Dionysius' De divinis nominibus n.430, S.142*
45 Kommentar zu Johannes 1.4, Der Prolog des Johannesevangeliums, Übers. Klünker, S.72
46 Chenu, Nature, Man and Society, S.24
47 Pieper, Hinführung, S. 68
48 Summa contra gentiles, Bd. II.3, S.11
49 zu Aristoteles' De anima I, L. I, S.3*
50 Summa theologica Bd. I q.88.a.1
51 Chenu, Nature, Man and Society, S.135
52 Chenu, Das Werk des Hl. Thomas von Aquin, S. 54
53 Summa theologica Bd. II,2 q.180.a.6. ad 3
54 Chenu, Das Werk des Hl. Thomas von Aquin, S. 257
55 ebenda, S. 355f
56 Psalmenkommentar, Präambel, S.148*

57 Summa theologica Bd. I. q . 790. a. 9
58 Chenu, Faith and Theology, S. 153
59 Contra impugnantes Dei cultum et religionem, Kap. 11*
60 ebenda*
61 Chenu, Das Werk, S.68
62 Dieser Satz stammt von dem amerikanischen Philosophen William Hocking. Ich habe mich mit dieser Dialektik zwischen Mystik und Prophetie ausführlich beschäftigt in: On Becoming a Musical, Mystical Bear – Spirituality American Style, Paramus 1976; und: A Spirituality Named Compassion, San Francisco 1979 (deutsche Ausgabe erscheint 1994)
63 Pieper, Hinführung, S.48
64 Chenu, Das Werk des Hl. Thomas von Aquin, S.263
65 Chenu, Faith and Theology, S.33
66 zitiert ebenda, Fußn. 10. Das Original bei E.Gilson: „La tradition francaise et la chrétienté" in: Vigile IV, 1931, Buch I, 74, n.1
67 Zitiert bei Renee Weber, Dialogues with Scientists and Sages: The Search for Unity, London 1986, S.169
68 Chenu, Das Werk, S. 67
69 Jesus Christus – Erscheinungsbild und Wirkung in 2.000 Jahren Kulturgeschichte, Zürich 1986, S. 212
70 Siehe meine "Vision vom Kosmischen Christus – Aufbruch ins dritte Jahrtausend", Stuttgart 1991, S.173-175. Und siehe Thomas' Abhandlung über die Herrlichkeit im Zusammenhang mit der Besprechung der Verherrlichung in Summa theologica Bd. III q.45
71 Pieper, Zucht und Maß, S.32. Pieper sagt dazu auch, daß wir die Übertragung unseres berechtigten Mißtrauens gegenüber der diktatorischen "Vernunft" der idealistischen Philosophen des neunzehnten Jahrhunderts auf die ratio der Scholastik vermeiden sollten, die immer eng auf die Wirklichkeit bezogen ist.
72 ebenda, S.31
73 zu Aristoteles' Ethik Bd. X, L. 9, S.904*
74 Summa theologica Bd. II,1 q.22.a.2
75 De veritate q.22.a.11
76 zu Aristoteles' Ethik Bd. I, L. 5, S.29*
77 Kommentar zum Johannesevangelium 1.26, n.246*
78 Psalmenkommentar 36, S.281*
79 Summa theologica Bd. II,1 q.74.a.5*
80 Summa theologica Bd. II,1 q.76.a.2*
81 Summa theologica Bd. II,1 q.79.a.3*
82 Kommentar zum Johannesevangelium 1.25, n. 243
83 Thomas Gilby stellt fest, daß „die Summa theologica dem Aufbau des ersten Kapitels der Genesis folgt. Die Behandlung des Menschen, mehr eine Anthropologie als eine Psychologie, steht als Höhepunkt nach den Fragen zu den verschiedenen Schöpfungstagen und sollte auf diesem zoologischen Hintergrund gesehen werden." Gilby, Philosophical Texts, 193 n.1
84 Zitiert bei R.P.Blackmur, Henry Adams, New York 1980, S.178-79ff
85 Summa theologica Bd. II,1 q.109.a.1. ad 1
86 De potentia q.6.a.5. ad 5*
87 Summa theologica Bd. II,2 q.2.a.7. ad 3
88 Dieser Begriff sowie die ihm entgegengesetzte Sünde des Adultismus ist in „Vision vom Kosmischen Christus" besprochen.
89 zu Dionysius' De divinis nominibus, n.792, S.296*
90 zu Aristoteles' Ethik Bd. X. L. 6, S.886*
91 zu Aristoteles' Ethik Bd. X. L. 2 u. 3. S.867, 871ff*
92 Augustinus, De Genesi ad Litterum, Buch XII, 7.16*
93 Summa contra gentiles, Bd. II. 68, S.289
94 De potentia q.5.a.10. ad 5*
95 Summa theologica Bd. I, q.98.a.2
96 zu Peter Lombards Buch der Sentenzen, Prolog*. Siehe auch die Verbindung von Christus, der Weisheit, und der 'Herrlichkeit' in: Kommentar zum Hebräerbrief, Prolog und Kap.1, S.666-71.
97 De veritate q.12.a.13.ad 3

98 Summa theologica Bd. II,2 q.171.a.4. ad 1
99 Jesajakommentar 4, S.446*
100 zu Aristoteles' Ethik Bd. VIII, L. 12, S.769*
101 ebenda, S.768*
102 zu Aristoteles' Ethik Bd. VIII, L. 6, S.731*
103 Summa contra gentiles, Bd. III, 123, n.6, S.183f
104 Summa theologica Bd. III, q.29.a.2
105 Summa contra gentiles, Bd. III, 124, n.4, S.188
106 zu Aristoteles' Ethik Bd. VIII, L. 12, S.768*
107 ebenda*
108 Summa contra gentiles, Bd. III, 122, n.8, S.179
109 zu Aristoteles' Ethik Bd. VIII, L. 12, S.768*
110 Kommentar zum Johannesevangelium 19.26, n.2438*
111 Kommentar zum Johannesevangelium 20.17, n.2519*
112 Summa theologica Bd. II,2 q.177.a.2
113 zu Aristoteles' Ethik Bd. VIII, L. 7, S.736*
114 zu Aristoteles' Ethik Bd. VIII, L. 11, S.759*
115 Summa contra gentiles, Bd. III, 94, n.11, S.70
116 zu Aristoteles' Ethik Bd. VII, L. 5, S.642*
117 Summa theologica Bd. I, q.92.a.1. ad 1
118 Summa theologica Bd. I, q.92.a.1. ad 1
119 Summa theologica Bd. I, q.92.a.1. ad 2
120 Summa theologica Bd. I, q.92.a.2
121 Summa theologica Bd. I, q.92.a.2. ad 2
122 Summa theologica Bd. I, q.92.a.2. ad 3
123 Summa theologica Bd. I, q.93.a.6. ad 2
124 Weisheipl, Thomas von Aquin, S.36
125 ebenda, S.38
126 ebenda, S.294
127 von Franz, Alchemy, S.216
128 Siehe 'Der Große Segen', Anhang
129 zu Aristoteles' Ethik Bd. VIII, L. 12, S.766*
130 Summa theologica Bd. I q.118.a.1. ad 4
131 Summa theologica Bd. I, q.92.a.1
132 Summa contra gentiles, Bd. III. 122, n.9, S.181
133 So schrieb der künftige Papst Innozenz III.: „Der Mensch entsteht aus Staub, Erde, Asche und, was noch scheußlicher ist, aus ekligem Sperma." Siehe Delumeau, Sin and Fear, 16, 44
134 Questiones quodlibetales 1, q.4.a.3*
135 Eine kritische Untersuchung der Ansichten Thomas von Aquins über die Sexualität und besonders die Homosexualität findet sich in: John Boswell, Christianity, Social Tolerance and Homosexuality, Chicago 1980, S.318-32
136 zu Aristoteles' Ethik Bd. X, L. 12, S.920*
137 Summa theologica Bd. II,1 q.13.a.2. ad 3
138 Kommentar zum Johannesevangelium 17.25, s.2264*
139 Predigt zur Apostelgeschichte, 37-38*
140 Rosemary Radford Ruether gibt einen Hinweis auf das Wesen des nachpatriarchalen Zeitalters, wenn sie den wesentlichen Kampf des Feminismus als einen Kampf gegen den Dualismus bezeichnet. Siehe Rosemary Ruether, „Women's Liberation in Historical and Theological Perspective" in: Sarah Bentley Doely (Hrsg.), Women's Liberation and the Church, New York 1970, 26-36.
141 Chenu, Faith and Theology, 225
142 ebenda, S. 113 d Theology, 225

Erstes Gespräch:

Über die Via Positiva

Heilige Schriften finden sich in zwei Bänden gebunden
– dem einen der Schöpfung und dem anderen der Bibel. (0)

Matthew Fox: Bruder Thomas, zunächst einmal zieht mich in deinem Werk etwas an, worauf auch G.K. Chesterton hinweist, wenn er dich 'Thomas vom Schöpfer' nennt, 'der die Menschen an den Schöpfungsglauben erinnerte, als viele von ihnen noch in einer rein destruktiven Stimmung waren'. Die menschliche Anthropozentrik und die religiöse Fixiertheit auf Sünde und Erlösung haben zusammen mit den ökologischen Verheerungen der industriellen Revolution die Schöpfung in unserer Zeit sehr verletzlich gemacht. Wie verstehst du die Schöpfung, und welche Rolle spielt die Schöpfung in deiner Spiritualität?

Thomas von Aquin: Den Ausgang (emanatio) alles Seienden aus dem universellen Grund (causa universalis) ... nennen wir Schöpfung (creatio). (1) Die Schöpfung ist die erste Handlung; sie setzt keine andere voraus, ist aber Voraussetzung aller anderen. So ist die Schöpfung eine Gott als erster Ursache allein zukommende Handlung. (2) Schöpfung bedeutet eine mit einer logischen Beziehung vorgenommene göttliche Handlung. ... In passiver Hinsicht bezeichnet sie ein wirkliches Verhältnis, ein geschaffenes Wesen; genauer gesagt ... ist dieses Verhältnis aber nicht ein Ding, sondern eine dem Ding innewohnende Wirklichkeit. (3)

Fox: Ich finde es vielsagend, wie starke Betonung du auf die Beziehung legst, wenn du von der Schöpfung sprichst. Ich denke dabei an das Gebet der Lakota: 'Alle unsere Verwandten'.

Thomas: Die Schöpfung ist auf Gott bezogen eine ursprüngliche Frische. (4)

Fox: Viele Leute sagen, die Arbeit des Theologen habe ausschließlich mit der Bibel zu tun; doch scheinst du ebenso eifrig wie eine Exegese der Bibel eine Exegese der Schöpfung betrieben zu haben und auch Wissenschaftlern gefolgt zu sein, die dies ebenfalls tun.

Thomas: In der Theologie werden die Geschöpfe allein in ihrer Hinordnung auf Gott betrachtet. (5) Heilige Schriften finden sich in zwei Bänden gebunden – dem einen der Schöpfung und dem anderen der Bibel. (6)

Fox: Willst du damit sagen, daß Geschöpfe eine Bibel sind, eine Art Offenbarung, als seien sie heilige Worte Gottes?

Thomas: In den äußerlich sichtbaren Geschöpfen sollte die Gotteserkenntnis wie in einem Buch gelesen werden. (7) Man hat durchaus das Recht, Gottes Geschöpfe als Gottes 'Worte' zu bezeichnen, denn sie drücken den göttlichen Geist aus, wie eine Wirkung die Ursache offenbart. „Aus den Werken Gottes sind die Worte Gottes" (Sirach 42,15). (8)

Fox: Die Schöpfung ist also eine Art Offenbarung des Göttlichen.

Thomas: Gott offenbart sich den Menschen auf zweierlei Weise: Erstens durch Eingebung eines inneren Lichts, durch das der Mensch erkennt: „Sende dein Licht und deine Wahrheit aus" (Ps. 42,3). Und außerdem indem Gott uns äußere Zeichen seiner Weisheit vorsetzt, das heißt sinnlich wahrnehmbare Geschöpfe (creaturas sensibiles): „Er hat die Weisheit auf alle seine Geschöpfe ausgegossen" (Sir. 1,10). (9)

Fox: Die Geschöpfe offenbaren uns also Gott?

Thomas: In diesem Leben erkennen wir Gott, insofern wir die unsichtbaren Dinge Gottes durch die Geschöpfe erkennen, wie es im ersten Kapitel des Römerbriefes heißt. Deshalb ist uns jedes Geschöpf gewissermaßen ein Spiegel. Durch die Ordnung, die Güte und Größe, die in den Dingen von Gott verursacht wird, erlangen wir Kenntnis der göttlichen Weisheit, Güte und Größe. Und diese Erkenntnis bezeichnen wir als das Schauen in einem Spiegel. (10)

Fox: Wenn die Schöpfung ein 'Wort' Gottes ist wie die Schrift, so setzt sie Zuhörende voraus.

Thomas: Die Weisheitslehre, die Gottes Stimme ist, richtet sich nicht nur auf die Belehrung der Menschen, die sie vernehmen, sondern auch auf die Vervollkommnung der natürlichen Tätigkeiten, die aus der Lehre der göttlichen Weisheit entstehen. (11)

Fox: Du hast die Schrift zitiert, in der das Wort 'Herr' verwendet wird, wie so oft. Für uns heute ruft das Wort 'Herr' jedoch das Bild feudalistischer Systeme wach. Was bedeutet für dich dieses Wort 'Herr'?

Thomas: Das Wort 'Herr' bedeutet den Hervorbringer aller Schöpfung, wie es in Judith 16 heißt: „Die ganze Schöpfung dient dir." (12)

Fox: Der Begriff 'Herr' ist wirklich ein kosmischer Titel, der des Herrschers des Universums. Kein Wunder, daß er politisch unterdrückend wirkt, wenn er außerhalb seines kosmologischen Zusammenhangs verwendet und in einen anthropozentrischen gestellt wird.

Thomas: Das Wort 'Gott' bezeichnet den Regierenden und Vorsorgenden für alle Dinge. An einen Gott zu glauben, heißt an einen zu glauben, dessen Regierung und Vorsehung sich auf alle Dinge erstreckt. (13)

Fox: Worauf beziehst du dich noch, wenn du den Ausdruck 'Schöpfung' verwendest?

Thomas: Schöpfung beinhaltet ein Verhältnis des Geschöpfes zum Schöpfer mit einer gewissen Neuheit oder einem Anfang. (14)

Fox: Mir fällt auf, wie stark du die Neuheit oder den Anbeginn betonst. Hast du deshalb den Ausdruck 'ursprüngliche Frische' in deiner Definition der Schöpfung verwendet?

Thomas: Als Moses sagte: „Im Anfang schuf Gott Himmel und Erde," bezog er sich auf die Neuheit der Welt (novitas mundi). Die Neuheit der Welt kennen wir nur durch die Offenbarung, so daß sie nicht bewiesen werden kann. (15)

Fox: Man bekommt den Eindruck, daß die Neuheit oder ursprüngliche Frische der Schöpfung nie nachläßt. Offenbar geht die Schöpfung noch weiter.

Thomas: Wenn aber die Dinge von Ewigkeit her aus Gott ausgeflossen sind, so kann man nicht Zeit noch Augenblick angeben, da sie aus Gott ausflossen. Also sind sie entweder niemals von Gott erschaffen worden, oder ihr Dasein geht, solange sie sind, ständig aus Gott hervor. (16)

Fox: Offenbar hältst du es mehr mit der letzteren Möglichkeit.

Thomas: Das heißt, daß Gott die Dinge durch die göttliche Tätigkeit im Dasein erhält. (17) Gott erhält die Dinge ... durch die Fortsetzung der gleichen Tätigkeit im Dasein, durch die Gott ihnen Dasein verleiht. Diese Tätigkeit ist bewegungs- und zeitlos, wie auch das Licht durch den fortgesetzten Einfluß der Sonne in der Luft erhalten wird. (18)

Fox: Wenn die Schöpfung fortwährend ist, dann soll unsere Erfahrung des Schöpfers hier und jetzt stattfinden.

Thomas: Nichts von der Zeit existiert als das Jetzt. Deshalb kann nichts gemacht werden, außer in einem Jetzt; nicht weil in diesem ersten Jetzt Zeit wäre, sondern weil die Zeit mit ihm beginnt. (19)

Fox: Das klingt wie das, was die Mystikerinnen und Mystiker als Erfahrung des ewigen Jetzt benannt haben.

Thomas: Wie wir das Verständnis der Zeit aus dem fließenden Jetzt erhalten, so verstehen wir die Ewigkeit aus dem ruhenden Jetzt (nunc stans). (20) Das Jetzt der Zeit ist nicht Zeit, und das Jetzt der Ewigkeit ist eigentlich das Gleiche wie Ewigkeit. (21)

Fox: Führt die Schöpfung für dich eine Erfahrung des ewigen Jetzt herbei?

Thomas: Es heißt, die Dinge seien im Anbeginn der Zeit erschaffen, nicht weil der Anbeginn der Zeit das Maß der Schöpfung sei, sondern weil zugleich mit der Zeit Himmel und Erde geschaffen wurden. (22)

Fox: Das klingt ähnlich dem, was der Physiker Stephen Hawking in seinem Buch 'Eine kurze Geschichte der Zeit' schreibt. Wenn du von der Schöpfung als von einer Beziehung zur Gottheit sprichst, die allen Dingen innewohnt und immer frisch ist, spüre ich darin eine Dynamik und einen Fluß.

Thomas: Wenn wir sagen, „in ihm war das Leben" (Joh.1,4), dann meinen wir, daß Gott nicht nur alle Dinge hervorbringt, sondern daß Gott auch unerschöpflich fließt und das stetige Hervorgehen der Dinge verursacht, ohne selbst dem Wandel unterworfen zu sein. (23)

Fox: Du sagst, „Gott fließe unerschöpflich". Dein Gott klingt „wässrig".

Thomas: Das Sein der Dinge fließt aus dem Wort wie aus ihrer ursprünglichen Quelle, und dieses Ausfließen mündet in das Sein, das die Dinge in sich selbst haben. (24) Man sieht, daß die Liebe im Kreis wirkt: Das Geliebte bewegt das Liebende, indem es ihm eine Ähnlichkeit einprägt. Und das Liebende geht hinaus, um das Geliebte in der Wirklichkeit zu erhalten. Was zuerst war und der Anfang der Bewegung, wird nun zu ihrem Ziel. (25)

Fox: Die Metapher des Kreises scheint dir wichtig zu sein.

Thomas: In allem Dasein manifestiert sich eine Art Kreis, denn alles hat den gleichen Anfang und das gleiche Ende. (26)

Fox: Ich ziehe die Metapher des Kreises auf jeden Fall derjenigen des 'Kletterns auf der Jakobsleiter' vor, die das patriarchale Geistesbewußtsein im Abendland so lange beherrscht hat. Schließlich leben wir in einem gekrümmten Universum.

Thomas: In der Liebe herrscht eine gewisse Kreisbewegung, denn sie kommt vom Guten und bewegt sich auf das Gute hin; und dieses Kreisen paßt zu der göttlichen Ewigkeit der Liebe, denn nur eine Kreisbewegung kann unbegrenzt sein. Daher sagt Dionysius, daß die Liebe „wie ein ewiger Kreis ist“, weil sie um des Guten eines Objektes wegen besteht, vom Guten verursacht wird, im Guten besteht und die Erlangung des Guten zum Ziel hat. Also kreist das Gute durch eine Art beständige Umdrehung. (27)

Fox: Ich habe bemerkt, daß dein großes Werk, die Summa theologica, gewissermaßen kreisförmig angelegt ist, d.h. vom exitus (die Schöpfung fließt von Gott aus) zum reditus (die Schöpfung kehrt zu Gott zurück).

Thomas: Im Vorgehen der Vernunft gibt es eine Art Umdrehung wie bei einem Kreis, denn die Vernunft beginnt bei einem, geht fort durch vieles und wieder zu einem zurück. (28)

Fox: Du sagst also, daß sowohl die Liebe als auch die Erkenntnis vom Wesen her zirkulär sind?

Thomas: Die Wahrheit einer vorhandenen Sache besteht grundlegend in der Wahrnehmung des Wesens der Sache, eines Wesens, das vernunftbegabte Seelen selbst nicht direkt erkennen können. So beziehen sie sich auf die Eigenheiten und Wirkungen, die das Wesen der Sache umgeben, so daß sie aus diesen richtig auf die Wahrheit schließen können. Ihre Untersuchung findet also in einer Art Kreis statt, denn aus den Eigenheiten und Wirkungen entdecken sie Ursachen, und aus den Ursachen treffen sie Urteile über die Wirkungen. (29)

Fox: Stellst du dir die Gottheit kreisförmig vor?

Thomas: Bei der Kreisbewegung ist dreierlei zu bedenken: Jeder angenommene Punkt im Kreis ist sowohl der Anfang als auch das Ende. Zweitens ist es möglich, die Kreislinie konvex oder konkav zu betrachten, so daß die Linie auf der konkaven Seite anderes enthält und auf der konvexen in anderem enthalten ist. Drittens kehrt alles, was sich im Kreis bewegt, durch die Kreisbewegung an den Ausgangspunkt zurück.

Auf diese Weise heißt es von Gott, daß Gott sich wie ein Kreis bewegt, insofern die Gottheit alle Identität in sich enthält, alle Mittelpunkte und alle Extreme, und so der zuerst erwähnten Eigenheit entspricht. Und insofern Gott die umgebenen und die umgebenden Punkte enthält, weil Gott das konkave Maß wie auch das konvexe zukommt, entspricht Gott der zweiten Eigenheit. Und insofern alles zu Gott als Ziel zurückkehrt, was von Gott als Ursprung ausgegangen ist, entspricht es der dritten Eigenheit. (30)

Fox: Wenn ich dich so reden höre, dann denke ich an die Definition der Mystik als einer 'Rückkehr zu unseren Ursprüngen‘.

Thomas: Die Vision des göttlichen Wesens füllt die Seele mit allem Guten, weil sie die Seele mit der Quelle alles Guten vereint. (31) Im Hervorgehen aller Geschöpfe aus ihrer ersten Quelle offenbart sich eine Art Kreisbewegung, in welcher alle Dinge als zu ihrem Ziel dorthin zurückkehren, wo sie am Anfang ihren Ursprung hatten. (32)

Fox: Du hältst es für etwas Gutes, wenn die Menschen zu ihrer Quelle zurückkehren?

Thomas: Für jedes Ding ist es wünschenswert, mit seiner Quelle wieder vereint zu werden, denn darin besteht die Vervollkommnung aller Dinge. (33)

Fox: Warum ist das so?

Thomas: Eine Wirkung ist am vollkommensten, wenn sie in ihren Ursprung zurückkehrt. Deshalb ist unter allen Figuren der Kreis und unter allen Bewegungen die kreisförmige die vollkommenste, weil in ihnen zum Ursprung zurückgekehrt wird. Damit also das geschaffene Universum die letzte Vollkommenheit erreicht, ist es notwendig, daß die Geschöpfe wieder in ihren Ursprung zurückkehren. Die Geschöpfe kehren nun insoweit in ihren Ursprung zurück, als sie Ähnlichkeit mit ihrem Ursprung aufgrund ihres Wesens und Seins haben, in denen sie eine gewisse Vollkommenheit besitzen. (34)

Fox: Gott ist dann die Quelle?

Thomas: Die Quelle, die keine Quelle hat. (35)

Fox: Deine Verwendung des Wortes 'ursprünglich' im Zusammenhang mit der Schöpfung begegnet mir wie eine mystische Art, die Schöpfung zu verstehen.

Thomas: Jedes Ding wird vervollkommnet, indem es zu seinem Anfang zurückkehrt. Tobit (12,20) sagt: „Ich kehre wieder zurück zu dem, der mich gesandt hat." und Kohelet (1,7): „Flüsse kehren zu dem Ort zurück, von dem sie entspringen." Und Jesus ging seiner Menschlichkeit nach zu Gott, bei dem er seiner Göttlichkeit nach in Ewigkeit war (wie es bei Johannes heißt). (36)

Fox: So war also Christus eins mit seinem Anfang oder seiner Quelle?

Thomas: Das göttliche Wort muß vollkommen eins sein mit der Quelle, von der es ausgeht, ohne irgendwelche Verschiedenheit. (37)

Fox: Die Gottheit ist also wirklich unsere Quelle und unser Anfang?

Thomas: Die göttliche Weisheit ist der Anfang, von dem die ganze Ausströmung der Erkenntnis beginnt, die Ursache, die sich ausgießt, und die Hervorbringerin der Substanz, insofern sie dafür sorgt, daß in jedem Geschöpf Weisheit ist, und der Vollkommenheit, insofern sie jede Erkenntnis zu ihrer Vollendung führt. Sie ist auch ein Schutz, denn sie verharrt bis zum Ende, und in ihr findet jede Erkenntnis ihr Ende, nämlich darin, daß Gott erkannt wird. Deshalb ist die göttliche Weisheit der Anfang und die Ursache der Weisheit selbst, die im Einklang mit sich selbst empfangen wurde; eines jeden Geistes (mens), das heißt der Vernunft (intellectus), was die Engel betrifft; jedes Verstandes (ratio), was die Menschen betrifft; und aller Sinne, was die Tiere betrifft. (38)

Fox: Mir scheint dein Bild eher eine dynamische, multidimensionale Spiralbewegung als einfach ein Kreis zu sein. Deine Vorstellung der Beziehung zwischen Gott und Geschöpf als diejenige zwischen Liebendem und Geliebter regt mich zu weiteren Fragen über die Gottheit an. Wer ist Gott? Wie können wir uns Gott kraftvoll und nah vorstellen?

Thomas: Gott ist die Ursache der Dinge ... wie der Künstler der Kunstwerke. (39) Alle natürlichen Dinge sind von der göttlichen Kunst (ars divina) hervorgebracht worden und somit in gewisser Weise Kunstwerke Gottes. (40) Die göttliche Kunst erschöpft sich nicht darin, Geschöpfe zu machen. Es herrscht Verschiedenheit, weil Künstler das Recht haben, ihren Stil zu verändern und im Laufe der Zeit Dinge unterschiedlich zu machen. (41)

Fox: Von Gott als Künstler zu sprechen, ist für mich eine kraftvolle Metapher. Zum einen wird dadurch impliziert, daß Gott nicht neutral, sondern leidenschaftlich auf Gottes Werk bezogen ist.

Thomas: Alle Hervorbringenden lieben auf ihre jeweilige Weise, was sie hervorbringen: die Eltern ihre Kinder, die Dichter ihre Gedichte, die Künstler ihre Werke. Um wieviel weniger kann da Gott irgend etwas hassen, da Gott selbst Ursache von allem ist. (42)

Fox: Jetzt verstehe ich besser, daß du betonst, daß die Geschöpfe 'Worte' Gottes sind, die den göttlichen Künstler zum Ausdruck bringen, wie alle Kunstwerke uns etwas über den Künstler, die Künstlerin sagen.

Thomas: Die Gottheit bleibt bestehen, wenn ein Geschöpf von Gott ausgeht. Wegen dieses Hervorgehens gibt es eine Vielfalt von Dingen und eine Unterscheidung der Dinge von Gott. (43) Im Ursprung von allem liegen Gottes einfacher Wille und Freude. (44)

Fox: Ich merke, daß du ein gut entwickeltes Verständnis der in allen Geschöpfen innewohnenden Gottheit hast. Kannst du dazu Näheres sagen?

Thomas: Jedes Geschöpf ist auf seine Art dem göttlichen Wesen ähnlich. (45) Alle erschaffenen Dinge sind Bilder (imagines) ihrer ersten Ursache, also Gottes. (46) Eine bildhafte Darstellung der Dreifaltigkeit zeigt sich in allen vernunftbegabten Geschöpfen, insofern sich in ihnen das empfangene Wort und die hervorgehende Liebe findet. (47)

Fox: Wie Gott es tut?

Thomas: Eine Wirkung weist auf eine Verursachung hin, wie der Rauch auf das Feuer, ... wie eine Spur, die die Bewegung eines Vorübergegangenen zeigt, nicht aber, wer es war. ... In allen Geschöpfen findet sich ein Bild der Dreifaltigkeit wie eine Spur. (48)

Fox: Führe dein Verständnis der Geschöpfe als Bilder Gottes noch näher aus.

Thomas: Das Wort Gottes ist ein fleckenloser Spiegel, der alle Dinge reflektiert. (49) Nicht nur einzelne Geschöpfe sind Bilder Gottes, sondern auch der gesamte Kosmos. Gott hat ein Werk geschaffen, in dem sich die göttliche Ähnlichkeit klar spiegelt – damit meine ich das Universum selbst. (50) Gottes Liebe ist nicht privat, sondern ist allen gemein. (51)

Fox: Du hast solch eine hohe Wertschätzung für die Geschöpfe und die Welt; wird dir niemals der Pantheismus vorgeworfen?

Thomas: Die Vollkommenheit der Geschöpfe herabzusetzen, bedeutet, die Vollkommenheit der göttlichen Kraft herabzusetzen. (52) Die Geschöpfe sind in gewisser Hinsicht Gott ähnlich, nicht aber Gott den Geschöpfen. (53) Alle Geschöpfe existieren in Gott und sind Gottes Leben; so groß ist das göttliche Verständnis und die Liebe zu allem, was Gott gemacht hat. (54)

Fox: Zu sagen, die Geschöpfe existierten in Gott, klingt wie Panentheismus.

Thomas: In Römer 11,36 heißt es: „Aus Gott und durch Gott und in Gott sind alle Dinge." (55) Gott umfaßt in sich alle Geschöpfe. (56) Gott hält alle Dinge in sich und zwar nicht in zeitlichem Nacheinander und nicht aufgeteilt, sondern alle zusammen. (57) Ja, die Gottheit enthält alle Dinge. (58) Gott umfaßt jeden Ort. (59) Gott ruht nicht in irgend etwas, sondern alles ruht in Gott. (60) Alles ist in Gott (61), weil in der Gottheit Gott alles Sein hat, alle Substanz und alles Dasein; und auch wieder um die Gottheit herum, weil alles von Gott stammt. (62) Christus sagt, „ihr bleibt in mir" durch den Empfang der Gnade; und „ich bleibe in euch," indem er ihnen hilft. (63)

Fox: Du bist mit der Vorstellung des Panentheismus offenbar vertraut! Was bedeutet es nun zu sagen, die Geschöpfe seien 'in Gott'?

Thomas: Ein Geschöpf ist auf zweierlei Weise in Gott. Zum einen gemäß der herrschenden Ursache und Erhaltung seines Daseins. In diesem Sinne wird ein Geschöpf als bereits außerhalb des Schöpfers vorhanden betrachtet, so daß wir sagen können, ein Geschöpf habe sein Dasein vom Schöpfer. Denn man kann nur sagen, ein Geschöpf werde im Sein erhalten, wenn es bereits seiner Natur nach Dasein hat, in dem es sich von Gott unterscheidet. In diesem Sinne der Existenz in Gott ist ein Geschöpf nicht das schöpferische Wesen. Zweitens heißt es, ein Geschöpf sei in Gott, insofern es sozusagen in seiner Wirkursache existiert oder wie etwas Gewußtes im Wissenden. (64)

Fox: Die Apostelgeschichte sagt, daß Gott das Eine ist, 'in dem wir leben, uns bewegen und sind'. Könntest du darauf eingehen?

Thomas: Es heißt, die Geschöpfe seien auf zweierlei Art in Gott. Einmal insofern sie von der göttlichen Kraft umfaßt und erhalten werden, so wie wir sagen, daß das in uns ist, was in unserer Macht steht. Und es heißt auch, die Geschöpfe seien in Gott, insofern sie in ihrer eigenen Natur sind. So müssen wir das Wort des Apostels verstehen, der sagt: „In Gott leben wir, bewegen wir uns und sind wir“, denn unser Leben, Bewegen und Dasein ist von Gott verursacht. Auf andere Weise, sagt man, seien die Dinge in Gott als in einem Erkennenden. So sind sie durch ihre eigenen Ideen (per proprias rationes) in Gott, die in Gott nicht von der göttlichen Wesenheit unterschieden sind. (65)

Fox: Könntest du den Ausdruck 'nicht vom Göttlichen Wesen unterschieden' näher erklären?

Thomas: Alles, ... ist Gottes Leben und Lebendigsein. Da alles von Gott Geschaffene als Erkanntes in Gott ist, folgt daraus, daß alles in Gott das göttliche Leben selbst ist. (66)

Fox: Du scheinst dich nicht zu scheuen, wenn du von unserem Sein 'in Gott' sprichst, von der Göttlichkeit der Geschöpfe zu reden.

Thomas: Alles, was in Gott existiert, ist Gott. (67) Alles, was in Gott existiert, ist eins mit dem göttlichen Wesen. (68)

Fox: Was meinst du mit dem Ausdruck 'das göttliche Leben selbst'?

Thomas: 'Göttliches Leben' ist über alle Maßen Leben, und die aktive und erhaltende Ursache des Lebens an sich, das heißt des gewöhnlichen Lebens. Infolgedessen geht jedes einzelne Leben und jede lebendige Bewegung und jeder Lebensbeginn vom göttlichen Leben aus, das über alles Leben hinausreicht. (69)

Fox: Du scheinst große Achtung vor dem Geheimnis des Lebens zu haben.

Thomas: Vom göttlichen Leben her können sogar menschliche Seelen unzerstörbar leben, und vom göttlichen Leben her kommen jene Tiere, die ein sinnenhaftes Leben führen, und alle lebendigen Pflanzen als äußerstes Mitklingen, das heißt, als letztes und äußerstes Teilhaben am Leben, weil das Leben nicht über die Pflanzen hinausreicht. Selbst wenn Leben zerstört wird, nimmt es noch an der Schöpfung teil. ... Diejenigen Dinge, die aufgrund ihrer Schwäche nicht mehr am Leben teilhaben können, werden wiederum dem Leben zugeführt und werden zu Tieren oder einer anderen Art Lebewesen, wie es bei den Pflanzen und Tieren deutlich wird, die aus der Verwesung entstehen. Darüber heißt es in der Schrift (Psalm 104,30): „Sende deinen Geist aus, so werden sie erschaffen, und du erneuerst das Angesicht der Erde." (70)

Fox: Sage bitte mehr über Gott und das Leben.

Thomas: Gott ist die Ursache allen Lebens. Sei es das geistige Leben bei den Engeln, das Verstandesleben bei den Menschen oder das empfindende Leben bei den Pflanzen oder irgendein anderes Leben – selbst wenn es andere Arten Leben gäbe. Und nicht nur alles Leben, sondern auch aller Lebensbeginn und alle Substanz, die Leben hat, stammen vom göttlichen Leben. (71)

Fox: Könntest du einige Kennzeichen des göttlichen Lebens nennen, wie du es verstehst?

Thomas: Das göttliche Leben wird über alles andere Leben hinaus wegen seiner Fruchtbarkeit gepriesen, durch die es alles Leben hervorbringt. Es ist äußerst großzügig, weil es sich nicht auf eine Art Leben beschränkt, sondern eine umfassende Fülle des Lebens hat. (72)

Fox: Du sagst, Gott sei sehr großzügig. Bitte führe diese Aussage näher aus, denn ich glaube, daß wir Menschen alle Vorbilder an Großzügigkeit brauchen, die wir finden können.

Thomas: Gott will die göttliche Güte nicht jemandem mitteilen, damit Gott selbst davon Nutzen habe, sondern weil es Gott als der Quelle alles Guten angemessen ist, sich mitzuteilen. Nicht aus der Erwartung eines Vorteils heraus zu geben, sondern aus dem Gutsein selbst und der Angemessenheit des Gebens heraus, ist ein Akt der Großzügigkeit. ... Gott ist also äußerst freigiebig (liberalis) und kann allein freigiebig im eigentlichen Sinne genannt werden, weil außer Gott alles Wirkende aus seinem Handeln irgendein Gut erwirbt, das das beabsichtigte Ziel ist. (73)

Fox: Und das Leben gehört zu den von Gott frei gegebenen Geschenken?

Thomas: Das göttliche Leben ist an sich lebendig, weil es nicht erst von etwas anderem in Gott belebt wird. Es ist über alle Maßen lebendig ... und unaussprechlich. (74)

Fox: Meint dieses göttliche Leben, von dem du sprichst, das Gleiche wie der häufig zu hörende Ausdruck 'ewiges Leben'?

Thomas: Der Johannesbrief (I. 5) sagt: „Es ist der wahre Gott und das ewige Leben." Das bedeutet, daß es Gott ist, woher das Leben an sich kommt, daß also das allgemeine Leben, das einzelne Leben und das göttliche Leben sich aus sich heraus ausbreiten. Denn das Vermögen zu leben ist allen Dingen gegeben, die auf ihre jeweilige Weise am Leben teilhaben. Johannes scheint damit zu sagen, daß Gott ewiges Leben genannt wird, insofern Gott die Ursache des allgemeinen und des einzelnen Lebens und aller Lebewesen ist. (75)

Fox: Es erstaunt mich, daß du nie vom 'Leben nach dem Tode' sprichst, wenn du beschreibst, was du mit dem 'ewigen Leben' meinst! Das ewige Leben scheint deinem Verständnis nach innerhalb dieser Lebenszeit zu beginnen. Deine Theologie hat ein stark entwickeltes Verständnis einer realisierten Eschatologie. Wenden wir uns nun einem anderen Aspekt des Panentheismus zu, nämlich daß Gott in den Geschöpfen und in der Schöpfung ist.

Thomas: Gott muß überall und in allen Dingen sein. (76) Da Gott die universelle Ursache allen Seins ist, muß überall, wo sich Sein findet, göttliche Gegenwart sein. (77) Gott ist in allen Dingen, nicht jedoch als Teil ihres Wesens oder als eine Eigenschaft, sondern wie das Wirkende in dem ist, in dem es wirkt. (78)

Fox: Du sagst, Gott sei in allen Dingen. Gibt es denn eine besondere Art, wie Gott im menschlichen Wesen wohnt?

Thomas: Gott wohnt auf dreierlei Weise in den Heiligen. Durch den Glauben: „Durch den Glauben wohne Christus in euren Herzen" (Eph.3,17). Durch die Liebe: „Wer in der Liebe bleibt, bleibt in Gott und Gott in ihm oder ihr" (1 Joh.4,16). Und durch die Erfüllung von Gottes Geboten: „Wer mich liebt, wird sich an mein Wort halten, und mein Schöpfer wird sie lieben; und wir werden zu ihnen kommen und bei ihnen wohnen" (Joh.14,23). (79)

Fox: Du läßt Gottes Gegenwart in uns tatsächlich sehr nah und heilig klingen.

Thomas: Wir müssen uns daran erinnern, daß Gott uns nahe ist, ja, daß Gott in uns ist, weil Gott in den Himmeln ist, das heißt in den Heiligen, die „die Himmel" genannt werden: „Die Himmel rühmen die Herrlichkeit Gottes" (Ps.19,2) und: „Du, Herr, bist in unserer Mitte" (Jer.14,9). (80)

Fox: Wenn du davon sprichst, daß wir Menschen die Himmel sind, die Gottes Ruhm verkünden, dann verbindest du Seele und Kosmos sehr eng. Was folgt praktisch daraus, wenn wir den Panentheismus stärker praktizieren?

Thomas: Gewißheit und Vertrauen entstehen aus der Nähe Gottes: „Der Herr ist allen nahe, die ihn anrufen“ (Ps.145,18). Deshalb heißt es: „Du aber geh, wenn du betest, in deine Kammer“ (Mt.6,6), das heißt in dein Herz. (81)

Fox: Wenn also das Vertrauen zunimmt, so wachsen unsere Herzen und werden erfüllter. Was ist deiner Auffassung nach das Hauptwerk Gottes gegenüber der Schöpfung?

Thomas: Da Gott vom Wesen her das Sein selbst ist, muß notwendig alles Geschaffene Gottes eigene Wirkung sein, wie das Entzünden die Wirkung des Feuers ist. Dies bewirkt Gott in den Dingen nicht nur, wenn sie anfangen zu sein, sondern solange sie im Dasein erhalten werden; so wie das Licht in der Luft von der Sonne bewirkt wird, solange die Luft hell bleibt. Deshalb muß Gott, soweit ein Ding Dasein hat, in ihm nach seiner jeweiligen Daseinsweise gegenwärtig sein. Das Sein ist aber das Innerste der Dinge und am tiefsten in ihnen, da es allem, was sonst noch in einem Ding ist, die Form gibt. Deshalb ist Gott auf innerste Weise in allen Dingen. (82)

Fox: Aber wie steht es mit der Vorstellung, daß Gott 'über allen Dingen' sei, die wir sogar in der Schrift, z.B. im Psalm 103 finden: 'Der Herr ist hoch über allen Völkern'?

Thomas: Gott ist über allen Dingen durch die Erhabenheit seines Wesens, und doch ist Gott in allem als der, der das Sein von allem schafft. (83) In gewisser Hinsicht kann man sagen, daß Gott jedem Ding näher verbunden ist als das Ding sich selbst. (84)

Fox: Wenn Gott aber in allen Dingen ist, folgt daraus nicht, daß Gott in allen Dingen enthalten ist?

Thomas: Wenn die körperlichen Wesen in etwas anderem enthalten sind wie in einem Gefäß, so enthalten die geistigen Wesen das, worin sie sind, so wie die Seele den Körper enthält. So ist auch Gott in den Dingen als der, der sie enthält. Trotzdem sagen wir aufgrund einer Ähnlichkeit zu den körperlichen Dingen, daß alle in Gott sind, insofern sie von Gott enthalten werden. (85)

Fox: Wie wundervoll, von dir statt der erschöpften Vorstellung, der Körper enthalte die Seele, zu hören, daß die Seele den Körper enthält! Wie steht es mit der Vorstellung, Gott sei 'im Himmel', wie wir im Vaterunser beten?

Thomas: Gott sei im Himmel, heißt nicht, daß Gott in den Himmeln enthalten sei, sondern daß Gott die Himmel mit seiner Kraft umfaßt, wie es heißt (Sir.24,5): „Den Kreis des Himmels umschritt ich allein." (86)

Fox: Was ist mit schlechten Menschen oder Dämonen? Können wir sagen, daß Gott auch in ihnen ist?

Thomas: In den Dämonen finden wir ihre Natur, die von Gott ist, und die Entstellung durch die Sünde, die nicht von Gott ist. Darum ... ist Gott in den Dämonen nur, insofern sie Geschöpfe sind. (87)

Fox: Glaubst Du, daß Gott überall ist?

Thomas: Gott muß überall und in allen Dingen sein. (88) Es heißt (Jer. 23,24): „Ich erfülle Himmel und Erde." ... Irgendwie ist Gott an jedem Ort, das heißt überall. Zunächst ist Gott in allen Dingen, gibt ihnen Sein, Kraft und Wirksamkeit. ... Gott erfüllt jeden Ort, nicht wie ein Körper, der einen Ort ausfüllt, insofern kein anderer Körper am selben Ort sein kann. Daß Gott an einem Ort ist, verhindert nicht, daß andere Dinge dort sind. Vielmehr erfüllt Gott gerade dadurch alle Orte, daß Gott allen Dingen, die die Orte ausfüllen, das Sein gibt. (89) Wie die Seele in jedem Teil des Körpers ganz ist, so ist Gott in allem und jedem ganz. (90)

Fox: Würdest du sagen, diese Fähigkeit, überall zu sein, sei einzig der Gottheit vorbehalten?

Thomas: Ursprünglich und an sich überall zu sein, kommt Gott zu. Daß etwas ursprünglich überall ist, wird gesagt, wenn es nach seiner Ganzheit überall ist. ... Das kommt Gott allein zu. Denn soviele Orte wir auch annehmen ..., in allen müßte Gott gegenwärtig sein, und zwar nicht nur ein Teil Gottes, sondern Gott an sich selbst. (91)

Fox: In mancher Hinsicht erscheint das von dir Gesagte wie eine Ausführung des göttlichen Namens 'Emmanuel' oder 'Gott-mit-uns'.

Thomas: Da Gott überall ist, ist Gott mit allen, die irgendwo sind. (92)

Fox: Wir sprechen aber auch davon, daß das Universum überall ist.

Thomas: Der ganze Körper des Universums ist überall, aber nicht ursprünglich. Denn es ist nicht ganz an jedwedem Ort, sondern in seinen Teilen. Und es ist auch nicht an sich überall, denn wenn es außerhalb noch andere Orte gäbe, wäre es nicht in ihnen. (93)

Fox: Bitte führe die Gegenwart Gottes in den Dingen noch näher aus.

Thomas: Gott ist in allen von Gott geschaffenen Dingen, außerdem nach der Art wie das Objekt einer Tätigkeit im Handelnden ist. ... Gott ist in allen Dingen aufgrund der Macht, insofern alles der göttlichen Macht unterliegt. Gott ist in allen Dingen durch die Gegenwärtigkeit, da alle Dinge offen vor Gottes Augen liegen. Und Gott ist in allen Dingen durch das göttliche Wesen, sofern Gott allen Dingen als die Ursache ihres Seins gegenwärtig ist. (94) Durch das göttliche Wesen, durch das Gott alle Dinge erschafft, ist Gott in allen Dingen. (95)

Fox: Aber wir verwirren uns selbst, wenn wir sagen, Gott gehöre zum Wesen der Dinge.

Thomas: Gott ist in allen Dingen durch das Wesen, nicht jedoch durch das Wesen der Dinge, als gehöre Gott zu ihrem Wesen, sondern durch Gottes Wesen, weil Gottes Substanz in allem ist als die Ursache ihres Seins. (96)

Fox: Das scheint einer der Unterschiede zwischen dem Pantheismus und dem Panentheismus zu sein. Ist dir jemals der Pantheismus vorgeworfen worden?

Thomas: Gott bildet keinen Teil des Wesens der geschaffenen Dinge. Es ist das alle Dinge durchdringende Dasein, das sich nur so verstehen läßt, daß es vom göttlichen Dasein stammt. (97)

Fox: Es beunruhigt mich, wenn du sagst, Gott handele in allen Dingen, weil dadurch die Autonomie der Geschöpfe herabgesetzt zu werden scheint.

Thomas: Manche haben die Tatsache, daß Gott in allem Wirkenden wirkt, so verstanden, daß keine geschaffene Kraft irgend etwas in den Dingen bewirkt, sondern daß Gott alles unmittelbar bewirkt. Zum Beispiel, daß nicht das Feuer wärmt, sondern Gott im Feuer, und so weiter. Aber das ist unmöglich. (98)

Fox: Warum ist das unmöglich?

Thomas: Erstens würde dadurch die Ordnung von Ursache und Wirkung aus den geschaffenen Dingen genommen, und das würde ein Unvermögen seitens des Schöpfers bedeuten, denn die Kraft des Wirkenden verleiht der Wirkung die tätige Kraft. Zweitens wären die aktiven Kräfte, die sich in den Dingen finden, ihnen unnütz verliehen worden, wenn sie sie nicht anwenden könnten. Darüber hinaus würden alle geschaffenen Dinge unnütz erscheinen, da alles um der angemessenen Tätigkeit willen da ist. ... Wir müssen Gottes Wirken in den Dingen also so verstehen, daß die Dinge dennoch ihre eigene Tätigkeit haben. (99)

Fox: Mir wird immer wieder deine Leidenschaft deutlich, die Autonomie der sekundären Ursachen zu respektieren. Warum verfolgst du dieses Thema so leidenschaftlich?

Thomas: Wenn wir die Sekundärursachen vermindern, so wird dadurch die Ordnung des Universums kleingemacht, die aus der Ordnung und Verbindung der Ursachen besteht. Denn durch die Erhabenheit ihrer Güte gibt die erste Ursache den anderen Wesen nicht nur ihr Dasein, sondern auch ihr Dasein als Ursachen. (100) Sekundärursachen widersprechen der Vorsehung nicht, sondern bringen vielmehr die Leistungen der Vorsehung hervor. (101)

Fox: Ich sehe, warum deine Leidenschaft so groß ist – es ist für dich eine kosmische Leidenschaft! Es geht hier um ein Gesetz des Universums. Und aus diesem Gespräch über die Schöpfung und die Gottheit scheint zu folgen, daß das Studium und die Meditation der Schöpfung für unser geistiges Wachstum wichtig sind. Schließlich sagst du, daß die Schöpfung wie auch die Bibel ein heiliges Buch über Gott bilden. Ich kenne viele Theologen, die Jahrzehnte mit dem Studium biblischer Sprachen und der Werke der klassischen Theologen (einschließlich der deinigen) verbracht haben, die Wissenschaft und Meditation über die Natur jedoch völlig ignorierten. Verstehe ich dich richtig, wenn ich unsere Bildung und die theologische Ausbildung darin kritisiere, daß sie die Schöpfung ignoriert?

Thomas: Irrtümer über das Geschaffene führen bisweilen von der Glaubenswahrheit ab. (102) Offenbar ist die Meinung derer falsch, die sagten, auf die Ansichten über die Geschöpfe käme es bei der Glaubenswahrheit nicht an, soweit man nur über Gott richtig denke,... . Ein Irrtum über die Geschöpfe führt nämlich in eine falsche Meinung über Gott und bringt den menschlichen Geist von Gott weg, wohin sie der Glaube zu führen versucht. (103) Deshalb droht die Schrift denen, die bezüglich der Geschöpfe irren, mit Strafen ... (Ps.28,5): „Da sie das Walten des Herrn und das Werk seiner Hände nicht verstehen, wirst du sie zerstören und nicht wieder aufrichten." (104) Offenbar gehört das Studium der Geschöpfe zur Unterweisung im christlichen Glauben. (105)

Angenommen, jemand betritt ein Haus und spürt im Flur Hitze, die sich vergrößert, je weiter er in das Haus eindringt. So würde er zweifellos annehmen, daß in dem Haus ein Feuer ist, obwohl er es nicht sehen könnte. Ähnliches geschieht denen, die diese Welt im Detail bedenken. Man beobachtet, daß alles nach dem jeweiligen Maß der Schönheit und Erhabenheit angeordnet ist, und daß alles, je näher man Gott kommt, um so schöner und besser wird. (106)

Fox: Du hältst es für eine Sünde, die Natur falsch zu lesen. Kannst du dafür ein Beispiel geben?

Thomas: Was Einzelpersonen, das heißt, diesem oder jener, erkennbar und dem Erkenntnisprozeß noch neu ist, ist oft von Natur aus kaum erkennbar. Das liegt oft daran, daß es wenig oder kein Sein hat; denn etwas ist nur in dem Maße erkennbar, als es Sein hat. Es ist zum Beispiel klar, daß Begebenheiten, Bewegungen oder Mängel wenig oder kein Sein haben, und doch sind sie uns offenbarer als die Substanz der Dinge. Sie sind den Sinnen nämlich näher, da sie an sich für die Sinneswahrnehmung geeignete Objekte sind. Für substantielle Formen gilt das nur zufällig. (107)

Fox: Deine Erklärung macht mir einleuchtend, wie die Erregung, auf die unsere zeitgenössischen Massenmedien häufig abzielen, den menschlichen Geist überwältigen kann. Die Substanz der Dinge zu finden, braucht Arbeit. Kannst du Orte empfehlen, an denen wir die Substanz der Dinge, im Gegensatz zu ihrer Oberfläche oder 'Akzidens', verstehen können?

Thomas: Materie als solche kann nur durch ihre Bewegung erkannt werden. Ihre Erforschung ist Aufgabe der Physiker. Philosophen sollten die Ergebnisse der Physiker akzeptieren. (108)

Fox: Die Wissenschaft ist also ein Weg, die Schöpfung zu bewundern?

Thomas: Die Wissenschaft sichert ein richtiges Urteil über die Geschöpfe. (109)

Fox: Du scheinst mir sehr vom Staunen über die Vielfalt der Schöpfung erfüllt zu sein und nimmst häufig auf diese erstaunliche Vielfalt Bezug. Ich nehme an, im Zusammenhang damit nennst du Gott einen fruchtbaren und schöpferischen Künstler: Keine zwei Geschöpfe sind sich genau gleich.

Thomas: In den Werken Gottes ist nichts überflüssig. (110) Der Philosoph und der Dichter haben gemeinsam, daß sie beide mit dem Wunderbaren beschäftigt sind. (111) Das Staunen ist der Ursprung aller Philosophie (admiratio principium philosophandi). (112)

Fox: Leider beginnen die modernen Philosophen ihre Philosophie nicht mit dem Staunen, sondern mit dem Zweifel. Mein Eindruck ist, daß du das Staunen für uns alle für gut hältst.

Thomas: Staunen war das Motiv, das die Menschen zur Philosophie brachte. (113) Für die Heilung der Seele ist Philosophie, was Medizin für die Heilung des Körpers ist. (114) Das Staunen ist eine Art Sehnsucht nach Wissen. Es ist

Ursache der Freude, weil es mit der Hoffnung verbunden ist, das ersehnte Wissen zu entdecken. (115) Wir wundern uns oder staunen, wenn wir eine Wirkung sehen, deren Ursache wir nicht kennen. Eine Ursache ist doppelt so staunenswert, weil sie uns völlig unbekannt ist, oder weil die Wirkung keine völlig klare Ursache zeigt. Gott bringt Wirkungen hervor (siehe Römer 1), von denen jedoch keine deutlich ihre Ursache zeigt. Darum bleiben sie wunderbar. (116)

Fox: Gib bitte ein Beispiel dafür, wie Gott uns zum Staunen führt.

Thomas: Die Fülle des Regens erscheint wunderbar, wenn sein Ursprung betrachtet wird, daß nämlich so viel Wasser aus den Wolken hervorbricht, die selbst keine Festigkeit haben. In bezug darauf spricht Hiob von den „Wassern, die aus den Wolken fließen". Sie fließen aber nicht dergestalt, daß der Regen durch eine Tätigkeit aus den Wolken kommt, sondern weil sich der Dampf in den Wolken allmählich zu Regen verdichtet. Am Regen ist auch noch wunderbar, daß er über einer großen Fläche Erde niedergeht. Deshalb fügt Hiob hinzu, „die von oben über alle Dinge kommen," nämlich über die Orte dort, wo es regnet, so daß kein Teil des Land unbewässert bleibt. ... Von den Wolken geht aber wegen des Zusammenstoßes der Luft ein Blitz aus, und so fügt er hinzu: „Und der Blitz mit Gottes Licht". Die Wolken bedecken aber manchmal den Himmel einer Gegend bis zum Horizont, in den die Grenzen des Meeres einbezogen scheinen. Darum sagt Hiob: „Gott bedeckt die Wurzeln des Meeres mit einer Wolkendecke." (117)

Fox: Das klingt so, als seien Hiob und du durch die Beobachtung der Naturkräfte zum Staunen bewegt worden.

Thomas: Hiob zählt die Wirkungen der göttlichen Kraft in der Natur auf und beginnt mit den Extremen, nämlich Himmel und Erde, in denen sich jeweils etwas auf göttlicher Kraft Beruhendes zeigt, das die menschlichen Kräfte übersteigt. ... Denn nichts als göttliche Kraft scheint den Himmel zu tragen. ... Die Erde, die gleichsam die Grundlage des Himmels ist, scheint durch nichts gestärkt zu sein, das sie trägt, als allein die Kraft Gottes. Darum sagt Hiob: „Gott hängt die Erde über dem Nichts auf." ... Die Luft scheint wunderbar, weil das Wasser in der Luft hängt, sich als Dampf erhebt und nicht auf einmal herabfällt, sondern Tropfen für Tropfen, wie es im Regen geschieht. Darum heißt es: „Gott bindet das Wasser in den Wolken", das heißt, durch die göttliche Kraft, „so daß sie nicht herabfallen," daß das Regenwasser nämlich „gleichmäßig herabfließt" in den Tropfen, wie es in Verbindung mit der Temperatur der Erde paßt. Wie durch göttliche Kraft ist das in den Wolken verbleibende Wasser gebunden, so daß es nicht schon gleich zu Anfang herabfällt. Denn durch göttliche Kraft geschieht es, daß nicht der ganze Dampf kondensiert, weil er dann als Wasser direkt herabfiele, sondern als Regen aus den Wolken fällt, während noch Dampf zurückbleibt, aus dem sich kleine Wolken bilden und bleiben, um den Himmel für uns zu bedecken. (118)

Fox: Wenn ich dich so voll Intensität über das Wunder des Regens, der Luft, der Wolken und des Blitzes sprechen höre, höre ich dich darin auch sagen, daß Gott wundervoll ist.

Thomas: Die Schrift sagt: „Wie wunderbar ist dein Name!" und „Warum fragst du nach meinem Namen, der wunderbar ist?" (Gen.32) Ähnlich vom inkarnierten Christus (Jes.9): „Sein Name wird sein: Wunderbar." Aber gilt das nur für Judäa, wie die Juden vielleicht sagen? oder für Afrika, wie die Donatisten sagen? Nein. Es gilt für die ganze Erde. „Vom Sonnenaufgang bis zu ihrem Untergang wird mein Name groß sein unter den Völkern." Den Grund für die Bewunderung gibt der Psalmist: „Deine Herrlichkeit ist errichtet worden," weil deine Majestät in den Himmeln erschien. (119)

Fox: Die moderne Philosophie beginnt nicht mit dem Wunderbaren, sondern mit dem Zweifel. Ich glaube, daß es bei den Wissenschaftlerinnen und Wissenschaftlern, die die Wunder der Natur verfolgen, mehr von diesem Staunen gegeben hat. Was ist das Staunen?

Thomas: Das Staunen ist eine Art der Furcht, die aus der Wahrnehmung von etwas entsteht, das unser Vermögen übersteigt. Staunen ist deshalb ein Akt, der aus der Kontemplation einer tiefen Wahrheit folgt. Ich habe nämlich gesagt, daß die Kontemplation in den Affekt mündet. (120)

Fox: Dann scheint mir das Staunen das gleiche wie die Ehrfurcht zu sein. Wie wendest du dein Staunen, das in deinem ganzen Werk und der Leidenschaft, die dieses Werk prägt, offenbar wird, wie wendest du dieses Staunen auf die Meditation der Schöpfung an?

Thomas: Der Liebende ist nicht mit einer oberflächlichen Erkenntnis des Geliebten zufrieden, sondern bemüht sich, alles einzelne des Geliebten bis ins Innerste zu erkunden und tritt so in sein Innerstes ein. (121) Je mehr Gründe für die Liebe man erkennt, um so vernünftiger scheint es, zu lieben. (122) Durch das Meditieren über die Werke Gottes können wir die Weisheit Gottes am besten bewundern und betrachten. (123)

Fox: Für dich scheinen Philosophie und Weisheit zusammen zu gehen.

Thomas: Obwohl diese Wissenschaft (der Philosophie) zunächst unter dem Namen Weisheit auftrat, wurde ihr Name zur Philosophie geändert, da sie das Gleiche bedeuten. ... Als Pythagoras gefragt wurde, was er zu sein behaupte, bezeichnete er sich nicht als Weisen, wie seine Vorgänger es getan hatten, da er das für anmaßend hielt, sondern als Philosophen, das heißt, als Weisheitsliebenden. Von jener Zeit an wurde der Name 'Weiser' zu 'Philosoph' geändert und 'Weisheit' zu 'Philosophie'. (124)

Fox: Ich verstehe dich so, daß die Meditation über die Schöpfung uns zu Gott führt.

Thomas: Es ist für den menschlichen Geist, ganz gleich in welchem Zustand er sich befindet, etwas Natürliches, Gott auf irgendeine Weise zu erkennen. Am Anfang, das heißt in diesem Leben, ist es aber natürlich, Gott durch die Sinnesgeschöpfe zu erkennen. (125) Jedes Geschöpf ist zum Zeugnis Gottes geschaffen, insofern jedes Geschöpf die göttliche Güte bezeugt. Die Erhabenheit der Schöpfung ist Zeugnis für Gottes Kraft und Allmacht, und seine Schönheit bezeugt die göttliche Weisheit. (126)

Fox: Wie führt uns die Meditation über die Schöpfung dazu, Gottes Kraft zu bestaunen?

Thomas: Niemand wird töricht genug sein zu glauben, daß die Dinge der physischen Welt keiner Leitung, Vorsehung und Anordnung unterstehen, wenn man sieht, daß sie nach einer bestimmten Ordnung und Zeit geregelt sind. Wir sehen nämlich die Sonne, den Mond, die Sterne und andere Teile der physischen Welt ihren Lauf einhalten, was nicht der Fall wäre, wenn sie dem Zufall unterlägen. (127)

Fox: In deinem Denken spüre ich das Potential, die wahre Bedeutung der Philosophie sowie die Freude, die aus der Weisheitsliebe entsteht, für das Abendland zurückzugewinnen.

Thomas: Alle Menschen verlangen von Natur aus nach Wissen (Aristoteles) und haben daher an der Erkenntnis der Wahrheit Vergnügen. (128)

Fox: Bitte sage Näheres über den vergnüglichen Aspekt der Weisheit.

Thomas: Zwei Eigenheiten des Spielens machen einen Vergleich der Weisheitskontemplation zum Spielen angemessen. Erstens haben wir Freude am Spiel, und die größte Freude ist in der Kontemplation der Weisheit zu erreichen, wie die Weisheit in Jesus Sirach (24,27) sagt: „An mich zu denken, ist süßer als Honig." Zweitens ist das Spielen in sich zweckfrei. Wir spielen um des Spieles selbst willen. Das gilt auch für die Freude an der Weisheit. ... Die

Kontemplation der Weisheit trägt die Ursache für die Freude daran in sich, und sorgt sich deshalb nicht darum, auf etwas zu warten, das uns mangelt. ... Aus diesem Grunde vergleicht in den Sprichwörtern (8,30) die göttliche Weisheit ihre Freude mit dem Spielen: „Ich war täglich Gottes Freude und spielte in Gottes Gegenwart." (129)

Fox: Definierst du Kontemplation als Spiel?

Thomas: Man muß wissen, daß kontemplative Tätigkeiten nicht um eines anderen Zieles willen, sondern selbst Ziel sind. Das Spielen ist manchmal sich selbst Ziel, wenn man aus Spaß spielt, manchmal ist es auch Mittel zum Zweck, wenn man spielt, um hinterher besser studieren zu können. (130)

Fox: Aber ich verstehe dich so, daß die Kontemplation ohne die Disziplin der Meditation nicht möglich ist.

Thomas: „Ich meditiere über all dein Tun und bedenke das Werk deiner Hände" (Ps.143,5). ... Das Meditieren (meditatio) ist für einen vertieften Glauben notwendig. (131)

Fox: Könntest du für uns definieren, was Meditation ist?

Thomas: Die Überlegung (cogitatio) ... bezieht sich auf die Betrachtung von vielem, um daraus eine einfache Wahrheit zu entnehmen. ... Meditation ist ein Prozeß der Vernunft, um von gewissen Ursprüngen her zur Kontemplation einer Wahrheit durchzudringen. ... Das Nachdenken (consideratio) bezieht sich auf das gleiche. Die Kontemplation hingegen bezieht sich auf die einfache Schau der Wahrheit. (132) Man erlangt die Erkenntnis der Wahrheit ... durch eigenes Bemühen. Und dazu bedarf es der 'Meditation'. (133)

Fox: Ich verstehe das so, daß das Studium eine Art Yoga oder geistige Übung sein kann. Und so führen Meditation und das Studium der Natur zu Gott?

Thomas: Was durch die Kunst entsteht, stellt die Idee des Künstlers dar, ... Durch seine Weisheit hat Gott alle Dinge ins Dasein gebracht, ... In der den Dingen mitgegebenen Ähnlichkeit können wir die göttliche Weisheit erfassen, denn sie ist „ausgegossen über seine Werke" (Sir.1,10). (134) Zweitens führt diese Betrachtung dazu, die höchste Kraft Gottes zu bewundern und ... erweckt Ehrfurcht vor Gott. Die Kraft des Schaffenden muß man nämlich größer einschätzen als die des Geschaffenen. Aus dieser Bewunderung aber entsteht Ehrfurcht vor Gott. (135) Drittens entzündet diese Betrachtung (der Geschöpfe) die Seele der Menschen zur Liebe der göttlichen Güte. Denn die über die verschiedenen Geschöpfe verteilte Güte und Vollkommenheit ist in Gott als der Quelle aller Güte allumfassend vereint. Wenn nun die Güte,

Schönheit und Köstlichkeit der Geschöpfe die Seele der Menschen so anzieht, wie muß dann jene göttliche Quelle der Güte, vergleicht man sie mit den einzelnen Bächen des Gutseins, die menschliche Seele entflammen und an sich ziehen. (136) Viertens macht die Betrachtung (der Geschöpfe) die Menschen ... Gott ähnlich. Gott schaut nämlich alles durch die Erkenntnis von sich selbst. ... Wie es heißt: „Wir alle spiegeln die Herrlichkeit des Herrn mit unverhülltem Angesicht wider und werden so in sein eigenes Bild verwandelt" (2 Kor.3,18). (137)

Fox: Die Geschöpfe führen uns also zu Gott?

Thomas: Alle Geschöpfe bezeugen, daß sie von Gott geschaffen sind. Wenn die Menschen die Geschöpfe eifrig bedenken, stellen sie Fragen danach. Diese Fragen entsprechen der Wahrnehmung, daß die in der Anordnung der Teile und ihren Tätigkeiten gefundene Ordnung nur existieren kann, wenn sie durch eine größere Weisheit gelenkt wird. (138) Wie jemand, der ein Buch anschaut, die Weisheit des Autors erkennt, so erkennen wir, wenn wir die Geschöpfe anschauen, die Weisheit Gottes. (139) Alle natürlichen Dinge sind von der göttlichen Kunst hervorgebracht worden und somit in gewisser Weise Kunstwerke Gottes. (140)

Fox: Wenn du über die Meditation der Schöpfung sprichst, taucht das Wort 'Weisheit' sehr häufig auf.

Thomas: Gott bringt die Dinge durch die Weisheit seines Verstandes ins Sein. (141) Gott ist sowohl der Ursprung der Weisheit als auch der Ort des Verstehens. Weisheit geht von Gott, dem ersten Ursprung, aus in alle Geschöpfe, wie die Kunst vom Geist des Künstler in die Werke übergeht. So heißt es in Sirach (1,9): „Gott hat Weisheit ausgegossen auf all seine Geschöpfe." (142) Gott ist der Ursprung der Weisheit. ... Gott erlangt Weisheit nicht von den Geschöpfen wie wir, sondern bringt aus der göttlichen Weisheit die Geschöpfe hervor." (143)

Fox: Gehen wir tiefer auf unsere Meditation und das Staunen über die Schöpfung ein. Sage uns mehr über die göttliche Energie und das Bild, das du in den Geschöpfen pulsieren siehst.

Thomas: Zu sein ist das Vollkommenste von allem; denn das Sein macht alles erst wirklich. Etwas ist nämlich nur insofern wirklich, als es ist. (144) Das Dasein ist die Wirklichkeit allen Wirkens und die Vollkommenheit aller Vollkommenheit. (145) Das Leben der Lebewesen ist ihr Sein. (146) Das Dasein durchdringt alles. Wenn ein Mensch wird, ist die erste Erscheinungsform die des Seins; dann des Lebens; dann der Menschlichkeit. Man mußTier sein, bevor man Mensch ist, könnte man sagen. Und am Lebensende verliert man die Vernunft, während Leben und Atem noch bleiben. Dann verliert man diese beiden, und nur das Sein bleibt übrig. (147) Das Sein ist allem und jedem, das existiert, am innersten und tiefsten. (148) In den Dingen zeigt sich, daß sie von Natur aus nach dem Dasein streben. Wenn sie zerstört werden können, so widerstreben sie natürlich der Vernichtung und streben dorthin, wo sie bewahrt werden. (149)

Fox: Das Dasein ist also sowohl heilig als auch alles durchdringend.

Thomas: Das Sein ist die allgemeinste erste Wirkung und innerlicher als alle anderen Wirkungen. (150)

Fox: Du setzt dich für das Nachdenken über die Geschöpfe ein. Meditiere mit mir über einige Geschöpfe.

Thomas: Die ganze Erde ist erfüllt von Gottes Herrlichkeit, denn selbst zu den entferntesten Geschöpfen, die über die Erde bekannt sind, dehnt Gott die göttliche Güte aus. (151)

Fox: Ich nehme an, daß dieses Wort 'Herrlichkeit' – ein Grundbegriff in der Tradition des Kosmischen Christus – auch in deiner Schöpfungstheologie eine sehr wesentliche Rolle spielt.

Thomas: Herrlichkeit gehört zu allererst nur Gott an, wie Jesaja (42,8) sagt: „Ich überlasse meine Herrlichkeit keinem anderen." und in 1 Timotheus (1,17) heißt es: „Dem unvergänglichen, unsichtbaren König der Ewigkeit allein sei Ehre und Herrlichkeit." Die hohe und vorzügliche Erkenntnis der göttlichen Güte nennt man daher Herrlichkeit, die vor Lob und Erkenntnis der göttlichen Güte strahlt. (152)

Fox: So stehen für dich also 'Herrlichkeit' und 'Güte' in Beziehung und deuten beide auf die Gegenwart des Göttlichen sogar in der Schöpfung selbst hin.

Thomas: Wenn die Schrift auf die Kraft Gottes hinweisen will, führt sie uns zur Betrachtung des Himmels, wie es bei Jesaja (40,26) heißt: „Erhebt eure Augen und seht, wer dies geschaffen hat." Deshalb sagt der Psalmist: „In den Himmeln werde ich das Werk deiner Hände schauen." (153) Wenn wir den materiellen Himmel betrachten, so verkündet er uns die Herrlichkeit Gottes, denn in ihm herrscht eine wunderbare und regelmäßige Ordnung, die ein Überfließen des Göttlichen in der Stärke seiner Herrlichkeit ist. Wie die Schrift (Sirach 43,9) sagt: „Des Himmels Schönheit und die Pracht der

Sterne, ein strahlender Schmuck in Gottes Höhe." Deshalb versteht man die materiellen Himmel als Offenbarung der Herrlichkeit Gottes, nicht wie die materiellen Lebewesen, wie Rabbi Moses sagt, sondern in ihrer Schönheit, durch die der Schöpfer noch viel mehr offenbar wird. Das Firmament zeigt uns, wie großartig Gott ist, wie Gen. 1 sagt: „Gott nannte das Gewölbe Himmel." So erscheint in der Aufteilung des Himmels die göttliche Weisheit. (154)

Fox: Können wir über einige Lebewesen meditieren?

Thomas: Jesus lehrt uns, Sorgen zu vermeiden, indem wir an die Vögel des Himmels denken, denn von ihnen kommt Weisheit. Und bei Hiob (12,7) lesen wir: „Frage die Tiere, sie lehren dich." (155) In Hiob (39,19) wird auch an die Stärke des Pferdes erinnert, wenn es heißt: „Gabst du dem Pferd die Stärke?" Damit meint er nicht nur die körperliche Stärke, mit der ein Pferd eine Last tragen kann, sondern auch die geistige Stärke, mit der ein Pferd mutig durch Gefahren geht. Es wird aber noch an eine weitere Eigenschaft des Pferdes erinnert, das durch die äußere Erscheinung zu einem Objekt seines Verlangens gezogen wird: Denn es heißt, das Pferd werde durch die Schönheit seiner Mähne zum Koitus erregt, und wenn die Mähne abgeschnitten wird, so erlösche dieser Drang. Bei Hiob (39,19) ist das impliziert in den Worten: „Schmückst du mit dem Wiehern seinen Hals", denn Pferde wiehern aus Verlangen. ... Das Pferd hat aber noch die Eigenschaft, daß es im Gegensatz zu anderen Vierfüßern schnell springt. Deshalb fügt er hinzu: „Kannst du es springen lassen?" Eine weitere Eigenschaft des Pferdes ist sein Mut im Kampf, der ausführlich beschrieben wird, da er edel und bemerkenswert ist. Sein Mut zeigt sich zuerst, wenn es den Kampf in Form des Geruches jener wahrnimmt, die sich nähern. So heißt es, daß „sein mächtiges Schnauben furchtbar ist", das heißt, das der Kampf, der für andere furchtbar ist, vom Pferd durch die Nase wahrgenommen wird und herrlich für es ist als eine Form der Seelengröße. Dieses Zeichen erscheint sofort, wenn geschrieben steht, daß „sein Huf die Erde scharrt", als bereite das Pferd sich zum Kampf vor. Es scheint Freude daran zu haben, den Kampf zu spüren, so daß „es sich freut". Es hat die Gelegenheit zum Kampf wahrgenommen und zeigt diese Wirkung, indem es „dem Kampf tapfer entgegengeht". Und im Kampf wird das Pferd nicht vom Schrecken niedergedrückt, so daß hinzugefügt ist: „Es spottet der Furcht." Mehr noch, es wird auch durch den Schmerz von Wunden nicht gerührt, wie es heißt: „Es kehrt nicht um vor dem Schwert." Die meisten Tiere haben schon vor bloßen kreischenden Geräuschen Angst, aber nicht so das Pferd. Es steht geschrieben: „Der Köcher wird über ihm klirren", nämlich voller Pfeile, wenn er in dem Moment geschüttelt wird, wenn der Reiter aufsitzt. Auf gleiche Weise entstehen Geräusche von Speer und Schild des Soldaten, so daß „der Speer blitzt". Während der Speer aufblitzt, macht er auch ein Geräusch, wie auch der Schild, der mit den Waffen zusammenstößt, wenn er bewegt wird. Dann fügt er hinzu, daß das Pferd „ruhelos", nämlich innerlich wegen des Mutes, „schnaubt", nämlich durch Wiehern, das hier als „schnauben" bezeichnet wird. Das ist typisch für Löwen und weist auf den Mut des Pferdes hin. Es zeigt aber nicht nur durch die Geräusche seine innere Erregung an, sondern auch durch sein Verhalten. Es steht: „Es schluckt Erde", das heißt, es scheint sie durch das Scharren mit den Hufen aufzusaugen. Das Pferd bleibt aber nicht nur durch die Geräusche von Köcher, Speer und Schild unbeeindruckt, sondern auch durch den Klang der Trompete, die im Krieg benutzt wird. Deshalb steht geschrieben: „Sobald das Horn erschallt, ruft es Haha!" Es stößt tatsächlich einen Laut des Jubels aus, denn Haha ist ein Jubelruf. Außerdem „wittert das Pferd den Kampf schon von weitem". Wenn also der Feind noch fern ist, nimmt es das Nahen des Kampfes durch den Geruch wahr. Es scheint auch die Kriegsvorbereitungen zu spüren, wenn nämlich die Anführer ihre Soldaten durch Ermahnungen anspornen. In bezug darauf ist weiter vom „Schreien der Anführer" die Rede, die das Pferd vernimmt, und vom „Schlachtgeschrei", also von den Kriegsvorbereitungen. (156)

Fox: Ich bin ein wenig erstaunt darüber, daß du Pferde so genau beobachtet hast, da du als ein Dominikanerbruder doch keines reiten darfst.

Thomas: Zum Preise Gottes soll über die Geschöpfe nachgedacht werden. (157)

Fox: Würdest du mit uns über ein weiteres irdisches Geschöpf meditieren?

Thomas: Bei Jesaja (40,31) lesen wir: „Sie bekommen Flügel wie Adler." Die Heiligen werden wegen der Höhe ihres Fluges mit Adlern verglichen. „Fliegt der Adler auf deinen Befehl so hoch und baut seinen Horst in der Höhe?" (Hiob 39) Darin liegt der Vorrang der Kontemplation. (158)

Fox: Ja, der Archetypus des Segelns wie ein Vogel ist wirklich ein wohlbekanntes Symbol für unsere Mystik und für das göttliche Kind in uns – ich denke da an den bekannten Puer, Ikarus.

Thomas: Kurz vorher, im 33. Kapitel sagt Jesaja: „Sie werden den König in seiner Schönheit erblicken." Der zweite Grund für die Bezugnahme auf den Adler ist die Feinheit seines Geruchssinnes. Lukas 17: „Wo Aas ist, da sammeln sich die Geier." Darin liegt auch die Fähigkeit des Auswählens. Man denke an Hoheslied 1: „Köstlich ist der Duft deiner Salben." Ein dritter Bezug ist auf die Erhobenheit des Ortes (Sprüche 3): „Drei Dinge fallen mir äußerst schwer, und über ein viertes habe ich keinerlei Wissen: über den Weg des Adlers am Himmel." Eine vierte Bedeutung liegt in der Schnelligkeit der Bewegung (Klagelieder 4,19): „Unsere Verfolger waren schneller als die Adler am Himmel." Das weist auf die Direktheit guter Werke hin, wie in Sprüche 22,29: „Siehst du einen, der bei seiner Arbeit gewandt ist?" Das fünfte Thema ist die Erneuerung (Ps. 103,5): „Wie dem Adler wird dir die Jugend erneuert." Darin liegt ein Eifer für Verbesserung und Initiative. Denken wir auch an 2 Korinther 4,16: „Wenn auch unser äußerer Mensch aufgerieben wird, der innere wird täglich erneuert." Sechstens bezieht es sich auf die Schönheit der Glieder (Ezechiel 17,3): „Ein mächtiger Adler mit gewaltigen Flügeln, mit weiten Schwingen, mit dichtem, buntem Gefieder kam zum Libanon." Das bezieht sich auf die Schönheit der Tugenden, wie in Hoheslied 4,7: „Alles an dir ist schön, meine Freundin, an dir ist kein Makel." Der Adler sorgt auch für seine Kinder (Deut. 32,11): „Wie der Adler, der sein Nest beschützt und über seinen Jungen schwebt, der seine Schwingen ausbreitet." Das bezieht sich auf Gottes Sorge für die Heiligen: „Wer ist schwach und ich bin nicht schwach? Wer erleidet Ärgernisse und ich fühle keinen brennenden Schmerz?" (2 Kor.11,29). (159)

Fox: Was ist für dich das Herz der Weisheit?

Thomas: Wenn der Psalmist sagt: „Koste und sieh, daß der Herr gut ist," dann fordert er uns zur Erfahrung auf und stellt dann das Ergebnis derselben fest. Darum sagt er „koste und sieh" und so weiter. Die Erfahrung von etwas wird durch die Sinne aufgenommen, aber unterschiedlich, wenn etwas in der Nähe oder weiter entfernt ist. Entferntes wird durch Sehen, Riechen oder Hören wahrgenommen, Nahes durch einen inneren Geschmack. Gott ist uns nicht fern und nicht außerhalb von uns, sondern in uns. Jeremia 14,9: „Du bist in unserer Mitte, Herr." Deshalb wird die Gotteserfahrung als Geschmack bezeichnet. Das Ergebnis der Erfahrung wird auf zweierlei Weise erklärt. Eines ist die Gewißheit durch die Vernunft, das andere die Gewißheit durch die Gefühle. Bezüglich der ersten heißt es „koste und sieh". Denn in körperlichen Dingen kommt zuerst das Sehen, dann der Geschmack. Aber in geistigen Dingen kommt der Geschmack zuerst und danach erst das Sehen, denn wer nicht schmeckt, kann nicht wissen. (160)

Fox: Für dich liegt also die Erfahrung im Kern der Weisheit?

Thomas: Wer nach dem Guten strebt, verlangt nicht danach, es nur der Absicht nach oder in der Erkenntnis zu besitzen, sondern wie es wirklich ist. (161) Das Außergewöhnliche der Größe Gottes wird den Menschen durch die Erfahrung der göttlichen Macht und Weisheit in menschlichen Angelegenheiten bewußt. So zeigt Hiob (12,11) zuerst auf, wie Menschen Kenntnis von Dingen durch Erfahrung erlangen, indem er sagt: „Prüft nicht das Ohr die Worte", nämlich indem es sie hört, „und der Gaumen den Geschmack?" und beurteilt die Nahrung. Weil Erfahrung von den Sinnen stammt, weist Hiob auf die Kraft der Erfahrung durch das Urteil der Sinne hin, besonders durch Hören und Schmecken. Denn das Hören läßt sich unter den Sinnen am leichtesten üben und ist darum für die kontemplative Erkenntnis wertvoll. Der Geschmack dagegen nimmt die Nahrung wahr, und das ist für die Menschen lebensnotwendig. Durch die Beurteilung des Geschmacks bezeichnet Hiob also die Erfahrung der zum aktiven Leben gehörenden Dinge. Durch das Urteil aus diesen beiden Sinnen zeigt Hiob also die Kraft der Erfahrung in spekulativen und in praktischen Dingen. Deshalb sagt er: „Bei den Greisen ist Weisheit", weil sie nämlich viel gehört haben, „und Einsicht in der Länge der Tage", was mit dem Handeln zu tun hat. Denn in einer langen Zeitspanne schmecken und kosten die Menschen vieles, sowohl Nützliches als auch Schädliches. (162)

Fox: Mit dieser Betonung auf Geschmack und Erfahrung scheinst du die etymologische Bedeutung von 'Weisheit' ernst zu nehmen, denn sowohl das hebräische wie auch das lateinische Wort für Weisheit stammen von der Bedeutung 'schmecken' ab. Dein Staunen über das Geheimnis des Daseins oder 'Seins' scheint die Gottheit im Herz von allem, was ist, einzuschließen.

Thomas: Gott ist auf innerste Weise in allen Dingen. Soweit ein Ding Dasein hat, muß Gott in ihm gegenwärtig sein. (163) Das Geschaffene ist durch die Wirkung Gottes, wie das Entzünden die Wirkung des Feuers ist. (164) Die erste Wirkung Gottes in den Dingen ist das Sein selbst; dieses setzen alle anderen Wirkungen voraus, und sie beruhen darauf. (165)

Fox: Du bist dir der absoluten Heiligkeit und Göttlichkeit des Daseins selbst sehr gewiß. Woher nimmst du dieses Vertrauen in das gesegnete Geheimnis des Daseins?

Thomas: Gott ist von seinem Wesen her das Sein selbst; alle anderen Dinge haben daran teil. (166) Von seinem Wesen her ist Gott, durch Teilhabe daran sind alle Dinge. (167) Das Wesen Gottes ist Gottes Sein. Diese sublime Wahrheit hat der Herr Moses gelehrt, als dieser fragte: „Wenn die Kinder Israels mich fragen: 'Was ist Gottes Name?' Was soll ich ihnen antworten? Der Herr antwortete: 'Ich bin, der ich bin.' Das sage den Kindern Israels: 'Der da ist, hat mich zu euch gesandt'" (Ex.3,13f). (168)

Fox: Hast du den Eindruck, daß das Mysterium des Daseins am besten das Mysterium Gottes benennt?

Thomas: Der Name „Der da ist" legt keine bestimmte Seinsweise fest, sondern ist allen gegenüber unbestimmt. Deshalb nennt er ihn ein unendliches Meer des Seins (pelagus substantiae infinitum). (169) Gottesnamen sollten von Vollkommenheiten stammen, die von Gott an die Geschöpfe weitergegeben werden. Die erste von diesen ist das Sein, wovon der Name „Der da ist" stammt. (170) Alles hat Dasein, insofern es Gott ähnlich ist. (171)

Fox: Wie können wir uns dieses Mysterium des Daseins vorstellen?

Thomas: Das Sein der Dinge ist selbst ihr Licht (172), und das Maß des Daseins eines Dinges ist das Maß seines Lichtes. (173)

Fox: Deine Lichtmetaphorik beeindruckt mich. Die heutige Wissenschaft hat gezeigt, daß in allen Atomen und allen Wesen des Universums Photonen oder Lichtwellen existieren. Deine Lichtmetaphorik hat auch mit Strahlung zu tun und weist auf die Erfahrung des Kosmischen Christus hin, über die wir später sprechen werden.

Thomas: Jedes Geschöpf verhält sich zu Gott wie die Luft zur Sonne, die sie erleuchtet. (174)

Fox: Wenn das, was du an der Gottesähnlichkeit der Schöpfung bestaunst, in deiner Zeit wahr war, wie erstaunlich ist es dann erst in der unseren, in der wir mehr über die Gewaltigkeit und den Reichtum des Kosmos um uns herum gelernt haben. Wir haben zum Beispiel gelernt, daß unser Universum für eine Billion Galaxien Heimat ist, jede mit einer Milliarde Sterne und ungezählten Atomen; und daß das Universum achtzehn Milliarden Jahre brauchte, sich zu seiner gegenwärtigen Größe auszudehnen; oder daß jedes Atom Photonen oder Lichtwellen enthält. Kannst du in diesem Mysterium des Daseins, das von einem so gewaltigen Universum geteilt wird, einen Sinn entdecken?

Thomas: Gott schuf alle Dinge, damit sie seien, nicht damit sie ins Nichts sinken (Weish.1,14). (175) Jedes Geschöpf hat die Neigung, am Schöpfer teilzuhaben und dem Schöpfer ähnlich zu werden, sofern es dazu in der Lage ist. (176) Gott gibt allen Dingen ihre Form und erhält sie im Dasein. ... Gott verleiht ihnen ihre Wirkungskraft ... und alles wirkt in der Kraft Gottes. (177) Der natürliche Lauf aller Dinge bedeutet eine Bewegung des Geschöpfes zur

Wahrnehmung Gottes, gemäß Psalm 148: „Feuer und Hagel, Schnee, Nebel und Sturm vollziehen das Wort Gottes." (178)

Fox: Du sprichst von 'allen Dingen'. Können wir vom Gespräch über den Mikrokosmos, über individuelle Geschöpfe, zu einem Nachdenken über den Makrokosmos, das Ganze, kommen?

Thomas: Natur im ganz gewöhnlichen Sinne umfaßt die Beziehung den ganzen Kosmos zu Gott. (179)

Fox: Ich empfinde dein kosmologisches Verständnis als ein sehr wichtiges Korrektiv für das heutige Denken, das an einer exzessiven Anthropozentrik leidet.

Thomas: Es ist falsch zu sagen, daß der Mensch das hervorragendste Wesen in der Welt sei. (180) Wenn der Mensch ... die Natur der Dinge und infolge dessen seine Stellung im Universum nicht kennt, kann er glauben, er sei bestimmten Geschöpfen unterworfen, denen er eigentlich überlegen ist. (181)

Fox: Du sagst, unsere Unkenntnis des Universums setze uns der Angst und Paranoia aus. Wenn nicht die Menschheit das Beste im Universum ist, was dann?

Thomas: Das gesamte Universum ist ein Herrschaftsbereich, von einem Herrscher regiert, der der erste Beweger ist, die erste Wahrheit, das erste Gute – Gott, gesegnet für immer. (182) Gott und die Natur und alles andere Wirkende machen, was im Ganzen das Beste ist, nicht im Hinblick auf irgendein Teil, es sei denn durch Hinordnung auf das Ganze. (183)

Fox: Deine Betonung auf das Ganze des Universums ist in einer Welt, die vor Anthropozentrik und Psychologisierung verrückt geworden ist, sehr erfrischend.

Thomas: Gott kennt die Ganzheit der Geschöpfe (universitatem creaturum). (184)

Fox: Es ist erstaunlich, deine Leidenschaft für die Wurzelbedeutung von 'Universität' zu bemerken, nämlich eines Ortes, an dem wir die Welt als Ganze sehen lernen sollen, wie Gott es tut. Unsere heutigen Bildungs- und Ausbildungssysteme haben dieses Verständnis des Ganzen völlig verloren. Wir leben in einer Welt der Teile und Stückchen.

Thomas: Ein Teil ist nicht vollkommen, außer im Ganzen, weshalb das Teil notwendigerweise das Ganze liebt und sich bereitwillig zum Wohle des Ganzen einsetzt. (185)

Fox: Du scheinst da ein sehr modernes 'Gesetz' des Universums zu preisen: dasjenige der wechselseitigen Abhängigkeit im Gegensatz zur Isolation oder zum Wettstreit.

Thomas: Die von Gott geschaffene Ordnung der Dinge zeigt die Einheit der Welt. Denn aufgrund der einheitlichen Ordnung, die die Dinge einander zuordnet, wird die Welt eine genannt. Alle von Gott kommenden Dinge haben eine geordnete Beziehung zueinander und zu Gott. (186)

Fox: Und Beziehung durchdringt also das Universum?

Thomas: Aristoteles sagt, alle Dinge im Universum seien irgendwie strukturiert, nicht jedoch alle auf die gleiche Weise, zum Beispiel Meerestiere, Vögel und Pflanzen. Doch obwohl sie nicht auf gleiche Weise strukturiert sind, sind sie nicht in einem solchen Zustand, daß sie keine Verbindung miteinander hätten. Denn Pflanzen existieren zugunsten der Tiere und die Tiere zugunsten der Menschen. Daß alle Dinge aufeinander bezogen sind, ergibt sich aus der Tatsache, daß alle auf ein Ziel hin miteinander verknüpft sind. (187)

Fox: Ich verstehe das als einen Lobpreis der wechselseitigen Verbundenheit!

Thomas: Die Vollkommenheit irgendeines einzelnen Dinges ist, für sich betrachtet, unvollkommen, weil es Teil der Vollkommenheit des ganzen Universums ist, die sich aus der Ansammlung der einzelnen Vollkommenheiten ergibt. (188)

Fox: So sind also auch die Menschen mit allen Dingen verbunden.

Thomas: Das menschliche Wesen ist hervorragend, ... weil es mit allen Wesen in Zusammenhang steht. Es hat nämlich das Sein gemeinsam mit den Steinen, das Leben mit den Bäumen, das Empfinden mit den Tieren und das Verstehen mit den Engeln. (189) Die Menschen nehmen eine mittlere Stellung zwischen Gott und den Tieren ein und haben an beiden Extremen teil. Mit Gott dem Verstehen nach, mit den Tieren nach der Sinnlichkeit. (190)

Fox: Du sagst, daß unsere wechselseitige Verbundenheit auf 'ein Ziel' hingeht.

Thomas: Alle von Gott kommenden Dinge haben eine geordnete Beziehung zueinander und zu Gott. Deshalb müssen sie alle zu einer Welt gehören. (191) Außerdem haben die Dinge auf eine Art wechselseitiger Durchdringung (impermixtio) Bezug zu Gott. (192)

Fox: Und sie beziehen sich auch aufeinander?

Thomas: In allen Dingen gibt es eine unauflösliche Verbindung. (193) Alle sind miteinander mit einem gemeinsamen Band der Freundschaft mit der ganzen Natur (connaturalem amicitiam) verbunden. (194) Es ist in keiner Weise möglich, daß ein Ding allein existiert oder nur zufällig oder teilweise mit anderen Wesen zusammen ist, denn dann wäre es gänzlich aus der Einheit des Ganzen herausgefallen. (195)

Fox: Du sagst, alle Dinge haben Freundschaft miteinander?

Thomas: Keines der Geschöpfe ist so schwach, daß es nicht Anteil an einer göttlichen Gabe hätte, an deren Weitergabe es Anteil nähme, so daß es eine auf gemeinsamer Natur beruhende Freundschaft mit den anderen Geschöpfen hat. (196) Wenn alle Dinge mit allen anderen vereint sind, dann kommen sie nicht nur in der einen Gestalt der Welt zusammen, sondern auch darin, daß alle Dinge in einer vom Schöpfer aller Dinge entworfenen Form vereint sind. Denn diese Einheit aller Dinge entsteht aus der Einheit des göttlichen Geistes, wie die in den Materialien liegende Gestalt eines Hauses aus der Gestalt entsteht, die im Geist des Architekten ist. (197)

Fox: Umfaßt diese Freundschaft mit allen Dingen auch eine Freundschaft mit dem Schöpfer, der Schöpferin?

Thomas: Es gibt eine natürliche Freundschaft zu Gott, infolge derer alles, insofern es existiert, Gott sucht und Gott als erste Ursache und höchstes Gut und Ziel an sich ersehnt. (198)

Fox: Wenn du die wechselseitige Verbundenheit aller Dinge preist, scheinst du die wahre Bedeutung des Kosmos zu feiern, die gesamte Ordnung des Universums, denn das griechische Wort kosmos bedeutet Ordnung.

Thomas: Es gibt einen einzigen und unauflöslichen Zusammenhang aller Dinge, nämlich daß alle Dinge zu einer einzigen Ordnung des Universums zusammenkommen. Diese bleibt unauflöslich, insofern Gott eine Harmonie im Universum bewirkt, die sich einheitlich verhält. Dionysius beschreibt dies, wenn er sagt, daß „ein vollkommener Einklang harmonisch angelegt wird". Denn Harmonie ist nichts anderes als ein einheitlicher Einklang. (199)

Fox: Was folgt aus dieser Harmonie?

Thomas: Diese harmonische Verbindung oder dieser verbindende Einklang besitzt Ordnung und Stärke. Verwirrung zerstört Ordnung. Was die Stärke anbetrifft, so gibt es in der Verbindung der Dinge eine unauflösliche Stärke, nicht aufgrund der Vielzahl der angesammelten Dinge, sondern kraft der einen Ursache, die sie erhält und in Eines sammelt. (200)

Fox: Und das ist Gott?

Thomas: Gott umfaßt alle Dinge und umarmt sie, insofern alle Dinge unter die göttliche Vorsehung fallen. ... Die Gottheit ist der Ort und das Fundament und die Kette, die alle Dinge verbindet. (201)

Fox: Deine Bilder, wie das Bild Gottes, der alle Dinge 'umarmt', lassen den Kosmos wie einen Ort erscheinen, in dem die Geschöpfe sich sehr zu Hause fühlen könnten.

Thomas: Für unterschiedliche Familien, die nichts gemeinsam haben, ist es nicht gut, in einem Haus zu leben. Daraus folgt, daß das gesamte Universum wie ein Herrschaftsbereich ist, der von einem Herrscher regiert wird. Aristoteles kommt zu dem Schluß, daß es einen Herrscher des Universums gibt, der der erste Beweger ist, das erste verstehbare Objekt, das erste Gute, das ... Aristoteles Gott nannte, gesegnet für immer. Amen. (202)

Fox: Das klingt, als wäre die wechselseitige Verbundenheit und die Beziehung zwischen den Dingen selbst schon eine Quelle des Staunens für dich.

Thomas: Man kann so die wunderbare Verknüpfung der Dinge bedenken. Man findet nämlich immer, daß das Niederste einer höheren Gattung das Höchste der niederen Gattung berührt, wie einige niedere Gattungen der Tiere kaum über das pflanzliche Leben hinausreichen, die Muscheln etwa, die unbeweglich sind, nur einen Tastsinn haben und wie Pflanzen an der Erde festsitzen. (203)

Fox: Gib doch ein weiteres Beispiel für die wechselseitige Verbundenheit in der Natur.

Thomas: Unsere faßbare Sonne, das einzige existierende Licht, gießt sich gleichermaßen auf alle Dinge aus und erneuert alles Faßbare, besonders hinsichtlich seiner Substanz und seiner Eigenschaften, indem sie die verfallenen Dinge neu macht. Das geschieht mit Pflanzen und Weinreben, die vom Frost betroffen sind. Die Sonne nährt auch alle Lebewesen. Sie behütet und erhält alle Dinge im allgemeinen, die lebenden und die nicht lebenden. Sie vervollkommnet sie, indem sie sie zum Leben führt und zur erforderlichen Vollkommenheit. Sie unterscheidet die unterschiedlichen Sinnesdinge. Sie vereint, indem sie aus vielem eines werden läßt, und sie läßt die im Winter durch die Kälte eingetrockneten Blumen wieder aufblühen. Sie bringt sie sogar dann zum Keimen, wenn sie unter einem Dach verschlossen sind. Sie verändert die Dinge, die in der Natur verändert werden und sorgt dafür, daß alles fest und stark bis in die Fundamente an seinem jeweiligen Platz wächst. Bei den Pflanzen ruft die Sonne das Hervorbringen von Früchten, Samen und anderen Pflanzen hervor. Sie bewegt die Nahrung von der Wurzel zur Spitze der Pflanze und belebt alles Lebendige, ja, jeden einzelnen natürlichen Körper gemäß seinen Eigenschaften, da alle an ein und derselben Sonne teilhaben. (204)

Fox: Und der Mensch, welche Rolle spielt er in diesem sich gegenseitig durchdringenden und wechselseitig abhängigen Universum?

Thomas: Gott will, daß Menschen um der Vervollkommnung des Universums willen existieren. (205)

Fox: 'Vollkommenheit des Universums'? Was meinst du mit 'vollkommen'?

Thomas: Etwas ist vollkommen, wenn es erfüllt, wofür es da ist. (206) Die Begriffe 'vollkommen' und 'ganz' haben die gleiche oder fast die gleiche Bedeutung. ... Man sagt zum Beispiel, daß etwas vollkommen sei, wenn kein Teil davon fehlt. (207)

Fox: Du sagst, daß die Vollkommenheit mit dem Erfüllen der angemessenen Funktion zu tun hat.

Thomas: Der Grund, warum etwas gemäß seiner besonderen Fähigkeit für vollkommen gehalten wird, ist, daß die Fähigkeit eine Vervollkommnung einer Sache darstellt. Man gilt als vollkommener Arzt oder Flötist, wenn einem nichts zu der besonderen Fähigkeit fehlt, gemäß derer man als guter Arzt oder Flötist gilt. (208)

Fox: Du sagst, daß der Mensch existiert, um die Gesamtfunktion des Universums zu erfüllen und einen einzigartigen Beitrag zum Schicksal des Universums zu leisten. Dann steht also auch die Menschheit ganz und gar in wechselseitiger Abhängigkeit mit dem Rest der Schöpfung.

Thomas: Der menschliche Körper ist mit seiner Ausgewogenheit in der Gattung der Körper der höchste und berührt das Niederste der höheren Gattung, das ist die menschliche Seele, die den untersten Rang in der Gattung der geistigen Substanzen (substantiae intellectuales) einnimmt, wie man aus ihrer Erkenntnisweise entnehmen kann. Also befindet sich die geistige Seele (anima intellectualis) am Horizont und der Grenze zwischen körperlichen und unkörperlichen Dingen. (209)

Fox: Unsere Seelen sind 'am Horizont' zwischen dem Materiellen und dem Geistigen, wie du sagst.

Thomas: Die Seele in uns ist dasjenige, was wir mit den Tieren gemein haben.

Der Geist ist, was wir mit geistigen Substanzen gemein haben. Doch ist es ein und die gleiche Substanz, die den Körper lebendig macht und die, ihrer Fähigkeit nach als Geist (mens) bezeichnet, Verständniskraft besitzt. (210)

Fox: Du sagst, unsere Seelen seien 'am Horizont'. Welche Grenzen bietet uns dieser Horizont, daß wir uns danach ausstrecken?

Thomas: Aristoteles sagt, die Seele sei gewissermaßen alles, und sie sei, was sie ist, weil sie zu allem werden könne. So ist es möglich, daß die Vollkommenheit des ganzen Universums in einem Ding existiert. Das ist die größte Fülle, die die Seele erreichen kann, denn nach den Philosophen kann in ihr die ganze Ordnung des Universums und aller seiner Ursachen eingeschrieben werden. Das haben sie als letztes Ziel des Menschen behauptet. Wir sagen, es bestehe im Schauen Gottes, denn wie es bei Gregor heißt: Werden nicht die, die den alles Schauenden schauen können, auch alles andere schauen? (211)

Fox: Du hast in diesem Gespräch über die Schöpfung sehr häufig das Thema des Guten aufgebracht. Wie gut ist deiner Einschätzung nach die Schöpfung? Ist es nicht so, daß ein großer Teil der Verzweiflung heutzutage aus dem Verlust des Glaubens daran entsteht, daß das Leben gut ist? Oder daß Güte überhaupt möglich ist? Eine Religion, die sich auf die menschliche Sünde und das Böse konzentriert, scheint mir sehr zur Verzweiflung einer pessimistischen Kultur beizutragen und damit die Gelegenheit zu verspielen, sie von ihren destruktivsten Neigungen zu erlösen.

Thomas: Verzweiflung besteht darin, daß man aufhört auf einen Teil an Gottes Güte zu hoffen. Verzweiflung richtet sich insofern gegen Gott, als wir die Hoffnung darauf verlieren, an Gottes Güte teilhaben zu können. (212)

Fox: Ich verstehe dich so, daß die Verzweiflung aus dem Verlust des Glaubens an die eigene Güte und dem Verlust des Bewußtseins dafür entsteht, wie unsere Güte sich auf die göttliche Güte bezieht.

Thomas: Verzweiflung besteht grundsätzlich in einer Flucht vor Gott, dem unwandelbaren Guten. (213)

Fox: Für unsere deprimierten und pessimistischen, ja zynischen Zeiten ist es eine sehr kraftvolle Einsicht, daß die Verzweiflung vom mangelnden Glauben an die Güte herrührt. Also um so mehr Grund, das Thema des Guten, oder wie die Theologen sagen, den Segen der Schöpfung zu verfolgen.

Thomas: Segnen heißt nichts anderes, als Gutes zu sagen. In einer Hinsicht segnen wir Gott, in einer anderen segnet Gott uns. Wir segnen Gott, indem wir die göttliche Güte erkennen. Wie die Schrift (Tobit 13) sagt: „Segnet Gott im Himmel." Und (Sirach 43): „Mit eurem Segen erhebt Gott, soviel ihr könnt." Gott aber segnet uns, indem Gott Gutes in uns bewirkt. (214)

Fox: Wie segnet Gott uns Geschöpfe?

Thomas: Daß Gott jemanden annimmt oder liebt (was dasselbe ist), heißt nichts anderes, als daß Gott Gutes für ihn will. Gott will nun für alle Geschöpfe das Gute der Natur, weshalb es heißt, daß Gott alles liebe. In der Schrift heißt es: „Du liebst alles, was ist" (Weish.11,25), und „Gott sah alles, was Gott gemacht hatte, und es war sehr gut" (Gen.1,31). (215)

Fox: Sage noch Näheres zum Segen oder Guten, das die Geschöpfe sind.

Thomas: Alles, was ist, ist gut, sofern es ist. (216) Sein und Gutsein ist bei allen Dingen das gleiche. (217) Das Gute und das Seiende sind äquivalent. (218)

Fox: Aus welchem Grund sagst du das?

Thomas: Zweierlei ist für ein Ziel wesentlich: Es muß von den Dingen erstrebt oder ersehnt werden, die ihr Ziel noch nicht erreicht haben, und geliebt und genossen werden von denen, die schon am Ziel sind. Denn in gewisser Hinsicht hat es den gleichen Sinn, nach einem Ziel zu streben, oder an diesem Ziel zu ruhen. ... Das Sein selbst entspricht also dem Begriff des Guten. ... Jedes Seiende muß notwendig, allein weil es existiert, gut sein; allerdings kommen bei vielem Seienden eine Reihe Aspekte des Gutseins hinzu, aufgrund derer es vorhanden ist. (219)

Fox: So ist also die ganze Schöpfung gut, die ganze Schöpfung ein Segen.

Thomas: Alle Natur ist gut. (220) Alles Dasein, auf welche Weise es auch existiert, ist gut, sofern es ist. (221) Jedes Sein, auf welche Weise es auch existiert, ist von Gott ..., der das vollkommene Gute ist. Da aber die Wirkung von Gutem nicht Schlechtes (malum) sein kann, kann unmöglich etwas, sofern es ist, schlecht sein. (222) „Jedes Geschöpf Gottes ist gut" (1Tim.4,4). (223)

Fox: Und du sagst, der Segen oder das Gute der Dinge gehe über unser bloßes geheiligtes Dasein hinaus?

Thomas: Zu den Wirkungen Gottes gehören solche, die dem menschlichen Willen keinesfalls entgegenstehen können. Denn zu sein, zu leben und zu verstehen, ist für alle erstrebens- und liebenswert. (224)

Fox: Das sind doch gewiß die Grundlagen des Lebens, nicht wahr? Zu sein, zu leben, zu verstehen. Und es sind Segnungen, die wir so leicht für selbstverständlich nehmen.

Thomas: Dionysius sagt, daß es bei sorgfältigem Nachdenken nicht möglich sei, etwas zu finden, das kein Sein oder Vollkommenheit oder Gesundheit habe. (225)

Fox: Warum gründest du die Schöpfung so tief in Segen oder Güte?

Thomas: So wie der Mensch menschliche Güter, etwa Geld oder Ehre, austeilt, so teilt Gott alle Güter des Universums aus. (226) Alle Dinge sind gut, da sie von der Quelle des Guten ausfließen. (227)

Fox: Das scheinst du sicherlich zu tun!

Thomas: Die Natur verhält sich zum Segen, wie das Erste zum Zweiten. Das Gesegnetsein gründet sich auf die Natur. (228) Es gibt nichts, das nicht an Güte und Schönheit teilhat. Alles ist gut und schön nach seiner ihm zugehörigen Form. (229) Jedes Ding ahmt die göttliche Güte auf seine Weise nach. (230) Durch das Erste, das vom Wesen her ist und gut ist, kann ein jedes seiend und gut genannt werden. Es hat an Gott teil, indem es ihm ähnlich ist, wenn auch mangelhaft. Durch die ihm innewohnende Ähnlichkeit mit der göttlichen Güte wird jedes gut genannt. So gibt es also die eine Güte in allen und auch vieles einzelne, das gut ist. (231)

Fox: Wenn die Dinge so gut sind, warum gibt es dann so viele Dinge im Universum?

Thomas: Die Verschiedenheit und Vielfalt in der Welt ist von ... Gott beabsichtigt. Gott bringt die Dinge ins Dasein, um die göttliche Güte mitzuteilen und zu offenbaren. Ein einzelnes Geschöpf wäre dazu nicht ausreichend, weshalb Gott viele und verschiedene geschaffen hat, so daß das eine bringt, was dem anderen mangelt. (232)

Fox: Du benennst hier ein weiteres Beispiel für wechselseitige Abhängigkeit.

Thomas: In Gott ist das Gute einzig und beständig, während es in den Geschöpfen verteilt und vielfältig ist. Die Gottheit wird also durch das ganze Universum besser dargestellt als durch ein einzelnes Ding. (233)

Fox: Es gibt also Grenzen für das Gute der Geschöpfe?

Thomas: Das teilhabende Gute in einem Engel oder im ganzen Universum ist ein endliches und begrenztes Gutes. (234)

Fox: Da unterscheidest du dich deutlich von vielen neuplatonischen Mystikern, die die physische Welt als bloßen 'Schatten' ansehen und die Vielfalt physischer Geschöpfe in der Welt bedauern, weil sie sich nach einem Gott sehnen, der ausschließlich 'Einer' ist.

Thomas: Die Vielfalt und Verschiedenheit der Dinge wurde vom göttlichen Verstand erdacht und verwirklicht, damit sich die göttliche Güte auf verschiedene Weise in der Schöpfung darstelle. ... Aus dieser Ordnung der unterschiedlichen Dinge ergibt sich Schönheit. (235)

Fox: Manche Theologen lehren, daß alle Unvollkommenheiten in den Dingen aus der Sünde folgen.

Thomas: Die Verschiedenheit und Unterschiedlichkeit (diversitas et inaequalitas) der geschaffenen Dinge kommt nicht durch Zufall, nicht durch die Unterschiedlichkeit der Materie, nicht durch die Einmischung anderer Ursachen oder Verdienste, sondern durch Gottes eigene Absicht ... zustande. (236) Durch die menschliche Sünde ist die Natur der Tiere nicht verändert worden, als hätten diejenigen, die sich jetzt von Natur aus vom Fleisch andererTiere ernähren, wie Löwen oder Falken, dann von Kräutern gelebt. (237)

Fox: Du sprichst vom 'göttlichen Zweck'. Wie würdest du diesen göttlichen Zweck benennen?

Thomas: Gott will den Geschöpfen von den göttlichen Vollkommenheiten so viel mitteilen, als ein jedes ertragen kann. (238) Das letzte Ziel aller Dinge ist das göttliche Gute, auf das als Ziel alle Wege und Einzelziele gerichtet sind, zu denen die Dinge natürlicherweise neigen und geordnet sind. Auf diese Weise stellen die natürlichen Neigungen der Dinge auf ihre natürlichen Ziele hin, die wir als Naturgesetze bezeichnen, eine Art 'süßer Abkömmlinge' dar, das heißt Wirkungen, die in Einklang sind mit dem natürlichen Verlangen. Das bezeichne ich als Wirkung oder 'Abkömmling der Liebe', durch welche die göttliche Liebe geliebt wird. Diese Liebe ist göttlich und hält alle Dinge. Sie ist auch unauflöslich. ... Die göttliche Liebe, die allen Dingen geschenkt ist und durch die alle Dinge von Gott erhalten werden, kann nicht aufgelöst werden, denn alles muß Gott lieben, wenigstens in Gottes Wirkungen. (239)

Fox: Das erweckt den Eindruck, als seien die in der Natur wirksamen 'Gesetze Gottes' etwas sehr Freudiges.

Thomas: Das Gesetz Gottes ist die festgelegte natürliche Neigung eines jeden Geschöpfes zu tun, was seiner eigenen Natur nach angenehm für es ist. Deshalb heißt es von der Weisheit (Weish.8), daß sie „alle Dinge angenehm geordnet" hat. (240)

Fox: Du sagtest oben, daß Gott allen Dingen so viel göttliche Vollkommenheit mitteilen will, als diese ertragen können. Willst du damit sagen, daß die gesamte Schöpfung mehr von Gottes Güte oder Segen erträgt, wenn man so will, als die einzelnen Teile?

Thomas: In Genesis (1,31) heißt es: „Gott sah alles, was Gott gemacht hatte; und es war sehr gut", während von allen einzelnen Werken zuvor gesagt worden war, sie seien gut. Denn jedes Ding ist seiner Natur nach gut, alle zusammen aber sind sehr gut wegen der Ordnung des Universums, die die letzte und feinste Vollendung der Dinge ist. (241)

Fox: Aus diesem ausgesprochenen Lob der Güte in den Dingen scheint mir zu folgen, daß auch unser eigenes Selbst etwas Gutes ist, woran wir uns freuen und das wir preisen sollen.

Thomas: Selbstliebe ist die Gestalt und Wurzel aller Freundschaft. (242) Eine gut geordnete Eigenliebe ist richtig und natürlich (243) – so sehr, daß ein Mensch, der sich selbst haßt, gegen die Natur sündigt. (244) Das eigene Gute zu erkennen und zu schätzen, ist keine Sünde. (245)

Fox: Und was meinst du, folgt aus dieser gesunden Eigenliebe?

Thomas: Der Nächste und die Wahrheit werden natürlicherweise geliebt. (246)

Fox: Würdest du Näheres über dein Verständnis der göttlichen Güte sagen, die du als die 'Quelle aller Güte' beschreibst?

Thomas: Güte ist das Selbst Gottes, weil Gott das Sein des Guten ist. (247) Gottes Güte ist vollendet, und ihr fehlt keine Vollkommenheit. (248) Gott ist absolute Güte. (249)

Fox: Wie bezieht sich dann Gottes Güte auf die Geschöpfe?

Thomas: Alles wird gut genannt aufgrund der Güte Gottes. (250)

Fox: Man könnte denken, daß die Schöpfung, wenn Gott so überaus gut ist, völlig unnötig wäre.

Thomas: Durch nichts anderes als die göttliche Güte wird Gott bewegt, Geschöpfe hervorzubringen. (251) Gott brachte die Geschöpfe nicht hervor, weil Gott sie brauchte oder aus irgendeinem äußeren Grund, sondern wegen Gottes eigener Güte. Wenn Moses also sagt: „Gott sah das Licht und es war gut", so beweist er damit die göttliche Liebe. Das Gleiche gilt auch für die anderen Schöpfungswerke. (252)

Fox: Gottes Segen oder Gottes Güte scheint schwer zu ergründen.

Thomas: Gott ist so gut, daß es dem Charakter der Gottheit nicht entspräche, ihr Wissen bei sich zu behalten und sich niemals hinzugeben. Denn das Gute ist aus sich heraus großzügig. (253) Gott ist das höchste Gute und deshalb äußerst großzügig. Gottes Freude ist absolut und bedarf der Gemeinschaft. (254)

Fox: Sprichst du da über bedingungslose Liebe?

Thomas: Gottes Liebe wird durch keine vorhergehenden Verdienste erworben, sondern kommt allein aus Gottes Großmut. (255) Die körperlichen und sichtbaren Geschöpfe sind gemacht worden, weil es gut ist, daß sie sind. Das geschieht in Einklang mit Gottes Güte und nicht wegen der Verdienste oder Verfehlungen rationaler Geschöpfe. (256) Gottes Liebe ist nicht wie unsere. Denn unser Wille ist nicht die Ursache des Guten, sondern wird davon bewegt ... Gottes Liebe gießt das Gute in die Dinge ein und erschafft es in ihnen. (257) Der Heilige Geist ist die Liebe, mit der Gott die Geschöpfe liebt und ihnen die göttliche Güte mitteilt. (258) Gott hat den geschaffenen Dingen die göttliche Güte so mitgeteilt, daß eines auf das andere übertragen kann, was es empfangen hat. (259)

Fox: Du scheinst dabei wiederum über unseren heiligen Ursprung zu sprechen.

Thomas: Gott ist die Quelle der Güte, die einzelnen Geschöpfe Bäche. (260) Viele Flüsse entspringen einer Quelle, und Wasser aus einer Quelle fließt über in zahlreiche Bäche. ... So geschieht auch das Ausfließen und Mitteilen des einzelnen Guten aus der göttlichen Güte. In diesem Falle geht jedoch nichts von der ursprünglichen Güte verloren, denn die göttliche Güte bleibt in ihrem Wesen ungeteilt, unbeeinträchtigt und einfach. (261)

Fox: Deine Formulierung 'ursprüngliche Güte' oder deine frühere Formulierung 'ursprüngliche Frische' klingen für mich wie 'ursprünglicher Segen'! Diese Erklärung der göttlichen Güte zieht mich sehr an.

Thomas: Gutes zieht an. Die göttliche Güte zieht die Geschöpfe über sich selbst hinaus an, während das ursprüngliche Gute in den Dingen die Vollkommenheit des Universums ausmacht. (262) Was immer Gott einem Geschöpf mitteilt, das teilt Gott aus der göttlichen Güte heraus mit. (263)

Fox: Wenn die Geschöpfe so erfüllt sind von Segen und göttlicher Güte, kann ich verstehen, warum die Meditation über sie eine derart wichtige geistige Übung in unserem Leben darstellt.

Thomas: Durch die Betrachtung (der Geschöpfe) wird die menschliche Seele zur Liebe der göttlichen Güte entzündet. (264) Wir lieben Gott und erkennen Gott im Spiegel seiner Geschöpfe. (265)

Fox: Du sagst, daß die Geschöpfe Gott spiegeln?

Thomas: Etwas in einem Spiegel zu sehen, heißt, eine Ursache durch ihre Wirkung zu sehen, in welcher ihre Ähnlichkeit aufleuchtet. (266)

Fox: Wie empfiehlst Du, sollen unsere Meditationen über die Geschöpfe uns Gott darin erfahren lassen?

Thomas: Wer eine Wirkung kennt und weiß, daß sie eine Ursache hat, bekommt den natürlichen Wunsch zu wissen, welches die Ursache ist. Dieser Wunsch beruht auf dem Staunen und bedarf des Nachforschens. ... Vom Staunen kommt man zum Fragen. Und dieses Fragen endet nicht, bis man zur Erkenntnis des Wesens der Ursache gelangt. (267)

Fox: Wundern oder Staunen sind also der Beginn deiner Gotteserfahrung?

Thomas: Das Staunen ist der Ursprung der Philosophie. ... Wer staunt, hält sich zunächst von der Beurteilung des Bestaunten zurück, weil er sein Versagen fürchtet, aber forscht später nach. (268)

Fox: Sprichst du vom Nichthandeln, um das es bei der Ehrfurcht geht, und von der Empfänglichkeit, die dem Fällen von Urteilen vorausgeht?

Thomas: Zum kontemplativen Leben gehört zweierlei. Zunächst, daß man Wohlbekanntes zur Erforschung von anderem benutzt. Und zweitens, daß man unbekannte Dinge erlernt. Das zweite lernt man nicht nur durch die Bibel und die Geschöpfe, sondern auch innerlich. (269)

Fox: Ich finde es vielsagend, daß du Schrift und Schöpfung als Quellen göttlichen Wissens und innerer Kontemplation miteinander verbindest.

Thomas: Die göttliche Weisheit erscheint zunächst beim Erschaffen der Dinge. Da unser Geist schwach ist, müssen wir von den Geschöpfen um uns lernen, was wir von Gott wissen können. Darum müssen wir also, um zu wissen, wie vorsorglich Gott ist, schauen, wie vorsorglich die Geschöpfe sind. (270)

Fox: Wenn du auf diese Weise über die Offenbarung auf dem Wege der Schöpfung sprichst, verstehe ich das als ein Reden von den Werken Gottes als dem Wort Gottes.

Thomas: Alle Erkenntnis und Aussage über Menschen kommt durch Gottes

Werke von Gott. Diese kann jedoch weder Hiob, noch irgend ein anderer Mensch vollends verstehen. (271) Wenn es bei Hiob heißt, „alle Völker sehen Gott“, dann ist gemeint, durch die göttlichen Werke. Denn niemandem mangelt die Weisheit so sehr, daß er nicht wenigstens einige der göttlichen Werke erkennen würde. (272) Gott offenbart sich den Menschen auf zweierlei Weise: erstens durch Eingebung eines inneren Lichts, durch das der Mensch erkennt: „Sende dein Licht und deine Wahrheit aus“ (Ps. 42,3). Und außerdem indem Gott uns äußere Zeichen seiner Weisheit vorsetzt, das heißt sinnlich wahrnehmbare Geschöpfe (creaturae sensibiles): „Er hat die Weisheit auf alle seine Geschöpfe ausgegossen“ (Sir.1,10). Gott hat sich also den Menschen kundgetan, indem er ihnen innerlich ein Licht eingibt oder in den äußerlich sichtbaren Geschöpfen, in denen die Gotteserkenntnis wie in einem Buch gelesen werden sollte. (273)

Fox: Du weist uns an, das Buch der Natur zu lesen, wie man die heiligen Schriften lesen würde – als eine Quelle der Weisheit und Offenbarung.

Thomas: Wie die Kunst in den Kunstwerken, so manifestiert sich Gottes Weisheit durch die Geschöpfe: „Denn aus der Größe und Schönheit der Geschöpfe läßt sich auf ihren Schöpfer schließen“ (Weish.13,5). (274)

Fox: Du hast in unserem Gespräch häufig den Ausdruck ’Schönheit’ verwendet. Inwiefern ist die Schönheit eine wichtige Dimension in einer geistigen Beziehung zur Schöpfung?

Thomas: Die höchste Schönheit liegt in der Gottheit, weil Schönheit in der Wohlgestalt besteht; Gott ist aber die Schönheit selbst, die alle Dinge schön macht. Der Schöpfer der Schönheit hat die Schönheit aller Dinge eingerichtet. (275) Die Gottheit offenbart sich unter den Namen ’Weise’ und ’Schön’. Dionysius sagt, daß die Theologen Gott als „weise und schön“ preisen, weil alle Wesen ... „voll jeder göttlichen Harmonie“ seien, das heißt, daß sie im vollkommenen Einklang oder in der Ordnung von Gott existieren und voll „heiliger Schönheit“ sind. Wenn er von ’Harmonie’ spricht, spielt er auf die Weisheit an, zu deren Eigenschaften die Ordnung und das Maß der Dinge gehören. Wenn es irgendwo an Harmonie oder Schönheit mangelt, dann entsteht in den Dingen Zerstörung, und eine Übertreibung ihrer natürlichen Eigenheiten tritt auf. Das geschieht mit der Krankheit im Körper und mit der Sünde in der Seele. (276)

Fox: Du sagst also, daß Schönheit und Weisheit zusammengehören?

Thomas: Dionysius lehrt, daß das übernatürliche ’Gute’, das Gott ist, „von den heiligen Theologen" in der Schrift „als das Schöne gepriesen wird". Im Hohenlied 1: „Ja, schön bist du, mein Geliebter." (277)

Fox: Schönheit und Güte gehören also zusammen. Du hast gesagt, daß jedes Wesen gut ist. Ist also auch jedes Wesen schön? Wie steht es mit der Schönheit in Gott und den Geschöpfen?

Thomas: Das Schöne und das Gute sind in einem Ding in seiner Grundlage eins ..., weshalb das Gute auch als das Schöne gepriesen wird. Sie unterscheiden sich aber begrifflich, denn das Gute spricht das Verlangen an, ... während das Schöne das Erkenntnisvermögen anspricht, denn schön wird genannt, was beim Anschauen gefällt. Das Schöne beruht also auf der Harmonie der Proportionen, denn daran erfreuen sich die Sinne, in dem, was ihnen ähnelt. Denn auch die Sinne sind, wie jedes Erkenntnisvermögen, eine Art Vernunft. (278)

Das Schöne und die Schönheit werden Gott und den Geschöpfen auf unterschiedliche Weise zugesprochen. (279) In Gott, so sagt Dionysius, „sind das Schöne und die Schönheit nicht getrennt", als sei das Schöne in Gott etwas anderes als die Schönheit. (280)

Fox: Und für die Geschöpfe?

Thomas: Dionysius sagt, daß „in den existierenden Dingen" das Schöne und die Schönheit unterschieden seien als das Mitteilende und das Mitgeteilte, so daß das Schöne als etwas gilt, „was an der Schönheit teilhat", während die Schönheit Teil der ersten Ursache ist, die alle Dinge 'schön' macht. (281)

Fox: Sage mir mehr über die Schönheit und Gott. Die rationalistischen Theologen der vergangenen dreihundert Jahre haben nur selten zugegeben, daß die Schönheit eine nennenswerte theologische Kategorie sei.

Thomas: Gott, die übernatürliche Schönheit, wird als Schönheit bezeichnet, weil Gott allen Geschöpfen Schönheit verleiht. Schönheit des Geistes ist eine Sache und die des Körpers eine andere, wobei die Schönheit eines Körpers anders ist als die des anderen. (282)

Fox: Wie würdest du Schönheit definieren?

Thomas: Das Wesen der Schönheit besteht darin, daß es eine Ursache der Harmonie und des Strahlens in allem gibt. Denn wir bezeichnen jemanden als schön wegen der guten Proportion der Größe und Statur und wegen eines leuchtenden und strahlenden Gesichts. Im richtigen Rahmen muß auch bei anderen Dingen angenommen werden, daß sie als schön bezeichnet werden, sofern sie ein ihnen gemäßes geistiges oder körperliches Strahlen haben und nach den erforderlichen Proportionen eingerichtet sind. (283)

Fox: Ist Gott eine Ursache für dieses 'Leuchten' oder Strahlen, das sich in den Dingen findet?

Thomas: Gott legt mit einer Art 'Glanz' eine Spiegelung von Gottes eigenem 'Strahlen' in die Geschöpfe, da Gott die Quelle allen Lichtes ist. (284)

Fox: Das klingt mir ähnlich wie die zeitgenössische wissenschaftliche Theorie, daß Photonen oder Lichtwellen in jedem Atom und jedem Wesen gegenwärtig sind.

Thomas: Leuchtende Spiegelungen des göttlichen Strahlens müssen verstanden werden als die Mitteilung von Gottes Ähnlichkeit, und sie bilden die 'schön machenden' Reflexionen, die in allem Schönheit hervorrufen. (285)

Fox: Manchmal definierst du Schönheit auch als 'Harmonie'.

Thomas: Gott ist die Ursache der Harmonie in allem, von welcher es zwei Arten gibt. Die erste tritt auf nach der Ausrichtung der Geschöpfe auf Gott hin. Dionysius spielt darauf an, wenn er sagt, daß Gott die Ursache der Harmonie sei, „wie einer, der die Dinge zu sich ruft". Gott tut das insofern, als Gott alle Dinge auf sich als Ziel lenkt. 'Schön' heißt im Griechischen kalós, weil es vom Wort für 'rufen' abstammt. Die zweite Harmonie liegt in den Dingen gemäß der Ordnung dieser Dinge untereinander. (286)

Fox: Du siehst also die wechselseitige Abhängigkeit der Dinge als eine Art Harmonie und Schönheit an?

Thomas: Gott sammelt alle Dinge in allen Dingen auf das gleiche Ziel hin. Das kann im Zusammenhang mit der Meinung der Platonisten verstanden werden, daß die höhere Ordnung der Dinge durch Teilhabe in der niederen sei. Tatsächlich sind die niederen Dinge durch eine Art der Überhöhung in den höheren, und darum sind alle Dinge in allen Dingen. Und von dieser Tatsache her, daß nämlich alle Dinge durch eine gewisse Ordnung in allen Dingen sind, ergibt sich, daß alle Dinge auf das gleiche Ziel hin geordnet sind. (287) Gott ist das Schönste und über das Schönste hinaus. (288)

Fox: Wie meinst du das?

Thomas: Angenommen, wir sagen, das Feuer zeichne sich von anderem seiner Art durch einen Überfluß an Hitze aus, so nennen wir es 'am heißesten'. Die Sonne aber zeichnet sich nicht von anderem ihrer Art aus, weshalb wir sie nicht als 'am heißesten' bezeichnen, sondern als 'über alle Hitze hinaus', denn in ihr ist die Hitze nicht in der gleichen, sondern in einer darüber hinausgehenden Weise. (289)

Fox: Wie unterscheidet sich Gottes Schönheit noch von der der Geschöpfe?

Thomas: Gewisse Dinge haben eine veränderliche Schönheit, wie die vergänglichen Dinge. Dieser Mangel besteht bei Gott nicht, weil Gott, wie Dionysius sagt, „immer" schön ist. Entstehen und Vergehen der Schönheit liegen nicht in Gott, noch gibt es dort Zunahme oder Abnahme wie bei den körperlichen Dingen. Gott ist auch nicht zum Teil schön und zum Teil häßlich, wie es bei Einzeldingen vorkommt, und auch nicht manchmal schön und manchmal nicht. Gott ist auch nicht in einer Hinsicht schön, in einer anderen aber nicht, wie es bei allen Dingen der Fall ist, die auf ein bestimmtes Ziel oder eine Verwendung ausgerichtet sind. Und Gott ist auch nicht an einem Ort schön, an einem anderen nicht. Gott ist in jeder Hinsicht und einfach schön. (290)

Fox: Du sagst, Gottes Schönheit würde nicht nachlassen.

Thomas: Was mit einem jeden an sich und ursprünglich in Harmonie ist, ist mit allem und immer und überall in Harmonie. Das Göttliche ist in sich selbst schön, nicht hinsichtlich einer Bestimmung. Deshalb kann nicht gesagt werden, daß Gott für eines schön, für ein anderes aber nicht schön sei, und nicht für einige schön, für andere aber nicht. Gott ist immer und einheitlich schön. Weil dies so ist, ist der erste Mangel an Schönheit, der in der Veränderlichkeit liegt, von Gott ausgeschlossen. (291)

Fox: Wie verursacht Gott Schönheit?

Thomas: Gott ist die Quelle absoluter Schönheit. (292) Das Schöne kommt von Gott als der Quelle. (293) Von diesem schönen Einen geht die Schönheit in allem aus, denn das Strahlen kommt vom Bedenken der Schönheit, wie schon gesagt wurde. Alle Schönheit aber, durch die ein Ding sein kann, ist eine Art Teilhabe am göttlichen Strahlen. Gleichermaßen ist gesagt worden, daß die Harmonie von dem Maß der Schönheit kommt, weshalb alle Dinge, die auf irgendeine Weise harmonisch sind, aus der göttlichen Schönheit hervorgehen. Daraus folgt, daß vom Schönen her, das göttlich ist, die Übereinstimmung aller vernunftbegabten Geschöpfe entsteht: Freundschaft hinsichtlich der emotionalen Übereinstimmung und Gesellschaft hinsichtlich der äußeren Handlungen. Allgemein besitzen alle Geschöpfe ihre Einheit, worin sie auch bestehen mag, aus der Kraft der Schönheit. (294)

Fox: Gibt es sonst noch Möglichkeiten, in denen Schönheit eine Ursache der Dinge ist?

Thomas: Das Schöne ist zunächst die Grundlegung von allen passenden und wirksamen Ursachen, die etwas ins Dasein bringen. Wie eine bewegende und eine erhaltende Ursache bewahrt sie alle Dinge. Denn diese drei Dinge scheinen zum Wesen einer wirksamen Ursache zu gehören: daß sie Dasein verleiht, daß sie bewegt, und daß sie erhält. ... Für einen vollkommenen Handlungsträger ist es typisch, daß er durch die Liebe dessen wirkt, was er besitzt. Darum fügt Dionysius hinzu, daß das Schöne, das Gott ist, eine wirksame, bewegende und erhaltende Ursache sei „wegen der Liebe zu ihrer eigenen Schönheit". Denn da sie ihre eigene Schönheit besitzt, möchte sie sie so viel wie möglich vervielfältigen, nämlich durch Mitteilung ihrer Ähnlichkeit. (295)

Fox: Wie steht es mit der Schönheit als finaler Ursache?

Thomas: Das Schöne, das Gott ist, ist das Ziel von allem als die finale Ursache aller Dinge. Denn alle Dinge sind gemacht worden, damit sie die göttliche Schönheit auf jegliche mögliche Weise nachahmen. (296) Die göttliche Schönheit ist die Ursache aller Zustände der Ruhe und der Bewegung, sei es von Seele, Geist oder Körper. Bewegung und Ruhe reduzieren sich auf die Verursachung des Schönen. (297) Schönheit ist auch eine Einzelursache, weil niemand sich die Mühe macht, etwas Ähnliches oder eine Darstellung zu schaffen, es sei denn um der Schönheit willen. (298)

Fox: Sagen wir aber nicht, daß das Gute die letzte Ursache aller Dinge sei, der Grund, aus dem wir etwas wählen?

Thomas: Das Gute und das Schöne sind das gleiche, weil alle Dinge das Schöne und das Gute in jeglicher Weise ersehnen. Es gibt nichts, das nicht am Guten und am Schönen teilhätte, denn jedes Ding ist gemäß seiner eigenen Gestalt gut und schön. (299)

Fox: Aber das Gute ist doch sicherlich nicht einfach synonym mit dem Schönen?

Thomas: Obwohl das Schöne und das Gute im Gegenstand das gleiche sind, denn Klarheit und Harmonie fallen gleichermaßen unter das Wesen des Guten, unterscheiden sie sich doch im Begriff: Das Schöne zeigt nämlich etwas über das Gute hinaus, nämlich einen Weg zu der Erkenntnis, daß das Schöne vom Guten ist. (300) Das Schöne fügt dem Guten etwas hinsichtlich der Erkenntniskraft hinzu. Gut wird genannt, was einfach dem Verlangen gefällt, während schön genannt wird, was schon der Wahrnehmung gefällt. ... Diejenigen Sinne, die zum Schönen hingezogen sind, sind die, die am meisten erkennen, nämlich der Gesichts- und Gehörssinn, die der Vernunft dienen. Denn wir sprechen von schönen Anblicken und schönen Klängen. Bei den anderen Sinnesgegenständen sprechen wir nicht von 'schön'; so reden wir nicht von schönem Geschmack oder Geruch. (301)

Fox: Gibt es noch etwas, was das Schöne vom Guten unterscheidet?

Thomas: Abgesehen von der Achtung für schöne und gute Dinge, müssen gute Dinge sichtbar sein, denn die Sichtbarkeit gehört zum Wesen des Schönen. (302)

Fox: Du hast über Gott als Schönheit und über die göttliche Schönheit in den Dingen gesprochen. Kann unsere Kontemplation über all diese Schönheit uns zur Liebe bringen? Welche Beziehung besteht zwischen Schönheit, Segen und Liebe?

Thomas: Alles wird nur in dem Maße geliebt, als es teilhat am Schönen und Guten. Gott, das Schöne und Gute, ist das angemessene Objekt der Liebe. (303)

Fox: Was bewirkt die Liebe im Liebenden?

Thomas: Dionysius zeigt, was die Liebe im Liebenden tut. Da die Liebe die gemeinsame Wurzel allen Verlangens ist, muß notwendigerweise jede Tätigkeit des Verlangens durch die Liebe verursacht werden. Das lehrt er, wenn er sagt, daß „alle Dinge tun und wünschen, was auch immer sie tun und wünschen" aus einer Sehnsucht nach dem Schönen und Guten. (304)

Fox: Du scheinst viel Liebe im Universum zu finden, wenn denn alle Dinge aus Liebe tätig sind, wie du sagst.

Thomas: Das gewohnte oder bedingte Verlangen nach etwas um seiner selbst willen wird als Liebe bezeichnet. (305)

Fox: Woher stammt all diese Liebe?

Thomas: Gott, die Ursache von allem, liebt alles wegen des Überflusses an Güte, die Gottes ist. Und aus Liebe schafft Gott alle Dinge und gibt ihnen Dasein. Und Gott vervollkommnet alle Dinge, indem Gott sie einzeln mit ihrer jeweiligen Vollkommenheit füllt. Und Gott erhält alle Dinge, indem Gott sie im Dasein hält. Und Gott wandelt alle Dinge, indem Gott sie auf die Gottheit als Ziel hinordnet. ... Die Liebe, mit der Gott liebt, ist das tatsächliche Vorhandensein des Guten in den Dingen selbst. Deshalb sagt man, alles sei gut, da es kausal im Guten präexistiert. ... Denn aus der Liebe von Gottes eigener Güte wünscht Gott die göttliche Güte auszugießen und mit anderen, soweit möglich, auf die Weise der Ähnlichkeit zu teilen. Das Ergebnis ist, daß die göttliche Güte nicht nur in Gott blieb, sondern in andere Dinge ausfloß. (306)

Fox: Deine Sprache ist sehr üppig. Du sagst, daß die Gottheit in alle Dinge ausgieße oder ausfließen lasse.

Thomas: Gott gibt allen Dingen „reichlich", wie es bei Jakobus 1 heißt. Das göttliche Angebot fließt über und kann wegen der Überfülle seines Ausfließens nie abnehmen. Gemäß dieses Angebotes macht Gott alle Dinge vollkommen, insofern Gott sie mit der Ähnlichkeit der göttlichen Vollkommenheit erfüllt. (307)

Fox: Deine Beschreibungen von Gottes Liebe zum Geliebten, nämlich für die Schöpfung, fangen an, ziemlich erotisch zu klingen.

Thomas: Eine Liebe, die Ekstase hervorbringt, bringt die Liebenden außer sich. (308)

Fox: Willst du sagen, daß Gott beim Erschaffen Ekstase empfindet?

Thomas: Die Gottheit, die durch die schöne und gute Liebe, mit der sie alles liebt, die Ursache aller Dinge ist, gerät entsprechend des Überflusses der göttlichen Güte, mit der sie alles liebt, außer sich. Das geschieht, insofern Gott alle Wesen durch Gottes Güte, Liebe und Freude hervorbringt und in gewisser Weise herausgezogen und aus der göttlichen Erhabenheit enthoben wird, in welcher Gott über allem und von allem getrennt ist, zu einem Zustand, in dem Gott durch die Wirkung der göttlichen Güte in allem ist, wie durch eine Art der Ekstase. (309)

Fox: Was bewirkt Gottes Ekstase bei uns?

Thomas: Göttliche Liebe kann auf zweierlei Weise verstanden werden. Zum einen als die Liebe, mit der Gott geliebt wird, wodurch wir die Aussage, daß „göttliche Liebe Ekstase hervorbringt" erklären können, das heißt, daß sie die Liebenden außer sich bringt. ... Zum anderen kann die von Gott ausgehende göttliche Liebe als nicht nur auf Gott, sondern auch auf andere Dinge gerichtet verstanden werden, nämlich auf gleiche oder niedere. So muß die Formulierung verstanden werden, „daß es den Liebenden nicht gestattet ist, sich nur auf sich selbst zu richten", sondern auch auf die Geliebten. Denn die Liebe sorgt dafür, daß die Liebenden nicht nur auf sich selbst gerichtet sind, sondern auch auf andere. (310)

Fox: Kannst du ein Beispiel für solche Liebe geben?

Thomas: Im Hohenlied (5) lesen wir: „Berauscht euch an der Liebe!" Die Trunkenen sind nicht mehr bei sich, sondern außer sich. Die Absichten derer, die mit geistigen Gaben erfüllt sind, werden zu Gott getragen. ... Es scheint angenehm, denn Lust und Süße entstehen in der Seele, wie das Buch der Weisheit (12) sagt: „Wie gut und süß, Herr, ist dein Geist in uns." Und der gute Trunk in 1 Korinther 10: „Alle tranken den gleichen gottgeschenkten Trank." Es gibt ein Rauschen der Lust Gottes, die in Sprüche 18,4 als ein schäumender Bach bezeichnet wird: „ein sprudelnder Bach, eine Quelle der Weisheit". Denn Gottes Wille ist so wirksam, daß diesem Willen nicht widerstanden werden kann, wie man einem rauschenden Fluß nicht widerstehen kann. Wie in Römer 9: „Wer kann Gottes Willen widerstehen?" Sache der Erneuerung aber ist es, daß sie in der Quelle wieder vereint werden. Und so wie einer, der seinen Mund an eine Quelle Wein hält, trunken wird, so sind auch die, die ihren Mund, das heißt, ihre Sehnsucht, an die Quelle des Lebens und der Süße halten, berauscht. Und so berauscht sind sie, denn „bei dir ist die Quelle des Lebens". Da sich dies auf den Schöpfer bezieht, ist der Sinn: Bei dir ist die Quelle des Lebens, das heißt, dein Wort belebt alle Dinge. (311)

Fox: Diese Sprache der Trunkenheit berauscht mich ziemlich.

Thomas: Geistige Erneuerung besteht in zweierlei: in den Gaben Gottes und in der Süße Gottes. Zum ersten sagt der Psalmist: „Wir werden trunken an der Güte deines Hauses." ... Und Psalm 65,5 sagt: „Wir sättigen uns am Gut deines Hauses." Was aber mehr ist, sie werden auch berauscht, das bedeutet, daß ihr Verlangen über alle Maßen des Verdienstes hinaus erfüllt wird. Denn der Rausch ist eine Art Exzeß, wie das Hohelied sagt: „Berauscht euch an der Liebe!" (312)

Fox: Kannst du ein weiteres Beispiel für die Ekstase in der Liebe geben?

Thomas: Im Galaterbrief (2,20) schreibt Paulus: „Nicht mehr ich lebe, sondern Christus lebt in mir." Das bedeutet, daß er, seit er von sich ausgegangen ist, sich ganz auf Gott geworfen und nicht mehr das Eigene, sondern nur Gottes gesucht hat, wie ein wahrer Liebender oder einer, der Ekstase erfährt, für Gott lebt und nicht ein Leben für sich selbst führt, sondern das Leben Christi als des 'Geliebten', was er besonders ersehnt. (313) Ekstase machte das Leben des Paulus nicht zu seinem eigenen, sondern zu Gottes Leben. (314)

Fox: Paulus war ein außergewöhnlicher Mensch, der einige außerordentliche Erfahrungen hatte. Du hast davon gesprochen, daß 'amor', die gewöhnliche Liebe, Ekstase hervorbringt. Ist die Ekstase der Schöpfung nicht uns allen zugänglich?

Thomas: Jede Liebe bringt Ekstase (extasis) hervor. Man sagt, jemand erleide Ekstase, wenn er oder sie außer sich gebracht wird; und zwar geschieht das sowohl mit der Wahrnehmung als auch mit dem Verlangen. Man sagt, jemand werde bezüglich seiner Wahrnehmung außer sich gebracht, wenn er oder sie außerhalb ihres eigenen Erkenntnisvermögens gerät. Das kann sein, indem man zu einer höheren Erkenntnis erhoben wird, wie man von einem Menschen sagt, er erleide Ekstase, wenn er zur Erkenntnis dessen erhoben wird, was Sinne und Vernunft übersteigt. Oder man wird auf eine niedere Ebene herabgezogen, wie man von jemanden, der in Wut oder Wahnsinn gerät, sagt, er oder sie sei außer sich. Bezüglich des Verlangens sagt man, jemand erleide Ekstase, wenn diese Kraft auf etwas anderes gerichtet wird, so daß sie gewissermaßen aus sich selbst heraustritt.

Die Liebe bereitet nun die erste dieser Ekstasen dadurch vor, daß sie über das Geliebte nachsinnen läßt und dieses intensive Nachsinnen (meditatio intensa) von anderem abzieht. Die zweite Ekstase bewirkt die Liebe direkt: und zwar die freundschaftliche Liebe ganz einfach, die begehrliche Liebe aber nur in etwa. In der begehrenden Liebe werden die Liebenden nämlich insofern außer sich gestellt, als sie nicht mit dem Genuß des Guten in sich zufrieden sind und etwas außer sich zu genießen suchen. Weil sie dieses äußere Gute jedoch für sich haben wollen, gehen sie dabei nicht einfach aus sich heraus, sondern letztlich bleibt dieses Verlangen in ihnen selbst. In der freundschaftlichen Liebe hingegen geht die Neigung einfach aus uns heraus, weil man dem Freund Gutes will oder tut, indem man um seinetwillen für ihn sorgt. (315)

Fox: Bedeutet das, daß ein Liebender oder eine Liebende den oder die Geliebte mehr als sich selbst liebt?

Thomas: Liebende gehen aus sich heraus, indem sie dem Freund Gutes wollen und tun. Dennoch will man dem Freund das Gute nicht mehr als sich selbst. Deshalb folgt daraus nicht, daß man den anderen mehr liebt als sich selbst. (316)

Fox: Ekstase ist also uns allen zugänglich?

Thomas: Die Heilige Schrift benutzt die Worte Entrückung, Ekstase und Verzückung (excessus mentis, extasis, raptus) für ein und das gleiche, nämlich eine geistige Erhebung über die äußeren Sinnesobjekte, auf die wir von Natur aus ausgerichtet sind, hinaus zu Dingen, die höher als der Mensch sind. ... Manchmal geschieht diese Lösung von den äußeren Dingen nur hinsichtlich der Aufmerksamkeit (intentio), nämlich wenn man noch über die Sinne verfügen kann, die Aufmerksamkeit (intentio) aber ganz der Anschauung und Liebe der göttlichen Dinge geöffnet hat. In diesem Zustand der Entrükkung, Ekstase oder Verzückung sind alle, die sich der Anschauung der göttlichen Dinge widmen und sie lieben. So sagt Dionysius: „Die göttliche Liebe bewirkt Ekstase." (317)

Fox: Ist Liebe die Ursache für alles, was wir tun?

Thomas: Liebe ist die Ursache von allem, was Liebende tun. Wie Dionysius sagt: „Alle Dinge tun, was immer sie tun, um der Liebe zum Guten willen" (De divinis nominibus, 4). Jedes Wirkende handelt auf ein Ziel hin. Dieses Ziel ist das von allen ersehnte und geliebte Gut. Daraus wird deutlich, daß alles Wirkende, was es auch sei, aus einer Art Liebe heraus handelt. (318)

Fox: Bezieht sich das nur auf liebende menschliche Wesen oder auf alle liebenden Geschöpfe?

Thomas: Wir sprechen hier von der Liebe im allgemeinen Sinne, sofern sie vernünftige und rationale, seelische und natürliche Liebe umfaßt. Denn in diesem Sinne spricht Dionysius im vierten Kapitel seiner De divinis nominibus von der Liebe. (319)

Fox: Was tut die Liebe sonst?

Thomas: Wenn die Liebe vollkommen ist, sammelt sie alle ihre Kräfte an einem Ort und bewegt sie dann zum Geliebten. (320)

Fox: Ist Liebe eine Leidenschaft, die uns verwundet?

Thomas: Dionysius sagt: „Jedes einzelne liebt sich, indem es sich zusammenhält", das heißt, sich erhält. Daher ist die Liebe keine verletzende Leidenschaft, sondern eine erhaltende und vervollkommnende. ... Liebe zu einem passenden Gut vervollkommnet und bessert den oder die Liebenden. Liebe zu einem unpassenden Gut verletzt und verschlechtert die Liebenden. (321)

Fox: Aber es gibt doch auch Schmerz, wenn wir lieben?

Thomas: Man kann der Liebe vier naheliegende Wirkungen zuschreiben: Hinschmelzen, Genießen, Schwermut und Glut. Das erste ist das Hinschmelzen als Gegensatz zur Verhärtung. Was nämlich verhärtet ist, ist in sich zusammengezogen und kann das Eindringen von anderem nicht vertragen. Es gehört aber zur Liebe, daß sich das Verlangen auf die Aufnahme des geliebten Guten einstellt, sofern das Geliebte im Liebenden ist. Deshalb ist die Verhärtung oder Herzenshärte ein mit der Liebe unvereinbarer Zustand. Das Hinschmelzen dagegen macht das Herz weich, so daß es sich zum Eintreten des

Geliebten eignet. Ist das Geliebte dann anwesend und in Besitz, so entstehen Freude und Genuß. Ist das Geliebte aber abwesend, so entstehen zwei Leidenschaften: Traurigkeit über die Abwesenheit, die als Schwermut bezeichnet wird; und eine heftige Sehnsucht nach dem Geliebten, die Glut. (322)

Fox: Ist die Wirkung der Liebe die Vereinigung?

Thomas: Jede Liebe ist eine vereinende Kraft. Die Vereinigung von Liebendem und Geliebtem ist eine doppelte: Eine tatsächliche Vereinigung, wenn das Geliebte anwesend ist; und eine dem Verlangen nach. ... Die erste dieser Vereinigungen wird durch die Liebe verursacht, weil sie zur Sehnsucht und zum Bemühen um die Gegenwart des Geliebten als einem Passenden und zu einem Gehörenden führt. Die zweite verursacht die Liebe formal, denn sie selbst ist das Band und die Vereinigung. Sehnsucht entsteht nur bei Abwesenheit des Geliebten, Liebe besteht bei Gegenwart oder Abwesenheit. (323)

Fox: Tritt das gegenseitige Innewohnen wegen der Liebe auf?

Thomas: Jede Liebe bewirkt, daß das Geliebte im Liebenden ist und umgekehrt. Diese Wirkung gilt hinsichtlich der Wahrnehmung als auch des Verlangens. In bezug auf die Wahrnehmung heißt es, das Geliebte sei im Liebenden, sofern es in seiner Wahrnehmung wohnt. ... Und vom Liebenden heißt es, er sei durch das Erkennen im Geliebten, weil er nicht mit einer oberflächlichen Erkenntnis des Geliebten zufrieden ist, sondern sich bemüht, alles einzelne des Geliebten bis ins Innerste zu erkunden und so in sein Inneres eintritt. (324)

Hinsichtlich des Verlangens heißt es, das Geliebte sei im Liebenden, weil es durch ein gewisses Gefallen in seiner Neigung ist, so daß er sich an ihm selbst oder an seinem Guten erfreuen kann, wenn sie anwesend sind. Oder daß er bei Abwesenheit des Geliebten in begehrender Liebe nach dem Geliebten selbst verlangt, oder in freundschaftlicher Liebe nach etwas Gutem für das Geliebte. Das geschieht nicht aus einem äußeren Grund, ... sondern weil die Freude am Geliebten im Herzen des Liebenden verwurzelt ist. Deshalb bezeichnet man die Liebe auch als 'innig' und spricht von den 'viscera caritatis' (Eingeweiden der Liebe). Die begehrende Liebe begnügt sich nicht mit einem oberflächlichen oder äußeren Erreichen oder Genießen des Geliebten, sondern sucht das Geliebte völlig zu besitzen und sozusagen bis in sein Innerstes vorzudringen.

In der freundschaftlichen Liebe dagegen ist der Liebende im Geliebten, insofern er das für den Freund Gute und Schlechte als sein eigenes und den Willen des Freundes als den eigenen betrachtet, so daß man das Gute und

Schlechte wie in der Person des Freundes zu erleben scheint.

Das wechselseitige Ineinander in der freundschaftlichen Liebe kann drittens noch in Form der Gegenliebe verstanden werden: sofern nämlich Freunde sich gegenseitig lieben und sich gegenseitig Gutes wünschen und tun. (325)

Fox: Es ist heute darauf hingewiesen worden, daß uns die Lust am Leben fehle. Ich nehme an, das kommt daher, daß wir nicht mehr verliebt in das Dasein und die Schöpfung oder ihren Schöpfer, ihre Schöpferin sind.

Thomas: Eifer (zelus) entsteht aus der Intensität der Liebe. Denn je intensiver eine Kraft etwas anstrebt, umso heftiger setzt sie sich gegen alle Widerstände durch. ... Man sagt, jemand eifere für Gott, wenn er alles, was gegen Gottes Ehre und Willen ist, nach bestem Können zu verhindern sucht, wie Johannes (2,17) sagt: „Der Eifer für dein Haus hat mich verzehrt." Die Glosse sagt dazu, daß sich in gutem Eifer verzehre, wer sich bemüht, alles Falsche, das er sieht, zu korrigieren; wo er es aber nicht kann, es erträgt und darüber klagt. (326)

Fox: Mir scheint, daß wir Menschen die Erde – gegen uns selbst – verteidigen würden, wenn wir sie nur leidenschaftlich genug liebten. Woher stammt der Eifer?

Thomas: Liebe und Eifer entstehen aus der Schönheit und dem Guten, denn etwas ist nicht deshalb schön, weil wir es lieben, sondern wir lieben etwas, weil es schön und gut ist. ... Gott wird als eifernd bezeichnet, weil Dinge durch Gott zum Gegenstand des Eifers werden, das heißt, zutiefst liebenswert. (327)

Fox: Wenn ich dir so zuhöre, bekomme ich den Eindruck, daß unsere Freude an der Schöpfung – oder der Mangel daran – eine politische Frage ist. Erzähle mir mehr über den Wert der Freude und des Vergnügens in unserem Leben.

Thomas: Spaß gehört zu den besten menschlichen Tätigkeiten. (328) Die vollkommene Tätigkeit eines bewußten Wesens ist notwendig eine lustvolle. (329) Niemand kann ohne Lust bleiben. (330) Freude entspricht dem menschlichen Wesen! Aus diesem Grunde muß die Moral bei ihrem Studium der menschlichen Handlungen die Freude berücksichtigen. (331) Freude vertreibt die Traurigkeit. (332) Alle wunderbaren Dinge, die Staunen erregen, sind auch erfreulich. (333) Wenn sich ein Mensch von allem Lustvollen enthält, kann das Gut der Vernunft nicht in ihm wohnen. Wer das Vergnügen verabscheut, weil es Spaß macht, kann mit Recht als undankbarer Flegel bezeichnet werden. (334) Ein Laster ist, was der Naturordnung zuwiderläuft. Die Natur hat aber mit allen zum menschlichen Leben notwendigen Handlungen Lust verbunden. Deshalb erfordert die Naturordnung, daß der Mensch genießt, was zum Erhalt des Menschen als Individuum und als Spezies notwendig ist. Wenn also jemand die Lust so fliehen würde, daß er dabei unterließe, was zum Erhalt der Natur nötig ist, würde er sündigen, indem er der Naturordnung zuwiderhandelte. Das gehört zum Laster der Gefühllosigkeit. (335)

Fox: Deine Spiritualität scheint weit entfernt von der herrschenden zu sein, von der wir seit Jahrhunderten hören und die das Vergnügen abwertet und die Läuterung empfiehlt. Sie scheint wenig mit der klassischen Formulierung aus der katholischen Beichte zu tun zu haben: 'Hast du Spaß daran gehabt?'

Thomas: Wir besitzen eine Gabe nur, wenn wir sie frei genießen können. (336)

Fox: Was ist ein Geschenk?

Thomas: Die Bezeichnung Gabe beinhaltet die Vorstellung der Zugehörigkeit zum Gebenden aufgrund des Ursprunges. (337)

Fox: Wenn wir also die Schöpfung als ein Geschenk sehen, steckt darin eine Beziehung zum Schöpfer oder Schenkenden. Ich denke, darin liegt auch eine Erlaubnis, die Schöpfung tief zu genießen, denn der oder die Gebende verlangt nach Freude bei den Empfangenden.

Thomas: Da nun die Lust an dem Guten, das man liebt, etwas Gutes an sich hat, verursacht also die Lust Liebe. (338) Lust der Vernunft hindert nicht den Gebrauch der Vernunft, sondern fördert ihn. Wir tun nämlich aufmerksamer, was wir gern tun. (339) Eine der Tätigkeit des Geistes zugeordnete Freude behindert diesen nicht, sondern vervollkommnet ihn sogar; denn was wir freudig tun, tun wir sorgfältiger und dauerhafter. (340)

Fox: Was ist Lust?

Thomas: Freude oder Lust umfaßt die Ruhe des Liebenden im Geliebten. (341) Lust (delectatio) ist ein Ruhen des Verlangens (appetitus) im Guten. (342)

Fox: Aus allem, was wir bisher besprochen haben, scheint es mir so zu sein, daß die Schöpfung existiert, um sowohl uns als auch Gott zu erfreuen.

Thomas: Es macht viel Freude, um alle Dinge in der Welt Wissen zu haben, ... die von Gott gewollt und eingerichtet sind. (343)

Fox: Sind Lust und Freude das Gleiche?

Thomas: Von Freude (gaudium) sprechen wir nur, wenn die Lust (delectatio) der Vernunft folgt. Deshalb sprechen wir bei Tieren nicht von Freude, sondern von Lust. ... Lust bezieht sich auf mehr als Freude. (344) Die Wirkung der Hoffnung ist geistige Freude. Römer 12,12: „Seid fröhlich in der Hoffnung." Begeisterung ist Freude, die auf äußere Dinge überspringt. Freude bedeutet eine innere Erweiterung des Herzens. Deshalb zeigt Begeisterung die Erfüllung der Freude an. Ein von der Liebe Gottes entflammter Mensch empfängt anfangs mehr Freude und später maßvolle Freude. (345) Lust erweitert die Seele, Leid beschwert sie. (346) Lust ist außerhalb der Zeit. (347) Das Verlangen nach Lust ist größer als das Meiden des Leides. (348) Der einzige Mensch, der wirklich Freude erlebt, ist ein liebender Mensch. (349) Lust besteht ... mehr im Sein als im Werden (350) und findet beim Erreichen des Ziels Ruhe. Die Bewegung auf etwas Gutes hin ist Sehnsucht oder Begierde, und die Ruhe in diesem Guten ist die Freude oder Lust. (351) Lust bedeutet ein absolutes Ruhen im Ziel. (352)

Fox: Du preist offenbar die Tatsache, daß Lust uns anzieht und zieht, sogar weitertreibt, wenn du so willst. Und somit ist es, wie du sagst, ein Letztes oder eine letzte Ursache. Die Geschöpfe können uns wohl dazu führen, mit Gott zu ruhen.

Thomas: In der Erschaffung der geringsten Kreatur offenbart sich die unendliche Kraft, Weisheit und Güte Gottes, weil jedes einzelne Geschöpf zur Erkenntnis des ersten und höchsten Einen führt, das in jeder Vollkommenheit unendlich ist. Es ist auch nicht nötig, daß die unendliche Kraft und Güte sich in unbegrenzter Kommunikationsweise offenbart. Es reicht aus, daß die unendliche Güte sich zeigt, indem sie jedem Geschöpf nach seiner jeweiligen Fähigkeit geschenkt wird. (353)

Fox: Welch eine Herausforderung für uns! Das Unendliche im kleinsten, endlichen Ding zu finden! Du scheinst damit auch zu sagen, daß die Güte der Geschöpfe so tief und so wirklich ist, ja so geistig und göttlich, daß die Geschöpfe für unser geistiges Wachstum kein Hindernis sind.

Thomas: An sich stellen die Geschöpfe kein Hindernis für das ewige Glück dar. Wir machen sie nur dazu, indem wir sie mißbrauchen und uns an sie hängen, als seien sie unser letztes Ziel. (354) Die Geschöpfe an sich lenken uns nicht von Gott ab, sondern führen uns zu Gott hin. Denn „die unsichtbaren Dinge Gottes werden deutlich gesehen und verstanden an den Werken der Schöpfung" (Röm.1,20). Wenn sie Menschen von Gott ablenken, ist es also der Fehler derer, die sie töricht verwenden. Deshalb heißt es, daß „die Geschöpfe zur Schlinge werden für die Füße der Toren" (Weish.14,11). (355)

Fox: Dann hat Spiritualität also nichts damit zu tun, die Augen geschlossen zu halten? Sie ist also kein Partner der Unterdrückung?

Thomas: Die Glaubenserkenntnis (cognitio fidei) stillt das Verlangen nicht, sondern facht es an. (356) Das kontemplative Leben ist genau deshalb besser als das aktivistische, weil es mehr Freude macht. Das kontemplative Leben ist wie ein Feiertag. In der Evangeliengeschichte von Maria und Martha machte sich Martha Sorgen, während Maria sich erfreute. Deshalb hatte Maria 'den besseren Teil gewählt'. (357) In der Diskussion der Freude sollte bedacht werden, daß die Anziehung der Freude nicht auf ihr selbst beruht. Es kommt vielmehr auf den Gegenstand an, der Freude macht. Tatsächlich hat die Freude ihr Gutes und ihre Anziehung von etwas anderem. Freude begleitet das letzte Ziel, ist es aber nicht selbst. (358)

Fox: Aber es gibt doch einen Unterschied zwischen unserem Verlangen und unseren Entscheidungen?

Thomas: Nicht alles Lustvolle ist aus moralischen Gründen gut. Denn, was lustvoll ist, wird vom Begehren entschieden und paßt nicht immer zur Vernunft. Denn wertvoll und nützlich wird etwas nach der Vernunft genannt. (359) Geschaffenes Gutes erregt keine geistige Freude (gaudium spirituale), wenn es nicht auf das göttlich Gute bezogen wird, aus welchem die geistige Freude entsteht. Der geistige Friede und die daraus entstehende Freude bezieht sich nämlich direkt auf die Gabe der Weisheit. (360)

Fox: Wir werden uns später ausführlicher mit den Früchten des Geistes beschäftigen, wenn es um die Via Transformativa geht. Hier möchte ich dich nur darum bitten, ausführlicher zur Beziehung zwischen Kontemplation und Freude Stellung zu nehmen.

Thomas: Aus der Gottesliebe heraus erglüht man zur Betrachtung von Gottes Schönheit. Und weil jeder sich freut, wenn er erlangt, was er liebt, ergibt sich daraus, daß das kontemplative Leben zur Freude führt. (361)

Fox: Freude und Schönheit scheinen für dich die Erfahrung des 'Schmeckens' der Weisheit zu begleiten.

Thomas: Das die Schönheit offenbarende Licht und die Herstellung der angemessenen Proportion in anderen Dingen gehören zur Vernunft. Deshalb findet sich im kontemplativen Leben, das in einem Akt der Vernunft besteht, an sich und wesensgemäß Schönheit. Wie es über die Kontemplation der Weisheit heißt (Weish.8,2): „Ich bin ein Liebhaber ihrer Schönheit geworden." (362)

Fox: Worauf gründet deine tiefe Überzeugung, daß Freude und Vergnügen in der Erfahrung des Geistes zentral sind? Deine Lehre scheint mir der jahrhundertealten Lehre zu widersprechen, die uns die geistigen Übungen mit der Läuterung beginnen läßt.

Thomas: Freude und Liebe sind die einzigen unserer Neigungen, die Gott zukommen können. ... „Gott freut sich immer in einer einzigen und einfachen Lust" (Aristoteles). (363) Liebe und Freude (amor et gaudium) sind in Gott vorhanden und bilden den Ursprung aller Neigungen. Die Liebe tut dies als Ursprung der Bewegung, die Freude aber als Ziel. (364) Gott ist aus dem göttlichen Wesen heraus Glück, denn Gott ist nicht durch Annahme von der Teilhabe an irgend etwas anderem glücklich, sondern durch Gottes Wesen. Auf der anderen Seite sind Menschen, wie Boethius sagt, durch Teilhabe glücklich. (365)

Fox: Jetzt beginne ich langsam die Kraft dessen zu begreifen, was du zuvor sagtest, als du erklärtest, daß 'Gottes Liebe zu den Dingen besser ist als unsere'. Ich verstehe das so, daß wir von unseren geistigen Wurzeln her freudig und vergnügt sein sollen, und zwar aus dem einfachen Grunde, daß Gott so ist und wir dadurch Gott nachahmen.

Thomas: Vor Gott geht man nicht mit Schritten, die die Füße machen, sondern mit den Sehnsüchten des Geistes. (366) Gott ist äußerst freudig und darum höchst bewußt. (367) Es ist für Gott einzigartig, daß die göttliche Freude mit dem göttlichen Wesen identisch ist. (368) Die Vollkommenheit des göttlichen Glücks kann man sich so vorstellen, daß es alles andere Glück umfaßt. (369) Was immer an einer Seligkeit (beatitudo) wünschenswert ist, ist in erhabener Form in der göttlichen Seligkeit vorgebildet. Hinsichtlich des Glücks (felicitas) der Kontemplation hat Gott die beständige und gewisse Kontemplation von sich und von allem. In bezug auf die Tätigkeit hat Gott Herrschaft über das ganze Universum. Was das irdische Glück angeht, das in Wollust (voluptas), Reichtum, Macht, Würde und Ruhm besteht, hat Gott Freude (gaudium) an sich und an allem anstelle der Lust. Statt des Reichtums hat Gott Genügen in sich selbst, das der Reichtum verspricht; statt der Macht die Allmacht; statt der Würde die Herrschaft über alles; statt des Ruhmes die Bewunderung der ganzen Schöpfung. (370)

Fox: Wenn die Schöpfung für Gott gut genug ist, dann sollte sie es wohl auch für uns sein! Das Wunder der Schöpfung bewegt Gott und sollte auch uns bewegen.

Thomas: Gott liebt alles in einem einzigen und einfachen Willensakt, der sich immer gleichbleibt. (371) Gott kann kein Haß gegen irgend etwas zugeschrieben werden; ... Gott kann unmöglich etwas hassen. ... Gott will von den Dingen, daß sie der göttlichen Güte ähnlich seien, und in dieser Ähnlichkeit besteht das Gute aller Dinge. (372) Gott schuf alles nur um des Guten willen, weshalb es in der Genesis heißt: „Gott sah, daß es gut war." (373) Der Heilige Geist, der der Liebende ist, durch den der Vater den Sohn liebt, ist auch die Liebe, durch die Gott die Geschöpfe liebt und durch die Gott ihnen die göttliche Güte übermittelt. (374)

Fox: Aus dem, was du sagst, scheint zu folgen, daß Gott so tief in Freude und Entzücken ist, daß er oder sie auch eine große Quelle von Freude und Entzücken sein muß.

Thomas: Die Liebenswürdigkeit (amibilitas) Gottes ist unendlich. (375) Gott weiß das, könnte man sagen, weil Gott sich an der Gottheit vollkommen erfreut, weil Gott sich ebenso vollkommen erkennt und liebt, wie Gott erkennbar und liebenswert ist. (376) Dies um so mehr, als das höchste Gut in einem jeden Gut ersehnt wird. (377) Was irgendeine, noch so schwache Ähnlichkeit mit der Seligkeit (beatitudo) hat, ist in der göttlichen Seligkeit ganz und gar vorgebildet. (378)

Fox: Gott ist also unsere Freude und unser Entzücken?

Thomas: Lust ist nicht das Beste, sofern sie Lust ist, sondern weil sie vollkommene Ruhe im Besten ist. (379) Der Anblick Gottes ruft Freude hervor. Angesichts Gottes kann der Geist nichts tun als sich freuen. (380) Das menschliche Heil besteht im göttlichen Genuß, durch den der Mensch glücklich wird. Darum mußte Christus seiner menschlichen Natur nach Gott vollkommen genießen. Der Ursprung (principium) einer jeden Gattung muß nämlich vollkommen sein. (381) Das letzte und größte Gut des Menschen ist die Freude in Gott (fruitio Dei). (382) Das ewige Leben besteht im Genuß Gottes. (383) Das letzte Glück (ultima felicitas) des Menschen liegt in seiner besten Tätigkeit. Diese bezieht sich auf die vollkommensten Gegenstände, betrifft jedoch nicht die auf ein Ziel gerichteten klugen Handlungen. (384)

Fox: Erfreuen sich auch andere Geschöpfe als der Mensch an Gott?

Thomas: Alle Dinge verlangen, wenn sie überhaupt ein Gut anstreben, nach Gott, sei es auf Grund eines geistigen, sinnlichen oder natürlichen Verlangens ... Denn alles ist nur gut und erstrebenswert, sofern es Teil hat an der Gottähnlichkeit. (385)

Fox: Eine Ähnlichkeit mit Gott?

Thomas: Jedes Geschöpf hat in irgendeiner Weise Teil an der Ähnlichkeit mit dem göttlichen Wesen. (386) Jedes Geschöpf ist insofern ein Abbild Gottes und Gott ähnlich, als es irgendeine Vollkommenheit hat. (387)

Fox: Du sagt, die Dinge werden von Gott angezogen?

Thomas: Alle Dinge lieben Gott. (388) Jedes Ding liebt natürlich auf seine je eigene Weise Gott mehr als sich selbst. (389) Gott wird von jedem einzelnen Ding mit natürlicher Liebe geliebt. (390) Alle Dinge sind in ihrer Freundschaft zueinander und zu Gott miteinander vereint. (391)

Fox: Wie ist das möglich?

Thomas: Durch die göttliche Vorsehung ordnet Gott alle Dinge auf die göttliche Güte als Ziel hin. ... Auf diese Weise wird den Dingen die Ähnlichkeit der göttlichen Güte so weit wie möglich eingeprägt. (392) Gott will und tut das Gute in bezug auf jedes Geschöpf, denn das bloße Sein jedes Geschöpfes und seine ganze Vollkommenheit stammen aus Gottes Wollen und Tun. Darum sagt die Schrift (Weish.11,24): „Du liebst alles, was du gemacht hast, und haßt nichts von dem, was du gemacht hast.“ (393)

Fox: Du sagst, daß alle Dinge gut und anziehend sind, weil sie ein Dasein haben?

Thomas: Alles wurde ins Dasein gebracht, weil es gut für es war zu sein. (394) Das Gute und das Sein sind im Grunde eins. ... Das Wesen des Guten liegt darin, daß es irgendwie erstrebenswert ist. ... Das Gute hat die Eigenschaft, begehrt zu werden, die das Sein nicht hat. (395)

Fox: Du sprachst eben über die Freundschaft, die alle Wesen hätten. Bitte führe das näher aus.

Thomas: Allem Natürlichen ist gemein, daß es eine Neigung hat, die das natürliche Verlangen (appetitus naturalis) oder die Liebe (amor) heißt. Diese Neigung findet sich auf unterschiedliche Weise in den verschiedenen Naturen, je nach ihrer eigenen Weise. (396) Die natürliche Liebe ist nichts anderes als die Neigung, die der Urheber der Natur ihr eingegeben hat. (397) Es ist klar, daß bei den Dingen, denen die Erkenntnis fehlt, ein jedes natürlich nach dem verlangt, was für es selbst gut ist. So etwa strebt Feuer nach oben. (398) Jedes Ding liebt mit natürlicher Zuneigung, was der gleichen Art angehört, insofern es seine eigene Art liebt. Das gilt auch für erkenntnislose Dinge. Das Feuer hat nämlich eine Neigung, seine Form, die sein Gut ist, einem anderen

Ding mitzuteilen, wie es natürlich dazu neigt zu suchen, was für es selbst gut ist, nämlich oben zu sein. (399)

Fox: Jedes Wesen ist also eine Segnung, eine Quelle des Guten.

Thomas: Keines von Gottes Werken ist vergebens. (400)

Fox: Besteht nicht eine Spannung zwischen der Freude, die Gott an der Schöpfung hat, und dem Bedürfnis der Kreaturen, ihre eigene Freude zu suchen?

Thomas: Gott will das Universum mit all seinen Geschöpfen um seiner selbst willen, obwohl Gott es auch um Gottes willen will. Die beiden Aussagen widersprechen sich nicht. Denn Gott will besonders, daß die Geschöpfe um der göttlichen Güte willen existieren, damit sie sie auf ihre je eigene Weise nachahmen und darstellen. Das tun sie, insofern sie ihr Dasein von der göttlichen Güte haben und in ihrem eigenen Wesen existieren. ... Denn so hat Gott jedes einzelne Wesen eingerichtet, damit es seine Einzigartigkeit (proprietatem) nicht verliere. (401)

Fox: Neigen alle Dinge dem Guten zu?

Thomas: Alles strebt zum Guten, nicht nur, was Erkenntnis hat, sondern auch, was keine Erkenntnis hat. ... Alles ist von Gott auf das Gute hin geordnet und bestimmt; und allem wohnt ein Prinzip inne, nach dem es selbst nach dem Guten strebt, als würde es aus eigenem Antrieb das Gute suchen. ... Deshalb heißt es im Buch der Weisheit (8.1), daß die göttliche Weisheit alles „aufs liebevollste" ordne, denn alles ziele aus eigenem Antrieb auf das, was seiner göttlichen Bestimmung entspricht. (402)

Fox: Du sagst, jedes Wesen habe eine 'Bestimmung'?

Thomas: Nach etwas zu streben oder zu verlangen, heißt nichts anderes, als sozusagen auf etwas hinzustreben, wofür man bestimmt ist. (403)

Fox: Dann sehnt sich jedes Wesen nach Segen. Vielleicht ist das der Sinn des Betens unter den Menschen: sich nach dem Segen auszustrecken und dabei in den Prozeß der fortlaufenden Güte der Schöpfung einzutreten?

Thomas: Gebet ist Ausdruck der Sehnsucht. (404)

Fox: Was ist das Beste an den Geschöpfen?

Thomas: Das grundsätzliche, in den Dingen selbst vorhandene Gute ist die Vollkommenheit des Universums. (405)

Fox: Die Vollkommenheit des Universums? Du sagst, daß jedes Wesen die Vollkommenheit des Universums beinhaltet? Wie vollkommen ist das Universum?

Thomas: Beim gegenwärtigen Stand der Dinge kann das Universum nicht besser sein. Das ist so wegen der schönsten und angemessensten Ordnung, die Gott den Dingen gegeben hat und in der das Gut des Universums besteht. Wäre darin auch nur eines besser, so würde das Maß der Ordnung zerstört. (406)

Fox: Was meinst du damit?

Thomas: Die Natur tut immer das Beste; zwar nicht im Hinblick auf das Teil, aber im Hinblick auf das Ganze. Sonst würde sie den Körper eines Menschen ganz zum Auge oder ganz zum Herzen machen. Denn das wäre für das Teil besser, nicht aber für das Ganze. (407)

Fox: Du scheinst das Prinzip der wechselseitigen Abhängigkeit zu seinem logischen, wenn auch sehr radikalen Schluß zu führen.

Thomas: Würde bei einer Harfe nur eine Seite zu sehr gespannt, so ginge ihre Harmonie verloren. Gott könnte jedoch andere Dinge schaffen oder den geschaffenen Dingen andere hinzufügen; dann wäre das Universum besser. (408)

Fox: Wenn du die Analogie zu einem Musikinstrument benutzt, dann scheinst du mir gegenüber dem Universum als Ganzem ein tieferes Gefühl des Staunens zu empfinden als gegenüber irgendeinem einzelnen Geschöpf, auch wenn du sie wegen ihrer Göttlichkeit gepriesen hast.

Thomas: Die Verschiedenheit und Vielfalt in der Welt ist von ... Gott beabsichtigt. Gott bringt die Dinge ins Dasein, um die göttliche Güte mitzuteilen und darzustellen. Ein einzelnes Geschöpf wäre dazu nicht ausreichend, weshalb Gott viele und verschiedene geschaffen hat, so daß das eine bringt, was dem anderen mangelt. In Gott ist das Gute einzig und beständig, während es in den Geschöpfen verteilt und vielfältig ist. Die Gottheit wird also durch das ganze Universum besser dargestellt als durch ein einzelnes Ding. (409)

Fox: Sagtest du nicht, die Schöpfung sei die bestmögliche?

Thomas: Gott hat das Universum selbst nach der Art des Geschaffenen optimal gemacht, nicht aber die einzelnen Geschöpfe, von denen eines besser als das andere ist. Wir finden von den einzelnen Geschöpfen aber gesagt (Gen.1): „Gott sah das Licht, daß es gut war“, und ähnlich von den anderen

Geschöpfen. Von allen zusammen aber heißt es (1,31): „ Gott sah alles, was Gott gemacht hatte, und es war sehr gut.“ (410)

Fox: Die Güte des Kosmos – was bringt es uns, zu wissen, daß der gesamte Kosmos 'sehr gut' ist.

Thomas: Im Psalm (92,5) heißt es: „Durch deine Schöpfung hast du mich froh gemacht, Herr; ich will jubeln über das Werk deiner Hände.“ Und auch (36,9): „Sie werden trunken sein von der Fülle deines Hauses“, das heißt der Schöpfung, „du wirst sie tränken mit dem Strom deiner Wonne. Denn bei dir ist die Quelle des Lebens.“ (411)

Fox: Alles, was wir über die Güte und Schönheit und Freude in den Geschöpfen gesagt haben, vervielfacht sich deiner Meinung nach also, wenn wir über den Makrokosmos, die Schönheit des Ganzen meditieren. Trunkenheit. Wir sind hier, um am Universum trunken zu werden.

Thomas: Die Beziehung der Dinge zueinander macht das Gute des Universums (bonum universi) aus. Kein Teil aber ist vollkommen, wenn es vom Ganzen getrennt ist. (412)

Fox: Und was wissen wir über die Beziehung des Ganzen und seiner Teile?

Thomas: Das gesamte Universum setzt sich aus allen Geschöpfen zusammen, wie ein Ganzes aus seinen Teilen besteht. In den Teilen des Universums existiert jedes Geschöpf nach seiner eigenen Wirklichkeit und Vollkommenheit, und die weniger Edlen für die Edleren. ... Ein jedes Geschöpf existiert zu Vollkommenheit des gesamten Universums. Darüber hinaus ist das gesamte Universum mit all seinen Teilen auf Gott als Ziel ausgerichtet, insofern es sozusagen die göttliche Güte nachahmt und darstellt. ... Die göttliche Güte ist das Ziel aller körperlichen Dinge. (413)

Fox: Wie kommst du zu diesem Schluß?

Thomas: Durch die Mitteilung der natürlichen Güter, die uns durch Gott geschieht, wird die natürliche Liebe begründet, durch die ... jedes Geschöpf auf seine Weise Gott über alles und mehr als sich selbst ... wenigstens mit rein natürlicher Liebe liebt, wie zum Beispiel die Steine und andere Dinge, denen die Erkenntnis fehlt. Denn jedes Ding liebt natürlicherweise das Gemeinwohl des Ganzen mehr als sein Einzelwohl. Das erweist sich im Tätigsein, denn jedes Teil neigt hauptsächlich zur gemeinsamen Tätigkeit zum Nutzen des Ganzen. (414)

Fox: Du sagst, daß alle Dinge Gott lieben. Was liebt Gott in der ganzen Schöpfung am meisten?

Thomas: Das letzte Ziel des göttlichen Willens ist die eigene Güte und nächst dieser unter den geschaffenen Dingen die Ordnung des ganzen Universums. ... Deshalb sorgt Gott in der Schöpfung am meisten für die Ordnung des Universums (ordo universi). (415)

Fox: Das unterstreicht gewiß die Wichtigkeit einer Kosmologie. Denn wenn wir Menschen Gott erkennen wollen, so müssen wir wissen, was Gott in der ganzen Schöpfung am meisten schätzt.

Thomas: Das höchste Gut unter den verursachten Dingen ist die gute Ordnung des Universums, die am vollkommensten ist, wie der Philosoph sagt (Met.XII,10). Damit stimmt auch die heilige Schrift überein, wenn es in Gen.1,31 heißt: „Gott sah alles, was Gott gemacht hatte, und es war sehr gut", während Gott von den einzelnen Werken nur gesagt hatte, daß sie „gut" waren. (416)

Fox: Deine Betonung der Kosmologie beugt sicherlich allen Versuchungen der Menschen zum Anthropozentrismus vor. Und dadurch wird mehr Wert auf die wissenschaftliche Erforschung dessen gelegt, wie wir Geschöpfe im Universum angekommen sind. Laß uns deshalb ein wenig über die Evolution reden. Nun wissen wir, daß die mittelalterliche Welt noch nichts von der Evolution in unserem Sinne gehört hatte, und doch entdecke ich in deinem Werk einen deutlichen Glauben an die fortlaufende Schöpfung der Dinge.

Thomas: Gottes Werk, durch welches Gott die Dinge ins Dasein bringt, darf nicht wie das Werk eines Handwerkers angesehen werden, der eine Kiste macht und sie dann stehen läßt. Denn Gott gibt ständig Dasein. (417)

Fox: Damit hast du gerade den Newtonschen und deistischen Gott des Abendlandes der vergangenen dreihundert Jahre zerstört.

Thomas: Nach ihrer Erschaffung werden die Geschöpfe vermehrt und erhalten; und diese Arbeit gehört zur göttlichen Güte. Die Vollkommenheit dieser Güte wird überaus deutlich an der Tatsache, daß Gott allein darin die göttliche Ruhe findet – und daß wir in ihrer Verwirklichung unsere Ruhe finden sollen. (418)

Fox: So ist also die Güte der Schöpfung keinesfalls zum Ende gekommen, und wurde auch nicht in der Vergangenheit vollendet?

Thomas: Gott „wirkt noch" (Joh.5,17), indem Gott für die Geschöpfe, die Gott gemacht hat, sorgt und sie erhält. (419)

Fox: Was ist dieser Akt des Erhaltens der Dinge, von dem du sprichst?

Thomas: Gott erhält die Dinge nur dadurch im Sein, daß Gott ihnen ununterbrochen Sein einströmt. (420)

Fox: Hast du die Vorstellung, daß Gott neue Dinge macht?

Thomas: Es ist unmöglich, daß Gott alles gemacht hat, was Gott machen kann, denn dann hätte Gott so viel geschaffen, daß Gott nicht mehr weiter schaffen könnte. Wäre das der Fall, wäre Gottes Kraft auf die tatsächlich vorhandenen Geschöpfe beschränkt. Ebenso ist es unmöglich zu behaupten, Gott hätte irgendeinem Geschöpf alles offenbart, was es zu offenbaren gibt. (421) Der Vollkommenheit des Universums kann täglich etwas an der Zahl der Einzelwesen hinzugefügt werden, nicht aber an der Zahl der Arten. (422)

Fox: Diese deine letzte Aussage wird natürlich durch die heutige Evolutionswissenschaft in Frage gestellt.

Thomas: Neue Arten haben, falls solche auftreten, bereits zuvor in verschiedenen Kräften existiert. Tiere und vielleicht auch neue Tierarten werden durch Reinigung von Kräften hervorgebracht, die die Sterne und Elemente schon zu Anfang empfangen hatten. Gelegentlich entstehen neue Tierarten aber auch durch die Verbindung von Individuen verschiedener Arten, wie ein Maultier ein Nachkomme eines Esels und einer Stute ist. Aber selbst diese existierten in ihren Ursachen bereits zuvor. (423)

Fox: Das liegt jetzt näher an der heutigen Wissenschaft, wenn du die Verbindung zwischen den Zeitaltern betonst, daß nämlich die von den Elementen am Anfang hervorgerufenen Kräfte noch immer wirksam sind. Das gilt sicherlich für die Theorien über den ursprünglichen Feuerball, der die Galaxien und Sonnen geboren hat, und so weiter. Wie würdest du dieses ins Dasein Treten der Dinge charakterisieren?

Thomas: Natürliche Prozesse entwickeln sich von einfachen zu komplexen Dingen, so daß der hochentwickelte Organismus die Vollendung, die Integration und das Ziel der Elemente bildet. Das gilt für jedes Ganze in bezug auf seine Teile. (424)

Fox: Wenn du so die Vielfalt der Schöpfung preist, bist du sehr unplatonisch.

Thomas: Das Gutsein einer Art ist mehr als das Gutsein der Individuen, ... Eine Vielfalt von Arten trägt also mehr zum Gutsein des Universums bei als die Vielzahl der Individuen einer Art. Zur Vollkommenheit des Universums gehört also nicht nur eine Vielzahl von Individuen, sondern auch verschiedene Arten von Dingen und folglich auch verschiedene Stufen (gradus) von Dingen. (425)

Fox: Ich glaube, du wärst sehr angenehm überrascht zu lernen, was wir heute über diese 'Vervielfältigung der Arten' wissen, die in deinen Worten zur Güte und Vollkommenheit des Universums beiträgt. Und es ist auch bemerkenswert, daß du dich hier von den Neuplatonikern unterscheidest, die die Vielfalt mit dem Fall und der Sünde im Universum verbinden. Abgesehen davon, daß du die Vielfalt in der Schöpfung preist, hast du dich auch darüber geäußert, daß die Schöpfung nicht mit einem Mal stattfindet.

Thomas: Die Dinge wurden nicht deswegen alle unterschieden und zusammen gestaltet, weil Gott Kraft fehlte oder Gott Zeit zur Arbeit brauchte, sondern damit in der Einrichtung der Welt die rechte Ordnung beobachtet würde. Deshalb war es passend, daß den verschiedenen Tagen verschiedene Zustände der Welt zugeordnet wurden, da jedes folgende Werk der Welt einen frischen Zustand der Vollkommenheit hinzufügte. (426)

Fox: Das ist eine der schönsten Zustimmungen zur Evolution, die ich je von einem Theologen gehört habe: Du preist die 'rechte Ordnung', die zur Entfaltung der Welt nötig ist, und den 'frischen Zustand der Vollkommenheit', den jeder 'Zustand der Welt' bietet.

Thomas: Die göttliche Kunst erschöpft sich nicht in der Hervorbringung der Geschöpfe und kann daher anders als nach dem gewohnten Lauf der Natur wirken. Daraus folgt aber nicht, daß die göttliche Kunst ihre eigenen Prinzipien durchbricht, wenn sie gegen den allgemeinen Lauf der Dinge handelt, denn Künstler sind durchaus in der Lage, ein Kunstwerk in einem anderen Stil zu entwerfen als ihre erste Produktion. (427)

Fox: Im Gegensatz zu den heutigen Fundamentalisten fühlst du dich nicht durch die Vorstellung bedroht, Gott würde innerhalb der Zeit schaffen.

Thomas: Manche, wie Demokrit oder die Epikureer, haben die Vorsehung ganz geleugnet und behauptet, die Welt sei durch Zufall (casus) entstanden. Andere lehrten, nur die unvergänglichen Dinge unterstünden der Vorsehung, die Vergänglichen dagegen nicht als individuelle, sondern nur ihrer Gattung nach. ... Man muß jedoch sagen, daß alles der göttlichen Vorsehung untersteht, nicht nur im allgemeinen, sondern auch im einzelnen. (428)

Fox: Eine fundamentalistische Position würde für dich bedeuten, die göttliche Vorsehung zu leugnen.

Thomas: Zur Vorsehung gehört zweierlei: der Plan, wie die Dinge auf ihr Ziel hin geordnet sind, und die Ausführung dieser Ordnung, die Regierung (gubernatio) genannt wird. Was das erste von diesen angeht, so hat Gott unmittelbare Vorsorge über alles, weil Gott den Plan zu allem im göttlichen Geiste trägt, wie klein es auch sei. Und welche Ursachen Gott den Wirkungen auch vorgeordnet hat, gibt Gott ihnen die Kraft, diese Wirkungen hervorzubringen. ... In bezug auf das zweite gibt es gewisse Mittler für Gottes Vorsehung, da Gott die niederen Dinge durch die höheren lenkt. Dies nicht wegen eines Mangels an göttlicher Kraft, sondern aus dem Überfluß der göttlichen Güte, damit die Würde des Verursachens sogar den Geschöpfen mitgeteilt werde. (429)

Fox: Ich mag diesen Ausdruck von dir, daß die 'Würde der Ursächlichkeit' auf alle Geschöpfe verteilt wird. Eine wundervolle Art, unsere Teilhabe am göttlichen Akt des Mitschöpfens und der Evolution zu benennen. Es scheint mir tatsächlich so zu sein, daß sich dein Denken von der heutigen Evolutionswissenschaft hauptsächlich durch die Länge der Schöpfungstage oder die Benennung der verschiedenen Zustände oder Stufen der Weltentfaltung unterscheidet. Ich bemerke nämlich in deinem Denken über die Schöpfung einen gewissen evolutionären Charakter, obwohl dir natürlich das Bewußtsein der ungeheuren Geschichtsabläufe fehlt, in denen die Schöpfung sich entfaltet hat.

Thomas: Der erste Tag des „schmückenden Werkes“ ist der vierte Schöpfungstag, an dem Lichter geschaffen werden, den Himmel durch ihre Bewegungen zu schmücken. Am zweiten Tag des „schmückenden Werkes“ (also am fünften Schöpfungstag) werden Vögel und Fische ins Dasein gerufen, um das Zwischenelement schön zu machen, denn sie bewegen sich in Luft und Wasser, die (in der Genesis) als eins genommen werden. Am dritten Tage des Schmückens (dem sechsten Schöpfungstag) werden Tiere geschaffen, die sich auf der Erde bewegen und sie schmücken. (430)

Fox: Und die Pflanzen?

Thomas: Die Erde verdankt ihre Schönheit den Pflanzen, die sie schmücken wie ein Gewand. (431) Jesus sagt, daß selbst „Salomo in all seinem Glanz nicht geschmückt war wie eine von ihnen“ (den Blumen). Obwohl die Kunst die Natur nachahmt, reicht sie doch nicht an sie heran. Denn die Kunst hat noch nie Farben gemacht, die so rein sind, wie die Natur sie in den Blüten macht. (432)

Fox: Du scheinst ganz in die Pflanzen vernarrt zu sein.

Thomas: Pflanzen stehen über den unbeseelten Körpern, denn in ihnen strömt es im Inneren, wo der Saft zur Saat verwandelt wird und, in den Boden gepflanzt, zur Pflanze wächst. Hier findet man die erste Stufe des Lebens, denn Lebewesen können sich selbst aktivieren, während Dinge, die sich nur aufgrund äußeren Einflusses bewegen können, leblos sind. In den Pflanzen ist es ein Zeichen ihres Lebens, daß sie ein Bewegungsprinzip in sich tragen. Dennoch ist ihr Leben unvollkommen, weil ihr Ausströmen zwar im Inneren beginnt, aber das Ausströmende letztlich nur außerhalb zu finden ist. Die Blüten werden zu Früchten, die sich völlig von den Zweigen unterscheiden, auf denen sie wachsen. Sind diese reif, so fallen sie zu Boden und werden schließlich zu anderen Pflanzen. Genaue Beobachtung zeigt, daß dieser Vorgang der Pflanze äußerlich ist. (433)

Fox: Glaubst du, daß die Pflanzen mit einem Mal geschaffen wurden, wie die Schrift zu sagen scheint?

Thomas: An den ersten Tagen schuf Gott alle Dinge in ihren Ursachen oder Ursprüngen. ... Danach „wirkt Gott noch" durch das Regieren der Geschöpfe im Werk der Fortpflanzung. Die Hervorbringung der Pflanzen aus der Erde ist ein Werk der Fortpflanzung, und deshalb wurden sie am dritten Tage in die Wirklichkeit gesetzt, aber nur in ihren Ursachen. (434)

Fox: Ich glaube, daß heutige Wissenschaftler einfach sagen würden, daß das Hervortreten des Universums in deinen Worten 'ein Werk der Verbreitung' war und deshalb die Welt, wie wir sie kennen, nur 'in ihren Ursachen' geschaffen wurde.

Thomas: Manche sagen, daß der erste Zustand einer Spezies dem Werk der sechs Tage zugehöre, daß aber die Vermehrung von Gleichem aus Gleichem der Herrschaft des Universums angehöre. Die Bibel weist mit den Worten darauf hin: „Bevor es der Erde entsprang" und „bevor es wuchs", bevor also Gleiches aus Gleichem entstand. Das geschieht nun auch im natürlichen Lauf der Dinge, wenn die Erde aus der Saat grüne Pflanzen hervorbringt. Daher sagt die Schrift (Gen.1,11) genau: „Die Erde bringe grünes Kraut hervor, das Samen trage." Das weist auf das Hervorbringen von Vollkommenheit bei vollkommenen Arten hin, aus denen die Samen für andere entstehen sollen. Und dieses Argument wird nicht durch die Frage berührt, wo der Same sitzt, ob in der Wurzel, dem Stamm oder der Frucht. (435)

Fox: So war also die Schöpfung selbst für dich, mit deinem begrenzten mittelalterlichen Evolutionsverständnis, keinesfalls in sechs Tagen abgeschlossen?

Thomas: An den ersten sechs Tagen wurden die Geschöpfe in ihren ersten Ursachen geschaffen; aber danach wurden sie vermehrt und erhalten, und diese Arbeit gehört zur göttlichen Güte. Die Vollkommenheit dieser Güte wird überaus deutlich an der Tatsache, daß Gott allein darin die göttliche Ruhe findet – und daß wir in ihrer Verwirklichung unsere Ruhe finden sollen. (436)

Fox: Du hast die Schöpfung der Pflanzen gepriesen, aber was ist mit den Mineralien? Warum sind sie nicht wichtig genug, in der Schöpfungsgeschichte der Genesis genannt zu werden?

Thomas: Moses legte den Menschen nur solche Dinge dar, die ihren Sinnen offenbar waren, wie wir sagten. Die Mineralien werden jedoch auf verborgene Weise in den Tiefen der Erde erzeugt. Außerdem unterscheiden sie sich kaum von der Erde selbst und scheinen eine bestimmte Art von ihr zu sein. Aus diesem Grunde werden sie nicht erwähnt. (437)

Fox: Die heutige Wissenschaft, die so viel mehr über das ungeheure Alter des Universums weiß, hat tatsächlich einige Kenntnisse über 'die verborgene Weise' gefunden, auf die Mineralien sich entwickeln, und wie sie durch die – mit deinen Worten – 'Samenkraft' ins Dasein kommen, die die Mineralien und die Erde selbst entstehen läßt. Schreibst du woanders zwar nicht über Moses Verständnis der Mineralien, aber doch über Hiobs?

Thomas: Hiob spricht nach der Art, wie das gewöhnliche Volk dachte, denn das ist in der Bibel die Regel. (438) Hiob behandelt zunächst diejenigen Metalle, die die Menschen für wertvoll halten. Wir müssen hier anmerken, daß Metalle aus den feuchten Dämpfen entstehen, die durch die Kraft der Sonne und anderer Sterne aus der Erde gelöst und dort angesammelt werden. Deshalb können Metalle gehämmert und verflüssigt werden, wogegen Steine und andere Dinge, die nicht gehämmert und nicht verflüssigt werden können, aus trockenen Ausströmungen unter der Erde entstehen. Die verschiedenen Typen der Metalle unterscheiden sich durch die Reinheit der gelösten Dämpfe und durch die verausgabte Hitze. Gold ist somit das reinste, dann Silber, dann Kupfer, und am unedelsten ist Eisen. Die Metalle haben, je nach ihrem Reinheitsgrad, verschiedene Herkünfte. Da Gold am reinsten ist, findet man es gewöhnlich im Sand von Flüssen, wegen der stärkeren Ausdünstung und Hitze des Sandes. Silber findet sich gewöhnlich in bestimmten Adern in der Erde oder in Felsen. Kupfer findet sich mit Fels vermischt, und Eisen in der Erde, die im Prozeß der Gesteinsbildung ist. Bei der Auflistung der Fundorte der Metalle sagt Hiob darum, daß Silber in einer Mine gefunden werde, das heißt, an bestimmten Stellen, aus denen die Dämpfe gelöst werden, die zur Erzeugung von Silber geeignet sind. Mischen diese Dämpfe sich dann mit Erde oder Gestein, so entstehen an den betreffenden Stellen Silberadern. Über das Gold fügt er hinzu: „Und für Gold gibt es einen Ort, wo es geläutert wird“, weil aus vielen Sandkörnern eine gewisse Anzahl von Goldkörnern gesammelt wird, die man dann zu einem Nugget preßt. Das findet nur an bestimmten Stellen statt, wo das rechte Verhältnis von aktiver

Kraft und Materie auftritt. Über das Eisen sagt er dann: „Eisen holt man aus der Erde", weil es sozusagen ungeformt in der Erde gefunden wird. Und über das Kupfer heißt es: „Kupfer wird aus Erz geschmolzen." Das bedeutet, daß das Gestein einen Dampf enthält, und daß sich unter dem Einfluß eines sehr heißen Feuers Kupfer aus dem Gestein ziehen läßt. (439)

Fox: Danke für diesen erstaunlichen Ausflug in die Metallurgie mit den Andeutungen auf die Alchemie. Laß uns nun zur Schöpfungsgeschichte der Genesis zurückkehren. Wie ist es mit dem letzten Schöpfungstag?

Thomas: Bei den Israeliten wurde der siebente Tag wegen des Schöpfungswerks so genannt, und bislang hat nichts Wertvolleres mehr stattgefunden. Für uns (Christen) ist es der erste, oder der achte, Tag wegen des Mysteriums der Auferstehung, als die geschaffene Natur zum Besseren gewendet wurde. (440) Der siebente Tag stellt die Vollendung der Natur dar. In der Fleischwerdung Christi lag die Vollendung der Gnade, und am Ende der Welt wird die Vollendung der Herrlichkeit sein. (441)

Fox: Und doch betonst du das Studium der Wissenschaft; und dein Lieblingswissenschaftler, Aristoteles, hat sicherlich die Schöpfungsgeschichte der Genesis nicht gekannt. Ich bemerke, daß du selbst die Schöpfungsgeschichte auf einige physikalische Theorien deiner Zeit beziehst, wenn du zum Beispiel die Frage beantwortest, 'ob Licht ein physischer Körper ist?' (442) und 'ob Licht eine Qualität ist?' (443), und ich bemerke, wie du in den Werken der Wissenschaftler gräbst, die dir das Firmament oder den Himmel oder die Luft erklären können. Auch die Astronomie geht in deine Weltanschauung und deine Theologie ein, und du stellst sogar Aristoteles zu Ptolemäus und Moses in der Genesis in Kontrast.

Thomas: Die Heilige Schrift wurde dem einfachen Volk übergeben. (444) Moses beschreibt aus Herablassung auf die allgemeine Unwissenheit, was den Sinnen offenbar ist. (445)

Fox: Manchmal bemühst du sogar die Astrologie.

Thomas: Obwohl die Himmelskörper nicht direkt Ursache unseres Denken sein können, können sie sie mittelbar beeinflussen. Unsere Verstandestätigkeit kann nämlich nicht ohne die Tätigkeit körperlicher Kräfte vor sich gehen, nämlich die Phantasie, das Gedächtnis und das Denken. ... Der Zustand des menschlichen Körpers unterliegt nun dem Einfluß der Himmelsbewegungen. Augustinus sagt in seinem Gottesstaat im fünften Buch: „Es ist nicht völlig absurd anzunehmen, daß gewisse Einflüsse der Sterne Unterschiede nur bei den körperlichen Dingen hervorbringen könnten." Und der Damaszener sagt im zweiten Buch, daß „verschiedene Planeten in uns unterschiedliche Temperamente, Gewohnheiten und Haltungen festlegen." Die Himmelskörper wirken also indirekt auf die guten Bedingungen des Verständnisses ein. Wie ein Arzt die Qualität des Geistes aus der Qualität des Körpers als einer naheliegenden Veranlagung beurteilen kann, so kann es der Astrologe aus den Himmelsbewegungen als den fernliegenden Ursachen dieser Veranlagung. Auf diese Weise ist es möglich, daß etwas Wahres an dem ist, was Ptolemäus in seinem Centiloquium sagt: „Steht bei der Geburt von jemandem der Merkur in starker Stellung und in Konjunktion mit dem Saturn, so verleiht er die Qualität eines inneres Verständnisses der Dinge." (446)

Fox: Dich scheint die Astrologie nicht zu erschrecken.

Thomas: Der Mensch, der durch den Glauben an Gott zu seinem letzten Ziel geführt wird, kann glauben, wenn er die Natur der Dinge und infolge dessen seine Stellung im Universum nicht kennt, er sei bestimmten Geschöpfen unterworfen, denen er eigentlich überlegen ist. ... So warnt Jeremia (10,2): „Fürchtet euch nicht vor den Zeichen des Himmels, wie es die Heiden tun." (447)

Fox: Warum hältst du die Schöpfungsgeschichten für uns für so wichtig?

Thomas: Da das Ziel eines Dinges seinem Ursprung entspricht, können wir über das Ziel nicht in Unkenntnis bleiben, wenn wir den Ursprung kennen. (448)

Fox: Ich verstehe dich so, daß wir unsere grundlegende Moral aus unseren gemeinsamen Ursprungsgeschichten entnehmen. Wir werden uns natürlich mit dem 'Ziel der Dinge' mehr beschäftigen, wenn wir dahin kommen, die Via Negativa, Via Creativa und Via Transformativa zu besprechen. Als Hinweis auf deinen starken Einsatz für die Kosmologie fällt mir auf, daß du in deinem ausgezeichnet strukturierten Werk, der Summa theologica, der Besprechung der Schöpfung eine hervorragende Stellung zuweist.

Thomas: Das erste der Werke Gottes betrifft das Dasein der Natur. Darum wird uns der Glaubensartikel der Schöpfung vorgelegt. (449)

Fox: Ist denn deine Summa nicht eine Abhandlung des Glaubens?

Thomas: Zum Glauben gehört, was wir im ewigen Leben in der Vision genießen werden, ... nämlich das Mysterium der Gottheit, dessen Schau uns selig macht. Und auch mit dem Mysterium der Menschheit Christi, durch das wir „Zugang haben zur Herrlichkeit der Söhne Gottes", wie es in Römer 5,2 heißt. ... Einiges bezieht sich also auf die Erhabenheit Gottes und anderes auf das Mysterium der Menschheit Christi. (450)

Fox: Für dich hat die Schöpfung also mit dem 'Mysterium der Gottheit' selbst zu tun. Es geht nicht um irgendwelche Gegenstände da draußen, sondern um ihren heiligen, ja göttlichen Ursprung. Fahren wir also fort mit unserem Gespräch über die Schöpfung. Wir haben über geschaffene Dinge gesprochen, über Pferde und den Himmel, Pflanzen und Mineralien. Es ist nun Zeit, über unsere eigene Art zu sprechen. Wie ist es mit dem Menschen? Wie siehst du die Menschheit?

Thomas: Das Leben jedes Lebewesens liegt in Gottes Hand, und zwar nicht nur das der Tiere, sondern auch die ganze Spanne der Menschheit. (451) Gott sorgt besonders für die Menschen. Und Gott sorgt nicht nur für sie, sondern ist ihnen auch vertraut. Das meint der Psalmist mit dem Ausdruck, „da du ihn besuchst". Allein die vernunftbegabten Wesen können Gott im Erkennen und Lieben begreifen. So besucht uns also Gott insoweit, als Gott uns im Erkennen und Lieben gegenwärtig wird. Hiob 10: „Dein Besuch hat uns bewahrt." Das große Mitgefühl Gottes liegt also im Vergleich Gottes mit dem Menschen. (452)

Fox: Wie kann die Menschheit mit Gott verglichen werden?

Thomas: Gekrönt zu werden, heißt zu regieren. Gott schuf die Menschen als königliche Wesen den niederen Geschöpfen gegenüber. Und die Menschen 'haben Herrlichkeit', nämlich in der Klarheit des göttlichen Bildes. Und das ist eine Art Krone für die Menschheit, wie es in 1 Korinther 11 heißt: „Der Mensch ist Abbild und Abglanz Gottes." (453)

Fox: Du preist hier das Thema unserer edlen Menschlichkeit.

Thomas: Christus wurde mit dem Öl des Heiligen Geistes gesalbt (Psalm 45: „Gott hat dich gesalbt" in bezug auf Priester und König). Und diese Salbung erstreckt sich sogar weiter bis zu uns, wie wir in Psalm 133 lesen: „wie köstliches Salböl, das vom Kopf herab auf den Bart fließt, auf den Bart Aarons". Und in Johannes 1: „Aus seiner Fülle haben wir alle empfangen." Zunächst werden wir deshalb gesalbt mit einer priesterlichen Ölung in Form des zukünftigen Reiches: Denn wir werden Königinnen und Könige und frei sein. Da wir aber, bevor das geschieht, an unseren Feinden leiden, werden wir nachher mit doppelter Herrlichkeit gesalbt, nämlich in der Stola der Herrlichkeit von Seele und Leib. Christus aber wurde zuerst mit der Salbung der Gnade und später der Herrlichkeit gesalbt. (454)

Fox: Was steckt noch in der Überlieferung, daß jeder Mensch 'königlich' ist?

Thomas: Geehrt wird ein Mensch, der keinem anderen unterworfen ist. Der Mensch als solcher ist keinem körperlichen Geschöpf unterworfen, sowenig die Seele in ihrem Ein- oder Ausgang mit dem Körper vergeht. Der Psalmist stellt das Mitgefühl Gottes in einen Zusammenhang mit den Dingen, die niederer als der Mensch sind, denn der Mensch wünschte sich die Herrschaft über die niederen Dinge. Damit tut er dreierlei: Erstens nimmt er Herrschaft an, zweitens ein Mittel der Herrschaft und drittens eine Anzahl Untergebener. Deshalb, so heißt es, gabst du den Menschen, da sie königlich sind, Herrschaft „über das Werk deiner Hände“ (Gen.1) „damit sie herrschen über die Fische im Meer, über die Vögel im Himmel, über alle Tiere des Landes und alle Kriechtiere auf der Erde.“ Der Menschheit kommt dies der Vernunft wegen zu, da sie darin allen Tieren überlegen ist. Deshalb sagt er nach dem „mit Herrlichkeit und Ehre“ sogleich: „Du hast ihn eingesetzt ...,“ das heißt, ihm Herrschaft gegeben. Man beachte aber, daß er sagt, die Menschheit habe Autorität über das Werk der Hände Gottes, nicht aber der Finger. Da die Menschen nicht so fein sind wie die Himmel, die das Werk der Finger Gottes sind, können sie sich diese Dinge nicht untertan machen.

Zweitens zeigt er das Mittel der Herrschaft und sagt: „Du hast ihm alles zu Füßen gelegt“, so daß der Mensch mit einem Kopfnicken befehlen und herrschen kann. Das wird in Genesis 2 angezeigt, als Gott alle Tiere zum Adam führt. Und diese Unterstellung war schon vor der Sünde abgeschlosen, obwohl sich in der Strafe der Sünde einige jetzt widersetzen. Drittens zählt er die Untergebenen auf, wenn er von den „Schafen und Rinder und so weiter“ spricht (8,8). Er stellt Lebewesen dar, so daß auch die Pflanzen darunter verstanden werden können. Unter den Tieren sind bestimmte aber ihrer ganzen Art nach unterworfen, nämlich die zahmen und domestizierten Tiere, wie Schafe, Rinder ... Andere dagegen sind nicht ihrer Art nach unterworfen. Von diesen können einige laufen, und über diese sagt er „und auch die wilden Tiere“, womit Wildschweine, Hirsche und ähnliche gemeint sind. Außerdem gewisse fliegende Wesen, nämlich Vögel, und gewisse schwimmende Geschöpfe, wie die Fische. (455)

Fox: Ich glaube, du sprichst davon, daß unsere Verantwortung für die Schöpfung in unserer Würde, die wir der Schöpfung gegenüber zum Ausdruck bringen, liegt. Die Person, die 'vorsitzt', der königliche Mensch, übt auch Gerechtigkeit aus. Wir werden auf jeden Fall noch mehr darüber sprechen, wenn es um die Via Transformativa geht.

Thomas: Das Geschöpf wird dadurch Gott ähnlich, daß es ... etwas anderes zum Guten führt. Es gibt zwei Arten der Führung: die Erhaltung der Dinge im Guten, und die Bewegung zum Guten hin. (456)

Fox: Sage mir noch etwas über die Würde unserer Spezies.

Thomas: 'Person' bezeichnet das, was in der ganzen Natur am vollkommensten ist – eine beständige und vernunftbegabte Individualität. (457) Manche definieren 'Person' als eine „aufgrund der Würde ausgeprägte Hypostase". Weil die Existenz in einem Vernunftwesen aber von so hoher Würde ist, wird jedes Wesen mit vernünftiger Natur als Person bezeichnet. (458)

Fox: Manche Gläubige hätten Schwierigkeiten mit deinem Lob auf die Persönlichkeit des Menschen, denn sie würden sagen, daß 'Person' keine biblische Kategorie ist. Was sagst du dazu?

Thomas: Könnten wir von Gott nur in den von der Bibel selbst verwendeten Begriffen reden, so würde daraus folgen, daß wir von Gott auch nur in den Originalsprachen der Hebräischen Bibel und des Neuen Testamentes reden könnten. Die Dringlichkeit, Häretiker zu widerlegen, machte es notwendig, neue Begriffe zu finden, um den alten Gottesglauben auszudrücken. Solche Neuerungen sollten auch nicht verachtet werden, denn sie sind keineswegs profan, denn sie führen nicht von der Bedeutung der Schrift fort. (459)

Fox: Danke für diese Antwort auf ein verbreitetes fundamentalistisches Problem. Die Bedeutung der ziemlich ausführlichen Exegese zu Psalm 8 und 26, die du geliefert hast, ist sicherlich die menschliche Würde. Du preist die einzigartige Gabe der Vernunft und Rationalität im Menschen. Sage mir, warum du über diese Gabe so staunst.

Thomas: Weil die Verstandesseele (anima intellectiva) Allgemeines begreift, hat sie eine auf das Unendliche gerichtete Kraft. (460) Da unser Verstand (intellectus) unendliche Kraft hat, kann er Unendliches erkennen. Seine Kraft ist nämlich unendlich, insofern sie nicht durch Materie beschränkt ist. Und er kann das Allgemeine erkennen, das von der individuellen Materie abstrahiert ist. Er ist also nicht auf Individuelles beschränkt, sondern erstreckt sich, was ihn selbst anbetrifft, auf unendlich viele Einzeldinge. (461)

Fox: Das Unendliche, sagst du? Unser Geist ist unendlich – was bedeutet das?

Thomas: Aristoteles sagt, die Seele sei in gewisser Hinsicht alles, sofern sie zu allen Dingen in Möglichkeit steht – durch die Sinne zu allem Wahrnehmbaren und durch den Verstand zu allem Verstehbaren. (462)

Fox: Wir sind 'alle Dinge'?

Thomas: Der Mensch wird als 'kleine Welt' bezeichnet, weil sich in gewissem Sinne alle Geschöpfe im menschlichen Wesen finden. (463) Vernunftwesen haben eine engere Beziehung zum Ganzen als andere; denn in gewissem Sinne ist jedes geistige Sein alle Dinge. Es kann nämlich in seinem Verstand die Ganzheit des Daseins verstehen, während auf der anderen Seite jedes andere Sein nur einen stückweisen Anteil am Sein hat. (464)

Fox: Obwohl wir Mikrokosmen sind, wohnt der Makrokosmos in uns. Ist das ein Teil deiner Vorstellung von der 'Unendlichkeit', von der du sprichst?

Thomas: Unser Verstand erkennt nie so viel, daß er nicht noch mehr erkennen könnte. (465) Daraus folgt, daß unsere Seele nicht von Natur aus an bestimmte natürliche Vorstellungen gebunden sein kann oder an bestimmte Mittel wie Verteidigung oder Kleidung, wie es bei anderen Tieren der Fall ist, deren Seele mit Wissen und Kraft nur in bezug auf bestimmte Einzeldinge begabt ist. (466)

Fox: Aber wir sind körperlich. Wie kann eine endliche Kreatur unendlich sein?

Thomas: (Aus der Vereinigung geistiger Substanz mit dem Körper folgt nicht), daß die unendliche Kraft des Verstandes (intellectus) aufgehoben wird. (467)

Fox: Du willst uns wohl daran erinnern, wie großartig das menschliche Wesen ist?

Thomas: Im Menschen nimmt die Vernunft den Platz ein wie Gott in der Welt. (468) Es gibt kein Ding, das vom menschlichen Verstand nicht potentiell erkannt wird, denn der tätige Verstand wird als das beschrieben, was alles machen kann. (469) Die Größe des Menschen besteht darin, daß er des Universums fähig (capax universi) ist. (470) Andere Wesen haben nur begrenzt Anteil am Dasein. Das geistige Wesen aber kann das ganze Dasein erfassen. (471) Wenn eine Substanz geistig (intellectualis) ist, ist sie in der Lage, das gesamte Sein zu umfassen. (472)

Fox: Mir scheint, daß du mit dem Wort ratio oder Vernunft wirklich unsere Kreativität preist, die du in bezug auf ihre Fähigkeit als 'unendlich' bezeichnest.

Thomas: An Stelle (der einzelnen Kräfte und Vermögen der Tiere) hat der Mensch die Vernunft und die Hände, ... die man auch als 'Organ der Organe' bezeichnet (Aristoteles). Durch sie kann die Vernunft mit ihren unendlich vielen Einfällen unendlich viele Werkzeuge schaffen. (473)

Fox: Sicher werden wir uns mit diesem Thema ausführlicher beschäftigen, wenn wir über die Via Creativa sprechen. Warum hältst du die 'rationale' oder, wie wir heute wohl sagen würden, die kreative unter den Spezies für so edel?

Thomas: Im Wissen und Wollen liegt es, daß das Gewußte im Wissenden und das Gewollte im Wollenden ist. Dem Wissen und Wollen nach sind also die Dinge eher in Gott als Gott in den Dingen. (474)

Fox: Haben wir aber zuvor nicht festgehalten, daß Gott in allen Dingen ist?

Thomas: Von Gott heißt es auf zweierlei Weise, daß Gott in den Dingen sei: zum einen als in den Dingen Wirkendes – so ist Gott in allen von Gott geschaffenen Dingen. Zum anderen wie der Gegenstand einer Handlung im Handelnden gegenwärtig ist – so ist es in den Tätigkeiten der Seele, sofern das Gewußte im Wissenden und das Ersehnte im Verlangenden anwesend ist. Nach dieser zweiten Art ist Gott auf besondere Weise in den vernunftbegabten Geschöpfen, die Gott gelegentlich oder gewohnheitsmäßig erkennen und lieben. (475) Während bei allen Geschöpfen irgendeine Ähnlichkeit mit Gott vorliegt, findet sich nur bei den rationalen Geschöpfen eine Ebenbildlichkeit, in den anderen Geschöpfen aber nur Spuren der Ähnlichkeit. Die Vernunft (intellectus) oder der Geist (mens) ist es also, wodurch die rationalen Geschöpfe die anderen überragen. (476)

Fox: Wie kann das sein?

Thomas: Man muß wissen, daß das menschliche Wesen aus einer vernünftigen und einer sinnlichen Natur zusammengesetzt ist. Der rationalen Natur nach hat der Mensch Ähnlichkeit mit Gott und den Engeln. Genesis 1 sagt: „Laßt uns Menschen machen nach unserem Bilde", und Psalm 8 sagt: „Du hast sie um weniges geringer als die Engel geschaffen." Ihrer sinnlichen Natur nach haben die Menschen Gemeinschaft mit den Tieren. (477)

Fox: Inwiefern gleichen wir menschlichen Wesen den Engeln?

Thomas: Die Menschen haben einen Geist, der in gewisser Weise dem der Engel gleichkommt wegen der Eigenschaften und der Fähigkeiten der Seele. Denn das vom Verstand unternommene Fragen erfüllt sich im einfachen Verstehen der Wahrheit, wie es auch mit dem einfachen Verstehen der Wahrheit beginnt, die in den ersten Prinzipien erkannt wird. (478)

Fox: Und unser Intellekt verleiht unserer Spezies solche Würde?

Thomas: Die Vollkommenheit und Würde des Verstandes besteht darin, daß das Bild des verstandenen Dinges im Verstand vorhanden ist, denn auf diese

Weise erkennt er tatsächlich, und darin ist seine Würde zu sehen. (479)

Fox: Warum liegt in der Erkenntnis solche Würde?

Thomas: Es gibt eine Art Vollkommenheit in den Geschöpfen, durch die sich eine einem Ding zugehörige Vollkommenheit in einem anderen zeigt. Denn das ist die Herrlichkeit des Erkennenden, sofern es erkennt. Denn etwas ist insoweit erkannt, als es beim Erkennenden ist. (480)

Fox: Ich verstehe das so, daß wir durch unsere unendliche Erkenntnisfähigkeit auf gewisse Weise Anteil an der Schönheit und Güte, der Ehrfurcht und dem Wunder erhalten, die wir aufnehmen – und darin liegt unsere Herrlichkeit, wie du es nennst. Gewiß ist auch unsere Liebesfähigkeit ein Zeichen unserer Würde. Doch hängt auch diese von unserer Erkenntnis ab, denn wir können nur lieben, was wir erkennen.

Thomas: Der Wert (nobilitas) des Willens und des Willensaktes besteht darin, daß die Seele auf etwas Wertvolles hingeleitet wird, und zwar hinsichtlich des Seins, das dieses Ding an sich hat. Einfach und absolut gesagt, ist es nun vollkommener, den Wert von etwas in sich zu haben als zu etwas äußerem Wertvollen in Beziehung zu stehen. Betrachtet man also Wille und Verstand absolut und nicht in bezug auf dieses oder jenes, so haben sie untereinander ein solches Verhältnis, daß der Verstand den Willen einfach überragt. (481)

Fox: Wie sieht es aber aus, wenn wir Verstand und Wille nicht nur auf absolute Weise betrachten?

Thomas: Vergleicht man Verstand und Willen im Hinblick auf materielle und sinnlich erfaßbare Dinge, so ist der Verstand wertvoller als der Wille; denn einen Stein zum Beispiel zu erkennen, steht höher, als ihn zu wollen. Die vom Verstand erkannte Form des Steines befindet sich nämlich auf edlere Weise im Verstand als im Stein selbst, wie er vom Willen begehrt wird. Hinsichtlich der göttlichen Dinge aber, die höher als die Seele stehen, ist das Wollen dem Verstehen überlegen. So ist es höher, Gott zu wollen oder zu lieben, als Gott zu erkennen. (482)

Fox: Du hast die Ähnlichkeit des Menschen mit Gott und den Engeln verglichen. Was folgt aus diesem Vergleich?

Thomas: Der Psalmist stellt die Würde der menschlichen Natur im Hinblick darauf dar, daß der Mensch Ähnlichkeit mit den Engeln hat. Nach dem Philosophen (Aristoteles) ist Würde dem Lob überlegen, denn Lob richtet sich auf andere Dinge, aber Würde besteht durch sich selbst und in sich selbst. (483)

Fox: Die menschliche Natur ist also an sich edel?

Thomas: Das Licht wurde zum Nutzen des Menschen auf die Erde gegeben, denn der Mensch ist wegen seiner Seele edler als selbst die Himmelskörper. (484) Es gibt zwei Vorrechte der rationalen Geschöpfe. Das eine ist, daß sie das Licht Gottes sehen, das andere Tiere nicht sehen, wie der Psalmist sagt, „in deinem Licht" (Ps.37). Das wird nicht als das von Gott erschaffene Licht verstanden, denn von diesem ist in Genesis 1 die Rede, wo es heißt: „Es werde Licht." Mit „in deinem Licht" ist das Licht gemeint, mit welchem du scheinst, das ein Bild deiner Substanz ist. An diesem Licht haben die Tiere nicht teil. Das Vernunftwesen dagegen teilt es in seinem natürlichen Denken. Denn die Vernunft ist nichts anderes als das Licht des göttlichen Leuchtens, das sich in der Seele spiegelt. Wegen dieser Helligkeit ist die Seele dem Bilde Gottes nahe, wie der Psalmist sagt: „Herr, laß dein Angesicht über uns leuchten" (Ps.4,7). (485)

Fox: Du sprachst von zwei Privilegien, die dem Menschen zukommen. Welches ist das zweite?

Thomas: „In deinem Licht", das ist Christus. Das andere Vorrecht besteht darin, daß die Vernunftwesen allein dieses Licht sehen, weshalb der Psalmist sagt: „Wir werden das Licht sehen." Sein Licht ist entweder die geschaffene Wahrheit, das heißt, Christus als Mensch, oder die unerschaffene Wahrheit, durch die wir Wahres erkennen können. Denn das geistige Licht ist Wahrheit, so wie etwas durch Licht erkannt werden kann, wenn es klar ist, so wird es erkannt, sofern es wahr ist. Tiere kennen durchaus einige Wahrheiten, zum Beispiel daß dieses süß ist. Sie kennen jedoch nicht die Behauptung „Dies ist wahr", denn sie besteht aus einer Übereinstimmung des Verstandes mit der Sache, welche die Tiere nicht herstellen können. Deshalb haben die Tiere weder geschaffenes Licht noch unerschaffenes. (486)

Fox: In welcher Hinsicht ist der Mensch ein 'Bild Gottes'?

Thomas: Das Bild Gottes ist im Menschen ... einmal aufgrund der natürlichen Eignung des Menschen, Gott zu erkennen und zu lieben. Diese Eignung liegt in der Natur des Geistes, die allen Menschen gemein ist. (487) Diese Ähnlichkeit (des Menschen zu Gott) weist eher auf ein unvollkommenes Bild hin, als auf eine substantielle Identität. Das meint auch die Schrift, wenn es heißt, der Mensch sei „nach dem Bilde Gottes" gemacht. Auch das Einhauchen (inspiratio) stellt die Weitergabe des Lebens von Gott an die Menschen im Sinne einer Ähnlichkeit und nicht einer substantiellen Einheit dar. ... Es wird gesagt, Gott habe dem Menschen den Atem eingehaucht, weil er dem

Menschen den Lebensgeist (spiritum vitae) gab, nicht aber weil er diesen von der eigenen Substanz abgetrennt hatte. (488)

Fox: Wie definierst du 'Geist'?

Thomas: Die Bezeichnung Geist drückt eine Art 'elan' aus, einen Lebensimpuls, wie wir sagen, daß die „Liebe uns bewegt" oder „drängt", etwas zu tun. (489) Es ist eine Eigenheit der Liebe, den Willen des Liebenden zum geliebten Gegenstand hin zu bewegen und zu drängen. (490) Etwas ist geeignet, sich auf alles andere zu beziehen. Ein solches Wesen ist die Seele, die gewissermaßen alles ist, wie es in Aristoteles' 'Über die Seele' heißt. (491)

Fox: 'Geist' hat für dich also mit Vitalität zu tun, mit der vollen Lebendigkeit, mit dem Leben an seiner Quelle in Berührung zu sein und mit der Quelle allen Seins?

Thomas: Wenn wir sagen „Gott ist Geist," sagen wir, daß Gott Geber des Lebens ist, weil unser ganzes Leben von Gott als der schöpferischen Quelle stammt. (492)

Fox: Haben alle Menschen Anteil am Bild Gottes?

Thomas: Das Bild Gottes in seiner hauptsächlichen Bedeutung besteht im Mann ebenso wie in der Frau. Darum heißt es in der Genesis (1,27) nach dem Satz „nach dem Bilde Gottes schuf er ihn," nämlich den Menschen, weiter: „als Mann und Frau schuf er sie". (493) Das Bild Gottes bleibt immer im Geist (mens); sei es auch bedeutungslos, wie verschattet, als sei es gar nicht mehr, wie bei denen, die keine Vernunft haben; sei es verdunkelt und verformt wie bei den Sündern, oder klar und schön, wie bei den Gerechten. (494)

Fox: Den heutigen Fundamentalisten fehlt der Sinn für die Dreifaltigkeit. Wenn sie überhaupt ein göttliches Ebenbild im Menschen zugeben, dann denken sie dabei nur an Christus. Was hast du dazu zu sagen?

Thomas: Wenn es heißt „Nach dem Bilde Gottes schuf Gott den Menschen" (Gen.1), so ist das nicht so zu verstehen, daß der Vater die Menschen nur nach dem Bilde des Sohnes gemacht habe, der Gott ist, – so deuten es einige. Vielmehr ist es so zu verstehen, das die Dreieinige Gottheit die Menschen nach ihrem Bilde schuf, das heißt dem Bilde der ganzen Dreifaltigkeit. (495)

Fox: Wo findest du dieses Bild Gottes im Menschen?

Thomas: Das Bild der Dreifaltigkeit nimmt man im Geist zunächst und hauptsächlich in der Tätigkeit wahr, insofern wir aus dem Wissen, das wir haben, innerlich denkend ein Wort bilden und aus diesem in Liebe hervorbrechen. (496)

Fox: Du preist unsere Kreativität als Essenz des göttlichen Bildes in uns. Dieses innere Wort, das 'in Liebe hervorbricht', klingt wie die beste Definition des schöpferischen Prozesses, die ich gehört habe. Im Rahmen unseres Gesprächs über die Via Creativa werden wir darauf noch zurückkommen. Vielleicht liegt darin ein Weg, die trinitarische Gegenwart in der Seele zu preisen, denn jeder schöpferische Akt ist ein trinitarischer. Das heißt, es ist ein Zusammenkommen zweier Dinge, um ein Drittes zu gebären.

Thomas: Wir finden ein göttliches Bild im Menschen gemäß dem aus der Gotteserkenntnis empfangenen Wort und aus der daraus hervorgegangenen Liebe. (497)

Fox: Wenn wir den Menschen als ein 'Bild Gottes' bezeichnen, sagen wir damit, daß Gott im Menschen deutlicher sichtbar ist als in anderen Geschöpfen?

Thomas: Je höher irgendein Geschöpf steht und je gottähnlicher es ist, um so klarer kann es Gott schauen, so wie der Mensch in einem Spiegel vollkommener gesehen wird, in dem sein Bild kräftiger ist. Daraus geht hervor, daß Gott durch die geistigen Wirkungen viel deutlicher geschaut wird als durch sinnliche und körperliche. (498)

Fox: Das klingt sehr nach menschlichem Chauvinismus. Ich nehme aber an, daß du damit sagen willst, daß in uns potentiell gesehen – aufgrund unserer Komplexität und unserer zusätzlichen Gaben mehr von Gott ist als in anderen Geschöpfen.

Thomas: Auch im rationalen Geschöpf findet sich das Bild Gottes (imago Dei) nur im Geiste (mens). (499) Der Geist, die Vorstellungskraft, des Menschen ist wie eine mit göttlichem Licht entzündete Lampe Gottes. (500) In den anderen Teilen, die ein rationales Geschöpf haben mag, findet sich das Bild ebenfalls nur als Spur, wie auch bei den anderen Dingen, denen es auf irgendeine Weise ähnlich ist. ... Das Bild stellt etwas von spezifischer Ähnlichkeit dar, während die Spur etwas durch die Wirkung repräsentiert, die ihre Ursache so darstellt, daß es nicht bis zu spezifischer Ähnlichkeit reicht. Deshalb werden die durch Bewegungen der Tiere hinterlassenen Abdrücke Spuren genannt, so wie die Asche die Spur des Feuers und die Verwüstung einer Landschaft die Spur des feindlichen Heeres ist. (501)

Fox: Wie unterscheiden wir Menschen uns dann von anderen Geschöpfen hinsichtlich unserer Gottesebenbildlichkeit?

Thomas: Das Bild fügt dem Begriff der Ähnlichkeit hinzu, daß es der Ausdruck von etwas anderem ist. Denn Bild wird etwas deshalb benannt, weil es die Imitation von etwas anderem ist. ... Darum heißt es, im Menschen sei ein Bild Gottes, und zwar kein vollkommenes, sondern ein unvollkommenes. (502) In der Ähnlichkeit mit dem göttlichen Wesen scheinen die rationalen Geschöpfe in gewisser Hinsicht eine Gleichartigkeit zu erreichen, da sie Gott nicht nur darin nachahmen, daß Gott ist und lebt, sondern auch im Erkennen. Andere Geschöpfe erkennen nicht, obschon in ihnen eine Spur des Geistes zu finden ist, der sie erschuf, wenn man ihren Gesamtzustand betrachtet. (503)

Fox: Ich mag deinen Ausdruck von der 'Nachahmung Gottes'. Wie ahmen wir Gott noch nach?

Thomas: Bei den rationalen Geschöpfen, deren Verstand das Wort und deren Wille Liebe hervortreten läßt, findet sich ein Bild der unerschaffenen Dreifaltigkeit aufgrund einer gewissen Gleichartigkeit (repraesentatio speciei). In den anderen Geschöpfen findet man keinen Ursprung des Wortes, kein Wort und keine Liebe, aber es erscheint in ihnen eine gewisse Spur davon, daß diese sich in der Ursache finden, die sie hervorgebracht hat. (504)

Fox: Ich fühle mich nicht ganz wohl mit deinem Staunen über das Wunder des menschlichen Wesens, besonders wenn dadurch andere Geschöpfe herabgesetzt werden. Du scheinst zu meinen, über andere Geschöpfe mehr zu wissen, als du tatsächlich weißt (und wir heute wissen). Vielleicht benutzt du deshalb den Ausdruck 'Vieh, niederes Tier' so häufig, wenn du über die Tiere sprichst. Vielleicht bezeichnest du damit diejenigen Tiere, die weniger als andere Träger von Geist zu sein scheinen. Andererseits gestehe ich zu, daß du aufs Ganze gesehen nicht so anthropozentrisch bist, da du oben sagtest, daß die größte Liebe Gottes dem Universum und der Schöpfung als ganzer und der dem Ganzen innewohnenden Ordnung gälte. All das trägt dazu bei, dem Menschen sozusagen seinen Platz zu weisen. Ich nehme an, daß ein großer Teil der Betonung der 'vernünftigen, rationalen' Seite der Menschheit auf die kulturelle Epoche zurückzuführen ist, in der du lebtest; und wir haben auch weitgehend festgestellt, daß es sich dabei um die Seite handelt, die im heutigen Sprachgebrauch als 'kreative' bezeichnet würde. Das Heraustreten des menschlichen Bewußtseins aus der feudalen Epoche in das Licht des Tages, wie es sich durch die Erfindung der Universitäten zu deiner Zeit, durch die gotischen Kathedralen und die Übersetzung griechischer Meister wie Aristoteles aus dem Arabischen zeigte, bedingte zum ersten Mal eine kulturelle Forderung danach, in den Menschen ihr göttliches und intellektuelles Potential wachzurufen. Und ich glaube, daß du als ein gutes Mitglied des Predigerordens dies in deiner Arbeit versucht hast. Dazu mußtest du ein sehr schwaches Selbstbild in Frage stellen, das die Menschen während der Zeit des Feudalismus in sich aufgenommen hatten, besonders was ihre Lernfähigkeit anbetraf. Die Mönche waren in jener Zeit fast die einzigen, die sich Gelehrsamkeit erwerben konnten. Aber deine Zeit war eine sehr frische, und die jungen und befreiten Sklaven waren begierig, ihren Geist zu üben. Ich nehme an, daß du aus diesem Grunde, um die Jugend zur Entdeckung der 'rationaleren' Seite ihres Wesens zu drängen, den menschlichen Geist auf diese starke Weise betont hast.

Thomas: Beim Erlangen der Verstandeskraft ist das erste, was einem Menschen einfällt, über sich selbst nachzudenken. (505) Der vernünftige Geist (mens rationalis) ist das Vorrangige im Menschen, während die sinnliche und leibliche Natur das Zweite ist. Das Erste nennt der Apostel den „inneren Menschen", das Zweite den „äußeren" (2 Kor.4,16). Die Guten halten ihr vernünftiges Wesen oder den inneren Menschen für das Hauptsächliche in sich und schätzen danach ein, was sie sind. Die Bösen hingegen halten die sinnliche und leibliche Natur in sich für das Vorrangige, also den äußeren Menschen. (506)

Fox: Der Vergleich des Menschen mit dem Tier scheint zu bezwecken, das Nachdenken über sich selbst zu fördern.

Thomas: Die Bibel lehrt, daß die Landtiere aufgrund ihrer höheren Lebensvollkommenheit sozusagen lebende Seelen mit ihnen unterstellten Körpern seien. Das Leben der Menschen aber wird, so heißt es, als das vollkommenste nicht aus Erde und Wasser geschaffen wie das der anderen Tiere, sondern direkt von Gott. (507)

Fox: Welche Konsequenzen hat das für das menschliche Verhalten?

Thomas: Niedere Tiere werden durch ihre Leidenschaften motiviert. Das wird daran deutlich, daß ein Hund bellt, sobald er geärgert wird, und daß ein Pferd wiehert, sobald es erregt ist. Es wird ihnen aber nicht vorgeworfen, weil ihnen die Vernunft fehlt. Wenn aber ein Mensch der Leidenschaft folgt, sowie er erregt ist, oder zuschlägt, sowie er wütend wird, dann vergleicht man sein Verhalten mit dem eines niederen Tieres. Wie der Psalmist sagt: „Werdet nicht wie Pferd und Maultier" (Ps.32,9). Darum sagt der Philosoph, ein schlechter Mensch sei schlimmer als ein schlechtes Tier. Denn wenn der Verstand des Menschen von Böswilligkeit begleitet wird, dann wird er sich verschiedene Übel ausdenken. (508)

Fox: Du scheinst damit zu meinen, daß die Menschen größeren Übels fähig sind als andere Arten, und wahrscheinlich auch größerer Güte. Mit dem Bösen des Menschen werden wir uns in Kürze auseinandersetzen und werden bei unserer Besprechung der Via Creativa darauf eingehen, daß du sehr die Frage betonst, daß unser Intellekt und unsere Kreativität unserer Fähigkeit zum Bösen gegenüberstehen. Es scheint mir jetzt passend, über diejenige menschliche Seite zu diskutieren, die wir mit den Tieren teilen. Das scheint für dich ein besonders wichtiges Thema zu sein, denn deine offenbar radikalen Ansichten über die 'Konsubstanzialität von Seele und Körper' waren es, die dich damals in solche Schwierigkeiten brachten.

Thomas: Die Seele ist im Körper als das ihn Umfassende, nicht aber in ihm enthalten. (509) Die Seele enthält den Körper und ist gleichsam seine Grundlage. Ein Teil der Seele ist ein Teil des Körpers. Wenn darum das Fundament getroffen wird, so ist auch die Wand betroffen, und wenn die Kräfte der Seele getroffen werden, so sind die Glieder mitbetroffen. Wenn also ein Tier wütend wird, so zittert es. Im Menschen gibt es vier Dinge: Vernunft, Sinneskräfte, Natur, Materie und Körper. Und in der Welt gibt es Gott, Engel, Tiere, Pflanzen und Elemente. (510)

Fox: Ich finde es bemerkenswert, daß du den Körper als in der Seele befindlich darstellst, denn dies öffnet für das menschliche Wesen weite Möglichkeiten des Geistes und der Erfahrung, die über die Begrenzungen des von unserem Körper eingenommenen Raumes hinausreichen. Die Seele ist dadurch auch weniger dem Körper entgegengesetzt, als wenn der Körper als eine Art Käfig dargestellt wird, der die Seele gefangen hält. Wie stellst du dir die Beziehung zwischen Seele und Körper im menschlichen Wesen vor?

Thomas: Zum Begriff 'dieses Menschen' gehört es, daß er aus dieser Seele, diesem Fleisch und diesen Knochen besteht. Und so gehört es zum Begriff des Menschen überhaupt, daß er aus Seele, Fleisch und Knochen besteht. (511)

Fox: Es gehört also nicht zu deiner Spiritualität, das menschliche Wesen übermäßig zu vergeistigen und den Geist allein in der Seele oder von der Materie getrennt zu sehen?

Thomas: Das sinnliche Wahrnehmen ist nicht nur eine Tätigkeit der Seele. ...

Also ist der Mensch nicht nur Seele, sondern aus Körper und Seele zusammengesetzt. Indem Plato annahm, die Wahrnehmung sei der Seele eigen, konnte er behaupten, der Mensch sei die Seele, die sich des Körpers bedient. (512)

Fox: Wo im Verhältnis zum Körper ist die Seele?

Thomas: Die Seele des Menschen ist in seinem ganzen Körper und ebenso in jedem einzelnen Teil seines Körpers, so wie Gott es der Welt gegenüber ist. (513)

Fox: So ähnlich wie im Panentheismus ist die Seele im Körper und der Körper in der Seele. Außerdem verstehe ich dich so, daß die Seele nicht von der Materie und der Körper nicht vom Geistigen getrennt zu werden braucht?

Thomas: Die Seele ist Gott ähnlicher, wenn sie mit dem Körper vereint ist, als wenn sie von ihm getrennt ist. (514)

Fox: Warum?

Thomas: Weil ihre Natur dann vollkommener ist. Denn etwas ist Gott dann ähnlicher, wenn es vollkommener ist. (515)

Fox: Aber warum ist die Seele vollkommener oder vollständiger, wenn sie mit dem Körper vereint ist, als wenn sie von ihm getrennt ist?

Thomas: Kein Teil besitzt eine natürliche Vollkommenheit, wenn er vom Ganzen getrennt wird. Deshalb hat die Seele als ein Teil des menschlichen Wesens keine Vollkommenheit ihrer eigenen Natur, außer in Einheit mit dem Körper. ... Deshalb kann die Seele zwar getrennt vom Körper existieren und verstehen, doch fehlt ihr in Trennung vom Körper die Vollkommenheit ihrer eigenen Natur. (516) Geist paßt wegen der Anpassung der Natur besser zu Geist als zu Körper. Durch die Anpassung der Beziehung, die zwischen Form und Materie nötig ist, paßt der Geist aber besser zum Körper als zum Geist, weil zwei Geister zwei Akte bilden, während der Körper zur Seele steht wie die Potenz zum Akt. (517)

Fox: Glaubst du das auch von der Auferstehung des Leibes?

Thomas: Was seiner Natur nach dazu veranlagt ist, sich zu vereinen, verlangt natürlich danach. Alles verlangt nämlich nach dem, wofür es von Natur her geeignet ist. Da die menschliche Seele von Natur aus mit dem Körper vereint wird, hat sie ein natürliches Verlangen nach dieser Vereinigung. Deshalb kann der Wille nicht wirklich zur Ruhe kommen, wenn nicht die Seele wieder mit dem Körper vereint ist, das heißt, daß der Mensch vom Tode aufersteht.

... Damit die menschliche Seele am Ende in jeder Hinsicht vollkommen wird, muß sie ihrer Natur nach vollkommen sein. Das ist nicht möglich, wenn sie nicht mit dem Körper vereint ist. Es gehört nämlich zur Natur der Seele, als die Form ein Teil der Person zu sein. Kein Teil ist aber seiner Natur nach vollkommen, solange er sich nicht im Ganzen befindet. Also ist es für das letzte Glück des Menschen erforderlich, daß die Seele wieder mit dem Körper vereint werde. (518)

Fox: Und mit der Auferstehung des Leibes meinst du die Auferstehung der Körper, wie wir sie jetzt haben?

Thomas: Die Seele wird bei der Auferstehung keinen himmlischen oder luftartigen Körper (corpus caeleste vel aereum) annehmen, noch den Körper irgendeines anderen Lebewesens, wie manche phantasieren, sondern einen aus Fleisch und Knochen bestehenden organischen menschlichen Leib mit den gleichen Organen, aus denen er jetzt besteht. (519) Die Menschen werden der Zahl nach als die selben auferstehen, jedoch nicht dieselbe Lebensweise haben (wie jetzt). ... Die Seele wird keinen himmlischen oder luftartigen Körper, sondern einen menschlichen, aus Verschiedenem zusammengesetzten Körper annehmen. Durch die göttliche Kraft wird er aber unzerstörbar sein, so daß die Seele den Körper so beherrschen kann, daß er nicht zerstört wird. (520) Indem sie sich den Körper ganz unterstellt, wird er fein und geistig (subtile et spirituale) sein, und sie wird ihm eine edle Qualität geben, die Herrlichkeit des Lichtglanzes (gloriam claritatis). ... Und weil er der Seele ganz gehorchen wird, wie ein Werkzeug dem, der es führt, wird er sehr geschickt werden. (521)

Fox: Laß uns nun zu unserem heutigen Leben zurückkehren. Wenn du den Körper wegen seiner Schönheit preist, hebst du damit seinen Beitrag zur 'Vollkommenheit' des menschlichen Wesens hervor.

Thomas: Die natürliche Liebe liegt nicht nur in den Kräften der vegetativen Seele, sondern in allen Seelenkräften und auch in allen Körperteilen und allgemein in allen Dingen. Denn wie Dionysius in De divinis nominibus sagt „ist das Schöne und Gute allen liebenswert“, weil ein jegliches Ding eine natürliche Zugehörigkeit zu dem besitzt, was seiner Natur entspricht. (522)

Fox: Und Gott segnet diese körperliche Schönheit und sie gefällt Gott?

Thomas: So wie Männer und Frauen durch schöne Kleidung geschmückt sind, so strömt alle Schönheit der heiligen Engel und der Menschen zurück zur Zierde Gottes, insofern daraus das Gute Gottes auf die Weise gefügt wird, wie Jesaja (49) sagt: „Du hast dich in all dieses gekleidet wie in ein Gewand.“ Man sollte darüber meditieren, wie sich das auf das Mitgefühl Gottes bezieht, alle Heiligen schön zu machen, weil Gott diese Schönheit für die göttliche Herrlichkeit verwendet. (523)

Fox: Welche Einstellung sollten wir zum Körper haben?

Thomas: Wir sollen unseren Körper lieben. ... Die Natur unseres Körpers ist nicht aus einem bösen Prinzip geschaffen, wie die Manichäer fabulieren, sondern von Gott. ... Deshalb sollen wir ihn mit der gleichen heiligen Liebe (caritas) lieben, mit der wir Gott lieben. (524) Laster gehen nicht vom Körper auf die Seele über, sondern von der Seele auf den Körper. (525) Es ist ein Naturgesetz, daß wir für unseren Körper sorgen sollen. (526)

Fox: Warum ist es ein Naturgesetz, daß wir für unseren Körper sorgen sollen?

Thomas: Es ist keine Sünde zu essen, wenn die Notwendigkeit es verlangt. (527) Wenn wir unser eigenes Fleisch ernähren, lieben wir es, so wie wir auch etwas anderes lieben, dessen Kraft wir unterhalten. (528) Darüber hinaus kann der Geist nicht frei spielen, wenn die Sinne nicht gesund und kraftvoll sind. (529) Die Vollkommenheit des Körpers ist notwendig, damit der Körper nicht das volle Potential des Geistes behindert. (530)

Fox: Aus all den Bildern, die ich von dir gesehen habe, gewinne ich den Eindruck, daß du auch praktiziert hast, was du gerade predigst, und daß du wirklich gern gegessen hast! All das klingt so, als würdest du unsere Sinnlichkeit preisen.

Thomas: Sinnlichkeit (sensualitas) ist der Name für das sinnliche Streben. (531) Die Sinnlichkeit, das sinnliche Verlangen,... gehört zur Vollkommenheit der menschlichen Natur. ... Sie muß aber der Vernunft gehorchen. (532) Die Schrift feiert die Tatsache, daß das Fleisch aufjubelt zum lebendigen Gott (Ps.84,2). Dies nicht dadurch, daß das Fleisch zu Gott aufstiege, sondern durch das Überfließen des Herzens in das Fleisch, insofern das sinnliche Verlangen dem geistigen folgt. (533)

Fox: Liegt nicht die Quelle einer deiner harten Auseinandersetzungen mit den Augustinianern und sogar mit Bonaventura darin, daß du darauf beharrst, der Sitz der Tugend liege nicht im Willen, sondern in den Leidenschaften?

Thomas: Ich meine, daß das sinnliche Verlangen und die Leidenschaften Gegenstand und Sitz der Tugenden sind. (534)

Fox: Du scheinst sehr frei von dem Körper-Seele-Dualismus zu sein, den ein großer Teil der westlichen Spiritualität bewußt oder unbewußt angenommen hat oder dafür eingetreten ist.

Thomas: Wir sollten die 'wundervolle Einheit' (communio admirabilis) des Körpers und der Seele feiern. Gott gestaltete den menschlichen Körper so, daß er für den Gebrauch der vernünftigen Seele und ihrer Tätigkeiten zu körperlichen und seelischen Zwecken eingerichtet sei. So macht ein Handwerker eine Säge aus Eisen und nicht aus Glas, damit sie zum Sägen geeignet ist. Er kommt nicht darauf, sie aus Glas zu machen, obwohl dieses als Material schöner wäre, weil eine solche Schönheit den Zweck behindern würde. (535)

Fox: Die Menschen sollten es also nicht bedauern, verkörpert zu sein?

Thomas: Die Seele als Teil der menschlichen Natur hat ihre natürliche Vollkommenheit nur in der Einheit mit dem Körper. Daher wäre es unpassend gewesen, die Seele ohne Körper zu erschaffen. (536) Das sinnliche Wahrnehmen ist nicht nur eine Tätigkeit der Seele. Das sinnliche Wahrnehmen ist eine Tätigkeit des Menschen, wenn auch nicht nur ihm eigen. Also ist der Mensch nicht nur Seele, sondern aus Körper und Seele zusammengesetzt. (537)

Fox: Abgesehen davon machte Gott, als Gott die Elemente des Universums schuf, auch den Körper – und gewiß bereut Gott den Körper nicht.

Thomas: Die schöpferische Kraft Gottes offenbarte sich im menschlichen Körper, sofern seine Materie durch die Schöpfung hervorgebracht wurde. Es war passend, daß der menschliche Körper aus den vier Elementen geschaffen wurde, damit der Mensch diese Gemeinsamkeit mit den niederen Körpern habe und gleichsam in der Mitte stehe zwischen den geistigen und körperlichen Wesen (substantiae). (538)

Fox: Es fällt auf, daß du die Tatsache preist, daß die Elemente des Universums, wie die Wissenschaft deiner Zeit sie verstand, den menschlichen Körper ausmachen! Darin, wie du die Beziehung zwischen Körper und Universum siehst, begründest du eine Mikrokosmos-Makrokosmos-Psychologie, die ein tiefes Gespür für den kosmologischen Rahmen unseres menschlichen Daseins erweist. Heute feiern wir, wie die Elemente unserer Körper durch eine Supernova-Explosion im Universum vor fünfeinhalb Milliarden Jahren geboren wurden. Die Tatsachen als solche unterscheiden sich von der Wissenschaft deiner Zeit, doch ist die Dimension des Staunens nicht nur genauso groß, sondern ist sogar größer geworden. Wenn du von der Beziehung zwischen Körper und Seele sprichst, fällt mir auf, daß du den grundlegenden

Fehler im Dualismus vermeidest, die Seele gegen den Körper auszuspielen und den Geist allein der Seele zuzuordnen. In Anbetracht deiner Definition des Geistes als 'elan', die wir zuvor hörten, nehme ich an, daß du auch dem Körper Geist zusprichst. Das scheint mir eine sehr moderne These zu sein, sehr ähnlich der Einsteinschen These von der Umwandelbarkeit zwischen Materie und Energie.

Thomas: Menschliche Seelen und reine Geister sind etwas Unterschiedliches. (539) Es widerspricht der Natur der Seele, ohne Körper zu sein. (540)

Fox: Du sprichst dich offenbar sehr stark gegen den Dualismus aus.

Thomas: Mit dem Körper vereint zu sein, ist nicht zum Nachteil der Seele, sondern zu ihrer Bereicherung. (541) Daraus folgt ein wesentlicher Vorteil für die Vollendung des menschlichen Wesens und ein bescheidener Vorteil in der Erlangung von Wissen, was nur durch die Sinne geschehen kann. (542) Bei der Sinnestätigkeit wirken stets Körper und Seele zusammen. (543) Der natürliche Körper ist sozusagen eine Fülle der Seele. Die Seele ist nicht in der Lage, ihre Tätigkeiten voll auszuüben, wenn die Körperteile nicht voll zusammenwirken. (544)

Fox: Ich habe aber nicht den Eindruck, daß dein nicht dualistischer Ansatz zur Beziehung zwischen Körper und Seele sich im westlichen Denken durchgesetzt hat.

Thomas: Platon nahm an, der Mensch sei nicht aus Körper und Seele zusammengesetzt, sondern er sei die Seele, die den Körper benutzt. ... Das ist unmöglich, weil Tier und Mensch zu den Sinnes- und Naturwesen gehören. Das könnte aber nicht sein, wenn der Körper und seine Teile nicht zum Wesen von Mensch und Tier gehörten, sondern wenn das ganze Wesen beider die Seele wäre. (545) Der Seele und dem Körper sind einige Tätigkeiten gemeinsam, wie fürchten und zürnen und wahrnehmen und andere. ... Deshalb muß aus Seele und Körper eines werden, das dem Sein nach nicht getrennt ist. (546) Origenes sagte, die Seelen seien auf göttliche Anordnung hin mit den Körpern vereinigt, aber zur Strafe. Denn er meinte, sie hätten vor der Existenz ihrer Körper gesündigt und seien in ihre Körper wie in Gefängnisse eingeschlossen worden, in edlere oder weniger edle, je nach dem Ausmaß ihrer Sünden. Diese Position kann jedoch nicht gehalten werden, denn die Strafe ist dem Guten der Natur entgegengesetzt und wird als ein Übel bezeichnet. Wenn also die Vereinigung von Seele und Körper eine Art Strafe ist, so ist sie kein Gutes der Natur. Das ist aber nicht möglich, weil diese Vereinigung durch die Natur beabsichtigt ist, denn die natürliche Zeugung führt darauf hin. Außerdem würde daraus folgen, daß das Menschsein kein der Natur entsprechendes Gutes sei, wogegen es in der Genesis (1,31) nach der Erschaffung des Menschen heißt: „Gott sah alles, was Gott gemacht hatte, und es war sehr gut." (547)

Fox: Unser Wesen ist also 'sehr gut'. Wie steht es mit unserer Sexualität? Es gibt da diese Theologen, wie Gregor von Nyssa, die sagen, daß die Fortpflanzung unserer Spezies im Garten Eden nicht durch den Liebesakt geschehen sei, sondern nach der Art der Engel. Was sagst du dazu?

Thomas: Im Zustand der Unschuld hätte es die Zeugung zur Vermehrung des Menschengeschlechts gegeben. Andernfalls wäre die Sünde äußerst notwendig gewesen, um ein so großes Gut aus sich hervorgehen zu lassen. (548) Gregor von Nyssas Meinung ist nicht vernünftig. Denn was für den Menschen natürlich ist, wird ihm durch die Sünde weder genommen noch verliehen. Für die Sinnesnatur des Menschen, die er schon vor der Sünde hatte, ist es ganz natürlich, durch den Koitus zu zeugen, wie es auch für die anderen vollkommenen Tiere der Fall ist. Die natürlichen, für diesen Zweck bestimmten Körperteile zeigen das. Man kann nicht sagen, diese natürlichen Körperteile seien vor der Sünde nicht gebraucht worden wie die übrigen Glieder. (549) Gott hat Mann und Frau schon vor der Sünde geschaffen (Gen. 1,2). Da in den Werken Gottes nichts vergebens ist, würde es den Geschlechtsakt, auf den der Geschlechtsunterschied sich richtet, auch dann gegeben haben, wenn der Mensch nicht gesündigt hätte. (550)

Fox: Du bezeichnest die Sexualität als 'einen sehr großen Segen'. Für dich ist unsere Sexualität also gut und eine der Segnungen in unserem Leben?

Thomas: Der Segen, Nachkommen hervorbringen zu können, wird den Menschen gegenüber (in der Genesis) wiederholt, ... um alle von der Behauptung abzuhalten, im Akt der Kinderzeugung läge irgend etwas Sündiges. Wenn es um die Pflanzen geht, die weder ein Verlangen nach Vermehrung noch ein Empfinden bei der Zeugung kennen, so wurden sie einer formalen Segnung für unwürdig befunden. (551)

Fox: Kann die sexuelle Vereinigung als solche schlecht sein?

Thomas: Gott bewegt alle Dinge und hat natürliche Neigungen in sie gelegt. Deshalb ist es unmöglich, daß eine Spezies eine Neigung hat, die in sich schlecht ist. In allen vollkommenen Tieren gibt es aber eine natürliche Neigung zur fleischlichen Vereinigung, die folglich nicht in sich schlecht sein kann. (552)

Fox: Wie steht es nun mit dem Einwand, daß Enthaltsamkeit lobenswert sei, weil der Geschlechtsverkehr so äußerst lustvoll sei, daß ein guter Mensch sich von solchen Vergnügungen fernhalten solle?

Thomas: Die natürliche Liebe ist nichts anderes als die Neigung, die der Urheber der Natur ihr eingegeben hat. Die natürliche Neigung für unrecht zu halten, bedeutet, den Urheber der Natur zu verunglimpfen. (553) Tiere haben keine Vernunft, und im Geschlechtsakt werden die Menschen ihnen in gewisser Hinsicht gleich, weil die Menschen das Verlangen nicht mäßigen können. Im Stande der Unschuld wäre nichts dergleichen passiert, was nicht durch die Vernunft geregelt worden wäre, nicht weil die Sinnenfreude geringer gewesen wäre, wie manche sagen, sondern weil die Kraft des Verlangens sich nicht so ungeordnet in die Lust gestürzt hätte. Sie wäre vielmehr durch die Vernunft gemäßigt worden, deren Aufgabe nicht ist, die Sinneslust zu vermindern, sondern das Verlangen daran zu hindern, zu sehr an ihr zu haften. Tatsächlich wäre in diesem Zustande die Sinnenfreude sogar größer gewesen als im gegenwärtigen, weil die Natur reiner und der Körper sensibler war. (554)

Fox: Dein Hinweis, daß die Vernunft das Vergnügen nicht vermindert, sondern unsere Anhaftung an es reguliert, ist sehr wichtig. Was meinst du mit der 'unmäßigen' Lust? Wann kann Lust unmäßig sein?

Thomas: Mit 'unmäßig' meine ich ein Überschreiten der vernünftigen Grenzen. Ein nüchterner Mensch etwa hat beim mäßigen Essen nicht weniger Vergnügen als ein Fresser, sein Verlangen hängt aber nicht so an derartigen Vergnügungen. Die Intensität der Lust ist vom Zustand der Unschuld nicht ausgeschlossen, wohl aber das Drängen des Verlangens und die Unruhe des Geistes. Enthaltsamkeit wäre also im Zustand der Unschuld nicht lobenswert, wohl aber in unserem gegenwärtigen Zustand – nicht weil sie die Fruchtbarkeit beseitigt, sondern weil sie unmäßiges Verlangen ausschließt. (555)

Fox: Das ist interessant, und wir können uns noch weiter über das Thema Sexualität unterhalten. Ich bin jedoch dankbar dafür, daß das Denken der Menschheit über Geschlecht und Sexualität sich so weit entwickelt hat, daß auch wir heute dich etwas lehren könnten. Zum Beispiel, daß die 'aktive Kraft' nicht immer männlich und die 'passive Kraft' nicht immer weiblich ist, wie du es meinst. (556) Oder daß die Frauen den Männern nicht unterlegen sind. Im westlichen Bewußtsein scheinen die Dualismen nur langsam zu sterben, und wie wir sahen, hast du sehr darum gerungen, viele von ihnen zur Ruhe zu bringen. Aber auch du bist ihnen manchmal verfallen.

Da wir gerade über Dualismen und den menschlichen Zustand sprechen: Wie steht es mit dem Glauben, daß Gott ein menschliches Wesen wurde, um den Dualismus zwischen Gott und Menschheit zu überwinden? Und daß Gott einen menschlichen Körper annahm, um zum Lobpreis der Materie und der Leistungen des Universums bei der Geburt unserer Körper beizutragen? Wie bezieht sich unsere Diskussion über die Schöpfung auf dein Verständnis der Inkarnation Gottes in Jesus Christus?

Thomas: In der einen Person Christi treffen sich göttliche und menschliche Natur als Paradoxe. (557)

Fox: Ich verstehe das so, daß du Christus als die höchste Paradoxie preist – die Vermischung des Menschlichen und des Göttlichen. Darin liegt das Ende der Dualismen und der Anfang des Heilens durch eine Umwandlung unseres 'entweder/oder' in 'sowohl/als auch'. Du bist ein wahrhaft dialektischer Denker!

Thomas: Die Fleischwerdung ist tatsächlich eine einzigartige Vereinigung, die jede Vereinigung, die die Menschheit kennt, übersteigt. (558) Daß der Sohn Gottes Fleisch annahm ..., lag an der größten Liebe Gottes. (559) Der Sohn Gottes (Filius Dei) wurde Mensch, damit er Menschen zu Göttern (deos) und Kindern Gottes (filios Dei) mache. (560)

Fox: Du meinst also, der Sinn der Fleischwerdung sei, daß wir gottähnlich werden?

Thomas: Dem Menschen wird (durch die Inkarnation) ein Beispiel für die selige Vereinigung der erschaffenen Vernunft (intellectus) mit dem unerschaffenen Geist (spiritus) gegeben. So ist es nicht mehr unglaubhaft, daß die Vernunft des Geschöpfes mit Gott vereint werde, indem es Gottes Wesen schaut, nachdem Gott dem Menschen vereint wurde, indem Gott selbst menschliche Natur annahm. (561)

Fox: Glaubst du daran, daß die Verbindung der Menschheit mit Gott erreicht wurde, damit sie nicht länger unglaubhaft sei, wie du sagst?

Thomas: Die Fleischwerdung erreichte, daß Gott menschlich wurde und die Menschen Gott wurden und Teilhabende am göttlichen Wesen. (562) Der eingeborene Sohn Gottes wollte uns zu „Teilhabenden an seinem göttlichen Wesen" machen (siehe 2 Petr.1,4). Aus diesem Grunde nahm die Gottheit selbst unsere Natur an und wurde Mensch, um Menschen göttlich zu machen. (563)

Fox: Was bedeutet es, Gottes Kinder zu werden und Gottes Natur anzunehmen?

Thomas: Wir sollen immer mehr wie Gott werden. (564) Wir werden Gottes Kinder genannt, insofern (wir) Anteil an der Ähnlichkeit mit dem eingeborenen und natürlichen Sohn haben ..., der die gezeugte Weisheit ist. (565) Christus als das Wort drückt Gott, den Vater, aus, und beide drücken sich im Universum selbst aus und erschaffen es. (566)

Fox: Das klingt, als würdest du Christus als kosmische Weisheit oder kosmischen Christus preisen.

Thomas: Die ganze Natur gehorchte Christus und folgte seinem leisesten Befehl, als etwas von ihm Eingerichtetes, denn „alle Dinge wurden durch ihn gemacht" (Joh.1). (567) Wenn wir im Johannesevangelium lesen, daß er „in sein Eigentum kam", so ist damit gemeint, daß er in die Welt kam, denn die ganze Welt ist Gottes. (568) „Er kam in sein Eigentum" bedeutet ... nicht, daß er nach Judäa kam, ... sondern in die von ihm geschaffene Welt. „Die Erde ist des Herrn" (Ps.24,1). ... Gott kam dahin, wo Gott bereits war! (569)

Fox: Und Gott kommt persönlich zu uns?

Thomas: Das Wort Gottes, das heißt Christus, der Gottes Wort ist, wohnt in uns, oder um den Apostel (Eph.3,17) zu zitieren: „Christus wohne durch den Glauben in euren Herzen." Und (Joh.5,38): „Sein Wort bleibt nicht in euch." (570)

Fox: Deine Ausdrucksweise, daß wir Götter oder wie Gott werden, könnte auf viele westliche Gläubige beunruhigend wirken. Ich nehme an, daß dein 'Werden wie Gott' Abstufungen hat.

Thomas: Es ist möglich, daß etwas Gott mehr oder weniger ähnlich wird. (571)

Fox: Was bedeutet das für das Hineinwachsen in das Bild des Kosmischen Christus in uns?

Thomas: Die Gnade macht uns Gott ähnlich und läßt uns an der göttlichen Natur teilhaben. (572)

Fox: Was ist Gnade?

Thomas: Gnade (gratia) ist nichts anderes als der Beginn der Herrlichkeit (gloria) in uns. (573) Gnade ist eine Haltung, eine der Seele eingegebene Qualität, durch welche der Heilige Geist in der Seele wohnt, wie es heißt. (574) Die Gnade wird der 'Same Gottes' genannt (1 Joh.3,9). (575) Die Gnade ist ein Glanz der Seele (nitor animae) und somit eine echte Qualität, wie auch die Schönheit des Körpers. (576) Die Gnade ist im Wesen der Seele und macht sie Gott ähnlich und läßt sie an der göttlichen Natur teilhaben. (577) Es ist notwendig, daß wir göttliche Dinge gemäß der Einheit der Gnade verstehen, das heißt, indem wir göttliche Dinge nicht in unsere Vorstellungen hineinziehen, sondern indem wir uns ganz außerhalb unserer selbst in Gott versetzen, so daß wir durch diese Einheit ganz vergöttlicht werden. (578)

Fox: Es scheint mir interessant, daß du die 'Gnade' nicht gegen die Natur, sondern gegen die Sünde abgrenzt. Schließlich ist die Schöpfung selbst gnadenvoll.

Thomas: Die Gnade unterdrückt die Natur nicht, sondern vollendet sie. (579)

Fox: Woher kommt das Wort 'Gnade'?

Thomas: Als 'aus Gnaden' gegeben bezeichnen wir etwas, das jemandem ohne vorhergehendes Verdienst gegeben wird. Da die göttliche Hilfe, die den Menschen angeboten wird, jedem menschlichen Verdienst vorhergeht, folgt daraus, daß sie gnadenhaft gewährt wird und deshalb den passenden Namen 'Gnade' bekam. Deshalb sagt der Apostel im Römerbrief (11,6): „Aus Gnade, nicht mehr aufgrund von Werken; sonst wäre die Gnade keine Gnade." (580) Es gibt noch einen weiteren Grund, warum die genannte göttliche Hilfe Gnade heißt. Man sagt nämlich von jemandem, er oder sie stünde bei jemand anderem 'in Gnaden', wenn sie von dieser anderen Person gemocht werden. Wer von jemand anderem geliebt wird, genießt also dessen Gnade. (581)

Fox: Du erwähnst Christus, der die inkarnierte Weisheit und im Universum schöpferisch ist. Das weist uns darauf hin, daß uns Christus viel über die Schöpfung und die göttliche Gnade zu lehren hat.

Thomas: Durch die Fleischwerdung werden wir dazu geführt, das Gute vollkommen zu genießen. (582)

Fox: Kannst du dies bitte weiter ausführen? Das klingt ganz so, als sei Christus gekommen, uns den Pfad der Via Positiva und ein Segensbewußtsein zu lehren.

Thomas: Man beachte Jesajas Aussage: „Auf, ihr Durstigen, kommt alle zum Wasser," denn die göttliche Lehre wird zuerst als 'Wasser' bezeichnet. Warum? Weil sie die Kranken gesund macht, wie in Sirach 15,3: „Sie tränkt ihn mit dem Wasser der Weisheit." Und auch, weil sie die Unreinen reinigt, wie in Ezechiel 36,25: „Reines Wasser gieße ich über euch aus, damit ihr rein werdet." Drittens, weil Gott jene sättigt, die dursten, wie Johannes sagt

(4,14): „Wer von dem Wasser trinkt, das ich gebe, wird nie mehr dürsten."

Die göttliche Lehre wird aber auch als 'Wein' bezeichnet. Der erste Grund dafür ist, daß sie durchdringt und Dinge klar macht, wie es bei Jesaja im ersten Kapitel heißt: „Euer Wein ist mit Wasser vermischt." Zweitens, weil sie durch Ermahnung entflammt, wie in Psalm 104: „Das Wort des Herrn hat ihn entflammt." Drittens, weil sie durch Trösten berauscht, wie Jesaja sagt: „Du wirst trunken an deinem reichen Trost." Die göttliche Lehre wird auch als 'Milch' bezeichnet wegen ihrer Schönheit, wie gegen Ende der Genesis (49,21): „Naftali, die Hirschkuh, äußert schöne Worte." Und auch wegen ihrer Süße, wie es im Hohenlied (2,14) heißt: „Laß mich deine Stimme hören, denn deine Stimme ist süß." Drittens, wegen der Leichtigkeit des Verstehens, wie in 1 Petrus 2,2: „Verlangt nach Milch, wie neugeborene Kinder." (583)

Fox: Wenn du von 'Berauschung' und 'Schönheit' und 'Wein' und 'Milch' und 'Wasser der Weisheit' sprichst, zeigst du, daß Christi Lehren Ekstase hervorbringen und in sich eine Art Wunder sind.

Thomas: Gottes Güte läßt sich nicht ausdrücken, und wenn sie ausgedrückt wird, wird sie unvollkommen ausgedrückt. Darum sagt Jeremia (1,6): „Ach, ich kann doch nicht reden." (584)

Fox: Und so hilft Jesus unter anderem, die unaussprechliche Güte Gottes zu artikulieren?

Thomas: Bevor Christi kam, konnte kein Philosoph unter Aufbietung aller Mühe so viel über Gott und die heilbringenden Wahrheiten wissen wie heute, nachdem Christus gekommen ist, eine bescheidene alte Frau. ... Unser Wissen ist so dürftig, daß kein Wissenschaftler jemals das Wesen auch nur einer Fliege vollständig darstellen könnte. Wir lesen etwa von einem Forscher, der dreißig Jahre in der Einsamkeit verbrachte, um alles über die Bienen zu lernen. (585)

Fox: Worin unterscheiden sich das Wissen der Wissenschaft und das Wissen des Glaubens?

Thomas: Die Wissenschaft erleuchtet den Geist nur, um zu zeigen, daß Gott die Ursache von allem ist, daß Gott eins und weise ist, und so weiter. Der Glaube erleuchtet den Geist und erwärmt die Gefühle, er sagt uns nicht nur, daß Gott die erste Ursache ist, sondern auch daß Gott Heiland, Erlöser, Liebender ist und für uns Fleisch wurde. (586)

Fox: Der Glaube berührt also das Herz. Du legst deinen Finger da auf eine Grenze der Wissenschaft: daß sie ein Herzenswissen und damit ein Mitgefühl nicht erreicht.

Thomas: Wenn Paulus sagt: „Erkenntnis macht aufgeblasen“ (1 Kor.8,1), dann bezieht sich das auf ein Erkennen ohne Liebe. (587)

Fox: Was lehrte uns Jesus sonst?

Thomas: Fleisch anzunehmen, war ein Zeichen des unbegreiflichen Mitgefühls (pietas) Gottes. (588) Gott schuf ein Werk, in welchem sich die Ähnlichkeit Gottes klar spiegelt, das ist die Welt. (589) Christus nahm Fleisch an und kam in die Welt, um alle Menschen mit Gnade und Wahrheit zu erleuchten. (590) Die Absicht des Johannesevangeliums ist, uns zu einer Erkenntnis des inneren Selbst des Schöpfers zu führen. (591) Christus ist Gottes Weisheit; (592) und die Notwendigkeit für das Kommen des Wortes liegt im Mangel an göttlicher Erkenntnis in der Welt. (593)

Fox: Kannst du noch mehr über die Vorstellung sagen, daß Christus das Wort Gottes ist?

Thomas: Nichts wurde außerhalb des Wortes erschaffen, da es alles umfaßt und erhält. (594) Das Wort ist Leben an sich, immer vollkommenes Leben. (595) Die geistige Kraft der ganzen Welt liegt in Christus. (596) Weil Gott in einem Akt die Gottheit und alle Dinge versteht, drückt Gottes Wort nicht nur den Vater, sondern auch alle Geschöpfe aus. ... Das Wort Gottes drückt gleichzeitig die Geschöpfe aus und bringt sie hervor, weshalb es in Psalm 33,9 heißt: „Gott sprach, und sie wurden gemacht.“ Denn im Wort liegt die wirksame Vorstellung dessen, was Gott macht. (597)

Fox: Wie jedes Geschöpf ein Wort Gottes ist, ist so jedes Geschöpf auch ein Kosmischer Christus oder ein Ausdruck des Wortes Gottes?

Thomas: 'Wort' umfaßt nicht nur die Vorstellung des Ursprunges und der Nachahmung, sondern auch der Offenbarung. Infolge dessen ist das Wort in gewisser Weise das Wort der Geschöpfe, weil die Geschöpfe mittels des Wortes manifestiert werden. (598) Wie wir sagen, daß ein Baum durch seine Blüten blüht, so sagen wir, daß der Vater durch das Wort oder den Sohn das Gottselbst und die Geschöpfe ausspricht. Und der Vater und der Sohn lieben einander und uns durch den Heiligen Geist oder die vorhergehende Liebe. (599) Außerdem spricht der Vater die Gottheit und jedes Geschöpf durch Gottes gezeugtes Wort, insofern das 'gezeugte' Wort den Vater und jedes Geschöpf angemessen repräsentiert. Darum liebt Gott auch die Gottheit und jedes Geschöpf durch den Heiligen Geist, insofern der Heilige Geist allem vorausgeht als die Liebe der ursprünglichen Güte, durch die der Schöpfer die Gottheit und alle Geschöpfe liebt. (600) Alle Bewegungen der Natur stammen vom Wort Gottes selbst. (601)

Fox: Kannst du mehr über Jesus als Wort Gottes und als Kosmischen Christus sagen?

Thomas: Gott empfing das Wort in der Ewigkeit, und danach sind alle Dinge gemacht. Mit anderen Worten, Gott erzeugte das Wort auf eine solche Weise, daß es zu allen Dingen wurde. (602) Paulus sagt: „In ihm wurde alles im Himmel und auf der Erde geschaffen" (Kol.1,16). In bezug darauf sollten wir wissen, daß die Platoniker Ideen haben, von denen sie sagen, daß alle Dinge insoweit ins Dasein treten, wie sie an einer Idee teilhaben, einem Menschen zum Beispiel. An der Stelle aller dieser Ideen haben wir eines, nämlich den Sohn, das Wort Gottes. Ein Künstler macht ein Kunstwerk gemäß einer Form, die er in sich gebildet hat, als mischte er die Form in einen äußeren Stoff. Man kann also sagen, daß ein Baumeister ein Haus durch die Form erbaut, die er bei sich gebildet hat. So heißt es von Gott, daß Gott alle Dinge in der göttlichen Weisheit bildet, denn die Weisheit Gottes (sapientia Dei) verhält sich zu den geschaffenen Dingen, wie die Kunst des Baumeisters zum fertigen Haus. Diese Form und Weisheit ist das Wort, und deshalb ist in diesem alles begründet. In der Genesis (1) heißt es: „Gott sprach und sie wurden gemacht", denn in Gottes ewigem Wort machte Gott alle Dinge. (603)

Fox: Sage uns mehr darüber, wer Jesus war.

Thomas: Der Sohn Gottes wurde im Hinblick auf uns gemacht, das heißt, ein Mensch gemäß unserer Natur. Sein Fleisch wurde „aufgenommen", nicht vom Himmel herabgebracht, wie Valentinus sagt; und „gänzlich", das heißt, nicht durch Geist oder Vernunft enthoben, wie Arius und Apollinarius wollen; und „wahrhaftig", nicht als ein Phantom, wie die Manichäer behaupten. Nach dieser, seiner Menschlichkeit wurde er empfangen und geboren, aß er, trank er, schlief er, wurde er gekreuzigt und so weiter. Er wurde nicht zum Menschen gemacht, um seine Göttlichkeit zu verlieren; sondern in seinem Auftreten als Mensch hatte er die göttliche Fähigkeit, die er mit sich, dem Vater und dem Heiligen Geist teilt. (604) Bei ihrem ersten Erscheinen kam die Gottheit in der menschlichen Schwäche verborgen, wie Ezechiel (32,7) sagt: „Ich verdecke die Sonne mit einer Wolke." Und Jesaja (45,15) sagt: „Wahrhaftig, du bist ein verborgener Gott." Ebenso zeigte die Gottheit bei ihrem ersten Kommen Sanftheit (Jes. 53) „wie ein Schaf angesichts seiner Scherer". Deshalb sagte er vor den Anführern und Priestern nichts und nichts vor Pilatus. (605)

Fox: Mit anderen Worten, Christus wurde ein Geschöpf – voll und ganz ein Teilnehmer an der Schöpfung – wie alle anderen Wesen der Schöpfung, die wir bei unserem Gespräch über die Via Positiva besprochen haben?

Thomas: Der Sohn nahm die Gestalt eines sichtbaren Geschöpfes, in welcher er erschien, in die Einheit seiner Person auf, so daß alles, was von diesem Geschöpf gesagt werden kann, vom Sohn Gottes gesagt werden kann. (606)

Fox: Was tat Jesus sonst?

Thomas: Christus hat Wunder getan, wie seine Geburt, die Auferstehung und die Himmelfahrt. Sirach (42,17) sagt: „Die Heiligen Gottes vermögen nicht, alle göttlichen Wunder zu erzählen." Und Jesaja sagt: „Verkünde es der ganzen Erde." Und Psalm 96,3: „Erzählt den Völkern von Gottes Herrlichkeit, allen Nationen von seinen Wundern." Oder: „Die Himmel verkünden Gottes Wunder", weil die Himmel einen neuen Stern gesandt haben, der sich erhebt, den Heiland bekannt zu machen (Mt.2): „Wir sahen seinen Stern im Osten." (607)

Fox: Jesus führte also eine Vervielfältigung der Wunder des Universums herbei. Wozu hat die Inkarnation noch geführt?

Thomas: Über den Frieden, der durch die Fleischwerdung Christi entstand, kann nichts Ausreichendes gesagt werden. ... Durch Christus verbreitete sich in der Welt Frieden, und seinem Frieden folgend, sind wir nun durch die Lehre und das Beispiel Christi und die innere Inspiration des Heiligen Geistes frei von der Sünde. Wir haben gelernt, keinen Krieg zu führen, weder durch Sünde gegen uns selbst noch durch Widerstand gegen die heiligen Engel. Vielmehr tun wir durch diesen, unserer Tugend entsprechenden Frieden Gottes Werke gemeinsam mit den heiligen Engeln. Und das geschieht gemäß der Vorsehung und der Gnade Jesu, der „alles in allem" tut und der jenen „unaussprechlichen Frieden" schafft, der von Ewigkeit her vorgesehen ist. Durch diesen Frieden sind wir im Heiligen Geist, der ein Geist der Freude und des Friedens ist, mit Christus selbst versöhnt. Durch Christus selbst und in Christus selbst werden wir gleichermaßen mit Gott, dem Vater, versöhnt. (608)

Fox: Du sagst, Christus sei ein Lehrer. Was gehört zu den Dingen, die er uns lehrt?

Thomas: Christus ist ... der Weg, der uns zu Gott führt. (609) Das Geheimnis der Fleischwerdung wurde dadurch erfüllt, daß Gott sich auf neue Weise mit der Schöpfung vereint hat, oder vielmehr diese mit sich. (610)

Fox: Du scheinst sagen zu wollen, daß es bei der Inkarnation um die Schöpfung selbst und ihre Beziehung zum Schöpfer geht.

Thomas: Nach Johannes (3,16) ist das Geheimnis der göttlichen Fleischwerdung: „Also hat Gott die Welt geliebt, daß Gott seinen eingeborenen Sohn sandte, damit alle, die an ihn glauben, nicht verlorengehen, sondern das ewige Leben haben." (611)

Fox: Was lehrt uns Christus sonst?

Thomas: Er lehrt die Würde des menschlichen Wesens ... und die volle Teilhabe an der Göttlichkeit, die das Glück des Menschen und das Ziel des menschlichen Lebens ist. (612)

Fox: Eine 'volle Teilhabe an der Göttlichkeit'? Bitte erläutere das.

Thomas: Durch die Sünde ist den Menschen der Himmel verschlossen (Gen.3,24). Doch durch Christus wurde er geöffnet. Wenn es darum im Matthäusevangelium heißt: „Und siehe, vom Himmel sprach eine Stimme 'Dies ist mein Sohn'," dann heißt das, daß die Taufe jemanden nicht nur spirituell macht, sondern auch zu einem Kind Gottes macht (Joh.1,12): „Er gab ihnen die Macht, Kinder Gottes zu werden." (613) Christus ist der Autor der Heiligung. (614)

Fox: Worauf du da hinweist, ist sehr wichtig, denn es bringt uns über den traditionellen 'zweiten Glaubensartikel', die Erlösung und Christi Rolle darin, hinaus zum 'dritten Glaubensartikel', unserer Heiligung. Wenn du dich auf die Heiligung beziehst, scheinst du zu einem Thema zurückzukehren, das du früher schon berührtest, das Thema der Vergöttlichung (deificatio), daß wir Kinder Gottes werden, die Gott ähnlich sind.

Thomas: Das Mysterium der Menschheit Christi ist nach 1 Tim. 3,16 das Sakrament der Frömmigkeit (pietas). (615) Die Heiligen haben ihren Namen aus göttlicher Adoption. 1 Johannes 3: „Seht, wie groß die Liebe ist, die der Vater uns geschenkt hat: Wir heißen Kinder Gottes, und wir sind es." (616) Göttliche Tugend selbst vergöttlicht, das heißt, die Teilhabe an der Gottheit, welche durch Gnade geschieht. (617)

Fox: Was soll es heißen, daß wir vergöttlicht werden?

Thomas: Ein vernunftbegabtes Geschöpf wird dadurch vergöttlicht, daß es nach seiner je eigenen Weise mit Gott vereint wird. Die Gottheit gehört also prinzipiell zu Gott, sekundär aber und individuell gehört sie denen an, die vergöttlicht werden. (618) Gott vergöttlicht alle, die sich der Gottheit zuwenden. Ich sage 'Gott vergöttlicht', das heißt, Gott macht sie zu Göttern durch Teilhabe an Gottes Ähnlichkeit, nicht aber durch ihre jeweilige Natur. (619)

Fox: Vergöttlicht zu werden heißt also, am Selbst Gottes teilzuhaben?

Thomas: Menschen werden durch die Teilhabe als 'Götter' bezeichnet. (620) Die Gottheit an sich ist ein Geschenk Gottes, durch welches man teilhat an der Göttlichkeit. In gleicher Weise sprechen wir auch von der 'Schönheit an sich', die eine Ausstrahlung der Schönheit ist, durch die in den Dingen allgemeine und besondere Schönheit bewirkt wird und durch welche die Dinge schön werden. (621) Gott gibt das göttliche Selbst zur Vergöttlichung der Bekehrten, das heißt, damit diejenigen wie Gott werden, die Gott zu sich selbst bekehrt hat. (622) Solange Menschen unschuldig leben, sind sie Götter. Sündigen sie aber, so fallen sie in den menschlichen Zustand. Der Psalmist (82,6) sagt: „Ich habe gesagt: Ihr seid Götter ... nun aber werdet ihr sterben wie Menschen." (623)

Fox: Es scheint mir, daß die göttliche Schönheit, die wir annehmen, nicht Gottes ganze Schönheit ist.

Thomas: Es ist nicht möglich, daß die gesamte Schönheit Gottes in einem erschaffenen Spiegel empfangen wird. In bestimmten erschaffenen Spiegeln aber wird, wegen ihrer Reinheit und Klarheit, die gesamte Schönheit gemäß der Fähigkeit empfangen, die ein Geschöpf durch seine Gottesähnlichkeit besitzt. Die gottähnliche Gestalt oder göttliche Schönheit eines Geschöpfes ist stets teilweise und nie gänzlich. (624)

Fox: Indem du die Analogie des Spiegels wieder verwendest, erinnerst du an das Thema, daß wir Bilder Gottes sind. Das Erneuerungswerk Christi ist dann gewiß das, uns als Ebenbilder Gottes und Spiegel Gottes zu erneuern.

Thomas: Das Bild des Schauenden stellt sich im Spiegel dar, und ein Spiegel braucht eine gewisse Fähigkeit, das Bild eines anderen Dinges empfangen zu können. (625)

Fox: Bei all deinem Lobpreis der Göttlichkeit menschlicher Wesen stufst du unsere Göttlichkeit als immer noch etwas unterschiedlich von derjenigen Gottes ein?

Thomas: Die Ähnlichkeit der Menschen zu Gott kann der Ähnlichkeit einer Marmorstatue, sagen wir des Herkules, verglichen werden. Es gibt eine Ähnlichkeit der Gestalt (zwischen Statue und Herkules), aber einen Unterschied des Wesens. (626) Wir sagen, daß ein Bild dem Menschen ähnlich sei, aber nicht umgekehrt. Auf gleiche Weise heißt es, daß ein Geschöpf in gewisser Hinsicht Gott ähnlich sein kann, nicht aber daß Gott der Kreatur ähnele. (627)

Fox: Wenn wir davon reden, daß wir 'Kinder Gottes' seien, sehen wir Gott als Eltern an.

Thomas: Gott wird als Vater zunächst gegenüber der Schöpfung bezeichnet. Matthäus 11,25: „Ich preise dich, Vater, Herr des Himmels und der Erde." (628) Deuteronomium (32,6) sagt: „Ist nicht einer dein Vater, dein Schöpfer, der dich geformt und gegründet hat." (629)

Fox: Jesus lehrte uns, Gott als 'Vater, Abba' zu bezeichnen. Lehrte er uns damit zunächst, Gott als Schöpfer anzubeten?

Thomas: Zweitens wird Gott der Adoption wegen als Vater bezeichnet, wie in Römer 8.15: „Ihr habt den Geist empfangen, der euch zu Kindern Gottes macht, den Geist, in dem wir rufen: Abba, Vater!" Drittens durch Belehrung, wie in Jesaja 38,19: „Von deiner Treue erzählt der Vater den Kindern." Oder durch Zurechtweisung, wie in Sprüche 3,12: „Wen der Herr liebt, den tadelt er, wie ein Vater das Kind, an dem Gott Freude hat." (630)

Fox: Was steckt sonst im Wort 'Vater'?

Thomas: 'Vater' steht in Beziehung zu 'Kind', und 'Kind' beinhaltet Freiheit. (631)

Fox: Ein Kind erbt die Welt des Vaters.

Thomas: Das Erbe der himmlischen Heimat zeichnet sich durch das Strahlen der göttlichen Vision aus. Denken wir an Weisheit 6,12: „Strahlend und unvergänglich ist die Weisheit, wer sie liebt, erblickt sie leicht." Es zeichnet sich auch aus durch die Süße der göttlichen Liebe, wie in Psalm 23: „Überfließend füllst du mir den Becher." Und durch die Vertrautheit des göttlichen Trostes, wie nach Weisheit 8: „Das Wunder, ihre Worte mitzuteilen." Durch die Größe der Werke Gottes, wie in Sirach 43: „Deine bemerkenswerten und wundervollen Werke." Und durch die Größe des göttlichen Jubels, nach Sacharja 8,13: „Das Haus Juda und das Haus Israel ... werden ein Segen sein." Und durch den Trost der Gemeinschaft, wie in Ezechiel 31,8: „Keiner der Bäume im Garten Gottes glich ihr an Schönheit." (632)

Fox: Damit sagst du also, daß die Weisheit, die Christus, der die Weisheit ist, uns lehrt, süß, tröstlich, erhaben, froh und freundlich ist.

Thomas: Von Gott kommt alle Weisheit und alle Ordnung und alle Harmonie, die die Ordnung begleitet. (633) Christus ist die gezeugte Weisheit des Vaters, gemäß 1 Korinther 1,24 „Christus, Gottes Kraft und Gottes Weisheit". ... Weil Gottes Wort vollkommen und eins mit Gott ist, muß das Wort Gottes der vollkommene Ausdruck der Weisheit Gottes des Vaters sein. (634)

Fox: Diese Entdeckung Christi als Weisheit bildet in der modernen Exegese und Kosmologie eine wichtige Bewegung. Ich bin froh darüber, daß sie in deiner Theologie so reich vertreten ist. Wie würdest du die Lehre charakterisieren, die Jesus uns gab?

Thomas: Das Matthäusevangelium (7) erzählt, daß Jesus bewundert wurde, weil „er mit Macht lehrte". So erfüllte sich in ihm, was in Kohelet 8,4 heißt: „Sein Wort ist voller Macht." Daß er „mit Macht lehrte" bedeutet, daß er die Kraft hatte, ins Herz zu dringen. (635)

Fox: Wie würdest du das Werk Christi in Jesus zusammenfassen?

Thomas: Das hervorragende Werk Christi ist ein dreifaches. Zum einen erfüllte er die Aufgabe, sich auf die ganze Schöpfung auszudehnen, das heißt, auf das Werk der Schöpfung. In Johannes 1,3 heißt es: „Alle Dinge wurden durch ihn gemacht." Außerdem dehnte er sich im Werk der Erleuchtung auf besondere Weise auf alle vernunftbegabten Wesen aus, denn durch Christus wurden sie erleuchtet, wie es bei Johannes 1,9 heißt: „Er war das Licht, das alle erleuchtet, die in diese Welt kommen." Das dritte Werk war die Rechtfertigung, die sich nur auf die Heiligen bezieht, die durch Christus mit einer lebenspendenden Gnade lebendig gemacht werden. Johannes 1,4 sagt: „Und das Leben war das Licht der Menschen." (636)

Fox: Ich finde es bemerkenswert, daß du die Erlösung oder Rechtfertigung erst als dritte Leistung Christi nennst, die auf Schöpfung und Erleuchtung folgt. Wie weit ist die Sündenfall-Erlösungs-Christenheit von diesem Bewußtsein abgekommen! Und auch von einem Bewußtsein des Kosmischen Christus.

Thomas: Wenn die Bibel (Joh.1,26) sagt: „Mitten unter euch steht einer", dann heißt das, daß Christus in der Mitte aller Dinge ist, weil er, das Wort, von Anbeginn der Schöpfung alles erfüllt. „Ich erfülle Himmel und Erde" (Jer.23,24). (637)

Fox: Was hat die Inkarnation außerdem erreicht?

Thomas: Durch (die Menschwerdung Gottes) wird das ganze universelle göttliche Werk vollendet, indem die zuletzt geschaffene Menschheit in einer Art Kreislauf zu ihrem Ursprung zurückkehrt und durch die Fleischwerdung mit dem Ursprung aller Dinge vereint wird. (638)

Fox: Christus bringt uns also zu unserer Quelle und unserem Ursprung zurück.

Es ist jetzt Zeit, zu einer Frage zu kommen, die wir bisher nur kurz angesprochen haben: die Frage des Bösen. Manche Menschen würden dich aufgrund deiner Ausführungen auf der Via Positiva, daß die Schöpfung ein Segen ist, für hoffnungslos optimistisch halten. Welche Rolle spielt das Böse in deiner Kosmologie?

Thomas: Nichts Seiendes wird durch das Böse so sehr verdorben, daß es seiner Natur oder Substanz nach böse genannt werden könnte. Bei einer bösen Person zum Beispiel bleibt die Person ihrer Substanz und Natur nach bestehen. Wir nennen etwas böse, wenn das Maß seiner Harmonie und die zu seinem Wesen passende Neigung durch einen Fehler in seiner Ordnung geschwächt wird. Es wird jedoch nicht völlig zerstört, sondern bleibt in geringem Maße vorhanden. Diese Schwäche aber, durch die ein Verhältnis geschwächt wird, ist nicht absolut; denn wäre sie es, so würde sie den Gegenstand völlig vernichten. (639)

Fox: Du sagst, daß der Gegenstand des Bösen gut bleibt?

Thomas: Ein Gegenstand ist nicht von seiner Natur her böse, sondern etwas Gutes mit einem Mangel. Denn wenn einer Sache das Gute völlig fehlt, kann sie nicht unter dem Seienden vorhanden sein. Nichts ist dem Wesen nach böse. (640) Es gibt keinen ersten Urgrund des Bösen, wie es einen ersten Urgrund des Guten gibt. Erstens weil der erste Urgrund des Guten vom Wesen her gut ist. Es kann aber nichts vom Wesen her schlecht sein. Denn alles, was ist, ist gut, sofern es ist. Und das Böse existiert nur in einem guten Subjekt. (641)

Fox: Du sagst, die Natur sei in sich nie böse und könne es auch nicht sein, da sie in ihrem Kern ein Segen sei?

Thomas: Die Natur ist aus sich selbst heraus nicht böse, sondern das Böse der Natur liegt darin, daß etwas nicht in der Lage ist, dem zu folgen, was seiner Vollkommenheit oder der Vollendung seines eigenen Wesens entspräche. (642)

Fox: Erlebt aber nicht der Hirsch etwas Böses, wenn er vom Löwen gefressen wird?

Thomas: Wenn man Tieren dieser Art ihre Wildheit und Lust und andere Leidenschaften nehmen würde, die die Menschen als 'böse' bezeichnen – obwohl es nicht einfach Böses in ihrem Wesen ist –, dann wird das Wesen dieser Tiere zerstört. Denn wenn ein Löwe seine Aggressivität und seinen Stolz verliert, ist es kein Löwe mehr. Und auch ein Hund wäre kein Hund mehr, wenn er seine Wildheit verlöre und allen gegenüber sanft gemacht würde. Das wird an den Aufgaben deutlich, die der Hund den Menschen gegenüber erfüllt, wobei es zu seinen Pflichten gehört, das Haus zu bewachen oder ähnliches. Er tut dies, indem er sich vertrauten Menschen unterordnet und sich Fremden widersetzt. (643)

Fox: Mir scheint, daß das Böse, wenn du es in einen größeren Rahmen der Kosmologie stellst, sozusagen genießbarer wird. Was im Einzelfall als böse erscheint, dient tatsächlich einem größeren Sinn.

Thomas: Alles, das etwas hervorbringt, trägt zur Vollendung des Ganzen bei. Deshalb folgt daraus, daß das Böse zur Vollkommenheit jeder Sache beiträgt, das heißt, von allem, und daß es reichlich an das Ganze gibt, welches nicht unvollkommen ist. Dies tut es durch sich selbst, welches nicht unharmonisch ist, denn was das Böse zufällig zur Schönheit und Vollkommenheit von allem beiträgt, ist nicht unharmonisch, sofern gute Dinge zufällig aus Bösem folgen können, wie Augustinus in Enchiridion sagt. (644)

Fox: Es ist bemerkenswert, wie deutlich deine Kosmologie unserem Verständnis des Bösen einen anderen Rahmen gibt. Als unsere Kultur ihre Kosmologie verlor, versank sie im Pessimismus.

Thomas: Alles Böse, das Gott tut oder zuläßt, richtet sich auf irgendein Gutes – wenn auch nicht immer auf das Wohl derjenigen, denen das Böse getan worden ist. Manchmal geht es um das Wohl anderer oder des ganzen Universums. So lenkt Gott die Sünden der Tyrannen zum Wohle der Märtyrer und die Bestrafung der Verdammten zur Verherrlichung der göttlichen Gerechtigkeit. (645)

Fox: Warum geschieht das Böse?

Thomas: Was aus irrationalen Ursachen entsteht, geschieht entweder zum Nutzen der Menschheit oder zur Vollkommenheit des Universums, wie es in 3 Könige 13 heißt, als ein Prophet aufgrund seines eigenen Fehlers von einem Löwen getötet wird. Eine Maus wird zur Erhaltung des Universums von der Katze getötet. Denn es ist das Gesetz des Universums, daß ein Tier vom anderen lebe. (646)

Fox: Versuche das einmal der Maus klarzumachen!

Thomas: Da Gott der universelle Vorhersehende allen Seins ist, gehört es auch zu Gottes Vorsehung, gewisse Mängel in bestimmten Dingen zuzulassen, um nicht das Gut des Ganzen zu gefährden. Würde nämlich alles Böse verhindert, so fehlte auch vieles Gute in der Welt: ein Löwe könnte nicht leben, wenn es keine Tötung von Tieren gäbe. Und es gäbe keine Geduld der Märtyrer, wenn es nicht die Verfolgung durch Tyrannen gäbe. (647)

Fox: Und wenn es keine Mäuse zu fressen gäbe, könnte es keine Katzen geben? Mir scheint, daß eine Kosmologie einen Rahmen für unsere ganze Diskussion über das 'Böse' liefert und uns beibringt, wie relativ vieles Böse ist.

Thomas: Wir glauben, daß manche Dinge ohne Ordnung oder Plan geschehen, weil wir Gottes Gründe nicht kennen. Wir sind wie Leute, die eine Schreinerei betreten und meinen, es gäbe dort eine nutzlose Fülle an Werkzeugen, nur weil sie die Verwendung der einzelnen nicht kennen. Wer sich im Fach aber auskennt, wird sehen, daß diese Werkzeuge aus gutem Grund dort sind. (648)

Fox: Wie kann eine gute Vorsehung gestatten, daß Böses geschieht?

Thomas: Der Mangel an Gutem ist das Böse. Deshalb ist es nicht Sache der göttlichen Vorsehung, das Böse völlig von den Dingen fernzuhalten. (649)

Fox: Wie steht es mit der Vorsehung, wenn es um das Böse geht?

Thomas: Es gehört nicht zur göttlichen Vorsehung (providentia divina), das Böse von den Dingen fernzuhalten, sondern die auftretenden Übel auf etwas Gutes hinzuordnen. (650)

Fox: Wie sieht es beispielsweise mit Erdbeben aus?

Thomas: Es wird gesagt, Gott 'mache' oder 'schaffe das Schlechte', sofern Gott schafft, was in sich gut, aber für anderes schädlich ist. So ist der Wolf seiner Art nach etwas Gutes für die Natur, aber schädlich für die Schafe. (651)

Fox: Wie ist es aber mit dem Bösen, daß uns persönlich trifft? Zum Beispiel, wenn uns eine Schlange beißt, oder wenn die Sonne uns verbrennt?

Thomas: Denjenigen, die die Dinge nicht nach ihrer Natur beurteilen, sondern nach dem Nutzen, den sie selbst davon haben können, erscheint alles einfach als böse, das ihnen selbst schadet. Denn sie denken nicht darüber nach, daß das, was einen Menschen verletzen mag, einem anderen wohltut, und daß sogar für sie selbst manche Dinge in gewisser Hinsicht schlecht, in anderer aber gut sein können. (652)

Fox: Du hebst immer wieder die Relativität des Bösen hervor und zeigst, wie wichtig es ist, daß wir das Böse in seinem Kontext beurteilen, einschließlich des kosmologischen Rahmens, von dem wir tatsächlich sehr wenig wissen. Kurz gesagt, höre ich darin deinen Ruf für eine Art Demut, wenn wir Urteile über gut und böse abgeben.

Thomas: Die Güte einer Sache ist nicht aus ihrem Bezug zu etwas anderem zu beurteilen, sondern daraus, was sie in sich selbst ist und aus ihrem Bezug zum Universum, worin alles in höchster Ordnung seinen Platz hat. (653)

Fox: „Was es in sich selbst ist" – das bedarf vielen Forschens. Was sind die Dinge in sich selbst? Ich glaube, bisher hat sich unsere ganze Diskussion genau darum gedreht, daß die Dinge von ihrem Wesen her Segen sind, Wunder und Spuren der Weisheit Gottes und Worte Gottes. Ich beginne zu sehen, warum das Böse dich nicht übermäßig beschäftigt.

Thomas: Nichts kann vom Wesen her schlecht sein. Denn alles, was ist, ist gut, sofern es ist. Und das Böse existiert nur in einem guten Subjekt. (654)

Fox: Wieviel Macht hat das Böse?

Thomas: Obwohl das Böse das Gute stets mindert, kann es das Gute doch nie ganz verzehren. Da also das Gute immer bestehen bleibt, kann es kein ganz und völlig Böses geben. ... Alles Schlechte wird durch Gutes verursacht. (655)

Fox: Das klingt ähnlich wie das Denken der Psychologin Alice Miller, die mehr als zwanzig Jahre lang mit den schlimmsten Kriminellen in Deutschland gearbeitet hat, die aber zu dem Schluß kam, daß alle Menschen als Segen geboren werden und sie zu Mördern durch die Wunden wurden, die man ihnen zugefügt hat, gewöhnlich schon als Kindern – sie nennt es das 'Töten ihrer Seelen'.

Thomas: Wieviel das Böse (malum) sich auch vermehren mag, es kann das Gute (bonum) nie ganz verschlingen. (656) Es muß nämlich immer ein Subjekt des Bösen geben, solange das Böse besteht. Das Subjekt des Bösen ist aber das Gute. Darum bleibt das Gute immer bestehen. (657)

Fox: Was ist mit dem Bösen oder der Sünde beim Menschen?

Thomas: Sündigen bedeutet nichts anderes, als von der Richtigkeit einer Handlung abzuweichen, sei es Sünde in der Natur, in den Künsten oder in der Moral. (658) Da nun das Gute an sich dem Willen unterworfen ist, findet sich das Böse, ein Mangel an Gutem, bei den vernunftbegabten Geschöpfen, die einen Willen haben, auf besondere Weise. (659) Im natürlich Guten gibt es moralisch Böses. (660)

Fox: Wir werden uns mit diesem Thema der Via Creativa weiter auseinandersetzen, wenn wir die Entscheidungsmöglichkeiten besprechen, die die Menschen als Folge ihrer Kreativität haben. Was geht verloren, wenn wir sündigen?

Thomas: In der Sünde liegt ein Verlust des Lichts der Vernunft und folglich auch der göttlichen Weisheit im Menschen, denn dieses Licht ist die Teilhabe an der göttlichen Weisheit. Wie es in Baruch 3,28 heißt: „Sie gingen zugrunde, weil sie ohne Weisheit waren." ... Wegen der Sünde gibt es auch eine Entstellung des göttlichen Bildes im Menschen. (661)

Fox: Manche Leute sagen, unsere Vergöttlichung zu preisen oder danach zu suchen oder auch nur darüber theologisch zu sprechen, sei sündig.

Thomas: Man kann auf zweierlei Weise nach Gottähnlichkeit streben. Zum einen in bezug auf die in uns veranlagte Gottähnlichkeit. Diejenigen, die nach dieser Art Gottähnlichkeit streben, begehen dabei keine Sünde, solange sie danach in der gegebenen Ordnung verlangen, daß sie sie nämlich von Gott empfangen. Sündigen würden aber diejenigen, die aus eigener Kraft danach strebten, wie Gott zu sein, selbst wenn die es auf gerechte Weise täten, aber nicht aus der Kraft Gottes. Das wäre, als verlangten sie danach, Himmel und Erde zu erschaffen. (662)

Fox: Manche Menschen halten das Böse im Leben für eine Strafe für unsere Sünden.

Thomas: Schon bevor die Erde verdammt worden ist, waren Dornen und Disteln geschaffen, entweder bildlich oder tatsächlich. Aber sie waren nicht zur Strafe für die Menschen geschaffen, als brächte die Erde, die der Mensch zum Nahrungserwerb bebaut, unfruchtbare und giftige Pflanzen hervor. (663)

Fox: Vielleicht haben wir über dieses Thema schon geredet, doch scheint es mir nötig, es im gerade besprochenen Zusammenhang noch einmal aufzugreifen. Manche Menschen halten die Materie für böse.

Thomas: Viele der Alten sagten, die Materie sei an und für sich böse, weil sie nicht zwischen dem Mangelhaften und dem Materiellen unterschieden haben. Denn ein Mangel ist ein Nichtsein und in diesem Sinne böse. Deshalb sagten sie, wie Platon, die Materie sei ein Nichtsein und an sich böse. Aber Aristoteles sagt im ersten Buch der Physik, daß die Materie weder nichtseiend noch böse sei, außer zufällig. Mit anderen Worten aufgrund eines Mangels, der ihr zustößt. Das sagt hier auch Dionysius, daß „das Böse nicht in der Materie ist, sofern sie Materie ist." (664)

Fox: Jetzt wird mir klar, warum du Aristoteles dem Platon so sehr vorgezogen hast und warum du deinen Ruf als christlicher Theologe so gefährdet hast, um deine Theologie auf die Kosmologie dieses 'heidnischen' Wissenschaftlers zu stellen. Daraus folgt auch, daß der Körper kein Fluch und keine Ursache des Bösen ist?

Thomas: Daraus scheint zu folgen, daß die geistigen Geschöpfe wegen der Sünde mit sichtbaren Körpern verbunden sind. Das liegt dem Irrtum der Manichäer nahe, das Sichtbare sei aus einem bösen Ursprung entstanden. Diese Auffassung widerspricht deutlich der Autorität der Heiligen Schrift, denn Moses sagt in bezug auf die Erschaffung der einzelnen sichtbaren Geschöpfe: „Gott sah, daß es gut war" (Gen.1,4ff). (665) Die Ursache der Bosheit des Geistes ist nicht der Körper. In der eigentlichen Sünde ist es deutlich, daß die Bosheit des Geistes aus dem freien Willen stammt, der bei körperlichen Wesen böse eingesetzt wird. (666) Das Böse bei den Geistern kommt nicht von der Materie, sondern von ungeordneten Bewegungen des freien Willens, was eigentlich die Sünde ist. (667)

Fox: Schließlich ist die Materie gut, weil ja die ganze Schöpfung gut ist.

Thomas: Wenn Materie tatsächlich existiert, folgt, da alles Existierende aus dem Guten stammt, daß die Materie vom Guten stammt. Was aber vom Guten stammt, ist nicht an und für sich böse. Deshalb ist die Materie nicht an und für sich böse. (668)

Fox: Führt aber nicht die Materie uns zur Sünde und zum Bösen? Fördert nicht die Materie unsere Gier, die uns zu einem luxuriösen Lebensspiel treibt oder die Lust an einem anderen schönen Körper als dem unseres Partners oder unserer Partnerin?

Thomas: Körperliche Materie zieht in gewisser Weise Dinge an, die mit der Seele verbunden sind, und trennt sie. Das tut sie aber, ... weil die Materie an und für sich gut ist. Denn etwas kann gelegentlich böse sein, wenn es an und für sich gut ist. (669) Böses tun wir nur aus dem Verlangen nach Gutem. Denn niemand tut absichtlich etwas Schlechtes. So wird jemand, der Unzucht begeht, nicht von der Unordnung angezogen, die die Unzucht böse macht, sondern von der Lust, die etwas Gutes ist. Deshalb ist das Ziel des Schlechten das Gute. Daraus folgt, daß das Gute auch die Grundlage des Bösen bildet. (670) Das Schlechte wird nur vom Guten verursacht. (671)

Fox: Du sagst, daß Ziel des Bösen sei das Gute. Wie kann das sein?

Thomas: Das Böse an sich kann verderben; aber es kann auch erzeugen, aber nur zufällig oder wegen etwas Gutem. Tatsächlich kann Böses auch die bewirkende Ursache von Gutem sein. (672) Alles Schlechte gründet in irgend etwas Gutem. (673)

Fox: Verletzt und schadet denn Schlechtes nicht?

Thomas: Etwas wird als schlecht bezeichnet, weil es schadet (Augustinus). Dies aber nur, wenn es Gutem schadet; denn Schlechtem zu schaden, ist gut, weil die Vernichtung des Schlechten gut ist. (674)

Fox: Du kommst immer wieder auf den absoluten Vorrang des Segens und des Guten im Universum und in den Dingen zurück.

Thomas: Alles, was ist, ist gut, sofern es ist. (675) Kein Seiendes wird schlecht genannt, insofern es ist, sondern nur wenn es ihm am Sein mangelt. Ein Mensch gilt als schlecht (malus), wenn es ihm am Vorhandensein der Tugend (virtus) mangelt, und ein Auge gilt als schlecht, wenn es ihm an Sehschärfe mangelt. (676) Alle Bewegung beim Hinken stammt aus der Kraft zu gehen, während der Mangel aufgrund eines fehlgestalteten Beines zustandekommt. (677)

Fox: Das klingt nahezu, als wäre das Böse nach deiner Sicht der Dinge nicht beabsichtigt.

Thomas: Das Schlechte tritt in den Dingen ohne Absicht der Tätigen auf. (678) Das Schlechte unterscheidet sich vom Guten, nach dem alles Tätige strebt. Also tritt das Schlechte unbeabsichtigt auf. (679)

Fox: Kannst du dafür ein Beispiel geben?

Thomas: Ein Mangel in einer Auswirkung oder einer Handlung folgt aus einem Mangel im wirkenden Prinzip. Eine Mißgeburt folgt zum Beispiel aus einem Fehler im Samen, und Lahmheit folgt aus der Verbiegung eines Beines. Ein Tätiges ist aber gemäß seiner aktiven Kraft tätig, nicht gemäß seines Mangels an Kraft. Sofern es tätig ist, strebt es ein Ziel an. Eine Wirkung, die aus einem Mangel an Kraft folgt, liegt also außerhalb der tätigen Absicht. Das aber ist das Schlechte. Das Schlechte tritt also unbeabsichtigt auf. (680)

Fox: Hast du noch ein anderes Beispiel?

Thomas: Wenn ein Verdauungsorgan schwach ist, so folgt daraus eine unvollständige Zersetzung und unverdauter Saft, was Übel der Natur sind. Insofern das Tätige tätig ist, kommt ihm ein Mangel an Kraft äußerlich zu; denn es ist nicht tätig im Hinblick auf seinen Kraftmangel, sondern im Hinblick auf die Kraft, die es hat. Hätte es nämlich gar keine Kraft, so wäre es nicht tätig. So wird das Schlechte also vom Tätigen beiläufig verursacht, weil ihm Kraft mangelt. Darum heißt es, das Schlechte habe keine Wirkursache, sondern eine Mangelursache. (681)

Fox: Hier scheint es mir passend, das Thema der Erbsünde aufzugreifen. Mir fällt auf, daß du dieses Thema in deiner Summa theologica erst in Teil I,2 bei der Frage 81 ansprichst, mit anderen Worten, erst nach der Hälfte deines Hauptwerkes. Vor diesem Thema besprichst du einen großen Teil des Segens der Natur und Gottes. Wie siehst du die Erbsünde?

Thomas: Die Erbsünde ist ein ungeordneter Zustand, der aus dem Verlust von Harmonie entsteht, die für die ursprüngliche Gerechtigkeit wesentlich ist, so wie Krankheit als ungeordneter Zustand des Körpers aufgrund eines Verlustes des Gleichgewichts entsteht, das für die Gesundheit wesentlich ist. Deshalb wird die Ursünde auch als die 'Trägheit der Natur' bezeichnet. (682)

Fox: Wenn die Erbsünde eine Art Krankheit in der Seele ist, welche Teile der Seele sind denn am meisten davon betroffen?

Thomas: Die Erbsünde hat hauptsächlich zum Willen einen Bezug. (683)

Fox: Was glaubst du, wie die Menschheit an diesen Verlust des Gleichgewichts und der Harmonie gekommen ist?

Thomas: Die Erbsünde wird nicht durch die Mutter, sondern durch den Vater übertragen. Hätte also Eva gesündigt und Adam nicht, so würden ihre Kinder nicht in der Erbsünde stehen. Hätte aber Adam und nicht Eva gesündigt, so stünden sie unter der Erbsünde. (684)

Fox: Diese Vorstellung, die offenbar auf Fehlinformationen über die Sexualität beruht, nimmt in bezug auf die feministische Bewegung eine ironische Wendung. Sie scheint die Frauen darin zu bestärken, wütend auf die Männer zu sein, denn durch die Männer haben wir alle die Erbsünde bekommen.

Wir nähern uns dem Ende unseres Gesprächs über die Via Positiva. Wir können sagen, daß wir einen erheblichen theologischen Bereich abgedeckt haben, und es scheint mir ein wenig unpassend, mit den Bemerkungen über das Böse und die Sünde zu enden, denn deine Botschaft ist vom Wesen her, das Böse mit dem Guten zu bekämpfen, und die Spiritualität – wie in deiner Summa – mit der Güte und dem Segen der Dinge zu beginnen.

Thomas: Eine frohe Geisteshaltung blickt mehr auf das Gute als auf das Böse. (685)

Fox: 'Eine frohe Geisteshaltung'. Vielleicht beginnen wir deshalb unsere geistige Reise mit dem Segen, weil der Segen uns Kraft gibt. Er gibt uns Kraft zu lieben, zu gesunder Selbstliebe und zu liebevollen Handlungen, so daß wir Segen für Segen zurückgeben können und im Segen in unseren Ursprung zurückkehren können.

Thomas: Es ziemt die Weisen, die zu erfreuen, mit denen sie Umgang haben, nicht jedoch auf wollüstige Weise, denn das scheut die Tugend, sondern ehrbar, wie in Psalm (133,1): „Wie schön und angenehm ist es, wenn Brüder einträchtig miteinander wohnen.“ (686)

Fox: Du sprichst von 'wollüstigen Freuden'. Was ist Wollust?

Thomas: Wollust im allgemeinen Sinne ist das ungezügelte Verlangen nach eigenem Vergnügen. (687)

Fox: Mit anderen Worten, wenn ein Vergnügen völlig selbstsüchtig ist, dann hat es keinen Rahmen mehr. Wieviel Glück können Menschen denn in diesem Leben erwarten? Wenn du unsere Kultur anschaust, dann scheint Glück während eines großen Teiles der Zeit selten zu sein.

Thomas: In diesem Leben kann man eine gewisse Teilhabe am Glück erfahren. Aber wahres und vollkommenes Glück kann man in diesem Leben nicht bekommen. (688) Freude ist voll, wenn nichts zu wünschen bleibt. Solange wir aber in dieser Welt sind, endet die Motivation der Wünsche in uns nie, denn wir werden Gott durch die Gnade immer noch näher kommen können. (689)

Fox: Ist irgend jemand im Universum wirklich glücklich?

Thomas: Die Seligkeit (beatitudo) kommt Gott in höchstem Maße zu. (690) Nur von Gott gilt, daß das Dasein auch die Seligkeit ist. (691) Die Seligen (beati) werden wegen ihrer Annäherung an Gottes Seligkeit so genannt. (692)

Fox: Wir scheinen wieder zum Thema des Segens zurückgekommen zu sein. Wo erlangen wir menschlichen Wesen Glück?

Thomas: In der Glaubenserkenntnis (cognitione fidei) liegt nicht das letzte Glück des Menschen. (693)

Fox: Worin besteht dann menschliches Glück?

Thomas: Durch die Freude an Gott werden die Menschen glücklich gemacht. (694) Da kein Geschöpf einer Freude fähig ist, die Gottes würdig wäre, kann diese ganz volle Freude im Menschen nicht erfaßt werden, sondern der Mensch tritt in sie ein, wie Matthäus 25 sagt: „Gehe ein in die Freude des Herrn.“ (695)

Fox: Du klingst da wiederum sehr panentheistisch: Du sagst, wir treten in die Freude ein. Was ruft diese Freude hervor?

Thomas: Die geistige Freude, die wir an Gott haben, entsteht aus der heiligen Liebe (caritas). (696)

Fox: Was meinst du in dieser Aussage mit 'Liebe'?

Thomas: Die heilige Liebe ist Liebe zu Gott, dessen Güte unwandelbar ist. Denn Gott selbst ist Gottes Güte. Und dadurch, daß Gott geliebt wird, ist Gott durch seine edelste Wirkung im Liebenden. Wie es in 1 Joh.4,16 heißt: „Wer in der Liebe bleibt, bleibt in Gott, und Gott in ihm." (697)

Fox: Und manche Menschen genießen Gott mehr als andere?

Thomas: Hinsichtlich des Erreichens oder Genießens dieses Guten kann ein Mensch glücklicher sein als ein anderer; denn je mehr jemand dieses Gute genießt, um so glücklicher wird er sein. Daß nun ein Mensch Gott mehr genießt als ein anderer, rührt daher, daß ein Mensch besser zur Freude an Gott geeignet und mehr darauf ausgerichtet ist als ein anderer. In diesem Sinne kann ein Mensch glücklicher als ein anderer sein. (698)

Fox: Aber echtes Glück ist doch immer gemeinschaftlich?

Thomas: Was die Teilhabe an der Seligkeit (beatitudo) angeht, ist unsere Seele der Seele des Nächsten näher als dem eigenen Körper. (699)

Fox: Wir sprechen wiederum über Freude und Vergnügen. Kein Wunder, denn der erste Pfad der Schöpfungsspiritualität ist der Pfad der Via Positiva.

Thomas: Das Verlangen nach Freude und Glück ist die Wurzel aller Tugend. (700)

Fox: Freude baut also Stärke auf?

Thomas: Die Lust motiviert stärker zur Annäherung, als der Kummer über ihr Fehlen zum Rückzug, denn das Fehlen von Lust ist ein bloßer Mangel. (701) Auf jeden Fall ist die Liebe stärker als der Haß. (702)

Fox: Wenn ich über die Themen meditiere, die wir unter der Überschrift der Via Positiva besprochen haben und wenn ich in den Wundern schwimme, die du uns zu benennen geholfen hast – Schöpfung als 'ursprüngliche Frische, die von Gott ausfließt' und 'ursprüngliche Güte'; die Heiligkeit des Seins oder Daseins selbst; das Wunder des Universums in seinen Teilen und in seiner Gänze; Gott als Schönheit und alle Dinge als Teilhabende an dieser Schönheit; die Weisheit der Dinge; der Segen von Körper und Körperlichkeit; die Größe der menschlichen Seele, des Intellektes und der Kreativität mit ihrer Fähigkeit zum Unendlichen; die Güte in allen Wesen, einschließlich unserer selbst; die Antworten der Freude und des Vergnügens in der Gabe der Schöpfung; die wechselseitige Verbundenheit aller Dinge; die Aktivität Gottes bei der gemeinsamen Schöpfung mit Zweitursachen; die Inkarnation Jesu Christi zur Unterstreichung des Segens und seiner kosmischen Verbindungen, einschließlich der Verbindung zwischen Mensch und Gott; die Abhängigkeit des Bösen vom Guten – alle diese Meditationen führen mich dazu, einfach Danke zum Schöpfer zu sagen.

Thomas: Unter allen Gaben Gottes, derer zu gedenken waren, war die erste und vorrangige die Schöpfung, an die durch die Heiligung des Sabbats erinnert wird. Deshalb wird in Exodus 20 als Grund für diese Vorschrift angegeben: „An sechs Tagen schuf Gott Himmel und Erde", und so weiter. (703) Die Heiligung des Sabbats geschah zur Erinnerung an die Schöpfung aller Dinge. (704)

Fox: Geht es in Ritual und Gottesdienst nicht gerade darum, dieses große 'Danke' zu sagen? (eucharistein bedeutet im Griechischen schließlich 'Danke'.)

Thomas: Kult gibt es nicht um Gottes, sondern um unseretwillen. Gott braucht keinen menschlichen Gottesdienst. Wir sind es, die unseren Dank für das, was wir empfangen haben, zeigen müssen. (705)

Fox: Und wofür wir uns zuallererst bedanken, ist das Dasein, die Schöpfung selbst?

Thomas: Alle Gottesdienste unter dem Alten Gesetz sind zum Gedenken an eine göttliche Gabe eingesetzt, entweder zur Erinnerung an eine vergangene oder zur Vorbildung einer zukünftigen. Aus dem gleichen Grund wurden alle Opfer gebracht. Unter allen Gaben Gottes, derer zu gedenken waren, war die erste und vorrangige die Schöpfung. ... Unter allen darzustellenden zukünftigen Segnungen Gottes war die vorrangige und endgültige die Ruhe des Geistes in Gott, ob in der Gegenwart durch die Gnade oder in der Zukunft durch die Herrlichkeit. Diese wurde durch die Einhaltung des Sabbats ausgedrückt. So sagt Jesaja (58,13): „Wenn du den Sabbat eine Freude nennst und den Tag ehrst, der dem Herrn geheiligt ist..." Diese Gaben sind zunächst und hauptsächlich im Geist der Menschen, besonders der vertrauensvollen. (706)

Fox: Es ist bemerkenswert, daß du als Hauptgrund für den Gottesdienst angibst, daß wir für vergangene und zukünftige Segnungen danksagen, wobei wir mit dem Segen der Schöpfung beginnen. Ein weiterer Grund, unsere geistige Reise mit der Via Positiva zu beginnen! Und unseren Gottesdienst ebenfalls so zu beginnen, statt mit einer anthropozentrischen Reflexion über Sünde und Schuld.

Thomas: Wenn wir Gott danken, dann segnen wir Gott für Gottes eigenes Selbst, das heißt, wir anerkennen Gott als gut und als Geber alles Guten. Die Bibel (Tobit 12,20) sagt: „Preist den Gott des Himmels und erzählt alle Wunder Gottes." Und Daniel (3,57): „Preist dem Herrn alle Werke des Herrn, lobt und rühmt Gott in Ewigkeit." (707)

Fox: So verbindest du also unser 'Danke' mit einer Segenstheologie und sagst, daß wir tatsächlich Gott segnen können?

Thomas: Wir segnen Gott, und Gott segnet uns, aber auf unterschiedliche Weise. Denn für Gott heißt sprechen (und damit segnen), etwas zu schaffen, wie Psalm 148,5 sagt: „Denn Gott sprach, und die Dinge waren erschaffen." Gottes Segnen führt also Dinge herbei; es hat etwas Verursachendes an sich. ... Unser Sprechen (und somit Segnen) ist aber nicht kausal, sondern erkennend oder ausdrückend. Wenn wir segnen, ist es also das gleiche, wie ein Anerkennen des Guten. (708)

Fox: Du weist da auf etwas sehr Wichtiges hin, denn in unserer Zeit, wo eine anthropozentrische Zivilisation Zynismus und Verzweiflung gebracht haben, müssen wir nach einem Segensbewußtsein tief graben. Du betonst, daß der Kult eine Art Danksagung für den Segen der Schöpfung ist. Wie steht es mit den Heilsereignissen, an die uns der Kult ebenfalls erinnern soll?

Thomas: Die anderen Feste wurden (im jüdischen Volk) wegen bestimmter zeitlich vorübergehender Wohltaten (Gottes) gefeiert. So wurde das Passah-Fest zur Erinnerung an die vergangene Wohltat der Befreiung aus Ägypten und wegen des zukünftigen Leidens Christi begangen, das zwar zeitlich vorüberging, das uns aber in die Ruhe des geistigen Sabbats einführt. (709)

Fox: Das ist ein interessanter Bezug auf das Christusereignis, daß es uns zur 'Ruhe am geistigen Sabbat' bringt. Du sagst, wir müßten unsere Dankbarkeit für das Erhaltene zeigen. Wie können wir das tun?

Thomas: Dankbarkeit ist reine Herzenssache. (710) Die Pflicht zur Dankbarkeit leitet sich von der Pflicht zur Liebe ab. (711)

Fox: Wenn Dankbarkeit hauptsächlich vom Herzen kommt, dann ist unsere Aufgabe, das Herz zu erweitern und zu vergrößern.

Thomas: Jesaja (54,2) sagt: „Mache den Raum deines Zeltes weit", und meint damit, daß wegen der Größe des Gastes zuerst das Herz ausgeweitet werden muß. Jeremia (23,24) sagt: „Bin nicht ich es, der Himmel und Erde erfüllt? – Spruch Jahwes." Und wir erweitern das Herz auch wegen der Zahl der Gaben, wie Jesaja sagt (60,5): „Du wirst es sehen und strahlen, und dein Herz wird vor Freude beben und sich weit öffnen." (712)

Fox: Mit Verwunderung lese ich in deinen Schriften, das symbolische Organ des Intellekts sei das Herz! (713) Das scheint mir gar nicht rationalistisch. Die Erweiterung des Herzens scheint also auch mit einer Erweiterung des Geistes einherzugehen. Ehrfurcht durchdringt ein gefrorenes Herz.

Thomas: Die Verhärtung oder Herzenshärte ist ein mit der Liebe unvereinbarer Zustand. Das Hinschmelzen dagegen macht das Herz weich, so daß es sich zum Eintreten des Geliebten eignet. (714) Der Glaube ist im Herzen. (715) Der Heilige Geist löst die Härte des Herzens auf. Im Lukasevangelium (12,49) heißt es: „Ich bin gekommen, Feuer auf die Erde zu werfen." (716)

Fox: Unsere zunehmende Liebe und Ehrfurcht der Schöpfung gegenüber öffnet also unser Herz für den Schöpfer?

Thomas: Die Erkenntnis des Schöpfers durch die Geschöpfe ist 'Abenderkenntnis'. (717) Nicht jede Erkenntnis der Dinge ihrer Natur nach kann als 'Abenderkenntnis' bezeichnet werden, sondern nur die, die sich auf das Lob des Schöpfers bezieht. (718)

Fox: Wie könnten wir den Schöpfer, die Schöpferin nicht preisen?

Thomas: Auf den Lippen der Sünder ist kein Lob. (719)

Fox: Die größte Sünde gegen die Via Positiva wäre also, nicht zu preisen, nicht dankbar zu sein, ja sogar, die Dinge als selbstverständlich zu nehmen.

Thomas: Der höchste Grad der Undankbarkeit liegt darin, einen erwiesenen Gefallen durch Vergeßlichkeit oder andere Gründe nicht anzuerkennen. ... Dazu gehört es, eine Freundlichkeit wie eine Bosheit anzusehen. (720)

Fox: Ich glaube wirklich, daß wir die Freundlichkeit und den Segen der Schöpfung als Unfreundlichkeit und sogar als Fluch behandeln, wenn wir nicht dankbar dafür sind. Eine Theologie des ursprünglichen Segens drängt uns auf jeden Fall zur Dankbarkeit. Da wir diese im Lobpreis ausdrücken, wie du sagst, bleibt offenbar die Frage: Wie werden wir zum Lobpreis ermutigt?

Thomas: Der Psalmist sagt: „Ich will dem Herrn singen", das heißt: Ich will Gott loben. Und „den Herrn sollen preisen, die ihn suchen" (Ps.22,27), denn das Lob Gottes ist ein starker Angriff gegen den Teufel, wie Matthäus (17) sagt: „Dieser Dämon ist nur durch Beten und Fasten auszutreiben." Und Habakuk (3,18) sagt: „Ich will jubeln über den Herrn." Wir tun das, weil uns Freundlichkeit erwiesen wurde. Der Herr hat uns gewisse weltliche Güter gegeben, wie es bei Matthäus 25,14 heißt: „Er gab ihnen sein Vermögen, und dem einen gab er fünf Talente", und so weiter. Auf gleiche Weise sind uns geistige Güter gegeben, die Gnadengaben und Tugenden, wie in 1 Korinther 12 von den „verschiedenen Gnadengaben" die Rede ist. (721) Gott, der „das Gute an sich" ist, bringt zuerst Gutes hervor und verteilt diese Gabe, die das Sein an sich ist, an die erschaffenen Dinge. Dieser Gott wird gelobt. (722)

Fox: Woher kommt der Lobpreis?

Thomas: Das Lob Gottes sollte aus einem freudigen Herzen (jucunditate cordis) kommen. (723) Denn der Ursprung des Lobes ist eine innere Freude. (724) Gebet entsteht aus Vertrauen. (725) Was ich im Herzen trage, bekenne ich mit dem Mund. (726)

Fox: Auch wenn der Lobpreis, als eine Art Selbstliebe, uns guttut, so ist er doch willentlich. Wir können uns entscheiden, nicht zu preisen, wodurch wir eine Unterlassungssünde begingen.

Thomas: Engel und Menschen erstreben von Natur aus ihr Gutes und ihre Vollkommenheit. Das heißt, sich selbst zu lieben. Darum lieben sowohl Engel als auch Menschen von Natur aus sich selbst, weil sie durch ihr natürliches Verlangen das für sie Gute erstreben. Insofern sie aber aus Entscheidung etwas Gutes ersehnen, lieben sie sich aus gewählter Liebe. (727)

Fox: Unser Herzenswerk gipfelt also im Lobpreis?

Thomas: Nur Gott kann die Gedanken des Herzens und die Neigungen des Willens erkennen, weil der Wille der rationalen Geschöpfe allein Gott untersteht und weil nur Gott darin wirken kann. (728) Gott ist es „der die Herzen durchforscht", das heißt, dem es zukommt, die Herzen zu erforschen, „Gott, der Herz und Nieren prüft" (Ps.7,10). Gott heißt nicht in dem Sinne Prüfer der Herzen, daß Gott die Geheimnisse unserer Herzen durch Untersuchung erkennt, sondern weil Gott einfach weiß, was in unseren Herzen verborgen ist. (729)

Fox: Wie preisen wir Gott?

Thomas: Die Gottesliebe … setzt die Gotteserkenntnis voraus. Weil die Erkenntnis es nicht bei den geschaffenen Dingen beruhen läßt, sondern anderem zuneigt, beginnt in diesem anderen die Liebe und geht von dort aus in einer Art Kreisbewegung auf andere Geschöpfe weiter. Die Erkenntnis beginnt also bei den Geschöpfen und strebt Gott zu. Liebe (dilectio) aber beginnt bei Gott als ihrem letzten Ziel und überträgt sich auf die Geschöpfe. (730)

Fox: Wer ist diese Gottheit, die allein unsere Herzensgedanken kennt und allein in unseren Herzen wirkt?

Thomas: Die Gottheit ist vor allen Tagen und vor aller Zeit. (731) Gott wird als Alter oder Ältester bezeichnet, weil Gott uralt ist und von Anbeginn der Ewigkeit her existiert. Gott wird aber als 'neu' und 'jünger' bezeichnet, weil Gott alterslos uralt ist, das heißt, ohne jeden Mangel und sogar ohne Veränderung. (732)

Fox: Gott ist dann Anfang und Ende; der Älteste, aber immer jung?

Thomas: Da sich hohes Alter und Uraltes auf einen Anfang beziehen, wegen ihres Vorhergehens in der Jugend, und auf ein Ende, wegen ihres Überdauerns, und aufgrund der Tatsache, daß beides Gott zugesprochen wird, lernen wir, daß Gott durch alle Dinge von Anfang bis zum Ende dauert. (733) Gott, so heißt es, ist vor aller Zeit, weil Gott die Lebenszeit aller Lebenszeiten ist, das heißt, das Maß aller Maßstäbe. (734)

Fox: Wie wird Gott sonst gepriesen?

Thomas: Obwohl Gott über alle Weisheit hinausgeht, wird Gott in der Bibel als Geist und als Vernunft und als Erkennender gepriesen. (735)

Fox: Wie kann Gott als 'Vernunft' erkannt werden?

Thomas: Gott wird in der Bibel als 'Vernunft (ratio)' gepriesen, weil Gott das Wort genannt wird, nach der Formulierung aus Johannes 1: „Und Gott war das Wort." Denn Augustinus sagt, im Griechischen bedeutet Logos sowohl Vernunft als auch Wort. (736)

Fox: Wie preisen wir Gott sonst noch?

Thomas: Selbst diejenigen, die hinsichtlich der Gottheit Erfahrung hatten, wie die Apostel und die Propheten, preisen Gott als Ursache aller Dinge von den verursachten Dingen her. Sie preisen Gott als gut (Luk.18); als schön (Hohel.1); als weise (Hiob 9); als Geliebten (Hohel.5); als Gott der Götter (Ps.50); als Heiligen der Heiligen (Dan.9); als ewig (Bar.4); als offenbart (Hiob 14); als Ursprung der Zeiten (Sir.24); als Lebensgeber (Apg.17); als Weisheit (1 Kor.1); als Geist oder Intellekt (Jes.29); als Verstand (ratio) (Jes.63 „Ich, der ich Gerechtigkeit verkünde"); als Erkennenden (2 Tim.2); als den, der im Voraus alle Schätze der Erkenntnis besitzt (Kol.2); als Tugend

(1 Kor.1); als mächtig (Ps.89); als König der Könige (Offb.19); als Alter der Tage (Dan.7); als alterslos und unwandelbar (Jak.1); als Erlösung (Mt.1); als Gerechtigkeit oder als Rechtfertigender, beziehungsweise Retter und Erlöser nach einer anderen Übersetzung (1 Kor.1); als alle Dinge übersteigende Größe (Hiob 23); als im Windhauch (3 Könige 19). Und sie sagen, Gott sei sogar in der Psyche und im Herzen (Eph.3); im Geist (Weish.7) und im Körper (1 Kor.6); im Himmel und auf der Erde (Jer.23); und gleichzeitig am gleichen Ort, das heißt, hinsichtlich des gleichen Materials sagen sie, daß der gleiche weltlich, das heißt, in der Welt (Joh.1) ist; in die Welt einbezogen (Sir.24); über der Welt (Jes.66); über den Himmeln (Ps.113: „Der Herr ist erhaben über alle Völker, seine Herrlichkeit überragt die Himmel.“); überweltlich (Mt.6); die Sonne (Mal.4); der Morgenstern (Offb.22); Feuer (Deut.4); Wasser (Joh.4); Luft (Joel 2); Tau (Hosea 14); Wolken (Hos.6); Stein (Ps.118); Fels (1 Kor.10); und alle anderen Wesen, die Gott als ihrer Ursache zugeschrieben werden. Und das Göttliche ist nichts von allen diesen Wesen, da Gott alle Dinge übersteigt. (737)

Fox: Mit diesem letzten Punkt werden wir uns in unserem nächsten Gespräch, dem über die Via Negativa, weiter beschäftigen. An dieser Liste der göttlichen Namen, die du für unseren Lobpreis anbietest, fallen mir zwei Dinge auf: Daß wir so viele Namen hören, gibt uns sozusagen Erlaubnis, unserer Erfahrung, unserem Herzen, unserem Geist und unserer Phantasie zu vertrauen, wenn wir eine Vielfalt von Namen und Bildern für Gott gebären. Kein einzelnes Bild reicht aus. Wie weit bringt uns dies von dem fundamentalistischen Bedürfnis weg, Gott auf einen Namen festzulegen! Und zweitens verbindest du Gott mit der Physik deiner Zeit und derjenigen der Bibel, wenn du Gott als Erde, Luft, Feuer und Wasser bezeichnest – Gott als die Elemente des Universums, weil Gott ihre Ursache ist und in ihnen allen gegenwärtig, wie wir in unserem Gespräch über den Panentheismus sahen. Während die Wissenschaft mehr über das Universum lernt, lernen wir mehr Namen, mit denen wir Gott preisen können.

Wenn also die Gabe, erschaffen zu sein, das erste und wichtigste aller göttlichen Geschenke ist, und wenn Kult die öffentlich und kosmisch ausgedrückte Dankbarkeit ist, dann scheint mir eine wahre Erneuerung des Kultes ein erneutes Eintauchen der Menschheit in die Segnungen der Schöpfung zu erfordern, wie wir sie auf der Via Positiva besprochen haben. Tun wir dies nicht, so sündigen wir.

Thomas: Die Sünde der acedia verstößt gegen die Vorschrift der Sabbatheiligung, die als ein moralisches Gebot dem Geist vorschreibt, in Gott zu ruhen.

Dem widerspricht der Überdruß des Geistes an der göttlichen Güte. (738)

Fox: Die acedia, der Überdruß oder die Trägheit, die das Gegenteil der Via Positiva ist, scheint mir damit ein ernsthaftes Übel der Menschen zu sein.

Thomas: Eine Todsünde wird so genannt, weil sie das Geistesleben in uns zerstört, das in der Liebe besteht, durch die Gott in uns wohnt. Deshalb ist eine Sünde ihrer Art nach eine Todsünde, wenn sie grundsätzlich unvereinbar mit der Liebe ist. Das gilt aber für die acedia, den Überdruß. Die Liebe bewirkt nämlich eine Freude an Gott, der Überdruß hingegen ist eine Unzufriedenheit über das geistige Gute, sofern es ein göttliches ist. (739)

Fox: Beschreibe bitte die acedia in Einzelheiten, denn die geistige Depression unserer Kultur, der jede Freude und Kosmologie fehlt, scheint mir ein ernsthaftes Problem zu sein.

Thomas: Acedia ist Unzufriedenheit mit einem inneren, ewigen Gut. (740) Nach Johannes von Damaskus ist die acedia eine Depression, die auf dem Geist des Menschen lastet, so daß er nichts mehr tun möchte. ... Acedia bedeutet also einen gewissen Widerwillen gegen die Arbeit ... Andere sagen, es sei eine Erschlaffung des Geistes, der es versäume, Gutes zu beginnen. (741)

Fox: Das klingt so wie das, was wir heute als 'burn out' bezeichnen. Meinst du, acedia sei eine Sünde?

Thomas: Was die Heilige Schrift verbietet, ist eine Sünde. Das gilt für die acedia, denn es heißt (Sir.6,26): „Beuge deine Schulter und trage sie", das heißt, die Weisheit, „und sei ihrer Bande nicht überdrüssig (non acedieris)." Also ist acedia eine Sünde. (742)

Fox: Aber sicherlich ist doch nicht alle Trauer eine Sünde?

Thomas: Da das geistige Gut tatsächlich ein Gut ist, ist die Trauer über ein geistiges Gut an sich schlecht. Aber auch die Trauer über ein echtes Übel ist schlecht in ihrer Auswirkung, wenn sie Menschen so belastet, daß sie von guten Werken abhält. Deshalb will der Apostel (2 Kor.2,7) nicht, daß die Büßenden 'von übergroßer Trauer' über die Sünde 'verschlungen werden'. (743)

Fox: Damit sagst du doch nicht, daß all unsere Traurigkeit verurteilenswert ist?

Thomas: Trauer an sich ist weder zu loben, noch zu tadeln. Mäßige Trauer über ein echtes Übel ist sogar lobenswert. Trauer über Gutes und maßlose Trauer hingegen sind zu tadeln. In diesem Sinne zählt die acedia zu den Sünden. (744)

Fox: Woher kommt die acedia, der Überdruß, die Dumpfheit oder Trägheit? Wie verfallen wir in acedia?

Thomas: Acedia entsteht aus einem Schrumpfen des Geistes, nicht wegen eines geistigen Gutes, sondern wegen dessen, woran wir pflichtgemäß hängen sollten, nämlich der Güte Gottes. (745)

Fox: Ein Schrumpfen des Geistes – wie wichtig ist es also, Ehrfurcht oder Staunen und Kosmologie zu lehren und damit den Geist zu erweitern zu dem, was du zuvor als unsere 'unendlichen' Fähigkeiten zur Erweiterung beschrieben hast.

Thomas: Aus der acedia entwickelt sich eine Vernachlässigung der göttlichen Gaben. (746) Jesaja schreibt: „Erhebt eure Augen in die Höhe." Damit spricht er die Verzweifelnden an, zunächst indem er die göttliche Majestät erwähnt anhand der Schöpfung aller Dinge. „Wer erschuf?" fragt er und meint, wer die Dinge im Himmel erschaffen habe. Der Psalmist (148,5) sagt: „Gott sprach, und die Dinge waren erschaffen." (747)

Fox: Würden wir also aufhören, die Schöpfung, von der wir ein Teil sind, als selbstverständlich zu nehmen, so würden wir lernen, zu staunen und die acedia zu bannen.

Thomas: Je mehr wir über geistige Güter nachdenken, um so mehr gefallen sie uns, so daß die acedia verschwindet. (748) Durch die Lust, sagt man, werde das Bewußtsein (animus) des Menschen vergrößert und erweitert. (749) Jesaja spricht über eine „Heerschar" himmlischer Wunder, wie das Himmelsgewölbe, die Sterne und die Engel. Denken wir an Psalm 147,4: „Er bestimmt die Zahl der Sterne und ruft alle mit Namen." (750) Man sieht, daß es sehr erfreulich ist, das Wissen um alle Dinge in der Welt zu haben. (751)

Fox: Du sagst, daß die Erkenntnis der Schöpfung als eines Segens uns von der Sünde der acedia heilt. Ich muß dir ehrlicherweise jedoch berichten, daß ich glaube, daß die Betonung der Christenheit auf die Erlösung durch Christus uns von unserer Erfahrung der Schöpfung als eines Segens abgeschnitten hat.

Thomas: Die Güte und die Wirkung der göttlichen Liebe läßt sich aus vierfacher Sicht bedenken. Erstens schuf Gott uns, damit wir sind. Zweitens machte Gott uns nach Gottes Ebenbild und gab uns die Fähigkeit zu göttlicher Freude. Drittens heilte Gott die Gebrochenheit der Menschen von der Sünde. Und viertens gab uns Gott den göttlichen Sohn zu unserem Heil. (752)

Fox: Mir ist die Reihenfolge, in der du die Liebe Gottes für uns erläuterst, wichtig. Jede Art von Anthropozentrismus, religiös oder säkular, scheint von einer intellektuellen Faulheit und Selbstzufriedenheit begleitet zu sein. Wie schade, daß wir den Geist, den Gott uns gegeben hat, um die Wunder und Segnungen des Lebens zu untersuchen, nicht einsetzen und sie nur als selbstverständlich ansehen.

Thomas: Das Licht der Vernunft ist nichts anderes als eine gewisse Teilhabe am göttlichen Licht. (753) Gott ist Licht, und wer sich dem Licht nähert, wird erleuchtet, wie Jesaja sagt: „Erhebe dich durch das Verlangen (per affectum) und werde erleuchtet." (754)

Fox: Segnung als Erleuchtung.

Thomas: Wenn ein Mensch glücklich ist, scheinen ihm alle Dinge klar zu sein. Ist jemand aber bekümmert, so scheinen alle Dinge dunkel. Deshalb sagt der Psalmist: „Du, Herr, entzündest mein Licht", denn du hast mir Wohlstand gegeben und gibst ihn mir ständig. Und er sagt: „Erleuchte meine Dunkelheit", womit er meint, daß aller in mir verbliebener Widerstand ausgetrieben und beseitigt werden soll. Denken wir an Sprüche (20): „Das Licht des Herrn ist der menschliche Geist." (755)

Fox: Wenn unsere Kultur nicht in der Lage ist, die Erfahrung der Erleuchtung oder des Segens wiederherzustellen, wird sie wohl statt dessen durch die Sünden der Verzweiflung und der acedia, der Trägheit, überschwemmt werden.

Thomas: Sünden gegen die Hoffnung sind gefährlicher als Sünden gegen den Glauben oder die Liebe. Denn wenn die Hoffnung stirbt, verlieren wir das Herz und versinken im Bösen. (756) Verzweiflung ist der Weg zu ungehemmter Sünde. ... Es gibt nichts Gefährlicheres als eine Lehre, die die Menschen in die Grube der Verzweiflung wirft. (757)

Fox: Daraus folgt also, daß unsere Unterlassungssünde, die Menschen Staunen, Ehrfurcht und eine lebendige Kosmologie zu lehren, zur 'gefährlichsten aller Sünden', der Sünde der Verzweiflung, beiträgt. Das ist ein Grund mehr, in unserer Zeit die Via Positiva zu lehren, die in uns jene 'ursprüngliche Frische' erweckt, von der du zu Anfang unseres Gespräches sagtest, daß sie in der ganzen Schöpfung gegenwärtig ist.

Thomas: Ein freudigerer Mensch hat größere Hoffnung. Die Bekümmerten auf der anderen Seite verzweifeln leichter. (758) Jesaja sagt: „Meine Augen wurden klein", und meint, daß seine Sicht durch die Depression gemindert wurde. (759)

Fox: Und wie können wir unsere Augen öffnen und sie mehr erfüllen?

Thomas: Jesaja sagt: „Blicke auf", weil unsere Augen erst durch die Erhebung des Herzens aufgehoben werden. Wie der Psalmist es ausdrückt (Ps.131,1): „Herr, mein Herz ist nicht erhoben, meine Augen blicken nicht auf." Ein weiterer Weg geht über die Neugier des Fragens. Bei Hiob (18) steht: „Wenn du Großes denkst, werden deine Augen erstaunt sein." Und drittens werden die Augen durch die Kontemplation geöffnet. Wie Jesaja sagt: „Erhebt eure Augen und seht, welche Freude zu euch kommt." (760)

Fox: Hiermit hast du erneut unterstrichen, wie wichtig es ist, daß wir in unserem Leben und unserer Zivilisation wieder eine Via Positiva entdecken, an der wir unsere Herzen erfreuen können, in der wir wissenschaftliche Fragen verfolgen können und in der wir voller Freude kontemplieren können. Bruder Thomas, dies ist deine letzte Gelegenheit, etwas über die Via Positiva zu sagen. Was wäre dies?

Thomas: Denke daran: Gottes Liebe zu uns ist im Himmel nicht größer als hier und jetzt. (761)

Anmerkungen

0 Predigt über die zwei Liebesgebote und die zehn Gesetzesgebote 6.5, p.129*
1 Summa theologica Bd. I q.45.a.1
2 Summa contra gentiles Bd. II.21, n.2, S.53
3 De potentia q.3.a.3. ad 2*
4 De potentia q.3.a.3* (Gilby's Übersetzung für: relatio quaedam ad Deum cum novitate essendi)
5 Summa contra gentiles Bd. II.4, n.5, S.13
6 Predigt über die zwei Liebesgebote und die zehn Gesetzesgebote 6.5, p.129*
7 Kommentar zum Römerbrief I. 1.7, S.21
8 De veritate, q.4.a.1*
9 Kommentar zum Römerbrief I. 1.7, S.21
10 Kommentar zum Korintherbrief I, 13, S.263*
11 Kommentar zum Buch Hiob 37, S.123*
12 Psalmenkommentar 17, S.203*
13 Predigt zur Apostelgeschichte, S.8*
14 Summa theologica Bd. I q.45.a.3. ad 3
15 Summa theologica Bd. I q.46.a.2
16 Summa contra gentiles Bd. III.65, n.8, S.273
17 Summa contra gentiles Bd. III.65, n.8, S.273
18 Summa theologica Bd. I q.104.a.1. ad 4
19 Summa theologica Bd. I q.46.a.3. ad 3
20 Summa theologica Bd. I q.10.a.2. ad 1
21 zu Peter Lombards Buch der Sentenzen Bd. I, 19.2.2*
22 Summa theologica Bd. I q.46.a.3. ad 1
23 Kommentar zu Johannes 1.4, Der Prolog ..., S.66
24 Summa theologica Bd. I q.58.a.6
25 Summa theologica Bd. II,1 q.158.a.1*
26 zu Dionysius' De divinis nominibus n.605, S.224*
27 zu Dionysius' De divinis nominibus n.450, S.148*
28 zu Dionysius' De divinis nominibus n.713, S.26*
29 ebenda*
30 zu Dionysius' De divinis nominibus n.842, S.317-18*
31 Summa theologica Bd. II,1 q.5.a.4*
32 zu Peter Lombards Buch der Sentenzen Bd. I, 14.2.2*
33 zu Aristoteles' Metaphysik Bd. I, L. 1, S.7*
34 Summa contra gentiles Bd. II. 46, n.2, S.183
35 zu Peter Lombards Buch der Sentenzen Bd. V, 4.15.4*
36 Kommentar zum Johannesevangelium 16.5, n.2083*
37 Summa theologica Bd. I q.27.a.1. ad 2*
38 zu Dionysius' De divinis nominibus n.716, S.267*
39 Summa theologica Bd. I q.45.a.6
40 Summa theologica Bd. I q.91.a.3
41 De potentia q.6.a.1. ad 12*
42 Summa contra gentiles Bd. I.96, n.5, S.357
43 zu Dionysius' De divinis nominibus n.153, S.48*
44 De veritate, q.6.a.2*
45 Summa theologica Bd. I q.15.a.2
46 Summa contra gentiles Bd. III.19, n.4, S.67
47 Summa theologica Bd. I q.45.a.7
48 Summa theologica Bd. I q.45.a.7
49 Kommentar zum Epheserbrief 3.10, S.470*
50 Kommentar zum Johannesevangelium 1.10, Der Prolog ..., S.98 (1.Satz des Zitates *)
51 Compendium theologiae II, 5
52 Summa contra gentiles Bd. III.69, n.15, S.291
53 Summa theologica Bd. I q.4.a.3. ad 4
54 Summa theologica Bd. I q.8.a.4*

55 Summa theologica Bd. I q.44.a.1
56 Summa contra gentiles Bd. II.46, n.7, S.187
57 zu Dionysius' De divinis nominibus n.959, S.359*
58 zu Dionysius' De divinis nominibus n.948, S.356*
59 zu Dionysius' De divinis nominibus n.806, S.301*
60 Jesajakommentar 66, S.574*
61 zu Dionysius' De divinis nominibus n.619, S.233*
62 zu Dionysius' De divinis nominibus n.629, S.234 u. 661, S.811*
63 Kommentar zum Johannesevangelium 15.3, n.1988*
64 De potentia q.3.a.16*
65 Summa theologica Bd. I q.18.a.4. ad 1
66 Summa theologica Bd. I q.18.a.4
67 Summa theologica Bd. I q.27.a.3. ad 2*
68 Summa theologica Bd. I q.27.a.4. ad 1*
69 zu Dionysius' De divinis nominibus n.680, S.255*
70 zu Dionysius' De divinis nominibus n.681, S.255*
71 zu Dionysius' De divinis nominibus n.692, S.259*
72 zu Dionysius' De divinis nominibus n.693, S.259*
73 Summa contra gentiles Bd. I.93, n.7, S.347
74 zu Dionysius' De divinis nominibus n.694, S.259*
75 zu Dionysius' De divinis nominibus n.675, S.254*
76 Summa contra gentiles Bd. III.68, n.1, S.281
77 Summa contra gentiles Bd. III.68, n.4, S.283
78 Summa theologica Bd. I q.8.a.1
79 Predigt zur Apostelgeschichte, S.113*
80 Predigt zur Apostelgeschichte, S.115*
81 Predigt zur Apostelgeschichte, S.116*
82 Summa theologica Bd. I q.8.a.1
83 Summa theologica Bd. I q.8.a.1. ad 1
84 Summa theologica Bd. I q.8.a.17*
85 Summa theologica Bd. I q.8.a.1. ad 2
86 Compendium theologiae II,6
87 Summa theologica Bd. I q.8.a.1. ad 4
88 Summa contra gentiles Bd. III.68, n.1, S.281
89 Summa theologica Bd. I q.8.a.2
90 Summa theologica Bd. I q.8.a.2. ad 3
91 Summa theologica Bd. I q.8.a.4
92 Kommentar zum Johannesevangelium 17.24, n.2258*
93 Summa theologica Bd. I q.8.a.4. ad 3
94 Summa theologica Bd. I q.8.a.3
95 Kommentar zum Johannesevangelium 1.10, Der Prolog ..., S.97
96 Summa theologica Bd. I q.8.a.3. ad 1
97 De potentia q.3.a.5*
98 Summa theologica Bd. I q.105.a.5
99 Summa theologica Bd. I q.105.a.5
100 Summa theologica Bd. II,1 q.11.a.1*
101 Summa contra gentiles Bd. III.96, n.8, S.78
102 Summa contra gentiles Bd. II.3, n.3, S.9
103 Summa contra gentiles Bd. II.3, n.6, S.11
104 Summa contra gentiles Bd. II.3, n.7*
105 Summa contra gentiles Bd. II.2, n.6, S.7
106 Predigt zur Apostelgeschichte, S.13-14*
107 zu Aristoteles' Metaphysik Bd. VII, L. 2, S.502f*
108 zu Aristoteles' Metaphysik Bd. VII, L. 2, S.499*
109 Summa theologica Bd. II,2 q.4.a.4*
110 Summa theologica Bd. III q.62.a.2
111 zu Aristoteles' Metaphysik Bd. I, L. 3, S.24*
112 Summa theologica Bd. II,1 q.41.a.4. ad 5

113 zu Aristoteles' Metaphysik Bd. I, L. 3, S.24*
114 zu Aristoteles' Ethik, Bd. II, L. 4, S.131*
115 Summa theologica Bd. II,1 q.32.a.8
116 Psalmenkommentar 8, S.167*
117 Kommentar zum Buch Hiob 36, S.122*
118 Kommentar zum Buch Hiob 26, S.93*
119 Psalmenkommentar 8, S.167*
120 Summa theologica Bd. II,2 q.180.a.3. ad 3
121 Summa theologica Bd. II,1 q.28.a.2
122 zu Aristoteles' Ethik, Bd. VIII, L. 12, S.765*
123 Summa contra gentiles Bd. II.2, n.2, S.5
124 zu Aristoteles' Metaphysik Bd. I, L. 3, S.24*
125 Summa theologica Bd. II,1 q.13.a.1. ad 1*
126 Kommentar zum Johannesevangelium 1.7, Der Prolog ..., S.80
127 Predigt zur Apostelgeschichte, S.8*
128 Summa theologica Bd. II,2 q.180.a.7
129 Zu Boethius' De Hebdomadibus, Prolog*
130 Summa contra gentiles Bd. III.2, n.9, S.13
131 Summa contra gentiles Bd. II.1, n.1, S.3 u. .2, S.5
132 Summa theologica Bd. II,2 q.180.a.3. ad 1
133 Summa theologica Bd. II,2 q.180.a.3. ad 4
134 Summa contra gentiles Bd. II.2, n.2, S.5
135 Summa contra gentiles Bd. II.2, n.3, S.5-6
136 Summa contra gentiles Bd. II.2, n.4, S.6
137 Summa contra gentiles Bd. II.2, n.5, S.6
138 Kommentar zum Buch Hiob 12, S.52*
139 Psalmenkommentar 44, S.31*
140 Summa theologica Bd. I q.91.a.3
141 Summa contra gentiles Bd. II.24, n.2, S.71
142 Kommentar zum Buch Hiob 28, S.98*
143 Kommentar zum Buch Hiob 28, S.99*
144 Summa theologica Bd. I q.4.a.1. ad 3
145 De potentia q.7.a.2. ad 9*
146 Summa contra gentiles Bd. I.98, n.2, S.361
147 Zu Proclus' De Causis, 1*
148 Summa theologica Bd. I q.8.a.3 *
149 Summa contra gentiles Bd. III.19, n.3, S.67
150 De potentia q.3.a.7*
151 Jesajakommentar 6, S.457*
152 Kommentar zum Hebräerbrief 1, S.671*
153 Psalmenkommentar 8, S.168*
154 Psalmenkommentar 18, S.207*
155 Kommentar zum Matthäusevangelium 6, S.74*
156 Kommentar zum Buch Hiob 39, S.134*
157 Kommentar zum Matthäusevangelium 6, S.74*
158 Jesajakommentar 40, S.529*
159 ebenda* (Spr.3*)
160 Psalmenkommentar 33, S.266*
161 De veritate q.22.a.3.ad 4
162 Kommentar zum Buch Hiob 12, S.52*
163 Summa theologica Bd. I q.8.a.1
164 Summa theologica Bd. I q.8.a.1
165 Compendium theologiae I, 68
166 Compendium theologiae I, 68
167 Summa theologica Bd. I q.4.a.3. ad 3
168 Summa contra gentiles Bd. I.22, n.10, S.97
169 Summa theologica Bd. I q.13.a.11
170 Summa theologica Bd. I q.13.a.11. ad 3

171 Summa contra gentiles Bd. III.19, n.3, S.67
172 Zu Proclus' De Causis, Lect.6*
173 Kommentar zu Timotheus 6.16, S.618*
174 Summa theologica Bd. I q.104.a.1
175 Questiones quodlibetales, 4, q.3.a.4*
176 Summa theologica Bd. I q.103.a.2*
177 Summa theologica Bd. I q.105.a.5
178 Kommentar zum Buch Hiob 39, S.134*
179 De potentia q.6.a.1. ad 1*
180 zu Aristoteles' Ethik, Bd. VI, L.6, S.569*
181 Summa contra gentiles Bd. II.3, n.5, S.11
182 zu Aristoteles' Metaphysik Bd. XII, L.12, S.925*
183 Summa theologica Bd. I q.48.a.2. ad 3
184 Kommentar zum Buch Hiob 28, S.98f*
185 zu Dionysius' De divinis nominibus n.406, S.135*
186 Summa theologica Bd. I q.47.a.4
187 zu Aristoteles' Metaphysik Bd. XII, L.12, S.920*
188 De veritate q.2.a.2
189 Kommentar zum Römerbrief I. 1.6, S.22
190 Kommentar zum Römerbrief I. S.18*
191 Summa theologica Bd. I q.47.a.4
192 Zu Proclus' De Causis, Lect.20*
193 zu Dionysius' De divinis nominibus n.910, S.337*
194 ebenda*
195 zu Dionysius' De divinis nominibus n.921, S.342*
196 zu Dionysius' De divinis nominibus n.910, S.337*
197 zu Dionysius' De divinis nominibus n.979, S.364*
198 Kommentar zum Korintherbrief I, 13, S.263*
199 zu Dionysius' De divinis nominibus n.908, S.336*
200 ebenda*
201 zu Dionysius' De divinis nominibus n.851, S.320*
202 zu Aristoteles' Metaphysik Bd. XII, L.12, S.925*
203 Summa contra gentiles Bd. II.68, n.6, S.289
204 zu Dionysius' De divinis nominibus n.662, S.246*
205 Kommentar zum Epheserbrief 1.6a, S.457*
206 Summa contra gentiles Bd. II.89, n.18, S.455
207 zu Aristoteles' Metaphysik Bd. V, L.18, S.391*
208 ebenda*
209 Summa contra gentiles Bd. II.68, n.6, S.289
210 Kommentar zum Hebräerbrief 4, S.705*
211 De veritate q.2.a.2
212 Summa theologica Bd. II,2 q.20.a.3*
213 Summa theologica Bd. II,2 q.20.a.1. ad 1*
214 Psalmenkommentar 40, S.308*
215 De veritate q.27.a.1
216 Summa theologica Bd. I q.5.a.3
217 Zu Boethius' De Hebdomadibus 3*
218 De veritate q.21.a.2
219 De veritate q.21.a.2
220 De substantiis separatis, 18*
221 Summa contra gentiles Bd. III.7, n.8, S.29
222 Summa contra gentiles Bd. III.7, n.9, S.29
223 Summa contra gentiles Bd. III.7, n.10, S.29
224 Summa theologica Bd. II,2 q.34.a.1
225 zu Dionysius' De divinis nominibus n.987, S.368*
226 Summa contra gentiles Bd. I.93, n.12, S.351
227 Zu Boethius' De Hebdomadibus 5*
228 Summa theologica Bd. I q.63.a.7*

229 zu Dionysius' De divinis nominibus n.355, S.115*
230 Summa contra gentiles Bd. III.20, n.2, S.69
231 Summa theologica Bd. I q.6.a.4
232 Summa theologica Bd. I q.47.a.1
233 Summa theologica Bd. I q.47.a.1
234 Summa theologica Bd. II,1 q.2.a.8. ad 3*
235 Compendium theologiae I, 102
236 Summa contra gentiles Bd. II.45, n.9, S.183
237 Summa theologica Bd. I q.96.a.1. ad 2
238 Summa theologica Bd. I q.96.a.1. ad 2*
239 zu Dionysius' De divinis nominibus n.858, S.321f*
240 zu Dionysius' De divinis nominibus n.857, S.321*
241 Summa contra gentiles Bd. II.45, n.10, S.183
242 Summa theologica Bd. II,2 q.25.a.4*
243 Summa theologica Bd. II,1 q.77.a.4. ad 1*
244 Kommentar zum Epheserbrief 5.28b, S.496*
245 Summa theologica Bd. II,2 q.132.a.1
246 Summa theologica Bd. II,1 q.100.a.5. ad 5
247 Psalmenkommentar 24, S.231*
248 zu Aristoteles' Metaphysik Bd. V, L.18, S.392*
249 Zu Boethius' De Hebdomadibus 5*
250 Summa theologica Bd. I q.6.a.4
251 Summa contra gentiles Bd. II.46, n.6, S.187
252 Summa theologica Bd. I q.32.a.1. ad 3*
253 zu Dionysius' De divinis nominibus n.36, S.10*
254 zu Peter Lombards Buch der Sentenzen Bd. 2.1.4*
255 De veritate q.6.a.2*
256 Summa contra gentiles Bd. II.44, n.14, S.177
257 Summa theologica Bd. I q.20.a.2
258 zu Peter Lombards Buch der Sentenzen Bd. 14.1.1*
259 Summa contra gentiles Bd. III.69, n.16, S.293
260 Summa contra gentiles Bd. II.2, n.4, S.7
261 zu Dionysius' De divinis nominibus n.214-215, S.68*
262 Summa theologica Bd. I q.22.a.3*
263 zu Dionysius' De divinis nominibus n.213, S.68*
264 Summa contra gentiles Bd. II.2, n.4, S.7
265 Summa theologica Bd. II,2 q.171.a.2. ad 3
266 Summa theologica Bd. II,2 q.180.a.3. ad 2
267 Summa theologica Bd. II,1 q.3.a.8*
268 Summa theologica Bd. II,1 q.41.a.4. ad 5
269 Psalmenkommentar 24, S.230*
270 Kommentar zum Buch Hiob 35, S.119*
271 Summa theologica Bd. I q.5.a.1*
272 Kommentar zum Buch Hiob 36, S.122*
273 Kommentar zum Römerbrief I. 1.6, S.21
274 Kommentar zum Römerbrief I. 1.6, S.22
275 Psalmenkommentar 26, S.238*
276 zu Dionysius' De divinis nominibus n.59, S.19*
277 zu Dionysius' De divinis nominibus n.334, S.113*
278 Summa theologica Bd. I q.5.a.4. ad 1
279 zu Dionysius' De divinis nominibus n.335, S.113*
280 zu Dionysius' De divinis nominibus n.336*
281 zu Dionysius' De divinis nominibus n.337*
282 zu Dionysius' De divinis nominibus n.339*
283 ebenda*
284 zu Dionysius' De divinis nominibus n.340*
285 zu Dionysius' De divinis nominibus n.340*
286 ebenda*

287 ebenda*
288 zu Dionysius' De divinis nominibus n.343, S.114*
289 ebenda*
290 zu Dionysius' De divinis nominibus n.345*
291 zu Dionysius' De divinis nominibus n.346*
292 zu Dionysius' De divinis nominibus n.347*
293 zu Dionysius' De divinis nominibus n.348*
294 zu Dionysius' De divinis nominibus n.349*
295 zu Dionysius' De divinis nominibus n.352, S.115*
296 zu Dionysius' De divinis nominibus n.353*
297 zu Dionysius' De divinis nominibus n.367, S.116*
298 zu Dionysius' De divinis nominibus n.345, S.115*
299 zu Dionysius' De divinis nominibus n.355*
300 zu Dionysius' De divinis nominibus n.356*
301 Summa theologica Bd. II,1 q.27.a.1. ad 3
302 zu Dionysius' De divinis nominibus n.947, S.355*
303 zu Dionysius' De divinis nominibus n.425, S.137*
304 zu Dionysius' De divinis nominibus n.408, S.135*
305 zu Dionysius' De divinis nominibus n.401, S.143*
306 zu Dionysius' De divinis nominibus n.409, S.135*
307 zu Dionysius' De divinis nominibus n.968, S.360*
308 zu Dionysius' De divinis nominibus n.430, S.142*
309 zu Dionysius' De divinis nominibus n.437, S.143*
310 zu Dionysius' De divinis nominibus n.433, S.143*
311 Psalmenkommentar 35, S.278*
312 ebenda*
313 zu Dionysius' De divinis nominibus n.436, S.143*
314 Psalmenkommentar 30, S.250*
315 Summa theologica Bd. II,1 q.28.a.3
316 Summa theologica Bd. II,1 q.28.a.3. ad 3
317 De veritate q.13.a.2. ad 9
318 De veritate q.13.a.6*
319 De veritate q.13.a.6. ad 2*
320 Psalmenkommentar 26, S.237*
321 Summa theologica Bd. II,1 q.28.a.5
322 Summa theologica Bd. II,1 q.28.a.5
323 Summa theologica Bd. II,1 q.28.a.1
324 Summa theologica Bd. II,1 q.28.a.2
325 Summa theologica Bd. II,1 q.28.a.2
326 Summa theologica Bd. II,1 q.28.a.4
327 zu Dionysius' De divinis nominibus n.439, S.143*
328 zu Peter Lombards Buch der Sentenzen Bd. I 1.1.1*
329 zu Aristoteles' Ethik, Bd. X, L.6, S.886*
330 Summa theologica Bd. II,2 q.35.a.4. ad 2
331 zu Aristoteles' Ethik, Bd. X, L.1, S.861*
332 Psalmenkommentar 26, S.238*
333 Summa theologica Bd. II,1 q.32.a.8
334 Summa theologica Bd. II,2 q.142.a.1. ad 2 (zweiter Satz *)
335 Summa theologica Bd. II,2 q.142.a.1
336 Summa theologica Bd. I q.43.a.3*
337 Summa theologica Bd. I q.38.a.2. ad 2*
338 Summa theologica Bd. II,2 q.34.a.6. ad 1
339 Summa theologica Bd. II,1 q.33.a.3
340 Summa theologica Bd. II,1 q.4.a.1. ad 3*
341 Summa theologica Bd. II,1 q.4.a.3*
342 Summa theologica Bd. II,1 q.34.a.2
343 Psalmenkommentar 26, S.238*
344 Summa theologica Bd. II,1 q.31.a.3

345 Psalmenkommentar 30, S.251*
346 Summa theologica Bd. II,1 q.37.a.2
347 Summa theologica Bd. II,1 q.31.a.2
348 Summa theologica Bd. II,1 q.35.a.6
349 De caritate 35*
350 Summa theologica Bd. II,1 q.31.a.1
351 Summa theologica Bd. II,1 q.25.a.2
352 Summa theologica Bd. II,1 q.12.a.5. ad 2*
353 zu Peter Lombards Buch der Sentenzen Bd.III 1.3. ad 3*
354 zu Peter Lombards Buch der Sentenzen Bd. I 1.3. ad 2*
355 Summa theologica Bd. I q.65.a.1. ad 3*
356 Summa contra gentiles Bd. III.40, n.5, S.149
357 Summa theologica Bd. II,2 q.182.a.1*
358 Summa contra gentiles Bd. III.26, n.13, S.111*
359 Summa theologica Bd. II,1 q.34.a.2. ad 1
360 Summa theologica Bd. II,2 q.9.a.4. ad 1
361 Summa theologica Bd. II,2 q.180.a.1
362 Summa theologica Bd. II,2 q.180.a.2. ad 3
363 Summa contra gentiles Bd. I.91, n.12, S.339
364 Summa contra gentiles Bd. I.91, n.17, S.341
365 Summa theologica Bd. II,1 q.3.a.1. ad 1*
366 De perfectione vitae spiritualis Kap.II*
367 zu Aristoteles' Metaphysik Bd. III, L.11, S.192*
368 Summa theologica Bd. II,1 q.3.a.2. ad 1*
369 Summa contra gentiles Bd. I.102, n.8, S.371
370 Summa theologica Bd. I q.26.a.4
371 Summa theologica Bd. I q.20.a.3
372 Summa contra gentiles Bd. I.96, n.9, S.355
373 Kommentar zum Buch Hiob 35, S.119*
374 zu Peter Lombards Buch der Sentenzen Bd. I 14.1.1*
375 Kommentar zum Johannesevangelium 1.14b, Der Prolog ..., S.133
376 Kommentar zum Epheserbrief 5.5, S.490*
377 zu Peter Lombards Buch der Sentenzen Bd. II 1.2.3*
378 Summa theologica Bd. I q.26.a.4. ad 1
379 Summa theologica Bd. II,1 q.34.a.3. ad 3
380 Summa theologica Bd. II,1 q.4.a.1. ad 2*
381 Compendium theologiae I, 213
382 Summa theologica Bd. II,2 q.23.a.7
383 Summa theologica Bd. II,1 q.114.a.4
384 Summa contra gentiles Bd. III.35, n.3, S.135
385 Summa theologica Bd. I q.44.a.4. ad 3
386 Summa theologica Bd. I q.15.a.2
387 Summa theologica Bd. I q.13.a.2
388 zu Dionysius' De divinis nominibus n.445, S.147*
389 Summa theologica Bd. I q.60.a.5. ad 1
390 Summa theologica Bd. I q.60.a.5. ad 4
391 zu Dionysius' De divinis nominibus n.910, S.337*
392 Summa contra gentiles Bd. III. 97, n.2, S.83
393 Summa contra gentiles Bd. III. 150, n.2, S.285
394 Summa theologica Bd. I q.65.a.2*
395 Summa theologica Bd. I q.5.a.1
396 Summa theologica Bd. I q.60.a.1
397 Summa theologica Bd. I q.60.a.1. ad 3
398 Summa theologica Bd. I q.60.a.3
399 Summa theologica Bd. I q.60.a.4
400 Summa theologica Bd. I q.67.a.4. ad 2*
401 De potentia q.5.a.4*
402 De veritate q.22.a.1

403 De veritate q.22.a.1
404 Predigt zum Vaterunser S.103*
405 Summa theologica Bd. I q.22.a.4
406 Summa theologica Bd. I q.25.a.6. ad 3
407 De potentia q.3.a.6. ad 26*
408 Summa theologica Bd. I q.25.a.6. ad 3
409 Summa theologica Bd. I q.47.a.1
410 Summa theologica Bd. I q.47.a.2. ad 1
411 Summa contra gentiles Bd. II.2, n.4, S.7
412 Summa theologica Bd. I q.61.a.3
413 Summa theologica Bd. I q.65.a.2*
414 Summa theologica Bd. II,2 q.26.a.3
415 Summa contra gentiles Bd. III.64, n.10, S.267
416 Summa contra gentiles Bd. III.64, n.9, S.267
417 De potentia q.3.a.14. ad 10*
418 Summa theologica Bd. I q.73.a.3. ad 2*
419 Summa theologica Bd. I q.73.a.2. ad 1*
420 Summa theologica Bd. I q.104.a.3
421 Summa theologica Bd. II,1 q.20.a.5. ad 4*
422 Summa theologica Bd. I q.118.a.3. ad 2
423 Summa theologica Bd. I q.73.a.1. ad 3*
424 Zu Aristoteles' Politik Lekt.1, S.366*
425 Summa contra gentiles Bd. II.45, n.6, S.181
426 Summa theologica Bd. I q.74.a.2. ad 4*
427 De potentia q.6.a.1. ad 12*
428 Summa theologica Bd. I q.22.a.2
429 Summa theologica Bd. I q.22.a.3
430 Summa theologica Bd. I q.70.a.1*
431 Summa theologica Bd. I q.69.a.2*
432 Kommentar zum Matthäusevangelium 6, S.74*
433 Summa contra gentiles Bd. IV. 11, n.3, S.81
434 Summa theologica Bd. I q.69.a.2*
435 Summa theologica Bd. I q.69.a.2*
436 Summa theologica Bd. I q.73.a.3. ad 2*
437 Summa theologica Bd. I q.69.a.2. ad 3*
438 Kommentar zum Buch Hiob 26, S.93*
439 Kommentar zum Buch Hiob 28, S.96*
440 Jesajakommentar 56, S.558*
441 Summa theologica Bd. I q.73.a.1. ad 1*
442 Summa theologica Bd. I q.67.a.2*
443 Summa theologica Bd. I q.67.a.3*: siehe auch q.66.a.2-3
444 Summa theologica Bd. I q.91.a.1. ad 4
445 Summa theologica Bd. I q.70.a.1. ad 3*; siehe auch q.70.a.1-2, q.67.a.4 und q.68.a.3
446 Summa contra gentiles Bd. III. 84, n.14, S.22f
447 Summa contra gentiles Bd. II.3, n.5, S. 11
448 Summa theologica Bd. I q.103.a.2
449 Summa theologica Bd. II,2 q.1.a.8
450 Summa theologica Bd. II,2 q.1.a.8
451 Kommentar zum Buch Hiob 12, S.52f*
452 Psalmenkommentar 8, S.168*, Hiob 10*
453 Psalmenkommentar 8, S.169*
454 Psalmenkommentar 26, S.236*
455 Psalmenkommentar 8, S.169*
456 Summa theologica Bd. I q.103.a.4
457 Summa theologica Bd. I q.29.a.3*
458 Summa theologica Bd. I q.29.a.3. ad 2*
459 Summa theologica Bd. I q.29.a.3. ad 1*
460 Summa theologica Bd. I q.76.a.5. ad 4

461 Summa theologica Bd. I q.86.a.2. ad 4
462 Summa theologica Bd. I q.84.a.2. ad 2
463 Summa theologica Bd. I q.91.a.1
464 Summa contra gentiles Bd. III. 112, n.5, S.146
465 Summa theologica Bd. I q.86.a.2
466 Summa theologica Bd. I q.86.a.2*
467 Summa contra gentiles Bd. II.69, n.12*
468 Über die Herrschaft der Fürsten, I.12, S.48
469 De veritate q.1.a.2.ad 4
470 De veritate q.2.a.2.*
471 Summa contra gentiles Bd. III.112, n.5*
472 Summa contra gentiles Bd. II.98, n.10, S.499
473 Summa theologica Bd. I q.91.a.3. ad 2
474 Summa theologica Bd. I q.8.a.3. ad 3
475 Summa theologica Bd. I q.8.a.3
476 Summa theologica Bd. I q.93.a.6
477 Psalmenkommentar 48, S.337*, Psalm 8*
478 zu Dionysius' De divinis nominibus n.713, S.267*
479 De veritate q.22.a.11
480 De veritate q.2.a.2
481 De veritate q.22.a.11
482 De veritate q.22.a.11
483 Psalmenkommentar 48, S.337*
484 Summa theologica Bd. I q.70.a.2. ad 4*
485 Psalmenkommentar 36, S.279*
486 ebenda*
487 Summa theologica Bd. I q.93.a.4
488 Summa contra gentiles Bd. II.85, n.15, S.427
489 Summa theologica Bd. I q.27.a.4*
490 Summa theologica Bd. I q.36.a.1*
491 De veritate q.1.a.1
492 Kommentar zum Johannesevangelium 4.24, n.615*
493 Summa theologica Bd. I q.93.a.4. ad 1
494 Summa theologica Bd. I q.93.a.8. ad 3
495 Summa theologica Bd. I q.93.a.5. ad 4
496 Summa theologica Bd. I q.93.a.7
497 Summa theologica Bd. I q.93.a.8
498 Summa theologica Bd. I q.94.a.1
499 Summa theologica Bd. I q.93.a.6
500 Psalmenkommentar 17, S.202*
501 Summa theologica Bd. I q.93.a.6
502 Summa theologica Bd. I q.93.a.1
503 Summa theologica Bd. I q.93.a.6
504 Summa theologica Bd. I q.93.a.6
505 Summa theologica Bd. II,1 89.a.6*
506 Summa theologica Bd. II,2 q.25.a.7
507 Summa theologica Bd. I q.72.a.1. ad 1*
508 Psalmenkommentar 48, S.337*
509 Summa theologica Bd. I q.52.a.1
510 Psalmenkommentar 17, S.196*
511 Summa theologica Bd. I q.75.a.4
512 Summa theologica Bd. I q.75.a.4
513 Summa theologica Bd. I q.93.a.3
514 Summa theologica Bd. II,1 q.5.a.10. ad 5*
515 Summa theologica Bd. II,1 q.5.a.10. ad 5*
516 Über die Geistwesen, a.2. ad 5*
517 ebenda, ad 10*
518 Compendium theologiae I, 151

519 Compendium theologiae I, 153
520 Compendium theologiae I, 155
521 Compendium theologiae I, 168
522 Summa theologica Bd. II,1 q.26.a.1. ad 3
523 Kommentar zum Buch Hiob 40, S.136*
524 Summa theologica Bd. II,2 q.25.a.5
525 Summa contra gentiles Bd. III.127 n.4, S.194
526 Kommentar zum Brief an die Thessalonicher, 4.1, S.566*
527 Kommentar zum Epheserbrief 4,28, S.486*
528 Kommentar zum Epheserbrief 5,29, S.496*
529 Kommentar zum Korintherbrief II, 12, S.367*
530 Summa theologica Bd. II,1 q.4.a.6. ad 2*
531 Summa theologica Bd. I q.81.a.1
532 Summa theologica Bd. III q.18.a.2
533 Summa theologica Bd. III q.21.a.2. ad 1
534 Summa theologica Bd. II,1 q.56.a.5. ad 1*
535 Summa theologica Bd. I q.91.a.3, erste Hälfte*
536 Summa theologica Bd. I q.90.a.4
537 Summa theologica Bd. I q.75.a.4
538 Summa theologica Bd. I q.91.a.1. ad 1
539 Summa theologica Bd. I q.85.a.7*
540 Summa contra gentiles Bd. IV.79 n.10, S.396
541 De anima 2, ad 14*
542 De anima 1, ad 7*
543 Summa theologica Bd. I q.75.a.3*
544 Kommentar zum Epheserbrief 1.23, S.456*
545 Summa contra gentiles Bd. II.57, n.5, S.231
546 Summa contra gentiles Bd. II.57, n.6, S.233
547 Summa contra gentiles Bd. II.83, n.22, S.409
548 Summa theologica Bd. I q.98.a.1
549 Summa theologica Bd. I q.98.a.2
550 Summa theologica Bd. I q.98.a.2
551 Summa theologica Bd. I q.72.a.1. ad 4*
552 Summa contra gentiles Bd. III.126 n.3, S.192f
553 Summa theologica Bd. I q.60.a.1. ad 3
554 Summa contra gentiles Bd. III.126 n.3, S.192*
555 ebenda*
556 Summa theologica Bd. I q.98.a.2
557 De unione verbi incarnati 3, ad 13*
558 De unione verbi incarnati 1*
559 Summa theologica Bd. III q.32.a.1
560 Compendium theologiae I, 214
561 Compendium theologiae I, 201
562 Kommentar zum Epheserbrief 3.20, S.475*
563 Kurze Predigten zu Fronleichnam*
564 Zu Boethius' De Trinitate II, 1 ad 7*
565 Summa theologica Bd. II,2 q.45.a.6
566 Summa theologica Bd. II,2 q.34.a.3*
567 Kommentar zum Johannesevangelium 1.14b, Der Prolog ..., S.130
568 Kommentar zum Johannesevangelium, Präambel n.3*
569 Kommentar zum Johannesevangelium 1.11, Der Prolog ..., S.102f
570 Predigt zur Apostelgeschichte, S.25f*
571 Summa contra gentiles Bd. III.58, n.3, S.239
572 De veritate q.27.a.6*
573 Summa theologica Bd. II,2 q.24.a.3. ad 2
574 zu Peter Lombards Buch der Sentenzen Bd. I, 17.1.1*
575 Summa theologica Bd. I q.62.a.3
576 Summa theologica Bd. II,1 q.110.a.2

577 De veritate q.27.a.6
578 zu Dionysius' De divinis nominibus n.705, S.262*
579 Summa theologica Bd. I q.1.a.8. ad 2
580 Summa contra gentiles Bd. III.150 n.1, S.284f
581 Summa contra gentiles Bd. III.150 n.2, S.285
582 Kommentar zum Epheserbrief 1.9, S.448*
583 Jesajakommentar. 55, S.557*, Jes.1*, Ps.104*
584 Psalmenkommentar 46, S.330*
585 Predigt zur Apostelgeschichte, S.6*
586 Kommentar zum Korintherbrief II, 2, S.310*
587 Contra impugnantes Dei cultum et religionem, 11, S.54*
588 Kommentar zum Johannesevangelium 1.14a, Der Prolog ..., S.118
589 Kommentar zum Johannesevangelium 1.10, Der Prolog ..., S.98
590 Kommentar zum Johannesevangelium 1.5, Der Prolog ..., S.73
591 Kommentar zum Johannesevangelium 1.3, Der Prolog ..., S.56
592 Kommentar zum Johannesevangelium 1.3, Der Prolog ..., S.54
593 Kommentar zum Johannesevangelium 1.9, Der Prolog ..., S.88
594 Kommentar zum Johannesevangelium 1.3, Der Prolog ..., S.60
595 Kommentar zum Johannesevangelium 1.3, Der Prolog ..., S.65
596 Psalmenkommentar 21, S.224*
597 Summa theologica Bd. I q.34.a.3*
598 De veritate q.4.a.4. ad 6*
599 Summa theologica Bd. I q.37.a.2*
600 Summa theologica Bd. I q.37.a.2. ad 3*
601 Kommentar zum Johannesevangelium 15.5, n.1993*
602 Psalmenkommentar 32, S.262*
603 Kommentar zu Kolosser I. 1.4
604 zu Dionysius' De divinis nominibus n.168, S.53*
605 Psalmenkommentar 49, S.340*
606 Summa theologica Bd. I q.43.a.7. ad 1*
607 Psalmenkommentar 18, S.207*
608 zu Dionysius' De divinis nominibus n.923, S.343*
609 Summa theologica Bd. I q.2 Prolog
610 Summa theologica Bd. III q.1.a.1. ad 1
611 Summa theologica Bd. III q.1.a.2
612 Summa theologica Bd. III q.1.a.2*
613 Kommentar zum Matthäusevangelium 3, S.36*
614 Summa theologica Bd. I q.43.a.7. ad 4*
615 Summa theologica Bd. II,2 q.1.a.8
616 Jesajakommentar 56, S.558*
617 zu Dionysius' De divinis nominibus n.761, S.286*
618 zu Dionysius' De divinis nominibus n.50, S.17*
619 zu Dionysius' De divinis nominibus n.953, S.356*
620 Summa theologica Bd. II,1 q.3.a.1. ad 1*
621 zu Dionysius' De divinis nominibus n.938, S.347*
622 zu Dionysius' De divinis nominibus n.824, S.308*
623 Kommentar zum Matthäusevangelium 6.15*
624 zu Dionysius' De divinis nominibus n.525, S.188*
625 zu Dionysius' De divinis nominibus n.524, S.188
626 Summa contra gentiles Bd. IV. 26, n.7, S.176
627 Summa theologica Bd. I q.4.a.3. ad 4
628 Jeremia-Kommentar 3, S.587*
629 Jesajakommentar 63, S.571*
630 Jeremia-Kommentar 3, S.587*
631 Kommentar zum Matthäusevangelium 6, S.70*
632 ebenda*, (Weish.8*, Sirach 43*)
633 zu Dionysius' De divinis nominibus n.650, S.238*
634 Compendium theologiae I, 216

635 Kommentar zum Matthäusevangelium 7, S.81*
636 Kommentar zum Hebräerbrief, Prolog, S.666*
637 Kommentar zum Johannesevangelium 1.26, n.246*
638 Compendium theologiae I, 201
639 zu Dionysius' De divinis nominibus n.530, S.193*
640 ebenda*
641 Summa theologica Bd. I q.49.a.3
642 zu Dionysius' De divinis nominibus n.552, S.206*
643 zu Dionysius' De divinis nominibus n.546, S.201*
644 zu Dionysius' De divinis nominibus n.490, S.170*
645 Summa theologica Bd. II,1 q.79.a.4. ad 1*
646 Kommentar zum Matthäusevangelium 10, S.104*
647 Summa theologica Bd. I q.22.a.2
648 Summa theologica Bd. I q.5.a.5. ad 6*
649 Summa contra gentiles Bd. III.153 n.3*
650 Compendium theologiae I, 142
651 Summa contra gentiles Bd. II. 41, n.13, S.157
652 Summa theologica Bd. I q.65.a.1. ad 2*
653 Summa theologica Bd. I q.49.a.3
654 Summa theologica Bd. I q.49.a.3
655 Summa theologica Bd. I q.49.a.3
656 Summa contra gentiles Bd. III.12, n.1, S.49
657 Summa contra gentiles Bd. III.12, n.2, S.49
658 Summa theologica Bd. I q.63.a.1
659 Summa theologica Bd. I q.48.a.5
660 Summa contra gentiles Bd. III.11, n.7, S.49
661 Kommentar zum Hebräerbrief, Kap.1, S.673*
662 Summa theologica Bd. I q.63.a.3
663 Summa theologica Bd. I q.69.a.2. ad 2*
664 zu Dionysius' De divinis nominibus n.559, S.207*
665 Summa contra gentiles Bd. II.44, n.13-14, S.177
666 zu Dionysius' De divinis nominibus n.555, S.207*
667 zu Dionysius' De divinis nominibus n.566, S.208*
668 zu Dionysius' De divinis nominibus n.561, S.207*
669 zu Dionysius' De divinis nominibus n.567, S.208*
670 zu Dionysius' De divinis nominibus n.581, S.214*
671 Summa contra gentiles Bd. III.10, n.1, S.37
672 zu Dionysius' De divinis nominibus n.492, S.175*
673 Summa contra gentiles Bd. III.11, n.1, S.47
674 Summa contra gentiles Bd. III.11, n.4, S.47
675 Summa theologica Bd. I q.5.a.3
676 Summa theologica Bd. I q.5.a.3. ad 2
677 Summa theologica Bd. I q.1.a.6. ad 5*
678 Summa contra gentiles Bd. III.4, n.1, S.17
679 Summa contra gentiles Bd. III.4, n.2, S.17
680 Summa contra gentiles Bd. III.4, n.3, S.17
681 Summa contra gentiles Bd. III.10, n.7, S.39
682 Summa theologica Bd. II,1 q.82.a.1*
683 Summa theologica Bd. II,1 q.82.a.3*
684 Summa theologica Bd. II,1 q.81.a.5*
685 Summa theologica Bd. II,2 q.106.a.3. ad 2
686 Summa theologica Bd. II,2 q.114.a.1. ad 3
687 Über das Böse VIII, 1. ad 1*
688 Summa theologica Bd. II,1 q.5.a.3*
689 Summa theologica Bd. II,2 q.28.a.3
690 Summa theologica Bd. I q.26.a.1
691 Summa theologica Bd. II,2 q.3.a.2*
692 Summa theologica Bd. II,2 q.3.a.2. ad 2*

693 Summa contra gentiles Bd. III.40, n.6, S.149
694 Summa theologica Bd. II,1 q.5.a.2*
695 Summa theologica Bd. II,2 q.28.a.3
696 Summa theologica Bd. II,2 q.28.a.1
697 Summa theologica Bd. II,2 q.28.a.1
698 Summa theologica Bd. II,2 q.28.a.3*
699 Summa theologica Bd. II,2 q.26.a.5. ad 2
700 Über das Böse VIII, 1. ad 1*
701 Summa theologica Bd. II,2 q.138.a.1
702 Summa theologica Bd. II,1 q.29.a.3
703 Summa theologica Bd. II,1 q.100.a.5. ad 2
704 Summa theologica Bd. II,1 q.100.a.5. ad 2
705 zu Peter Lombards Buch der Sentenzen Bd. III, 9.1.3, sol.III*
706 Summa theologica Bd. II,1 q.100.a.5. ad 2
707 Kommentar zum Korintherbrief II, Kap. 1, S.301*
708 ebenda*
709 Summa theologica Bd. II,1 q.100.a.5. ad 2
710 Summa theologica Bd. II,2 q.106.a.3. ad 2*
711 Summa theologica Bd. II,2 q.107.a.1. ad 3
712 Jesajakommentar 54, S.555*
713 Kommentar zum Johannesevangelium 1,26, n.246*
714 Summa theologica Bd. II,1 q.28.a.5
715 Psalmenkommentar 44, S.326*
716 Psalmenkommentar 45, S.329*
717 Summa theologica Bd. I q.8.a.16. ad 9*
718 Summa theologica Bd. I q.8.a.17*
719 Jesajakommentar 6, S.457*
720 Summa theologica Bd. II q.107.a.2
721 Psalmenkommentar 12, S.183*, (Mt.17*)
722 zu Dionysius' De divinis nominibus n.641, S.236*
723 Psalmenkommentar 38, S.297*
724 Psalmenkommentar 33, S.265*
725 Psalmenkommentar 38, S.297*
726 Psalmenkommentar 50, S.349*
727 Summa theologica Bd. I q.60.a.3
728 Summa theologica Bd. I q.57.a.4
729 Kommentar zum Römerbrief VIII. 1.5, S.120
730 Summa theologica Bd. II,2 q.27.a.4. ad 2
731 zu Dionysius' De divinis nominibus n.860, S.324*
732 zu Dionysius' De divinis nominibus n.864, S.324*
733 ebenda*
734 zu Dionysius' De divinis nominibus n.630, S.235*
735 zu Dionysius' De divinis nominibus n.719, S.271*
736 zu Dionysius' De divinis nominibus n.735, S.277*
737 zu Dionysius' De divinis nominibus n.98, S.30* (nicht alle von Thomas zitierten Textstellen sind in der Bibel auffindbar, z.B.: Luk.18*, Dan.9*, Hiob 14*, Jes.29*). Die Formulierung „überweltlich“ aus Matthäus 6 meint das supersubstantialis der Vulgata-Übersetzung, eine Fehlinterpretation des griechischen epiousion, was eigentlich 'täglich' oder 'für den heutigen Bedarf' bedeutet; Thomas bezieht sich auf die Stelle, die in gängiger Übersetzung heißt „unser täglich Brot“.
738 Summa theologica Bd. II,2 q.35.a.3. ad 1
739 Summa theologica Bd. II,2 q.35.a.3
740 Über das Böse XI, 1. ad 4*
741 Summa theologica Bd. II,2 q.35.a.1
742 Summa theologica Bd. II,2 q.35.a.1
743 Summa theologica Bd. II,2 q.35.a.1
744 Summa theologica Bd. II,2 q.35.a.1. ad 1
745 Über das Böse XI, 3. ad 4*

746 Summa theologica Bd. II,2 q.20.a.4. ad 3*
747 Jesajakommentar 40, S.529*
748 Summa theologica Bd. II,2 q.35.a.1. ad 4
749 Summa theologica Bd. II,1 q.33.a.1
750 Jesajakommentar 40, S.529*
751 Psalmenkommentar 26, S.238*
752 Kommentar zum Epheserbrief 2.4, S.458*
753 Psalmenkommentar 30, S.253*
754 Psalmenkommentar 33, S.266*
755 Psalmenkommentar 17, S.202* (Spr.20*)
756 Summa theologica Bd. II,2 q.20.a.3*
757 Summa contra gentiles Bd. IV.71 n.6, S.362f
758 Summa theologica Bd. II,2 q.20.a.4. ad 2*
759 Jesajakommentar 38, S.525* (Hiob 18*)
760 ebenda*
761 Questiones quodlibetalis, 5, q.3.a.6. ad 2*
761 Questiones quodlibetalis, 5, q.3.a.6. ad 2*

Zweites Gespräch:

Über die Via Negativa

Gott geht über alles hinaus,
was wir mit dem Verstand begreifen können. (0)

Matthew Fox: Bei unserem vorigen Gespräch beschäftigten wir uns mit der Via Positiva, der Erfahrung des Gottes des Lichts, des kataphatischen Gottes, der die 'Frische' der Schöpfung ist, wie du es ausdrücktest. Richten wir unsere Aufmerksamkeit nun auf die Via Negativa, den apophatischen Gott, den Gott der Dunkelheit, des Mysteriums, der Stille und der Trauer.

Bruder Thomas, manchmal erleben wir ein Nichts. Woher kommt diese Erfahrung? Schließlich haben wir auf der Via Positiva festgehalten, daß alle Dinge gut und schön sind, daß sie Bilder der Gottheit sind.

Thomas von Aquin: Obwohl Gott das höchste Gute ist und äußerst großzügig, kann Gott die Gottheit nicht an die Geschöpfe weitergeben, denn sie können die Totalität der göttlichen Güte nicht empfangen. (1)

Fox: Du sagst, daß alle Geschöpfe trotz ihrer Herrlichkeit auch Grenzen und Schwächen haben und sich dies besonders dann zeigt, wenn die Gottheit danach verlangt, sich selbst zu geben.

Thomas: Daß keine geschaffene Gestalt (creata species) das göttliche Wesen repräsentieren kann, ist klar: Denn nichts Endliches kann Unendliches darstellen, wie es ist. Jede geschaffene Gestalt aber ist endlich. (2) Die Unfähigkeit, die Gabe der Liebe zu empfangen, ist Zeichen großer Schwäche. Sie tragen zu können, ist Zeichen großer Stärke. (3)

Fox: Ich finde deine Bemerkung sehr wichtig, daß es große Kraft braucht, Liebe zu empfangen und zu tragen. In unserer Kultur neigen wir dazu, die gebende Liebe mehr zu preisen als die empfangende. Du sprichst aber auch von unserer Schwäche, die darin liegt, die Geschenke der Liebe nicht annehmen zu können. Woher kommt diese Schwäche?

Thomas: Geschöpfe sind insofern vergänglich, als sie am Rande des Nichts existieren. Sie sind jedoch nicht vergänglich, insofern sie nach Gottes Bild geschaffen sind. (4)

Fox: Du scheinst da einen dialektischen Tanz zu tanzen, einen Sowohl/als auch-Prozeß, bei dem du einerseits den Glanz der Geschöpfe feierst und auf der anderen Seite ihre Dunkelheit benennst.

Thomas: Geschöpfe sind Dunkelheit, insofern sie aus dem Nichts stammen. Sofern sie aber von Gott stammen, haben sie Anteil an der Ebenbildlichkeit und führen zur Ebenbildlichkeit Gottes hin. (5)

Fox: Wie kann es sein, daß die Geschöpfe, die du auf der Via Positiva als Spuren Gottes und ihrem Dasein nach Gott ähnlich erhoben hast, aus dem Nichts hervorgehen?

Thomas: Positiv gesagt, ist die Neigung der Geschöpfe zum Nichts bloßer Ausdruck ihrer wesenhaften Abhängigkeit vom Kausalprinzip. (6)

Fox: Und manchmal erleben wir dieses Nichts. Könntest du dafür Beispiele geben?

Thomas: Johannes der Täufer sprach von dem, „dessen Schuhriemen zu lösen ich nicht wert bin“, was der kleinste Dienst ist, den man einem anderen Menschen erweisen kann. Daraus wird deutlich, daß Johannes in der Erkenntnis Gottes so großen Fortschritt gemacht hatte, daß er im Bedenken der unendlichen Größe Gottes sich selbst völlig erniedrigte und sagte, er sei nichts. Das tat auch Abraham, als er Gott erkannte und sagte (Gen.18,27): „Ich rede mit meinem Herrn, obwohl ich Staub und Asche bin.“ Gleiches tat Hiob, als er sagte (Hiob 42,5): „Jetzt habe ich dich gesehen; ich widerrufe deshalb und tue Buße in Staub und Asche.“ Nachdem Jesaja die Herrlichkeit Gottes geschaut hatte, sagte auch er (Jes.40,17): „Vor ihm sind alle Völker wie nichts.“ (7)

Fox: Mir scheint, daß eine Neigung zur Nichtigkeit zu unserer Verfassung gehört, und daß wir auf der Via Negativa gezwungen sind, diese Wirklichkeit zu erfahren.

Thomas: Geschöpfe stammen aus dem Nichts und würden auch dorthin zurückkehren, wenn Gott es zuließe. (8) Das Geschöpf hat aus sich heraus die Neigung zum Nichtsein, da es aus dem Nichts stammt. (9)

Fox: Unser Dasein ist also durch das Nichts gebunden – wir sind vom Nichts umgeben?

Thomas: Die Geschöpfe werden von Gott im Dasein erhalten. ... Alle Geschöpfe brauchen es, von Gott erhalten zu werden. Denn das Dasein aller Geschöpfe hängt von Gott ab, so daß sie keinen Augenblick lang existieren könnten, sondern ins Nichts fallen würden, wenn die Tätigkeit der göttlichen Kraft sie nicht erhielte. (10) Würde Gott auch nur einen Augenblick lang den von Gott geschaffenen Dingen die göttliche Kraft entziehen, würde alles ins Nichts (in nihilum) zurückfallen und aufhören zu sein. (11)

Fox: Das läßt unser Dasein, so herrlich es ist, sehr zerbrechlich erscheinen.

Thomas: Absolut gesehen könnte Gott die erhaltende göttliche Tat unterlassen und die Dinge würden zu sein aufhören. Relativ zur göttlichen Weisheit und Vorausschau aber, würde Gott es nicht tun. „Denn Gott hat den Tod nicht gemacht und hat keine Freude am Untergang der Lebenden. Denn Gott hat alles zum Dasein geschaffen“ (Weish.1,13-14), – nicht, damit es ins Nichts fällt. (12)

Fox: Unsere Erfahrungen des Nichts sind also nicht etwas, wovor wir Angst haben müssen? Können wir sagen, daß wir den Erfahrungen des Nichts vertrauen können, weil wir darauf vertrauen, daß das Dasein fortdauert?

Thomas: Die Natur der Geschöpfe zeigt, daß keines von ihnen auf das Nichts zurückgeführt wird. Denn entweder sind sie immateriell und haben somit keine Möglichkeit zum Nichtsein in sich. Oder sie sind materiell und bestehen deshalb immer fort, wenigstens hinsichtlich ihrer Stofflichkeit, die unzerstörbar ist, insofern sie selbst Träger von Entstehen und Vergehen ist. Es gehört auch nicht zu den Manifestationen der Gnade, etwas aufs Nichts zurückzuführen, denn die göttliche Kraft und Güte erweist sich mehr dadurch, die Dinge im Dasein zu halten. Daher läßt sich grundsätzlich sagen, daß gar nichts auf Nichts zurückgeführt wird. (13)

Fox: Es scheint, daß die Via Positiva fest bleibt, ganz gleich, was wir auf der Via Negativa durchlaufen. Ich verstehe dich so, daß unsere Erfahrungen des Nichts auf Tatsachen gegründet und sowohl real als auch heilsam sind, daß wir darin die Kraft gewinnen, zu heilen und geheilt zu werden. Dunkelheit ist eine Lehrerin und eine Weise, die Weisheit selbst zu berühren.

Thomas: Wir werden nicht nur belehrt, indem wir etwas über die Dinge lernen, sondern indem wir ihnen unterzogen werden. Die Geheimnisse der Gottheit können nur durch eine geistige Wiedergeburt erlangt werden. (14)

Fox: Eine geistige Wiedergeburt umfaßt auch eine Art des Sterbens. Geburt ist eine Art des Sterbens und Tod eine Art der Geburt. Eine Rückkehr zu unseren Ursprüngen scheint also eine Art der 'Wiedergeburtserfahrung' zu sein. Doch hast du behauptet, daß das Nichts Teil unserer Ursprünge sei. Du hast von den 'Geheimnissen der Gottheit' und dem 'Wunder' gesprochen, das uns verborgen ist.

Thomas: Die Ursache dessen, was uns staunen läßt, ist uns verborgen. (15)

Fox: Sage bitte mehr über diese Achtung vor dem Geheimnis, die mir in deiner Lehre über die Via Negativa eine so wichtige Rolle zu spielen scheint.

Thomas: Jesaja spricht von 'verborgen', weil die großen Werke Gottes zunächst wegen ihrer Größe verborgen sind. Bei Matthäus 19,11 heißt es: „Nicht alle können dieses Wort erfassen." Und bei Johannes 3,12: „Wenn ich zu euch über irdische Dinge spreche und ihr nicht glaubt, wie werdet ihr glauben, wenn ich zu euch über himmlische Dinge spreche?" Zweitens sind sie uns wegen ihrer Würde verborgen. Matthäus 13 sagt: „Uns ist es gegeben, das Geheimnis des Gottesreiches zu erkennen, anderen aber nur in Gleichnissen." Drittens sind sie verborgen wegen der Unangemessenheit anderer, wie Matthäus 7,6 sagt: „Gebt das Heilige nicht den Hunden." (16)

Fox: Die Mysterien Gottes bleiben also genau das – Mysterien.

Thomas: Jeremia sagt, daß es ein „versiegeltes Buch" gibt. Dieses Buch ... ist durch die Tiefe des Geheimnisses versiegelt. In 1 Korinther 14,2 heißt es: „Der Geist spricht Geheimnisse aus." Ein Apostel wird so genannt, weil er die Heiligen Schriften hervorgebracht hat: „Euch ist es gegeben, die Geheimnisse des Gottesreiches zu erkennen" (Mt.13,11). Es ist auch durch die Vielfalt seiner Bilder versiegelt, wie auch die anderen Bücher der Propheten. In Sprüche 1 steht: „Verstehe Sinnsprüche und Gleichnisse, die Worte und Rätsel der Weisen." Und in Hosea 12,11: „Ich lasse die Propheten viele Visionen sehen und sende durch sie Vernichtung." (17)

Fox: Das Geheimnis des Gottesreiches ist verborgen.

Thomas: Der Weg des Geistes ist tatsächlich verborgen. So heißt es in Psalm 31,20: „Wie groß ist deine Güte, Herr, die du vor denen verbirgst, die dich fürchten." Denn da sie verborgen ist, wird sie nur von wenigen gefunden. Manche aber finden sie und ziehen sich davor zurück. In bezug auf jene, steht bei Lukas 9,62: „Niemand, der die Hand an den Pflug legt und noch einmal zurückblickt, ist für das Reich Gottes geeignet." (18)

Fox: So bleibt also die Gottheit, der wir begegnen, zutiefst geheimnisvoll.

Thomas: Wir sind mit Gott als mit einem Unbekannten (ignotus) verbunden. (19)

Fox: Sage uns mehr über diese 'unbekannte' Gottheit.

Thomas: Man sollte nun wissen, daß es an Gott etwas gibt, das den Menschen in diesem Leben gänzlich unbekannt bleibt, nämlich was Gott ist. So fand

Paulus in Athen einen Altar mit der Inschrift: „Dem unbekannten Gott (Ignoto Deo)". Das ist so, weil das menschliche Erkennen bei den Dingen beginnt, die ihm entsprechen, das heißt, bei den sinnlich wahrnehmbaren Geschöpfen, die nicht geeignet sind, das göttliche Wesen zur Darstellung zu bringen. (20)

Fox: Du hast über die 'Geheimnisse Gottes' gesprochen, über die 'Verborgenheit' des wunderbaren Gottes und von Gott als dem 'Unbekannten'. Welche praktischen Implikationen hat es, diesem apophatischen Gott der Dunkelheit zu begegnen?

Thomas: Gott wird in der Stille angebetet. (21) Gott ist über alle Sprache hinaus. (22)

Fox: Warum das?

Thomas: Gott allein kennt die Tiefen und Schätze der Gottheit, und die göttliche Weisheit allein kann ihre Geheimnisse verkünden. (23)

Fox: Du sagst, daß wir vor dem großen Geheimnis der Gottheit verstummen und still werden müssen?

Thomas: Es gibt verschiedene Arten des Schweigens: das der Dummheit, das der Geheimhaltung, das der Geduld und das eines stillen Herzens. (24)

Fox: Wenn du von der Stille der Via Negativa sprichst, nehme ich an, daß du von einem stillen Herzen sprichst?

Thomas: Der Geist ist sich und Gott gegenwärtig, bevor er irgendwelche Vorstellungen von den Sinnen empfängt. (25)

Fox: Als einer der größten Geister der westlichen Zivilisation, der uns von der 'Unendlichkeit' unseres Intellektes erzählt hat, preist du hier die Geistlosigkeit und Entleerung des Geistes. Offenbar praktizierst du die Sowohl/als auch-Dialektik, die du predigst! Warum aber ist die Stille ein so wertvoller Pfad zu Gott?

Thomas: Die Erkenntnis, die Gott durch die Geschöpfe sieht, ist keine Erkenntnis des göttlichen Wesens, sondern eine, die rätselhaft (aenigmatica) und gespiegelt (specularis) und von fern ist. ... Durch alle diese Erkenntnisakte weiß man nicht, was Gott ist, sondern was Gott nicht ist, ... Die vollkommene Art, Gott im gegenwärtigen Leben zu erkennen, liegt darin, sich von allen Geschöpfen und allen Vorstellungen von ihnen frei zu machen. (26)

Fox: Loslassen ist also ein Weg zur Gotteserfahrung. Du hast ihn sogar als den 'vollkommenen Weg' zu Gott in diesem Leben bezeichnet.

Thomas: Die größte Leistung des Geistes ist es, zu erkennen, daß Gott über all unser Denken hinausgeht. (27) Das Äußerste in der menschlichen Erkenntnis ist das Wissen, daß wir Gott nicht erkennen können. (28)

Fox: Ich verstehe das so, daß du das herausragende Mysterium hinter dem Mysterium Gottes betonst.

Thomas: Gott übersteigt alle Sprache. Gott ist unaussprechlich, und niemand kann Gottes Lobpreis ausreichend erklingen lassen. (29) Zur Betrachtung der göttlichen Substanz ist der Weg der Negation vorzuziehen. Denn die göttliche Substanz reicht in ihrer Unermeßlichkeit weit über jede Form hinaus, die der menschliche Verstand erreichen kann. Wir können also beim Versuch, sie zu verstehen, nicht wissen, was sie ist. Wir erkennen jedoch etwas von ihr, wenn wir wissen, was sie nicht ist. Und je mehr wir über unseren Verstand von ihr verneinen können, um so näher kommen wir der Erkenntnis von ihr. (30)

Fox: Ich spüre, daß du auf der Via Positiva nach dem Gott des Lebens, des Daseins, der Schönheit und Weisheit gesucht hast. Nun bist du aber intensiv auf der Suche nach der 'göttlichen Essenz', ein Ausdruck, den du häufig wiederholst. Dein geistiger Ehrgeiz, im guten Sinne des Wortes berührt mich, das heißt, daß du der Essenz Gottes begegnen möchtest.

Thomas: Da die Vollkommenheit eines Menschen in der Vereinigung mit Gott liegt, ist es notwendig, daß man sich in jeder möglichen Weise an Göttliches hält und sich dazu hinführen läßt. (31)

Fox: Und man muß sich nicht darum sorgen, zu ehrgeizig in der Suche nach der Gotteserfahrung zu sein?

Thomas: Je mehr man sich mit Dingen beschäftigt, die wertvoller als man selbst sind – sofern das in einem angemessenen Rahmen geschieht –, um so mehr Nutzen wird man davon haben. (32)

Fox: Mir scheint, daß wir auf der Via Negativa an das stoßen, was du als unsere 'Grenzen' der Gotteserkenntnis bezeichnet hast.

Thomas: Tatsächlich ist es ungesetzlich, während wir in dieser Welt sind, die göttlichen Mysterien mit der Absicht zu untersuchen, sie völlig zu begreifen. ... Bezüglich des Göttlichen können wir nicht begreifen, was es ist, sondern nur, was es nicht ist. (33)

Fox: Und du suchst nach einem vertieften Wissen der göttlichen Essenz?

Thomas: Weisheit besteht nicht nur in dem Wissen, daß Gott existiert, sondern in der Erkenntnis dessen, was Gott ist. In diesem Leben können wir das aber nur insoweit erkennen, daß wir wissen, was Gott nicht ist. (34)

Fox: Und warum ist das so?

Thomas: Da Gott alle Geschöpfe unendlich übersteigt, kann kein Geschöpf derart auf Gott hinbewegt werden, daß es Gott gleich wird, weder in dem, was es von der Gottheit empfängt, noch in dem, was es von der Gottheit weiß. (35)

Fox: Und der einzige Weg, Gottes Essenz zu erkennen, ist der Weg der Paradoxie, das heißt, des Loslassens unserer rationalen Bemühungen, Gott zu erreichen.

Thomas: Wir sammeln nicht nur Kenntnisse über Göttliches, sondern unterstellen uns ihnen auch. Damit meine ich, daß wir mehr tun, als die Dinge mit unserem Verstand zu studieren. Wir verlieben uns auch in sie und lernen sie schätzen. (36)

Fox: Auf der Via Positiva haben wir uns viel verliebt, sind ehrfürchtig geworden und haben die Welt schätzen gelernt. Jetzt sprichst du aber von einer anderen Art der Liebe, der Liebe zum Loslassen und Stillwerden. Ich spüre, daß die von dir gepriesene Stille eine Art des Loslassens von Bildern ist, die ein Zulassen ermöglicht. Das Loslassen unserer Sprache für Gott ermöglicht den Tiefen der Gottheit hervorzutreten. Das scheint zu einem Hervortreten von noch mehr Wunderbarem zu führen, weil es eine größere Gottheit hindurchbrechen läßt.

Thomas: Wenn wir Gott schweigend anbeten, verstehen wir, wie weit Gott unser Begreifen übersteigt. (37) Gott ... übersteigt die Fassungskraft der Vernunft. (38) Die Gotteserkenntnis ... durch Beweisführung ... läßt vieles zu wünschen übrig. (39)

Fox: Du setzt dich sehr dafür ein, über das Rationale hinauszugehen.

Thomas: Die höchsten Gipfel der Weisheit liegen jenseits des menschlichen Denkens. „Vor den Augen aller Lebenden verhüllt“ (Hiob 28,21). Und auch: „Gott hüllt sich in Finsternis“ (Ps.18,12). Dort wohnt auch die Weisheit und kann da von engagierten Führern gefunden werden: „Der Geist ergründet alles, sogar die Tiefen Gottes“ (1 Kor.2,10). (40)

Fox: Ich verstehe das so, daß du den Unterschied zwischen Wissen und Weisheit zeigen willst: Weisheit umfaßt das Mysterium und die Reaktion auf die Ehrfurcht, die uns über das Wissen und die Analyse hinausträgt oder, wie wir heute sagen würden, über die Arbeit der linken Hirnhälfte.

Thomas: Kein geschaffener Geist (intellectus creatus) kann im Anschauen Gottes alles erkennen, was Gott tut oder tun kann. Das hieße nämlich, die göttliche Kraft zu begreifen. (41) Gott fällt unter keine Gattung, ... keine begriffliche Bestimmung. (42)

Fox: Warum müssen die Bemühungen unserer linken Hirnhälfte, Gott zu definieren, immer zu kurz greifen?

Thomas: Logische Kategorien mögen den Rahmen der physischen Welt bilden, nicht aber der ersten Ursprünge der Wirklichkeit. Gottes unendliche Einfachheit übersteigt alle Versuche, Gott nach Art und Gattung zu klassifizieren. Folglich ist Gott kein Gegenstand wissenschaftlicher Definition. (43)

Fox: Und in der Gegenwart der 'unendlichen Einfachheit' Gottes müssen wir sein und nicht denken, viel weniger analysieren. Willst du sagen, daß Gott wirklich einen Namen hat?

Thomas: Die Gottheit ist unbegreiflich. Sie kann weder erfaßt noch durch einen Namen bezeichnet werden. (44)

Fox: Warum bist du so sicher, daß Gott unaussprechlich ist?

Thomas: Die Manifestation des göttlichen Lichtes ist uns wegen seiner Erhabenheit und Einfachheit verborgen. (45) Niemand ist so weise, daß sein Wissen nicht von der göttlichen Helligkeit weit überstrahlt würde. Deshalb sagt Hiob: „Alle sehen von fern", das heißt, die Erkenntnis der Menschen ist weit entfernt vom vollkommenen Begreifen des göttlichen Wesens. Denn es ist den Menschen nicht anders möglich zu erkennen als durch die göttlichen Werke; doch sind diese unendlich weit von der Erhabenheit des göttlichen Wesens entfernt. Außerdem können die Menschen auch die göttlichen Werke nicht völlig verstehen. Hiob schließt daraus, daß Gott alles menschliche Erkennen durch die göttliche Erhabenheit übersteigt, wie es in Psalm 139,6 heißt: „Dein Wissen ist wunderbar." Und er fügt hinzu: „Siehe, die Größe Gottes übersteigt unser Erkennen." Denn, daß Gott von uns nicht erkannt werden kann, liegt nicht an einem Mangel auf Seiten Gottes, wie es bezüglich Bewegung und Zeit der Fall ist, sondern an der göttlichen Erhabenheit. (46)

Fox: Die 'göttliche Erhabenheit' ist also viel zu gewaltig, um von Geschöpfen begriffen zu werden. Damit scheinst du uns zwei Gründe für unser Schweigen vor dem Mysterium Gottes zu geben.

Thomas: Geschöpfe können den Schöpfer nicht angemessen darstellen, so daß wir durch sie zu keiner vollkommenen Erkenntnis Gottes gelangen. Ein weiterer Grund für unser unvollständiges Erkennen ist die Schwäche unseres

Verstandes, der nicht alle Hinweise auf Gott aufnehmen kann, die sich in den Geschöpfen finden. (47)

Fox: Mir gefällt diese Formulierung von dir, daß wir nicht alle Hinweise, die sich von Gott in den Geschöpfen finden, in uns aufnehmen können. Darin drückt sich nämlich die wesentliche Unaussprechlichkeit unserer ekstatischen Erfahrungen aus. Und die Tiefe des göttlichen Mysteriums, dem wir in der Schöpfung begegnen, wird unterstrichen.

Thomas: Paulus sagt (Röm 1,20): „Seit der Erschaffung der Welt wird seine unsichtbare Wirklichkeit an den Werken der Schöpfung mit der Vernunft wahrgenommen, Gottes ewige Macht und Göttlichkeit." Diese Erkenntnis bleibt aber unvollkommen, weil der Mensch nicht einmal die Schöpfung vollkommen erkennen kann und diese nicht an die vollkommene Darstellung Gottes heranreicht, weil die Kraft dieser Ursache die Wirkung unendlich übersteigt, wie Hiob (11,7) sagt: „Willst du die Spuren Gottes begreifen und vollendet den Allmächtigen finden?" und nachdem in Hiob (36,25) gesagt ist: „Alle Menschen sehen ihn", wird hinzugefügt: „Ein jeder blickt von fern." (48)

Fox: Du weist mit Recht darauf hin, daß sogar die Geschöpfe im Hinblick auf ihr tiefstes Geheimnis unser Erkennen übersteigen. Aber wir wissen doch einiges über Gott, oder nicht?

Thomas: Das Unsichtbare an Gott, das Wesen Gottes, können wir, wie gesagt, nicht sehen: „Niemand hat je Gott gesehen" (Joh.1,18), das heißt im Wesen, solange man im sterblichen Leben lebt. „Dem Könige der Ewigkeit, dem unvergänglichen, unsichtbaren Gott" (1.Tim.1,17). Er spricht von den unsichtbaren Dingen im Plural, weil uns das Wesen Gottes in sich selbst, wo es eins ist, unbekannt ist. So wird es uns in unserer Heimat bekannt sein, wenn der Herr einer sein wird und sein Name einer sein wird, wie Sacharja (14,9) sagt. Es wird uns dennoch in gewissen Ähnlichkeiten in den Geschöpfen offenbart, die auf vielfältige Weise zeigen, was in Gott eins ist. Auf diese Weise betrachtet unser Verstand die Einheit des göttliche Wesens im Hinblick auf die Güte, die Weisheit, die Kraft und anderes, was es eigentlich in Gott selbst nicht gibt. Paulus hat diese Dinge an Gott unsichtbar genannt, weil das Eine, das in diesen Dingen Gott entspricht, für uns unsichtbar ist. (49)

Fox: Die Geheimnisse Gottes und die unsichtbaren Dinge Gottes repräsentieren die Unerkennbarkeit Gottes?

Thomas: Aufgrund Gottes Erhabenheit bleibt Gott uns unbekannt, wie es bei Hiob (36,26) heißt: „Siehe, Gott ist groß und erhaben über unser Wissen." (50)

Fox: Und doch gibt es etwas von Gott, was wir verstehen können, oder nicht?

Thomas: Die Vision Gottes ist eine zweifache: Die eine ist vollkommen und durch sie wird Gottes Wesen geschaut. Die andere ist unvollkommen, und durch sie sehen wir zwar nicht, was Gott ist, aber wir sehen, was Gott nicht ist. Und wir erkennen Gott in diesem Leben um so vollkommener, je mehr wir verstehen, daß Gott alles überschreitet, was der Verstand erfassen kann. (51)

Fox: Und doch sagtest du bei der Diskussion auf der Via Positiva, daß wir durchaus zum Beispiel von der Kraft Gottes und der Schönheit Gottes wissen können.

Thomas: Aus der Erkenntnis der Sinnesgegenstände kann man nicht die ganze Kraft Gottes erkennen und daher auch auf diese Weise nicht sein Wesen schauen. Da sie aber von einer Ursache abhängige Wirkungen sind, können wir durch sie hindurch erkennen, daß Gott ist, und auch alles, was für Gott nötig ist, um die erste Ursache von allem sein zu können, die alles von ihr Verursachte übertrifft. (52)

Fox: Kann nicht einmal unsere Phantasie, so unendlich sie ist, Gott sehen?

Thomas: In der Vision der Phantasie (visio imaginaria) schaut man nicht das Wesen Gottes (essentia Dei), sondern wir bilden in der Phantasie Formen, die Gott einer gewissen Ähnlichkeit nach darstellen, wie in den heiligen Schriften das Göttliche metaphorisch durch Sinnesgegenstände beschrieben wird. (53)

Fox: Und warum ist das so?

Thomas: Für Menschen ist die Kontemplation wegen ihrer Vernunft natürlich, geht aber über die natürlichen Grenzen der Vorstellungskräfte hinaus, die an der Kontemplation aktiv teilzunehmen versuchen. (54) Kein geschaffener Verstand kann durch seine natürlichen Kräfte Gottes Wesen schauen. ... Wenn die Seinsweise des Erkannten über die natürliche Seinsweise des Erkennenden hinausgeht, so muß auch die Erkenntis dieser Sache die Natur des Erkennenden übersteigen. (55) Kein geschaffener Geist vermag Gott zu erkennen. (56)

Fox: Können auch Engel die Gottheit nicht begreifen?

Thomas: Gott ist nicht wegen einer Art Verdunkelung unbekannt, sondern wegen der Fülle der Helligkeit. Denn die Vision Gottes geht vom Wesen her über die Natur jedes erschaffenen Geistes hinaus, und zwar nicht nur des menschlichen, sondern auch desjenigen der Engel. (57) Gottes Strahlen ist übersubstantiell, das heißt, die göttliche Wahrheit überschreitet alle Grenzen und Schranken jeden Erkennens. (58)

Fox: Und doch haben wir viele Bilder Gottes, wie wir auf der Via Positiva sahen. Und alle sprechen sie unsere Herzen an und sagen uns etwas über Gott.

Thomas: So wie das glänzende Gold im Schatten des Nordens gefunden wird, so wird eine verdunkelte Spiegelung der göttlichen Erkenntnis in den Schatten der Unwissenheit dieses Lebens gefunden. Darum sagt Hiob: „Das Lob Gottes ist voller Furcht", weil wir überhaupt nicht in der Lage wären, Gott zu loben, wenn kein göttliches Licht auf uns schiene. Würde die göttliche Wahrheit wie zur Mittagszeit direkt auf uns scheinen, so lobten wir Gott ohne Furcht. Da das göttliche Licht aber auf der Erde gewissermaßen verhüllt auf uns scheint, loben wir Gott mit der Furcht derer, die etwas tun, wovon sie wissen, daß sie es nicht vollkommen tun können. Darum heißt es bei Hiob: „Wir können Gott nicht wirklich finden", womit natürlich gemeint ist, daß wir in unserem Finden beim Erkennen dessen anlangen, was Gott ist. Das geschieht dann durch die göttliche Erhabenheit, weshalb Hiob hinzufügt „voller Furcht", weil Gottes Tugend alle Wirkungen Gottes unendlich übersteigt. Aus diesem Grunde kann Gott in den göttlichen Wirkungen nicht würdig gefunden werden. (59)

Fox: Die Diskussion auf der Via Positiva war also nicht umsonst – wir erfahren Gott wirklich in den Geschöpfen?

Thomas: Im irdischen Leben können wir Gott nicht erkennen, ohne zuvor etwas anderes zu erkennen. (60)

Fox: Das erklärt, warum die Via Positiva und das Studium der Schöpfung für unsere Gotteserfahrung so wichtig sind.

Thomas: Wir erkennen Gott nicht, indem wir das göttliche Wesen schauen, sondern aus der Ordnung des ganzen Universums. Denn Gott selbst stellt das Universum der Geschöpfe vor uns, so daß wir Gott durch es erkennen, insofern es gewisse Bilder und Ähnlichkeiten des Göttlichen – wenn auch unvollkommen – enthält. Diese Bilder verhalten sich verglichen mit den göttlichen wie Abbilder zu ihren Urbildern. (61)

Fox: Geschöpfe sind also Bilder, die uns eine Spiegelung des Göttlichen geben?

Thomas: Gott kann in diesem Leben nicht in seiner Substanz gesehen werden, sondern nur wie in einem Spiegel. Das bestätigt auch der Apostel in bezug auf das Erkennen in diesem Leben, wenn er sagt (1 Kor.13,12): „Jetzt schauen wir rätselhaft durch einen Spiegel." (62)

Fox: Auf der Via Positiva hast du aber die Gottesähnlichkeit der menschlichen Vernunft gepriesen.

Thomas: Obwohl dieser Spiegel, der menschliche Geist (mens humana), eine größere Ähnlichkeit zu Gott erreicht als die niederen Geschöpfe, geht die vom menschlichen Geist erreichbare Gotteserkenntnis doch nicht über die Art der Sinneserkenntnis hinaus. Denn auch die Seele erkennt sich selbst als Ergebnis dessen, was sie der Natur der Sinnesgegenstände entnimmt, wie bereits gesagt wurde. Gott kann auf diesem Wege also auf keine höhere Weise erkannt werden, als man eine Ursache über ihre Wirkung erkennt. (63) Gott erkennt die Geschöpfe durch das göttliche Wesen. Wir aber erkennen Gott durch Gottes Geschöpfe. (64)

Fox: Das heißt also, daß wir Gott sowohl begreifen als auch daran scheitern, Gott zu begreifen.

Thomas: Im Hinblick auf Gott kann alles bejaht oder verneint werden. Und doch ist das Göttliche jenseits aller Bejahung oder Verneinung, denn Gott überschreitet unsere Vernunft, die die Bejahungen und Verneinungen hervorbringt. (65)

Fox: Deine Formulierung, daß Gott über Bestätigungen und Leugnungen hinausreicht, erklärt, warum die linke Hirnhälfte, die bestätigt und verneint, analysiert und urteilt, auf der Via Negativa beiseite gelassen werden muß, wenn wir Gott voller erfahren wollen. Wenn du so sprichst, sprichst du natürlich eine tiefe Paradoxie auf dem Pfade der Via Negativa aus.

Thomas: Dem Gegenstand der Kontemplation ist nichts entgegengesetzt, weil die Gründe für Gegensätzliches, sofern sie verstanden werden, nicht gegensätzlich sind, denn in einem Gegensatz macht das eine das andere erkennbar. (66)

Fox: Und die Paradoxie hilft uns, über die gewöhnlichen Geistesprozesse hinauszugehen?

Thomas: Durch die Geschöpfe ist Gott uns sowohl verborgen als auch erkennbar. (67)

Fox: Die Beziehung zwischen Via Positiva und Via Negativa ist also irgendwie paradox?

Thomas: Es ist notwendig zu verstehen, daß Gott jenseits von allem ist, was der Verstand begreifen kann. (68)

Fox: Du sprichst jetzt also von einem 'unbekannten' Gott.

Thomas: Gott ist uns wegen der Mängel unseres Verstandes unbekannt, der im Zustand des gegenwärtigen Lebens nur die Fähigkeit besitzt, Materielles zu erkennen. Daher können wir gegenwärtig Gott nur durch materielle Wirkungen erkennen. (69) Durch Gottes Wirkungen wissen wir, daß Gott ist, daß Gott die Ursache von allem ist, alles überragt und von allem abgesetzt ist. Das ist die äußerste und höchste Erkenntnis, die wir in diesem Leben erreichen können, wie Dionysius in „Über die mystische Theologie" sagt: „Wir sind mit Gott als dem Unbekannten verbunden." Das tritt gerade dann auf, wenn wir von Gott wissen, was Gott nicht ist; was Gott ist, bleibt uns völlig unbekannt. (70)

Fox: Jetzt sprichst du selbst paradox, da du doch auf der Via Positiva die Unendlichkeit unseres Intellekts gepriesen hast.

Thomas: Der innerste Ursprung der Dinge ist uns unbekannt. (71)

Fox: Wenn das für die Dinge der Schöpfung gilt, wieviel mehr muß es für göttliche Dinge gelten. Aus der Sicht sogenannter Rationalisten machst du eine ziemliche Verrenkung, um das grundlegende Mysterium unseres Lebens behaupten zu können!

Thomas: Die äußerste Grenze, zu der die Kontemplation durchdringen kann, ist die göttliche Substanz (divina substantia). Deshalb muß der Geist (mens), der die göttliche Substanz schaut, durch Tod oder Entrückung völlig von den körperlichen Sinnen abgelöst sein. Dies wird aus dem Munde Gottes gesagt (Ex.33,20): „Kein Mensch kann mich sehen und am Leben bleiben." (72)

Fox: Unsere ekstatische Erfahrung des Göttlichen lehrt uns also, gegenüber der heiligen Gegenwart Gottes loszulassen.

Thomas: Ekstase, Verzückung oder Entrückung kommen vor, wenn jemand des Gebrauchs seiner Sinne und der Sinnesdinge beraubt und zu einer übernatürlichen Schau erhoben wird. Es gibt ein übernatürliches Schauen, das über die Sinne, den Verstand und die Phantasie hinausgeht. (73)

Fox: Und doch scheint die Ekstase manchmal statt von der Phantasie fort, direkt in sie hinein zu führen.

Thomas: Augustinus unterscheidet zwei Arten der Verzückung. In der einen wird der Geist über die Sinne hinausgetragen in eine Vision der Phantasie. Das geschah laut Augustinus bei Petrus und beim Evangelisten Johannes in der Apokalypse. Und es gibt eine andere, in der der Geist über die Sinne und die Phantasie hinaus zu einer geistigen Vision getragen wird. Das geschieht auf zweierlei Weise. Einmal versteht der Geist Gott durch gewisse geistige Eingebungen, wie es typisch für die Engel ist. ... Oder der Verstand schaut Gott in seinem göttlichen Wesen. Das entsprach der Ekstase des Paulus. (74)

Fox: In beiderlei Fällen erfahren wir durch den Prozeß des Loslassens etwas vom göttlichen Mysterium.

Thomas: Chrysostomus sagt, daß das himmlische Geheimnis seinem Wesen nach nur durch etwas Vermittelndes gesehen werden kann. Manche erlangen dieses durch die göttliche Erleuchtung, wie die Seligen im Himmel oder diejenigen, die durch eine Verzückung zu dieser Schau erhoben worden sind. Von jenen mit einer weniger vollkommenen Vision wird es in gewissen Gleichnissen der göttlichen Güte gesehen, entweder durch die Sinnesgegenstände oder durch Ideen. Diese Art der Vision haben die Propheten durch das Licht ihrer Prophetie, und wir haben sie durch den Glauben. Die Philosophen hatten sie durch das Licht der Vernunft, wie es Paulus im Römerbrief (1,20) ausspricht. (75)

Fox: Du hast nun zweimal die Ekstase oder Entrückung als eine Art Loslassen beschrieben, aufgrund dessen Gott eintreten kann.

Thomas: Unser Verstand ist gezwungen, jenes einfachste Wesen, das Gott ist und das unbegreiflich ist, in verschiedenen Formen darzustellen. (76) Zum Anschauen des Wesens Gottes bedarf es seitens der Sehkraft einer Ähnlichkeit, nämlich das Licht der göttlichen Herrlichkeit, die den Geist (intellectus) zum Schauen Gottes stärkt. (77) Diejenigen, denen es gegeben ist, Gott in seinem göttlichen Wesen zu schauen, werden völlig von der Sinnestätigkeit gelöst, so daß ihre Seele sich ganz zur Schau des göttlichen Wesens sammeln kann. Darum bezeichnet man sie als entrückt (rapi), als seien sie durch eine höhere Kraft von dem losgelöst, was ihnen natürlicherweise zugehört. (78)

Fox: Kannst du jemanden benennen, der oder die in diesem Leben eine solche Erfahrung der Ekstase hatte?

Thomas: Von Mose wird dargestellt, daß er das göttliche Wesen in einer Entrückung geschaut hat, wie wir auch von Paulus im zweiten Brief an die Korinther (12,2) hören, damit der Gesetzgeber der Juden und der Lehrer der Heiden gleichen Respekt erfahren. (79)

Fox: Hier forderst du wiederum ein dialektisches Verständnis unserer Gotteserfahrung, die Dialektik der Via Positiva und Via Negativa.

Thomas: Wir steigen von den Geschöpfen zu Gott auf, sowohl in der Läuterung und Abkehr von allen Dingen als auch in der Ursache aller Dinge, denn Gott ist erkennbar in allen Dingen als Gottes Wirkungen. Gott ist auch erkennbar außerhalb aller Dinge, insofern Gott von allen Dingen getrennt ist und sie alle übersteigt. Deshalb ist Gott wegen der Erkenntnis bekannt, die wir haben, denn alles, was unserem Erkennen zufällt, empfangen wir von Gott. Und Gott ist auch durch unser Unwissen bekannt, weil das nämlich mit dem Erkennen Gottes gemeint ist: daß wir wissen, hinsichtlich des göttlichen Seins unwissend zu sein. (80)

Fox: Gott ist also sowohl bekannt als auch unbekannt, und das 'Nichtwissen' des Loslassens kann sich tatsächlich als eine Art heiligen Wissens herausstellen.

Thomas: Wenn wir sagen, Gott sei bekannt und Gott sei unbekannt, haben wir recht. Denn von allen Wesen wird Gott erkannt und gepriesen, sofern sie eine Symmetrie mit Gott haben als diejenigen, deren Ursache Gott ist. Es gibt jedoch noch ein weiteres vollkommenes Wissen von Gott durch die Abtrennung, durch welche wir Gott in der Unwissenheit erkennen, durch eine gewisse Einheit mit dem Göttlichen jenseits der Natur unseres Verstandes. Das geschieht, wenn unser Verstand sich von allem anderen zurückzieht und schließlich auch sich selbst losläßt (dimittens seipsam) und mit den überhellen Strahlen der Gottheit verbunden wird. Insofern der Verstand erkennt, ist Gott nicht nur jenseits aller Dinge, die im Verstand sind, sondern noch darüber hinaus und jenseits aller Dinge, die von ihm verstanden werden können. Beim Erkennen Gottes auf diese Weise und in diesem Zustand wird man durch die Tiefe der göttlichen Weisheit erleuchtet, die wir nicht gänzlich erforschen können. Aus der unbegreiflichen Tiefe der göttlichen Weisheit kommen wir zu dem Verständnis, daß Gott nicht nur jenseits all dessen ist, was ist, sondern auch jenseits all dessen, was wir uns vorstellen können. (81)

Fox: Du nennst den Weg des Nichtwissens den vollkommensten Weg zur Gotteserkenntnis. Warum?

Thomas: Die 'Tiefe' Gottes wird das verborgene und unbekannte Wesen Gottes genannt, das für existierende Wesen nicht begreifbar ist. (82) Unsere Vereinigung mit Gott findet, soweit es in diesem Leben möglich ist, ihre Erfüllung, wenn wir entdecken, daß Gott auch über die hervorragendsten Geschöpfe erhaben ist. (83)

Fox: Und ist nicht die Erfahrung dieser Tiefe Gottes eine Erfahrung des dunklen und unbenennbaren Mysteriums?

Thomas: Jeder Name, den wir Gott zusprechen, reicht nicht an Gott heran. (84) Um auf die Unkenntnis in dieser tiefsten Erkenntnis hinzuweisen, wird von Moses gesagt (Ex.20,21): „Moses näherte sich der dunklen Wolke, in der Gott war." (85) Wir schreiben Gott unfaßbare und unsichtbare Dunkelheit zu, insofern Gott unerreichbares Licht ist, das jedes Licht überschreitet, das wir mit den Sinnen oder mit der Vernunft wahrnehmen können. (86)

Fox: Was aber ist mit Christus? Ist Christus nicht ein zuverlässiges Wort Gottes?

Thomas: In der Weisheit Gottes, die Christus ist, „sind alle Schätze der Weisheit und Erkenntnis verborgen", wie der Apostel (Kol.2,3) sagt. 'Schätze' bezieht sich auf die Erhabenheit der göttlichen Erkenntnis, die unser Verstehen übersteigt. (87)

Fox: So bleibt also auch Christus, der das Wort Gottes genannt wird, in gewissem Sinne in den Tiefen des Unbekannten und der geheimnisvollen Schätze der Weisheit verborgen?

Thomas: Nichts kann dem Wort Gottes ähnlicher sein als das unausgesprochene Wort, das im Herzen eines Menschen empfangen wird. Das im Herzen empfangene Wort ist allen unbekannt außer denen, die es empfangen. Anderen wird es erst bekannt, wenn es ausgesprochen wird. Deshalb war das Wort Gottes, als es noch in der Brust Gottes war, nur dem Vater bekannt. (88)

Fox: Du betonst hier wieder die Stille des Herzens, wobei mir besonders dein Beispiel der Stille wichtig ist, die dem schöpferischen Akt vorhergeht. Hätten wir Worte, für das, was wir gebären, dann wären diese Geburten schließlich nicht neu! Wenn du aber betonst, daß wir Gott keinen Namen geben können, sagst du dann damit, daß Gott nichts oder nicht seiend ist?

Thomas: Es heißt, Gott sei nicht (non-existens), nicht weil ein Mangel an Gott ist, sondern weil Gott über alle Wesen hinaus ist. (89) Gott erfüllt alles, weil die Gottheit ihrer Kraft nach keinerlei Mangel hat. (90)

Fox: Und um Gottes Fülle schätzen zu können, müssen wir entleert werden.

Thomas: Nichts nimmt auf, was es schon hat. Denn nach Aristoteles muß dem Aufnehmenden fehlen, was es aufnimmt. (91)

Fox: Die Via Negativa ist eindeutig ein Pfad der Empfänglichkeit. Deine Lehre über diesen Weg zu Gott erscheint mir dem Zen sehr ähnlich. Es ist erstaunlich, gerade von dir, der häufig als der größte Rationalist des Westens dargestellt wird, solch zen-artige Lehren über den vollkommensten Weg zu Gott zu hören.

Thomas: Die göttliche Weisheit wird vorzüglich gepriesen als 'irrational', insofern sie den Verstand (ratio) übersteigt, als 'geistlos', insofern sie den Geist (mens) oder die Vernunft (intellectus) übersteigt; und als 'einfältig', insofern sie über den Zustand des Geistes hinausgeht, über die Weisheit. (92)

Fox: Diese überraschenden Formulierungen von dir – „irrational, geistlos, einfältig" – scheinen die heilige Torheit zu preisen sowie andere Gaben, die wir heute der rechten Hirnhälfte zuweisen.

Thomas: Für uns ist die göttliche Wahrheit unaussprechlich und übersteigt alle unsere Vernunft. (93)

Fox: Wenn du davon sprichst, daß unser Geist sich selbst loslassen muß, dann gehst du damit auf die empfänglichen Kräfte der Person ein, die sonst ungenutzt oder untergenutzt blieben. Inwiefern stellt die Via Negativa eine Art Übung in der Empfänglichkeit dar?

Thomas: Bei Gott findet sich eine Überfülle an Gutem. Aus dieser Überfülle ergibt sich, daß Gott mehr tut. Aus der Tatsache, daß Gott die allererste Ursache ist, folgt, daß Gottes Gaben wie ein Brunnen sind, wie ein Urbrunnen. Deshalb werden gemäß der Überfülle und Größe Gottes und der brunnenartigen göttlichen Gaben diese Gaben je nach der Ausströmung derselben von allen geteilt. Seitens des Gebenden ist die Gabe unendlich.(94)

Fox: Wenn die Gabe unendlich ist, bedürfen wir sicherlich des Entleertwerdens und der Stärkung und besonders des Mutes oder eines großen Herzens, um es aufzunehmen.

Thomas: Zusammen vermindern sich die Gaben nie, sondern haben immer und ohne Einschränkung die gleiche Überfülle, ganz gleich wie viele sie teilen. Ja, je mehr sie verteilt werden, um so mehr werden sie von oben ausgeteilt, denn in dem Maße, in dem etwas von den göttlichen Gaben empfängt, in dem Maße wird es bereit, noch mehr zu empfangen. Vom Gesichtspunkt des Einfließens her kann die einfließende Tugend niemals vermindert werden. (95)

Fox: Und deshalb müssen wir uns auf den unendlichen Einstrom göttlicher Gaben dadurch vorbereiten, daß wir uns entleeren und empfänglich machen?

Thomas: Im Vergleich mit dem göttlichen Wesen ist alles vergänglich, was ein Geschöpf empfangen mag, denn ein Geschöpf kann das Sein nicht in der Vollkommenheit empfangen, mit der es in Gott ist. (96) In Gott liegt mehr Kraft, Frieden zu schaffen, als in den Dingen, diesen aufzugreifen. Aus diesem

Grunde geht die Ausströmung des Friedens Gottes über die Fähigkeit der Geschöpfe hinaus, ihn anzunehmen. (97)

Fox: Mir scheint, die Gottheit ist zu groß, als daß wir sie begreifen könnten, zu voll der Überraschungen.

Thomas: Hiob sagt es mit den Worten: „Selbst wenn alle gesprochen hätten“, wie um die göttlichen Wirkungen zu verstehen, „wären sie überwältigt und wie aufgesogen“ von der Größe des Themas, über das sie sprechen. Sprüche 25,2 sagt: „Gottes Ehre ist es, eine Sache zu verhüllen, des Königs Ehre ist es, eine Sache zu erforschen.“ Es kann aber auch anders verstanden werden und folgende Bedeutung bekommen: Die Menschen sind nicht nur unfähig, die göttlichen Wirkungen ausreichend und befriedigend zu erklären, sondern selbst wenn Gott es ihnen gesagt hätte, das heißt, es ihnen offenbart hätte, wären die Menschen überwältigt, etwas so Großes zu erfassen. Bei Johannes 16,12 steht: „Noch vieles habe ich euch zu sagen, das ihr jetzt nicht tragen könnt.“ Und in Deuteronomium 5,26 heißt es: „Was ist alles Fleisch, daß es die Stimme des lebendigen Gottes hören könnte?“ Damit aber niemand meint, die Erkenntnis der göttlichen Wahrheit sei der Menschheit für immer genommen, um sie davon auszuschließen, fügt Hiob hinzu: „Nun aber“, das heißt, in der jetzigen Zeit, „sehen sie nicht“, die Menschen nämlich, „das Licht“, das heißt, die Helligkeit der Gotteserkenntnis. (98)

Fox: Ich verstehe das so, daß es in bezug auf die göttliche Erfahrung Zeiten gibt, bei der auch unsere Phantasie nicht ausreicht und beruhigt werden muß.

Thomas: Gott überragt alles und ist von allem abgesetzt, nicht nur von dem, was ist, sondern auch von allem, was ein geschaffener Geist erfassen kann. (99)

Fox: Da du den Weg der 'Geistlosigkeit' und des 'Unwissens' so ausgiebig lobst, halte ich es für einen passenden Moment, dir eine praktische Frage zu stellen: Wie lernt man diese Art der Meditation?

Thomas: Für die Kontemplation ist zunächst erforderlich, daß wir unseren Geist voll in Besitz nehmen, bevor irgend etwas anderes dies tut, so daß wir das ganze Haus mit der Kontemplation der Weisheit füllen können. Außerdem ist es nötig, daß wir dort voll gegenwärtig sind und uns auf solche Weise konzentrieren, daß wir nicht auf andere Ziele abgelenkt werden. Die Schrift sagt darum: „Kehre schnell heim und sammle dich dort und spiele dort und verfolge deine Gedanken“ (Sir.32,15-16). Sich dort zu sammeln, heißt, den ganzen Willen zusammenzuziehen. (100)

Fox: Die Einsamkeit ist also ein Teil der Erfahrung der Via Negativa?

Thomas: Wenn wir mit äußeren Dingen beschäftigt sind, brauchen wir vieles als Hilfe; in der Kontemplation der Weisheit arbeiten wir aber um so wirksamer, je mehr wir mit uns selbst allein sind. In den oben zitierten Worten ruft der Weise uns also zu uns selbst zurück: „Kehre schnell heim", das heißt, kehre von den äußeren Dingen zurück zum eigenen Geist, bevor etwas anderes ihn erfaßt oder irgendeine Sorge ihn ablenkt. Darum heißt es in Weisheit 8,16: „Komme ich nach Hause, dann werde ich bei ihr ausruhen", das heißt, mit der Weisheit. (101)

Fox: Der erste Schritt ist also das Loslassen und das 'Heimkehren'. Welches ist der nächste Schritt bei dieser Art von Gebet?

Thomas: Wenn unser inneres Haus ganz entleert ist wie dieses und wir darin ganz gegenwärtig in unserem Willen sind, sagt uns der Text, was wir als nächstes tun sollen: „Und spiele dort." (102)

Fox: Auch das Spielen ist eine Art des Loslassens und ein anderer Ausdruck unserer Selbstlosigkeit, den wir als einen Teil der Via Negativa ansehen können.

Thomas: Es gibt zwei Aspekte des Spieles, die einen Vergleich der Weisheitskontemplation mit dem Spielen möglich machen. Erstens genießen wir das Spiel, und in der Kontemplation der Weisheit ist die größte Lust überhaupt zu finden, wie es die Weisheit in Sirach 24,20 sagt: „Mein Geist ist süßer als Honig."

Zweitens hat das Spielen keinen Zweck als sich selbst. Was wir im Spiel tun, tun wir um seiner selbst willen. Gleiches gilt für das Vergnügen an der Weisheit. (103)

Fox: Ja, wir spielen ohne ein Warum. Und so verhält es sich auf den tiefsten Ebenen auch mit dem Gebet. Wir werden mit den Bedeutungen des Spielens auf jeden Fall im Laufe unserer Diskussionen noch weiterhin spielen, aber hier scheint es mir wichtig, auf diese Dimension des Spielens zurückzukommen, um die es beim Loslassen geht. Was lernen wir aus dieser Konzentration und Sammlung, die du so sehr empfiehlst?

Thomas: Wir müssen lernen, ganz aus dem Herzen zu leben. Je gefaßter und gesammelter wir sind, um so mehr gleichen wir Gott. (104) Und Jesaja sagt: „Ihr Treulosen, nehmt es euch zu Herzen." (105)

Fox: Wir sollten also mit dem Herzen beginnen? Mit anderen Worten, wir sollten zum Herzen zurückkehren?

Thomas: Das Herz ist in der Mitte der Person. Denn Gott wohnt in unserem Herzen. Gott ist in der Mitte. Das hat eine doppelte Wirkung: Stabilität gegen das Böse und Festigkeit im Guten. Darum sagt der Psalmist: „Weil Gott in ihrer Mitte ist", nämlich der Stadt, „wird sie nicht erschüttert werden", das heißt, sie bleibt fest und stabil. Psalm 125 lobt „die Getreuen" und Matthäus (16) verspricht, daß die „Mächte der Hölle sie nicht überwältigen werden". (106)

Fox: Wir kehren also zu unserem Herzen zurück, um das Gebet der Via Negativa zu beten?

Thomas: Man sollte zu seinem Herzen zunächst wie zu einem Richterstuhl zurückkehren, um sich selbst zu erforschen. Psalm 77 sagt: „Mein Herz grübelt bei Nacht, ich übe und erforsche meinen Geist." Ein zweiter Grund für die Rückkehr zum Herzen ist, zu den Grundlagen des Lebens zurückzukehren, so daß wir auf uns selbst achten können. In Sprüche 4,23 heißt es: „Hüte dein Herz mehr als alles, denn von ihm geht das Leben aus." Ein dritter Grund ist, sich dem Hören des göttlichen Wortes anzunähern, so daß wir sehr aufmerksam sind. In Hosea 2,16: „Ich werde sie in die Einsamkeit führen und zu ihrem Herzen sprechen." Viertens, um dem Schatz der göttlichen Rede nahe zu kommen, so daß wir ihn erhalten. Der Psalmist sagt: „Ich habe meine Rede in meinem Herzen verborgen, damit ich dich nicht beleidige." Fünftens, um den Speisesaal des göttlichen Friedens und der Erquickung zu betreten. Das Gegenteil dessen sind die Dinge, über die in Psalm 28 gesprochen wird: „Sie grüßen ihren Nächsten freundlich, doch führen Böses im Herzen." (107)

Fox: Auf dem Weg der Via Negativa bedeutet Meditation also auch, entleert zu werden?

Thomas: Bevor die Seele zu einer Art Einförmigkeit (uniformitas) durchdringt, müssen zweierlei Ablenkungen beseitigt werden: Erstens diejenige, die aus der Verschiedenheit der äußeren Dinge stammt ... Das ist (nach Dionysius) der erste Schritt in der kreisförmigen Bewegung der Seele, die „von den äußeren Dingen fort in sich selbst eintritt". Als zweite Ablenkung muß der rationale Diskurs beseitigt werden. Dies geschieht, wenn alle Tätigkeiten der Seele auf die einfache Kontemplation einer verstehbaren Wahrheit reduziert werden. Das hält er als zweites für nötig, das „einförmige Kreisen ihrer geistigen Kräfte", so daß nach dem Nachlassen des Diskurses ihr Schauen in der Kontemplation auf eine einfache Wahrheit fixiert werden kann. In dieser Tätigkeit der Seele gibt es keinen Irrtum, weil klar ist, daß es bezüglich des

Verstehens der ersten Ursprünge keinen Irrtum geben kann, die durch einfache Schau erkannt werden. Nach diesen beiden Schritten wird eine Einförmigkeit genannt, die derjenigen der Engel entspricht, wenn nämlich die Seele unter Zurücklassung von allem in der alleinigen Kontemplation Gottes verharrt. Das sagt er (Dionysius) so: „Dann wird sie, sozusagen einförmig gemacht, mit der Einheit der Kräfte vereint", das heißt an sie angepaßt, „zum Schönen und Guten geleitet." (108)

Fox: Du bist also für das Schweigen oder die Beseitigung der diskursiven Vernunft als Schlüssel dafür, das Herz zu öffnen und uns des Gebetes der Via Negativa zu unterziehen.

Thomas: Das kontemplative Leben besteht in Muße und Ruhe, wie es in Psalm 46,11 heißt:„Seid still und erkennt, daß ich Gott bin." (109) Gregor sagt, als er über die Kontemplation spricht: „Wer zur Erkenntnis des Inneren entrückt ist, verschließt die Augen vor dem Äußeren." (110)

Fox: Eine der etymologischen Bedeutungen des Wortes mysteuein oder 'Mystik' ist: unsere Sinne verschließen. Warum nimmst du an, daß Stille ein nützlicher Weg zur Erkenntnis des unbekannten Gottes ist?

Thomas: Wir können nicht verstehen, wie groß Gottes Liebe für uns ist, weil das Gute, das Gott uns geben wird, unser Verlangen und unsere Sehnsucht so weit übersteigt, daß es nicht in unser Herz fallen kann. Aus Korinther 2,9: „Das Auge sieht nicht und das Ohr hört nicht und keinem Menschen dringt es ins Herz, was Gott denen bereitet hat, die Gott lieben." (111)

Fox: Versteht denn niemand die Weite dieser Liebe, die 'in unsere Herzen fallen' will?

Thomas: Die glaubende Welt, das heißt, die Heiligen, verstehen aufgrund ihrer Erfahrung, wie sehr Gott uns liebt. (112)

Fox: Kehren wir zur Erfahrung zurück. Bitte sage uns, wie wir in diese Stille kommen, um die es im Erfahrungsgebet geht.

Thomas: Dionysius sagt, daß es weder gesetzlich noch möglich ist, weder für Menschen noch für sonst ein Wesen, den göttlichen Frieden auszusprechen oder im Herzen zu denken, wie er in sich und im göttlichen Schweigen ist. (113)

Fox: Unsere Stille ist also eine Stille vor dem stillen Mysterium Gottes. Ein einfaches Stillsein?

Thomas: Dionysius lehrt, daß wir die unaussprechlichen Aspekte der Gottheit „mit einem keuschen Schweigen“ ehren. Denn durch dieses Schweigen achten wir die verborgenen Dinge, weil wir sie nicht verstehen, und achten wir Unaussprechliches, weil wir Schweigen über es bewahren. Und dieses Schweigen geht von der Heiligkeit und Keuschheit der Seele aus, die sich nicht über ihre Grenzen hinausbegibt. (114)

Fox: Man bleibt also auf jeden Fall auch still, um etwas im Herzen zu empfangen.

Thomas: Im Matthäusevangelium erzählt Jesus die Geschichte von der Saat, die auf steinigen Grund gesät wurde. Die Steine bedeuten ein böses Herz, in welches das Wort nicht eindringen kann, wie in einen felsigen Untergrund mit schwacher Erdbedeckung. Manche Menschen zeigen also ein undurchdringbares Herz. (115)

Fox: Du sprichst von einem durchdringbaren Herzen. Was ist ein durchdringbares Herz?

Thomas: Ein Herz wird als durchdringbar bezeichnet, wenn es nichts über das Wort stellt, sondern das Wort als sein Grundprinzip hat. So heißt es bei Ezechiel: „Nehmt das steinerne Herz aus eurer Brust“ (Ez.11,19) und woanders: „Er hörte die Worte und empfing sie sofort voll Freude.“ Man erfreut sich also an der Gerechtigkeit und neigt dem Guten zu. ... Die Saat (in der Geschichte aus dem Matthäusevangelium) erfreut sich, kann aber nicht eingepflanzt werden, weil ihr die Wurzeln fehlen, denn sie wurde unter die Steine gesät. Die Wurzel ist die Liebe. Wie in Epheser (3,17): „Verwurzelt und gegründet in der Liebe.“ (116)

Fox: Und die Stille verwurzelt uns in der Liebe?

Thomas: Der göttliche Friede ist die letzte Ursache aller Dinge. (117) Es gibt eine dreifache Einheit des Friedens: Der eine ist der Friede mit sich selbst, insofern jedes Ding von sich aus eines ist. Eine andere Einheit ist die, mit etwas anderem wirklich eins zu werden. Und eine dritte Einheit entsteht, wenn die Dinge mit der einen Quelle des Friedens aller Dinge, nämlich Gott, vereint werden. (118)

Fox: Und etwas von diesem Frieden können wir durch die Stille erfahren?

Thomas: Dionysius verbindet Stille und Frieden, denn Lärm und Geschrei sind ein Zeichen gestörten Friedens. ... Ruhe und Unbewegtheit sind mit dem Frieden verbunden, wie auch die Stille, denn die Dinge, die Frieden haben, scheinen aus eben diesem Grunde auch eine Art Ruhe zu haben. (119)

Fox: Wann sind wir mit uns selbst in Frieden?

Thomas: Man sagt von einer Sache von dem Augenblick an, daß sie Frieden mit sich hat, in dem ihr Verlangen nach dem ihr gemäßen Guten zur Ruhe kommt. Dazu kommt es, wenn es innerlich und äußerlich nichts mehr gibt, was dieser Ruhe entgegensteht. Man sagt also, etwas habe in sich und gegenüber anderem Frieden, wenn eine Art der Einigkeit herrscht, die alle Abneigung ausschließt. (120)

Fox: Bitte sage mir mehr über diese 'Ruhe', von der du sprichst.

Thomas: Ruhig zu werden bedeutet, unsere Verstandestätigkeit zu beruhigen, damit nichts unternommen wird, was das uns Gegebene überschreitet. Nachdem wir gemäß unserer Gottähnlichkeit durch die Erkenntnis göttlicher Dinge vereinigt sind, soweit es uns möglich ist, bleibt uns immer noch etwas vom Göttlichen verborgen. Um dies zu erkunden, müssen wir unseren Verstand beruhigen. (121)

Fox: In der Praktik, die du als das Beruhigen des Intellektes beschreibst, scheint es ein Element des Loslassens unserer Erwartungen und unseres Wartens zu geben.

Thomas: Der Autor des Buches der Klagelieder beschreibt den Zustand von einem, der wartet, zunächst in kontemplativer Erhebung. Er spricht davon, „vereinzelt" zu sein, so daß man nicht behindert wird, und sagt, daß er „still sein will", nämlich Abstand haben von dem Getöse der Gedanken und Bedürfnisse. Denn dadurch wird man „über sich selbst erhoben", um Göttliches bedenken zu können. In Hosea 2,16 steht: „Ich werde sie in die Einsamkeit führen und zu ihrem Herzen sprechen." Das ist auch in der Niedergeschlagenheit der Wartenden angezeigt, denn man bleibt, um zu warten. „Man wird allein sitzen und schweigen", (wenn man elend ist); und man wird sich erheben, (wenn man guter Stimmung ist). Das geschieht auch durch eine demütige Redeweise: „Er wird seinen Mund in den Staub legen" und demütig reden. Wie Jesaja (29) sagt: „Du wirst tief aus der Erde reden." (122)

Fox: Einsamkeit, Schweigen und Gebet gehören also zusammen?

Thomas: Was immer unser Verstand versteht, ist weniger als das Wesen Gottes; und was immer unsere Zunge spricht, ist weniger als das göttliche Sein. Und das göttliche Wesen kann auch von keinem erschaffenen Geist so ausgedrückt werden, daß er es versteht. (123)

Fox: Kannst du uns ein Beispiel von jemandem geben, der oder die diese Art des Stillegebetes, für das du so sehr eintrittst, betet?

Thomas: Die Bergpredigt im Matthäusevangelium beginnt mit den Worten: „Und Jesus öffnete seinen Mund und lehrte sie." Mit dem Wort 'öffnete' zeigt der Autor hier an, daß Jesus vor dieser Predigt lange geschwiegen hatte. (124)

Fox: Jesus lehrt uns also deiner Ansicht nach, in der Stille zu beten?

Thomas: Es muß darauf hingewiesen werden, daß Jesus nach dem Matthäusevangelium drei verschiedene Zufluchtsstätten hatte: Manchmal floh er in die Berge, wie es in Matthäus 5,1 und in Johannes 8,1 heißt: „Jesus aber ging zum Ölberg." Manchmal nahm er in einem Boot Zuflucht (Lukas 5): „Als sich das Volk um Jesus drängte, ... stieg er in das Boot, das dem Simon gehörte, ... setzte sich und lehrte." Und sein dritter Rückzugsort war die Wüste (Markus 6,31): „Kommt mit an einen einsamen Ort." Das reichte aus, denn bei diesen drei Gelegenheiten können Menschen Zuflucht bei Gott finden. (125)

Fox: Wir finden Jesus in den Bergen beten, auf dem See in Booten weit weg von den Menschen und in der Wüste. Du hast oft Hosea zitiert, der die Wüste als einen Ort der Einsamkeit benennt. Es ist interessant, daß Jesus den gleichen Ort für das Beten gewählt hat.

Thomas: Im Matthäusevangelium (4,1) heißt es: „Dann wurde Jesus in die Wüste geführt." Das stimmt mit dem Vorhergehenden und dem Folgenden überein, denn er hatte zugestimmt, daß er nach seiner Taufe in die Wüste gehen würde. Das entspricht dem Weg der Israeliten durch die Wüste, nach ihrem Zug durchs Rote Meer, der ein Symbol der Taufe war. Durch Wüste und Einsamkeit kamen sie ins gelobte Land. Die Getauften sollten also ein einsames und stilles Leben suchen und die Welt mit Körper und Seele hinter sich lassen, wie Hosea (2,16) sagt: „Ich will sie in die Wüste führen und zu ihrem Herzen sprechen." Oder wie der Psalmist (Ps.55,8) es ausdrückt: „Weit würde ich fliehen und mich in der Wüste niederlassen." (126)

Fox: Offenbar kannte Jesus das Gebet der Stille gut?

Thomas: Zwischen unserem Reden und der Rede Christi besteht ein Unterschied. Wir sprechen nur aus Notwendigkeit, während Christi Rede mehr der Lehre dient. Denn in dem, der zusammen mit dem Vater deutlich hört, wohnt kein Drang zur Rede mehr. (127)

Fox: Christus nimmt also in der Stille Bezug zum Schöpfer auf. Was geschieht sonst noch, wenn wir uns der Stille und Einsamkeit unterziehen?

Thomas: Engel sind Verkünder der göttlichen Stille. Denn es ist klar, daß ein Herzens- oder Gedankenkonzept, das ohne Stimme ist, in Stille auftritt.

Durch eine wahrnehmbare Stimme wird aber die Stille des Herzens verkündet. (128)

Fox: Auf diese Weise lernen wir selbst, zu Verkündern der Stille des Herzens zu werden?

Thomas: Engel sind immer Verkünder der göttlichen Stille. Nachdem aber jemandem etwas verkündet worden ist, muß er diese Verkündigung auch verstehen. Da wir außerdem durch unsere Vernunft verstehen können, was die Engel uns verkünden, helfen sie unserer Vernunft mit der Helligkeit ihres eigenen Lichtes, die Geheimnisse Gottes zu begreifen. (129)

Fox: Stille ist also wesentlich, sie ist aber doch nicht alles.

Thomas: Gott wird durch die Stille geachtet. Das heißt aber nicht, daß wir über Gott überhaupt nichts sagen dürfen, noch Fragen nach Gott stellen, sondern daß wir verstehen müssen, daß wir Gott nie ganz begreifen können. (130)

Fox: Gibt es noch andere Dimensionen dieses Gebetes der Stille, die du ansprechen möchtest?

Thomas: Der Autor des Buches der Klagelieder (2,19) lehrt die Art, wie zu seiner Zeit gebetet wurde: „Steh auf, lobe Gott durch dein Gebet in der Nacht." In der Nacht ist die Zeit leerer und auch stiller, wie er sagt „zu Beginn der Nachtwache". Die Nachtwachen werden nach den Wächtern unterschieden, die die Stadt bewachen, wie es im Hohenlied (3) heißt: „Die Wächter der Stadt fanden mich wachend." (131)

Fox: Die Nacht symbolisiert also die Ruhe und die Sammlung des Herzens und des Geistes, von der du gesprochen hast.

Thomas: Wegen ihrer Stille ist die Nachtzeit die Zeit der Meditation. Deshalb meditiert man nachts und verrichtet verschiedene Dinge, durch die man weise wird, deshalb ist die Nacht die Zeit des Wissens. Der Psalmist (19,3) sagt: „Die Nacht erklärt ihr Wissen der Nacht", das heißt, das Wissen Gottes. Denn in einer Nacht ist die Zeitqualität eine andere als in der anderen Nacht. All dies geschieht wegen der Einrichtung des göttlichen Wissens. (132)

Fox: Warum noch ist die Nacht eine besonders heilige Zeit?

Thomas: „In der Nacht" bedeutet Ruhe und Stille, wenn Gott uns durch den Trost besucht. Aus Matthäus 25,6: „Mitten in der Nacht hörte man laute Rufe: Der Bräutigam kommt! Geht ihm entgegen!" (133) Gott erleuchtet den Schatten. Das sind die Schatten, die in Johannes 3 gemeint sind, wenn erzählt wird, daß Nikodemus „nachts" zu Jesus kam. (134)

Fox: Welche Bedeutungen schwingen noch mit, wenn du vom Gebet in der Nacht sprichst?

Thomas: Nachts herrscht die Stille der Kontemplation, in der zunächst das Verlangen nach der Liebe auftritt: „Meine Seele hat Verlangen nach deinem Urteil, ... Mitten in der Nacht stehe ich auf, um dich zu preisen." (Ps.119, 20 u.62) Und im Buch der Weisheit (18,14) wird die Stille des göttlichen Trostes beschrieben: „Als tiefes Schweigen das All umfing und die Nacht bis zur Mitte gelangt war, da sprang dein allmächtiges Wort vom Himmel, vom königlichen Thron herab." (135)

Fox: Natürlich träumen wir nachts auch.

Thomas: Hiob führt in den Wert der Anweisungen ein, durch welche manche Menschen per Offenbarung zum Guten geleitet werden. Und er sagt: „Gott hat", nämlich durch Offenbarung, „göttliche Lieder gegeben", die Lehren für die Menschen, die von den Alten viele Male in Lieder gefaßt wurden, „in der Nacht". Das bedeutet wörtlich in nächtlichen Träumen, oder in der stillen Kontemplation oder in der Verborgenheit einer Vision. (136)

Fox: Manchmal sind unsere Visionen sehr undurchschaubar. Wird auch das durch die Dunkelheit der Via Negativa symbolisiert?

Thomas: Die Bibel schreibt: „Der Herr antwortete dem Hiob aus dem Wirbelsturm." Als Metapher verstanden, kann diese Antwort Gottes als eine innere Inspiration gesehen werden, die Hiob empfing. Dann heißt es wohl von Gott, Gott spräche aus dem Wirbelsturm, weil Hiob große Unruhe erlitt und im Dunkeln war, wie in einem Wirbelsturm. Denn in diesem Leben können wir die göttliche Inspiration nicht deutlich empfangen, außer in der Umwölkung durch sinnenhafte Symbole, wie Dionysius im ersten Kapitel der Himmlischen Hierarchie sagt. Die Botschaft von Gott ist dieselbe, als hätte Gott sie in einem materiellen Wirbelsturm hörbar gemacht. (137)

Fox: Weist die 'Nacht' auch auf Leid und Schmerz hin?

Thomas: Der Psalmist (119,145) sagt: „Ich rufe von ganzem Herzen. Erhöre mich, Herr." Und er beschwört die Fülle an Tränen: „Tränenbäche strömen aus meinen Augen." Jeremia (9,17) sagt: „Laß unsere Augen von Tränen fließen, unsere Wimpern von Wasser tropfen." Und der Psalmist beschwört in uns eine Fortsetzung des Kummers, wenn er sagt „Tag und Nacht", das heißt, in Zeiten des Wohlergehens und in gegenteiligen. (138)

Fox: Die Nacht symbolisiert also Schmerz und Leiden, die zweifellos auch Teil unserer Erfahrung der Via Negativa sind.

Thomas: Hiob (50) sagt: „Nachts ist mein Mund voller Kummer, der darin brennt." Nachts ist Schlafmangel schwerer zu ertragen als am Tage, denn tagsüber wird der menschliche Geist durch das Zusammensein mit anderen und das Erscheinen des Lichts aufgeheitert. Nachts aber bleiben diejenigen schlaflos, die sie gern schnell herumbringen würden. Das sagt Hiob mit den Worten: „Ich hoffe, daß das Licht wieder aus den Schatten hervortritt." Damit meint er die Hoffnung, daß das Tageslicht nach den Schatten der Nacht zurückkehrt. (139)

Fox: Gnade verbinden wir allgemein mit dem Licht oder dem Tag und die Trauer mit der Dunkelheit oder der Nacht, so scheint mir.

Thomas: Bei Jeremia wird eine Zeit der Gnade als 'Tag' bezeichnet, weil dann das Licht erscheint, wie im Römerbrief (13,12): „Die Nacht ist vorgerückt und der Tag naht. Laßt uns deshalb die Werke des Schattens ablegen und die Waffen des Lichts anlegen." Auch auf die Sicherheit bei einer Reise wird angespielt, wenn wir bei Johannes (11,9) lesen: „Wenn jemand am Tag umhergeht, stößt er nicht an, da er das Licht dieser Welt sieht. Wenn aber jemand nachts umhergeht, stößt er an, weil das Licht nicht in ihm ist." Wir wenden diese Metapher auch an auf die Frage von Wachheit und Nüchternheit, wenn wir in 1 Thessalonicher 5,7 lesen: „Wer schläft, schläft nachts; und wer sich betrinkt, betrinkt sich nachts." (140) 'Nachts' kann auch einen Mangel an geistiger Klarheit bedeuten. Manchmal hat jemand ein rechtes Herz, aber Versuchung und Vergessen überkommen ihn – das ist nachts. Wenn dies geschieht, besucht uns der Herr, indem er gegen die Versuchung hilft, das Vergessen vertreibt und die Persönlichkeit stärkt. Wie der Psalmist (51) sagt: „Wenn meine Tugend fehlt, verlasse mich nicht." (141)

Fox: Wenn du auf der Via Negativa die Trauer und das Leid ansprichst, so scheinst du auf das hinzuweisen, was durch Johannes vom Kreuz als die 'dunkle Nacht der Seele' bekannt geworden ist.

Thomas: Jede Traurigkeit und jede Herzensnot kann als 'Dunkelheit' bezeichnet werden, wie auch jede Freude als 'Licht'. (142) Über den Zustand der Not spricht der Psalmist als „Nacht" (Ps.42), wobei er meint, in der Notzeit. Er gab aus göttlichem Mitgefühl „sein Lied", das heißt Freude, als größten Trost für Menschen im Elend. In einem anderen Satz spricht er davon, daß „er am Tage verkündete", womit er meint, daß das göttliche Mitgefühl verkündet und in Notzeiten offenbar wurde. Sirach 53 sagt: „In Zeiten der Sorge wird das Mitgefühl Gottes offenbar." Und Psalm 51,3 spricht von „deinem großen Erbarmen", und so weiter. (143)

Fox: Auf der Via Negativa geht es also um die Aufmerksamkeit für das Leid unseres Herzens?

Thomas: Ein Zeichen großen Leides ist das Brüllen. Deshalb sagt der Psalmist (38,9): „Ich brüllte aus der Qual meines Herzens." Brüllen ist ein Geräusch, das Tiere machen, wie Löwen oder Bären, wenn sie großen Hunger oder Schmerz haben. Das Brüllen ist die Heftigkeit des Klagens, wie in Hiob 3,24: „Wie Wasser ist mein Brüllen", wobei der Ausdruck 'Brüllen' meint, daß er sehr heftig klagte. Manchmal geschieht es, daß man äußerlich klagt und schreit und nicht aufgrund einer seelischen Belastung. Aber so klagt der Psalmist nicht, sondern sein Brüllen kommt aus der Tiefe seines Herzens, wie in Klagelieder (1,22): „Denn ich stöhne ständig, und mein Herz ist krank." Und Jesaja (59,11) sagt: „Wir brummen alle wie Bären." (144)

Fox: Weinen und Brüllen – Weinen und Brüllen wie Bären, dieses Berühren der Tiefe unserer Dunkelheit und unseres Leides als Gebetsform müssen wir heute erst wieder lernen und verstehen.

Thomas: Das Mitgefühl der Propheten tritt hervor, wenn der Autor des Buches der Klagelieder (3,49) von äußerem Klagen spricht: „Mein Auge ergießt sich" voll Tränen, „und ruht nicht" beim Weinen, „es hört nicht auf" wegen der Leiden des Volkes. Jeremia (9,17-18) sagt: „Unsere Augen vergießen Tränen ..., ein Klagelied ist aus Zion zu hören." Und das Klagen endete, „als er zurückschaute" mit den Augen des Mitgefühls. Zweitens im Hinblick auf den Stich des inneren Schmerzes: „Mein Auge", als es die Verwüstung der Erde sah, „hat meine Seele erschüttert" und ihr die Freude genommen. Und während es den ganzen Herzensschmerz beklagt, zieht es ihn nach draußen. (145)

Fox: In der Bibel fehlt es gewiß nicht an Metaphorik der Via Negativa, denn das Klagen und Jammern scheint dort ausdrücklich erlaubt.

Thomas: Der Autor der Klagelieder (3,53-54) sagt: „Mein Leben stürzten sie in den See", womit Gefangenschaft gemeint ist. Ähnlich sagt der Psalmist (87): „Sie legten mich in einen flachen See, in die Schatten und unter die Schatten des Todes." Die Anfechtung derer, die in Gefangenschaft sind, wird ebenfalls angesprochen. „Die Wasser" der Sorgen, „sind hinzugeflossen", sie wurden vermehrt, und „ich sprach" verzweifelt und ungeduldig. Wie Jona schreibt (2,4): „All deine Wogen schlugen über mir zusammen." (146)

Fox: Und du glaubst, daß das Herz durch diese dunkle Nacht der Seele gereinigt wird?

Thomas: Was geschieht durch die Armut im Geiste, durch Trauer und Sanftheit, als daß das Herz reingehalten wird? (147) Durch die Tränen der Reue wird das Herz gereinigt, wie der Psalmist sagt: „Ich wasche allnächtlich mein Bett und tränke mein Lager mit Tränen." (148)

Fox: Würdest du also sagen, daß die dunkle Nacht der Seele uns auf fast gewaltsame Art zurechtstutzen kann?

Thomas: Ein Baum, der keine gute Frucht trägt, wird abgeschlagen und ins Feuer geworfen, wie es in Matthäus 3 heißt. Aber ein fruchtbarer Baum wird so beschnitten, daß er geläutert wird, nach Johannes 15: „Jede Rebe des Weinstocks, die Frucht trägt, wird gereinigt, damit sie mehr Frucht bringt." So werden die Gottlosen zur Vernichtung bestraft, die Gerechten aber zur Vervollkommnung. (149)

Fox: Alle Menschen durchlaufen also in den Prüfungen ihres Lebens ein solches Zurechtstutzen und Reinigen?

Thomas: Bei einem natürlichen Weinstock kommt es vor, daß eine Rebe mit vielen Zweigen weniger Früchte trägt, weil der Saft sich auf viele Zweige aufteilen muß. Deshalb schneidet der Winzer die überflüssigen Sprosse zurück. So ist es auch mit den Menschen. Denn ein Mensch mit einer guten Haltung Gott gegenüber wird, wenn er nach vielen Dingen verlangt, Kraft verlieren und weniger wirksam handeln können. Deshalb stutzt Gott diese Hindernisse oft und reinigt die betreffende Person durch Prüfungen und Versuchungen, so daß sie stärker wird und mehr Früchte trägt. Im Johannesevangelium heißt es deshalb: „Gott stutzt", auch wenn man schon rein ist, denn niemand ist in diesem Leben so rein, daß er nicht noch weiter geläutert werden könnte. (150)

Fox: Mich wundert der Zusammenhang, in den du dieses Zurechtstutzen, das wir alle durchlaufen, stellst, daß wir dadurch nämlich stärker werden, um mehr Früchte bringen zu können. Du stellst die Via Negativa in den Rahmen der Via Creativa; oder vielleicht sollte ich sagen, daß Jesus dies im Johannesevangelium tut.

Thomas: Bei Matthäus 25 steht, daß das Talent demjenigen genommen wurde, der es verborgen und nichts daraus gemacht hatte. Bei Lukas 13 ordnet der Besitzer an, daß der trockene Feigenbaum abgeschlagen wird. Seine Bemühungen um die guten Äste richten sich darauf, sie zu ermutigen, damit sie mehr Früchte tragen. Deshalb sagt er: „Alle, die gute Früchte tragen, wird Gott reinigen, damit sie mehr Früchte tragen." (151)

Fox: Kannst du ein Beispiel für diese Reinigung geben, die durch den Schmerz und das Zurechtgestutztwerden entsteht?

Thomas: Von Rahel heißt es, sie habe geklagt, weil sie die Mutter von Benjamin war. Das ist metaphorische Sprache (in Matthäus 2,18), um die Größe des Schmerzes auszudrücken. In einer Hinsicht kann es auf die Gefangenschaft der Israeliten bezogen werden, von denen erzählt wird, daß sie auf dem Weg in ihre Gefangenschaft an der Straße nach Bethlehem geweint haben. Und von Rahel heißt es, sie habe geklagt, weil sie dort begraben wurde (Gen.35). Hier wird die Sprache auf gleiche Weise verwendet, als wenn wir sagen, daß ein Ort das Böse beklage, das an ihm geschehen ist. Der Prophet will also sagen, daß in der Zeit der Gefangenschaft Schmerz und Leid ebenso groß sein werden wie bei der Vernichtung des Stammes Benjamin. Der Evangelist greift die Taten bei der Tötung der Unschuldigen auf und veranschaulicht die Trauer auf viererlei Weise: durch die Ausbreitung der Trauer, durch das Ausmaß des Trauerns, durch den Gegenstand der Trauer und durch die Untröstlichkeit. Deshalb sagt er: „Aus Rama", einer Stadt im Stamme Benjamin, „wurde ein Geschrei gehört", das heißt, bei Gott im Himmel. Deshalb sagt Sirach 35,21: „Das Gebet des Armen durchdringt die Wolken und ruht nicht, bis es sein Ziel erreicht. Es weicht nicht, bis der Höchste es bemerkt." Und (35,18): „Rinnt nicht die Träne der Witwe über die Wange und klagt gegen den, der sie verursacht hat." Die Trauer der Mütter ist größer als die der Söhne. Und die Klage der Mütter dauerte an, während die der Söhne kurz war. Darum heißt es bei Sacharja (12,10): „Sie werden um ihn jammern wie um das einzige Kind und um ihn klagen, wie man den Tod des Erstgeborenen beklagt." Gleiches gilt für den Gegenstand der Trauer, da es den Tod der Söhne betrifft, um den Rahel weint. (152)

Fox: Auf der Via Negativa geht es also nicht nur darum, das unaussprechliche Mysterium der unbekannten Gottheit zu erfahren, sondern es geht auch darum, in den Schmerz und die Trauer des Daseins voll einzutreten?

Thomas: Die Nacht bringt Schrecken. Einer davon ist eine bedrückende Vorahnung, wie es in Hiob 27,20 heißt: „Nachts wird ihn ein Sturm forttragen." Ein weiterer ist derjenige einer momentanen Not, wie gegen Ende des Buches der Sprüche: „Ihre Lampe wird nachts nicht gelöscht." Eine dritte Art des Schreckens ist derjenige der ewigen Verdammnis, wie in Weisheit 17,2: „Gottlose Männer ... liegen da als Gefangene der Finsternis, als Gefesselte einer langen Nacht, in ihren eigenen Häusern eingeschlossen, von der ewigen Vorsehung verdammt." (153)

Fox: Aber wir erleben in diesem Leben doch viel Trauer und Leid.

Thomas: Der Autor des Buches der Klagelieder beklagt jene, die wegen ihres

Alters elend sind. Er erwähnt ihren Tod und den Sterbeprozeß. Zunächst zeigt er sein Mitgefühl durch einen Tränenausbruch, wenn er sagt: „Meine Augen sind ausgeweint", als habe er keine weitere Kraft mehr zum Weinen. Jeremia (9) schreibt: „Wer gibt meinem Haupt Wasser und einen Tränenbrunnen meinen Augen?" Er spricht auch über seine innerste Bewegtheit und sagt: „Sie sind verwirrt", als meine er, daß es viel innere Verwirrung bis hin zum innersten Herzen gibt, wieviel er auch trauert. Jeremia (31) sagt: „Mein Magen ist beunruhigt." Und er erwähnt sogar den Gallefluß: „Meine Leber fließt über auf die Erde." Er meint, daß er so sehr getrauert habe, daß seine Leber zur Erde überfloß, oder daß meine Liebe, die in der Leber sitzt, zu Boden geworfen wurde, daß das Geliebte niedergeworfen ist. Bei Hosea heißt es (13,8): „Ich zerreiße ihnen die Brust und das Herz." (154)

Fox: Die Leidenschaft in unserer Trauer wendet sich also zu Mitgefühl gegenüber dem Leid und der Trauer anderer.

Thomas: Der Autor der Klagelieder erklärt die Ordnung des Todes so, daß er mehr Mitgefühl damit hervorruft. Zunächst spricht er davon, wie die Toten von ihren Müttern gesucht werden: „Wo ist Weizen und Wein?" als fehlten sie: Gib uns zu essen. Im vierten Kapitel (4) sagt er: „Kinder betteln um Brot, keiner bricht es ihnen." Er beklagt die Notwendigkeit des Suchens: „Weil es fehlte", starben sie verfrüht „auf den Straßen", als schauten alle zu und niemand könne Hilfe geben. (155)

Fox: Zweifellos werden wir uns später noch mehr mit der Beziehung zwischen Via Negativa und Via Transformativa beschäftigen, mit der Leidenschaft der Trauer und der Leidenschaft des Mitgefühls. Mir scheint, daß sich auch die Trauer auf die Stille bezieht, denn Trauer geht über Worte hinaus. Würdest du da zustimmen?

Thomas: Jesaja sagt (21,3): „Darum zittern meine Lenden", das heißt, ich trauere wie jemand, dem die Lenden schmerzen. Der Psalmist spricht von „Schmerzen wie jemand, die gebiert" und unter dieser Bürde zusammenbricht (Ps.48) und in bezug auf ein beunruhigtes Gesicht: „Ich bin beunruhigt, und ich habe nicht gesprochen." Und in Psalm 55 heißt es: „Ich schauderte vor Entsetzen", und über die Gefühle: „Mein Herz bebte." Das bezieht sich auf die Gefühle des Kummers. (156)

Fox: Trauer ist also ein Teil der Reise in die Via Negativa?

Thomas: Es gibt zweierlei Kummer. Eine Art Kummer führt zur Verzweiflung und nimmt Sehnsucht und Seufzen fort, denn diese geschehen im Stillen. Die Sehnsucht und das Seufzen werden also innerlich von Gott gehört. Deshalb sagt der Psalmist: „Herr, vor dir liegt all mein Verlangen." Vor dir wird geprüft, wonach ich verlange, und darum hoffe ich, daß es mir von dir gewährt wird. In den Sprüchen heißt es: „Den Gerechten wird Gottes Verlangen gewährt." Und der Psalmist (10) sagt: „Der Herr stillt die Sehnsüchte der Armen." Du kennst das Verlangen, der du unsere Herzen prüfst, wie in 1 Könige 16: „Gott sieht ins Herz." (157)

Fox: Bei der Trauer geht es darum, die dunklen Gründe des Herzens zu berühren.

Thomas: Der Psalmist sagt: „Mein Herz ist unruhig" (38,11). Damit zeigt er sein Bedürfnis nach Trost, denn in seinem Herzen ist nichts, das getröstet werden könnte. Im Menschen gibt es dreierlei, nämlich den Verstand, den Willen und die ausführende Kraft. Der Verstand leitet, der Wille ordnet, und die Kraft führt aus. Und diese drei fehlen mir (sagt der Psalmist). Zu sagen, „das Herz ist unruhig," heißt, daß das Gefühl durch Kummer und Aufruhr bewegt ist. Denken wir an Psalm 60: „Du hast die Erde erschüttert und auseinandergerissen." Das Herz ist beunruhigt wegen der Angst der Welt. So hat die ausführende Kraft, die der Psalmist vor dem Sündigen hatte, ihn verlassen. (158)

Fox: Warum sind die Gebete der Trauer dem Herzen und der Reise des Herzens zugeordnet?

Thomas: Das gewohnte oder hervorgerufene Verlangen nach etwas um seiner selbst willen wird als Liebe bezeichnet. Wo die Liebe fehlt, entstehen Kummer und Trauer um sie und um die daraus folgenden Gefühle. (159)

Fox: Wenn wir uns mit dieser Trauer nicht auseinandersetzen, kann sie einen sehr störenden Einfluß auf den Rest unseres Lebens haben.

Thomas: Wie die Lust Liebe hervorruft, so verursacht Kummer (tristitia) den Haß. ... Da Neid ein Kummer über das Gute bei unserem Nächsten ist, wird uns daher sein Gutes verhaßt. Daher geht aus dem Neid der Haß hervor. (160)

Fox: Unverarbeitetes Leiden kann also zu Selbsthaß und zu Haß auf andere führen.

Thomas: Da der Neid dem Nächsten gegenüber die Mutter des Hasses gegen ihn ist, wird er als Folge zur Ursache des Hasses gegen Gott. (161)

Fox: Kannst du weitere Beispiele für die dunkle Nacht der Seele anführen?

Thomas: Der Psalmist (23) spricht über eine Person, die durch gefährliche Orte reist und darum Sicherheit braucht. Es heißt dort: „Und wenn ich auch im Schatten des Todes wandere, fürchte ich kein Böses, denn du bist bei mir", als Führer und Beschützer – und deshalb werde ich sicher sein. „Der Schatten des Todes" steht für drohendes Unheil, denn der Schatten geht dem Körper voraus, der ihm folgt. Kolosser 2 sagt: „Das Gesetz, der Schatten des Zukünftigen, aber der Leib Christi." Diese Bedrängnis ist ein Zeichen des Todes. „In der Mitte" bedeutet, daß du mich im innersten Teil und in der tiefsten Bedrängnis neubeleben wirst. Aber „der Schatten des Todes" bedeutet das von der Dunkelheit der Sünde verdunkelte jetzige Leben, wie Hiob (3) sagt: „Finsternis soll ihn ergreifen", und so weiter. Der Schatten des Todes kann aber auch das bedeuten, was nichts Böses bringt, wenn Gott anwesend ist, wie Hiob (17) sagt: „Setze mich dir nahe." Und Jesaja (43,2): „Wenn du durch Ströme schreitest, reißen sie dich nicht fort. Gehst du durch Feuer, wirst du nicht versengt." (162)

Fox: Du hast die tiefe Erfahrung der Angst als Teil des Eintretens in die Dunkelheit beschrieben. Gibt es noch andere solcher Reisen, die wir nennen sollten?

Thomas: Hiob sagt: „Ich hatte leere Monate", das heißt, daß die vergangenen Monate für ihn verflossen, ohne daß er letzte Vollkommenheit erreichte. Und er fährt fort: „Die Nächte", die ja als Zeit der Ruhe vor der Bedrängnis gesehen werden, „voller Mühsal zählte ich", das heißt, die ich für mühsam hielt, weil ich daran gehindert wurde, das Ziel zu verfolgen. (163)

Fox: Unsere Erfahrungen der Langeweile sind also auch solche auf der Via Negativa und führen zur dunklen Nacht der Seele?

Thomas: Wie Hiob seine Monate für leer und die Nächte für mühsam hielt, erklärt er mit den Worten: „Lege ich mich schlafen", das heißt, wenn es nachts Schlafenszeit ist, sage ich: „Wann darf ich aufstehen?" und erwarte den Tag. „Wird es Abend", wenn der Tag vorüber ist, „warte ich, daß es dämmert." So richtet er sein Verlangen stets auf die Zukunft; und diese Erfahrung kennen alle auf der Erde lebenden Menschen. Aber die Menschen nehmen es auf mehr oder weniger deutliche Weise wahr, je nachdem sie glücklicher oder trauriger sind. Hiob zeigt aber sein Bedürfnis, in sich stark zu sein, wenn er hinzufügt, „bin ich voll Kummer bis zum Morgengrauen." Er meint, daß ich wegen meines momentanen Kummers die Zukunft mehr ersehne als die Gegenwart. (164)

Fox: Du scheinst hier für eine Reise in unsere tiefsten Gefühle zu sprechen, einschließlich der dunklen und schmerzhaften. Es gibt aber viele, die sagen, daß die spirituelle Reise mit einer Ablösung von den Gefühlen oder der Gleichgültigkeit ihnen gegenüber zu tun habe.

Thomas: Wir hören, daß Hiob „den Mund öffnete und den Tag seiner Geburt verfluchte“. Bezüglich der seelischen Leidenschaften, der Gefühle, gab es in der Antike zwei Ansichten: Die Stoiker sagten, daß einem weisen Menschen kein Kummer zustoße. Die Peripatetiker sagten aber, daß auch Weise bekümmert sein können, daß aber eine solche Person in der Trauer maßvoll und vernünftig handeln würde. Diese letzte Ansicht ist richtig. Denn die Vernunft kann den natürlichen Zustand nicht beseitigen. Für die Gefühlsnatur ist es natürlich, sich über Angenehmes zu freuen und über Verletzendes traurig zu sein. Das kann durch die Vernunft nicht geändert werden, sondern wird so gelenkt, daß die Vernunft durch die Trauer nicht aus der Bahn geworfen wird. Diese Ansicht stimmt mit der Heiligen Schrift überein, die zeigt, daß Christus, in dem die ganze Fülle der Tugend und Weisheit ist, traurig ist. (165)

Fox: Und was ist mit Hiob?

Thomas: Wegen seiner Widrigkeiten war Hiob tatsächlich bekümmert, sonst hätte die Tugend der Geduld in ihm keinen Platz finden können. Doch ließ die Trauer seine Vernunft nicht fortfallen, vielmehr hatte diese die Trauer unter Kontrolle. Um das zu zeigen, heißt es: „Danach öffnete Hiob den Mund“, das heißt, nach sieben Tagen des Schweigens. Daraus wird klar, daß die folgenden Worte vernunftgemäß und ohne Störung durch den Kummer gesprochen wurden. Denn hätte er sie aus einem gestörten Verstand heraus gesprochen, dann wäre das eher geschehen, als die Macht des Kummers größer war. Kummer jeder Art wird durch das Verstreichen von Zeit verringert und wird anfangs stärker empfunden. Deshalb, so scheint es, schwieg Hiob so lange, damit nicht der Eindruck entstand, er spräche mit verwirrtem Geist. Das zeigt sich auch in den Worten „öffnete er den Mund“. Denn wer unter einem Gefühlsimpuls spricht, öffnet nicht seinen Mund, sondern wird vom Gefühl zum Sprechen getrieben. Denn nicht durch die Gefühle, sondern durch den Verstand kontrollieren wir unsere Handlungen. Indem er sprach, drückte Hiob seine Traurigkeit aus. Für Weise ist es üblich, daß sie mit Vernunft über die Gefühlsbewegungen sprechen, die sie empfinden, wie Christus mit den Worten tat: „Meine Seele ist zu Tode betrübt.“ (166)

Fox: Leiden kann also eine Tugend sein, wenn wir richtig damit umgehen?

Thomas: Maßvolle Trauer um etwas, das uns traurig machen sollte, ist ein Zeichen der Tugend. (167) Unmäßige Trauer ist eine Krankheit des Geistes, maßvolle Trauer aber ist das Zeichen eines nach dem jeweiligen Lebenszustand wohlgeordneten Geistes. (168)

Fox: Was empfiehlst du, wie wir mit großem Kummer umgehen sollen?

Thomas: Lust kann ganz und vollkommen sein, während Kummer (tristitia) immer nur teilweise vorhanden ist. (169)

Fox: Trauer geht vorbei, sagst du, und Freude ist mächtiger als Leid?

Thomas: Das Verlangen nach Lust (appetitus delectationis) ist stärker als die Meidung von Kummer. (170) Was wir mit Kummer tun, tun wir nie so gut wie das, was wir ohne Kummer oder mit Spaß tun. (171)

Fox: Aber Leid stört doch auch die Arbeit?

Thomas: Trauer behindert die Arbeit, die uns Kummer macht. Sie hilft uns aber zu tun, was den Kummer beseitigt. (172)

Fox: Was bringt Leid hervor?

Thomas: Unter den Bewegungen des Verlangens ist der Kummer (tristitia) eine Art Flucht oder Abwendung, während die Lust eine Art Verfolgung oder Zuwendung ist. ... Liebe ist die Ursache von Lust und Trauer... (173) Trauer entsteht aus der Liebe entweder aufgrund der Abwesenheit des Geliebten oder weil das Geliebte, dem wir Gutes wollen, des Guten entbehren muß oder durch Übles bedrängt wird. (174) Kummer entsteht auch aus der Erwartung von Schlechtem oder der Erinnerung daran. (175)

Fox: Eine Reise in unser Herz öffnet uns also sowohl für freudige als auch für traurige Themen, für Via Positiva und Via Negativa, denn Liebe bringt beide hervor. Was geschieht, wenn wir in die tiefe Nacht des Leides fallen und nicht mehr herauskommen?

Thomas: Wenn ein Schmerz (dolor) sehr intensiv ist, wird der Mensch daran gehindert, etwas zu lernen. (176)

Fox: Wir sind dann also nicht in der Lage, Neues zu lernen, und die Depression nimmt uns ein?

Thomas: Kummer belastet die Seele, indem er sie hindert zu genießen, was sie will. (177) Hinsichtlich der Bewegung des Verlangens bewirken Verkrampfung und Belastung dasselbe. Denn wenn das Bewußtsein belastet ist, so daß es sich äußeren Dingen nicht frei zuwenden kann, zieht es sich wie in sich verkrampft zurück. (178) Vom Kummer sagt man, er verzehre den Menschen, wenn die bekümmernde Macht des Übels die Seele so trifft, daß alle Hoffnung auf ein Entrinnen ausgeschlossen wird. Kummer belastet und verzehrt also gleichzeitig. (179)

Fox: Traurigkeit kann also zur Verzweiflung führen?

Thomas: Die Bekümmerten verzweifeln leichter. ... Verzweiflung entsteht aus Kummer. (180) Verzweiflung beinhaltet eine zurückziehende Bewegung. Deshalb ist sie der Hoffnung entgegengesetzt, wie der Rückzug der Offenheit. (181)

Fox: Du sagst also, daß Freude zur Hoffnung führe und Leid zur Verzweiflung?

Thomas: Ein froher Mensch hat größere Hoffnung. (182)

Fox: Verzweiflung kann doch letztlich zum Tode führen?

Thomas: Die Schwäche des Lebensgeistes verkürzt die Lebenszeit. (183) Wächst die Macht des Übels so sehr an, daß es die Hoffnung auf ein Entrinnen ausschließt, so wird die Bewegung des verängstigten Bewußtseins (animus) gehindert und es kann sich weder hierhin noch dorthin wenden. Manchmal wird sogar die äußere körperliche Bewegung gehindert, so daß der Mensch dumpf in sich verharrt. (184)

Fox: Es scheint auf unserer Reise so viel Leiden zu geben, aber auch so viele Arten, sich mit dem Leiden auseinanderzusetzen.

Thomas: 'Klagen' gehört zu den Wörtern, die Schmerz ausdrücken; 'Weinen' hat mit dem Vergießen von Tränen zu tun; 'Trauer' hat mit einer bestimmten Art zu tun, das Leid auszudrücken, wie es sich im Wechseln der Kleider und ähnlichem zeigt. Wie Jeremia sagt: „Eine Stimme hörte man in den Straßen, die weinte und klagte für die Kinder Israels, weil sie sich ungerecht verhalten und den Herrn, ihren Gott, vergessen hatten." (185)

Fox: Warum tritt die Schrift so sehr für Klagen und für Trauern ein, wie wir oben gesehen haben? Was ist auf der Via Negativa die Rolle des Trauerns? Ist es ein Weg, diesen Lebensgeist, von dem du sprachst, zu stützen?

Thomas: Jesaja bringt im 38. Kapitel die Schuldgefühle eines Betenden vor. Und im Matthäusevangelium (5) heißt es: „Selig sind die Trauernden, denn sie werden getröstet werden." (186)

Fox: Es ist also für unseren Heilungsprozeß wichtig, unsere Trauer auszudrükken.

Thomas: Tränen und Seufzen mildern den Kummer auf natürliche Weise ..., weil etwas Schädliches stärker angreift, wenn es im Inneren eingeschlossen wird, da sich die Anspannung der Seele vervielfacht. Lassen wir es jedoch nach außen, so zerstreut sich die Aufmerksamkeit der Seele gleichsam nach außen und der Schmerz wird vermindert. Deshalb wird der Kummer gemindert, wenn kummervolle Menschen dies durch Tränen oder Seufzen oder auch durch Worte nach außen zeigen. (187)

Fox: Du scheinst die meditative Kunst als einen Weg zu befürworten, sich mit Trauer und Verzweiflung auseinanderzusetzen. Beim Besprechen der Via Negativa werden wir dies auf jeden Fall noch näher betrachten. Kann Trauer sich auch in unsere Erfahrung der Kontemplation einmischen?

Thomas: Körperlicher Schmerz behindert die Kontemplation mehr als innerer, weil sie völliger Ruhe bedarf. Doch wenn der innere Schmerz intensiv genug ist, zieht er auch die Aufmerksamkeit auf sich, so daß der Mensch nichts Neues lernen kann. Deshalb unterbrach auch Gregor (der Große) aus Kummer den Kommentar zu Ezechiel. (188)

Fox: 'Nichts Neues lernen können'; der Kummer scheint die Via Positiva zu meiden, die so voll frischer Dinge ist, die den Geist lebendig machen, wie du es ausgedrückt hast.

Thomas: Die acedia führt dazu, das Bedenken der göttlichen Geschenke zu vernachlässigen. Wenn nämlich jemand von einer bestimmten Leidenschaft beeinflußt ist, so kümmert er sich vorwiegend um das, was dieser Leidenschaft entspricht. Wer also voller Kummer ist, kann nicht leicht an große oder freudige Dinge denken, sondern nur an traurige, falls er seine Gedanken nicht durch eine starke Anstrengung von der Traurigkeit abwendet. (189)

Fox: In gewisser Hinsicht tötet also die acedia, die Trägheit, den Geist?

Thomas: Das Leben des Körpers kommt durch die Lebensgeister zustande, die sich vom Herzen zu allen Gliedern ausbreiten. Solange diese im Körper bleiben, lebt der Körper. Läßt aber die Qualität der natürlichen Wärme im Herzen nach, so nimmt diese Art des Geistes ab. Hiob bezeichnet die Minderung und Schwäche als Abschwächung des Geistes. Und er nennt die Folge dessen: „Meine Tage werden verkürzt." (190)

Fox: Die Ehrfurcht bannt aber die acedia, denn in einem unserer vorigen Gespräche sagtest du, daß die acedia von einer Schrumpfung des Geistes herrühre.

Thomas: Gebet hat eine doppelte Wirkung. Das eine ist die Vertreibung des Kummers, das andere die Stärkung der Hoffnung. Die erste Wirkung kommt zustande, weil der menschliche Geist durch das Gebet zu Gott aufsteigt. Und da Gott das höchste Gute ist, empfindet die Seele, wenn sie sich an Gott hält, die größte Freude. Und diese Freude vertreibt den Kummer oder mindert ihn wenigstens. Die andere Wirkung ist das Wachsen in der Hoffnung. Wenn nämlich ein König jemanden zu vertraulichem Gespräch und Gesellschaft zuläßt, dann faßt diese Person Vertrauen, etwas ersuchen und bekommen zu können. Im Gebet aber spricht man besonders mit Gott. Wie der Psalmist sagt (28): „In Gott hat mein Herz Hoffnung.“ (191)

Fox: Worin unterscheidet sich Hoffnung von der Verdrängung der Verzweiflung oder der Vortäuschung, wir würden sie nicht erleben? Inwiefern ist Hoffnung eine Hilfe dabei, durch unsere Verzweiflungserfahrungen hindurchzutauchen? Ich stelle dir diese Fragen, weil ich glaube, daß unsere Zivilisation, die am Rande der ökologischen Katastrophe und der atomaren Auslöschung steht, sich in tiefer Verzweiflung befindet. Wir verdecken das aber mit einer Menge fröhlichen Geschwätzes, grinsender Politiker und indem wir den Kopf im Sand des Konsums, des Chauvinismus und deplazierten Patriotismus vergraben.

Thomas: Hoffnung richtet sich auf das Mögliche, Verzweiflung auf das Unmögliche. (192)

Fox: Hoffnung scheint heute, besonders bei den jungen Menschen, ein seltener Zustand zu sein. Bitte sage etwas über die Hoffnung.

Thomas: Der Hoffnung geht es um etwas schwieriges Gutes, und sie wird durch den Teil in uns angeregt, der bereit ist, sich mit Widerständen zu messen. Hoffnung wird durch ein Gut erregt, das errungen werden kann. Sie trägt ein Gesicht der Gewißheit. Hoffnung unterscheidet sich von Angst dadurch, daß sie etwas Gutes sucht. Von der Freude unterscheidet sie sich dadurch, daß sie etwas in der Zukunft sucht, was sie noch nicht besitzt. Und vom Verlangen unterscheidet sie sich dadurch, daß sie etwas Schwieriges sucht. Und von der Verzweiflung, wie gesagt, dadurch, daß sie etwas Mögliches sucht. (193)

Fox: Und wo suchen wir in den Tiefen der dunklen Nacht der Seele nach Hoffnung?

Thomas: Es stimmt, daß wir uns von Gott verstoßen fühlen, wenn wir in Schwierigkeiten sind. (194) Man kann nie zu viel auf Gott hoffen. (195) Die erste Lehre aus dem Abstieg Christi in die Hölle ist eine feste Hoffnung auf Gott. Je tiefer wir ins Elend sinken, um so mehr sollten wir vertrauen und Gewißheit haben. Nichts ist deprimierender, als in der Hölle zu sein, und doch können wir, die wir Christi Freunde sind, angesichts dessen, daß er die Menschen in der Hölle befreite, uns darauf verlassen, daß er uns errettet, ganz gleich in welchem Dilemma wir stecken. (196)

Fox: Du spielst auf den Abstieg Christi in die Hölle an. Was ist die Hölle?

Thomas: Die Hölle ist die Trennung von Gott. (197)

Fox: In unseren dunklen Nächten haben wir sogar Erlebnisse des Nichts.

Thomas: Hiob (14,1-5) sagt: „Die Tage des Menschen sind kurz, ... ihre Zahl ist bestimmt, die Zahl seiner Monde liegt bei dir." Doch obwohl das Leben kurz ist und so kostbar sein kann, daß man darüber tief meditieren sollte, ist es dennoch nichts. Denn mein Wesen und meine Natur und mein Leben sind vor dir nichts, das heißt, im Vergleich mit dir, während sie im Vergleich mit schwachen Geschöpfen etwas zu sein scheinen. Jesaja (40,17) sagt: „Alle Völker sind vor Gott wie nichts." Nichts kann aber folgendermaßen verstanden werden: 'Mein Wesen' heißt, daß ich mein Wesen für nichts halte, wenn ich bedenke, was es vor dir ist, das heißt, welche ewigen Güter du den Heiligen geben wirst. Oder es kann bedeuten, daß diejenigen, die vor dir die Dinge der Welt aus göttlicher Sicht bedenken, sie für nichts halten. (198)

Fox: Wir erleben die Vergänglichkeit der Dinge also manchmal in unserem Leben. Ich halte es für wichtig, das Nichts als das zu benennen, was es ist: ein Teil der Wirklichkeit der Dinge.

Thomas: Kohelet (1) sagt: „Alle Dinge sind vergänglich." Und als vergänglich werden sie bezeichnet, weil es das Gegenteil von Festigkeit und Stabilität ist. Denn alle Dinge in der Welt unterliegen dem Wandel, und deshalb sind sie vergänglich. Und selbst bei ihnen unterliegt „jedes lebende Wesen" dem Wandel, und das ist vergänglich. In Römer 8,20 heißt es: „Denn die Geschöpfe", das heißt, die Menschen, „sind der Vergänglichkeit nicht aus eigenem Willen unterworfen." Menschen werden vergänglich genannt, weil sie nach vergänglichen Dingen verlangen, wie Jeremia (2) es ausdrückt: „Sie liefen Nichtigem nach und wurden selbst zunichte." (199)

Fox: Du hast gesagt, daß wir auch in unserem tiefsten Leid und in unserer tiefsten Dunkelheit niemals allein sind, selbst wenn wir uns fühlen, als wohnten wir in der Hölle.

Thomas: Der Heilige Geist selbst ist traurig, wenn ein Mensch, in dem der Geist wohnt, traurig ist. (200) Der Prophet Jeremia kündet das Heilmittel der Tröstung an, wenn er sagt: „Der Herr sagt diese Dinge: Die Stimme ist still", womit er die Stimme des Klagens meint, „und die Augen", er meint die weinenden Augen, werden trocken. Darum sagt das Buch der Offenbarung (21,4): „Der Herr wird alle Tränen von den Augen der Heiligen wischen: Es wird keinen Tod mehr geben, keine Trauer und keine Klage. Die Welt der Vergangenheit ist vorüber." (201)

Fox: Mir scheint, daß unsere Dunkelheiten und Leiden, auch wenn sie uns manchmal allumfassend erscheinen, nicht das letzte Wort Gottes oder des Universums an uns darstellen.

Thomas: Niemand ist in solcher Dunkelheit, daß das göttliche Licht gänzlich fehlt. Das göttliche Licht scheint in die Dunkelheit. (202)

Fox: Du sagst, das göttliche Licht verlasse uns nie, ganz gleich wie dunkel es zu werden scheint?

Thomas: Das Leben, das das Licht der Menschen ist, „scheint in die Finsternis" (Joh.1,5), nämlich in die geschaffenen Seelen und Geister, indem es stets sein Licht auf alle verteilt. (203)

Fox: Die Aussage, das göttliche Licht sei immer mit uns, verlangt ein ungeheures Vertrauen.

Thomas: Das Gute ist mächtiger als das Böse. Solange wir leben, können wir nie so weit ins Böse versinken, daß uns die göttliche Gnade nicht wieder herausholen könnte. (204) Ein Teil des Guten am menschlichen Wesen ist, daß es immer wieder vom Bösen zur Gerechtigkeit zurückgeführt werden kann. Dieses Gut bleibt trotz des Abfalles von der Gnade. (205)

Fox: Hier spüre ich das Wiedereintreten der Via Positiva: Daß die Freude, die wir in der Schöpfung und beim Schöpfer erleben, unseren Kampf in der Dunkelheit trägt.

Thomas: Freude schützt manche Menschen vor dem Teufel, wie es in Sprüche 17,22 heißt: „Ein fröhliches Herz ist eine gute Medizin, ein bedrücktes Gemüt läßt die Glieder verdorren." Und der Psalmist fügt hinzu: „Ich will dem Herrn singen", das heißt, ich will Gott loben. So in Psalm 22,24: „Die den Herrn fürchten, sollen ihn loben." Denn das Lob Gottes ist stark in der Überwindung des Teufels. (206)

Fox: Im Leben geht es sowohl um Licht wie Dunkelheit, um Freude wie um Leere, um Schmerz wie um Lobpreis.

Thomas: Der Ausdruck 'Tag und Nacht' steht für Wohlergehen und Widrigkeit. „Ich will dich loben Tag und Nacht", verspricht der Psalmist. (207) Der Psalmist (Ps.16) spricht darüber, daß wir von Gott erleuchtet werden. Das kann auf zweierlei Weise verstanden werden: erstens kann Wohlergehen durch die Lampe gemeint sein und Widrigkeit durch den Schatten, so wie dem Glücklichen alle Dinge hell erscheinen. Ist man jedoch traurig, so erscheint einem alles dunkel. Darum sagt der Psalmist: „Da du, Herr, mein Licht entzündest", was heißt, mir Wohlergehen gegeben hast und ständig gibst, „erleuchte meine Dunkelheit", das heißt, wenn irgendwelche Widrigkeiten in mir bleiben, vertreibe sie aus mir. (208)

Fox: In Zeiten der Dunkelheit müssen wir wohl mehr als sonst an die freudigen Zeiten denken.

Thomas: Der Psalmist stellt die Frage: „Warum bist du traurig, meine Seele?" wenn du dich doch freuen solltest, da du zum Tabernakel, zum Haus des Herrn gehst? Warum bist du also traurig? Denn kleine Übel sollten im Verhältnis zu den ewigen Gütern nicht gerechnet werden. Wie das Buch Sirach (30) sagt: „Treibe die Traurigkeit", nämlich die der Welt, „weit fort." Und Paulus schreibt (2 Kor. 7,10): „Die weltliche Traurigkeit führt zum Tod." Die Wirkung der Traurigkeit ist die Unruhe, denn aus der Unordnung der Gefühle wird der Verstand verwirrt. (209)

Fox: Trauer und Freude, Dunkelheit und Licht schließen einander nicht immer aus.

Thomas: Es gibt eine gewisse Ordnung der Bußpsalmen darin, daß sie mit dem Kummer beginnen und in Freude enden, weil die Buße dazu führt. Im Schluß zum 32. Psalm drängt der Psalmist die Gerechten zu guten Werken und guten Absichten, indem er sagt: „Freut euch am Herrn und jubelt." (210)

Fox: Im Kampf mit Widerständen und der Dunkelheit lernen wir wohl Vertrauen.

Thomas: Der Psalmist sagt: „Strecke deine Hände aus der Höhe herab und befreie mich, errette mich aus den tiefen Wassern, aus der Hand der Fremden, deren Mund nur Lügen spricht" (Ps. 144,7). Man muß festhalten, daß es eine Hand der göttlichen Lenkung gibt, wie in Weisheit 7,16: „Wir sind in Gottes Hand und unsere Worte, unsere Klugheit und unser praktisches Wissen." Es gibt auch eine Hand der göttlichen Großzügigkeit, wie in Psalm 104: „Alle Geschöpfe hängen von dir ab, ... mit großzügiger Hand sättigst du ihren Hunger." Und eine Hand des göttlichen Schutzes, wie in Jesaja 49: „Unter der Obhut der Hand Gottes schützte der Göttliche mich." Es gibt auch eine Hand der Zurechtweisung, wie in Psalm 39: „Deine Hand hat mich bedrückt." Und eine Hand der göttlichen Errettung, wie in Hiob 5,18: „Gott schlägt, doch Gottes Hände heilen auch." Es gibt eine Hand des göttlichen Wirkens, wie in Sirach 36: „Rühme die Hand und den rechten Arm." Und eine Hand der göttlichen Verdammnis, wie in Hebräer 10,31: „Es ist furchtbar, in die Hände des lebendigen Gottes zu fallen." (211)

Fox: Daß Gottes Hand eine heilende ist, ist ein sehr schönes Bild.

Thomas: Gott ist Nährer und Heiler. Ein Heilender aber kann dem Kranken auch die Nahrung entziehen und sie hungrig und durstig bleiben lassen, wenn es für ihre Gesundheit von Vorteil ist. So gibt uns Gott manchmal, wenn es zu unserem Heil dient, Armut, manchmal Reichtum, manchmal gibt Gott lange Tage, manchmal macht Gott sie kurz. (212)

Fox: Es ist passend, daß du Gesundheit mit dem Heil und die Gottheit mit einer Heilerin oder Ärztin vergleichst. Damit bestätigst du uns, daß Gott uns, ob wir in Freude oder Leid leben, heilenden Frieden bringt.

Thomas: Durch Geduld bewahren wir Frieden, seien die Zeiten gut oder schlecht. Aus diesem Grund werden die Friedenstiftenden als Kinder Gottes bezeichnet, denn sie sind wie Gott: Wie nichts Gott verletzen kann, so kann auch sie nichts verletzen, ob sie gedeihen oder leiden. Darum lesen wir: „Selig sind die Friedenstiftenden, denn sie werden Kinder Gottes genannt werden" (Mt.5,9). (213)

Fox: Es scheint noch einen weiteren Weg zu geben, auf dem sich die Trauer und Freude auf unsere mystische Erfahrung beziehen.

Thomas: Je größer die Liebe, um so größer ist auch die Trauer. (214)

Fox: Kannst du ein Beispiel für diese Binsenweisheit geben?

Thomas: Ein Teil der Widrigkeiten des Hiob bestand in äußeren Zeichen des Kummers, zu denen die Zeichen der Freude geworden waren. Das waren seine Musikinstrumente, über die er sagt: „Mein Harfenspiel wurde zur Trauer", als wolle er sagen: Trauer folgt meiner Harfe, die zur Freude benutzt worden war. Oder in bezug auf die Lieder der menschlichen Stimme, sagt Hiob (30,31): „Mein Flötenspiel", das zur Freude benutzt worden war, „wurde zur Stimme der Klage." (215)

Fox: Ich sehe ein starkes Zusammenspiel zwischen den Motiven der Via Positiva und denen der Via Negativa, viel Tanz zwischen Licht und Dunkelheit, so daß ich mich frage, ob dieses Zusammenspiel nicht eine Art kosmisches Muster ist.

Thomas: Mit dem Entstehen von einem ist immer das Vergehen von etwas anderem verbunden. Deshalb gilt für die Menschen wie auch für die anderen Lebewesen, daß das Kommen einer vollkommeneren Form das Vergehen einer früheren mit sich bringt. Und zwar auf eine solche Weise, daß die folgende Form alles von der früheren hat, und noch mehr. (216)

Fox: Du hast davon gesprochen, daß der Heilige Geist aus Depression und Dunkelheit befreien wird. Wie steht es mit Christus – welche Rolle spielt Christus, abgesehen von den oben besprochenen, auf der Via Negativa?

Thomas: Auf andere Weise kann die Stelle „Und das Leben war das Licht der Menschen" durch das Einströmen der Gnade gedeutet werden, weil wir durch Christus erleuchtet werden. ... Nachdem der Evangelist sich mit der Erschaffung der Dinge durch das Wort beschäftigt hat, betrachtet er hier die Wiederherstellung der vernunftbegabten Geschöpfe durch Christus, indem er sagt: „Und das Leben" des Wortes, „war das Licht der Menschen" allgemein, und nicht nur der Juden. Denn der Sohn Gottes nahm das Fleisch an und kam in die Welt, um alle Menschen durch Gnade und Wahrheit zu erleuchten. (217)

Fox: Christus hilft uns also in der tiefen Dunkelheit des Pfades der Via Negativa mit Licht?

Thomas: Wie Christus „im Tod unseren Tod überwand" (2Tim. 1,10), befreite er uns durch seinen Schmerz von unseren Schmerzen. Deshalb wollte er schmerzvoll sterben. (218)

Fox: Du sagst, das Kreuz Christi sei Beweis dafür, daß er gelitten hat, was wir leiden?

Thomas: Unsere Herzen wurden durch den Wein der göttlichen Liebe gewaschen, wie es in Genesis (49,11) heißt: „Er wäscht sein Kleid in Wein, sein Gewand in Traubenblut." (219) Unsere Herzen sind ebenfalls im Blut der Leiden des Herrn gewaschen, wie das Buch der Offenbarung (7,14) sagt: „Sie haben ihre Gewänder gewaschen und im Blut des Lammes weiß gemacht." (220) Christus litt in seinen Gliedern seit Anbeginn der Welt. Am Kreuz litt er in eigener Person. (221)

Fox: In diesem Zusammenhang bekommt das Mysterium des Kreuzes eine klarere Bedeutung.

Thomas: Das Kreuz wird durch seine Tiefe aufrecht erhalten, die unter der Erde verborgen liegt. Sie ist nicht sichtbar, weil die Tiefe der göttlichen Liebe, die uns erhält, nicht sichtbar ist. (222)

Fox: Unser ganzes Gespräch über die Via Negativa repräsentiert also deine Kreuzestheologie! Du meinst, daß das Mysterium der göttlichen Liebe uns sozusagen unterirdisch als etwas uns Unsichtbares erhält. Und du zeigst Christus als denjenigen, der einerseits mit dem unbenennbaren Mysterium der Gottheit in Verbindung steht, und der andererseits die dunkle Nacht der Seele durchlaufen und etwas von der Leidensdimension der Via Negativa geschmeckt hat. Kannst du uns noch mehr über das Leiden Christi sagen?

Thomas: Im Leiden der Menschheit Christi sollte zuerst die Liebe erkannt werden, damit wiedergeliebt wird. Das Hohelied (8) sagt: „Lege mich wie ein Siegel auf dein Herz." Zweitens die Bitterkeit, um Mitgefühl zu erzeugen, wie es in den Klageliedern (3,19) heißt: „Über meine Not und Bedrängnis zu grübeln, ist wie Galle und Wermut." Drittens der Mut, um mutig zu leiden. Im Hebräerbrief 12,3 steht: „Denkt daran, wie Jesus solchen Widerstand von den Sündern gegen sich ertragen hat, dann werdet ihr nicht aus Mangel an Mut aufgeben." Viertens der Nutzen, um im Sinne der Gnade zu handeln. Das Hohelied (7,9) sagt: „Ich werde die Palme erklettern und ihre Datteln pflücken." (223)

Fox: Du bezeichnest Christus als den Menschen von 'vollendeter Tugend', der uns zeigt, wie wir leben sollen. Wir werden uns während der nächsten beiden Gespräche auf jeden Fall noch näher mit dem beschäftigen, was du als 'tugendhafte Person' bezeichnest. Kann uns auch Jesu Erfahrung am Kreuz lehren zu leben?

Thomas: Es ist deutlich, wie nützlich das Leiden Christi als ein Heilmittel war; aber es ist als ein Vorbild nicht weniger nützlich. ... Es gibt keine Tugend, die wir nicht beispielhaft am Kreuz finden.

Liebe (caritas). Wenn man ein Beispiel der Liebe sucht, so „gibt es eine größere Liebe, als wenn einer sein Leben für seine Freunde hingibt" (Joh.15,13), und das tat Christus am Kreuz. Wenn er sein Leben für uns hingab, sollte es uns nicht schwerfallen, um seinetwillen Härten auf uns zu nehmen: „Wie kann ich dem Herrn alles vergelten, was er mir Gutes getan hat?"

Geduld. Sucht man ein Beispiel für die Geduld, so findet man am Kreuz ein fast vollkommenes dafür. Denn die Geduld eines Menschen erweist sich besonders bei zwei Gelegenheiten: Wenn jemand großes Übel geduldig erträgt, oder wenn jemand etwas erträgt, was er vermeiden könnte, aber nicht vermeidet.

Christus litt am Kreuz sehr: „Ihr, die ihr des Weges zieht, schaut doch und seht, ob ein Schmerz ist wie mein Schmerz" (Klagel.1,12). Und er litt geduldig, denn „er litt, aber drohte nicht" (1 Petr.2,23). „Wie ein Lamm, das man zum Schlachten führt, und wie ein Schaf angesichts seiner Scherer tat er seinen Mund nicht auf" (Jes.53,7). (224)

Abgesehen davon hätte er entfliehen können, floh aber nicht: „Oder glaubst du nicht, mein Vater würde mir sofort mehr als zwölf Legionen Engel schicken, wenn ich ihn darum bitte?" (Mt.26,53). Deshalb war die Geduld Christi am Kreuz sehr groß.

Fox: Gibt es noch andere Tugenden, die wir von Jesu Kreuzeserfahrung lernen können?

Thomas: Wenn man ein Beispiel der Demut sucht, schaue man auf den Gekreuzigten. Obwohl er Gott war, entschloß er sich, sich von Pontius Pilatus verurteilen zu lassen und den Tod zu erleiden: „Deine Sache wurde wie die eines Frevlers gerichtet" (Hiob 36,17). Wirklich „wie eines Frevlers", denn „zum ehrlosesten Tod wollen wir ihn verurteilen" (Weish.2,20). Der Herr entschloß sich, für seine Diener zu sterben. Der das Leben der Engel war, erlitt den Tod für die Menschen, „gehorsam bis zum Tode" (Phil.2,8).

Gehorsam. Sucht man ein Beispiel für Gehorsam, so folge man dem, der vom Schöpfer gehorsam sogar bis zum Tode gemacht wurde: „Wie durch den Ungehorsam des einen Menschen die vielen zu Sündern wurden, so werden auch durch den Gehorsam des einen die vielen zu Gerechten gemacht" (Röm.5,19).

Verachtung weltlicher Dinge. Sucht man ein Beispiel der Verachtung für Irdisches, so folge man ihm, dem König der Könige und Herrn der Herren, in dem die Schätze der Weisheit liegen. Und man sehe ihn am Kreuz, beraubt, verhöhnt, bespuckt, ausgepeitscht, mit Dornen gekrönt, mit Ysop und Galle getränkt, tot. Achte darum nicht auf dein Gewand oder deinen Besitz, denn „sie teilten meine Kleider unter sich" (Ps.22,18); nicht auf die Ehren, denn ich litt, wurde verhöhnt und gepeitscht; nicht auf die Stellung, denn sie wanden eine Dornenkrone und legten sie auf meinen Kopf; nicht auf die Vergnügungen, denn „in meinem Durst gaben sie mir Essig zu trinken" (Ps.69,22). (225)

Fox: Können wir sagen, daß Christus uns lehrt, daß die tugendhafte Lebensweise im Tanz von Via Positiva und Via Negativa besteht?

Thomas: Paulus lehrt, daß wir in Widrigkeiten und im Wohlergehen fest bleiben sollen. (226)

Fox: Und du würdest sagen, daß diese Lehre von Paulus und vom Beispiel des Lebens Christi heilbringend ist?

Thomas: Rettung impliziert eine Freiheit von Gefahr. (227) In Gefahrensituationen ist es ein wichtigerer Akt der Tapferkeit, standhaft zu sein und auszuharren, als anzugreifen. (228)

Fox: Das hört sich so an, als wolltest du uns praktische Ratschläge dafür geben, wie uns eine gesunde Via Negativa ermöglicht, Kämpfe zu ertragen. Es hört sich fast wie im Aikido an, wenn du betonst, daß wir geerdet bleiben, statt offensiv werden sollen. Wer gelernt hat, loszulassen und zuzulassen, hat einen Weg der Freiheit von Gefahr entwickelt, von der Gefahr des Erfolges und der Gefahr des Versagens.

Thomas: Großherzige Menschen werden durch große Ehren nicht überheblich, denn sie betrachten sie nicht als über sich stehend, sondern verachten sie vielmehr. Und das viel mehr bei mäßigen oder kleinen Ehrungen. Auf gleiche Weise werden sie durch Entehrungen nicht gebrochen, sondern verachten sie als ihnen zugefügtes Unrecht. (229)

Fox: Du sagst, daß ein Mensch, der loslassen gelernt hat, Zeiten der Ekstase und Zeiten der Leere durchhalten kann?

Thomas: Da großherzige Menschen äußeres Vermögen nicht hochschätzen, fühlen sie sich nicht sehr erhoben, wenn es da ist, und nicht besonders niedergeschlagen, wenn es fehlt. (230)

Fox: Welche praktischen Konsequenzen hat diese Fähigkeit des Loslassens?

Thomas: Das Reich Gottes besteht nicht in Essen und Trinken, sondern in geduldigem Gleichmut. Die Apostel wurden durch Überfluß nicht stolz und durch Mangel nicht niedergeschlagen. (231)

Fox: Askese als solche scheint aber nicht zu deinem Verständnis der Via Negativa zu gehören.

Thomas: Die Abstinenz von Essen und Trinken hat keinen Einfluß auf das Heil. (232) Nach Abt Moses sind „Fasten, Nachtwachen, Meditationen der Bibel, Nacktheit oder Enthaltung von allem Vermögen keine Vollkommenheit, sondern Werkzeuge dazu, weil das Ziel der Übungen nicht in ihnen selbst besteht, sondern man durch sie zum Ziel gelangt." (233)

Fox: Kannst du noch eine praktische Konsequenz nennen, die sich daraus ergibt, daß wir die Kunst des Loslassens lernen?

Thomas: Kennzeichen eines freigiebigen Menschen ist es, wegzugeben. Deshalb nennt man die Freigiebigkeit auch 'Weite' (largitas), denn was weit ist, hält nicht zurück, sondern gibt fort. Darauf weist auch der Begriff 'Freigiebigkeit' (liberalitas) hin, denn wenn jemand etwas abgibt, setzt er es gewissermaßen aus seiner Obhut und Herrschaft frei und beweist damit, daß sein Sinn frei von Anhaftung daran ist. (234)

Fox: Wir befreien uns also durch Praktiken des Loslassens, die uns zur Großzügigkeit führen. Mit diesem Thema werden wir uns noch ausführlicher im Gespräch über die Via Transformativa beschäftigen. Hier ergibt sich aber daraus eine wichtige Lehre bezüglich des Verhältnisses zwischen Via Negativa und Via Transformativa. Unser persönliches Leerwerden sorgt in der Gesellschaft für Gerechtigkeit.

Deine eigene Lebensgeschichte scheint mir ein besonders gutes Gleichnis für das Loslassen zu sein, zu dem du rätst. Es ist bekannt, daß du in deinem letzten Lebensjahr stumm geworden bist. Als der herausragende Vertreter des intellektuellen Lebens im Abendland verbrachtest du dein letztes Jahr in Schweigen, unfähig zu reden oder zu schreiben. Und dein größtes Werk, deine außerordentlichste Leistung, die Summa theologica, ließest du unvollendet. Und all das, weil du während eines Gottesdienstes einen unaussprechlichen Augenblick erlebtest. Wie kannst du das erklären?

Thomas: Alles, was ich geschrieben habe, erscheint mir wie Stroh, verglichen mit dem, was ich geschaut habe und was mir offenbart worden ist. (235)

Fox: Man fragt sich, warum du die Lektion des Schweigens, des Loslassens und der Via Negativa so buchstäblich ausleben mußtest. Natürlich hatten auch Jesus und Franziskus am Ende ihres Lebens ähnliche Erlebnisse. Du aber mußt von deinen geistigen Anstrengungen und deinen ständigen Kämpfen gegen die antiintellektuellen, fundamentalistischen Christen auf der einen und die säkularistischen Denker wie Siger von Brabant auf der anderen Seite völlig erschöpft gewesen sein.

Thomas: Weisheit kann nicht zu jemandes Besitz werden, sie wird nur verliehen. (236)

Fox: Und dein Schweigejahr, dein letztes Lebensjahr, war das eine Art Rückgabe des Geliehenen? Es erinnert mich an einen Satz von Otto Rank: „Das Leben ist eine Leihgabe, der Tod die Rückzahlung."

Thomas: Gregor sagt: „Wer den Schöpfer geschaut hat, dem erscheint die ganze Schöpfung eng. ... Wie wenig man auch vom Licht des Schöpfers wahrnimmt, wird doch alles Geschaffene dagegen klein." (237)

Fox: Als letzte Aussage zur Via Negativa werde ich hier einen Auszug aus einem Dokument bringen, der dir in alten Manuskripten zugeschrieben wird. Es ist das Dokument eines mittelalterlichen Theologen, der einen Zusammenbruch erlitt, während er eines deiner Lieblingsbücher, das Hohelied, kommentierte. Wir sind nicht sicher, ob der Text von dir ist oder nicht. Wir wissen aber, daß die Mönche, bei denen du sterbend lagst, dich baten, über das Hohelied zu sprechen. Und angesichts des Zustandes in deinem letzten Lebensjahr könnten dies tatsächlich deine Worte gewesen sein. Ob es deine waren oder nicht, sie stellen auf jeden Fall eine Erfahrung der Via Negativa dar. Diejenige, die meine Aufmerksamkeit auf dieses Buch, Aurora Consurgens, lenkte, war Marie-Louise von Franz, eine Schülerin von C.G. Jung. Sie sagt über diesen Text: „Ich nehme an, daß der Autor eine derart unbeschreibbare und überwältigende Erfahrung des Unbewußten hatte, daß er durch ein alchemistisches und biblisches Zitatenmosaik auf recht chaotische Weise einzufangen und zu beschreiben versuchte, was ihm zugestoßen war." (238). Sie kommt zu dem Schluß, daß das Buch von jemandem geschrieben worden ist, der zu diesem Moment seines Lebens vom Unbewußten überwältigt war, und daß es der Text eines Sterbenden ist. Da wir nicht sicher sind, ob es sich wirklich um deine Worte handelt, werden wir sie in Kursivschrift drucken. Wir wissen, daß du in dem kleinen Kloster Santa Maria di Fossa Nuova während eines Vortrags über das Hohelied bei den Worten „Komm, mein Geliebter, gehen wir auf das Land", gestorben bist. Mit genau diesen Worten endet der Text Aurora consurgens. Interessanterweise haben diese deine letzten Lebensstunden bei deinem Kanonisierungsprozeß im Jahre 1312 keine Rolle gespielt; das läßt sich aber vielleicht dadurch erklären, daß die zugunsten deiner Kanonisation aufgestellten Kräfte deine Sache nicht gefährden wollten. (Schließlich hat auch dein Kollege Bonaventura die Biographie des Franz von Assisi während dessen Kanonisationsprozesses, ein Jahrhundert vor deinem, erheblich frisiert.)

Thomas: Alles, was ich geschrieben habe, ist wie Stroh.

Fox: Obwohl wir nicht sicher sind, daß die nun folgenden Worte die deinen sind, sind wir doch gewiß, daß deine letzten Lebensmonate durch ein tiefes Loslassen geprägt waren, durch ein Überwältigtsein von Stummheit und Stille. Es gibt also ein Gleichnis in deiner Lebensgeschichte, das eine Parallele zu deiner Lehre über das Loslassen bildet.

> „Von weitem betrachtend, sah ich eine große Wolke, welche die ganze Erde schwarz überschattete, indem sie diese aufgesogen hatte, die meine Seele bedeckte, und weil die Wasser bis zu ihr (der Seele) eingedrungen waren, weshalb sie faulig und verderbt wurden vom Anblick der untersten Hölle und vom Schatten des Todes, da die Flut mich ersäuft hat. Dann werden die Äthiopier vor mir niederfallen, und meine Feinde werden meine Erde lecken. Deshalb ist nichts Gesundes

müde geschrien in allen Nächten, mein Hals ist heiser geworden: Wer ist der Mensch, der da lebt, wissend und verstehend, und der meine Seele aus der Hand der Unterwelt errettet?

Wendet euch zu mir von ganzem Herzen und verwerfet mich nicht, darum weil ich schwarz bin und dunkel, denn die Sonne hat mich so verbrannt; und die Abgründe haben mein Antlitz bedeckt und die Erde ist verdorben und verunreinigt in meinen Werken, indem Finsternis ward über ihr, da ich versunken bin im Schlamme der Tiefe und meine Substanz nicht erschlossen worden ist.

Daher rufe ich aus der Tiefe, und aus dem Abgrund der Erde spricht meine Stimme zu euch Allen, die ihr vorübergeht auf dem Wege: Habet acht und schauet mich an, ob jemals einer von euch einen fand, der mir gleicht, so will ich ihm den Morgenstern in die Hand geben. Denn siehe des Nachts auf meinem Lager suchte ich einen Tröster und fand keinen, ich rief, und niemand gab mir Antwort.“ (239)

Anmerkungen

0 zu Dionysius' De divinis nominibus n.180, S.57*
1 zu Peter Lombards Buch der Sentenzen Bd. I, 2.1.4*
2 Kommentar zum Johannesevangelium 1.18, Der Prolog ..., S.153
3 De potentia q.9.a.9*
4 De caritate 1. ad 11*
5 De veritate q.18.a.2. ad 5
6 zu Peter Lombards Buch der Sentenzen Bd. II, 19.1.1. ad 7*
7 Kommentar zum Johannesevangelium 1.27, n.249*
8 De potentia q.5.a.4. ad 10*
9 Summa theologica Bd. I q.104.a.3. ad 1
10 Summa theologica Bd. I q.104.a.1
11 Kommentar zu Johannes 1.10, Der Prolog ..., S.97
12 Questiones quodlibetalis 4, q.3.a.4*
13 Summa theologica Bd. I q.104.a.4
14 Kommentar zum Johannesevangelium 3.1, n.431*
15 De potentia q.6.a.2*
16 Jesajakommentar 24, S.500*
17 Kommentar zu Klageliedern, Präambel, 668*
18 Kommentar zum Matthäusevangelium 7, S.78*
19 Summa theologica Bd. I q.12.a.13. ad 1
20 Kommentar zum Römerbrief I. 1.6, S.21
21 Zu Boethius' De Trinitate II.1. ad 6*
22 zu Dionysius' De divinis nominibus n.77, S.27*
23 zu Peter Lombards Buch der Sentenzen Bd. I, Prolog*
24 Jeremia-Kommentar 8, S.600*
25 De veritate q.10.a.2. ad 5
26 Kommentar zu Johannes 1.18, Der Prolog ..., S.153
27 zu Dionysius' De divinis nominibus n.83, S.28*
28 De potentia q.7.a.5. ad 14*
29 In Decretalum I, S.302*
30 Summa contra gentiles Bd. I.14, n.2, S.59
31 Zu Boethius' De Trinitate II, a.1*
32 Zu Boethius' De Trinitate II, a.1. ad 1*
33 Zu Boethius' De Trinitate II, a.1. ad 4*
34 De veritate q.10.a.12. ad 7*
35 Zu Boethius' De Trinitate II, a.1*
36 zu Dionysius' De divinis nominibus n.191, S.59*
37 Zu Boethius' De Trinitate II, a.1. ad 6*
38 Summa theologica Bd. I q.1.a.1
39 Summa contra gentiles Bd. III.39, n.6, S.145
40 Antrittsrede*
41 Summa theologica Bd. I q.12.a.8
42 Summa contra gentiles Bd. I.25, n.10, S.107
43 De ente et essentia, 7*
44 Kommentar zum Epheserbrief 1.21, S.454*
45 zu Dionysius' De divinis nominibus n.522, S.188*
46 Kommentar zum Buch Hiob 36, S.122*
47 Summa theologica Bd. I q.5.a.2. ad 11*
48 Compendium theologiae II, 8
49 Kommentar zum Römerbrief I. 1.6, S.21
50 Summa theologica Bd. II,1 q.112.a.5
51 Summa theologica Bd. II,2 q.8.a.7
52 Summa theologica Bd. I q.12.a.12
53 Summa theologica Bd. I q.12.a.3. ad 3
54 zu Aristoteles' Ethik, Bd. VII, L.14, S.698*
55 Summa theologica Bd. I q.12.a.4

56 Summa theologica Bd. I q.12.a.7
57 zu Dionysius' De divinis nominibus n.82, S.27*
58 zu Dionysius' De divinis nominibus n.72, S.21*
59 Kommentar zum Buch Hiob 37, S.125*
60 De veritate q.10.a.11. ad 6
61 zu Dionysius' De divinis nominibus n.729, S.274*
62 Summa contra gentiles Bd. III.47, n.8, S.193
63 Summa contra gentiles Bd. III.47, n.9, S.193
64 zu Dionysius' De divinis nominibus n.729, S.274*
65 zu Dionysius' De divinis nominibus n.143, S.46*
66 Summa theologica Bd. II,1 q.35.a.5
67 Kommentar zum Hebräerbrief, 1., S.680*
68 zu Dionysius' De divinis nominibus n.180, S.57*
69 Summa theologica Bd. I q.86.a.2. ad 1
70 Summa contra gentiles Bd. III.49, n.9, S.205
71 zu Aristoteles' De Anima I, L.1, S.4*
72 Summa contra gentiles Bd. III.47, n.2, S.189
73 De veritate q.13.a.2. ad 9
74 De veritate q.13.a.2. ad 9
75 Jesajakommentar 6, S.48*
76 De potentia q.1.a.1. ad 13*
77 Summa theologica Bd. I q.12.a.2
78 De veritate q.10.a.11
79 De veritate q.10.a.11. ad 1*
80 zu Dionysius' De divinis nominibus n.731, S.274*
81 zu Dionysius' De divinis nominibus n.732, S.275*
82 zu Dionysius' De divinis nominibus n.826, S.308*
83 zu Dionysius' De divinis nominibus n.996, S.370*
84 zu Dionysius' De divinis nominibus n.995, S.369*
85 Summa contra gentiles Bd. III.49, n.9, S.207
86 zu Dionysius' De divinis nominibus n.721, S.271*
87 zu Dionysius' De divinis nominibus n.708, S.265*
88 Predigt zur Apostelgeschichte, S.29*
89 zu Dionysius' De divinis nominibus n.463, S.161*
90 zu Dionysius' De divinis nominibus n.437, S.143*
91 Summa contra gentiles Bd. II.73, n.32, S.319
92 zu Dionysius' De divinis nominibus n.708, S.265*
93 zu Dionysius' De divinis nominibus, n.702, S.262*
94 zu Dionysius' De divinis nominibus, n.807, S.301*
95 ebenda*
96 De potentia I q.2.a.1. ad 11*
97 zu Dionysius' De divinis nominibus n.912, S.337*
98 Kommentar zum Buch Hiob 37, S.125*
99 Summa contra gentiles Bd. III.49, n.9, S.205
100 Zu Boethius' De Hebdomadibus, Prolog* (Sir.32,15-16*)
101 Zu Boethius' De Hebdomadibus, Prolog*
102 Zu Boethius' De Hebdomadibus, Prolog*
103 Zu Boethius' De Hebdomadibus, Prolog*
104 Kommentar zum Timotheusbrief, 6., S.616*
105 Jesajakommentar 46, S.542*
106 Psalmenkommentar 45, S.328*
107 Jesajakommentar 46, S.542* (Ps.119*)
108 Summa theologica Bd. II,2 q.180.a.6. ad 2
109 Summa theologica Bd. II,2 q.182.a.1
110 De veritate q.13.a.2. ad 9
111 Kommentar zum Johannesevangelium 17.23, n.2250*
112 ebenda*
113 zu Dionysius' De divinis nominibus n.894, S.334*

114 zu Dionysius' De divinis nominibus n.44, S.16*
115 Kommentar zum Matthäusevangelium 13, S.128*
116 Kommentar zum Matthäusevangelium 13, S.128*
117 zu Dionysius' De divinis nominibus n.886, S.331*
118 zu Dionysius' De divinis nominibus n.888, S.331*
119 zu Dionysius' De divinis nominibus n.895, S.335*
120 zu Dionysius' De divinis nominibus n.880, S.330*
121 zu Dionysius' De divinis nominibus n.70, S.21*
122 Kommentar zu Klageliedern 3, S.679*
123 zu Dionysius' De divinis nominibus n.609, S.232*
124 Kommentar zum Matthäusevangelium 5, S.48*
125 ebenda*
126 Kommentar zum Matthäusevangelium 4, S.37*
127 Kommentar zum Johannesevangelium 17.1, n.2179*
128 zu Dionysius' De divinis nominibus n.288, S.90*
129 zu Dionysius' De divinis nominibus n.288, S.91*
130 Zu Boethius' De Trinitate*
131 Kommentar zu Klageliedern 2, S.677*
132 Psalmenkommentar 18, S.211*
133 Psalmenkommentar 16, S.190*
134 Jeremia-Kommentar 25, S.636*
135 Jesajakommentar 15, S.484*
136 Kommentar zum Buch Hiob 35, S.119*
137 Kommentar zum Buch Hiob 38, S.126*
138 Kommentar zu Klageliedern 2, S.677*
139 Kommentar zum Buch Hiob 17, S.70* (Hiob 50*)
140 Jeremia-Kommentar 23, S.634*
141 Psalmenkommentar 16, S.190*
142 Kommentar zu Johannes 1.5, Der Prolog ..., S.74
143 Psalmenkommentar 41, S.312* (Sir.53*)
144 Psalmenkommentar 37, S.292*
145 Kommentar zu Klageliedern 3, S.681*
146 ebenda* (Ps.87*)
147 Kommentar zum Matthäusevangelium 5, S.53*
148 Jeremia-Kommentar 4, S.590*
149 Kommentar zum Buch Hiob, 19, S.76*
150 Kommentar zum Johannesevangelium 15.2, n.1985*
151 Kommentar zum Johannesevangelium 15.2, n.1984-85*
152 Kommentar zum Matthäusevangelium 2, S.27*
153 Jesajakommentar 15, S.484*
154 Kommentar zu Klageliedern 2, S.676*, (Jer.31*)
155 ebenda*
156 Jesajakommentar 21, S.493*
157 Psalmenkommentar 37, S.292*
158 ebenda*
159 zu Dionysius' De divinis nominibus n.401, S.143*
160 Summa theologica Bd. II,2 q.34.a.6
161 Summa theologica Bd. II,2 q.34.a.6. ad 2
162 Psalmenkommentar 22, S.225*, (Hiob 17*)
163 Kommentar zum Buch Hiob 7, S.29*
164 ebenda*
165 Kommentar zum Buch Hiob 3, S.12*
166 ebenda*
167 Summa theologica Bd. II,1 q.59.a.3*
168 Summa theologica Bd. II,1 q.59.a.3. ad 3*
169 Summa theologica Bd. II,1 q.35.a.6
170 Summa theologica Bd. II,1 q.35.a.6
171 Summa theologica Bd. II,1 q.37.a.3

172 Summa theologica Bd. II,1 q.59.a.3. ad 2*
173 Summa theologica Bd. II,1 q.36.a.1
174 Summa theologica Bd. II,2 q.28.a.1
175 Summa theologica Bd. II,2 q.30.a.1. ad 3
176 Summa theologica Bd. II,1 q.37.a.1
177 Summa theologica Bd. II,1 q.37.a.2
178 Summa theologica Bd. II,1 q.37.a.2. ad 2
179 Summa theologica Bd. II,1 q.37.a.2. ad 3
180 Summa theologica Bd. II,2 q.20.a.4. ad 2*
181 Summa theologica Bd. II,1 q.40.a.4*
182 Summa theologica Bd. II,2 q.20.a.4. ad 2*
183 Kommentar zum Buch Hiob 17, S.69*
184 Summa theologica Bd. II,1 q.37.a.2
185 Jeremia-Kommentar 31, S.649*
186 Jesajakommentar 38, S.524*
187 Summa theologica Bd. II,1 q.38.a.2
188 Summa theologica Bd. II,1 q.37.a.1. ad 3
189 Summa theologica Bd. II,2 q.20.a.4. ad 3*
190 Kommentar zum Buch Hiob 17, S.69*
191 Psalmenkommentar 41, S.312*
192 De Spe 1, ad 1*
193 De Spe 1, ad 1*
194 Psalmenkommentar 42, S.313*
195 De Spe, 1 ad 1*
196 Predigt zur Apostelgeschichte, S.48*
197 Kommentar zum Matthäusevangelium 4, S.43*
198 Psalmenkommentar 38, S.297*
199 ebenda*
200 Kommentar zum Epheserbrief 4.30, S.487*
201 Jeremia-Kommentar 31, S.649*
202 Kommentar zu Johannes 1.5, Der Prolog ..., S.72
203 Kommentar zu Johannes 1.5, Der Prolog ..., S.71
204 Summa contra gentiles Bd. IV. 71, n.3, S.361f
205 Summa contra gentiles Bd. IV. 71, n.5, S.362
206 Psalmenkommentar 12, S.183*
207 Psalmenkommentar 41, S.310*
208 Psalmenkommentar 17, S.202* (Ps.16*)
209 Psalmenkommentar 41, S.310*
210 Psalmenkommentar 31, S.259*
211 Jeremia-Kommentar 16, S.619*, (Jes.49*)
212 Psalmenkommentar 33, S.266*
213 Predigt zum Vaterunser, S.157*
214 Psalmenkommentar 37, S.292*
215 Kommentar zum Buch Hiob 30, S.104*
216 Summa theologica Bd. I q.118.a.2. ad 2
217 Kommentar zu Johannes 1.5, Der Prolog ..., S.73
218 Summa theologica Bd. III q.35.a.6. ad 2
219 Jeremia-Kommentar 4, S.590*
220 ebenda*
221 Kommentar zum Hebräerbrief 12, S.774*
222 Kommentar zum Epheserbrief 3.18, S.474*
223 Jesajakommentar 57, S.560*
224 Predigt zur Apostelgeschichte, S.41f*
225 Predigt zur Apostelgeschichte, S.43f*
226 Kommentar zum Epheserbrief 6.13, S.502*
227 Kommentar zum Epheserbrief 2.8, S.459*
228 Summa theologica Bd. II,2 q.123.a.6
229 Summa theologica Bd. II,2 q.129.a.2. ad 3

Drittes Gespräch

Über die Via Creativa

Da nun die geschaffenen Dinge durch vieles der Gottähnlichkeit zustreben, bleibt ihnen als letztes, die Ähnlichkeit mit Gott zu erreichen, indem sie Ursache von anderem werden. Daher sagt Dionysius im dritten Kapitel von „Über die himmlische Hierarchie": „Das Göttlichste ist, zu einem Mitwirkenden Gottes zu werden", gemäß der Aussage des Apostels (1 Kor. 3,9): „Wir sind Gottes Mitarbeitende."

Menschliche Tugend ist ein Teilhaben an der göttlichen Kraft. (0)

Matthew Fox: Bruder Thomas, gegen Ende unserer Diskussion über die Via Positiva sprachst du über die Dankbarkeit. Beim Nachdenken über die Kreativität fiel mir ein, wie Otto Rank den Künstler definiert: Ein Künstler, eine Künstlerin ist jemand, der oder die eine Gabe zurücklassen möchte. Wie verstehst du die Dankbarkeit?

Thomas von Aquin: In der Dankbarkeit liegt das Bemühen, mehr zurückzugeben, als man empfangen hat. (1)

Fox: Wir haben bisher die Via Positiva und die Via Negativa besprochen. Auf den ersten beiden Pfaden öffnen wir uns für Ehrfurcht, Staunen, Dunkelheit und Leid. Auf den nächsten beiden Pfaden werden wir aktiv, indem wir auf das Göttliche antworten, dem wir begegnet sind.

Thomas:: Wir müssen uns klarmachen, daß unser Verstand (intellectus) aus zwei Komponenten zusammengesetzt ist. Eine richtet sich auf die Erforschung der Wahrheit, die andere auf ihre Beurteilung. (2) Der Verstand hat eine zweifache Tätigkeit: Wahrnehmen und Urteilen. Auf die erste richtet sich die Gabe des Verstehens, auf die zweite die Gabe der Weisheit, sofern sie auf göttlichen Ideen beruht, und die Gabe der Wissenschaft, sofern sie auf menschlichen Ideen beruht. (3)

Fox: Die ersten beiden Pfade richten sich auf die Entdeckung, während die folgenden beiden mehr mit Urteilen und Handeln zu tun haben. In den ersten beiden Pfaden geht es um Verstehen, um Aufnehmen, Durchlaufen, sich

Unterziehen. Auf den letzten beiden Pfaden, der Via Creativa und der Via Transformativa geht es um Geburt und um das Prophetische in unserer Arbeit. Würdest du da zustimmen?

Thomas: Beim Erforschen sammeln wir vieles und gehen von dort auf eines weiter; ob wir die vielen Dinge nun als verschiedene Sinnesgegenstände ansehen, aus denen wir mittels Erfahrung allgemeines Wissen erlangen; oder ob die vielen Dinge als verschiedene Zeichen angesehen werden, von denen wir mittels des Denkens zur allgemeinen Wahrheit gelangen. (4)

Fox: Auf der Via Negativa setzten wir uns mit Leere und Schweigen und Loslassen auseinander – siehst du eine innere Logik darin, daß wir uns nun von der Via Negativa zur Via Creativa weiterbewegen?

Thomas: In der Genesis werden im Hinblick auf die physischen Geschöpfe verschiedene Arten der Formlosigkeit erwähnt. Eine lesen wir in: „Die Erde war wüst und leer." Und zu einer anderen heißt es: „Finsternis lag über der Tiefe." (5)

Fox: Auf dem Weg zur Neugeburt und Schöpfung liegen also Leere, Dunkelheit, Nichtigkeit und Formlosigkeit?

Thomas: Die Formlosigkeit der Finsternis wurde durch die Schaffung des Lichts beseitigt. (6)

Fox: Das Hervorbringen des Lichts – das heißt, daß das erste erschaffene Geschöpf das Licht selbst war! Ja, aus der Dunkelheit, das heißt aus der Via Negativa, wird das Licht geboren. Die Geburt findet statt. Die Via Creativa wird eingeleitet. Wir sprechen jetzt also über die Kreativität Gottes.

Thomas: Gottes Geist soll sich über dem Wasser bewegt haben, wie der Wille eines Künstlers sich über dem Material bewegt, das er durch seine Kunst gestalten will. (7)

Fox: Gott als Künstler. Laß uns noch tiefer auf dieses Thema eingehen. Dieser Ausdruck des 'Schwebens über dem Wasser' ist ein sehr embryonales Bild. Es spielt deutlich an auf den Geburtsvorgang, wie wir ihn aus unserer Spezies kennen: Wasser, Fruchtwasser, eine feuchte Gemeinschaft, die zur Geburt führt.

Thomas: „Der Geist Gottes bewegte sich über den Wassern" – das heißt, über der formlosen Materie, wie die Liebe der Künstler über ihrem künstlerischen Medium, damit sie daraus ihre Werke gestalten können. „Gott sah, daß es gut war", bedeutet, daß die von Gott geschaffenen Dinge Dauer haben sollten, weil sich darin eine Zufriedenheit Gottes mit den göttlichen Werken ausdrückt. So suchen alle Künstler Befriedigung in ihren Werken. (8)

Fox: Gott geht also schwanger mit ihrer Kreativität, wie jede Künstlerin?

Thomas: In Gott ist vollkommene Fruchtbarkeit. (9)

Fox: 'Vollkommene Fruchtbarkeit' – führe bitte diese reichhaltige Formulierung weiter aus.

Thomas: Obwohl Gott die Fortpflanzung anderen überläßt, kann man nicht sagen, Gott sei unfruchtbar. ... Die Bibel hat auch den Namen „göttliche Fortpflanzung" nicht verschwiegen. (10)

Fox: Kannst du ein Beispiel aus der Schrift für die göttliche Fruchtbarkeit bringen?

Thomas: Die Bibel (Sir.24,30f) schreibt: „Ich, die Weisheit, ströme aus wie ein Fluß. Ich bin wie ein Kanal aus einem Fluß mit mächtigem Wasser. Ich bin wie ein Fluß aus einem Strom, wie ein Bewässerungskanal aus dem Paradies. Ich sagte: Ich will meinen Garten tränken und meine Blumenbeete bewässern." ... Alle Dinge fließen von Gott aus, ohne Gott aber zu mindern. Wie Bäche und Bewässerungsgräben von großen Flüssen abgeleitet werden, so leiten sich alle Bewegungen der Geschöpfe von der ewigen Aktivität der göttlichen Personen ab. ... Der Schöpfer flutet in die Geschöpfe, aber das Niveau des Hauptflusses sinkt dabei nicht. Das Geschöpf unterscheidet sich vom Schöpfer, aber die göttliche Macht wird nicht vermindert. (11)

Fox: Die 'vollkommene Fruchtbarkeit' der Gottheit ist also ein Teil von Gottes eigenem Wesen?

Thomas: Die Zeugungskraft ist tatsächlich identisch mit dem göttlichen Wesen, so daß die Natur eigentlich darin enthalten ist. (12)

Fox: 'Zeugungskraft' – was ist Zeugung?

Thomas: Zeugung bezeichnet etwas im Prozeß der Hervorbringung. (13) In anderem Sinne gehört sie zu den Lebewesen, für die sie den Lebensbeginn aus der Verbindung der Lebensprinzipien bedeutet. Das wird als Geburt bezeichnet. (14)

Fox: Das Gebären oder Zeugen ist also ein Prozeß; seine Fruchtbarkeit geht stets weiter. Wo liegt der Unterschied zur Elternschaft selbst?

Thomas: Elternschaft bezeichnet die Vollendung der Fortpflanzung. (15)

Fox: Für die Mütterlichkeit gilt dies aber nicht, denn es scheint so, daß der mütterliche Akt der Geburt fortdauert. Du hattest vorher den Ausdruck 'Zeugungskraft' benutzt. Inwiefern sind Gebären und Erschaffen und Zeugen eine Art von Kraft?

Thomas: Etwas, das wir von Gott erkennen können, ist seine Kraft (virtus), aufgrund derer die Dinge von Gott ausgehen wie von ihrem Ursprung (principium). So sagt der Psalmist: „Groß ist unser Herr und gewaltig an Kraft" (Ps.147,5). (16)

Fox: Über die Via Creativa zu sprechen, heißt also, über Kraft und Stärke zu reden?

Thomas: Es gibt zweifaches Vermögen: ein passives, das in Gott auf keine Weise ist, und ein aktives, das Gott in höchstem Maße zukommt. (17)

Fox: Laß uns weiter auf die aktive Kraft eingehen, die die Kreativität darstellt.

Thomas: Offenbar ist jedes Ding, sofern es wirklich und vollkommen ist, aktiver Grund eines anderen. Empfangend sind die Dinge aber, sofern sie mangelhaft oder unvollkommen sind. (18)

Fox: Und Gott?

Thomas: Das aktive Vermögen kommt Gott in höchstem Maße zu. (19) Die Handlungsfähigkeit ist die Folge einer Vollkommenheit des Wesens. Bei den Geschöpfen zum Beispiel sieht man, daß sie um so mehr Vermögen zu handeln haben, je vollkommener sie sind. (20)

Fox: Warum sprichst du Gott als dem Zeugenden eine derart herausragende Kraft zu?

Thomas: Es gibt in Gott keinen Mangel an Kraft. ... In Gott wohnt schöpferische Kraft. Denn es liegt im Wesen jedes Aktes, sich selbst so weit wie möglich mitzuteilen. Deshalb handelt alles Wirkende (agens) in dem Maße, wie es in Aktion ist: Denn zu handeln ist nichts anderes, als so weit wie möglich dasjenige mitzuteilen, in bezug worauf das Wirkende tätig ist. Das göttliche Wesen ist nun höchster und reinster Akt. ... Da in Gott Zeugung stattfindet, ein Begriff, der Handlung anzeigt, müssen wir Gott die Zeugungskraft zusprechen. (21)

Fox: Du scheinst dich mit der Vorstellung der Kraft in Gott sehr wohl zu fühlen, scheinst diese aber zunächst auf die Kraft des Gebärens zu gründen.

Thomas: Jede Tätigkeit geht von einer Kraft aus. Tätigkeit aber entspricht Gott in höchstem Maße. Deshalb ist Kraft Gott am meisten entsprechend. (22)

Fox: Gott wäre also die erste Quelle der Stärke. Und Gottes äußerste Kraft ist die einer Künstlerin?

Thomas: Obwohl jegliche Wirkung Gottes aus irgendeinem (göttlichen) Merkmal hervorgeht, wird jede Wirkung auf das Merkmal zurückgeführt, zu dem sie aufgrund ihrer besonderen Art paßt. ... Die Schöpfung aber, die das Hervorbringen der Substanz einer Sache ist, wird auf die Kraft (potentia) zurückgeführt. (23) Eine der Funktionen der göttlichen Weisheit ist die schöpferische. Gottes Weisheit ist die Weisheit der Künstler, die von dem, was sie schaffen, sowohl praktische als auch theoretische Kenntnis haben. „Du hast alles in Weisheit gemacht." (Ps.104,24) Hier spricht die Weisheit persönlich: „Ich war mit Gott bei der Erschaffung aller Dinge." (24)

Fox: Gott ist also Künstler, ja, der Künstler aller Künstler, und ist sozusagen im höchsten Maße kommunikativ.

Thomas: Kunst, die Vorstellung des herzustellenden Dinges im Geist des Herstellers, ... im eigentlichen Sinne ist in Gott. „Die Weisheit, die Meisterin aller Dinge, hat mich gelehrt" (Weish.7,21). (25) Nicht aus der Erwartung eines Vorteils heraus zu geben, sondern aus dem Gutsein selbst und der Angemessenheit des Gebens heraus, ist ein Akt der Großzügigkeit. ... Gott ist also äußerst freigiebig (liberalis). (26)

Fox: Würdest du sagen, daß Gottes Werk als Kunstwerk ein zweckfreies Werk ist?

Thomas: Das erste Wirkende, das nur aktiv ist, handelt nicht im Hinblick auf ein Ziel, sondern es beabsichtigt allein, seine Vollkommenheit, die in seiner Güte liegt, mitzuteilen. (27)

Fox: Wenn Gott Künstlerin ist, dann ist die gesamte Schöpfung Gottes Kunst?

Thomas: Alle natürlichen Dinge sind von der göttlichen Kunst (ars divina) hervorgebracht worden und somit in gewisser Weise Kunstwerke Gottes. (28) Gott kann den geschaffenen Dingen gegenüber mit dem Architekten gegenüber seinen Entwürfen verglichen werden. (29)

Fox: Die Dinge werden von Gott gewollt, wie Kunst vom Künstler gewollt ist?

Thomas: Was vom Willen ausgeht, sind entweder Handlungen, wie die Akte der Tugenden als Vollkommenheiten des Handelnden; oder sie übertragen sich in äußere Materie und werden als Produkte bezeichnet. Daraus wird deutlich, daß die geschaffenen Dinge sozusagen Gottes Produkte sind. „Das Maß für das Herstellbare ist aber die Kunst“, sagt der Philosoph (Ethik.VI,4). Also stehen die geschaffenen Dinge zu Gott im gleichen Verhältnis wie die Kunstwerke zum Künstler. Ein Künstler bringt seine Werke durch die Ordnung seiner Weisheit und seiner Vernunft ins Dasein. So hat auch Gott alle Geschöpfe durch die Ordnung seiner Vernunft (intellectus) gemacht. (30)

Fox: Alle Dinge sind also Gottes Kunstwerke?

Thomas: Das wird durch die göttliche Autorität bestätigt. Im Psalm (104,24) heißt es: „Alles hast du in Weisheit gemacht“, und in Sprüche (3,19): „Der Herr hat die Erde durch Weisheit gegründet.“ (31) So wie der Hersteller die Ursache des Hergestellten ist, ist Gott die Ursache der Himmelskörper – wenn auch in anderer Weise. Denn Künstler bilden ihre Werke aus bereits existierender Materie, die Himmelskörper aber können nicht aus vorhandener Materie gemacht werden, sondern die Materie wurde gleichzeitig mit der Erschaffung ihrer Form gebildet. (32)

Fox: Und wie du im Gespräch über die Via Positiva sagtest, liebt Gott das göttliche Werk der Kunst, selbst wenn es unvollkommen zu sein scheint.

Thomas: Alle Künstler versuchen, ihr Werk in den bestmöglichen Zustand zu bringen – zwar nicht in den besten an sich, sondern in den auf seinen Zweck bezogenen besten. Selbst wenn damit ein Mangel verbunden ist, so stört es den Künstler nicht. So macht ein Handwerker eine Säge aus Eisen und nicht aus Glas, damit sie zum Sägen geeignet ist. Er kommt nicht darauf, sie aus Glas zu machen, obwohl dieses als Material schöner wäre, weil eine solche Schönheit den Zweck behindern würde. So brachte Gott die natürlichen Dinge in den bestmöglichen Zustand, zwar nicht an sich, aber hinsichtlich ihres Zweckes. (33)

Fox: Bringt Gott als Künstlerin Dinge auf die gleiche geheimnisvolle Weise hervor, wie Künstlerinnen es tun?

Thomas: Gott ist durch Verstand und Willen die Ursache der Dinge, wie ein Künstler Ursache seiner Kunstwerke ist. Der Künstler aber wirkt durch das im Geist (intellectus) empfangene Wort (verbum) und durch seine willentliche Liebe zu einer Sache. Deshalb hat auch Gott, der Vater, die Schöpfung durch sein Wort, das ist der Sohn, gewirkt und durch seine Liebe, das ist der Heilige Geist. Insofern ist das Hervorbringen der Dinge Grund für das Hervortreten der (göttlichen) Personen, weil sie die Wesensmerkmale des Wissens und des Willens umfassen. (34)

Fox: Können wir also sagen, daß Gottes Wort ebenfalls ein Kunstwerk Gottes ist?

Thomas: Das Hervorgehen des Wortes aus dem Vater ist ein inneres Hervorgehen, durch welches das Wort aus dem Herzen hervortritt und zugleich darin bleibt. (35)

Fox: Tritt also, was tief in uns ist, kreativ aus dem Herzen hervor und bleibt gleichzeitig darin?

Thomas: Die Liebe in uns ist etwas, das im Liebenden bleibt, und das Wort des Herzens ist etwas, das im Sprechenden bleibt, aber in Beziehung steht zum geliebten Gegenstand oder zu der durch das Wort ausgedrückten Sache. In Gott aber ist nichts akzidentell, sondern es ist in Gott mehr als das, da nämlich Wort und Liebe substantiell sind. (36)

Fox: Kunst kommt also aus dem Herzen ebenso wie aus dem Intellekt und aus dem Willen. Und sie verläßt das Herz nie, selbst wenn sie in der Kommunikation Ausdruck findet. Das scheint für die meditative Kunst zu sprechen, weil nämlich die Kunst das Herz erweitern kann, indem sie es herausfordert, das Geliebte auszudrücken. Du sagst, daß unsere Kunst und Gottes Kunst sich insofern unterscheiden, als das Wort und die Liebe ihr Leben in Gott haben. Wodurch unterscheiden wir und Gott uns als Künstlerinnen noch?

Thomas: Der Mensch hat die Natur nicht eingerichtet, sondern benutzt die natürlichen Dinge in den Werken der Kunst und der Tugend für sich. (37) Da sich die Macht eines kreativen Menschen nur auf die Form bezieht, beschränkt sich seine Verursachung auf das Hervorbringen dieser oder jener Form. Gott als die universelle Ursache von allem aber schafft nicht nur die Form, sondern auch die Materie. (38)

Fox: Das ist ein wichtiger Punkt, daß all unsere menschliche Kreativität vorhandene Materie voraussetzt, und daß unsere wahre Kunst darauf beruht, für bereits göttlich erschaffene Materie Formen zu gebären. Du betonst, wie sehr Menschen von Naturvorgängen wechselseitig abhängig sind, bis hinein in die tiefsten Akte der Kreativität und Technik – wir sollten die Materie nicht als selbstverständlich hinnehmen.

Thomas: Der Ursprung künstlicher Dinge ist der menschliche Geist, der durch eine Art Ähnlichkeit aus dem göttlichen Geist hervorgeht, welcher der Ursprung aller natürlichen Dinge ist. Deshalb müssen nicht nur die künstlerischen Tätigkeiten die Natur nachahmen, sondern die Kunstwerke müssen auch den in der Natur existierenden Dingen ähnlich sein. (39)

Fox: Und doch ist Kunst nicht auf das begrenzt, was sich in der Natur findet – außer natürlich insofern die menschliche Phantasie ebenfalls Teil der Natur und natürlich ist.

Thomas: Natürlich bringt die Natur keine künstlichen Gegenstände vollständig hervor, sondern sorgt nur für gewisse Prinzipien und stellt Modelle für die Arbeit zur Verfügung. Kunst kann die Dinge in der Natur beobachten und zur Vollendung ihrer eigenen Werke benutzen. Aber sie kann natürlich keine Naturdinge vollständig hervorbringen. Daraus ergibt sich, daß der menschliche Verstand hinsichtlich dessen, was in der Natur existiert, nur erkennend tätig ist, hinsichtlich der künstlichen Gegenstände aber erkennend und produzierend. (40)

Fox: Könntest du ein weiteres Beispiel dafür geben, daß Kunst die Natur nachahmt?

Thomas: Die Natur geht bei ihrem Werk von einfachen Dingen zu komplexeren über. Im Wirken der Natur sind also die komplexeren Dinge vollkommen und ganz und Ziel der anderen, wie sich aus der Beziehung ganzer Dinge zu ihren Teilen ergibt. Auch die tätige menschliche Vernunft geht von einfachen Dingen zu komplexeren über, gewissermaßen von den unvollkommenen zu den vollkommenen. (41)

Fox: Menschen hängen also in ihrer Kreativität von der Natur und ihrem Erschaffer ab?

Thomas: So wie die Kunst die Natur voraussetzt, so setzt die Natur Gott voraus. Die Natur wirkt auch in den Kunstwerken, weil die Kunst ohne das Mitwirken der Natur nicht arbeiten kann. Das Feuer macht also das Eisen weich, damit es unter den Schlägen des Schmiedes verformbar wird. Daraus folgt, daß Gott auch in den Tätigkeiten der Natur wirksam ist. (42)

Fox: Du sagst, daß Gott in unseren schöpferischen Handlungen wirkt, weil es natürlich ist, zu gebären und schöpferisch zu sein?

Thomas: Nach Aristoteles bringen Menschen und die Sonne andere Menschen hervor. So wie der Zeugungsakt beim Menschen von der Sonne abhängt, so hängt das Handeln der Natur von den Taten Gottes ab, und sogar noch stärker. Deshalb wirkt Gott auch in allen Tätigkeiten der Natur. (43)

Fox: Die Vorstellung, daß wir und die Sonne unsere schöpferische Arbeit gemeinsam leisten, klingt sehr modern angesichts der Entdeckung der Photosynthese und der Tatsache, daß die Sonne die Nahrung bereitstellt, die in unserem Körper und unserem Geist in Energie umgewandelt wird, mit Hilfe derer wir Menschen Dinge herstellen. Das folgt aus dem, was du darüber sagst, daß wir und Gott zusammen erschaffen, daß wir Mitschaffende sind.

Thomas: Gottes Kraft ist in allen Naturdingen, weil Gott in allen Dingen ist durch das göttliche Wesen, durch göttliche Gegenwart und Kraft. (44)

Fox: Ich erinnere mich daran, daß du diesen Punkt schon betont hast, als wir auf der Via Positiva über den Panentheismus gesprochen haben.

Thomas: Man muß auch ohne jede Einschränkung sagen, daß Gott in den Tätigkeiten der Natur und des Willens wirksam ist. Manche haben das jedoch nicht richtig verstanden und sind dem Irrtum verfallen, indem sie jede Tätigkeit der Natur Gott in dem Sinne zuschrieben, daß die Natur aus eigener Kraft nichts machen könne. (45)

Fox: Ich verstehe das so, daß du dich nicht damit wohlfühlst, daß die Kraft der Zweitursachen ignoriert wird.

Thomas: Eine solche Vorstellung widerspricht der Vernunft, die zeigt, daß nichts in der Natur sinnlos ist. Wenn also die natürlichen Dinge keine eigenen Tätigkeiten hätten, dann wären die ihnen verliehenen Kräfte und Formen sinnlos. Wenn ein Messer nicht schneidet, ist seine Schärfe nutzlos. Und es wäre auch sinnlos, Feuer an Kohlen zu legen, wenn Gott die Kohlen ohne Feuer entzünden könnte. (46) Durch die Ausschließung der naheliegenden Ursachen, indem alle Wirkungen an irdischen Dingen allein den ersten Ursachen zugeschrieben werden, wird die Ordnung des Universums geschmälert, die aus der Ordnung und der Verknüpfung der Ursachen gewoben ist. Der erste Grund gibt den anderen Wesen im Übermaß seiner Güte nämlich nicht nur das Sein, sondern auch das Ursache-Sein. (47)

Fox: Es ist bemerkenswert, daß du das Thema unseres Ursacheseins und unseres Bedürfnisses, dieses zu ehren, in den kosmischen Zusammenhang der 'Ordnung des Universums' stellst wie auch in den Zusammenhang des Segens oder der 'hervorragenden Güte' Gottes. Ich verstehe das so, daß die Ähnlichkeit der Dinge zu Gott eine Ähnlichkeit nicht nur im Sein, sondern auch in der Schaffenskraft ist.

Thomas: Die Dinge sind Gott nicht nur dem Sein, sondern auch der Tätigkeit nach ähnlich. (48) Welche Ursachen Gott den Wirkungen auch vorgeordnet hat, gibt Gott ihnen die Kraft, diese Wirkungen hervorzubringen. ... Die Würde des Verursachens wird sogar den Geschöpfen mitgeteilt. (49)

Fox: Ich mag deine Formulierung, 'die Würde der Verursachung'. Jedes Geschöpf hat Würde nicht nur in seinem Dasein, sondern auch in seiner Kraft des Verursachens.

Thomas: Die Zweitursachen führen die göttliche Vorsehung aus. (50) Die Lenkung der Dinge durch Gott geschieht mittels Zweitursachen. (51)

Fox: Das ist eine deutliche Aussage – die Welt wird durch Zweitursachen bestimmt. Das legt wiederum erhebliche Verantwortung in unsere Arbeit als Mittler des göttlichen Willens.

Thomas: Nicht aus einem Mangel an göttlicher Kraft (teilt Gott die Leitung der Welt mit den Geschöpfen), sondern aus dem Überfluß göttlicher Güte ... hat Gott den Geschöpfen die Würde des Verursachens verliehen. (52)

Fox: Vielleicht ist dieser Ausdruck der 'Würde der Verursachung' eine weitere Formulierung für 'Mitschöpfung'. Alle Dinge, so scheint es, verfügen über diese Würde der Verursachung.

Thomas: Jedes Geschöpf versucht durch seine Tätigkeit, sein vollkommenes Sein einem anderen auf seine jeweilige Weise mitzuteilen. Dadurch neigt es zur Ähnlichkeit mit der göttlichen Verursachung. (53)

Fox: Die ganze Schöpfung bemüht sich also darum, Gott nachzuahmen?

Thomas: Alle Zweitursachen erreichen dadurch, daß sie Ursachen sind, Gottähnlichkeit. (54) Wenn kein Geschöpf durch seine Handlungen eine Wirkung hervorbringen könnte, so würde die Vollkommenheit der Geschöpfe stark herabgesetzt. Denn aus dem Überfluß an Vollkommenheit ergibt sich, daß anderem von dieser Vollkommenheit mitgeteilt werden kann. (55)

Fox: Indem manche Leute das Thema des Mitschaffens und den Pfad der Via Creativa ignorieren, schreiben sie Gott alle Verursachung zu und scheinen alle Geschöpfe als Mitschaffende zu entmachten.

Thomas: Das Argument, das Gott jede Wirkung in der Natur in dem Sinne zuschreibt, daß die Natur aus eigener Kraft nichts machen könne, ist ganz leichtsinnig. (56)

Fox: Warum ist das leichtsinnig?

Thomas: Aus den Behauptungen (daß Geschöpfe nicht an der Hervorbringung natürlicher Wirkungen beteiligt sind) ergeben sich viele Ungereimtheiten. Wenn nämlich keine niederen oder körperlichen Ursachen irgend etwas bewirken, sondern nur Gott allein, wenn Gott aber durch seine verschiedenen Tätigkeiten nicht verändert wird, so folgt daraus, daß Gott in verschiedenen Dingen wirkt, keine unterschiedliche Wirkung. Das erscheint schon den Sinnen als falsch, denn aus einer Erwärmung folgt keine Kälte, ... und aus menschlichem Samen kann nur ein Mensch geboren werden. Die Verursachung niederer Wirkungen darf also der göttlichen Kraft nicht so zugeschrieben werden, als würde damit die Verursachung durch niedere Mittler abgestritten. (57) Wenn die Natur eines geschaffenen Dinges nicht an einer Wirkung erkannt werden könnte, so würde dadurch jede naturwissenschaftliche Erkenntnis (cognitio scientiae naturalis) abgestritten, die ja an Wirkungen ihre Beweise führt. (58)

Fox: Du verteidigst offenbar leidenschaftlich die eigenständige Kraft der Dinge und das Recht jeder Kreatur auf ihre gottgegebene Kraft.

Thomas: Die Vollkommenheit der Geschöpfe herabzusetzen, bedeutet, die Vollkommenheit der göttlichen Kraft selbst herabzusetzen. (59) Gott wirkt in allem Natürlichen nicht so, als sei dieses gänzlich unbeweglich, sondern weil Gott sowohl in der Natur als auch im Willen wirkt, wenn diese tätig sind. (60)

Fox: Wie kann das sein?

Thomas: Gott wirkt in allen Dingen als Innerstes, weil Gott durch Erschaffen wirkt. (61) Da Gott die eigentliche Ursache von allem Sein ist, das allem am innerlichsten ist, wirkt Gott im Innersten von allem. (62) Ein Ding kann auf verschiedene Weise die Ursache von etwas anderem sein. Erstens, indem es ihm die Kraft zur Tätigkeit gibt. ... In diesem Sinne verursacht Gott alle Tätigkeiten der Natur, weil Gott den Naturdingen die Kräfte gab, durch welche sie tätig sein können. Gott gab sie nicht nur als Schöpfer, der schweren und leichten Körpern Kraft gab, sie aber nicht aufrechterhält, sondern Gott erhält sie auch in ihrem Dasein, denn Gott ist nicht nur in ihrem Werden die Ursache einer verliehenen Kraft, sondern auch in ihrem Sein. So kann man sagen, daß Gott die Ursache einer Tätigkeit ist, indem Gott die natürliche Kraft hervorruft und aufrechterhält. Zweitens wird das Erhaltende einer Kraft als Ursache der Tätigkeit bezeichnet. Von einem Heilmittel, das die Sehkraft erhält, sagt man also, daß es den Menschen sehen läßt. Drittens verursacht etwas die Tätigkeit von einer anderen Sache, indem es sie zum Handeln bewegt. (63)

Fox: Gott ist also als wirkendes Prinzip in unseren schöpferischen Augenblikken gegenwärtig?

Thomas: Das Ziel, das Wirkende und die Form sind Ursprung der Tätigkeit, aber in einer bestimmten Ordnung. Der erste Ursprung der Tätigkeit ist das Ziel, das das Wirkende bewegt; der zweite ist das Wirkende; der dritte die Form von dem, was das Wirkende zur Tätigkeit bringt; obwohl das Wirkende auch seiner eigenen Form nach wirkt, wie an den Kunstgegenständen deutlich wird. Ein Künstler wird nämlich vom Ziel, das das Hergestellte selbst ist, zum Handeln gebracht, zum Beispiel eine Truhe oder ein Bett. Und er wendet bei der Handlung die Axt an, die aufgrund ihrer Schärfe spaltet.

So wirkt auch Gott in allem Wirkenden nach diesen drei Dingen. Erstens im Hinblick auf das Ziel; denn da sich jede Handlung auf irgendein Gutes richtet und nur das gut ist oder scheint, was an der Ähnlichkeit mit dem höchsten Gut teilhat, welches Gott ist, folgt daraus, daß Gott als das Ziel die Ursache einer jeden Handlung ist.

Außerdem ist zu bedenken, daß bei einer geordneten Vielheit von Wirkenden das zweite immer kraft des ersten wirkt, denn das erste treibt das zweite zur Wirkung. Deshalb wirken alle Dinge in der Kraft Gottes, weshalb Gott Ursache des Handelns aller Handelnden ist.

Drittens ... gibt Gott allen handelnden Geschöpfen ihre Gestalt und erhält sie im Dasein ... und erhält die Formen und Kräfte der Dinge. ... Es folgt, daß Gott im Innersten von allem wirkt. (64)

Fox: Laß uns weitergehend untersuchen, wie Gott die Schaffenskraft mit anderen Geschöpfen teilt.

Thomas: Manche haben, daß Gott in allem Wirkenden wirkt, so verstanden, daß keine geschaffene Kraft irgend etwas in den Dingen bewirkt, sondern daß Gott alles unmittelbar bewirkt. Zum Beispiel, daß nicht das Feuer wärmt, sondern Gott im Feuer, und so weiter. Aber das ist unmöglich. Erstens würde dadurch die Ordnung von Ursache und Wirkung aus den geschaffenen Dingen genommen, und das würde ein Unvermögen seitens des Schöpfers bedeuten, denn die Kraft des Wirkenden verleiht der Wirkung die tätige Kraft. Zweitens wären die aktiven Kräfte, die sich in den Dingen finden, ihnen unnütz verliehen worden, wenn sie sie nicht anwenden könnten. Darüber hinaus würden alle geschaffenen Dinge unnütz erscheinen, da alles um seiner angemessenen Tätigkeit willen da ist. ... Wir müssen Gottes Wirken in den Dingen also so verstehen, daß die Dinge dennoch ihre eigene Tätigkeit haben. (65) Gott verleiht den Geschöpfen die Kraft zur Tätigkeit, und das geschieht nicht aus einer Schwäche auf seiten Gottes, sondern aus

Gottes vollkommener Fülle, die ausreicht, sich allen Wesen mitzuteilen. (66)

Fox: Du sagst, daß alle Wesen an diesem Mitteilen von Kraft teilhaben und an der Kraft, ihr Werk verrichten zu können.

Thomas: Die Vorsehung erstreckt sich auch auf niedere Tiere, die aufgrund eines gewissen natürlichen Instinktes zu verschiedenen Zeiten verschiedene Tätigkeiten verrichten. Bei Hiob heißt es darum, daß „das Tier seine Zuflucht aufsucht", nämlich in der Regenzeit, „und in seiner Höhle bleibt", nämlich wenn dazu die entsprechende Zeit ist. (67)

Fox: Was haben menschliche und tierische Schaffenskraft sonst noch gemeinsam?

Thomas: Wir finden als Gemeinsames bei den Ursachen, die etwas hervorbringen, daß sie Sorge für das tragen, was sie hervorgebracht haben. So ernähren die Tiere natürlicherweise ihre Nachkommen. Deshalb trägt auch Gott Sorge für das, was aus göttlicher Verursachung existiert. (68)

Fox: Gewiß lieben Künstlerinnen und Künstler, was sie geboren haben. Aber es besteht doch ein Unterschied zwischen der Vermehrung der Tiere und der Kreativität der Menschen.

Thomas: Menschen unterscheiden die zur jeweiligen Zeit angemessene Arbeit nach ihrem gottgegebenen Verstand (statt nach ihrem tierhaften Instinkt). Das ist Beweis dafür, daß Gott es allen Menschen in die Hand gegeben hat, zu wissen, wie sie ihre Arbeiten über verschiedene Zeiten verteilen sollen. (69)

Hörner und Krallen, die die Waffen einiger Tiere sind, die Festigkeit der Haut und die Fülle an Haaren und Federn, die die Bekleidung der Tiere sind, zeigen die Überfülle des Erdelementes an, die der Ausgewogenheit und Feinheit des menschlichen Zustandes widerspricht. Deshalb paßt dies nicht zum Menschen. Statt dessen hat der Mensch die Vernunft und die Hände, mit denen er sich auf unendlich verschiedene Weise Waffen und Bekleidung und alles Lebensnotwendige herstellen kann. Darum bezeichnet man die Hand auch als 'Organ der Organe' (Aristoteles). Und besonders die Vernunft kann mit ihren unendlich vielen Einfällen unendlich viele Werkzeuge schaffen. (70)

Fox: Mir fällt auf, wie oft du das Wort 'unendlich' in diesem Zusammenhang verwendest. Wie du auf der Via Positiva unsere unendliche Fähigkeit zu erkennen preist, lobst du hier unsere unendliche Fähigkeit zu gebären.

Thomas: Das vernunftbegabte Geschöpf (creatura rationalis) strebt durch seine Tätigkeit auf besondere, die Fähigkeit anderer Geschöpfe übersteigende Weise die Gottesähnlichkeit an, wie es auch ein edleres Wesen als die übrigen hat. Das Dasein der anderen Geschöpfe ist nämlich endlich, weil es durch die Materie beschränkt ist und weder der Wirklichkeit noch der Möglichkeit nach unendlich ist. Jedes rationale Wesen verfügt aber der Wirklichkeit oder der Möglichkeit nach über Unendlichkeit, sofern die Vernunft Verständnis in sich trägt. Von ihrem ersten Sein her gesehen, steht die Natur unserer Vernunft den verstehbaren Dingen im Verhältnis der Möglichkeit gegenüber, denen eine gewisse Unendlichkeit möglich ist, weil sie unendlich sind. Deshalb ist die Vernunft die Form der Formen, weil sie nicht nur eine auf eines hin bestimmte Form besitzt, wie ein Stein, sondern die Fähigkeit zu allen Formen besitzt. (71)

Fox: So ist unsere Vernunft also einzigartig in ihrer Fähigkeit, das Unendliche zu erreichen?

Thomas: Das Ziel des vernunftbegabten Geschöpfes (creatura intellectualis) ist, durch seine Tätigkeit zu erreichen, daß sein Intellekt alles Verstehbare gänzlich aktualisiert, wozu es die Möglichkeit besitzt. Dadurch wird es in höchstem Maße Gott ähnlich (similis Deo). (72)

Fox: Unsere schöpferische Fähigkeit macht uns also Gott am ähnlichsten?

Thomas: Etwas wird nicht nur deshalb göttlich genannt, weil es von Gott kommt, sondern weil es uns der Güte nach wie Gott macht. (73)

Fox: Ja, die Kreativität ist ein ursprünglicher Segen. Kannst du dazu noch etwas sagen?

Thomas: Was im Verstand (intellectus) als ein inneres Wort enthalten ist, wird im normalen Sprachgebrauch als eine Konzeption, eine 'Empfängnis' (conceptio) bezeichnet. (74)

Fox: Ich halte es für vielsagend, daß wir für den Erkenntnisprozeß eine sexuelle Analogie verwenden. Dadurch wird die schöpferische Seite unseres Erkennens sehr betont.

Thomas: Was der Verstand erfaßt, wird in ihm gebildet, wobei das Verstehbare sozusagen das Wirkende und der Verstand das Empfangende ist. Und was der Verstand erfaßt und was sich in ihm befindet, gleicht dem bewegten Erkenntnisgegenstand, dem es ähnlich ist, und es gleicht dem sozusagen empfangenden Verstand, sofern es verstehbar ist. Deshalb heißt das, was durch den Verstand erfaßt wird, nicht zu unrecht 'Empfängnis', Konzeption des Verstandes. (75)

Fox: Natürlich erweckt unser Erkenntnisakt, da er schöpferisch ist, auch Vergnügen und Willen.

Thomas: Das höchste Verlangen ist dasjenige, das mit Erkenntnis und freiem Willen einhergeht, denn dieses Verlangen motiviert sich selbst. Darum ist die entsprechende Liebe die vollkommenste und wird insofern als Freude bezeichnet, als dasjenige, was geliebt wird, aus freiem Willen bestimmt wird. (76)

Fox: Und diese Fähigkeit der freien Wahl im Gegensatz zu dem, was du 'natürliche Neigung' nennst, unterscheidet unsere menschliche Schaffenskraft am meisten von derjenigen anderer Tiere?

Thomas: Kinder und Tiere haben in dem Sinne willentliche Handlungen gemeinsam, als sie aufgrund ihrer eigenen Spontaneität heraus handeln. Sie verfügen jedoch nicht über die Entscheidungsfähigkeit, weil ihre Handlungen nicht als Ergebnis des freien Willens vollzogen werden, der die Voraussetzung der Entscheidung ist. (77)

Fox: Du unterscheidest also zwischen einem Willensakt und einer Entscheidung, da letztere eine rationale Einstellung verlangt, wie du sagst.

Thomas: Diejenigen Handlungen, die wir spontan vollziehen, bezeichnen wir als willentlich, da ihre Ursache in uns liegt. Man sagt aber nicht, daß sie aufgrund von Entscheidungen auftreten, da ihnen keine Absicht zugrundeliegt. (78)

Fox: Manchmal stoßen uns Dinge natürlich plötzlich zu und sind somit weder willentlich noch überlegt.

Thomas: Gewalt stammt aus einer äußerlichen Ursache. ... Sie widerspricht dem Willentlichen direkt, wie auch dem Natürlichen. (79)

Fox: Und aufgrund unserer Entscheidungskraft und Kreativität können Menschen tatsächlich sehr zur Gewalt und zum Bösen in der Welt beitragen, wie mir scheint, mehr als andere Tiere.

Thomas: Ein ungerechter Mensch ist schlimmer als das Unrecht und ein böser Mensch schlimmer als ein wildes Tier, weil ein böser Mensch tausendmal mehr Schaden anrichten kann als ein Tier, weil wir unseren Verstand einsetzen können, um viele verschiedene Übel zu ersinnen. (80)

Fox: Überlegung und Entscheidung sind also Schlüsselelemente der Via Creativa und der Kunst. Wir werden später noch auf dieses Thema zurückkommen. Da wir gerade aber über die Unterschiede zwischen menschlicher und tierischer Schaffenskraft sprechen, möchte ich fragen, welche anderen Kontraste zwischen diesen beiden du erwähnen könntest?

Thomas: Während die Tiere sich an den Sinnesdingen nur im Hinblick auf ihre Ernährung und Fortpflanzung erfreuen, erfreut sich allein der Mensch an der Schönheit der Sinnesdinge an sich. Da die Sinne hauptsächlich im Gesicht sitzen, ist das Gesicht der anderen Tiere der Erde zugewandt, um Nahrung zu suchen und für ihre Lebensnotwendigkeiten zu sorgen. Die Menschen dagegen haben ein aufgerichtetes Gesicht, damit sie mittels der Sinne und besonders mit dem Gesichtssinn, der feiner ist und die Unterschiede der Dinge deutlicher macht, die Sinnesdinge frei von allen Seiten erkennen können, sowohl die himmlischen als auch die irdischen, um aus allem die verstehbare Wahrheit zu entnehmen. (81)

Fox: Was glaubst du, würde das Ergebnis sein, wenn die Menschen nicht aufrecht stehen und sowohl himmlische als auch irdische Gegenstände beobachten würden, wie du sagst?

Thomas: Hätte der Mensch eine gebeugte Gestalt, würde er die Hände als Vorderfüße benutzen müssen und damit ihre Nützlichkeit für andere Zwecke verlieren. Außerdem würde der Mensch, wenn er eine gebeugte Gestalt hätte und die Hände als Vorderfüße benützte, seine Nahrung mit dem Mund aufnehmen müssen. Dazu würde er ein vorgewölbtes Maul, harte und grobe Lippen und eine harte Zunge brauchen wie die anderen Tiere, um sich nicht an äußeren Dingen zu verletzen. Ein derartiger Zustand würde ihn hindern zu sprechen, was aber die eigentliche Tätigkeit der Vernunft ist. (82)

Fox: Zu sagen, daß die Sprache die angemessene Funktion der Vernunft sei, bedeutet wiederum, die schöpferische Fähigkeit des Menschen zu preisen, die Kreativität der Sprachschöpfung. Ich sehe das als ein Lob von dir darauf an, daß der Mensch in vielerlei Hinsicht ebenso schöpferisch wie Gott ist.

Thomas: Je höher ein Wesen, um so innerlicher ist ihm, was von ihm ausgeht; denn die Innerlichkeit der Tätigkeit entspricht der Seinsstufe. (83) Die höchste und vollkommenste Stufe des Lebens findet sich im Bewußtsein, das sich selbst reflektieren und sich selbst verstehen kann. Aber es gibt unterschiedliche Stufen des Verstehens. Der menschliche Verstand kann sich zwar selbst erkennen, muß aber mit äußeren Gegenständen beginnen und kann diese nicht ohne Sinneseindrücke erkennen. ... Die höchste Vollkommenheit des Lebens ist in Gott, wo das Handeln nicht vom Sein unterschieden ist und wo die Vorstellung das göttliche Wesen ist. (84)

Fox: Du sprichst von der Intimität und Innerlichkeit der Aktivität. Laß uns noch weiter auf die Quelle der menschlichen Kreativität und Kunst eingehen, die so sehr Gott als dem Künstler aller Künstler ähnelt.

Thomas: Wo die Worte enden, beginnt das Lied. Ein Lied ist eine Erhebung des Geistes, die in der Stimme hervorbricht. (85)

Fox: Und woher kommt dieses Hervorbrechen?

Thomas: Der Psalmist (44) sagt: „Mein Herz geht mir über von einem guten Wort." Das Übergehen entsteht aus einer Überfülle oder einem Überfließen einer Fülle der Hingabe oder Weisheit. Matthäus 12,34: „Wovon das Herz voll ist, davon spricht der Mund." Man beachte, daß die Psalmen dieses Hervorbringen dem Herzen zuschreiben. Die Fülle entsteht aus der großen Fülle des Herzens. Vom Gegenteil spricht Jesaja (29,13), wenn er sagt: „Dieses Volk ehrt mich mit den Lippen, ihr Herz aber ist mir fern." Das Lob Christi hingegen verkündet man aus dem Herzen (1 Kor.14,15): „Ich will Gott mit dem Geist preisen und mit dem Verstand." (86)

Fox: Du schreibst also die schöpferische Leidenschaft dem Herzen zu, siehst aber das Gebet als den Selbstausdruck oder die 'Entäußerung' dessen an, was in uns ist. Das verstehe ich wieder als einen Hinweis auf die meditative Kunst.

Thomas: Gebet besteht aus zweierlei, aus der inneren Tätigkeit des Herzens und aus den äußeren Werken. Was das Innere anbetrifft, so entspricht es denen, die Gott anbeten, geistig zu sein, da Gott Geist ist. Johannes (4,23) sagt: „Die wahren Beter werden den Schöpfer anbeten im Geist und in der Wahrheit." Und der Psalmist (28,2) sagt: „Höre mein Gebet, wenn ich zu dir bete." Wir sollten aber auch in unseren Handlungen und äußeren Zeichen Achtung erweisen. Deshalb heißt es im Psalm (28): „Wenn ich meine Hände zu deinem heiligen Tempel erhebe." Das kann auf zweierlei Weise verstanden werden. Wörtlich, wie die Glosse es tut, nämlich daß die Juden gehalten waren, wo immer sie sich aufhielten, in die Richtung zu beten, wo sie Jerusalem wußten. Oder es kann bedeuten, „wenn ich meine Hände zum Tempel", das heißt, zum Himmel, „erhebe," das heißt hochhebe, . Psalm 11 spricht vom „Herrn in seinem heiligen Tempel", und so weiter. Deshalb will ich nicht nur in der Hingabe des Herzens beten, sondern auch in äußeren Zeichen will ich gen Himmel beten und meine Andacht zeigen. Die andere Art, den Text zu interpretieren, ist, daß „meine Hände“ für 'meine Werke' steht, die ich „zum Tempel erhebe“, das heißt, auf Gott ausrichte. Psalm 141 sagt: „Laß meine Rede gelenkt sein“, das heißt, meine Werke, „wie Weihrauch“ und so weiter. Das tat Christus, als er seine Hände zum Tempel erhob und diejenigen vertrieb, die darin verkauften und handelten. Und auch, als er seine Hände am Kreuz erhob. (87)

Fox: Unsere Arbeit kann also wirklich ein Gebet sein, sofern sie vom Herzen kommt, selbst wenn es die Arbeit ist, die Geldwechsler aus dem Tempel zu treiben. Hier scheint mir aber das 'Herz' wiederum der Schlüssel zu sein. Wir müssen zu unseren Herzen zurückkehren und untersuchen, was dort ist und was uns motiviert und bewegt.

Thomas: Gute Menschen lieben sich selbst hinsichtlich ihres inneren Menschen, den sie in seiner Integrität bewahren wollen. Sie wünschen ihm seine entsprechenden Güter, die geistigen nämlich, und strengen sich an, diese für ihn zu erreichen. Sie kehren gern in ihrem eigenen Herzen ein, weil sie dort gute Gedanken für die Gegenwart, Erinnerungen an die guten Dinge der Vergangenheit und Hoffnung auf die der Zukunft finden, die ihnen Freude machen. Sie erfahren in sich auch keinen Zwiespalt des Willens, weil ihre ganze Seele auf eines gerichtet ist. (88)

Fox: Willst du damit sagen, daß manche Menschen keinen Zugang zur meditativen Kunst finden?

Thomas: Böse Menschen wollen die Integrität ihres inneren Menschen nicht erhalten und streben keine geistigen Güter für ihn an oder bemühen sich darum. Es macht ihnen auch keinen Spaß, im eigenen Herzen einzukehren, weil sie dort nur gegenwärtige, vergangene und zukünftige Übel finden, vor denen sie zurückschrecken. Wegen ihrer Gewissensbisse finden sie auch keinen Einklang in sich selbst. (89)

Fox: Es bedarf also einiger Mühe, um in die Herzenserkenntnis einzutreten und uns der Herzensarbeit zu unterziehen. Wie auf der Via Positiva findest du hier wieder Spiritualität und Freude.

Thomas: Im Matthäusevangelium (25,21) heißt es: „Gehe ein in die Freude deines Herrn.“ Freude ist die Belohnung, wie Johannes (16,22) sagt: „Ich werde euch wiedersehen, dann wird euer Herz sich freuen.“ Jemand könnte fragen, ob nicht die Schau die Belohnung sei oder irgendein anderes Gut. Ich sage, daß zwar auch etwas anderes als Belohnung bezeichnet werden kann, daß aber die Freude eigentlich die letzte Belohnung ist. Warum sagt er „gehe ein in die Freude“, und nicht „empfange die Freude“? Als Antwort sage ich, daß es zwei Arten der Freude gibt: Eine bezieht sich auf innere Dinge, die andere auf äußere. Diejenigen, die an äußeren Dingen Freude haben, gehen nicht in die Freude ein, sondern eher die Freude in sie. Wer aber an geistigen Dingen Freude hat, tritt in die Freude ein. „Der König führt mich in seine Gemächer“ (Hohel.1,4). Oder man kann sagen, daß dasjenige, was in etwas ist, darin enthalten ist, und daß das umfassende Ding das größere ist. Wenn sich die Freude also auf etwas richtet, was kleiner als dein Herz ist, dann tritt die Freude in dein Herz ein. Gott ist aber größer als das Herz, und deshalb treten die, die sich an Gott erfreuen, in die Freude ein. (90)

Fox: Wenn wir zu unserem Herzen zurückkehren, machen wir Platz und können den spirituellen Gast einladen.

Thomas: Jesus sagt im Johannesevangelium (15,7): „Meine Worte bleiben in euch.“ Das geschieht auf vierfache Weise: durch Lieben, durch Glauben, durch Kontemplieren und durch Erfüllen. Wie es in den Sprüchen (4,20) heißt: „Mein Sohn, achte auf meine Worte (nämlich durch Glauben), und neige dein Ohr meiner Rede (nämlich durch Gehorchen oder Erfüllen), laß sie nicht aus den Augen (durch Kontemplieren), und bewahre sie tief im Herzen“ – nämlich durch Lieben. (91)

Fox: Welche Ergebnisse fließen aus dieser Rückkehr zum Herzen?

Thomas: Der Heilige Geist adelt uns und macht uns zu Führenden. Im Galaterbrief (4,6) steht: „Da ihr Kinder Gottes seid, sandte Gott den Geist des göttlichen Sohnes in eure Herzen.“ (92)

Fox: Führerschaft entsteht aus einer Rückkehr zum Herzen? Damit scheinst du zu sagen, daß Künstlerinnen und Künstler Führer sind, daß wirkliche Autorität mit Autorschaft und Kreativität zu tun hat. Kannst du zu dieser Idee noch weiteres sagen?

Thomas: Wenn der Psalmist vom „fruchttragenden Ölbaum“ spricht, dann meint er die Heiligkeit guter Menschen. (93) Der gleiche Heilige Geist, der die Propheten und die anderen Autoren der Heiligen Schrift inspirierte, bewegte auch die Heiligen zu ihrem Werk. Denn wie es im 2. Petrusbrief (1,21) heißt, haben „die Heiligen Gottes vom Heiligen Geist inspiriert gesprochen.“ Und Römer (8,14) sagt: „Alle, die sich vom Geist Gottes leiten lassen, sind Kinder Gottes.“ (94) Die Apostel, die die Vorsteher und Führer in der christlichen Weisheit waren und täglich durch die Wahrheit bewegt wurden, bezeugten, wie es angemessen ist, nicht nur in Worten, sondern auch in Werken. (95)

Fox: Wirkliche Kunst, wirkliche Führung und wirkliche Arbeit kommen also vom Herzen?

Thomas: Im Matthäusevangelium (25,12) antwortet Jesus denen, die sagen: „Herr, Herr, mach uns auf!“ mit den Worten: „Ich aber sage euch: Ich kenne euch nicht“, weil sie nicht aus ihrem Herzen sprachen, sondern nur mit dem Mund. Die Apostel waren jedoch echt, weil ihre Worte mit ihren Handlungen übereinstimmten. (96)

Fox: Und so haben auch die Propheten geführt?

Thomas: Man beachte, daß Jesaja sagt: „Wer hat es verkündet?“ denn es ist zunächst der Glaubenstrieb, der dazu bewegt, zu verkünden und auszurufen. Und Psalm 115 sagt: „Ich glaubte, weil ich gesprochen habe.“ Zweitens der Ansporn des Eifers, wie Jeremia (20,9) sagt: „Und das Wort war in meinem Herzen eingeschlossen wie ein brennendes Feuer.“ Drittens die Größe der Belohnung wie nach Matthäus (5): „Wer handelt und lehrt, wird groß heißen im Himmelreich.“ (97)

Fox: Wie haben die Propheten sich vom Herzen her ausgedrückt?

Thomas: Jesaja spricht vom Schreien, welches das erste Zeichen eines hingebungsvollen Gebetes ist. So heißt es im Hebräerbrief (5,7): „Unter lautem Schreien und Weinen wurde sein Gebet erhört.“ Ein zweites Motiv des Schreiens ist der Wunsch, etwas zu verkünden (Joh.7,37): „Am letzten Tage des Festes rief er.“ Ein drittes Motiv ist, die eigenen Absichten durchzusetzen. (98)

Fox: Haben die Propheten mehr getan als zu rufen?

Thomas: Wenn Jesaja sagt: „Singt dem Herrn ein neues Lied“, lädt er uns ein, Dank zu sagen. Zunächst spricht er vom Lob (24): „Wir haben das Lob der Gerechten gehört.“ Alles Erfüllte lobt Gott, wie Psalm 107,23 sagt: „Die mit den Schiffen auf das Meer fuhren und in vielen Gewässern Handel trieben, haben die Werke Gottes gesehen und seine Wunder in der Meerestiefe bestaunt.“ Auch diejenigen, die in der Wüste wohnen, „erheben ihre Stimme“ zum Lobe Gottes. Die „Wüste“ meint ihre Einwohner, speziell die Israeliten; „in ihren Häusern“ bedeutet, in den Sitten anderer Völker. Diese waren die ersten, die die Wüste durchwanderten. „Die Wüste und das pfadlose Land werden sich freuen, die Einöde wird jubeln“ (Jes.35,1). Und auch jene, die in den Bergen wohnen: „Preist, ihr Bewohner des Felsens“ jener Stadt in Palästina, die zwischen den Felsen liegt. Oder überhaupt aller Berge wie in Jesaja (55,12): „Berge und Hügel werden dem Herrn singen.“ (99)

Fox: Woher kommt all dies Schreien und Singen, dieser tiefe Ausdruck, der Kunst ist?

Thomas: Der Psalmist sagt (39,4): „Das Herz wurde in mir heiß“, was bedeutet, daß die Wärme der Liebe in ihm erregt wurde. In den Sprüchen (6,27) wird gefragt: „Kann man denn Feuer an der Brust verstecken, ohne daß die Kleidung in Brand gerät?“ So ist es unmöglich, daß jemand Gottes Wort versteckt, wenn sein Herz in Liebe entflammt ist. Psalm 118 spricht davon, daß „dein Wort entzündet ist“. Die Ursache der Erregung ist aber die Meditation göttlicher Dinge, wenn man sagt: „Und das Feuer entbrannte in meiner Meditation.“ (100)

Fox: Unsere Herzen werden also durch die Liebe dazu bewegt zu gebären?

Thomas: Wenn du geistige Dinge erlangen willst, dann muß dein Herz mit der Liebe Gottes entflammt sein. Die Wirkung dieser Erregung ist, daß jemand, der es vorzog zu schweigen, nun zum Reden gedrängt wird. So sagt der Psalmist: „Ich habe gesprochen.“ Und in der Apostelgeschichte (2) heißt es: „Alle waren vom Heiligen Geist erfüllt und begannen zu reden.“ Gregor sagt dazu: „Die der Heilige Geist erfüllt, läßt er brennen und reden.“ Und bei Hiob (4,2) steht: „Wer kann die einmal begonnene Rede aufhalten?“ (101)

Fox: Du sprichst von geistigen Gütern im Herzen, die aus der Meditation entstehen.

Thomas: Durch häufige Meditation wird das Feuer der Liebe im Herzen entzündet, und daraus wird geistige Freude im Herzen geboren, weshalb Paulus das „Singen und Musizieren“ erwähnt, so daß durch die geistigen Freuden unser Wille angespornt wird, gute Werke zu unternehmen. (102)

Fox: Wie können wir uns vom Herzen zum Mund bewegen, vom Herzen zur Kunst und zur Mitteilung dessen, was in unserem Herzen ist?

Thomas: Geistige Güter bestehen in zweierlei: aus dem Anteil, in dem sie im Munde sind, und aus dem Anteil, in dem sie im Herzen sind. Im Mund des Gerechten ist nichts als Güte und Wahrheit. Epheser (4) sagt: „Legt die Lüge ab und sprecht die Wahrheit.“ Auch der Psalmist sagt: „Der Mund des Gerechten wird die Weisheit kontemplieren.“ (103)

Fox: 'Der Mund': Was hat Kontemplation mit dem Mund zu tun?

Thomas: Der Psalmist scheint sich hier nicht korrekt auszudrücken, denn zu kontemplieren ist ein Akt des Herzens und nicht des Mundes. Ich sage dazu aber, daß das, worüber man meditiert hat, ausgesprochen werden muß, das heißt, daß man reden oder singen muß, worüber man meditiert hat. Manche meditieren über eine Zunahme der Weisheit, andere meditieren Christus, der die Weisheit Gottes, des Vaters ist, wenigstens im Glauben. Deuteronomium (4,6) sagt: „Das ist eure Weisheit und Bildung in den Augen der Völker." Andere meditieren, indem sie sich verständigen Wesen zuwenden, wie in Sirach (6): „Wenn du es wählst zu hören, so wirst du weise sein." Manche Menschen singen, was sie meditieren: Kolosser (3): „Singt dem Herrn im Herzen." Und in den Sprüchen (gegen Ende): „Das Gesetz der Weisheit hat seinen Mund geöffnet mit Mitgefühl auf der Zunge." Aber der Mund der Gerechten kontempliert die Weisheit durch Lehren. Paulus (1 Kor.2,6) sagt: „Wir verkünden Weisheit unter den Vollkommenen." (104)

Fox: Du sagst, daß wir über das sprechen müssen, worüber wir meditieren. Damit weist du auf die Forderung hin, die Künstlerinnen und Künstler bei sich fühlen, daß sie nämlich ihre Wahrheit zum Ausdruck bringen müssen. Die Mitteilung unserer Wahrheit ist also unser Gebet, unsere meditative Kunst.

Thomas: Den Menschen ist das Verstehen und die Vernunft gegeben, durch die sie die Wahrheit unterscheiden und erforschen können. Ihnen sind innerliche und äußerliche Sinneskräfte gegeben, die ihnen bei der Suche nach der Wahrheit helfen. Und ihnen ist der Sprachgebrauch gegeben, der sie in die Lage versetzt, anderen die Wahrheit mitzuteilen, die sie in ihrem eigenen Geist empfangen haben. Auf diese Weise können die Menschen sich im Prozeß der Wahrheitsfindung selbst helfen, wie sie es auch in anderen Lebensnotwendigkeiten tun, denn wie Aristoteles sagt (Politik I,2), ist der Mensch ein „von Natur aus geselliges Wesen". (105)

Fox: Ich spüre darin eine Leidenschaft für die Wahrheit, die den Künstler, von dem du sprichst, dazu auffordert zu gebären. Wie sehr sollen wir die Wahrheit lieben?

Thomas: Wenn man die Wahrheit nicht den Freunden vorzieht, wird man falsche Urteile fällen und zu ihrer Verteidigung falsches Zeugnis ablegen. Das widerspricht der Tugend. Während die Vernunft vorschreibt, daß alle die Wahrheit den Freunden vorziehen sollen, gilt das in besonderem Maße für die Philosophen, die die Weisheit studieren, die die Erkenntnis der Wahrheit ist. (106)

Fox: Wenn es also zwischen menschlichen Beziehungen und der Wahrheit einen Konflikt gibt, geht die Wahrheit vor?

Thomas: Obwohl wir sowohl mit der Wahrheit als auch mit unseren Nächsten Freundschaft halten sollen, sollen wir die Wahrheit mehr lieben, weil wir unsere Nächsten gerade aufgrund von Wahrheit und Tugend lieben sollen. ... Die Wahrheit ist die herausragendste unter den Freundinnen, denen man Hochachtung zollen soll. Außerdem ist die Wahrheit etwas Göttliches, denn man findet sie zuerst und hauptsächlich in Gott. (107)

Fox: Du hast zuvor einmal die Kreativität mit der Empfänglichkeit, der Empfängnis (conceptio) verglichen; du siehst sie als einen schöpferischen Akt?

Thomas: Wenn der Verstand etwas anderes als sich selbst versteht, ist das Verstandene wie der Vater des im Verstand empfangenen Wortes, während der Verstand selbst mehr Ähnlichkeit mit der Mutter hat, der es zukommt, daß die Empfängnis in ihr stattfindet. (108)

Fox: Kreativität ist also ein mütterlicher Vorgang. Wir alle sind also Mütter, wenn wir unsere Bilder gebären.

Thomas: Eine Mutter ist jemand, die in sich und von einem anderen empfängt. (109)

Fox: Unser Geist ist dabei also radikal schöpferisch. Zu denken heißt, zu gebären.

Thomas: Erkennender und Erkanntes verhalten sich zueinander nicht wie Wirkendes und Erleidendes, sondern sind zwei Dinge, aus denen ein Erkenntnisprinzip resultiert. (110) Es gibt eine der Handlung entsprechende innere Bewegung im Handelnden. Das gilt am deutlichsten für den Verstand, dessen Handlung im Verstehenden bleibt. Denn immer, wenn wir etwas verstehen, bewegt sich schon durch den Akt des Verstehens etwas in uns. Das ist das Empfangen des verstandenen Gegenstandes, ein Empfangen, das auf der verstehenden Kraft beruht und von unserer Erkenntnis des Gegenstandes herrührt. Dieses Empfangen wird durch das gesprochene Wort benannt und wird „das durch das gesprochene Wort bezeichnete Wort des Herzens" genannt. (111)

Fox: Mir fällt auf, daß die Begriffe 'Zeugung' und 'Hervorbringung', die du verwendest, dynamische Entsprechungen unseres heutigen Wortes 'Kreativität' sind. Eine Stimme aus unserem Herzen – was für eine schöne Definition der Kreativität! Das meinst du wohl, wenn du sagst, daß die 'Stimme' im Mittler oder Subjekt bleibt, daß das von uns Geborene niemals wirklich unser Herz verläßt, sondern es ausdehnt, damit es andere durch unsere 'Stimme' oder unser Kunstwerk erreicht.

Thomas: Das Hervorgehen muß als ein verstehbares Ausströmen verstanden werden, zum Beispiel eines verständlichen Wortes, das vom Sprechenden ausgeht, aber in ihm bleibt. In diesem Sinne versteht der katholische Glaube das Hervorgehen als ein Dasein in Gott. (112)

Fox: Du sagst, daß das Wort der Stimme aus dem Wort des Herzens hervorgeht und du preist die Apostel und Propheten für diese Art des Predigens. Spielen auch Mysterium und Stille, von denen wir auf der Via Negativa gesprochen haben, in deiner Kreativität eine Rolle?

Thomas: Empfängnis des Herzens und des Geistes treten in der Stille auf und ohne Geräusch, aber die Stille des Herzens offenbart sich in hörbaren Worten. (113)

Fox: Unser Selbstausdruck soll also eine Offenbarung der Stille unseres Herzens sein. Die Via Creativa fließt aus der Via Negativa und aus unserem Loslassen. Ich schätze die nicht-elitäre Natur der Kreativität, über die wir gesprochen haben, daß wir nämlich unsere eigenen Gedanken und Worte gebären – etwas, das wir alle tun können, sofern wir aus unserem Herzen gebären. In diesem Gespräch spüre ich auch einen Anklang an unser beider Berufung als Mitglieder des Predigerordens, das Grundthema des 'Teilens der Früchte unserer Kontemplation', das ein Motto deines Ordens ist. Deine Predigerbewegung war für manche Mönche deiner Zeit ein Skandal, und zwar genau wegen dieses Themas der Via Creativa.

Thomas: Wie es besser ist, zu erleuchten, als nur zu leuchten, so ist es besser, das Kontemplierte an andere weiterzugeben, als nur zu kontemplieren. (114) Ein geschaffenes Ding wird Gott vollkommener ähnlich, wenn es nicht nur gut in sich selbst ist, sondern auch auf das Gute von anderen hinwirken kann. Was leuchtet und auch erleuchtet, ist der Sonne ähnlicher, als das, was nur leuchtet. (115)

Fox: Warum das?

Thomas: Das Licht ist der Sonne nicht nur gegeben, um für sich selbst zu scheinen, sondern für die ganze Erde. So will Gott auch, daß unsere Gaben an Reichtum, Macht oder Kenntnissen anderen zugute kommen. (116)

Fox: Wir sollen also aus unserer im Herzen gefühlten Weisheit Licht verbreiten und erleuchten?

Thomas: Im Matthäusevangelium wird den Jüngern das Lehren mit den Worten vorgeschrieben: „Laßt euer Licht vor den Menschen scheinen.“ ... Unter allem Sichtbaren ist nichts heller als das Licht. (117) Das Wort 'ihr' meint ihr, die ihr von mir ausgegangen seid, der ich das erste Licht bin, wie es im Johannesevangelium (8,12) heißt: „Ich bin das Licht der Welt." Wenn Jesus sagt „ihr seid", dann meint er, ihr sollt (Lichter der Welt) sein. Man beachte die in dem bedeutenden Wort sichtbare Stabilität, in welcher ein Mangel an Licht ausgeschlossen wird gegenüber jenen, die Falsches verkünden; und den Aufbau des Lichtes gegenüber jenen, die sich selbst zu Engeln des Lichts gemacht haben (2 Kor.11,14); und die Verminderung des Lichts gegen jene, die aus Angst oder Leichtsinn ihren Lastern kein Ende gesetzt haben. (118)

Fox: Gutes Predigen oder gute Kunst irgendeiner Art ist, wie ich meine, auf gewisse Weise erleuchtend oder trägt Licht.

Thomas: Licht häuft Freude auf. Die Bibel (Koh.11,7) sagt: „Das Licht ist süß, und es tut den Augen gut, die Sonne zu sehen." Ebenso hilft es der Fruchtbarkeit der Erde. Sirach (43,4) sagt: „Ihre Feuerzunge verbrennt", und so weiter. Gleichermaßen ist das Licht Erkenntnis für die Lebenden. Der Philosoph sagt: „Der Mensch und die Sonne bringen Menschen hervor." Abgesehen davon werden, nach Basilius, durch das Tageslicht Krankheiten erleichtert, die Menschen aus dem Schlaf geweckt, die Vögel zwitschern, die Tiere kommen aus ihren Unterschlupfen. Durch das Licht der Apostel ist die Welt durch das Vorbild aufgebaut worden, durch die Lehre entzündet, durch gute Werke fruchtbar gemacht, von Sünden gereinigt, von der Nachlässigkeit erweckt, zur Kontemplation der himmlischen Dinge beseelt und der Macht des Bösen entrissen worden. Auf die Nützlichkeit wird hingewiesen, wenn Christus sagt: „Ihr seid das Licht der Welt." Das meint er allgemein. Und der Psalmist sagt (19,5): „Ihr Klang geht hinaus in alle Länder." (119)

Fox: Liegt in diesem Bild des lichttragenden Künstlers oder der Predigerin noch mehr?

Thomas: In einer Lampe gibt es Feuer und Licht. In der Verkündigung sollte also die Leidenschaft des inneren Geistes und äußerlich das Licht des Vorbildes sein. In diesem Sinne heißt es (Joh.5,35), daß Johannes „die Lampe war, die brennt und leuchtet". Jesus sagt, wir sollen „unser Licht nicht unter den Scheffel stellen", das heißt, nicht verstecken, sondern „auf einen Leuchter", nämlich offen zeigen. (120) Jesus sagt: „Wo dein Schatz ist, da ist auch dein Herz." ... Das Licht, das in dir ist, ist Herz und Geist. (121)

Fox: Wie gelangen wir zu diesem Schatz, und wie kommen wir mit diesem Licht in Kontakt?

Thomas: Die Heiligen gedeihen durch die Kontemplation der Weisheit. Sirach (6,19) sagt: „Gehe auf die Weisheit zu wie ein Pflüger und Pflanzer und warte auf ihre gute Ernte." Sie gedeihen auch durch die Leidenschaft der Liebe (caritas). Aus dem Hohenlied (4,16): „Laß meinen Geliebten in seinen Garten kommen, damit er von den Früchten seines Gartens esse." Sie gedeihen durch das lobende Bekenntnis. Hebräer (13,15): „Laßt uns durch ihn das Opfer des Lobes Gottes bringen, das die Frucht der Lippen ist, die Gottes Namen bekennen." Und sie gedeihen durch verdienstliche Werke. Psalm 85,13: „Denn der Herr wird Gutes geben, und unsere Erde wird ihre Früchte tragen." Außerdem gedeihen sie durch die Bekehrung der Nachbarn. Johannes (15,16): „Daß ihr geht und Frucht bringt und eure Frucht bleibe." (122)

Fox: Du wirst immer sehr leidenschaftlich, wenn du von der Arbeit und vom Früchtetragen sprichst, von Früchten, die bleiben. Das berührt mich an der Leidenschaft, die die Liebe der Künstler für das begleitet, was sie gebären.

Thomas: Jesus sagt (Mt.7,2): „An ihren Früchten werdet ihr sie erkennen." Dieser Ausdruck „an ihren Früchten" bedeutet „an ihren Werken". (123) Im Johannesevangelium (15,2) sagt Jesus: „damit sie mehr Frucht bringt." Das bedeutet, daß man mehr in der Tugend wächst, damit man als einer, der reiner ist, mehr hervorbringen kann. Siehe Kolosser (1,6): „Das Evangelium trägt Früchte und wächst." (124) Und wenn Christus sagt: „Die Rebe kann keine Frucht bringen, wenn sie nicht am Weinstock bleibt, so auch ihr nicht, wenn ihr nicht in mir bleibt," dann zeigt er, daß das Festhalten an Christus notwendig ist, um Früchte zu tragen. Er zeigt auch die Wirksamkeit seines anderen Wortes: „Die in mir bleiben und ich in ihnen, werden mehr Früchte tragen." (125) Das ist wirksam, denn „die in mir bleiben" tun dies durch Glauben, Gehorchen und Aushalten. „Diese Person wird mehr Früchte bringen" und niemand anders. Ich sage, daß sie in diesem Leben dreifach Früchte tragen werden. Die erste ist, sich von der Sünde fernzuhalten, wie in Jesaja (27,4): „Ich werde ihre Früchte hüten, daß die Sünde fortgenommen wird." Die zweite ist, für heilige Werke frei zu sein, wie in Römer (6,22): „Habt ihr euren Gewinn in der Heiligkeit ..." Die dritte Frucht ist die Freiheit, andere zu stärken, wie in Psalm 104,13: „Mit der Frucht deiner Werke wird die Erde satt." Man wird sogar eine vierte Frucht im ewigen Leben tragen, wie Johannes (4,36): „Er sammelt Frucht für das ewige Leben." Das ist die letzte und vollkommene Frucht unserer Werke, wie die Weisheit sagt (3,15): „Die Frucht guter Werke ist ruhmreich." (126)

Fox: Diejenigen, die gute Arbeit tun, sind also fruchtbare oder schöpferische Menschen?

Thomas: In der jetzigen Kirche bringen die Heiligen zweierlei Gutes. Das erste ist, daß sie günstigen Einfluß auf ihre Nächsten nehmen und in ihnen gute Frucht bringen. Darum werden die Gerechten im 52. Psalm mit Olivenbäumen verglichen, als solle damit gesagt werden: Sünder ohne Früchte werden entwurzelt, doch ich bin wie ein fruchtbringender Ölbaum im Hause Gottes. Ein solcher Mensch wird mit dem Ölbaum verglichen, denn ein Ölbaum trägt immer reiche Frucht. Vergleiche Judith (9): „Ich kann meinen Reichtum nicht aufgeben." Und Jeremia (11,16): „Der Herr hat dich einen üppigen Ölbaum genannt, der gute Früchte trägt." Der Psalmist vergleicht die betreffende Person besonders wegen der Früchte mit einem Ölbaum. Denn Öl kommt von den Oliven, die das Mitgefühl symbolisieren, aus dem die Gerechten für andere sorgen und in der Kirche Fruchtbares tun, wie es in Johannes (15) heißt: „Ich sende euch aus, daß ihr geht und Früchte tragt." (127)

Fox: Die Kirche soll also ein Ort sein, wo die Früchte der Kreativität und besonders das Öl des Mitgefühls geteilt werden?

Thomas: Die Kirche ist ein Garten: „Ein umschlossener Garten ist meine Schwester, meine Braut" (Hohel.4,12). Darin gibt es verschiedene Beete, je nach unserer Berufung, aber alle sind von Gott bepflanzt, und das Ganze wird bewässert durch die Bäche der Sakramente Christi, die von seiner Seite ausfließen. Die Heilige Schrift (Num.24,5) verkündet, wie lieblich er ist: „Wie schön, Jakob, sind deine Tabernakel, und deine Zelte, Israel, wie Bachtäler und wie Gärten am Fluß." Deshalb sind auch die Geistlichen der Kirche wie Gärtner: „Ich habe gepredigt, Apollo hat bewässert", sagt Paulus (1 Kor.3,6). (128)

Fox: Das Bild der Kirche als Garten und der Geistlichen als Gärtner finde ich frisch und anziehend, die ganze Metaphorik des Befeuchtens und Bewässerns und Feuchthaltens erinnert mich an Hildegard von Bingens Mahnung, 'grün und saftig' zu sein und uns gegen das Vertrocknen zu wehren.

Thomas: Kein Zweig hat die Grünkraft (viriditas) guter Werke, wenn er nicht mit der Wurzel der Liebe verbunden bleibt. (129) Manche Menschen bleiben nur durch den Glauben in Christus – sie haben nicht am Saft des Weines Anteil, weil sie nicht in der Liebe wohnen ... Schlechte Christen scheinen eine gewisse Grüne zu haben, aber wenn sie von den Heiligen und von Christus getrennt werden, wird ihre Trockenheit offenbar. (130)

Fox: Ich finde es aufregend, daß du die gleiche Sprache wie Hildegard benutzt und von der viriditas oder Grünkraft sprichst und von ihrem Gegenteil, der Sünde des Vertrocknens.

Thomas: Zum Pflanzen bedarf es natürlich des von Wasser feuchten Landes, sonst wird alles trocken. Darum sagt der Psalmist (1,3): „Was an Wasserbächen gepflanzt ist," das heißt, nahe den Strömen der Gnade. Und Johannes (7,38): „Wer an mich glaubt, von dessen Brust werden Ströme lebendigen Wassers fließen." Wer seine Wurzeln nahe diesem lebendigen Wasser hat, wird durch das Tun guter Werke gedeihen, und daraus folgt, daß er „gute Früchte bringt". Siehe Galater (5,22): „Die Früchte des Geistes sind Liebe, Freude, Friede, Geduld, Treue, Güte, Freundlichkeit" und so weiter. „In dieser Zeit" bedeutet, wenn es Zeit zum Arbeiten ist, wie es am Ende des Galaterbriefes heißt: „Während wir Zeit haben, laß uns gut für alle wirken." Der Boden wird so nicht trocken, sondern bleibt erhalten. (131)

Fox: Ich bekomme den Eindruck, daß die Kirche für dich hauptsächlich ein fruchtbarer Garten ist, in dem die Gaben des Geistes lebendig und gut untergebracht sind.

Thomas: Alles, was in Christus sichtbar ist, wird sozusagen von den Mitgliedern der Kirche ausgefüllt. Denn alles geistige Verstehen, Gaben und was es sonst in der Kirche gibt, wovon Christus in Überfülle besitzt, das fließt von ihm aus zu den Mitgliedern der Kirche, und sie werden darin vervollkommnet. Paulus sagt: „Der alles in allem erfüllt", denn Christus macht dieses Glied der Kirche weise mit der in ihm gegenwärtigen vollkommenen Weisheit; und er macht ein anderes gerecht mit der vollkommenen Gerechtigkeit, und so weiter. (132)

Fox: Mit deiner erdhaften Metaphorik gegenüber der Kirche fühle ich mich wohler als mit den meisten Ekklesiologien, die sich auf die Institution stützen.

Thomas: Die Apostel sind das Land, das mehr Früchte hervorgebracht hat, wie es in Johannes (15,8) heißt: „Und meine Jünger werdet", durch das Festhalten an und die Leidenschaft in der Liebe. ... Sie werden vorbereitet, die Früchte der Lehre zu bringen. Und zweitens, die Beachtung der Liebe. Johannes 13,35: „Daran werden alle erkennen, daß ihr meine Jünger seid: daß ihr einander liebt." Und dadurch werden sie bereit gemacht, die Frucht guter Werke zu bringen, wie Paulus (1 Kor. 13,2) sagt: „Wenn ich die Prophetie hätte und alle Geheimnisse und alles Wissen hätte", und so weiter. In dieser Stelle wird angenommen, daß das Wissen ohne die Liebe (caritas) nichts nützt. (133)

Fox: Es ist interessant, daß du das Apostelsein mit der Kreativität verbindest, wenn du sagst, daß ein Apostel ein Boden ist, der Früchte trägt. Damit bekommst du die richtige Vorstellung von 'Autorität': jemand, der oder die Autor ist. Was hat noch mit den 'Früchten' zu tun, die wir hervorbringen, wenn wir richtig verwurzelt sind?

Thomas: Erst das Pflanzen, dann die Ernte. ... Die von der Weisheit reichlich gewässerten Früchte sind die Ernte. Christus ist es, der uns zur Herrlichkeit führt, Christus, der die Gläubigen der Kirche zur Geburt bringt. ... Die Früchte sind die Heiligen in der Herrlichkeit: „Laß meinen Geliebten in den Garten kommen und die Früchte seiner Apfelbäume essen" (Hohel.5,1). Welche Fülle und Reife herrschen hier! „Sie sollen trunken werden am Weingarten deines Hauses" (Ps.36,9). Denn sie sind in der Tat trunken, da ihre Freude alle Maße der Vernunft und des Verlangens überschreitet. (134)

Fox: Du wirst sehr ekstatisch, wenn du unser Früchtetragen preist.

Thomas: Wir sind in Christus, wenn wir seine Früchte tragen, und der Schöpfer wird verherrlicht, indem wir Früchte tragen. Christus zeigt das, wenn er sagt: „Darin wird mein Vater verherrlicht", das heißt, es fällt auf die Herrlichkeit des Vaters zurück, „daß ihr viele Früchte bringt." (135)

Fox: Du drückst dich sehr deutlich aus, wenn du sagst, daß wir Gott durch die Früchte, die wir gebären, 'verherrlichen'. Wo du über das Früchtebringen sprichst, verwendest du häufig den Imperativ, als sei die Kreativität ein notwendiger und sogar natürlicher Teil unseres Lebens. Woher nimmst du diese Überzeugung vom schöpferischen Imperativ?

Thomas: Die Lage der Hörenden (des Wortes der guten Nachricht) wird durch die Metapher der Erde symbolisiert. ... Nun ist die Erde fruchtbar: „Die Erde bringe hervor" (Gen.1,11). So sollen auch die Hörenden dieser Lehre ... fruchtbar sein, damit die Worte der Weisheit, die sie empfangen, in ihnen Frucht tragen, wie Jesus sagte (Luk.8,15): „Die Saat, die auf guten Boden fiel ..." (136)

Fox: Viel früher in dieser Diskussion hast du Gott dafür gepriesen, daß sie herausragend fruchtbar sei. Nun ist es an der Menschheit, göttlich und erdhaft und somit fruchtbar zu sein. Was bedeutet in diesem Rahmen Fruchtbarkeit?

Thomas: Menschen brauchen in dem Sinne Fruchtbarkeit, daß sie Dinge erforschen müssen, wodurch Studierende auf der Grundlage von wenigem, was die gehört haben, vieles zu erklären vermögen. „Gib Weisen die Gelegenheit, und sie werden noch weiser werden" (Spr.9,9). (137)

Fox: Die Fähigkeit, Dinge zu entdecken – auch dies ist eine nicht-elitäre Einladung. Ich verstehe das so, daß du Arbeiterinnen und Arbeiter dazu drängst, fruchtbar zu sein und ihre Arbeit in den Wassern der Weisheit zu gründen. Was geschieht, wenn wir diesem Naturgesetz nicht folgen und nicht fruchtbar und schöpferisch sind?

Thomas: Was geht von einem schlechten Baum aus? „Jeder Baum, der keine Frucht trägt, wird abgeschlagen werden", sagt Jesus bei Matthäus (7,19). Denn wenn ein Baum keine Früchte trägt, wird er abgeschlagen. So sagt Johannes (15,6): „Wer nicht in mir bleibt, wird fortgeworfen wie eine Rebe und vertrocknet." Und in Lukas (13,7) wird von dem Feigenbaum erzählt, daß der Herr befahl, ihn abzuschlagen und zu zerstören: „Laß den Unfrommen zerstört werden, damit er die Herrlichkeit Gottes nicht sieht." Deshalb schließt Jesus in Matthäus: „Darum werdet ihr sie an ihren Früchten erkennen. Nicht alle, die mich 'Herr, Herr' nennen" und so weiter. (138)

Fox: Das sind klare Worte gegen die Unterdrückung der Kreativität und die Verdrängung des Künstlerischen in uns – eine vernichtende Sprache.

Thomas: Gott gibt niemandem Gnade, wenn sie sie nicht einsetzen. Wenn also jemand die verliehene Gnade aufgrund von Nachlässigkeit nicht einsetzt, dann nimmt Gott sie wieder fort, um das Talent anderen verfügbar zu machen. Siehe Lukas (19,24): „Nehmt ihm das Talent weg und gebt es dem, der zehn Talente hat." (139)

Fox: Unser Versagen, fruchtbar zu sein, ist also sündig?

Thomas: Ein Baum, der keine guten Früchte trägt, wird abgeschlagen und ins Feuer geworfen, wie Matthäus (7,19) sagt. Ein fruchtbarer Baum aber wird beschnitten, so daß er reiner wird, nach Johannes 15,2: „Jede Rebe, die Frucht bringt, reinigt er, damit sie mehr Frucht bringe." Die Unfrommen werden also mit Vernichtung bestraft, die Gerechten aber vollendet. Warum wir aber den fruchtlosen Baum als Vergleich nehmen, wird auf zweierlei Weise gezeigt: Erstens, weil jemand seine Güter auf Nutzloses verschwendet, wie Hiob (24,21) sagt: „Er schlägt die Unfruchtbaren und die, die nichts hervorbringen." ... Zweitens, weil ein unfruchtbarer Mensch den Armen nicht hilft, weil er unfruchtbar ist. Deshalb fügt Hiob hinzu: „Er tat der Witwe nichts Gutes." Mit 'Witwe' meint er die Armen. Dieser Mann war nicht nur fruchtlos, sondern er schadete auch, wie ein Baum, der giftige Früchte trägt. (140)

Fox: Wenn wir keine Früchte tragen, werden also die Armen betrogen. Deine Deutung des Gleichnisses mit den Talenten paßt in diese Diskussion über die Kreativität besonders gut. Wenn wir alle Bilder mitzuteilen haben, scheint es wichtig zu sein, sie wirklich mitzuteilen.

Thomas: Das Gleichnis sagt, daß derjenige, der die Talente hatte, „fünf mehr daraus machte“. Wie machte er das? Es gibt zwei Möglichkeiten, wie man Fortschritte machen kann: bei sich und bei anderen. Bei sich, wenn man ein Verständnis der Bibel hat; bei anderen, wenn man Liebe hat. Er machte sich auf, anderen zu nutzen, damit er das, was er erhalten hatte, weitergab. „Jeder diene mit der Gabe, die er empfangen hat, dem anderen“ (1 Petr.4,10). Wenn du also etwas empfängst, teile es, und du wirst mindestens so viel wieder erhalten. Darum sagt der Herr: „Er hat fünf Talente dazugewonnen“, weil niemand anderen geben kann, was er selbst nicht hat. „Denn ich habe vom Herrn empfangen, was ich euch überliefert habe“ (1 Kor.11,23). Jemand macht in dem Fortschritte, was er besitzt. Der Apostel sagt das in 1 Korinther 15,10: „Seine Gnade an mir war nicht umsonst.“ (141)

Fox: Wir dürfen also unsere Kreativität nicht begraben?

Thomas: Die Wirkungen der Liebe sollten ebenso gezeigt wie gefühlt werden. (142)

Fox: Ich erinnere mich daran, daß du im Gespräch auf der Via Positiva gesagt hast, daß Schönheit in gewisser Weise 'auffällig' sein sollte. Sie sollte gezeigt werden und der Gemeinschaft Segen bringen.

Thomas: Wenn jemand die Gabe des Verstehens hat und doch nur für sich selbst religiös leben will, statt vielen Menschen damit zu nutzen, so verbirgt dieser Mensch, nach Origenes, seine Gabe im Boden. „Die Taten Gottes soll man offen rühmen“ (Tob.12,7). Denn solcher Reichtum darf nicht verborgen bleiben, sondern soll vermehrt werden. (143)

Fox: In allen von uns liegt ein Reichtum oder ein Schatz verborgen, den wir nicht begraben dürfen.

Thomas: Als ein Herr Reichtum zu haben, ist etwas anderes, als als Sklave über Reichtum zu verfügen. Als Herr hat man den Reichtum, wenn man ihn gut verwendet und etwas daraus macht. Aber wer den Reichtum nicht produktiv werden lassen will, wird sein Sklave. Kohelet (5,12) sagt: „Es gibt etwas Übles, das ich unter der Sonne gesehen habe: Reichtum, der zum Bösen des Besitzers gehütet wird.“ (144)

Fox: Ich verstehe das so, daß es sündig ist, unsere Kreativität zurückzuhalten.

Thomas: Unterlassung bedeutet die Nichterfüllung von etwas Gutem – und zwar nicht von irgend etwas Gutem, sondern etwas Notwendigem. ... Unterlassung ist eine besondere Sünde und unterscheidet sich von den Sünden, die den anderen Tugenden entgegengesetzt sind. (145) Eine Unterlassungssünde widerspricht affirmativen Geboten, die sich darauf beziehen, Gutes zu tun. (146)

Fox: Es ist also ein Akt der Ungerechtigkeit, nicht schöpferisch zu sein?

Thomas: Das Nichthandeln wird als ein Handeln genommen. (147) Die Unterlassung widerspricht direkt der Gerechtigkeit, denn die Unterlassung des Guten irgendeiner Tugend hat immer mit etwas zu tun, was man schuldig ist und gehört somit zur Gerechtigkeit. (148)

Fox: Es ist also ein ernster Fehler, ein Akt des Unrechts, wenn unsere Kultur die Kreativität bei anderen unterdrückt, oder wenn wir das mit uns selbst tun.

Thomas: Es ist klar, daß nicht nur diejenigen von Christus abgeschnitten werden, die Böses tun, sondern auch die, die Gutes unterlassen. (149)

Fox: Warum meinst du, ignorieren so viele Menschen ihre Kreativität?

Thomas: Wie man in der Anmaßung das eigene Kräfteverhältnis überschreitet, weil man Größeres anstrebt, als man kann, so bleiben Kleinmütige hinter ihrem Kräfteverhältnis zurück, indem sie sich weigern, nach dem zu streben, was ihren Möglichkeiten entspräche. Wie die Anmaßung eine Sünde ist, so auch der Kleinmut. Deshalb wurde der Knecht, der das vom Herrn erhaltene Geld in der Erde vergrub und nicht damit arbeitete, wegen seiner kleinmütigen Angst vom Herrn bestraft, wie es bei Matth.25 und Lukas 19 heißt. (150)

Fox: Mir scheint, daß du die Kleinmütigkeit als eine ernsthafte Unterlassungssünde betrachtest.

Thomas: Es kann sein, daß Leute aufgrund ihrer Tugend würdig sind, etwas Großes zu tun, was großer Ehre wert ist. Und doch sündigen sie, wenn sie sich nicht bemühen, ihre Tugend zu gebrauchen, manchmal läßlich, manchmal tödlich. ... Als kleinmütig erweist sich, wer die Fähigkeiten, die ihm durch eine gute Veranlagung oder durch Wissen oder durch äußeres Glück zukommen, nicht im Sinne seiner Tugend einsetzt. (151)

Fox: Wir sollen also die uns verliehenen Gaben teilen; und die Zurückhaltung unserer Gaben aus Kleinmut ist eine Sünde?

Thomas: Zu einer verdienstvollen tugendhaften Handlung gehört mehr als zum Fehlverhalten der Schuld; denn Gutes entsteht nur aus einer vollständigen Ursache, Schlechtes aber schon aus jedem einzigen Mangel. (152)

Fox: Ich verstehe dich so, daß es sündig sein kann, unserer Kreativität zu widerstehen.

Thomas: Man beachte, daß die Sünde vom Propheten Jeremia (6) als kalt bezeichnet wird, da sie die Wärme der Liebe auslöscht. Im Matthäusevangelium (24) heißt es: „Da die Feindseligkeit Überhand nimmt, ist die Liebe bei vielen erkaltet." Die Sünde ist außerdem kalt, weil sie den Humor der Hingabe erstarren läßt, wie Sirach (43,20) sagt: „Der kalte Wind hat vom Norden geblasen und das Eis auf dem Wasser gefrieren lassen." Die Sünde ist kalt, weil sie die Bewegung der guten Werke verlangsamt, wie es in den Sprüchen (20,4) heißt: „Wenn der Faule und Kalte nicht pflügen will, dann wird er im Sommer suchen, und nichts wird ihm gegeben." (153)

Fox: Manche könnten dir vorwerfen, du würdest den Leuten, die schöpferisch sein wollen, zur Anmaßung raten.

Thomas: An sich ist Kleinmut eine schwerere Sünde als Anmaßung, denn durch sie weicht der Mensch von Gutem zurück, was das Schlimmste ist. (154)

Fox: Dieses 'Schlimmste' des Zurückhaltens unserer Kreativität scheint mir ebenso für Institutionen und soziale Strukturen wie für einzelne Menschen zu gelten. Auch die institutionalisierte Kirche sündigt schwer, wenn sie aus Kleinmut darin versagt, zu handeln oder schöpferisch zu sein. Oder wenn sie diejenigen angreift, die schöpferische Arbeit leisten wollen. Was denkst du darüber, wenn Menschen, die aus der Überzeugung ihres Herzens sprechen, zum Schweigen gebracht werden?

Thomas: Man beachte die Aussage bei Jesaja: „Um Zions willen will ich nicht schweigen." Die Heiligen schweigen nicht. Erstens wegen ihres brennenden Verlangens, wie Jeremia (20,9) sagt: „Das Wort des Herrn war in meinem Herzen verschlossen wie ein brennendes Feuer." Zweitens wegen der offenkundigen Wahrheit, wie es in der Apostelgeschichte (4,20) heißt: „Wir können nicht sprechen über das, was wir nicht gesehen haben." Drittens der Pflicht halber, wie in 1 Korinther (9,16): „Ein Zwang liegt auf mir: Wehe, wenn ich das Evangelium nicht verkünde." Viertens wegen der erwarteten Belohnung, wie in Galater (6,9): „Laßt uns nicht müde werden, Gutes zu tun. Denn wenn wir nicht aufgeben, werden wir zur rechten Zeit ernten." (155)

Fox: Wodurch wird deiner Ansicht nach Kleinmut hervorgebracht?

Thomas: Auch Kleinmut kann auf gewisse Weise aus Hochmut entstehen, wenn man sich nämlich zu sehr an die eigene Meinung hält und sich für unfähig zu Dingen hält, zu denen man durchaus fähig ist. (156)

Fox: Das Loslassen ist also notwendig, damit Kreativität geschehen kann. Hinter der Weigerung, schöpferisch zu sein, liegt also vielleicht die Angst loszulassen.

Thomas: Im Falle körperlicher Dinge wird das Gegebene nicht behalten. Gib ein Pferd ab, und es ist nicht mehr deines. Die Wirklichkeit aber in der Welt des Geistes kann sowohl gegeben als auch behalten werden, wie wenn man Wissen weitergibt, oder wenn der Vater dem Sohne vom göttlichen Wesen gibt. (157)

Fox: Manche spirituelle Richtungen würden sagen, daß die Sünde des Stolzes uns zur Kreativität drängt und daß die Demut es erfordert, daß wir unsere Bilder für uns behalten.

Thomas: Es ist kein Zeichen von Demut, sondern von Undankbarkeit, wenn jemand das Gute verachtet, das er von Gott her besitzt. Aus dieser Verachtung folgt acedia, denn uns bekümmern die Dinge, die wir für schlecht und wertlos halten. Deshalb sollen wir das Gute bei anderen hervorheben und das, was Gott uns selbst an Gutem geschenkt hat, nicht verachten, weil es uns sonst Kummer machen würde. (158)

Fox: Ja, die Geringschätzung unserer eigenen Begabungen führt dazu, daß wir die Kraft, die wir in uns tragen, auf andere projizieren. Was außer der Geringschätzung von uns selbst führt noch zum Kleinmut?

Thomas: Wie Großmütige aus seelischer Größe nach Großem streben, weichen Kleinmütige aus seelischer Kleinheit vor dem Großen zurück. (159)

Fox: Wenn du von der 'Kleinheit der Seele' sprichst, legt das nahe, daß das Gegenteil von Kleinmut die Seelengröße ist.

Thomas: Kleinmut ist der Seelengröße (magnanimitas) direkt entgegengesetzt. (160)

Fox: Was ist das Wesen der Kleinmut?

Thomas: Diejenigen, die sich für weniger wert halten, als sie sind, werden als kleinmütig bezeichnet. Das gilt, ob sie nun großer, mittlerer oder kleiner Dinge wert sind. Menschen mit kleiner Seele sind solche, die sich weigern, um große Leistungen zu ringen, und mit bescheidenen Unternehmungen zufrieden sind, wenn sie doch Großes leisten könnten. (161)

Fox: Mir scheint, daß wahre Demut und Selbsterkenntnis das Fließen der Kreativität ermöglichen.

Thomas: Die Unkenntnis über sich selbst stammt von der Faulheit, die eigenen Fähigkeiten zu bedenken, oder auszuführen, wozu man fähig ist. (162)

Fox: Faulheit in bezug auf unsere Gaben und Talente: Das ist nicht gerade eine Sünde, über die die Religion viel predigt, muß ich sagen! Müssen wir die Sünde der Anmaßung fürchten, wenn wir uns selbst und unsere Bilder gebären?

Thomas: Es ist für die Tugend kennzeichnender, etwas Gutes zu tun, als sich etwas Bösen zu enthalten. (163)

Fox: Das kommt mir sehr wichtig vor, weil die Religion Gebote häufig als Negationen lehrt – sie sagt, was wir nicht tun sollen –, du aber betonst, was wir tun sollen, nämlich gebären. Und du sagst, daß unsere Unterlassungssünden sehr ernst zu nehmen sind. Glaubst du, daß Angst zu unserer Verweigerung des Gebärens beiträgt?

Thomas: Kleinmut kann von seiner Ursache her gesehen werden, die auf der Verstandesseite in der Unkenntnis über den eigenen Zustand liegt. Auf der Seite des Verlangens ist es die Furcht, in dem zu versagen, wovon man fälschlich meint, daß es die eigenen Fähigkeiten übersteige. (164)

Fox: Angst vor Versagen – das ist in unserem Leben eine Realität. Gibt es noch weitere Hindernisse für die Kreativität außer denen, die wir bereits besprochen haben?

Thomas: Im Matthäusevangelium spricht der Herr von den Hinderungsgründen für das Früchtetragen, die manchmal aus dem Wohlstand und manchmal von Widrigkeiten herrühren. ... Die Dornen sind die weltlichen Sorgen. Wie Dornen die Menschen spicken und sie nicht zur Ruhe kommen lassen, so auch diese Sorgen. Der Hl.Paulus sagt zu Timotheus (6,17): „Ermahne die Reichen dieser Welt, daß sie nicht überheblich werden und ihre Hoffnung nicht auf unsicheren Reichtum setzen.“ (165)

Fox: Du unterstreichst hier die Wichtigkeit der Via Negativa für unsere Kreativität. Wir müssen in der Lage sein, unsere Angst und unsere Faulheit ebenso loszulassen, wie Reichtum und Bedürftigkeit. Und vielleicht ist der Wohlstand eines der größten Hindernisse für die Kreativität. In der Kreativität geht es darum, Neues hervorzubringen. Sollte Neues die Menschen beunruhigen?

Thomas: Christus ist die Hauptquelle des Neuen und der Erneuerung. (166) Und Paulus verbietet, was für den alten Menschen typisch ist und stellt dadurch heraus, was er gesagt hat (Eph.4,24): „Legt den neuen Menschen an.“ (167)

Fox: Die Via Creativa feiert die Fruchtbarkeit in all ihren Aspekten. Vielleicht ist es die sexuelle Energie hinter der Kreativität, die die Menschen beunruhigt.

Thomas: Gewiß ist alle zeugende Kraft in uns von Gott. (168) Der Segen Gottes (in bezug auf die Fortpflanzung) in der Genesis wird für die menschliche Rasse wiederholt, ... um zu verhindern, daß jemand sagen kann, mit der Zeugung von Kindern wäre irgendeine Sünde verbunden. (169)

Fox: So sind also auch unsere Fortpflanzungsinstinkte ein großer Segen?

Thomas: Niemand ist böse wegen des Verlangens und der Lust an Körperlichem, denn alle erfreuen sich in gewissem Maße an der Nahrung und an der Sexualität. Im Gegenteil wird es manchen Menschen vorgeworfen, daß sie an ihrer Lust nicht so viel Spaß haben, wie sie sollten. Daraus wird deutlich, daß körperliches Vergnügen bis zu einem gewissen Punkt gut ist; die Übertreibung aber ist schlecht. (170) Bei allen guten Dingen, die wir tun, wirkt Gott in uns. (171)

Fox: Angesichts der Leidenschaft, mit welcher du Arbeit und Kreativität diskutierst, bekomme ich den Eindruck, daß dir deine eigene Arbeit sehr wichtig ist und aus dem Bemühen um tiefe Kreativität hervorgeht.

Thomas: Die Gabe der Rede wird jemandem zum Nutzen von anderen verliehen. (172) Das Wissen, das jemand von Gott empfängt, kann nur durch das Mittel der Sprache zum Nutzen anderer gewendet werden. Und weil der Heilige Geist in nichts versagt, was den Nutzen der Kirche angeht, sorgt er bei den Mitgliedern der Kirche auch für das Redevermögen. Dazu gehört nicht nur, daß jemand so spricht, daß er oder sie von verschiedenen Menschen verstanden werden kann – das ist die Gabe des Zungenredens –, sondern daß jemand wirksam spricht, das ist die Gabe der 'Rede'.

Diese ist dreifach. Erstens um den Verstand zu unterweisen; das ist der Fall, wenn jemand 'lehrt'. Zweitens um die Gefühle zu bewegen, so daß man das Wort Gottes gern hört. Das ist der Fall, wenn jemand so spricht, daß es die Zuhörenden 'erfreut'. Das sollte nicht im Hinblick auf den eigenen Vorteil geschehen, sondern um andere zum Hören des Wortes Gottes anzuziehen. Und drittens damit geliebt wird, worauf das Wort hinweist und was es erfüllen will; das ist der Fall, wenn jemand so spricht, daß die Zuhörenden 'umgestimmt' werden. Um das zu bewirken, verwendet der Heilige Geist die menschliche Sprache als Werkzeug. Der Geist selbst aber vollendet innerlich das Werk. (173)

Fox: Du hast also Spaß an deiner Arbeit als Lehrer und Prediger?

Thomas: Als Methode, um Menschen zur Andacht zu bewegen, sind religiöse Belehrung und Predigt besser als das Singen. (174)

Fox: Damit streichst du die Kraft des Lehrens, Herzen und Geist der Menschen zu erreichen, sehr heraus!

Thomas: Die Tätigkeit des Lehrens hat einen zweifachen Gegenstand. Die Lehre erfolgt durch die Sprache, die ein hörbares Zeichen eines inneren Konzeptes ist. ... In bezug auf ihren Gegenstand gehört die Lehre manchmal zum aktiven und manchmal zum kontemplativen Leben. Zum aktiven dann, wenn der Mensch innerlich eine Wahrheit erfaßt, die ihn zu einer äußeren Handlung leitet. Zum kontemplativen Leben gehört sie dann, wenn man innerlich eine geistige Wahrheit erfaßt, an deren Betrachtung und Liebe man sich erfreut. (175)

Fox: Du siehst deine Arbeit als Lehrer also als eine des Empfangens oder Gebärens sowohl für andere als auch für unser eigenes Vergnügen?

Thomas: Man muß sich Lehrende nicht so vorstellen, daß sie Wissen in die Lernenden ergießen, als könnten Teilchen des gleichen Wissens von einem Subjekt ins andere übergehen. (176) Lehrende bringen bei den Lernenden Wissen hervor, indem sie es von der Möglichkeit zur Wirklichkeit hinüberführen. (177)

Fox: Dieses Überführen eines anderen von der Möglichkeit in die Wirklichkeit klingt wie eine Hebammenkunst. Hältst du Lehren für eine Kunst?

Thomas: Ein Lehrer verursacht nicht auf dieselbe Weise Wissen im Schüler, wie Feuer Feuer verursacht. Denn natürlich Hervorgebrachtes ist anders als künstliches. Das Feuer bringt nämlich auf natürliche Weise Feuer hervor, indem es die Materie aus einer Möglichkeit in ihre tatsächliche Form bringt. Der Lehrer hingegen verursacht das Wissen im Schüler künstlich, wofür es die Kunst des Beweisens gibt. (178)

Fox: Das Lehren ist für dich also eine erzeugende Tätigkeit, und ein Lehrer ist ein Künstler.

Thomas: Die Fähigkeit zu lehren ist ein Zeichen des Wissens, weil alles in seiner Tätigkeit vollkommen ist, wenn es dabei etwas anderes hervorbringen kann, was ihm selbst ähnlich ist. So wie der Besitz von Wärme sich daran zeigt, daß etwas anderes erwärmt werden kann, zeigt sich der Besitz von Wissen daran, daß man lehren kann, das heißt, bei anderen Wissen verursachen.

Menschen, die über eine Kunst verfügen, können ebenfalls lehren, denn sie wissen um Wirkungen, die sie vorführen können; und eine Demonstration ist ein Syllogismus, der Wissen erzeugt. (179) Durch seine Lehre bewegt der Lehrer den Schüler dahin, daß dieser kraft seines eigenen Verstandes verstehbare Begriffe bildet, die ihm von außen als Zeichen dargeboten werden. (180)

Fox: Ein Lehrer als Künstler – das gefällt mir.

Thomas: Wissen wird von einem Lehrenden in einem Lernenden hervorgerufen ... wie Gesundheit durch den Arzt in einem Kranken, der insofern die Gesundheit verursacht, als er oder sie Heilmittel bereitet, die die Natur zur Verursachung der Heilung verwenden kann. Auf diese Weise verfahren Heilende auf gleiche Weise, wie die Natur heilen würde. Wie die hauptsächliche Heilungskraft unser inneres Wesen ist, so ist auch das Prinzip, das hauptsächlich Wissen hervorruft, etwas Inneres, nämlich das Licht der wirkenden Vernunft, wodurch in uns das Wissen verursacht wird, wenn wir in der Anwendung von allgemeinen Prinzipien zu besonderen Einzelheiten absteigen, die wir aus der forschenden Erfahrung gewinnen. Auf gleiche Weise leitet der Lehrer aus allgemeinen Prinzipien spezielle Schlußfolgerungen ab. (181)

Fox: Mir gefällt, wie sehr du die aktive Rolle der Lernenden betonst, die innerhalb der Lehrer/Schüler-Beziehung ebenfalls schöpferisch sind. Wer sind die besten Lehrer?

Thomas: Lehren zu können ist insoweit Sache der Weisen und Wissenden, als sie ihre inneren Konzepte mit Worten ausdrücken können, damit sie andere zu einem Verständnis der Wahrheit führen können. (182)

Fox: Offenbar ist für dich, wenn es um das Lehren geht, die Erfahrung nicht so wertvoll wie die Kunst.

Thomas: Menschen, die (nur) Erfahrungen haben, können nicht lehren. Denn da sie nicht um die Ursachen wissen, können sie bei anderen kein Wissen hervorrufen. Und wenn sie andere über die Dinge belehren, die sie aus Erfahrung wissen, dann werden diese nicht nach der Art wissenschaftlicher Erkenntnis gelernt, sondern aufgrund von Meinung und Gläubigkeit. Deshalb ist klar, daß Menschen, die über eine Kunst verfügen, weiser und wissender sind als diejenigen, die nur Erfahrung haben. (183)

Fox: Ist es nicht so, daß ein Lehrender auch ein Lernender ist? Und auch das trägt zur schöpferischen Energie beim Lehren bei.

Thomas: Geistige Tugend wird durch das Lehren sowohl erzeugt als auch vermehrt. Das ist so, weil die geistige Tugend auf das Wissen bezogen ist, das wir durch die Lehre leichter erlangen als durch das Nachforschen. Viele Leute können die Wahrheit leichter von anderen erlernen, als sie sich selbst zu bestätigen. Jeder, der von anderen lernt, wird dabei mehr lernen, als er selbst herausfinden könnte. Da wir aber im Lernprozeß nicht ins Unendliche fortschreiten können, müssen die Menschen viele Wahrheiten selbst entdecken. (184)

Fox: Wenn du über diese Dinge sprichst, ist das nicht bloße Theorie, denn wir wissen, daß du mit William von St. Amour und anderen, die dein Werk und das anderer Brüder deiner Zeit verachtet haben, viele Kämpfe auszutragen hattest.

Thomas: Theologische Lehrer sind eine Art 'Architekten'. Sie erforschen und lehren, wie andere die Rettung der Seelen fördern sollten. Das Lehren der Theologie als solches ist, sofern es mit guter Absicht geschieht, besser und verdienstvoller als die Sorge um das Heil dieser oder jener Einzelperson. Darum sagt der Apostel (1 Kor.1,17): „Christus hat mich nicht geschickt zu taufen, sondern das Evangelium zu verkünden", trotz der Tatsache, daß das Taufen eine für das Seelenheil sehr nützliche Arbeit ist. Und der gleiche Apostel sagt in 2 Timotheus (2,2): „Vertraue dies zuverlässigen Menschen an, die es auch an andere lehren können." Die Vernunft zeigt, daß es besser ist, Menschen über die Fragen des Seelenheils zu belehren, die selbst Nutzen davon haben und auch anderen davon vermitteln können, als einfache Menschen zu belehren, die nur für sich etwas davon haben. (185)

Fox: Du scheinst für deine Berufung und deine Arbeit große Achtung zu hegen.

Thomas: Das aktive Leben hat eine doppelte Aufgabe: Die eine fließt aus der Fülle der Kontemplation, wie das Lehren und das Predigen. Deshalb sagt Gregor, daß Psalm 145,7 „Sie wecken die Erinnerung an deine große Güte" über die Vollkommenen gesagt ist, die aus ihrer Kontemplation zurückkehren. Das ist der bloßen Kontemplation vorzuziehen. Denn wie es besser ist, zu erleuchten als nur zu leuchten, so ist es besser, das Kontemplierte an andere weiterzugeben, als nur zu kontemplieren. Die andere Art des aktiven Lebens besteht ganz in äußeren Tätigkeiten, wie Almosen geben, Flüchtlinge aufnehmen und anderes der Art. Diese Werke sind geringer als die der Kontemplation, außer in Notfällen. (186)

Fox: Du setzt dich offenbar sehr für die Spiritualität der Arbeit ein.

Thomas: Der Irrtum der Eutychier, die sagten, daß apostolische Männer nicht arbeiten sollten, ist widerlegt. Paulus weist das zurück, indem er sagt (2 Thess.3,10): „Wer nicht arbeiten will, soll auch nicht essen.“ Alle sind also nach dem Apostel zur Arbeit verpflichtet. Ich frage aber, ob das ein Rat ist oder eine Anweisung. Wenn es eine Anweisung ist, dann sind alle verpflichtet. Ist es ein Rat, dann nicht, denn nur vollkommene Menschen sind durch Ratschläge gebunden. ... Da alle Menschen verpflichtet sind, ihr eigenes Leben zu bewahren, folgt daraus, daß sie zu allem verpflichtet sind, was diesem Ziel dient. Wer also nicht über das Erforderliche verfügt, sein Leben zu erhalten, ist zur Arbeit verpflichtet, um es zu tun. (187)

Fox: Wie können wir allen Menschen Arbeit verschaffen?

Thomas: Oft rege die Liebe auch träge Geister zur Arbeit an, sagt Gregor. (188)

Fox: Damit sind wir wohl zu unserem Anfang zurückgekehrt, zur Via Positiva; denn wenn wir uns dazu veranlassen können, uns in das Dasein zu verlieben, dann stünde viel schöpferische Arbeit zur Verfügung, vorausgesetzt, die sozialen Strukturen stehen dem nicht im Wege oder mißdeuten die Arbeit für uns.

Thomas: Geistige Vergnügen sind tatsächlich besser, weil zu ihnen kein schmerzhafter Gegenpol gehört, den sie vielmehr vertreiben. Folglich gibt es bei ihnen keine Übertreibungen, die sie zu Lastern werden lassen. Diese Freuden haben mit Dingen zu tun, die auf natürliche Weise Spaß machen und nicht nur zufällig. (189)

Fox: Ja, die Kreativität hinterläßt keinen Kater; und es gibt keine Grenzen für das, was wir an Gutem, Schönem und Gerechtem gebären können und sollten, an dem, was du als 'natürlichen Spaß' bezeichnen würdest. Was ist die Grundlage und Wurzel deiner eigenen Arbeit?

Thomas: Wie Künstler sich an ihrer Arbeit erfreuen, wenn die Materialien zubereitet sind, so erfreut sich ein Priester am Prophezeien, wenn er die Menschen versammelt sieht. (190)

Fox: Mir gefällt es, wenn du den Priester mit einem Künstler und einem Propheten vergleichst. Freude kommt für dich aus dem Herzen?

Thomas: Was ich im Herzen trage, will ich mit meinem Mund bekennen. (191) Es kann passieren, daß den Menschen im Herzen das fehlt, was sie mit dem Mund bekennen, wie Matthäus es ausgedrückt hat (15,8): „Dieses Volk ehrt mich mit den Lippen, aber ihr Herz ist mir fern.“ Das betrifft nicht die Gerechten: Sie sprechen aus, was in ihrem Herzen ist und haben durch ihre Kontemplation das Gesetz Gottes fest in der Erinnerung und durch die Liebe fest im Willen. Darüber sagt der Psalmist (37): „Das Gesetz Gottes ist in ihren Herzen", nämlich wenn sie reden und über Gesetz und Gerechtigkeit meditieren. Dann fügt er hinzu: „Ihr Lohn wird ihnen nicht genommen werden." Er macht hier auf die Früchte guter Arbeit aufmerksam, denn diese werden nicht mangelhaft oder hohl sein, weil diejenigen, die die Heilige Schrift und Gott in ihrem Herzen haben, vom Teufel nicht betrogen werden. Psalm 119 sagt: „Ich habe deine Worte der Wahrheit in meinem Herzen verborgen, damit ich nicht gegen dich sündige." (192)

Fox: Unsere Arbeit muß also von unserem Herzen ausgehen?

Thomas: Wer die Ursache kennt, kennt auch die Wirkung. Die Ursache aller menschlichen Wirkungen aber ist das Herz. (193)

Fox: Wir sprechen hier also wirklich von der meditativen Kunst, von unserer Rückkehr zum Herzen, um zu gebären, indem wir uns dort sammeln. Und indem wir zum Gebären zum Herzen zurückkehren, begegnen wir dem Göttlichen.

Thomas: Gott macht das Herz und kennt es. ... Gott kennt das Herz und darum auch seine Werke. (194)

Fox: Und wenn wir in unser inneres Selbst zurückkehren, begegnen wir auch der Wahrheit unserer Erfahrung?

Thomas: Kontemplation ist nichts anderes als das Betrachten (consideratio) des Wahren. (195)

Fox: Meditative Kunst bringt also die tiefsten Sehnsüchte unseres Herzens hervor.

Thomas: Der Psalmist (37) sagt: „Gott wird dir die Sehnsucht deines Herzens gewähren." Nach Origenes sind die Bitten des Herzens, was das Herz begehrt, denn – so sagt er – wenn das Auge aussuchen könnte, so würde es sich schöne Farben wählen. Und wenn die Ohren aussuchen könnten, so würden sie süße Klänge wählen. Die Ziele des Herzens, das, was das Herz begehrt, sind aber Wahrheit und Gerechtigkeit. „Und diese Dinge", so der Psalmist, „wird Gott dir geben." Und in Matthäus (7): „Suchet, so werdet ihr finden." Der Ausdruck „des Herzens" meint auch, daß sie im Herzen sind und Gott sie erhören wird, bevor du sie ausrufst. Jesaja (65) sagt: „Bevor sie schreien, werde ich sie hören." (196)

Fox: Dein Hinweis, daß das Herz sich nach Wahrheit und Gerechtigkeit sehnt, ist sehr wichtig. Warum ist die Kunst ein so kraftvoller Weg, das Göttliche in uns wachzurufen?

Thomas: Durch gute Werke errichtet man in sich das Bild des himmlischen Menschen. (197)

Fox: Unsere Arbeit ist also ein Ausdruck des göttlichen Ebenbildes, das wir sind?

Thomas: Ezechiel (2,9) schreibt: „Ich sah eine Hand, die war ausgestreckt und hielt eine Buchrolle. Er rollte sie vor mir auf. Sie war innen und außen beschrieben mit Klagen, Seufzern und Stöhnen."Wenn er sagt: „Ich sah eine Hand ausgestreckt", dann meint er mit dieser Hand die Weisheit Gottes, durch die alle Dinge gemacht sind, wie Psalm 104 sagt: „In deiner Weisheit hast du alles gemacht." Das ist es, was das Denken für die Schau öffnet, wie Ezechiel (40,1) sagt: „Die Hand des Herrn legte sich auf mich und brachte mich dahin, in göttliche Visionen." Dasselbe befreit die Zunge zur Rede, wie Jeremia (1,9) sagt: „Gott streckte seine Hand aus, berührte meinen Mund und sagte zu mir: Hiermit lege ich meine Worte in deinen Mund." Dasselbe führt auch die Hand beim Schreiben, wie es Daniel (5,5) ausdrückt: „Finger einer Hand erschienen und schrieben." Diese 'Finger' sind die Propheten und andere Lehrer, unter die die Gaben der Weisheit verteilt werden. Durch ihre Autorität bringt die Weisheit innerlich alles hervor, was man äußerlich tut, indem man die göttliche Weisheit durch Dienen weitergibt. Jesaja sagt (26): „All unsere Werke sind in uns getan worden." Und in 2 Korinther 3,5 heißt es: „Doch sind wir dazu nicht von uns aus fähig, als könnten wir es selbst, sondern unsere Befähigung stammt von Gott." Diese Weisheit ist so hoch, daß wir in unseren Tiefen nichts davon empfangen können, wenn es uns nicht gesandt wird. (198)

Fox: Wahrhaftig eine Erfahrung, ein Kanal für etwas Größeres als uns selbst zu sein.

Thomas: Darum wird die Freundlichkeit des Schöpfers durch die Aussendung einer Hand gekennzeichnet. In Römer 11,33 steht: „O Höhe des Reichtums der Weisheit und der Erkenntnis Gottes."

Diese Weisheit wird ausgesandt, als würde sie auf dreierlei Weise zu uns gebracht: Erstens in der Schöpfung der Dinge, an denen sie gemessen wird. Römer 1,20: „Die unsichtbaren Dinge Gottes werden mit der Vernunft an den geschaffenen Werken wahrgenommen." Weisheit 13,5: „Durch die Größe und Schönheit der Geschöpfe kann man durch Analogie ihren Schöpfer kontemplieren." Zweitens wird sie durch innere Inspiration geschickt. Weisheit 7,27: „In jeder Generation tritt sie in heilige Seelen ein und macht sie zu Freunden Gottes und Propheten." Und am herausragendsten wurde sie in der Fleischwerdung gesandt, als die unsichtbare Weisheit vor den körperlichen Augen erschien. Weisheit 9,10: „Sende sie vom heiligen Himmel und schick sie vom Thron deiner Herrlichkeit, damit sie mir hilft und sich mit mir müht und mich lehrt, was dir gefällt." (199)

Fox: Lehrer und andere Künstler sind also Instrumente für den schöpferischen Geist, wie es auch die Propheten waren?

Thomas: Der Psalmist sagt, daß man es nicht so verstehen solle, daß er dieses Werk von sich aus verrichtet habe, sondern mit der Hilfe des Heiligen Geistes, der seine Zunge benutzt wie ein Sekretär den Stift (Ps.45). Der Hauptautor der Psalmen ist also der Heilige Geist. 2 Könige 23: „Der Geist des Herrn hat durch mich gesprochen" wie durch ein Instrument. 2 Petrus 1,21: „Weisheit kommt nicht durch menschlichen Willen, sondern durch den Heiligen Geist." Und wessen Schreibstift ist es? „Eines schnell schreibenden Schreibers", sagt der Psalmist, und meint damit den Heiligen Geist, der schnell schreibt in den menschlichen Herzen. Denn diejenigen, die durch ihr Studium nach Weisheit suchen, sind bemüht, sie Stück für Stück über lange Zeit hinweg zu erlangen. Die sie aber vom Heiligen Geist her besitzen, empfangen sie schnell. Apostelgeschichte 2: „Plötzlich war da ein Geräusch vom Himmel." (200)

Fox: Mir gefällt das Bild, daß der Heilige Geist in die Herzen der Menschen schreibt. Der schöpferische Geist Gottes wirkt also durch unsere Kreativität, sei es durch Sprache, Schreiben oder Gesang?

Thomas: Der Heilige Geist erleuchtet unseren Geist (mens), weil alles, was wir wissen, durch den Heiligen Geist kommt. (201)

Fox: Du siehst Kreativität als ein Werk des Geistes?

Thomas: Der Heilige Geist bewegt das Herz zur Arbeit. (202)

Fox: Wie geschieht das?

Thomas: Vom Heiligen Geist heißt es, daß er „die Wasser bewegt", nicht in körperlicher Gestalt, sondern wie man von einem Handwerker sagen kann, daß er sich über dem Material bewegt, dem er eine Form zu geben beabsichtigt. (203)

Fox: Warum über den Wassern?

Thomas: Ein Fluß symbolisiert Gnade wegen des in ihm fließenden Wassers, denn Gnade ist eine Fülle von Gaben, wie der Psalmist sagt (65,10): „Der Fluß Gottes ist voller Wasser." Außerdem geht auch der Heilige Geist aus dieser Quelle hervor – eine Quelle aber stammt nicht aus einem Fluß, denn eine Quelle hat ihren eigenen Anfang, und der Heilige Geist ist vom Vater und vom Sohn. Wie ein Fluß Sand und Steine bewegt, so bewegt der Heilige Geist das Herz zur Arbeit. Es gibt aber einige Flüsse, die sich langsam bewegen, doch von dieser Art ist der genannte nicht, denn er bewegt sich schnell, so daß der Psalmist von „der Kraft des Flusses" spricht. Dafür gibt es zwei Gründe: Erstens fließt die Gnade des Heiligen Geistes schnell durch das Herz – Apostelgeschichte 2 sagt: „Plötzlich war da ein Geräusch vom Himmel." Und auf andere Weise, weil sich der Heilige Geist durch die Kraft der Liebe im Herzen bewegt. Jesaja (56) sagt: „Er kam wie ein reißender Strom." (204)

Fox: Wer kam wie ein reißender Strom?

Thomas: Christus ist ein reißender Strom, erstens wegen der Masse des Wassers. Psalm 65 sagt: „Der Fluß Gottes ist voller Wasser." Zweitens wegen der Leidenschaft der Liebe, wie Daniel 7,10 sagt: „Ein Strom von Feuer ging von seinem Gesicht aus." Drittens wegen der Schnelligkeit des Fließens, wie in Psalm 46,5: „Ein Fluß fließt, um die Stadt Gottes zu erfrischen." Viertens wegen der Höhe seiner Herkunft, wie es in Offenbarung 22,1 heißt: „Er zeigte mir einen Fluß lebendigen Wassers, der vom Thron Gottes und des Lammes ausging und kristallklar war." (205)

Fox: Dein Bild, daß der Strom seine eigene Quelle oder sein Anfang ist, scheint mir für Künstlerinnen und Künstler wichtig zu sein, denn in gewisser Hinsicht kehrt unsere Kunst auch zu ihren Ursprüngen zurück. Kannst du dazu und zu deinem Bezug auf die 'lebendigen Wasser' noch etwas sagen?

Thomas: Es gibt zwei Arten Wasser – lebendiges und nichtlebendiges. Nichtlebendiges Wasser ist mit der Quelle, von der es entspringt, nicht verbunden oder vereint, sondern wird vom Regen oder auf andere Weise in Teichen oder Brunnen gesammelt, wo es dann steht, getrennt von der Quelle. Lebendiges Wasser aber ist solches, das mit seiner Quelle verbunden ist und von ihr ausfließt. Nach diesem Verständnis wird die Gnade des Heiligen Geistes zu Recht als lebendiges Wasser bezeichnet, weil sie den Menschen auf solche Weise gegeben wird, daß die Quelle der Gnade ebenfalls gegeben wird, das ist der Heilige Geist. Ja, die Gnade wird vom Heiligen Geist gegeben: „Die Liebe Gottes ist in unsere Herzen ausgegossen durch den Heiligen Geist, der uns gegeben ist“ (Röm.5,5). Denn der Heilige Geist ist die unfehlbare Quelle, von der alle Gnadengaben ausfließen. ... Wenn jemand eine Gabe des Heiligen Geistes besitzt, ohne den Geist zu haben, so ist das Wasser nicht mit der Quelle vereint und nicht lebendig, sondern tot: Glaube ohne Werke ist tot“ (Jak.2,20). (206)

Fox: Unsere Arbeit, wenn sie wirklich von innen kommt, hat also den Heiligen Geist als ihren Ursprung. Wir könnten also sagen, daß es sich um Gnadengaben und nicht um Werke handelt.

Thomas: Eine unsichtbare Aussendung findet hauptsächlich statt, was die Fähigkeit von jemandem angeht, etwas Neues ausführen zu können oder einen neuen Gnadenzustand zu erreichen. So zum Beispiel die Fähigkeit in bezug auf die Gabe des Wundertuns oder der Prophetie oder zum Erlangen eines neuen Gnadenzustandes. Oder zum Beispiel die Fähigkeit zur Leidenschaft der Liebe (caritas), die jemanden dazu bringt, sich der Gefahr des Märtyrertums auszusetzen oder die eigenen Besitztümer fortzugeben oder sich einer mühevollen Arbeit zu unterziehen. (207)

Fox: Wenn wir also mühevolle Aufgaben unternehmen, sind wir darin gesegnet. Führe bitte noch weiter aus, inwiefern der Heilige Geist uns in schöpferischen Augenblicken bewegt.

Thomas: Manchmal entstehen unter göttlichem Einfluß in der menschlichen Phantasie (imaginatio) Bilder (phantasmata), die Göttliches besser ausdrükken als die über die Sinne empfangenen, wofür die prophetischen Visionen ein Beispiel sind. (208) In der Heiligen Schrift sind Handlungen metaphorisch zu verstehen. ... Die Tätigkeit der Zunge zeigt an, daß etwas aus der Weisheit des Herzens an andere weitergegeben wird. Die Tätigkeit des Schreibstiftes zeigt an, daß die Weisheit aus dem Herzen in sinnliche Materie ausgegossen wird, hier auf das Papier. Gott spricht und schreibt aber: Gott spricht, wenn Gott die göttliche Weisheit in den Verstand einfließen läßt, wie der Psalmist sagt (85,9): „Ich höre: Was spricht Gott?“ Das wird als das Wort bezeichnet, weil es erleuchtet, wie Johannes (1) sagt: „Und das Leben war das Licht der Menschen.“ Gott schreibt, weil Gott die Urteile der göttlichen Weisheit den verständigen Wesen einprägt. ... Sirach 1,9: „Gott gießt die Weisheit aus über alle Werke Gottes.“ So wie jemand durch einen Blick in ein Buch die Weisheit des Autors erkennt, erkennen wir die Weisheit Gottes, wenn wir die Geschöpfe sehen. Der Schreibstift ist darum das Wort Gottes. (209)

Fox: Du sprichst hier wieder über die ’Erleuchtung’, die mit unserer Arbeit einhergeht. Könntest du diese Idee weiterentwickeln?

Thomas: Das Wort Gottes wird, weil es erleuchtet, als Feuer bezeichnet, wie in Psalm 119: „Dein Wort ist meinen Füßen ein Licht." Und auch, weil es scheint, wie es in Psalm 104 heißt: „Das Wort des Herrn scheint auf ihn." Und weil es in unser Innerstes scheint (Jer.20): „Das Wort des Herrn wurde in meinem Herzen wie ein verzehrendes Feuer, das sich in meine Knochen brannte." Und in Hebräer (4,12): „Das Wort Gottes ist lebendig, kraftvoll und schärfer als ein zweischneidiges Schwert. Es dringt durch bis zur Trennung von Seele und Geist, von Gelenk und Mark, und es richtet über die Regungen und Gedanken des Herzens." Das Wort ist auch ein Feuer, weil es Dinge schmilzt, wie Psalm 147,18 sagt: „Gott sendet das göttliche Wort aus, und die Dinge schmelzen; Gottes Geist weht, und die Gewässer fließen." Das Wort verzehrt auch die Ungehorsamen, wie in Jesaja 30,27: „Seine Lippen sind voll Zorn, seine Zunge wie ein verzehrendes Feuer." (210)

Fox: Wir haben jetzt sehr genau herausgestellt, warum du deine Arbeit liebst. Laß uns noch zu anderen Arten der Arbeit zurückkehren, mit der andere Arbeiterinnen und Arbeiter beschäftigt sind. Ist denn Freude an der Arbeit für alle Arbeitenden möglich?

Thomas: Es ist eine Tatsache, daß alle natürlichen Verlangen harmonisch den Handlungen entsprechen, die getan werden müssen. (211) Im Matthäusevangelium (3,2) lesen wir: „Dies ist mein geliebter Sohn, an dem ich Freude habe." Immer wenn Gutes durch etwas gespiegelt wird, ist für das Gespiegelte etwas Angenehmes darin. Künstler verschaffen sich durch ihre Kunst Freude, und diejenigen, die ihr schönes Spiegelbild im Spiegel betrachten, haben daran Gefallen. (212)

Fox: Liebe zur Arbeit kommt also mit dem schöpferischen Akt?

Thomas: Alles wird lustvoll, sofern es geliebt wird. (213) Es ist natürlich, das ein jedes sein eigenes Werk liebt, so wie wir sehen, daß Dichter ihre Dichtungen lieben. Das ist so, weil ein jedes sein Dasein und sein Leben liebt, was sich am meisten im Handeln zeigt. Und zweitens, weil ein jeder natürlicherweise das liebt, worin er für sich selbst Gutes sieht. (214)

Fox: Eine zusätzliche Freude bei der Kreativität scheint mir die Freude daran zu sein, unsere inneren Werke mit anderen zu teilen.

Thomas: Anderen Gutes zu erweisen wird insofern zum Vergnügen, als es im Menschen eine Vorstellung der Fülle des Guten wachruft, die er besitzt und mit anderen teilen kann. Deshalb haben die Menschen Spaß an ihren Kindern und ihren Werken als an etwas, womit sie das Gute in ihnen teilen können. (215)

Fox: Außerdem ist es wohl Grund genug zur Freude an unserer Arbeit, daß der Heilige Geist an unserem schöpferischen Werk beteiligt ist.

Thomas: Gott ist kraftvoll genug, um jede Geistesgabe in Fülle zu geben, und aus diesem Grunde sollte man in den guten Werken, die man tut, stets jubeln. (216)

Fox: Zweifellos folgen aus der Freude, die wir an unserer Arbeit haben können, gute Dinge.

Thomas: Wir bemerken, daß in jedem Feld der geistigen Tätigkeit diejenigen, die Spaß an ihrer Arbeit haben, besser in der Lage sind, detaillierte Fragen zu beurteilen und jene Dinge genau zu erforschen, die mit Vergnügen ausgeführt werden. Geometer zum Beispiel, die Lust zu den zur Geometrie gehörigen Überlegungen haben, können die einzelnen Punkte dieser Denkweise besser verstehen, weil der Geist in den Dingen, die Spaß machen, aufmerksamer ist. Das gleiche Argument gilt auch für alle anderen, für diejenigen, die musikalische Aufführungen mögen, oder die Freude an Bauwerken haben und alle anderen. Und das aus dem Grunde, daß sie durch das Vergnügen an solcher Arbeit wichtige Beiträge dazu leisten. Daraus wird deutlich, daß Spaß die Tätigkeiten fördert. (217)

Fox: Natürlich gibt es sehr unterschiedliche Arten Freude – auch in der Arbeit!

Thomas: Offenbar kann Vergnügen unterschiedlicher Art sein; etwa im Hinblick darauf, daß eine der Sache entsprechende Lust die Tätigkeit fördert, während eine sachfremde sie hindert. Wir sehen zum Beispiel, daß Liebhaber von Orgelmusik, während sie einem Orgelstück zuhören, eine an sie gerichtete Rede nicht vernehmen, weil sie eben an der Kunst der Pfeifen mehr Freude haben als an der anstehenden Aufgabe, nämlich die zu ihnen gesprochenen Worte zu hören. Daraus ergibt sich, daß die Freude, die das Hören von Orgelmusik begleitet, auf die Tätigkeit der Sprache störend wirkt. (218)

Fox: Ich verstehe dich so, daß die Menschen meistens durch Freude motiviert werden und wir aufgrund der Freude gute Arbeit schaffen. Freudig ist sie genau deshalb, weil durch sie der innere Mensch geachtet wird, jener verborgene Schatz, der nach innerem Ausdruck verlangt.

Thomas: Offenkundig schließt eine angenehmere Tätigkeit eine andere aus, so daß man, wenn das Gefälle an Vergnügen zwischen beiden sehr groß ist, mit derjenigen aufhört, die weniger Spaß macht. Daher kommt es, daß wir nichts anderes tun können, wenn uns eine Sache besonders viel Freude bereitet. (219)

Fox: Ja! Die Konzentration in der Arbeit entsteht durch die dabei erlebte Ekstase – jede Künstlerin weiß das. „Wo ist bloß die Zeit geblieben?“ fragen wir uns, wenn wir unsere Arbeit wirklich lieben. Indem du schöpferische Arbeit und Freude verbindest, scheinst du sagen zu wollen, daß es Teil der künstlerischen Aufgabe ist, Freude zu machen.

Thomas: Alle Darstellungen von Dingen, selbst von solchen, die an sich nicht vergnüglich sind, machen Spaß. Denn die Seele hat Vergnügen am Vergleich von Dingen untereinander, weil das Vergleichen die natürliche und angemessene Beschäftigung des Verstandes ist. (220)

Fox: Es ist eine große Freude, über irgend etwas zu staunen, und ganz gewiß über die Werke menschlicher Hände und Phantasie.

Thomas: Das Staunen macht Spaß ..., insofern es danach verlangt, die Ursache von etwas kennenzulernen und insofern der Staunende etwas Neues erfährt, das anders ist, als er gemeint hatte. (221)

Fox: Überraschung macht Freude, und sie ergreift uns. Wie aber steht es mit dem niederen Vergnügen?

Thomas: Wenn uns etwas mäßig viel Spaß macht, das heißt schwach oder gering, können wir anderes gleichzeitig verrichten. Das ist bei denjenigen deutlich, die an Vorführungen oder Spielen Vergnügen haben. Tatsächlich können diejenigen, die nur geringen Spaß an dem haben, was sie sehen, ihre Aufmerksamkeit abwenden, um Getreidekörner zu kauen – was nicht besonders vergnüglich ist. Das gilt besonders für Leute, die einer schlecht ausgeführten Vorstellung beiwohnen und deshalb wenig Spaß am Zuschauen haben. (222)

Fox: Es beeindruckt dich also nicht, Popcorn zu essen, obwohl wir doch wissen, daß du gern gegessen hast! Aber vielleicht hat sich die Qualität des Popcorns im Laufe der Jahrhunderte ja verbessert, nachdem du diese Aussage gemacht hast. Du hast von dir selbst als einem Priester, als einem Prediger und Lehrer gesprochen und auch von anderen Arbeitenden, einschließlich Unterhaltungskünstlern und Orgelspielern. Du bist wohl fasziniert von der Vielfalt der Arbeit in unserem Leben.

Thomas: Obwohl es im Menschen ein natürliches Bedürfnis gibt, das zum Lebensunterhalt Notwendige zu sammeln, müssen nicht alle Menschen damit beschäftigt sein. Selbst unter den Bienen haben nicht alle die gleiche Funktion. Vielmehr sammeln einige Honig, andere bauen ihre Stöcke aus Wachs, während die Königin nicht mit solchen Aufgaben beschäftigt ist. Das gleiche sollte auch bei Menschen der Fall sein. (223)

Fox: Und doch haben durch ihre Arbeit alle einen Beitrag zum Geschick des Ganzen zu leisten?

Thomas: Je edler Dinge im Universum sind, um so mehr müssen sie an der Ordnung teilhaben, aus der das Wohl des Universums besteht. (224)

Fox: Wir haben also alle unterschiedliche Aufgaben im Universum?

Thomas: Da für das menschliche Leben viele Dinge notwendig sind, für die ein Mensch allein nicht aufkommen könnte, ist es erforderlich, daß verschiedene Menschen verschiedene Berufe ausüben. Die einen sollten Bauern sein, andere sorgen für die Tiere, noch andere bauen, und so weiter mit anderen Aufgaben. Da aber das menschliche Leben nicht nur körperliche, sondern viel mehr noch geistige Bedürfnisse hat, ist es auch nötig, daß einige Menschen ihre Zeit den geistigen Dingen widmen, zum Besseren anderer, und diese Menschen müssen von der Sorge um weltliche Dinge befreit sein. Diese Aufteilung der unterschiedlichen Aufgabenbereiche auf verschiedene Personen wird durch die Vorsehung vorgenommen, insofern einige Menschen mehr zu einer bestimmten Art der Arbeit neigen als zu anderen. (225)

Fox: Es ist interessant, daß du die verschiedenen Berufungen zu Arbeit und Kunst als von der Vorsehung eingerichtet siehst. In gewisser Hinsicht, glaube ich, kehren wir zu einem Thema zurück, das schon die Via Positiva beherrschte: die Schönheit. Ich habe immer behauptet, daß zwischen der Via Positiva und der Via Creativa eine besondere Verbindung besteht: Unsere Kreativität bringt, so könnten wir sagen, noch mehr Ehrfurcht und Schönheit ins Universum.

Thomas: Die Schönheit eines Kunstwerks geht von der Schönheit des Künstlers aus. (226)

Fox: Könntest du dafür ein Beispiel geben?

Thomas: Die im Herzens des Vaters empfangene Schönheit ist das Wort. Darum wird die Schöpfung von allem dem Wort zugeschrieben, weshalb der Psalmist (33) sagt: „Die Himmel wurden durch das Wort des Herrn geschaffen.“ (227)

Fox: Zwischen Künstlerinnen, Künstlern und ihrer Kunst scheint eine besondere Beziehung zu bestehen.

Thomas: Wenn eines macht und das andere gemacht wird, dann sind beide durch das Machen verbunden. (228)

Fox: Die Schönheit spielt also in unserer Kreativität eine große Rolle, willst du sagen?

Thomas: Der Psalmist zeigt die Gefühle, die er beim Gottesdienst hat, der ein Ausdruck der Liebe sein sollte, damit er harmonisch ist. Darum sagt er: „Herr, ich habe die Schönheit deines Hauses geliebt." Dionysius sagt: „Das Gute und das Schöne ist für alle liebenswert." Alle Menschen lieben also die Schönheit: Fleischliche Menschen lieben fleischliche Schönheit, geistige Menschen lieben geistige Schönheit, und das ist die Schönheit des Hauses Gottes, wie es in Numeri (24,5f) heißt: „Wie schön ist dein Tabernakel, Jakob, wie schön deine Zelte, Israel, wie waldige Täler, wie bewässerte Gärten am Fluß, die der Herr gemacht hat." Das ist die Schönheit guter Werke oder der Heiligen selbst. Denn alle diese Dinge sind eine Art Schönheit des Hauses Gottes. (229)

Fox: Du meinst, daß unsere Arbeit schön ist, wie ein Haus Gottes, ein Tempel zur Kon-templation?

Thomas: „Darum habe ich all das geliebt, daß es mich bereit mache für das Haus Gottes", sagt der Psalmist. Deshalb wird so das Gefühl gezeigt, weil da Freude ist und Schönheit und Behaglichkeit. Man sollte aber wissen, daß diese Schönheit vom Innewohnen Gottes herrührt. Ein Haus ist nur schön, wenn es auch bewohnt ist. Darum habe ich mich selbst geliebt, damit du in mir wohnst, oder ich habe meine Heimat geliebt, damit ich darin wohne oder meine Schritte dahin lenke. Aus diesem Grunde spricht der Psalmist von „der Freude des Wohnens in deiner Herrlichkeit". Und alle diese Dinge, das heißt, gute Werke, göttliche Gaben und die Heiligen, sind die Schönheit des Hauses Gottes, insofern die göttliche Gnade in ihnen scheint. Diese Gnade verschönert wie ein Licht, wie Ambrosius sagt, weil ohne Licht alles häßlich ist. (230)

Fox: Schönheit, meinst du, ist die Einwohnung Gottes. Was ist noch schön, und was ist häßlich?

Thomas: Es gibt drei Bedingungen für Schönheit: erstens Vollständigkeit und Ganzheit, denn zerbrochene Dinge sind häßlich; zweitens rechte Proportion und Harmonie; drittens Helligkeit und Farbe. (231) Die Verschiedenheit ... gehört zur Schönheit ... So sagt der Apostel (2 Tim.2,20): „In einem großen Haus gibt es nicht nur Gefäße aus Gold und Silber, sondern auch aus Holz und Ton." (232) Schönheit behauptet die Würde der Dinge in sich und auch ihre Teilhabe am Ganzen, jedes nach seiner Art, nicht in Uniformität. Das Höhere wird geteilt, und das Niedere wird durch diesen Austausch veredelt. (233)

Fox: Ist Schönheit ein Ziel an sich?

Thomas: Das kontemplative Leben kann ... aufgrund der Tätigkeit selbst erfreuen ... und hinsichtlich ihres Gegenstandes. Die Tätigkeit selbst paßt zur Natur und zum Verhalten des Menschen, ... besonders wenn jemand eine geliebte Sache kontempliert. So ist auch das körperliche Sehen an sich erfreulich, ... und besonders wenn man eine geliebte Person anschaut. (234) Der Mensch genießt den Duft von Lilien und Rosen durch den Geruchssinn und empfindet sie als an sich angenehm. Im Kontrast dazu genießen andere Tiere – Hunde zum Beispiel – Gerüche und Farben nur, weil sie auf etwas verweisen. (235)

Fox: Du sagst, daß Schönheit im menschlichen Leben eine andere Rolle spielt als im Leben anderer Tiere, nämlich daß sie für uns stärker ein Ziel an sich ist?

Thomas: Die Sinne sind den Menschen nicht wie den anderen Tieren nur dazu gegeben, sich das Lebensnotwendige zu beschaffen, sondern auch zum Erkennen. Während die Tiere sich an den Sinnesdingen nur im Hinblick auf ihre Ernährung und Fortpflanzung erfreuen, erfreut sich allein der Mensch an der Schönheit der Sinnesdinge an sich. (236)

Fox: Ich verstehe dich so, daß Erkenntnis und Schönheit zusammengehören; vielleicht ein weiteres Beispiel dafür, daß wir das Wort deiner Kultur für 'Vernunft' (ratio) in unserer Zeit durchaus als 'Kreativität' übersetzen können, als das nämlich, was Schönheit gebiert.

Thomas: Diejenigen Sinne, die am meisten erkennen, sind am meisten zum Schönen hingezogen... Das Schöne ist das gleiche wie das Gute, nur ist die Vorstellung anders. Das Gute ist es nämlich, nach dem alle verlangen. ... Zum Wesen des Schönen aber gehört es, daß bei seinem Erkennen oder Anschauen das Verlangen zur Ruhe kommt. (237)

Fox: Schönheit beruhigt uns, fängt uns ein und bringt uns zur Stille, wie auch die Ekstase selbst.

Thomas: Diejenigen Sinne, die zum Schönen hingezogen sind, sind die, die am meisten erkennen und der Vernunft dienen, nämlich der Gesichts- und Gehörssinn. Denn wir sprechen von schönen Anblicken und schönen Klängen, nicht aber von schönem Geschmack oder Geruch. Das Schöne fügt dem Guten etwas hinsichtlich der Erkenntniskraft hinzu. Gut wird genannt, was einfach dem Verlangen gefällt, während schön genannt wird, was schon der Wahrnehmung gefällt. (238) Das die Schönheit offenbarende Licht und die

Herstellung der angemessenen Proportion in anderen Dingen gehören zur Vernunft. Deshalb findet sich im kontemplativen Leben, das in einem Akt der Vernunft besteht, an sich und wesensgemäß Schönheit. Wie es über die Kontemplation der Weisheit heißt (Weish.8,2): „Ich bin ein Liebhaber ihrer Schönheit geworden." (239)

Fox: Die Schönheit berührt uns also im Sehen und Hören – durch Farben und Musik zum Beispiel. Kannst du uns dafür ein konkretes Beispiel geben?

Thomas: Musikalische Harmonien verändern die Gefühle von Menschen. Deshalb änderte Pythagoras, als er sah, daß ein Jugendlicher durch die phrygische Tonart wahnsinnig wurde, die Tonart. Dadurch beruhigte er den Geist des leidenschaftlichen Jungen gemäß dem Zustand seines kranken Geistes, wie Boethius im Prolog zu seinem Werk über die Musik erklärt. ... In jeder Kultur werden einige musikalische Harmonien benutzt, um den Geist der Menschen auf Gott hin zu begeistern. Solche Harmonien werden gewöhnlich auf zweierlei Art eingesetzt: manchmal mit Musikinstrumenten und manchmal auch in Liedern. Der Psalmist (33) spricht von der ersten Art, wenn er die Zither erwähnt. Und er spricht von der zweiten Art, wenn er über das „Singen für Gott" redet. Die menschlichen Gefühle lassen sich durch Instrumente und Harmonien auf dreierlei Weise lenken: Manchmal werden sie zu einer gewissen Aufrichtigkeit und Strenge des Geistes gebracht; manchmal werden sie in die Höhe gerissen; und manchmal werden sie ins Süße und Freudige gewendet. Zu diesem Zweck sind, wie der Philosoph in seiner Politik (Buch 8,7) ausführt, drei Tonarten erfunden worden. Für die erste gibt es die dorische Tonart, die vom ersten und zweiten Ton ausgeht. Für die zweite Sorte gibt es die phrygische Tonart, die auf den dritten Ton aufbaut, und für die dritte die hippolydische Tonart auf den fünften und sechsten Ton. Andere wurden später erfunden. Die Tonarten werden auf Instrumenten gespielt, da bestimmte Instrumente die erste erzeugen, wie die Pfeife und die Trompete, andere die zweite, wie die Orgel, und noch andere die dritte, wie der Psalter und die Zither. (240)

Fox: Künstler oder Künstlerin ist jemand, der oder die Bilder gebiert und dadurch die Phantasie erweckt. Wie wichtig sind Bilder in unserem Leben?

Thomas: Die Vorstellung ist ein Erkenntnisprinzip. Von ihr geht unsere geistige Tätigkeit aus, nicht als ein vorübergehender Stimulus, sondern als ein bleibendes Fundament. (241)

Fox: Ohne Bilder und unsere eigene Phantasie gäbe es also kein Geistesleben? Sind Bilder die Quelle dieses Lebens?

Thomas: Wenn die Phantasie erstickt wird, wird auch unser theologisches Erkennen erstickt. (242)

Fox: Das ist allerdings wahr. Die Verbannung des Künstlerischen aus unserer theologischen Ausbildung ist eine Katastrophe. Der Rationalismus hat die Theologie aller Leidenschaft und allen Mitgefühls beraubt.

Thomas: Im Zustand des gegenwärtigen Lebens kann die menschliche Kontemplation nicht ohne Phantasiebilder sein, denn es ist natürlich für den Menschen, verständliche Formen in Vorstellungsbildern zu sehen, wie der Philosoph sagt. Die geistige Erkenntnis besteht nicht in diesen Phantasiebildern, sondern kontempliert in ihnen die Reinheit der verstehbaren Wahrheit. Das gilt nicht nur für die naturhafte Erkenntnis, sondern auch für die Offenbarungserkenntnis. (243)

Fox: Wir können unserem Bedürfnis nach Bildern also nie entfliehen?

Thomas: Eine Vorstellung impliziert die Idee des Ursprunges. (244) Solange wir in diesem Leben sind, geht das Vorstellen mit dem Denken einher, ganz gleich wie geistig die Erkenntnis sei. Selbst Gott erkennen wir durch Bilder von den göttlichen Wirkungen. (245)

Fox: Warum sind Bilder und damit auch das Gebären passender Bilder für unsere Erkenntnis so wichtig?

Thomas: Es ist unmöglich, daß der Verstand (intellectus) im Zustand unseres gegenwärtigen Lebens etwas tatsächlich erkennt, ohne sich dazu an Vorstellungsbilder zu halten. ... Damit der Verstand wirklich erkennt, sei es bei der Aufnahme neuen Wissens oder bei der Verwendung bereits erworbenen Wissens, bedarf es der Tätigkeit der Phantasie und der anderen Kräfte. Wenn nämlich die Tätigkeit der Vorstellungskraft durch Verletzung eines Organs gehindert ist, wie im Wahnsinn oder im Gedächtnisverlust ..., so wird der Mensch sogar daran gehindert, das zu verstehen, was er zuvor schon wußte. (246)

Fox: Angesichts deiner Einschätzung der Notwendigkeit von Bildern dürften eigentlich Künstlerinnen und Künstler nie arbeitslos sein, und auch nicht das Künstlerische in uns allen. Wir haben bisher noch nicht über Freiheit und Kunst gesprochen, aber aus dem oben Besprochenen scheint sich zu ergeben, daß Künstlerinnen und Künstler ihren Bildern und dem Geist, der diese Bilder in uns gebiert, treu sein müssen.

Thomas: Das letzte Ziel erreicht man durch die Tugenden, denn Glück wird als eine Belohung für die Tugend gewährt. Erzwungene Handlungen sind nicht tugendhaft, denn das Wesentliche an der Tugend ist die Entscheidung, die nur in Freiwilligkeit entstehen kann, welche das Gegenteil des Zwanges ist. (247)

Fox: Ja! Die Via Creativa ist eindeutig ein Weg der Auswahl und Entscheidung. Wir entscheiden uns, mit welchen Bildern wir mitgehen und welche wir zurücklassen. Alle Künstlerinnen und Künstler müssen das tun.

Thomas: Äußere tugendhafte Handlungen gehen aus inneren Entscheidungen hervor. (248)

Fox: Im Kern des schöpferischen Prozesses scheint mir die Entscheidung zu liegen.

Thomas: In Deuteronomium (30,15) heißt es: „Bedenke, daß der Herr dir heute das Leben und das Gute, und auf der anderen Seite den Tod und das Böse vorlegt." (249) Das eigentliche Objekt der Wahl ist ein Mittel zu einem Zweck. ... Die Wahl ist das schließliche Ergreifen von etwas, das ausgeführt wird. Das ist nicht Sache des Verstandes, sondern des Willens. Denn auch wenn der Verstand eine Sache der anderen vorzieht, handelt es sich noch nicht um eine Bevorzugung des einen vor dem anderen in der Ausführung, bis der Wille zum einen mehr als zum anderen neigt. (250)

Fox: Du sagst aber, daß es ein Gewaltakt sei, die eigenen Bilder nicht auswählen zu können.

Thomas: Der Zwang, die Gewalt ist mit dem freien Willen unvereinbar. Der Wille kann durch ein äußeres Prinzip nicht bewegt werden. Vielmehr muß jede Willensregung innen entstehen. (251) Natürliche wie willentliche Bewegungen müssen von einer inneren Quelle ausgehen. (252)

Fox: Ist das mit Freiheit gemeint?

Thomas: Frei ist, was sich selbst Ursache ist. Was nicht Ursache seines eigenen Wirkens ist, ist in seinem Wirken nicht frei. (253) Sklaven sind diejenigen, die nicht aufgrund eigener Handlungen tätig sind, sondern wie von außen bewegt werden. (254)

Fox: Aber es scheint doch, daß das Verletztsein, die Unterprivilegierung und der Mangel an Gelegenheiten die persönliche Freiheit herabsetzen, zu handeln und sich auszudrücken.

Thomas: Im menschlichen Handeln gibt es zwei Elemente: Erstens die Wahl einer Handlungsrichtung, die immer in der Macht eines Menschen liegt. Und zweitens die Ausführung der Handlung, die nicht immer in der Macht eines

Menschen liegt. ... Deshalb sagt man, der Mensch sei zwar nicht frei in seinen Handlungen, aber frei in seiner Wahl, das heißt, in der Beurteilung dessen, was zu tun ist. Darauf bezieht sich der Ausdruck 'freie Entscheidung'. (255)

Fox: Aus der obigen Diskussion ergibt sich doch, daß Künstlerinnen und Künstler, die wirklich aus ihrem Herzen heraus gebären, welches du nun als die 'innere Quelle' bezeichnest, alles andere als Sklaven sind; vielmehr bringen solche Menschen ihre tiefste Freiheit zum Ausdruck.

Thomas: Wer immer etwas aus Liebe tut, tut es sozusagen aus sich selbst heraus, weil die eigene Neigung ihn zum Handeln motiviert. Das Handeln aus Liebe widerspricht der Vorstellung der Sklaverei an sich. (256)

Fox: Wenn wir etwas hervorbringen oder gebären, müssen wir auch eine Art von Verantwortung dafür übernehmen.

Thomas: Was aus sich heraus getan wird, ist wichtiger als das, was durch einen anderen geschieht. (257)

Fox: Künstlerinnen und Künstler berühren wohl göttliche Kräfte, wenn sie gebären oder schaffen.

Thomas: Worin ein Mensch herausragt, das hat er nicht von sich, sondern es ist wie etwas Göttliches an ihm. Darum gebührt die Ehre nicht hauptsächlich ihm, sondern Gott. Worin ein Mensch herausragt, das wird ihm von Gott gegeben, damit er anderen dadurch nützlich sei. (258)

Fox: Unsere Kreativität ist also eine göttliche Gabe. Eine Dimension, die unsere Kreativität so ehrfurchtgebietend macht, ist ihre Fähigkeit zum Unendlichen. Du hast von den unendlichen Fähigkeiten des Intellekts gesprochen und von der Fähigkeit unserer Hände, eine unendliche Anzahl von Gegenständen zu formen. Ich glaube, Künstlerinnen und Künstler stehen manchmal einer unendlichen Vielzahl an Wahlmöglichkeiten gegenüber; und dadurch wird der Akt der electio oder Wahl in ihren kreativen Arbeiten noch erstaunlicher.

Thomas: Der Ursprung von Kunstwerken ist der menschliche Geist, der ein Abbild und Ableger des göttlichen ist, welcher der Ursprung der Natur ist. (259) Die geistige Wahrnehmung ist nicht auf Bestimmtes beschränkt, sondern richtet sich auf alles. Deshalb sagt der Philosoph in De anima III über den möglichen Verstand, daß es in ihm liege, alles zu werden. Das Verlangen der geistigen Substanz richtet sich somit auf alles, ... auf Mögliches und Unmögliches. (260)

Fox: Unser Wille ist also im Hinblick auf seine Ausrichtung und Möglichkeit ebenfalls unendlich?

Thomas: Unser Wille kann sich auf alles richten, was wir erkennen, zumindest der Wille, es zu erkennen. Der Willensakt erscheint nur im Allgemeinen. Wie Aristoteles in der Rhetorik (II,4) sagt, hassen wir Räuber allgemein, sind aber nur auf einzelne wütend. (261)

Fox: Welch eine Verantwortung! Solche göttliche Kraft liegt in unserer Fähigkeit zum Unendlichen!

Thomas: Alles, was etwas ins Dasein bringt, tut dies durch Gottes Kraft. (262) Gott hat den geschaffenen Dinge seine Güte derart mitgeteilt, daß eines, das sie empfangen hat, sie auf das andere übertragen kann. (263)

Fox: Es scheint so, als freue sich Gott, uns alle zu Künstlerinnen und Künstlern gemacht zu haben.

Thomas: Gott liebt uns mehr als wir Gott lieben; und Eltern lieben ihre Kinder mehr als die Kinder ihre Eltern. (264)

Fox: Gott liebt uns also als Künstlerinnen und Künstler – was ja Gott selbst auch ist. Als Künstlerinnen und Künstler sind wir Gottes Nachkommen, ja, Gottes Kunstwerke. Und das gefällt Gott.

Thomas: Auch wenn Gott durch sich selbst alle natürlichen Wirkungen hervorbringen kann, ist es nicht überflüssig, daß sie durch andere Ursachen hervorgebracht werden. Das liegt nicht an einem Mangel der göttlichen Kraft, sondern an der Unermeßlichkeit der göttlichen Güte, durch die Gott den Dingen Gottähnlichkeit mitgeteilt hat, nicht nur insofern sie existieren, sondern auch sofern sie Ursache anderer Dinge sind. Auf diese beiden Weisen haben die Geschöpfe allgemein Anteil an der Gottähnlichkeit. (265)

Fox: Ich verstehe dich so, daß du unsere Fähigkeit, schöpferisch zu sein oder Dinge zu verursachen, im Hinblick auf die tiefe Ähnlichkeit mit Gott auf eine Stufe mit unserem Dasein selbst stellst.

Thomas: Die Dinge neigen insofern der Gottähnlichkeit zu, als sie Ursache anderer Dinge sind. (266) Denn ein geschaffenes Ding strebt durch seine Tätigkeit (operatio) die Gottähnlichkeit an. Durch seine Tätigkeit wird es zur Ursache anderer Dinge. Deshalb streben die Dinge Ähnlichkeit mit Gott dadurch an, daß sie Ursache anderer sind. (267)

Fox: Wenn ich deine Ausführungen über die Zeugungskraft höre, spüre ich die Größe des Zeugungsaktes.

Thomas: Von diesen drei Kräften – des Wachstums, der Ernährung und der Fortpflanzung – zeigt die Fortpflanzungskraft die größere Vollendung, Würde und Vollkommenheit. ... Denn sie gehört zu einem Wesen, das schon vollkommen genug ist, ein anderes wie es selbst hervorzubringen. Außerdem dienen die Kräfte des Wachstums und der Ernährung der Fortpflanzungskraft. (268)

Fox: Und das ist eine besondere Kraft?

Thomas: Die vollkommeneren Geschöpfe können nichts hervorbringen, das ihnen ähnlich ist. Die Sonne zum Beispiel kann keine andere Sonne hervorbringen, und ein Engel keinen anderen Engel. Nur die vergänglichen Geschöpfe, die Gott mit der Zeugungskraft begabt hat, setzen, was individuell nicht fortgesetzt werden kann, in der Spezies fort. (269)

Fox: Ursache von etwas anderem sein zu können, wie Gott, scheint mir ein großes Privileg zu sein.

Thomas: Ursache von etwas anderem zu sein, ist gut. (270) Jedes Wesen, das etwas sich selbst Gleiches hervorbringen kann, ist vollkommen, ... weshalb Dionysius über Gott sagt, daß Gott vollkommen genannt werden kann, weil Gott die göttliche Vollkommenheit von oben über alle Geschöpfe ausgießt. Dies tut Gott nicht aufgrund vielfacher Angebote von Gottes Seite, sondern aufgrund eines Angebotes: Dieses ist keineswegs mangelhaft, sondern das unablässige Geben der gleichen Dinge. Und es ist nicht maßvoll, denn Gott gibt „allen freigiebig“ (Jak.1,5). (271)

Fox: Von unserer Fähigkeit zu gebären zu reden, heißt also, von unserer Gottesähnlichkeit zu reden?

Thomas: Da nun die geschaffenen Dinge durch vieles der Gottähnlichkeit zustreben, bleibt ihnen als letztes, die Ähnlichkeit mit Gott zu erreichen, indem sie Ursache von anderem werden. Daher sagt Dionysius im dritten Kapitel von Über die himmlische "Hierarchie“: „Das Göttlichste ist, zu einem Mitwirkenden Gottes zu werden“, gemäß der Aussage des Apostels (1 Kor. 3,9): „Wir sind Gottes Mitarbeitende.“ (272)

Fox: Ja, unsere Kreativität ist unsere Göttlichkeit, die sich ausdrückt. Du sagst, daß es der 'höchste' Ausdruck der Göttlichkeit sei, oder daß es 'am göttlichsten' sei, Gottes Mitarbeitende zu werden. Mitschöpfung fürwahr! Ich finde, die Menschheit sollte mehr Zeit als bisher einfach damit verbringen, darüber zu staunen und zu feiern, daß wir die göttliche Fähigkeit der Kreativität haben. Manchmal habe ich das Gefühl, daß wir das alles nicht zu schätzen wissen.

Thomas: Von den höherstehenden Geschöpfen sind Gott die vernunftbegabten am nächsten, die im Bilde Gottes existieren, leben und erkennen. In der göttlichen Güte hat Gott ihnen deshalb nicht nur die Kraft verliehen, andere Dinge zu beeinflussen, sondern auch, dies nach der Weise Gottes zu tun – das heißt, gemäß ihrem Willen und nicht nach der Naturnotwendigkeit. (273)

Fox: Es ist also unser Wille oder unsere Entscheidung, unsere Gottesähnlichkeit auf besondere Weise zu spiegeln. Und wir können auf gleiche Weise 'ausströmen lassen' wie Gott. Welch immense Macht liegt in der Kraft unserer Kreativität! Bitte sage noch mehr über unsere Rolle als Gottes Mitwirkende.

Thomas: Eine Wirkung wird einer natürlichen Ursache und der göttlichen Kraft nicht derart zugeschrieben, als würde sie teils von Gott und teils von dem natürlichen Auslöser verrichtet, sondern so, daß sie aus beiden ganz, aber auf unterschiedliche Weise entsteht: So wird eine Wirkung ganz dem Instrument und auch ganz der ursprünglichen Ursache zugeschrieben. (274) So wie ein Kunstwerk das Werk der Natur voraussetzt, setzt das Werk der Natur das Werk des schöpferischen Gottes voraus. Das Medium der Kunstwerke stammt nämlich aus der Natur, das der Natur aber durch die Schöpfung von Gott. Das Künstliche wird durch die Kraft der Natur im Dasein bewahrt, wie etwa ein Haus durch die Festigkeit der Steine. (275)

Fox: Du hast davon gesprochen, daß wir Mitschaffende mit Gott sind. Wie aber schafft Gott mit uns?

Thomas: Bei Jesaja (26,12) heißt es: „Alle unsere Werke hast du in uns getan." Und: „Ohne mich könnt ihr nichts tun" (Joh.15,5). Und: „Gott bewirkt in uns, daß wir gemäß dem guten Willen wollen und vollbringen" (Phil.2,13). Deshalb werden in der Schrift oft Wirkungen der Natur göttlichem Handeln zugeschrieben, weil Gott selbst in allem natürlich oder willentlich Wirkenden handelt. Wie es bei Hiob (10,10-11) heißt: „Hast du mich nicht ausgegossen wie Milch und gerinnen lassen wie Käse? Hast mich mit Haut und Fleisch umhüllt und mit Knochen und Sehnen zusammengehalten?" Und im Psalm (18,14): „Gott donnerte vom Himmel, der Höchste erhob seine Stimme als Hagel und Feuerkohlen." (276)

Fox: Kannst du noch weiter ausführen, wie Gott in allen Handelnden wirkt?

Thomas: Gott setzt nicht nur die Formen und Kräfte zur Tätigkeit ein, sondern Gott gibt allen handelnden Geschöpfen ihre Gestalt und erhält sie im Dasein. Darum ist er die Ursache aller Tätigkeiten nicht nur, insoweit er die Form verleiht (wie ein Ingenieur, der eine Maschine macht, die mit der

Schwerkraft arbeitet), sondern Gott erhält auch die Formen und Kräfte der Dinge, wie die Sonne ... durch ihr Licht die Farben sichtbar macht. Weil die Form eines Dinges innerlich ist, und zwar um so mehr, für je früher und je umfassender es gehalten wird, und weil Gott die eigentliche Ursache von allem Sein ist, das allem am innerlichsten ist, wirkt Gott im Innersten von allem. ... „Mit Haut und Fleisch hast du mich umgeben, mich mit Knochen und Sehnen zusammengefügt" (Hiob 10,11). (277)

Fox: Ein Künstler scheint von Gott und der Natur im gemeinsamen Akt des Mitschaffens abzuhängen?

Thomas: Gnade und Tugend ahmen die Naturordnung nach, die durch die göttliche Weisheit eingesetzt ist. (278) Der Mensch hat die Natur nicht eingerichtet, sondern benutzt die natürlichen Dinge in den Werken der Kunst und der Tugend für sich. (279)

Fox: Du sprichst von 'Kunst und Tugend'. Ein Element deiner Theologie der Kreativität erscheint mir besonders wichtig: Du nennst die Kunst eine Tugend.

Thomas: Es gibt fünf Haltungen, durch welche die Seele ständig die Wahrheit ausdrückt, entweder durch Bejahen oder Verneinen, nämlich die Kunst, die Wissenschaft, die Klugheit, die Weisheit und das Verstehen. Diese fünf sind auf jeden Fall geistige Tugenden. (280)

Fox: Wenn du sagst, daß Kunst immer die Wahrheit ausdrückt, stößt du zum kraftvollen Kern in der Praxis der meditativen Kunst vor. Wie definierst du genau diese Tugend, die du Kunst nennst?

Thomas: Kunst ist nichts anderes als die rechte Vorgehensweise bei einem zu verrichtenden Werk. Und doch hängt das Gute dieser Dinge nicht von dem Verlangen eines Menschen ab, der davon auf diese oder jene Weise angesprochen wird, sondern von der Güte des ausgeführten Werkes. Denn Künstler werden nicht wegen des guten Willens gelobt, mit dem sie eine Arbeit tun, sondern wegen der Qualität des Werkes. Kunst ist somit, genau gesagt, eine umgesetzte Einstellung. (281)

Fox: Du erwähnst das Gute der Dinge, das Künstlerinnen und Künstler machen.

Thomas: Das Gute an der Kunst findet sich nicht im Künstler, sondern im Kunstgegenstand, denn Kunst ist die rechte Vorgehensweise, etwas zu machen. Da die Herstellungsweise eines Dinges in die äußere Materie übergeht, handelt es sich nicht um eine Vollkommenheit des Herstellenden, sondern des gemachten Dinges, so wie die Bewegung ein Akt des bewegten Dinges ist. Und Kunst hat eben mit dem Herstellen von Dingen zu tun. (282)

Fox: Und es gibt einen Unterschied dazwischen, ob wir gut sind oder ob unsere Arbeit gut ist?

Thomas: Kunst verlangt von den Künstlern nicht, daß ihre Tätigkeit eine gute sei, sondern daß das Werk gut sei. Vielmehr wäre es nötig, daß das gemachte Ding sich gut verhält (zum Beispiel sollte ein Messer gut schneiden oder eine Säge gut sägen), falls es dem Ding entspräche zu handeln, statt daß mit ihm gehandelt wird, denn die Dinge haben keine Herrschaft über ihre eigenen Tätigkeiten. Deshalb brauchen Künstler ihre Kunst nicht, damit sie gut leben, sondern damit sie gute Werke hervorbringen und sie in gutem Zustand halten. Im Kontrast dazu ist Klugheit für Menschen nötig, damit sie ein gutes Leben führen, und nicht nur, damit sie gute Menschen werden. (283)

Fox: Du erwähnst die Klugheit. Wie unterscheiden sich Kunst und Klugheit?

Thomas: Kunst bezeichnet die reine Eignung für eine gute Arbeit, da sie nichts mit dem Verlangen zu tun hat. Klugheit dagegen bezieht sich nicht auf die Eignung zu einer guten Arbeit, sondern auch auf ihre Verwendung, denn sie betrifft das Verlangen und setzt seine Richtigkeit voraus. Der Grund für diesen Unterschied ist, daß die Kunst die rechte Art betrifft, etwas herzustellen, während Klugheit die rechte Art des Tuns betrifft. Etwas herzustellen und etwas zu tun, ist nun unterschiedlich, insofern das Herstellen eine Tätigkeit ist, die sich in der äußeren Materie niederschlägt, wie zum Beispiel Bauen, Sägen und so weiter. Tun dagegen ist eine Tätigkeit, die im Tätigen bleibt, wie zum Beispiel das Sehen, Wollen und so weiter. (284) Handlungen (agibilia) unterscheiden sich von Erzeugnissen (factibilia), denn diese gehen von einer Tätigkeit aus und münden in etwas äußeres Materielles, wie zum Beispiel eine Bank oder ein Haus. Dies nach einem vernünftigen Plan auszuführen, heißt Kunst. Handlungen hingegen sind Tätigkeiten, die nicht über das Tun als solches hinausgehen, sondern sich im Akt selbst vollenden, wie zum Beispiel keusch zu leben, geduldig zu sein und so weiter. Dies nach einem vernünftigen Plan auszuführen, heißt Klugheit. (285)

Fox: Du bezeichnest unsere Kreativität als eine Tugend. Was ist genau eine Tugend?

Thomas: Tugend bezeichnet eine gewisse Vervollkommnung einer Kraft. (286) Ihrem Namen nach bedeutet Tugend die Vollendung einer aktiven Fähigkeit. (287)

Fox: Mir fällt auf, daß du die Tugend als eine Kraft oder Stärke definierst, was ja auch ihre Wurzelbedeutung im Lateinischen ist. Wie würdest du nun Kraft definieren?

Thomas: Kraft (potentia) ist ein Wirkprinzip, das ausführt, was der Wille befiehlt und was das Wissen leitet. (288)

Fox: Das hilft uns zu erklären, inwiefern die Kreativität tatsächlich eine große Kraft ist. Damit ermutigst du wohl die Menschen, ihre eigene Kraft zu finden und nicht vor ihr fortzulaufen.

Thomas: Aktive Kraft gehört zur Vollkommenheit eines Dinges. Ein jedes ist nämlich in seiner Kraft um so größer, je vollkommener es ist. (289)

Fox: Du hältst Gott für sehr kraftvoll?

Thomas: Gott ist mächtig (potens), und Gott wird zu Recht aktive Kraft zugeschrieben. (290) Die göttliche Macht (potentia) ist die Substanz Gottes. (291) Die Macht Gottes ist nicht von der Handlung Gottes verschieden. (292) Etwas, das wir von Gott erkennen können, ist Gottes Kraft (virtus), aufgrund derer die Dinge von Gott ausgehen wie von ihrem Ursprung (principium). So sagt der Psalmist: „Groß ist unser Herr und gewaltig an Kraft“ (Ps.147,5). Die Philosophen erkannten, daß diese Kraft fortdauert. Deshalb ist von Gottes ewiger Kraft die Rede. (293)

Fox: Haben wir aber nicht festgestellt, daß alle Dinge Kraft haben?

Thomas: Die Verteilung der göttlichen Tugend erstreckt sich wegen ihrer eigenen Grenzenlosigkeit auf alles Existierende, und es gibt nichts Existierendes, das nicht eine Tugend hätte. Es ist aber notwendig, daß es entweder eine geistige Tugend hat, wie die Engel; oder eine Verstandestugend, wie die Menschen; oder eine sinnenhafte Tugend, wie die Tiere; oder eine lebensartige Tugend, wie die Pflanzen; oder eine substantielle, wie alles andere. Und nicht nur die existierenden Dinge, sondern auch das Dasein selbst besitzt über sein bloßes Sein hinaus Tugend aus der überwesenhaften Tugend Gottes. (294)

Fox: Es ist also richtig, von der Tugend aller Wesen zu sprechen.

Thomas: Die Wirkungen der unfehlbaren Tugend Gottes erstrecken sich auf Menschen, auf Tiere, Pflanzen und alle anderen Naturdinge. (295)

Fox: Dein Verständnis von Kraft und Tugend ist sehr kosmisch! Unsere anthropozentrische Sicht der Macht hat unsere menschliche Rasse in jüngster Zeit in große Schwierigkeiten gebracht. Einer unserer Fehler lag darin, die

Bedeutung von Tugend herabgesetzt zu haben, indem wir sie in etwa mit der Rechtschaffenheit gleichstellten, statt mit der Kraft.

Thomas: Es gibt einige Kräfte, die in ihren Tätigkeiten aus sich heraus festgelegt sind, wie zum Beispiel die aktiven Naturkräfte. Deshalb werden diese Naturkräfte an sich als Tugenden bezeichnet. Die geistigen Kräfte aber, die den Menschen entsprechen, sind nicht auf bestimmte Handlungen festgelegt, sondern neigen gleichermaßen zu vielen. Sie werden aber durch Gewohnheiten auf Handlungen festgelegt, weshalb die menschlichen Tugenden Gewohnheiten oder Haltungen sind. (296)

Fox: Tugend ist eine Haltung, die uns stark macht, offenbar ein Akt der Kräftigung.

Thomas: Tugenden sind die Stärke (fortitudo) eines Menschen. (297)

Fox: Ich halte das für einen äußerst wichtigen Punkt: daß es bei Tugenden nicht um die Rechtschaffenheit geht, sondern darum, stark zu sein, Kraft zu finden. Eine tugendhafte Person ist eine starke Person.

Thomas: Das eigentliche Wesen einer Tugend besteht in der Vollkommenheit einer Kraft. ... Tugend richtet sich auf das Beste. ... Gegenstand der Tugend ist eine seelische Kraft. (298) Die göttliche Tugend stärkt alle Dinge, die in einer gewissen Freundschaft und Einheit mit sich selbst verbunden sind. (299)

Fox: Vielleicht ist das Gebet im Grunde eine kräftigende Übung, die uns Gott und unserem weltlichen Leben gegenüber stark machen soll.

Thomas: Die göttliche Tugend hält die substantiellen und natürlichen Kräfte aller Dinge und alles andere, was sie stärkt, sicher aufrecht als eine unauflösliche Dauerhaftigkeit, insofern alle Dinge ihren Zustand für sich so aufrechterhalten, wie er von Gott zuvor festgelegt worden ist. (300)

Fox: Und unsere Kraft aufzubauen bedeutet, unsere Tugend aufzubauen?

Thomas: Im Matthäusevangelium ist davon die Rede, daß „der Mann, der die fünf Talente erhalten hatte, fortging". Hier zeigt sich der Fortschritt in der Tugend. Psalm 84,8 sagt: „Sie gehen dahin mit wachsender Kraft." Und in Genesis 26,13 heißt es von Isaak, daß er „immer mehr bekam", denn Tugend nimmt durch Übung zu. Wird sie nicht geübt, so wird sie schwächer. (301)

Fox: Es ist also notwendig, die Tugend zu üben, damit sie stärker wird und sich zu einer Haltung entwickelt?

Thomas: So wie der Anblick einer einzelnen Schwalbe an einem klaren Tag noch nicht den Frühling macht, so reicht eine einzelne gute Tat nicht aus, einen Menschen glücklich zu machen. Glück entsteht vielmehr aus der ständigen Übung guter Taten das ganze Leben hindurch. (302)

Fox: Ich finde die Vorstellung, daß Tugend eine Stärke und Kräftigung ist, erfrischend!

Thomas: Die Liebe wird in uns durch die Tugend in Ordnung gehalten. (303) Tugend ist die Kunst rechten Verhaltens. (304)

Fox: Kunst ist nicht nur eine Tugend, sondern Tugend ist auch eine Kunst! Du sagst, daß es bei der Tugend darum gehe, Stärke und echte Kraft aufzubauen, und daß dies für schöpferische Wesen wie die Menschen eine Haltung ausmacht.

Thomas: Die menschliche Tugend ist eine tätige Haltung. (305) Die menschliche Tugend, eine tätige Haltung, ist eine gute Haltung und bringt gute Werke hervor. (306) Tugend ist eine Haltung, aufgrund derer wir gut arbeiten. (307)

Fox: Macht denn Kunst einen Menschen gut?

Thomas: Wegen einer Begabung in der Wissenschaft oder der Kunst gilt jemand als gut, und zwar nicht an sich gut, sondern relativ: Zum Beispiel ein 'guter' Grammatiker oder ein 'guter' Schmied. ... Der Träger einer Haltung, die als Tugend bezeichnet wird, kann nur der Wille oder eine Kraft sein, die vom Willen bewegt wird. (308)

Fox: Was ist eine Haltung?

Thomas: Eine Haltung ist ein Zustand der Potenz hinsichtlich einer Handlung. Deshalb wird die Haltung als 'Primärakt' bezeichnet und die Handlung als 'Sekundärakt'. (309) Haltung ist die Verfassung eines Subjektes, das sich im Zustand der Potenz im Hinblick auf eine Form oder eine Handlung befindet. (310)

Fox: In welcher Beziehung steht Haltung zur Kraft?

Thomas: Die Haltung hat Vorrang gegenüber der Kraft, wie das Vollständige Vorrang hat vor dem Unvollständigen und wie der Akt Vorrang hat vor der Potenz. (311) Haltungen sind nötig, damit Handlungen zum Guten bestimmt werden. (312)

Fox: Und daß die Tugenden beim Menschen in der Haltung gegründet sind, ist etwas Einzigartiges?

Thomas: Naturkräfte führen ihre Tätigkeiten nicht mittels Haltungen aus, weil sie an sich auf eine ganz bestimmte Tätigkeitsweise festgelegt sind. (313)

Fox: Also sind unsere Tugenden in unseren Haltungen verwurzelt, weil wir über die Entscheidungsfähigkeit verfügen?

Thomas: Eine Haltung setzt man ein, wenn man etwas will. (314) Der Mensch ist insofern das Abbild Gottes, als wir Ursprung unserer Handlungen sind, weil wir einen freien Willen und Kontrolle über unser Tun haben. (315) Ein vernunftbegabtes Wesen hat keine festgelegten Handlungen, sondern befindet sich in einem Zustand des Gleichgewichts (indifferentia) in bezug auf unzählige Handlungen. ... Eine vernunftbegabte Natur, die über freien Willen (liberum arbitrium) verfügt, unterscheidet sich in ihrem Handeln von jeder anderen tätigen Natur. (316)

Fox: Ich finde es interessant, daß dein Begriff 'vernunftbegabte Natur' auch den Willen, die freie Entscheidung und die Handlung mit umfaßt. 'Rational' bedeutet für dich nicht nur das Wissen um Abstraktionen, sondern hat auch mit dem Willen zu tun.

Thomas: Man muß daran denken, daß die Vernunft sowohl spekulativ als auch praktisch ist. (317) Der Willensakt besteht darin, zu wollen, zu wählen und zu intendieren. (318)

Fox: Und die menschliche Gattung hat eine besondere Begabung des Willens und des Verstandes, die wir in unserer Kreativität anwenden?

Thomas: Zur letzten Vervollkommnung des Universums muß es solche Geschöpfe geben, die nicht nur durch ihre Wesensähnlichkeit, sondern auch durch ihr Handeln zu Gott zurückkehren. Das kann aber nur durch die Tätigkeit von Verstand und Wille bewerkstelligt werden, weil auch Gott sich selbst gegenüber auf keine andere Weise tätig ist. Zur höchsten Vollkommenheit des Universums bedurfte es daher geistiger Geschöpfe. (319)

Fox: Du meinst also, die Menschheit verfüge über eine quasi-göttliche Handlungsweise, nämlich die ungeheure Kreativität, die aus unserem Verstand und Willen kommt?

Thomas: Damit die Geschöpfe die göttliche Güte vollkommen repräsentieren können, mußten die Dinge nicht nur gut werden, sondern auch das Gutsein von anderen bewirken. Eine Sache wird aber dann einer anderen vollkommen ähnlich, wenn nicht nur ihre Tätigkeit, sondern auch die Art ihres Handelns gleich ist. Die höchste Vollkommenheit der Dinge verlangte also Geschöpfe, die auf die gleiche Weise wie Gott tätig sind. Es wurde aber bereits gezeigt, daß Gott durch Verstand und Willen wirkt. Deshalb war es notwendig, daß einige Geschöpfe Verstand und Willen bekamen. (320)

Fox: Unsere Entscheidungsfreiheit beim Erzeugen und Erschaffen ist es also, die uns von anderen Arten unterscheidet und durch die wir 'die göttliche Güte vollkommen repräsentieren können'. Welch eine Herausforderung!

Thomas: Das menschliche Leben hat eine gewisse Vollkommenheit und Würde, weil es geistig und verständig ist. ... Wenn auch anderes von sich heraus aus einem inneren Prinzip bewegt wird, so hat dieses Prinzip doch kein Gegenteil; deshalb bewegt es sich nicht frei, sondern aus Notwendigkeit. Das Bewegte wird von einem solchen Prinzip also mehr angetrieben, als daß es sich selbst bewegt. Der Mensch bewegt sich jedoch frei, wohin er will, weil er Herr seiner Handlungen ist. Darum hat der Mensch, wie auch jedes andere geistige Wesen (intellectus natura), ein vollkommenes Leben. (321)

Fox: Du sagst, daß nur Menschen einen Willen haben. Aber die Tiere folgen doch auch ihrem Begehren.

Thomas: Das Streben nach dem Guten liegt in allem, denn das Gute ist, wonach alles strebt, wie die Philosophen lehren. Wo die Erkenntnis fehlt, kann dieses Streben als ein 'natürliches Streben' (naturalis appetitus) bezeichnet werden. Man sagt etwa, ein Stein strebe danach, unten zu sein. Wo eine sinnliche Erkenntnis vorhanden ist, können wir von einem 'seelischen Streben' (appetitus animalis) sprechen, der in ein begehrliches (concupiscibilem) und ein zorniges (irascibilem) Streben unterteilt werden kann. Bei denen, die verstehen können, ist von einem 'geistigen oder vernünftigen Streben' die Rede, und das ist der Wille. Die geschaffenen geistigen Substanzen haben also Willen. (322)

Fox: Unsere Fähigkeit zu wählen hältst du also für einzigartig unter allen Geschöpfen?

Thomas: Die geistigen Substanzen haben in ihrem Handeln Entscheidungsfreiheit. (323)

Fox: Die Betonung der Entscheidungsfreiheit halte ich für unser Verständnis der Via Creativa für wesentlich, denn wir Menschen entscheiden uns in unserer Kreativität für Gut oder Böse, „für Leben oder Tod", wie das Deuteronomium es ausdrückt.

Thomas: Daß die vernünftigen Wesen auf Grund von Entscheidungen handeln, ergibt sich daraus, daß sie mittels ihrer vernünftigen Erkenntnis beurteilen, was zu tun ist. Sie müssen Freiheit haben, wenn sie, wie gesagt, Herrschaft über ihre Handlungen haben. Daher verfügen die genannten Substanzen über Entscheidungfreiheit im Handeln. (324)

Fox: Und anderen Tieren fehlt die Entscheidungsfreiheit, die unsere Kreativität erfordert?

Thomas: Entscheidungsfähigkeit gehört dem Willen an und nicht dem sinnlichen Verlangen, welches alles ist, was unvernünftige Tiere haben. Deshalb sind unvernünftige Tiere nicht in der Lage, sich zu entscheiden. (325)

Fox: Und doch zeigen nichtmenschliche Tiere manchmal erstaunliche Leistungen.

Thomas: In den Tätigkeiten unvernünftiger Tiere bemerken wir gewisse Zeichen einer natürlichen Weisheit, insofern sie eine natürliche Neigung dazu haben, sich, wie durch eine höchste Kunst geleitet, äußerst koordiniert zu verhalten. (326)

Fox: Als jemand, der die Wissenschaft liebt und schätzt, wirst du sicher begeistert davon sein, daß die heutige Wissenschaft gezeigt hat, wie die 'höchste Kunst' manchmal auch durch andere Tiere wirken kann.

Thomas: Durch die göttliche Weisheit ist Gott die Ursache verschiedener Dinge, die in ihrer Verschiedenheit von Gott erkannt und hervorgebracht werden. Das ist wie bei einem Künstler, der durch die Wahrnehmung unterschiedlicher Formen verschiedene Kunstwerke hervorbringt. (327)

Fox: Dein Lob auf die Vielfalt ist bewundernswert und scheint der Schlüssel für eine Wertschätzung der Kreativität zu sein. Wie können wir Menschen unsere Gewohnheiten zu der Stärke entwickeln, gute Dinge zu tun?

Thomas: Eine tugendhafte Gewohnheit oder Haltung kann nicht durch eine Handlung, sondern nur durch viele hervorgerufen werden. (328) Wenn wir uns wiederholt vernunftgemäß verhalten, macht sich kraft der Vernunft eine Modifikation im Verlangen bemerkbar. Diese Prägung ist nichts anderes als eine moralische Tugend. (329)

Fox: Tugend bedarf der Disziplin. Es ist härtere Arbeit, als sich etwas nur zu wünschen oder zu etwas hinzuneigen.

Thomas: Das Wort 'Haltung' weist auf eine gewisse Dauerhaftigkeit hin, was bei 'Neigung' nicht der Fall ist. (330)

Fox: Du willst wohl sagen, daß wir üben müssen. Übung macht den Meister sozusagen.

Thomas: Menschen werden durch Bauen zu Bauleuten und durch Harfespielen zu Harfinisten. Ebenso werden Menschen gerecht oder maßvoll oder mutig, indem sie sich gerecht oder maßvoll oder mutig verhalten. Tugenden dieser Art finden wir also nicht von Natur aus in uns vor. (331)

Fox: Beim Lesen deiner Werke erstaunt es mich, wieviele Ausdrucksweisen menschlicher Arbeit du als 'Kunst' bezeichnest. Daran erkenne ich, daß du jedes Werk, das tief aus unserem Herzen fließt, als Kunstwerk betrachtest. Sage uns etwas über die Tätigkeiten, die du als Kunst bezeichnest.

Thomas: Manche Künste lassen Mutmaßungen zu wie die Medizin, der Handel und ähnliche. (332) Es gibt eine Kunst, die sich mit dem Bereiten von Lust beschäftigt, nämlich die Kunst des Kochens und der Kosmetik. (333) Die Künste des Bauens, Webens und Musizierens sind in der Seele und aus der Seele. Es ist aber genauer zu sagen, daß die Bauleute bauen, und nicht, daß ihre Kunst baut, obwohl sie durch ihre Kunst bauen. (334) Diejenige Kunst, der es um das Ziel geht, bestimmt diejenige und gibt ihr Gesetze, der es um die Mittel zum Zweck geht. Die Regierung bestimmt das Militär, das Militär die Reiterei und die Navigation den Schiffsbau. (335) Die Kriegskunst befiehlt der Reitkunst. (336)

Fox: Ich glaube, daß dein weites Verständnis der Kunst und ihrer Beziehung zur menschlichen Arbeit in unserer Zeit sehr wichtig wäre, wo die Arbeit so eng definiert ist und die Kunst zu einer Art professioneller Spezialisierung wurde. Bringt denn die Kunst selbst den Menschen Glück?

Thomas: Die Glückseligkeit (felicitas) liegt nicht in der künstlerischen Tätigkeit, denn auch die künstlerische Erkenntnis ist eine praktische. Sie ist also auf ein Ziel gerichtet und nicht selbst letztes Ziel. (337) Das Ziel künstlerischer Betätigung sind die Kunstwerke. Diese können nicht letztes Ziel menschlichen Lebens sein, denn eher sind wir Ziel der Künste. Sie alle werden zum menschlichen Gebrauch gemacht. In der künstlerischen Tätigkeit kann also nicht das letzte Glück liegen. (338)

Fox: Was du über die künstlichen Produkte und ihren Zweck sagst, ist heute besonders wichtig, da es eine große Explosion der Technik gibt. Ich verstehe dich so, daß wir die Wirkungen der Technik an unserem Leben bemessen sollten, wenn wir die Technik benutzen wollen, statt uns von ihr benutzen zu lassen. Kannst du noch mehr über die künstlichen Dinge sagen, die die Menschen schaffen?

Thomas: Durch die Bewegung des Bogenschützen fliegt der Pfeil direkt auf sein Ziel, als sei er mit Vernunft begabt, um seine Bahn zu bestimmen. Das gleiche sieht man in der Bewegung von Uhren und anderen Geräten, die durch menschliche Kunst zusammengefügt worden sind. Was nun die künstlichen Dinge in bezug auf die menschliche Kunst sind, das sind die natürlichen in bezug auf die göttliche Kunst. (339)

Fox: Was denkst du über die Behauptung, daß Kunst die Natur nachahme?

Thomas: Unter den Künsten gibt es einige, bei denen die Materie nicht das aktive Prinzip bei der Produktion der künstlerischen Wirkung ist. Das ist bei der Baukunst deutlich, da in Holz und Stein keine aktive Kraft liegt, die auf die Errichtung eines Hauses gerichtet ist, sondern nur eine passive Eignung. Auf der anderen Seite gibt es Künste, bei denen die Materie ein aktives Prinzip zur Hervorbringung der Kunst darstellt. Dies ist bei der Heilkunst der Fall, denn dem kranken Körper wohnt das aktive Prinzip inne, das zur Gesundheit führt. Die Wirkung einer Kunst der ersten Art wird also niemals von der Natur hervorgebracht, sondern ist immer ein Resultat der Kunst, wie etwa jedes Haus künstlich hergestellt ist. Die Wirkung der Kunst zweiter Art aber entsteht sowohl durch die Kunst als auch durch die Natur ohne Kunst. Denn viele genesen ja durch die Wirkung der Natur ohne die Heilkunst. Bei dem, was durch Kunst als auch Natur gemacht werden kann, ahmt die Kunst die Natur nach. (340)

Fox: In unserer Kultur ist die Medizin weniger eine Kunst geworden, die die natürliche Neigung zur Gesundheit achtet, als vielmehr eine technische Intervention, die den Körper mit Hilfe von Drogen, Operationen und anderen äußeren Eingriffen vermutlich rettet. Bitte sage noch etwas über deine Vorstellungen von der Medizin – mir scheinen sie sehr ganzheitlich zu sein.

Thomas: Wird jemand durch eine Erkältung krank, so heilt die Natur ihn durch Erwärmung. Deshalb heilt auch der Arzt, wenn er behandeln muß, mit Wärme. Dieser Kunst ähnelt die Kunst des Lehrens. (341)

Fox: Inwiefern?

Thomas: Bei der lernenden Person gibt es ein zum Wissen führendes aktives Prinzip, den Intellekt. Und manches wird auch von Natur aus verstanden, nämlich die ersten Prinzipien. Deshalb wird Wissen auf zweierlei Weise erworben: durch eigenes Entdecken ohne Lehre und durch Belehrung. Ein Lehrer beginnt also auf gleiche Weise zu lehren, wie ein Entdecker zu entdecken beginnt, indem er nämlich den Schülern Prinzipien zum Nachdenken anbietet, die ihnen schon bekannt sind. Denn jedes Lernen ergibt sich aus vorher vorhandenen Kenntnissen (Aristoteles), indem aus diesen Prinzipien Schlüsse gezogen werden, wie auch durch das Vorstellen anschaulicher Beispiele, aus denen sich die für das Lernen notwendigen Vorstellungen in der Seele des Schülers bilden können. Und weil die äußeren Handlungen des Lehrenden nichts ausrichten würden, gäbe es nicht einen inneren Ursprung des Wissens, der gottgegeben ist, stellen die Theologen fest, daß der Mensch lehrt, indem er einen Dienst ausübt, Gott aber wirkt von innen. So werden auch die Ärzte beim Heilen als Diener der Natur bezeichnet. Und so wird, wie gesagt, das Wissen im Schüler nicht durch eine natürliche Tätigkeit hervorgerufen, sondern durch eine künstliche. (342)

Fox: Mir gefällt der Ausdruck, daß ein Arzt die Natur unterstützt. Das stellt unsere Arbeit in einen kosmischen Rahmen und unterstreicht ihre Würde.

Thomas: Die Sonne, der Mond und die Sterne wirken beim Wachstum durch ihre Bewegungen ebenso mit wie die Bauern durch ihre Arbeit, wie Chrysostomus anmerkt. (343)

Fox: Manchmal habe ich den Eindruck, daß du nur ein Werk im Universum wahrnimmst, das Werk Gottes und aller Geschöpfe.

Thomas: Dionysius demonstriert die Wirkung der göttlichen Kraft anhand des Beispiels der Elemente und sagt, daß die göttliche Kraft „die Kräfte des Feuers unauslöschlich macht“, denn man kann zwar ein bestimmtes Feuer löschen, aber allgemein gesehen ist Feuer unauslöschlich. Die göttliche Kraft sorgt auch dafür, daß das Wasser unaufhörlich strömt, wegen des – wie er sagt – stetigen Fließens der Flüsse und der Meeresbewegungen, die man in Ebbe und Flut sehen kann. Gottes Kraft reguliert auch den Verlust an Luft, weil das Vorhandensein von Feuchtigkeit der Luft besonders entspricht, so daß sie dies nicht selbst regeln kann. Aus diesem Grunde besitzt die Luft, sofern sie für sich ist, beliebige Ausbreitungsfähigkeit, wird aber durch die göttliche Kraft in den Grenzen ihres natürlichen Ortes gehalten. Die göttliche Kraft stellt auch die Erde an ihren Ort im Raum, denn die Erde wird durch die göttliche Kraft ständig in der Mitte des Universums gehalten, wo es nichts gibt, was sie trägt. Die göttliche Kraft erhält auch die Nachkommenschaft der Erde, wie Pflanzen und anderes, was „ohne Unterscheidung“ aus der Erde geboren wird, das heißt, daß einheitlich und an ihrer eigenen Natur orientiert aus den der Erde übergebenen Samen stets die gleichen Pflanzen wachsen. (344)

Fox: Obwohl unsere heutige Kosmologie sich von derjenigen deiner Zeit etwas unterscheidet, spricht mich an deiner Aussage die Bemühung von dir und anderen unserer Vorfahren an, eure Astrophysik (diejenige der vier Elemente) auf euer Verständnis des göttlichen Wirkens in der Welt anzuwenden. Du hast zuvor über die Lehrer gesprochen, die den Studierenden einsichtige Beispiele bringen sollen, aufgrund derer sich die für das Verständnis nötigen Bilder in der Seele der Lernenden bilden. Dadurch wird unsere Phantasie und dieser schöpferische Prozeß der Bildgestaltung 'in der Seele', wie du sagst, stark betont. Sage bitte noch mehr über die Rolle der Phantasie beim Lernen.

Thomas: Im Zustand des gegenwärtigen Lebens kann die menschliche Kontemplation nicht ohne Phantasiebilder sein, denn es ist natürlich für den Menschen, verständliche Formen in Vorstellungsbildern zu sehen. (345)

Fox: Und für uns Menschen ist die Kontemplation eine geistige Arbeit?

Thomas: In der menschlichen Person lassen sich drei Geister unterscheiden: Einer ist der Heilige Geist; ein weiterer ist der geistige Verstand; und schließlich der Geist der Phantasie. (346)

Fox: Mir scheint, daß diese 'drei Geister' im Akt der Kreativität auf bemerkenswerte Weise zusammenarbeiten.

Thomas: Die Phantasie (phantasia) oder Vorstellungskraft (imaginatio) ist eine Art Schatzkammer der durch die Sinne empfangenen Formen. (347) Aufgabe der Phantasie ist es, das zu bewahren, was die Sinne aufgenommen haben und es dem Verständnis erneut darzustellen. (348)

Fox: In mancher Hinsicht umfaßt dein Verständnis von 'Phantasie' auch, was wir Gedächtnis nennen würden.

Thomas: Bei einer Verletzung des Organs der Phantasie wird die Verstandestätigkeit gehemmt, weil der Verstand zu seiner Funktion der Phantasiebilder bedarf. (349)

Fox: Unser Verstand hängt also von Bildern und Vorstellungen ab. Das erklärt, warum du sagst, daß Lehrende diese bei den Lernenden hervorrufen müssen.

Thomas: Was wir weder ganz noch teilweise mit den Sinnen wahrgenommen haben, können wir uns nicht vorstellen. (350)

Fox: Das unterstreicht, wie wichtig das sinnliche Wissen in unserem Leben ist. Der Verstand und auch unsere Kreativität hängen davon ab.

Thomas: Der Ursprung der Phantasie liegt im Sinnesakt. (351)

Fox: Was macht der Verstand mit den von den Sinnen empfangenen Bildern?

Thomas: Der Verstand stellt der Sinnlichkeit eine bestimmte Sache mit Hilfe der Phantasie als angenehm oder unerfreulich dar, wie es ihm erscheint. So wird die Sinnlichkeit zur Freude oder zum Leid bewegt. (352)

Fox: Der Verstand und die Phantasie erwecken also gemeinsam unsere sensiblen Kräfte. Kannst du uns den künstlerischen Prozeß beschreiben?

Thomas: Künstler haben zunächst eine auf ihr Werk gerichtete Absicht, bilden es dann in Geist und Vorstellung und bringen es schließlich ins Dasein. So ist die beabsichtigte Bedeutung eines Wortes dem Sprechenden zuerst gewärtig, dann das Bild des gesprochenen Wortes und schließlich das gesprochene Wort. (353)

Fox: In der heutigen Ausdrucksweise würden wir diesen Akt des 'Beabsichtigens' eines Kunstwerkes vermutlich unserer Phantasie zuschreiben. Ich glaube, daß du der menschlichen Fähigkeit, ein Werk zu beabsichtigen, viel zutraust.

Thomas: Eine von einem Handwerker hergestellte Kiste lebt weder, noch ist sie Leben. Der Begriff (ratio) der Kiste jedoch, der ihr im Geist (mens) des Handwerkers vorhergegangen ist, lebt gewissermaßen, insofern er im Geist des Handwerkers ein geistiges Sein besitzt. (354)

Fox: Eine Künstlerin, ein Künstler bringt also sozusagen neues Leben in die Welt, und zunächst einmal in den eigenen Geist oder die Phantasie.

Thomas: Die Formen der Dinge, die niedriger als die Seele sind, wie etwa körperliche Dinge, sind in der Seele wertvoller als in den Dingen selbst. (355)

Fox: Über das Beabsichtigen dieser Form hinaus kann unser erstaunlicher Geist aber auch ganz neue Formen gebären, die wir uns vorstellen.

Thomas: Die erkannte Form, durch welche die geistige Substanz wirkt, kommt vom Verstand selbst, insofern sie von ihm empfangen und sozusagen erdacht worden ist. Das ist so bei der künstlerischen Form, die der Künstler empfängt und sich ausdenkt und durch die er wirkt. (356)

Fox: Du benutzt hier eine deutlich mütterliche Sprache, diejenige des Empfangens, um den schöpferischen Prozeß zu bezeichnen.

Thomas: Eine Mutter ist jemand, die in sich und von einem anderen empfängt. (357)

Fox: Du betonst hier, wie auch zuvor schon, die Rolle des Entscheidens, daß die Kreativität etwas ist, wofür wir letztlich alle verantwortlich sind. Sie kommt auf einzigartige Weise aus unserem Inneren.

Thomas: Das vollkommen Tätige handelt gemäß seiner eigenen Form und wird von nichts anderem bewegt. (358)

Fox: Wenn wir neue Formen gebären, müssen wir auch unser Urteilsvermögen einsetzen, um auf sie zu antworten.

Thomas: Geistige Haltungen versetzen uns in die Lage, diejenigen Dinge, die unsere Phantasie uns vorhält, richtig zu beurteilen. Wenn also jemand seine geistige Haltung aufgibt, dann werden seltsame, oft auch hinderliche Phantasievorstellungen auftauchen. (359)

Fox: Das ist ein weiteres Argument für die meditative Kunst. Ohne eine sammelnde Disziplin geht unsere Phantasie uns durch! Da ist es sehr wichtig, geerdet und gesammelt zu sein. Ansonsten treten Paranoia und viele Projektionen auf. Wir haben schon über die Kunst als Tugend gesprochen und über das weitere Konzept eines erzeugenden und schaffenden Prozesses, der im Menschen sehr machtvoll ist, weil er die unendliche Vernunft, unendliche Wahlmöglichkeiten, die Kräfte von Wille und Entscheidung und die tatsächliche Entscheidungsfreiheit mit umfaßt. Du hast gesagt, diese Kraft sei eine göttliche. All das vertieft unser Verständnis des Prozesses, um den es in der meditativen Kunst geht, des Prozesses des Mitschaffens in der kosmischen Evolution der Welt.

Ich möchte jetzt auf deine moralische Lehre zu sprechen kommen, denn ich bin der Überzeugung, daß du eine ganz besondere Morallehre hast, die in die Via Creativa und letztlich in die Via Transformativa hineingehört. Die Via Positiva und Via Negativa sind im eigentlichen Sinne vormoralisch. Wir unterziehen uns ihnen. Wir unterziehen uns der Ehrfurcht und der Dunkelheit. Wie du aber zuvor schon im Gespräch über die Via Creativa sagtest, folgt auf Staunen und Ehrfurcht die Beurteilung.

Am wichtigsten an deiner moralischen Lehre finde ich, daß du sie nicht um Vorschriften und Gesetze herum errichtest, sondern um das Aufbauen der Tugend.

Thomas: Gottes Gebote richten sich auf Tugenden. (360) In Gottes Gesetzen entstand die Notwendigkeit für verschiedene positive und negative Vorschriften, um die Menschen allmählich zur Tugend zu führen; zunächst durch eine Abkehr vom Bösen, die durch die negativen Vorschriften erreicht wird; und später durch das Tun von Gutem, wozu die positiven Vorschriften anleiten. (361)

Fox: Du hast Tugend bereits als eine Kraft definiert und gesagt, daß die Tugend eine gewisse Vollendung einer Kraft bedeute. Moral hat für dich also damit zu tun, gestärkt zu werden, sich den Kräften des Universums anzuschließen und stark zu werden, um am Werk und der Mitschöpfung am Universum teilzuhaben. Sehe ich das richtig?

Thomas: In Gott sind Tugend und Kraft identisch. Tugend ist die äußerste Kraft und sozusagen die Vollendung der Kraft. (362)

Fox: Das scheint besonders in bezug auf Gott, der eine große Kraft ist, der Fall zu sein. In diesem Gespräch über die Kreativität und Tugend als einer schöpferischen Kraft erlebe ich eine Art Erlösung des Begriffs der Allmacht in seiner Verwendung in bezug auf die Gottheit.

Thomas: Als große Kraft wird etwas bezeichnet, das viele Dinge hervorbringen kann, wie eine Wurzel kräftig genannt wird, wenn sie viele Knospen produziert. In bezug darauf sagt Dionysius, daß die göttliche Wohnstätte aus eigener Kraft alle Dinge hervorbringe, wie eine Art allmächtige Wurzel. Er zeigt, daß der Grund dieser Allmacht in der Anziehung liegt. Denn als große Kraft wird bezeichnet, was Dinge zu sich wenden oder anziehen kann. Deshalb sagt Dionysius, daß Gott alle Dinge zur Gottheit wenden könne, wie zu einer allumfassenden Pflanzung. Denn alle Dinge sind in Gott gepflanzt, wie in ihrem ersten Ursprung. (363)

Fox: Indem du deine ganze Moral dem Aufbau von Tugend widmest, lädst du uns ein, gestärkt zu werden. Außerdem lädst du uns ein, gottähnlich zu werden, indem du unsere Verantwortlichkeit betonst, uns in der Tugend zu begründen oder zu 'pflanzen'.

Thomas: Die Tugend aller Dinge liegt ursprünglich und hauptsächlich in Gott, wie es auch bezüglich des Lebens und der Weisheit gesagt worden ist. ... Gott ist die Ursache aller Tugend. (364)

Fox: Aber du lädst uns auch ein, schöpferisch zu sein, denn wir müssen unsere Tugend gebären, das heißt unsere Kraft. Und das kann unter den schöpferischen Handlungen durchaus die äußerste sein: sich selbst zu gebären. Unsere Fähigkeit des Gebärens oder Hervorbringens ist natürlich auch göttlich, oder?

Thomas: Zwischen Gott und dem Geschöpf kann es eine gewisse Ähnlichkeit der Entsprechung geben. ... Das gilt zum Beispiel, insofern die Geschöpfe auf ihre Art die Idee des göttlichen Geistes reproduzieren, wie die Werke eines Künstlers die Reproduktion der Form in seinem Geist sind. Auf andere

Weise gilt es auch, insofern die Geschöpfe der Natur Gottes selbst ähnlich sind, da sie ihr Sein vom ersten Sein empfangen, ihre Güte von der höchsten Güte und so weiter. (365)

Fox: Unsere Fähigkeit zu gebären, einschließlich des Gebärens von Tugend, stammt vom Schöpfer selbst, durch dessen Kunst alle Dinge, einschließlich des Menschen, sind.

Thomas: Es heißt, Gott 'mache die Seele' der Menschen, weil es typisch für Töpfer ist, der materiellen Grundlage eine schöne Form zu verleihen. Beim Erschaffen gießt Gott also eine Seele in den irdischen Körper ein, wie Paulus (2 Kor. 4,7) sagt: „Wir haben diesen Schatz in irdischen Gefäßen." Und Römer 9,20: „Kann denn das Werk zu dem, der es geschaffen hat, sagen: Warum hast du mich so gemacht?" (366)

Fox: Gott ist also der Töpfer schlechthin. Und unsere Würde als Künstlerinnen und Künstler stammt von dieser göttlichen Schöpferkraft.

Thomas: Lernende sollten ihre Lehrer dabei beobachten, wie sie etwas angehen, so daß sie, wenn sie selbst an der Reihe sind, etwas zu machen, es mit der gleichen Geschicklichkeit tun können. Der menschliche Geist sollte deshalb durch den göttlichen erleuchtet werden, wenn er Dinge anfängt. So sollte er natürliche Vorgänge studieren, um in Harmonie damit zu sein. (367)

Fox: Das ist ein weiteres Argument dafür, die Natur zu studieren und auf die Wissenschaftlerinnen und Wissenschaftler zu hören, die das tun. Unsere kreative Arbeit ist selbst ein Teil des sich entfaltenden göttlichen Geistes. Es scheint, als würde uns der Heilige Geist sozusagen in der Arbeit des Mitschaffens beschäftigen. Gewiß sind wir Mitschaffende mit dem schöpferischen Geist Gottes.

Thomas: Die Kunst liegt in der Vernunft (ratio). (368) Das Licht der Vernunft ist nichts anderes als ein gewisses Teilhaben am göttlichen Licht. (369)

Fox: Wir haben also Teil am Licht Gottes, wenn wir schöpferisch sind?

Thomas: Gott ist Licht, und wer sich diesem Licht nähert, wird erleuchtet, wie Jesaja (60) sagt: „Erhebe dich in Liebe und werde erleuchtet." (370)

Fox: In der schöpferischen Arbeit erleben Künstlerinnen und Künstler eine Art der Erleuchtung. Kunst ist eine Art Gebet.

Thomas: Aus der Gottesliebe heraus erglüht man zur Betrachtung von Gottes Schönheit. (371) Gebet ist ein Akt der Vernunft. (372)

Fox: Etwas zu erschaffen, ist sowohl eine kontemplative wie auch eine aktive Handlung, wobei eine aus der anderen ausfließt. Und beide stammen aus unserer Vernunft, und beide sind unser Gebet. Indem du betonst, daß das Gebet selbst ein 'Akt der Vernunft' ist, zeigst du, daß für dich 'Vernunft' (ratio) viel mehr als analytische Aktivität umfaßt, sondern vom Wesen her unsere schöpferische Fähigkeit ist.

Thomas: In bezug auf natürliche Dinge ist der Geist kontemplativ, in bezug auf künstliche Dinge auch produktiv. (373)

Fox: Obwohl wir Mitschaffende sind, Werkzeuge des Geistes und erleuchtete Mitarbeiterinnen und Mitarbeiter mit der Gottheit, gibt es für unsere Kreativität Grenzen.

Thomas: Die Kunst bleibt hinter dem Wirken der Natur zurück, denn die Natur gibt die Wesensform (forma substantialis), was die Kunst nicht tun kann. Alle künstlichen Formen bleiben außerwesentlich (accidentalis), es sei denn, man läßt eine entsprechende Kraft auf die ihr zugehörige Materie einwirken, wie zum Beispiel Feuer auf Brennbares. (374) Aristoteles stellt fest, daß die Kunst, könnte sie natürliche Dinge machen, sich wie die Natur verhielte, und umgekehrt die Natur, könnte sie Künstliches machen, sich wie die Kunst verhielte. (375)

Fox: Unsere Kreativität trägt also dazu bei, daß die Dinge ins Dasein treten, wir sind aber in unserem Schaffen abhängig vom Sein selbst.

Thomas: Ein Koch kocht das Essen, indem er die natürliche aktive Kraft des Feuers einsetzt; der Baumeister baut ein Haus, indem er Zement, Steine und Balken verwendet, die die bestimmte Gestaltung und Ordnung aufnehmen und erhalten. Deshalb hängt das Sein des Hauses ebenso von der Natur dieser Dinge ab, wie das Werden des Hauses vom Handeln des Baumeisters. ... Der Baumeister verursacht das Haus in bezug auf sein Werden, nicht aber direkt in bezug auf sein Sein. (376)

Fox: Was wir hervorbringen, muß selbst der Kritik unterworfen werden. Nicht alles Hervorgebrachte ist moralisch oder ästhetisch neutral.

Thomas: Ein Fehler ist eine Abweichung von einer guten Absicht. Ein Vergehen gegen die Kunst wird begangen, wenn der Künstler ein gutes Werk machen will, aber ein schlechtes produziert, oder wenn er ein schlechtes machen will, aber ein gutes produziert. Das ist dem Künstler vorzuwerfen. (377) Wenn jemand mit einer Begabung für eine Kunst schlechte Arbeit abliefert, dann ist das eigentlich kein Kunstwerk, sondern widerspricht der Kunst. (378)

Fox: Künstlerinnen und Künstler sind, mit anderen Worten, für den Wert ihrer Kunst verantwortlich?

Thomas: Die Vernunft hat zur künstlerischen Produktion und zu moralischen Handlungen unterschiedliche Beziehungen. In Belangen der Kunst zielt die Vernunft auf etwas Bestimmtes ab, was von ihr entworfen ist. In moralischen Fragen jedoch zielt sie auf das grundsätzliche Ziel des menschlichen Lebens. ... Für einen Fehler wird ein Künstler als Künstler kritisiert, während er für andere Fehler als Mensch getadelt wird. (379)

Fox: Kunst und Kreativität sind also in einem weiten Sinne Tugenden.

Thomas: Geistige Tugenden können insofern Tugenden genannt werden, als sie die Eignung zu bestimmten guten Arbeiten verleihen, zum Beispiel zur Bewahrung der Wahrheit. ... Daß man das Wissen, über das man verfügt, einsetzt, ist eine Sache des Willens. (380) Der Philosoph sagt (Ethik VI,3,4), daß die Kunst eine Tugend ist. (381) Kunst wird eine Tugend genannt. Doch stellt sie keine vollkommene Tugend dar, weil sie nicht dafür sorgt, daß ihr Besitzer sie gut nutzt. Dazu bedarf es etwas Zusätzlichem. (382)

Fox: Und dieses Etwas sind die moralischen Tugenden, die wir hervorbringen, indem wir unseren Charakter und unsere Beziehungen in dieser Welt gebären. Selbst unsere moralischen Tugenden müssen geboren werden. Ja, unser ganzes Wesen ist etwas, das wir gebären. Unsere Kunst ist also eine Tugend, und unsere moralische Tugend ist eine Kunst. Und all dies gehört eng zur Via Creativa und zu unserer Verantwortung des Gebärens.

Thomas: Es ist etwas Großes, Wunder zu tun, aber es ist größer, tugendhaft zu leben. (383)

Fox: Du sagst, daß ein tugendhaftes Leben etwas Größeres ist, als Wunder zu vollbringen! Das stellt unsere Kreativität als Tugend Gebärende in einen großartigen Rahmen. Auch hier scheint wieder das zugrundeliegende Thema der Kraft, der wahren Bedeutung von 'Tugend', in deiner Lehre durch.

Thomas: Ihrem Namen nach bedeutet Tugend (virtus) die Vollendung einer aktiven Kraft (potentia). Es gibt aber zwei Arten dieser aktiven Kraft: die Aktivität der einen zielt auf etwas außerhalb der Handlung Liegendes, wie etwa die Handlung des Bauens in ein Bauwerk mündet. Die Betätigung der anderen dagegen zielt nicht auf etwas außerhalb des Handelnden, sondern bleibt in ihm selbst, wie zum Beispiel das Sehen im Sehenden. ... Die Tüchtigkeit von Bauenden besteht darin, daß sie ein sehr gutes Haus bauen. Die Vollendung der anderen Art von Kraft wird ... nach der Art ihrer Tätigkeit verstanden, daß sie nämlich gut und angemessen wirkt. Aufgrund dessen nennt man eine Handlung gut. Und darum wird bei dieser Art von Kraft das als Tugend bezeichnet, was die Handlung gut macht. (384)

Fox: Unsere Tugend ist also unsere Kraft zum Guten.

Thomas: Tugend macht sowohl die Kraft als auch den Handelnden gut. (385) Tugend wirkt immer für etwas Gutes, für etwas gut ausgeführtes Gutes, das heißt: bereitwillig, freiwillig, freundlich und zuverlässig. Das sind die Kennzeichen tugendhaften Handelns, die nur beteiligt sein können, wenn man das liebt, was man anstrebt. (386)

Fox: Wenden wir uns nun der gewaltigen Stärkung zu, für die du sprichst, eine, die größer ist als das Wundertun, und laß sie uns in größerer Tiefe erkunden. Erzähle uns etwas über die moralische Tugend und die Kunst, in uns selbst moralische Stärke zu gebären.

Thomas: So wie weltliche Armut äußere (oder körperliche) Schwäche hervorruft, so ruft die geistige Armut geistige Schwäche hervor. Der Begriff 'Tugend' kann auf körperliche Kräfte verwendet werden, die in Sehnen und Knochen liegen. Der Psalmist (31) spricht von „meinen Knochen", als wolle er sagen, daß alles, worauf er seine Stärke gegründet hatte, geschwächt war. Oder Psalm 22: „Meine Knochen sind ganz ausgetrocknet." (387)

Fox: Hier stellst du wiederum Tugend und Stärke gleich.

Thomas: Wie die Sehkraft im Auge, so wohnt die Stärke in Knochen und Sehnen. Und wie sich Sehkraft mit den Augen bezeichnen läßt, so kann man die Stärke und Tugend mit den Knochen bezeichnen. Denn wie der Körper von den Knochen getragen wird, so wird das menschliche Leben von den Tugenden getragen. Deshalb wird Gott in der Zukunft die Knochen befreien, das heißt, die Tugenden, aber bis dahin hütet Gott sie noch, wie der Psalmist (34,21) sagt: „Der Herr hütet ihre Knochen." (388)

Fox: Deine Analogie, daß unsere Psyche unserem Körper entspricht und die Tugenden den Knochen darin, die ihn stützen, da sie unser moralisches Leben stützen, spricht unsere heutige Denkweise sehr an. Welche Aufgabe erfüllen die Tugenden noch, außer uns zu unterstützen und dadurch stark zu machen?

Thomas: Tugend leistet dreierlei: Sie hält uns vom Bösen fern; sie beschäftigt sich und uns mit dem Guten; und sie richtet uns auf das Beste aus. (389)

Fox: Ich verstehe dich so, daß die Tugend eine Art geistiger Pfad ist, der ein sinnvolles Leben und Lebensqualität sichert.

Thomas: Der Weg ist Tugend und besonders vollkommene Tugend. Deshalb kann, in wem vollkommene Tugend auftritt, wegen der Hoffnung als glücklich bezeichnet werden. Wie ein reich blühender Baum wird er fruchtbar genannt. (390)

Fox: Es gefällt mir, daß du die Tugend mit der Kunst des Früchtetragens und dem Weg zum Glück verbindest. Eine gesunde Kreativität führt zum Glück, sagst du, und zu den gesündesten schöpferischen Handlungen gehört es, die Tugend selbst zu gebären.

Thomas: Glück ist eine an der Tugend orientierte Tätigkeit, die dem vollständigen Leben eines Menschen zukommt. (391) Jede Tugend hat am Wesen des Guten insoweit teil, als sie die ihr eigene Tat beiträgt. (392)

Fox: Wir haben in unseren Gesprächen viel über die 'Güte' und die Segnung gesprochen, nun bringst du sie wiederum zur Sprache. Warum ist die Tugend so ein großes Gut und so ein großes Glück (da uns doch Gutes aller Art umgibt)?

Thomas: Man kann das Gute beim Menschen in drei Gruppen einteilen. Eine ist das Äußerliche, wie Reichtum, Ehre, Freunde und so weiter. Die anderen beiden sind innerlich. Die eine betrifft den Körper, die körperliche Kraft, Schönheit und Gesundheit. Die zweite betrifft die Seele mit dem Wissen, der Tugend und ähnlichem. Das sind die hauptsächlichen Güter, denn die äußeren Dinge dienen dem Körper und der Körper der Seele, wie die Materie der Form als ein Instrument des ursprünglich Tätigen. Alle Philosophen stimmen nun darin überein, daß die Güter der Seele die wichtigsten seien. (393)

Fox: Es scheint, als sei die Kreativität tatsächlich in die Kraft der Tugend eingebaut: Tugendhaft zu sein, heißt kreativ zu sein, beschenkt mit der Kraft 'hervorzubringen', genau wie die Güte selbst es tut.

Thomas: Die Tugenden sind nichts anderes als solche Vollkommenheiten, die die Vernunft auf Gott richten und die niederen Kräfte nach dem Maßstab der Vernunft ordnen. (394)

Fox: Über den ersten Teil deiner Definition – die Ausrichtung unserer Vernunft oder Kreativität auf Gott – haben wir bereits im Gespräch über den schöpferischen Akt ausführlich diskutiert. Aber der zweite Teil derselben – die Regelung der 'niederen Kräfte' – was verbindest du mit dieser Formulierung?

Thomas: Es gibt vier Hauptleidenschaften der Seele, und das sind Hoffnung, Angst, Freude und Trauer. (395)

Fox: Und die Arbeit der Tugend besteht darin, diese Leidenschaften auf unser Ziel zu steuern, welches – hoffentlich – ein gutes ist?

Thomas: Die Leidenschaften der Seele können zum Willen zweierlei Beziehung haben: Sie können ihm vorausgehen oder ihm folgen. Ihm vorausgehen, insofern sie den Willen antreiben, etwas zu wollen; und ihm folgen, insofern das niedere Verlangen aufgrund der Heftigkeit des Willens durch eine Art Überfließens zu solchen Leidenschaften erregt wird oder indem der Wille sie selbst hervorbringt und erweckt. (396)

Fox: Die Stärkung, die die Tugend uns gibt, ist also eine auf unsere Leidenschaften gerichtete Stärkung?

Thomas: Die moralische Tugend liegt in der Kraft der Leidenschaften, der Wut und des Verlangens. (397)

Fox: Oft erleben wir, daß Moral in Kategorien der Willenskraft, der Schuld und der Macht gelehrt wird. Von dir höre ich jedoch etwas völlig anderes, wenn du sagst, daß sich die moralische Tugend eigentlich in den Leidenschaften findet.

Thomas: Die vollkommene moralische Tugend löscht die Leidenschaften nicht ganz aus, sondern ordnet sie. Denn „zum Maßvollen gehört es, zu verlangen, wie es sich gehört und was sich gehört" (Aristoteles). (398)

Fox: Gib bitte ein Beispiel einer Leidenschaft, die in diesem Sinne tugendhaft ist. Nehmen wir zum Beispiel den Zorn.

Thomas: Eine lobenswerte Person ist eine, die über die richtigen Dinge zornig ist, über die richtigen Leute und im richtigen Maß, weil sie dann zornig ist, wie, wann und solange sie es sollte. (399)

Fox: Für eine tugendhafte Person braucht die Leidenschaft also kein Problem zu sein?

Thomas: Die Motivation der Tugend, die in einem vollkommenen Willensakt besteht, kann es nicht ohne Leidenschaft geben. Nicht weil der Willensakt von der Leidenschaft abhinge, sondern weil bei einem der Leidenschaft unterworfenen Wesen die Leidenschaft auf einen vollkommenen Willensakt folgen muß. (400)

Fox: Der Kern des Gebärens einer moralischen Tugend ist also wie der Kern des Gebärens irgendeiner Kunst, er liegt nämlich im Akt der Entscheidung?

Thomas: Der Hauptakt der moralischen Tugend ist die Entscheidung (electio), ein Akt des vernünftigen Verlangens. (401) Die Entscheidung wird (von Aristoteles) als das Hauptelement der moralischen Tugend bezeichnet, sowohl von der Rolle des Verstandes als auch von der Rolle des Willens darin her gesehen. Denn beide sind zum Begriff der moralischen Tugend notwendig. Im Hinblick auf äußere Handlungen wird die Entscheidung als das Hauptelement bezeichnet. (402)

Fox: Moral umfaßt also Vernunft, Wille und Entscheidung. Du hast bereits gesagt, daß Vernunft, Wille und Entscheidungsfähigkeit einen Aspekt des Unendlichen in sich tragen. So wundert es nicht, daß wir als Hilfe in unserer Entscheidungsfindung Disziplin brauchen, da diese in unserer Kreativität zentral ist. Könntest du dich ausführlicher zu der Absicht äußern, die im Akt der Kreativität liegt?

Thomas: Entscheiden und wünschen ist nicht das gleiche. ... Der Wunsch eines Menschen kann sich auf Handlungen richten, die nicht von ihm selbst auszuführen sind. Ein Beispiel wäre jemand, der ein Duell beobachtet. Er kann sich wünschen, daß einer der Duellanten gewinnt, indem er sich mit ihm identifiziert. ... Aber niemand entscheidet sich für Handlungen, die jemand anders auszuführen hat. Man kann sich nur für Handlungen entscheiden, die man selbst durchführt. Deshalb unterscheiden sich Wünschen und Entscheiden. (403)

Fox: Zu wünschen scheint mir vager, als zu entscheiden.

Thomas: Eine Entscheidung bezieht sich nur auf die Mittel zu einem Zweck, nicht aber auf das Ziel selbst. ... Wir wünschen uns zum Beispiel hauptsächlich die Gesundheit als das Ziel einer medizinischen Behandlung; aber wir wählen die Heilmittel aus, die uns gesund machen können. (404)

Fox: Entscheidung ist wohl eine besondere Kraft, die unsere Spezies besitzt.

Thomas: Entscheidungen beziehen sich auf Dinge, die in unserer Macht liegen. Darum können sie sich nicht auf Unmögliches beziehen oder auf Handlungen, die andere zu vollziehen haben, noch auf die letzten Ziele, die meistens durch unsere Natur vorgegeben sind. (405)

Fox: Und du meinst, daß diese schöpferische Entscheidungskraft auf dieser Erde für unsere Spezies einzigartig ist?

Thomas: Unvernünftige beseelte Wesen kennen natürlich auch ihre Ziele und bewegen sich auf sie hin, da sie bezüglich dieser Ziele Urteilskraft besitzen. Aber das Verlangen nach dem Ziel und nach den Mitteln zum Ziel ist für sie durch die natürliche Neigung vorgegeben. Aus diesem Grund sind sie eher

Dinge, in denen Tätigkeit stattfindet, als Handelnde. Es gibt in ihrem Falle auch keinen freien Willen. Vernunftbegabte Tätige, in denen allein sich Entscheidungsfähigkeit findet, kennen ihre Ziele und auch die rechte Beziehung zwischen den Mitteln und den Zielen. Während sie sich also auf ihr Ziel zubewegen, gehen sie auch mit dem Wunsch nach diesem Ziel um und mit den Mitteln dazu. Deshalb verfügen sie über freien Willen. (406)

Fox: Unsere von Gott verliehenen Fähigkeiten zu unendlichen schöpferischen Möglichkeiten scheinen einiger Lenkung zu bedürfen. Siehst du im Prozeß der Kreativität unsere Leidenschaften als Feinde oder als Verbündete?

Thomas: Tugend überwindet ungeordnete Leidenschaft und erzeugt geordnete Leidenschaft. (407)

Fox: Leidenschaft ist also eigentlich ein Produkt unserer Kreativität?

Thomas: Die Leidenschaft, die sich dem niederen Verlangen anschließt, ist ein Zeichen für die Intensität der Willensregung. Denn in der der Leidenschaft unterworfenen Natur ist es nicht möglich, daß der Wille stark zu etwas bewegt wird, ohne daß im niederen Teil eine Leidenschaft folgt. (408)

Fox: Du sprichst davon, daß die Intensität des Willens und unsere starke Betroffenheit ein Plus in unserem moralischen Leben ist. Leidenschaften scheinen dich in keiner Weise zu bedrohen. Ich verstehe dich so, daß du dazu rätst, sie zu ergreifen und zu nähren.

Thomas: Das Handeln aufgrund einer Leidenschaft vermindert Lob oder Tadel, das Handeln mit einer Leidenschaft dagegen kann beide vermehren. (409)

Fox: Warum das?

Thomas: Wenn die Leidenschaften dem Willen folgen, mindern sie das Lobenswerte oder die Güte der Handlung nicht, weil sie nach dem Urteil der Vernunft, nach dem der Wille sich richtet, gemäßigt werden. ... Wenn der Wille etwas nach dem Urteil der Vernunft wählt, handelt er direkter und leichter, wenn zusätzlich im niederen Verlangen eine Leidenschaft geweckt wird, denn die Kraft des niederen Verlangens steht den körperlichen Veränderungen näher. (410)

Fox: Könntest du uns dafür bitte ein Beispiel geben.

Thomas: Das sagt auch der Philosoph, wenn er einen Vers Homers zitiert: „Zeige Tapferkeit und Zorn,“ wenn jemand sich durch die Tugend der Tapferkeit hervortut, sorgt die sich an die Wahl der Tugend anschließende Leidenschaft des Zorns für eine größere Handlungsfähigkeit. (411)

Fox: Der Zorn und andere Leidenschaften helfen uns also eigentlich dabei, unsere moralischen Entscheidungen auszutragen. Wir tun sie mit mehr Nachdruck und freudigerem Eifer.

Thomas: Zu einer tugendhaften Handlung sind Wahl und Ausführung nötig. Zur Wahl ist Unterscheidung erforderlich, zur Ausführung des Entschiedenen Bereitwilligkeit. Es ist jedoch nicht nötig, daß ein Mensch, der gerade mit der Ausführung einer Sache beschäftigt ist, viel darüber nachdenkt. Denn das wäre eher hinderlich als hilfreich, wie Avicenna sagt. So wäre etwa ein Lautenspieler sehr behindert, wenn er über die einzelnen Berührungen der Saiten nachdächte; oder auch ein Schriftsteller, wenn er über die Formung der einzelnen Buchstaben nachsinnen müßte. Deshalb behindert eine Leidenschaft, die der Wahl vorausgeht, die tugendhafte Handlung, indem sie das zur Wahl nötige Urteil der Vernunft verhindert. Ist die Wahl aber bereits durch das Urteil der Vernunft getroffen, so hilft eine darauf folgende Leidenschaft mehr als sie hindert; denn auch wenn sie das Vernunfturteil in gewisser Weise stört, trägt sie doch zum Eifer der Ausführung bei. (412)

Fox: Aber du sagst, die Leidenschaft solle dem Willen folgen und nicht umgekehrt?

Thomas: Geht sie aber vorher, so würde sie die Art der Tugend stören. (413)

Fox: Wie steht es mit der Vorstellung, daß Heiligkeit in einer Entsagung von den Leidenschaften besteht?

Thomas: Die seelischen Leidenschaften lassen uns zur Sünde neigen, wenn sie der Vernunftordnung entgegengesetzt sind, lassen uns aber zur Tugend neigen, wenn sie ihr entsprechen. (414) Diejenigen, die die Tugend einer gereinigten Seele haben, sind in gewisser Weise frei von denjenigen Leidenschaften, die uns zum Gegenteil dessen neigen lassen, was die Tugend wählt, und auch von den Leidenschaften, die den Willen beeinflussen, nicht aber von denen, die ihm folgen. (415)

Fox: Du benutzt die Leidenschaft des Zorns als Beispiel. Ich glaube, du empfiehlst einen angemessenen und schöpferischen Ausdruck des Zorns als eine Tugend, während seine Unterdrückung eine Sünde sein kann.

Thomas: Verbitterte Menschen behalten ihren Ärger lange. (416)

Fox: Wie steht es mit der Leidenschaft der Wollust? Ist auch diese tugendhaft?

Thomas: Von der Fleischlichkeit der geistigen Zuneigung kann nur die Rede sein, wenn die Liebesleidenschaft der Willensneigung vorausgeht, nicht aber wenn sie ihr folgt. Denn das letztere gehört zur Liebesglut, die daraus besteht, daß die geistige Zuneigung des höheren Teils durch ihre Heftigkeit überfließt und dadurch den niederen Teil beeinflußt. (417)

Fox: Tugenden sind also regelnde Haltungen, die unseren Willen, unsere Vernunft, unsere Entscheidungskraft und unsere Leidenschaften miteinander in Wechselwirkung halten, so daß sie alle uns zum Guten bringen, das wir erreichen oder mitteilen wollen.

Thomas: Als Haltung (habitus) bezeichnen wir das, wodurch wir „auf Leidenschaften oder Tätigkeiten gut oder schlecht eingestellt sind" (Aristoteles, Ethik 2,5). (418) Die Haltung ist gewissermaßen ein Mittelding zwischen reinem Vermögen und reiner Handlung. (419) Eine Haltung ist die Vollendung eines Vermögens. (420) Eine Haltung macht Menschen zu bestimmten Handlungen geneigt wie eine zweite Natur, so daß diese Handlungen ihnen Quelle der Lust werden. So bezeichnet man, aufgrund der Ähnlichkeit, als das 'Leben' eines Menschen jegliches Werk, an dem er Freude hat, dem er sich widmet, auf das er seine Zeit verwendet und auf das er sein ganzes Leben hinordnet. Deshalb sagt man von manchen, sie lebten ein selbstsüchtiges, von anderen, sie lebten ein tugendhaftes Leben. (421)

Fox: Du sagst, daß Tugend und Lust zusammengehören?

Thomas: Tugendhafte Handlungen sind aus sich heraus lustvoll. (422) Ein Mensch wird hauptsächlich nach der Lust seines Willens als gut oder schlecht angesehen. Gut und tugendhaft ist nämlich, wer an tugendhaften Werken Vergnügen hat, böse, wer an schlechten Werken Vergnügen hat. (423)

Fox: Die Vorstellung, daß Tugend und Lust zusammengehören, führt uns über Schuld, Angst und Pflicht als Motive für moralische Handlungen hinaus.

Thomas: Je lustvoller etwas aus einer tugendhaften Haltung heraus getan wird, um so lustvoller und verdienstvoller ist die Handlung. (424) Lust ist die Vollendung einer Handlung. (425) Glück ist Tätigkeit, die von der Tugend ausgeht. (426)

Fox: Welche Tätigkeit bringt den Menschen das größte Glück?

Thomas: Die lustvollste aller tugendhaften Handlungen ist die Kontemplation der Weisheit – eine offenkundige Tatsache, der alle zustimmen. (427) Diejenigen, die sich der Kontemplation der Weisheit widmen, sind die Glücklichsten, die man in diesem Leben finden kann. (428)

Fox: Es überrascht mich, wenn du von der Tugend als vergnüglich und freudig sprichst.

Thomas: Mit der Tugend übereinstimmende Handlungen machen nicht nur am meisten Spaß, sondern sind auch schön und gut. Sie sind lustvoll bezüglich des Handelnden, der sie aufgrund der Tugend einer bestimmten Haltung bejaht. Sie sind schön wegen einer angemessenen Ordnung der Umstände wie auch der Teile. Denn Schönheit besteht in einer passenden Zusammenstellung der Teile. Und sie sind gut wegen ihrer Hinordnung auf ein Ziel. (429)

Fox: Die Vorstellung, daß sowohl Vergnügen als auch Schönheit Prüfsteine unserer moralischen Handlungen sind, wirkt auf mich sehr anziehend.

Thomas: Tugendhaft zu handeln, heißt, spontan und freiwillig zu tun, was man muß. (430) Es ist eine Bedingung der Tugend, daß ein tugendhafter Mensch mit Festigkeit und Freude handelt. Hauptsächlich Liebe führt zu diesem Ergebnis, denn wir tun etwas fest und mit Freude, wenn wir lieben. Liebe zum Guten ist daher das eigentliche in den göttlichen Geboten beabsichtigte Ziel. (431)

Fox: Es fällt auf, daß du den Imperativ benutzt, wenn du davon sprichst, daß wir mit Freude handeln sollen. Wie wichtig ist die Freude?

Thomas: Freude und Trauer sind unter den Leidenschaften primär. (432)

Fox: Und sie sind offenbar aufeinander bezogen.

Thomas: Große Freude vertreibt alle Trauer, auch die, die ihr nicht direkt entgegensteht. (433) Die Lust der Tugend überwindet seelischen Kummer. (434)

Fox: Ich verstehe dich so, daß du eine wichtige Verbindung zwischen Via Positiva und Via Negativa unterstellst: Beide haben mit Freude und Vergnügen, Schönheit und Güte zu tun. Was wir hervorbringen, vergrößert das Entzücken der Schöpfung. Wir sind wahrhaft Mitschaffende. In dem von dir Gesagten steckt außerdem, daß die Schaffensfreude auch Traurigkeit und Niedergeschlagenheit überwinden helfen kann. Kreativität ist ein Gegenmittel gegen die Trägheit, die acedia. Das Stärkerwerden führt zur Freude.

Thomas: Manches Glück kann in der rechten Verwendung von Kraft bestehen, das heißt auf dem Wege der Tugend und weniger in der Kraft um ihrer selbst willen. (435)

Fox: Damit kommen wir wieder auf die etymologische Bedeutung der Tugend als 'Kraft' zurück. Die Via Creativa scheint ein Pfad zu sein, auf dem wir unsere Kraft entdecken und gebären.

Thomas: Der Begriff Tugend (virtus) bezieht sich auf die äußerste Grenze einer Kraft. Eine natürliche Kraft oder Fähigkeit besteht darin, dem Zerstörenden widerstehen zu können, und ist in anderem Sinne Ursprung des Handelns. ... Dieses letztere Verständnis ist das allgemeinere. (436)

Fox: Tugend hat mit der 'äußersten Grenze einer Kraft' zu tun. Kannst du dazu Näheres sagen?

Thomas: Es gehört zum Wesen der Tugend, daß sie sich auf Äußerstes bezieht. (437) Das Äußerste oder Beste, was die Kraft von einer Sache erreichen kann, wird als ihre Höchstleistung bezeichnet. Da eine vollkommene Handlung von einem vollkommenen Handelnden ausgeht, ergibt sich, daß alles je nach seiner Tugend gut ist und gut wirkt. (438)

Fox: Du stellst unser Streben nach dem Hervorragenden als einen Drang unserer Kraft und Tugend heraus. Bei der Tugend geht es aber doch auch um das Finden eines Maßes zwischen unerträglichen Extremen?

Thomas: Es ist schwer, gut oder tugendhaft zu sein, weil wir wissen, daß es immer schwer ist, daß Maß zu finden, aber leicht, von ihm abzuweichen. So kann nicht jeder, sondern nur ein gebildeter Geometer die Mitte eines Kreises finden. Auf der anderen Seite kann man leicht die Mitte verfehlen. Ebenso kann jeder leicht Geld ausgeben und verschwenden. Aber nicht jeder – denn es ist nicht leicht – kann den richtigen Personen die richtige Menge Geldes zur rechten Zeit und für den richtigen Zweck und auf die richtige Art geben – was alles zu einem tugendhaften Geben gehört. Wegen dieser Schwierigkeiten ist es etwas Seltenes und Schweres, aber wegen seiner Übereinstimmung mit der Vernunft lobenswert und tugendhaft. (439)

Fox: Du sagst, daß Tugend schwer zu erreichen sein kann. Was ist letztlich der gemeinsame Nenner im Hinblick auf die Tugend? Dabei kann es sich ja nicht um Gesetze handeln, denn Gesetze werden von Menschen gemacht und entwickeln sich mit den Kulturen. Wo können wir letztlich Tugend lernen?

Thomas: In der Menschheit sind gute Menschen die Vorbilder. (440)

Fox: Letztlich müssen wir also unser Gutsein von guten Menschen lernen? Das weist auch darauf hin, wie wichtig gute Eltern und wie wertvoll gute Mentoren in unserem Leben sind.

Thomas: Wirklich gut und erfreulich sind diejenigen Handlungen, die von einem guten Menschen, der als Vorbild menschlichen Handelns gelten kann, als solche beurteilt werden. (441)

Fox: Wir haben schon von der Freude gesprochen, die unsere Arbeit bringen kann, aber wir sind doch ebenfalls in der Lage, Trauriges hervorzubringen. Wie steht es mit dem Bösen, das wir mit Hilfe unserer kreativen Fähigkeit begehen?

Thomas: Manchmal kommt es vor, daß wir bewundernswerte Dinge verantwortlich ausführen, daß aber nicht alle unsere Handlungen bewundernswert sind. Denn manchmal verhalten wir uns auch schlecht und mangelhaft. (442)

Fox: Wie können wir im Zusammenhang unseres Handelns das Böse oder Schlechte definieren?

Thomas: Jede Handlung hat Gutes, sofern sie ist. Sie hat jedoch einen Mangel an Gutem, insoweit ihr etwas an der Fülle ihres Seins fehlt. Und das nennen wir schlecht oder böse. (443)

Fox: Wie unterscheidet sich Sünde vom Schlechten?

Thomas: Das Schlechte (malum) ist umfassender als die Sünde, so wie das Gute (bonum) umfassender ist als das Richtige. Denn jeder Mangel an Gutem in einem jeden Gegenstand ist ein Übel, während die Sünde hauptsächlich in einer zu einem bestimmten Zweck ausgeführten Handlung liegt, hinsichtlich derer ihr die rechte Ordnung fehlt. (444) Nur willentliche Handlungen werden durch Gutes oder Übles lobens- oder tadelnswert. In solchen Handlungen sind das Böse, die Sünde und die Schuld ein und das gleiche. (445)

Fox: Von unserem vorigen Gespräch über die Leidenschaft her betrachtet, scheint die Tugend darum zu ringen, daß die Leidenschaft zum Guten und nicht zum Schlechten beiträgt.

Thomas: Ungeordnete, nicht die geordnete Leidenschaft führt zur Sünde. (446)

Fox: Es ist bezeichnend, daß wir erst jetzt – nach Dutzenden Seiten der Diskussion über die Via Creativa – zum Gespräch über die Sünde kommen. Dein Zugang zur Moral betont den Aufbau von Tugend und hat somit einen grundlegend anderen Ausgangspunkt als ein an der Sünde orientierter Ansatz.

Thomas: Die Verbote des Gesetzes verbieten sündige Handlungen, während die Gebote zu tugendhaften Handlungen anleiten. (447) Gebote werden in bezug auf tugendhafte Handlungen gegeben. (448) Gottes Gebote beziehen sich auf Tugenden. Zweifellos ist Liebe eine Tugend. (449)

Fox: Zuvor hast du gesagt, daß jedes Gesetz mit Liebe zu tun hat.

Thomas: Liebe ist die mächtigste der Tugenden. (450) Liebe ist die Wurzel und das Ziel aller Tugenden. Eine Wurzel, weil aus der im Herzen eines Menschen wohnenden Liebe die Bewegung ausgeht, alle Gebote zu erfüllen. In Römer (13,8) heißt es: „Wer den Nächsten liebt, hat das Gesetz erfüllt." Alle Gebote werden gleichsam dazu erlassen, daß die Menschen in ihren Beziehungen freundlich miteinander sind und sich nicht plagen. Am stärksten geht das von der Liebe aus. Wir sagen aber auch, Liebe sei das Ziel, da alle Gebote auf sie hingeordnet sind und nur in der Liebe (caritas) gefestigt werden. (451)

Fox: Kannst du etwas über die Beziehung zwischen Gesetz und Tugend sagen?

Thomas: Wir werden mittels der Gesetze tugendhaft. (452) Absicht des menschlichen Gesetzes ist es, die Menschen zur Tugend zu führen, und zwar nicht plötzlich, sondern allmählich. Deshalb erlegt es der großen Zahl der unvollkommenen Menschen nicht das auf, was den schon Tugendhaften entspräche: sich von allem Bösen fernzuhalten. Sonst würden die Unvollkommenen, da sie nicht in der Lage wären, die Vorschriften einzuhalten, in noch größeres Übel verfallen. (453) Es ist offenbar Sache des Gesetzes, die ihm Unterliegenden zu ihrer je eigenen Tugend zu führen. ... Es soll diejenigen, für die es gilt, entweder allgemein oder in einer bestimmten Hinsicht gut machen. (454)

Fox: Wie kann ein Gesetz Menschen gut machen?

Thomas: Sofern menschliche Handlungen zur Tugend beitragen, macht das Gesetz die Menschen gut. (455)

Fox: Indem du betonst, daß es bei der Via Creativa um den Aufbau von Tugend geht, bietest du ein positiveres und eher herausforderndes Verständnis der Moral an. Du drängst uns dazu, diese Herausforderung anzunehmen und dafür verantwortlich zu sein, uns selbst zu erschaffen.

Thomas: Gutes zu tun, ist mehr, als Böses zu meiden. Deshalb umgreifen die affirmativen Gebote die Verbote. (456) Nicht in allen Menschen ist Tugend, denn sie wird von der Sünde vertrieben. (457)

Fox: Da wir gerade von der Sünde reden, ist es wohl Zeit, ein Thema anzusprechen, das im Gespräch über die Kreativität besonders relevant ist, die Angst. Das Thema der Angst ist schon einige Male aufgekommen und gehört sicherlich zu jedem Gespräch über die Leidenschaft. Ich finde jedoch die Verbindung der Angst mit einer Unfähigkeit zum Schöpferischen besonders bemerkenswert. Otto Rank, ein Psychologe unseres Jahrhunderts, der sein gesamtes Heilerleben der Arbeit mit kreativen Menschen widmete, kam zu dem Schluß, daß das hauptsächliche Hindernis für die Kreativität Angst sei – die Todesangst und ihr Gegenstück, die Lebensangst.

Thomas: Diejenigen, die sich sehr fürchten, sind so mit ihrem eigenen Leid beschäftigt, daß sie auf fremdes Elend nicht achten. (458)

Fox: Das ist eine sehr schwerwiegende Beobachtung und hilft uns, den Fundamentalismus zu erklären, der mir als eine auf Angst aufbauende Religion erscheint. Ich erlebe es als besonders schwierig, die Mauer der Angst zu durchdringen, die Fundamentalistinnen und Fundamentalisten umgibt. Als ein Zeichen für die Undurchdringlichkeit dieser Mauer können wir die Tatsache ansehen, daß im Fundamentalismus das Leiden anderer nie thematisiert wird. Ich höre sie nie über Unrecht, Rassismus, Sexismus, Umweltzerstörung oder Militarismus reden, die in unserer Welt so viel Leiden hervorbringen. Sie sind, wie du sagst, derart in ihre eigene Leidenschaft der Angst eingehüllt, daß sie ihr ganz unterliegen. Meinst du damit, daß Angst sündig ist?

Thomas: Angst ist eine Sünde, sofern sie ungeordnet ist und vor dem weicht, wovor man vernünftigerweise nicht weichen darf. (459)

Fox: Aber wir haben doch ganz natürlich manchmal Angst?

Thomas: Leidenschaften sind weder lobenswert noch kritikwürdig. Denn man wird nicht gelobt oder kritisiert, wenn man wütend oder ängstlich ist, sondern wenn man sich angesichts dessen geordnet oder unkoordiniert verhält. (460)

Fox: Angst ist also nicht immer sündig.

Thomas: Bei menschlichen Handlungen ist von Sünde die Rede, wenn etwas ungeordnet verläuft, denn das Gute an einer Handlung des Menschen liegt in einer gewissen Ordnung. ... Die Vernunft befiehlt, manches zu fliehen und anderes zu suchen. ... Wenn also das Verlangen flieht, was die Vernunft auszuhalten befiehlt, um sich nicht von dem abzuwenden, was stärker zu suchen ist, dann ist die Angst ungeordnet und sündig. (461)

Fox: Und du meinst, daß das Leiden anderer zu denjenigen Dingen gehört, auf die wir gemäß unserer Vernunft reagieren sollten. Ich halte es für wichtig, daß wir Angst als eine Sünde bezeichnen können, denn in unserer Zeit zeigt sie sich oft als solche. Viel Leid entsteht aus unserer Angst, aus unserer Unfähigkeit zum Gebären und unseren Unterlassungssünden, die aus diesem Mangel an Kreativität hervorgehen. Du hast dich dazu sehr ausführlich geäußert, als du über das Vergraben unserer Talente sprachst. Was glaubst du, woher die Angst kommt?

Thomas: Jede Angst geht aus Liebe hervor, denn man fürchtet nur das Gegenteil dessen, was man liebt. (462)

Fox: Aber die Liebe erlöst uns doch auch von der Angst?

Thomas: Die vollkommene Liebe (caritas) treibt die unterwürfige Angst aus, die hauptsächlich Strafe erwartet. (463)

Fox: Welche Ursachen für die Angst gibt es noch?

Thomas: Für die Angst gibt es eine doppelte innere Ursache, nämlich Unwissenheit und Schwäche. Deshalb wird man im Dunkeln ängstlicher sein. Gegen die zweite Ursache der Angst, die Schwäche, gibt es ein göttliches Heilmittel. Gegen die erste gibt es die Erleuchtung, weshalb der Psalmist (27,1) sagt: „Der Herr ist mein Licht", und Micha (8): „Wenn ich in der Dunkelheit sitze, ist der Herr mein Licht." Gegen die zweite Ursache der Angst, die Schwäche, gibt es die Erlösung, weshalb es in Psalm 27 weitergeht: „Der Herr ist mein Licht und mein Heil." Siehe auch Psalm 62: „In Gott ist meine Stärke und mein Ruhm, Gott ist meine Hilfe, und meine Hoffnung ist in Gott." Deshalb zeigt der Psalmist Zuversicht: „Wen sollte ich fürchten", wenn ich so erleuchtet bin? Römer 8,31 sagt: „Ist Gott für uns, wer ist dann gegen uns?" Der äußere Grund sind Menschen, die gegen uns sind. Und vor ihnen braucht man sich nicht zu fürchten, denn der Herr steht dagegen wie ein Schild, weshalb der Psalmist sagt: „Der Herr ist der Hüter meines Lebens." (464)

Fox: Erlösung bedeutet also Erlösung von der Angst. Glaubst du, daß unsere Vergötzung der Sicherheit ebenfalls ein Grund für die Angst ist?

Thomas: Die Überlegung eines Admirals richtet sich nicht vornehmlich darauf, sein Schiff unbeschädigt zu halten, denn seine Flotte dient einem anderen, ihm anvertrauten Zweck, als nur sich selbst. Menschen haben den Auftrag von ihrem Verstand und Willen und sind nicht für sich selbst das höchste Gut, sondern dienen einem anderen Zweck. Deshalb ist unsere eigene Sicherheit nicht das höchste Gut. (465)

Fox: Das ist gut beobachtet; wir sind in der Tat zu größeren Zielen hier und sind tatsächlich alle 'Flottenkapitäne', die Aufgaben zu erfüllen haben. Was wäre das Gegenteil der Angst?

Thomas: Durch das Vertrauen, das hier als Teil der Tapferkeit angesehen wird, hat der Mensch Hoffnung auf sich selbst, aber unter Gott. (466)

Fox: Vertrauen (oder Glaube) ist also das Gegenteil der Angst?

Thomas: Der Heilige Geist wird (Jes.11,2) als „der Geist der Stärke" bezeichnet. ... Diese Gabe der Stärke schützt das Herz eines Menschen davor, aus Angst vor einem Mangel am Nötigsten zu versagen, und läßt uns ohne Wanken darauf vertrauen, daß Gott uns mit allem versorgen wird, was wir brauchen. (467)

Fox: Der Geist baut also Vertrauen auf, und wir sollen auch Selbstvertrauen aufbauen, um uns der Angst zu widersetzen und auch ineinander Selbstvertrauen aufbauen zu können.

Thomas: Einem großherzigen Menschen ist Angst widerwärtig. (468) Soweit die eigenen Fähigkeiten reichen, gehört das Vertrauen auf sich selbst zur Seelengröße. (469)

Fox: Eines der Probleme, die ich mit der Ideologie der Erbsünde habe, ist, daß sie das Selbstvertrauen beseitigt. In deiner Lehre liegen auch viele Hinweise auf unseren Zugang zur Erziehung. Wir sollten dabei den Kindern und Jugendlichen helfen, ein Selbstvertrauen aufzubauen, das es ihnen ermöglicht, zu Menschen mit Seelengröße heranzuwachsen.

Thomas: Es scheint immer gefährlich zu sein, große Dinge zu unternehmen, denn dabei zu versagen, richtet viel Schaden an. Das Vertrauen ... ist hinsichtlich der drohenden Gefahr der Tapferkeit verwandt. (470)

Fox: Mir gefällt deine Einladung zur Größe, die du an alle Menschen aussprichst, die bereit sind, sich selbst zu gebären.

Thomas: Der Philosoph sagt (Rhetorik 1, c.9): „Die größten Tugenden sind die, die anderen am wertvollsten sind, wenn es stimmt, daß die Tugend eine wohltuende Kraft ist. Deshalb werden die Tapferen und die Gerechten am meisten geehrt, denn die Tapferkeit ist anderen nur im Krieg nützlich, die Gerechtigkeit aber in Krieg und Frieden." (471)

Fox: Es gefällt mir auch, daß Tugend für andere da sein soll. Du sagst auch, daß die innere Stärke eine Tugend ist, die uns über die Angst hinausführt.

Thomas: Stärke hat mit Angst und Mut zu tun. (472)

Fox: Und innere Stärke und das Schaffen von Gerechtigkeit stehen miteinander in Beziehung?

Thomas: Wenn sich jemand gerecht verhält, so trägt das zu seiner Stärke bei. (473)

Fox: Dieses ist ein wichtiger Punkt: Wo Gerechtigkeit fehlt, überwiegt die Angst, und der Mut ist selten. Im Gespräch über die Via Transformativa werden wir uns tiefergehend mit dem Thema der Gerechtigkeit beschäftigen. Laß uns nun noch etwas über die wesentliche Tugend des Mutes oder der inneren Stärke reden.

Thomas: Tapferkeit dient dazu, den Geist zu stärken, damit sich niemand aufgrund drohender Schwierigkeiten vom Guten zurückziehe. Auch der Psalmist zeigt seinen Mut (Ps.18). Man braucht den Mut für zweierlei: Erstens, damit man im Guten fest bleibt, wie der Psalmist sagt: „Der Herr ist meine Hilfe", das heißt, meine starke Basis. Vergleiche 2 Könige 22: „Der Herr ist mein Fels." Und Matthäus 7,25: „Wer meine Worte hört und danach handelt, hat sein Haus auf Fels gebaut." Mitten im Bösen braucht man ebenfalls Mut, und das auf zweierlei Weise: Einmal, bevor es eintritt, um ihm auszuweichen. So sagt der Psalmist: „Du bist meine Zuflucht." Und Sprüche 14: „Im Namen des Herrn liegt starke Zuversicht." Und Psalm 104,18: „Der Felsen ist den Kaninchen Zuflucht." Auf eine weitere Weise braucht man Mut, nachdem das Böse gekommen ist, um sich davon zu befreien. Darum sagt der Psalmist: „Du bist mein Befreier." (474)

Fox: Wie können wir Mut oder innere Kraft erlernen?

Thomas: Wir erhalten von Gott auf zweierlei Weise Stärke: Manchmal kommen wir Gott nahe, wie Psalm 32,6 sagt: „Komme Gott nahe und strahle, und dein Angesicht wird nicht beschämt werden." Zu anderen Gelegenheiten ziehen wir andere an Gott, wie 1 Korinther 3 sagt: „Wir sind Mitschaffende Gottes." (475)

Fox: Mir fällt auf, daß du davon sprichst, daß wir sowohl durch die Annäherung an Gott als auch durch die Annäherung an andere stärker werden. In dieser Antwort entdecke ich ein Echo der Dialektik zwischen Handlung und Kontemplation oder, wie ich lieber sage, der Dialektik zwischen Mystik und Prophetie. Mir gefällt deine Betonung des Gebetes als einer Quelle der Stärke: daß es eine Art der Stärke sei, zu Gott zu gehen und andere zu Gott zu führen.

Thomas: Man soll seine Stärke in Gott als dem letzten Ziel finden. (476) Jeremia (17,8) zieht einen Vergleich mit einem Baum, erstens in bezug auf die Wurzeln: „Er wird wie ein Baum sein", worin das Bild der Stärke des göttlichen Schutzes ist. Psalm 1,3 sagt: „Er ist wie ein Baum, der an Wasserbächen gepflanzt ist und der zur rechten Zeit seine Frucht bringen wird. Zweitens in bezug auf die Kraft seiner Blätter: „Und er wird wie ein Blatt sein", worin sich vorübergehender Wohlstand zeigt und geistige Kraft. Sprüche 11,28: „Die Gerechten sprießen wie grünes Laub." Drittens in bezug auf den Reichtum an Früchten, worin sich die Fülle der guten Werke zeigt: „Ständig bringt er seine Früchte zur Reife." Das Buch der Offenbarung (22,2) sagt: „Monat für Monat tragen sie ihre Früchte." (477)

Fox: Unsere Stärke erwächst also daraus, daß wir geerdet und in Gott verwurzelt sind.

Thomas: Der Heilige Geist stärkt auf zweierlei Weise: Einmal gegen das Übel, wie Jesaja (8) sagt: „Mit starker Hand hat er mich aufgerichtet." Und auf andere Weise unter guten Dingen, wie Jesaja (40,31) sagt: „Die auf den Herrn hoffen, schöpfen neuen Mut." Dieser Mut wird durch den Heiligen Geist aufrechterhalten, denn wie der Körper ohne die Kraft des Geistes nicht stark genug ist, durchzuhalten oder zu handeln, so ist auch ein Mensch ohne den Heiligen Geist nicht stark genug. (478)

Fox: Ich stimme darin überein, daß das Werk des Geistes darin besteht, uns stärker zu machen: Gebet als Stärkung statt eines Gebetes als frommer Übung oder religiöser Trostgefühle; Gebet als Aufbau von Mut und Großherzigkeit. Was genau bringt uns der Mut?

Thomas: In Gefahrensituationen ist es ein wichtigerer Akt der Tapferkeit, standhaft zu sein und auszuharren, als anzugreifen. (479)

Fox: Da sprichst du wie Gandhi oder wie Martin Luther King: vom Mut der Gewaltlosigkeit, dem Einstehen für etwas, ohne andere anzugreifen.

Thomas: Standhalten ist schwieriger als angreifen. (480)

Fox: Auf diesen Aufbau der inneren Stärke folgt die naheliegende Frage: Was sollen wir fürchten?

Thomas: Man soll nichts fürchten – weder Menschen, noch anderes. (481) Man braucht nichts zu fürchten als die Sünde, denn keine Widrigkeiten werden uns schaden, wenn keine schlechten Taten vorherrschen. In den Sprüchen (28,1) heißt es: „Der Frevler flieht, auch wenn ihn keiner verfolgt." (482)

Fox: Und Gott? Sollen die Menschen Gott fürchten?

Thomas: Hiob spricht über die „Gottesfurcht, die Weisheit ist", weil die Menschen durch die Achtung vor Gott an Gott festhalten, wo die Weisheit ist als höchste Ursache aller Dinge. (483) Sirach 1,14 sagt: „Die Gottesfurcht ist der Anfang der Weisheit." Anfängliche und keusche Furcht wird zu Recht als Achtung bezeichnet. (484)

Fox: Die Ehrfurcht und das Staunen, von denen wir auf der Via Positiva sprachen, beinhalten also eine Art 'keuscher' Furcht, eine gewisse Art der Achtung.

Thomas: „Ich meditierte über all dein Tun, ich bedachte das Werk deiner Hände" (Ps.143,5). ... Diese Betrachtung führt dazu, die höchste Kraft Gottes zu bewundern und ... erweckt Ehrfurcht vor Gott. Die Kraft des Schaffenden muß man nämlich größer einschätzen als die des Geschaffenen. Über Himmel und Erde heißt es in Weisheit 13,4: „Wieviel größer muß der sein, der sie gemacht hat." „Das Unsichtbare Gottes wird seit der Erschaffung der Welt an den Werken der Schöpfung mit Vernunft wahrgenommen, Gottes ewige Macht und Gottheit" (Röm.1,20). Aus dieser Bewunderung aber entsteht Ehrfurcht vor Gott. Darum sagt Jeremia (10,6-7): „Groß an Kraft ist dein Name. Wer sollte dich nicht fürchten, du König der Völker!" (485)

Fox: Sage bitte noch mehr über das, was du als 'keusche' Furcht bezeichnet hast.

Thomas: Abhängigkeit entsteht eigentlich aus Angst. Es gibt aber eine doppelte Angst, nämlich die unterwürfige, die von der Liebe vertrieben wird. 1 Johannes 4,18: „In der Liebe gibt es keine Angst." Eine andere Art der Angst ist die kindliche, die aus der Liebe entsteht, wenn jemand Angst hat, etwas Geliebtes zu verlieren. Diese Angst ist gut und keusch, hinsichtlich dessen, was in Psalm 19,10 steht: „Die Furcht des Herrn ist für immer heilig." Demnach gibt es zwei Abhängigkeiten: Eine entsteht aus der kindlichen Angst, und in bezug darauf sind alle gerechten Menschen Diener und Kinder Gottes, wie oben gesagt. Die zweite Abhängigkeit entsteht aus der Angst vor Strafe und widerspricht der Liebe. Darüber sagt Jesus: „Ich nenne euch nicht mehr Diener." (486)

Fox: Du meinst, daß Jesus uns von der auf Abhängigkeit begründeten Angst befreit habe.

Thomas: Jesus sagt: „Ich habe euch Freunde genannt" (Joh.15,15). Die Knechtschaft oder Abhängigkeit widerspricht der Freundschaft. Deshalb schließt Jesus zuerst die Knechtschaft aus und sagt: „Ich nenne euch nicht mehr Diener", als wolle er sagen: „Obwohl ihr einmal Knechte unter dem Gesetz wart, seid ihr nun unter der Gnade freie Menschen." Siehe auch Römer 8,15: „Ihr habt nicht einen Geist empfangen, der euch zu Sklaven macht, so daß ihr euch weiter fürchten müßtet, sondern den Geist, der euch zu Kindern Gottes macht." (487)

Fox: Du meinst, daß Freundschaft das Gegenteil von Angst und Abhängigkeit sei. Was ist Freundschaft?

Thomas: Was man mit der freundschaftlichen Liebe liebt, liebt man schlechthin und an sich. (488) Jesus lehrt das Zeichen wahrer Freundschaft mit den Seinen, wenn er sagt: „Alles, was ich vom Vater gehört habe, habe ich euch gesagt." Denn es ist ein Zeichen echter Freundschaft, daß Freunde einander die Geheimnisse ihres Herzens offenbaren. Denn wenn Herz und Seele von Freunden eins sind, trennen sie das, was sie dem Freund offenbaren, nicht von ihrem eigenen Herz. (489)

Fox: Eine weitere Billigung der meditativen Kunst, des schöpferischen Aktes als einer Offenbarung unseres Herzens an Freundinnen und Freunde. Wie wichtig ist deiner Ansicht nach der schöpferische Akt der Freundschaft?

Thomas: Glückliche Menschen brauchen Freunde, damit sie sich recht verhalten und damit sie ihnen Gutes tun können; damit sie sich daran erfreuen können, wenn diese Gutes tun; und auch, damit sie sich von ihnen bei ihren guten Werken helfen lassen können. Damit man, im aktiven oder im kontemplativen Leben, Gutes tun kann, braucht man die Gemeinschaft von Freunden. (490)

Fox: Spaß und Geselligkeit gehören also auch zur Freundschaft?

Thomas: Man kann sich nicht mit Leuten anfreunden, deren Gesellschaft und Gespräch man nicht genießt. Diejenigen, die nicht wirklich freundlich sind, teilen ihr Leben nicht und freuen sich auch nicht an der Gesellschaft von Freunden. (491)

Fox: Aus diesem Gespräch schließe ich, daß Gott für dich ein Freund ist, den du mehr lieben als fürchten kannst.

Thomas: Die Menschen sehnen sich stärker nach dem, was sie aus Liebe wünschen, als nach dem, was sie nur aus Angst wollen. Denn was man nur aus Angst liebt, wird als Gegenstand der Fremdbestimmung bezeichnet. (492)

Fox: Und 'den Willen Gottes zu tun' ist für dich weniger eine Frage der Angst als eine Frage der Liebe.

Thomas: Der Wille kann sich entweder aus Angst oder aus Liebe auf etwas richten, aber nicht auf die gleiche Weise. Denn wenn man aus Angst an etwas hängt, dann tut man es wegen etwas anderem, zum Beispiel um ein Übel zu vermeiden, das droht, wenn man sich nicht an das Betreffende hält. Hängt man aber aus Liebe an etwas, dann tut man dies um der Sache selbst willen. Was man aber um seiner selbst willen schätzt, ist wichtiger als das, was man wegen etwas anderem schätzt. Sich aus Liebe an Gott zu halten, ist darum der bestmögliche Weg, Gott nahe zu sein. Hauptsächlich das bezwecken die göttlichen Gebote. (493)

Fox: Ich verstehe dich so, daß jedes Gesetz mit Liebe und nicht mit Angst zu tun hat.

Thomas: Weltliche Angst entsteht aus weltlicher Liebe wie aus einer schlechten Wurzel, weshalb die weltliche Angst stets schlecht ist. (494)

Fox: Damit sagst du wohl, daß Liebe und Angst unvereinbar sind.

Thomas: Unterwürfige Angst, sofern sie abhängig macht, widerspricht der Liebe. (495) Unterwürfige Angst wird hinsichtlich ihrer Abhängigkeit von der Liebe (caritas) völlig vertrieben, obwohl die Angst vor Strafe ihrem Wesen nach bleibt. Diese Angst nimmt ab, wenn die Liebe zunimmt, jedenfalls hinsichtlich ihrer Auswirkungen, denn je mehr man Gott liebt, um so weniger fürchtet man Gottes Strafe. Erstens, weil man weniger an sein eigenes Wohl denkt, gegen das sich die Strafe richtet; und zweitens, weil man, je näher man Gott ist, der Belohung um so gewisser wird und folglich die Strafe weniger fürchtet. (496)

Fox: Wir sollen also die Liebe der Furcht vorziehen.

Thomas: Liebe und Hoffnung (amor et spes), zu denen die Bibel uns immer aufruft, sind der Angst vorzuziehen. Deshalb antwortet Jesus (Luk.5,8-10), als Petrus ihm sagt: „Verlasse mich, Herr, denn ich bin ein Sünder“, mit den Worten: „Fürchte dich nicht.“ (497)

Fox: Ich halte es für eine gute Beobachtung, daß die Schriften uns ständig zu Liebe und Hoffnung aufrufen.

Thomas: Christus hatte keine unterwürfige Angst. (498)

Fox: Wenn Christus keine unterwürfige Angst hatte, ist es besonders beunruhigend zu sehen, daß dies bei seinen Nachfolgern der Fall ist. Aber es funktioniert doch nicht, Angst und Liebe zu vermischen?

Thomas: Angst neigt mehr als das Verlangen dazu, Unfreiwilligkeit zu erzeugen. (499)

Fox: Eine Religion der Angst ist also kaum eine echte Religion?

Thomas: Was aus Angst geschieht, ist weniger freiwillig, denn die bedrängende Angst zwingt den Menschen, etwas zu tun. Deshalb sagt der Philosoph (Ethik VIII), daß Handlungen aus Angst nicht ganz freiwillig sind, sondern aus Freiwilligem und Unfreiwilligem gemischt. (500)

Fox: Angst bleibt also eine Sünde?

Thomas: Angst entschuldigt nicht in der Hinsicht, daß sie eine Sünde ist, sondern hinsichtlich ihrer Unfreiwilligkeit. (501) Angst ... ist die Ursache der Verzweiflung, die uns vom Guten fernhält. Aristoteles sagt darum, daß Feiglinge solche sind, die aus Angst vor ihren eigenen Schwächen verzweifeln. Tapfere hingegen sind solche, die aufgrund ihres Mutes große Hoffnung haben. (502)

Fox: Sprechen wir aber nicht davon, daß die Gottesfurcht eine Gabe des Heiligen Geistes sei?

Thomas: Die Gottesfurcht, die zu den sieben Gaben des Heiligen Geistes gezählt wird, ist eine kindliche oder keusche Furcht. Die Gaben des Heiligen Geistes sind gewisse vervollkommnete Haltungen der Seelenkräfte, durch welche diese für die Bewegungen des Heiligen Geistes offen sind. (503)

Fox: Und zu diesen Bewegungen des Geistes gehören die Stärke und der Mut, wie wir oben sahen. Was würdest du sagen, was die Angst hervorbringt?

Thomas: Liebe ist die Ursache von Furcht (timor), denn wenn man etwas Gutes liebt, folgt daraus, daß dasjenige böse ist, was einem dieses Gute nimmt und was man dann als böse fürchtet. (504)

Fox: Ist Angst also das gleiche wie Sorge?

Thomas: Die Furcht ist weniger eine Leidenschaft als der Kummer, denn dieser richtet sich auf ein gegenwärtiges Übel, während die Furcht sich auf ein zukünftiges richtet, das nicht so stark motiviert wie ein gegenwärtiges. (505)

Fox: Mir scheint, daß Angst unsere Seele kleiner macht. Wenn wir ängstlich sind, schrumpfen wir sozusagen.

Thomas: Aus einer furchterzeugenden Vorstellung entsteht eine Beklemmung des Verlangens. ... Bei der Furcht erfolgt auch körperlich eine Zusammenziehung der Wärme und der Lebensgeister nach innen. (506)

Fox: Da hast du recht. Wenn wir Angst haben, finden sicherlich chemische Veränderungen in unserem Körper statt. Wenn du aber davon sprichst, daß Angst 'zusammenzieht', muß ich an eine frühere Bemerkung von dir denken, daß nämlich Kummer zusammenzieht und Freude erweitert.

Thomas: Äußere Hindernisse gegen die Beständigkeit im Guten sind hauptsächlich solche, die Kummer verursachen. (507)

Fox: Das ist ein weiteres Argument dafür, unsere Herzen auf dem Wege des Staunens und der Ehrfurcht der Via Positiva zu öffnen.

Thomas: Wie Hoffnung der Ursprung des Mutes ist, ist Angst der Ursprung der Verzweiflung. Und so wie für Tapfere, die maßvoll den Mut einsetzen, Hoffnung nötig ist, so geht umgekehrt die Verzweiflung aus einer Furcht hervor. (508)

Fox: Es ist wichtig, daß die Verzweiflung (die du vorher als die gefährlichste Sünde bezeichnet hast) aus der Angst entsteht. Das unterstreicht, in welch extreme Schwierigkeiten uns die Angst führen kann.

Thomas: Wenn jemand aus Angst vor einer Todesgefahr oder einem anderen weltlichen Übel bereit ist, etwas Verbotenes zu tun oder etwas zu unterlassen, was das göttliche Gesetz gebietet, so ist die entsprechende Angst eine Todsünde. (509) Die geordnete Liebe ist in jeder Tugend enthalten, ... die ungeordnete aber in jeder Sünde. So fürchtet der Geizige den Verlust von Geld, der Maßlose den Verlust von Vergnügen und so weiter. (510)

Fox: Das macht eine Gesellschaft erklärlich, die übermäßig in äußere Sicherheitsvorkehrungen investiert hat. Wenn ich an die Todsünde der Angst denke, dann fällt mir die Ängstlichkeit der Kirchenvertreter ein, die manchmal Angst zu haben scheinen, die gute Nachricht zu predigen und nur zu leicht in kleinkarierte Floskeln verfallen. Ich glaube, diese Diskussion über die Angst läßt sich auf Institutionen ebenso anwenden wie auf Individuen. Was sie tun und unterlassen, bringt häufig mehr Verzweiflung als Hoffnung hervor.

Thomas: Furcht im üblichen Sinne bedeutet vom Wesen her allgemein eine Flucht. (511)

Fox: In ermüdeten Menschen und ihren Institutionen finde ich häufig diesen Mangel an Hoffnung, diese Schrumpfung des Geistes, eine Art des Zynismus und die Kraft des negativen Senex, die ihre Verzweiflung und ihren Pessimismus beim Älterwerden auf andere projiziert.

Thomas: Wegen ihres hitzigen Wesens haben Jugendliche viele Lebensgeister (multos spiritus), und deshalb wird ihr Herz weit. Aus der Weite des Herzens ergibt es sich, daß sie sich Anstrengendes suchen. Deshalb sind Jugendliche begeistert und voller Hoffnung. (512)

Fox: Jung zu sein oder mit dem Jugendlichen in sich selbst in Berührung zu bleiben, scheint ein notwendiger Teil des Schöpferischen zu sein.

Thomas: Die Jugend ist aus drei Gründen Ursache der Hoffnung ..., weil nämlich die Bedingung der Hoffnung ist, daß ihr Gegenstand zukünftig, schwierig und möglich ist. Jugendliche haben viel Zukunft und wenig Vergangenheit. ... Sie leben nicht von ihrem Gedächtnis, sondern vielmehr in der

Hoffnung. (Wegen ihres hitzigen Wesens, ihrer Begeisterung und) ... weil ihr Herz weit ist, suchen sie sich Anstrengendes, ... und sind voller Hoffnung. Und da sie noch keine Fehlschläge und Schwierigkeiten erlebt haben, ... glauben sie aufgrund ihrer Unerfahrenheit, ihnen sei vieles möglich. Zwei dieser Dinge, nämlich die vielen Lebensgeister ... und die Unachtsamkeit, gibt es auch bei Betrunkenen. (513)

Fox: Es ist lustig, wenn du junge Menschen mit Betrunkenen vergleichst.

Thomas: Wegen ihres Wachstums treten bei jungen Menschen viele Störungen des Geistes und des Gemüts auf, wie man sie von Berauschten kennt. Wegen derlei Aktivitäten suchen junge Leute besonders das Vergnügen. (514)

Fox: Wir sollen wohl alle in gewisser Hinsicht jugendlich sein, insoweit wir die Herzenserweiterung haben sollen, die für die Kreativität erforderlich ist, und die Verletzlichkeit, um vom Leben 'berauscht' zu werden.

Thomas: Jugend und Alter können in der Seele zugleich bestehen, nicht aber im Körper. (515) Die unsterbliche Seele, zu der die geistige Geburt (spiritualis nativitas) und die geistige Reife (spiritualis aetatis perfectio) gehören, kann im Greisenalter die geistige Geburt oder im Jugendalter die geistige Reife erhalten, denn das körperliche Alter ist für die Seele keine Vorbedingung. (516)

Fox: Deine Bemerkung, daß jugendliche Menschen etwas mit Trunkenen gemeinsam haben, ist eine Parallele zu der auf der Via Positiva gemachten Aussage, daß wir durch das Universum 'berauscht' werden. Ich verstehe dich dabei so, daß wir mit erweiterten Herzen (das heißt, mit Mut oder Großherzigkeit) schwierige Aufgaben anfassen können und sollen.

Thomas: Zum Wesen der Tugend gehört es, daß es bei ihr um Schwieriges und Gutes geht. (517) Tugend betrifft das Schwierige und das Gute. (518)

Fox: Das Leben ist für tugendhafte Menschen also ein Abenteuer! Das finde ich sehr wichtig, denn acedia, Trägheit, und Kleinmut machen unsere Seele klein und unsere Arbeit dürftig. Für den Großmut scheint mir auch das Vertrauen wichtig zu sein.

Thomas: Durch das Vertrauen, das hier als Teil der Tapferkeit angesehen wird, hat der Mensch Hoffnung auf sich selbst, aber Gott unterstellt. (519)

Fox: Hoffnung ist also wesentlich, um große Dinge zu tun?

Thomas: Im Gegenstand der Hoffnung werden vier Töne angeschlagen: Daß es gut, zukünftig, mühsam und möglich sei. Dadurch unterscheidet sich die

Hoffnung von Angst, Freude, einfachem Verlangen und Verzweiflung. (520)

Fox: Ich glaube, daß manche Menschen sich danach sehnen, mehr aus ihrem Leben zu machen, als ihnen im Moment möglich scheint.

Thomas: Seelengröße bedeutet eine Erweiterung der Seele auf Großes hin. (521) Etwas Großes zu vollbringen – woher der Begriff der Großartigkeit oder Erhabenheit (magnificientia) stammt –, gehört zum Wesen der Tugend. (522) Die Erhabenheit richtet den Gebrauch der Kunst auf etwas Großes aus. (523)

Fox: Wenn das Großartige zur Vorstellung der Tugend und auch aller Künste gehört, dann sind alle Menschen zur Größe berufen, da wir ja alle zur Tugend und zur Kreativität berufen sind.

Thomas: Menschliche Tugend ist eine Teilhabe an der göttlichen Kraft. Die Erhabenheit gehört aber auch zur göttlichen Kraft, wie Psalm 68,35 sagt: „Gottes Erhabenheit und Kraft reicht bis zu den Wolken." (524)

Fox: Wie wichtig ist es, dies heute zu hören: daß unsere menschliche Tugend ein Teilhaben an der göttlichen Kraft ist! Mit Großmut oder Seelengröße ist das genaue Gegenteil von Kleinmut oder Kleinkariertheit gemeint.

Thomas: Die Seelengröße, zu der es gehört, eine große Seele zu haben, ist eine Tugend. (525) Menschen werden hauptsächlich deshalb großmütig genannt, weil ihr Sinn auf eine große Tat gerichtet ist. (526)

Fox: Was macht eine Tat zu einer großen?

Thomas: Eine Tat ist überhaupt und an sich groß, wenn sie im besten Gebrauch der größten Sache besteht. (527) Zur Seelengröße gehört nicht nur, Großes anzustreben, sondern auch in allen Tugenden Großes zu bewirken, sei es durch direktes Tun oder irgendein anderes Handeln. (528)

Fox: In allen Tugenden, meinst du?

Thomas: Seelengröße macht alle Tugenden größer. (529)

Fox: Erkläre mir bitte mehr über diese Tugend der Seelengröße oder des Großmutes. Ich glaube, wir müssen in unserer Zeit und unserer Kultur mehr davon hören.

Thomas: Großmütige Menschen setzen sich nicht wegen Nichtigkeiten Gefahren aus und lieben die Gefahr auch nicht, setzen sich ihr also nicht schnell oder leichtfertig aus. Für große Dinge halten sie jedoch auch großen Gefahren tapfer stand, denn sie bringen sich großer Ziele wegen in alle möglichen

Gefahren, zum Beispiel für das Gemeinwohl, die Gerechtigkeit, den Kult und so weiter. (530)

Fox: Mir fällt auf, daß du das Schaffen von Gerechtigkeit, das Gemeinwohl und auch den Gottesdienst als 'große Dinge' einordnest, die Mut brauchen. Welche weiteren Charakteristika zeichnen eine großmütige Persönlichkeit aus?

Thomas: Für großmütige Menschen ist es typisch, daß sie mehr auf die Wahrheit als auf die Meinungen anderer bedacht sind. Sie lassen nicht wegen der Meinung anderer Leute von dem ab, was sie der Tugend halber tun sollten. (531) Es kennzeichnet großmütige Menschen, daß sie offen reden und handeln, weil sie wenig auf die Aufmerksamkeit anderer achten. Deshalb geben sie ihre Worte und Handlungen der Öffentlichkeit preis. Nur aus Angst vor anderen verstecken die Leute, was sie tun und sagen. (532) Großmütige Menschen entschließen sich gern, erlittene Verletzungen zu vergessen. (533)

Fox: Zwischen Seelengröße und Mut scheint eine besondere Beziehung zu bestehen.

Thomas: Großmut (=Seelengröße/ magnanimitas) ist ein Teil der Tugend des Mutes oder der Tapferkeit. (534) Der Großmut geht mit der Tapferkeit einher, insofern er die Seele unter harten Umständen festigt. (535) Großmut hat mit der Hoffnung auf etwas schwer zu Erlangendes zu tun. ... Darum gehört Vertrauen zum Großmut. (536) Vertrauen bedeutet eine gewisse Kraft zu hoffen. Deshalb ist es der Angst entgegengesetzt, wie die Hoffnung auch. Da die Tapferkeit aber jemanden gegen Böses festigt, der Großmut dagegen in der Suche nach Gutem, gehört das Vertrauen mehr zum Großmut als zur Tapferkeit. (537)

Fox: Das klingt, als sei Großmut ziemlich selten.

Thomas: Es fällt allen schwer, großmütig zu sein. (538) Ein böser Mensch kann niemals großmütig sein. (539)

Fox: Sind nicht alle Menschen zu solcher Größe berufen, das heißt, die größten ihnen verliehenen Gaben bestmöglich einzusetzen? Und entspricht nicht dieser Ruf weitgehend der Berufung zur Heiligkeit selbst?

Thomas: Es ist Aufgabe einer vollkommenen Tugend, in ihrem Bereich etwas Großes zu vollbringen, wenn 'vollbringen' im weitesten Sinne verstanden wird. (540) Der Großmut, die Seelengröße, ist mit der Heiligkeit verbunden, denn ihre Wirkung richtet sich vorwiegend auf die Religion oder Heiligkeit. (541)

Fox: Wie kommst du zu diesem Schluß?

Thomas: Absicht des Großmutes ist, ein großes Werk zu tun. Die von Menschen vollbrachten Werke richten sich aber auf ein Ziel. Kein Ziel menschlichen Tuns ist so groß wie die Ehre Gottes. Deshalb tut der Großmut sein Werk vornehmlich im Hinblick auf die Ehre Gottes. (542)

Fox: An dieser Lehre scheint mir wichtig zu sein, daß sie sich nicht nur auf Individuen, sondern auch auf Menschengemeinschaften anwenden läßt. Auch Gemeinschaften haben das Potential, 'große Werke' zu unternehmen, wie die Ernährung der Hungernden, die Bildung der Unwissenden und die Heilung der Verletzten. Mit diesem Aspekt der Gemeinschaftstugend werden wir uns auf der Via Transformativa sicherlich noch auseinandersetzen. Hier geht es mir aber darum, daß ich den Eindruck habe, daß du oder Aristoteles oder ihr beide zu viel Wert auf die Großartigkeit des Individuums legt, ohne danach zu fragen, woher und auf wessen Kosten der Reichtum von diesem oder jener entstanden ist. Ich komme damit auf eine frühere Frage zurück: Sind alle Menschen zu dieser Tugend der Erhabenheit berufen?

Thomas: Nicht jeder freigiebige Mensch ist auch im Handeln großartig, denn es fehlt ihm am Notwendigen zu einer erhabenen Tat. Doch besitzt jeder freigiebige Mensch entweder tatsächlich oder in seiner Anlage eine erhabene Haltung. (543) Man kann eine tugendhafte Haltung haben, ohne die dazugehörige Tat auszuführen. Insofern kann eine arme Person großzügig sein, ohne jedoch so zu handeln. Manchmal beginnt aber jemand, der die Haltung besitzt, die Handlung auszuführen, vollendet sie aber nicht, wie ein Baumeister, der zu bauen beginnt, das Haus aber nicht fertigstellt. (544)

Fox: Ist jeder Mensch fähig, großmütig zu sein?

Thomas: Da Großmütige Großes anstreben, folgt daraus, daß sie vorwiegend nach dem Herausragenden streben und meiden, was einen Mangel hat. Zum Herausragenden gehört es nun, wenn jemand wohltätig und großzügig ist und reichlich zurückgibt. (545)

Fox: Und doch ist, wie wir früher in diesem Gespräch sahen, jede Kreativität eine Art des Dankens. Undankbarkeit und Trägheit scheinen mir zusammenzugehören.

Thomas: Acedia ist eine Flucht vor geistigen Gütern (546), (bei der) es Menschen verdrießt, etwas um Gottes willen tun zu müssen. (547)

Fox: Die Trägheit bringt wohl auch viele andere problematische Lebenseinstellungen hervor?

Thomas: Weil nach dem Philosoph „niemand lange ohne Lust im Kummer bleiben kann“ (Ethik VIII, 5.6), hat der Kummer zweierlei Folgen: Erstens ziehen Menschen sich von dem zurück, was sie bekümmert, und wenden sich zweitens Dingen zu, die ihnen Spaß machen. (548)

Fox: Das könnte viele Süchte erklären, die in unserer Kultur so verbreitet sind.

Thomas: Geistige Güter, die in der acedia belastend wirken, sind sowohl Zweck als auch Mittel dazu. Die Flucht vor dem Ziel geschieht aus Verzweiflung, während die Flucht vor den Gütern, die Mittel zum Zweck sind, sofern es sich um Mühsames handelt, das unter die Räte fällt, aus Kleinmut geschieht. Sofern es um Fragen der allgemeinen Gerechtigkeit geht, geschieht die Flucht aufgrund von Abstumpfung gegen die Gesetze. Die Abwehr gegen die Kummer auslösenden geistigen Güter richtet sich manchmal gegen die Menschen, die zu den geistigen Gütern anregen wollen; das führt zu Groll. Manchmal richtet sich die Abwehr gegen die Güter selbst, wenn jemand diese verabscheut, und das ist Bosheit im eigentlichen Sinne. Sofern sich jemand aus Widerstand gegen alles Geistige lustvollen äußeren Dingen hingibt, wird als Tochter der acedia das Abschweifen in Unerlaubtes genannt. (549)

Fox: In unserer Konsumgesellschaft gibt es eine Menge Ablenkungen, eine Menge Suche nach unwesentlichen Dingen.

Thomas: Soweit diese Neigung umherzuschweifen, wenn sie in der Burg des Geistes wohnt, sich rücksichtslos auf alles Mögliche werfen will, wird sie geistige Rücksichtslosigkeit genannt; erstreckt sie sich auf das Erkennen, nennt man sie Neugier; erstreckt sie sich auf das Reden, heißt sie Geschwätzigkeit; richtet sie sich auf den Körper, daß er nicht an einer Stelle bleibt, heißt sie körperliche Unruhe, wie etwa bei jemandem, der seinen unruhigen Geist durch ungeordnete Bewegungen der Gliedmaßen zeigt. Richtet sie sich auf den Ortswechsel, so spricht man von Unstetigkeit, die aber auch als Wankelmütigkeit der Absichten verstanden werden kann. (550)

Fox: Durch deine tiefgehende Analyse der Sünde der acedia und ihrer Nachkommenschaft hast du den Finger auf vieles gelegt, was in unserer heutigen Gesellschaft und Psyche passiert. Die unersättliche Neugier, von der du sprichst, erklärt zum Beispiel, warum so vieles an den modernen Medien erregend wirkt.

Thomas: Es gibt eine Unruhe des Geistes, ein ungezügeltes Verlangen, aus der Zitadelle des Geistes in die Vielfalt auszubrechen. (551)

Fox: Du weist darauf hin, was geschieht, wenn unser Geist ziellos und wurzellos umherwandert. Wenn unsere Fähigkeit zum Unendlichen und Göttlichen kein Heim findet, wird sie für uns alle und für die ganze Schöpfung zur Last. Wenn der Hauptakt der Tugend in der inneren Entscheidung liegt, wie du oben sagtest, dann bringen die vielen äußerlichen Wahlmöglichkeiten einer Suchtgesellschaft uns dazu, die Tugend zu zerstören. Mit diesem bedeutungsvollen Ausdruck der 'inneren Entscheidung' benennst du das Wesen der Kreativität, die von innen nach außen geht. Wir entscheiden uns für unser Leben, wir machen es, schaffen daran mit und gebären es durch unsere inneren Entscheidungen. Im Herzen dessen, was wir sind, liegt unsere Kreativität. Und gerade diese göttliche oder 'unendliche' Fähigkeit zum Schöpferischen erklärt auch die Fähigkeit unserer Rasse zum Bösen.

Thomas: Je höher ein Wesen ist, um so schrecklicher und gefährlicher ist es, wenn es sich dem Bösen zuwendet. Ein schlechter Mensch ist schlimmer als bösartige Tiere. (552) Der Philosoph sagt, daß ein schlechter Mensch schlimmer als ein bösartiges Tier ist. Denn wenn Intelligenz von einem bösen Willen begleitet wird, erfindet sie verschiedenste Übel. (553)

Fox: Dann sieht es so aus, daß unsere göttliche Fähigkeit zur Kreativität auch unsere dämonische Fähigkeit zum Bösen ausmacht.

Thomas: Verzweiflung entsteht durch die Flucht vor geistigen Gütern, an denen man sich freuen kann, und durch den Rückzug von göttlichen Gütern, auf die man hoffen kann. ... Wenn es um die Ausführung schwieriger Aufgaben geht, die unter die Räte fallen, kommt der Kleinmut hinzu. (554)

Fox: Die acedia öffnet also der Verzweiflung und Kleinmütigkeit die Tür? Kein Wunder, daß sie als Todsünde angesehen wird.

Thomas: Daß die Kleinmütigkeit und Verzweiflung zum Trieb des Ärgers gehören, ändert nichts daran, daß sie von der acedia verursacht werden, denn alle zornigen Leidenschaften werden von den Leidenschaften des Verlangens verursacht. (555)

Fox: Der Verdruß, acedia, bezeichnet sozusagen den äußersten Mangel an Verlangen. Und wo die acedia Überhand nimmt, tun dies auch Verzweiflung und Kleinmütigkeit.

Wenden wir uns einem weiteren Thema zu, das aufkommt, wenn man in die Via Creativa eintritt: der Kult. Du analysierst den Kult als eine schöpferische Handlung und damit als eine Tugend. Ja, du analysierst den Kult als einen Teil der Tugend der Religion.

Thomas: Es gehört zur Religion, bestimmte Dinge aus Achtung vor Gott zu tun. (556) Jede gute Tat gehört zu einer Tugend. Es ist klar, daß etwas Gutes daran ist, jemandem das Seine zukommen zu lassen. Denn wenn man jemandem das Seine zukommen läßt, bekommt man eine angemessene Beziehung zu dieser Person. ... Da es Sache der Religion ist, jemandem die gehörige Ehre zu erweisen, nämlich Gott, ist klar, daß die Religion eine Tugend ist. (557)

Fox: Gottesdienst und Ritual scheinen mir ein wichtiger Teil der menschlichen Beziehung zum Göttlichen zu sein, eine wichtige Handlung unserer kollektiven Via Creativa.

Thomas: Wir erweisen Gott Ehre und Achtung nicht um Gottes willen (denn die Gottheit ist selbst voller Herrlichkeit, zu der kein Geschöpf etwas hinzufügen könnte), sondern um unserer selbst willen. Denn indem wir Gott achten und verehren, unterstellt sich unser Geist dem Gottselbst. (558)

Fox: Damit weist du auf etwas Wichtiges hin: daß der Kult für die Menschheit und nicht für Gott da ist.

Thomas: Wir loben Gott nicht zum Nutzen Gottes, sondern zu unserem. (559)

Fox: Wie kann das Ritual wirksam den Nutzen bringen, den der Kult der Menschheit bringen soll?

Thomas: Damit sich der menschliche Geist mit Gott vereinen kann, muß er sich von der Sinneswelt leiten lassen, denn „das Unsichtbare wird sichtbar und verstehbar durch das Geschaffene", sagt der Apostel (Röm.1,20). Im Gottesdienst muß deshalb von körperlichen Dingen Gebrauch gemacht werden, damit der Geist der Menschen dadurch wie durch Zeichen zu den geistigen Handlungen angeregt wird, durch welche die Menschen sich mit Gott vereinen. (560)

Fox: Mit dem Körper vollzogene Rituale sind also ein Weg zur Erweckung des menschlichen Bewußtseins zu Preis und Dank?

Thomas: Die Menschen verrichten bestimmte körperliche Handlungen nicht, um Gott damit anzuregen, sondern um sich selbst damit zu göttlichen Dingen zu erwecken – zum Beispiel durch Niederwerfungen, Beugen der Knie, Gesänge und Hymnen. (561)

Fox: Was ist der tiefere Sinn dieser verschiedenen Kultformen?

Thomas: Es nützt nichts, mit den Lippen zu beten, wenn man nicht mit dem Herzen betet. (562)

Fox: Du unterstreichst hier wiederum das Wesen allen Gebetes und aller meditativen Kunst: daß wir unserem Herzen Ausdruck geben. Unsere Kunstwerke sind Herzenswerke. Das gilt auch für die Kunstwerke, die durch Ritual und Gottesdienst angeregt werden sollen.

Thomas: Dankbarkeit ist hauptsächlich Herzenssache. (563)

Fox: Der Lobpreis aus dem Herzen, der durch echte Andacht angeregt wird, scheint aus Ehrfurcht, Achtung und Dankbarkeit für das Dasein zu entstehen.

Thomas: Die Menschen fühlen sich durch eine Art natürlichen Trieb gebunden, Gott auf ihre Weise Achtung zu erweisen, da von Gott das Dasein und alles Gute der Menschheit kommt. (564) Gott, dem Vater aller, wird Ehre erwiesen. (565) Die Menschen bieten Gott materielle Opfer an, nicht weil Gott sie braucht, sondern damit sie selbst daran erinnert werden, daß sie ihr Dasein und ihren Besitz auf Gott als das Ziel, den Schöpfer, Lenker und Herrn von allem richten sollen. (566)

Fox: Mir fällt auf, daß du eine sehr kosmische Sprache benutzt, wenn du von Gott, den wir verehren, als 'Eltern allen Seins' oder 'Herrscher von allem' oder 'Quelle alles Guten' sprichst. Kult bedeutet für dich sicherlich einen mikrokosmischen Ausdruck eines makrokosmischen Staunens.

Thomas: Zur Religion gehört es, einem Gott unter einem einzigen Aspekt, nämlich als dem ersten Ursprung der Schöpfung und der Lenkung aller Dinge, Ehre zu erweisen. (567)

Fox: Aus dem von dir Gesagten ergibt sich, daß eine Kosmologie oder Schöpfungsperspektive für den Kult notwendig ist. Religion hat nicht hauptsächlich mit Erlösung zu tun. Du sagst außerdem, daß die Formen, deren ein Ritual bedarf, dabei helfen, uns zu erwecken. Das heißt dann wohl auch, daß wir, wenn die Formen uns nicht mehr erwecken, nach tieferen und wirksameren Formen suchen sollen.

Thomas: Diese körperlichen Handlungen des Gottesdienstes werden nicht ausgeführt, weil Gott sie braucht, denn Gott kennt alle Dinge, und Gottes Wille ist unwandelbar. Und der Zustand des göttlichen Geistes nimmt sich der Bewegung eines Körpers um Gottes willen nicht an. Vielmehr tun wir diese Dinge um unseretwillen, damit unsere Aufmerksamkeit durch diese körperlichen Handlungen auf Gott gerichtet und unsere Liebe erregt werde.

Gleichzeitig bezeugen wir dadurch, daß Gott Schöpfer von Seele und Körper ist, weil wir sowohl geistige als auch körperliche Akte der Verehrung an Gott richten. (568)

Fox: Du legst große Betonung auf die körperliche Dimension von Ritual und Kult.

Thomas: Es ist daher nicht erstaunlich, daß Häretiker, die die Schöpfung des Körpers durch Gott leugnen, solche Handlungen verdammen. Darin zeigt sich auch, daß sie sich nicht daran erinnern, daß sie Menschen sind, wenn sie zu dem Schluß kommen, daß die Darstellung von Sinnesgegenständen für sie zum inneren Wissen und der Liebe nicht nötig sei. Denn aus Erfahrung ist deutlich, daß die Seele durch solche körperlichen Handlungen zu Akten der Erkenntnis oder der Liebe angeregt wird. Daraus folgt, daß wir auch körperliche Dinge sinnvoll einsetzen können, um unseren Geist zu Gott zu erheben. (569)

Fox: Gesunde Gottesdienste setzen sich also aus den inneren Handlungen des Herzens und den äußeren Handlungen des Körpers im Gebet zusammen?

Thomas: Der Kult Gottes, so heißt es, bestehe in körperlichem Ausdruck Gott gegenüber. Denn man sagt, wir kultivieren (pflegen) solche Dinge, um die wir uns eifrig kümmern. Unseren Eifer für Gott zeigen wir in der Tat durch unser Handeln – natürlich nicht, um Gott zu nützen (wie man es sagt, wenn wir andere Dinge pflegen), sondern weil wir Gott durch solche Handlungen näherkommen. Und weil wir uns durch innere Handlungen direkt auf Gott richten, erweisen wir Gott durch innere Akte angemessen den Kult. Doch gehören auch äußere Handlungen zum Kult Gottes, insofern dadurch unser Bewußtsein zu Gott erhoben wird, wie schon gesagt wurde. (570)

Fox: In bezug auf den Kult verwendest du eine sehr sinnliche Sprache: Du sprichst von „Erhebung“, vom „erweckt werden“, von der „durch körperliche Handlungen gerichteten Aufmerksamkeit“, vom „angeregt werden“ und davon, daß wir auf diese Weise „Eifer“ zeigen.

Thomas: Gottes Name drückt sich in äußeren Worten aus. (571)

Fox: Und der Zweck allen Kultes ist Ruhe, Stille und Freude am Geliebten?

Thomas: Zu gewissen Zeiten ist Ruhe von äußeren Handlungen vorgeschrieben, so daß sich der Geist der Kontemplation des Göttlichen widmen kann. Deshalb heißt es (Exod.20,8): „Denke daran, den Sabbat zu heiligen.“ (572) Eine Bewegung kann nicht als vollständig gelten, bevor sie zur Ruhe gekommen ist, denn die Ruhe bezeichnet die Vollendung einer Bewegung. ... Weil Gott am siebenten Tage keine Geschöpfe mehr schuf, heißt es, daß Gott an diesem Tage das göttliche Werk vollendet habe. (573)

Fox: Zu sagen, daß Gott wirklich geruht hat, bedeutet, daß Gott am siebten Tag die Schöpfung genossen hat. Kult hat also auch mit Dankbarkeit zu tun. Unser Wort 'Eucharistie' ist ja das griechische Wort für Dankbarkeit.

Thomas: Religion ist erhöhte Erkenntlichkeit und Dankbarkeit. (574)

Fox: Mir gefällt diese Definition der Religion als höchste Dankbarkeit. Was kannst du noch über Dankbarkeit sagen?

Thomas: Dankbarkeit ... leistet man freiwillig. Deshalb ist erzwungene Dankbarkeit geringer. (575) Die Pflicht zur Dankbarkeit leitet sich von der Liebe her. (576)

Fox: Wie steht es mit unserer Weigerung zu danken oder mehr für das Erhaltene zurückzugeben?

Thomas: Jeder Undank ist eine Sünde. (577) Der höchste Grad der Undankbarkeit liegt darin, einen erwiesenen Gefallen nicht anzuerkennen. (578)

Fox: Dem Versagen des Kultes liegt also unsere Unfähigkeit zugrunde, die Gaben unseres Daseins zu erkennen und dafür zu danken. Darin scheint mir auch das Wesen unseres Schlafens zu liegen. Schlafende Menschen danken nicht und zeigen keinerlei Eifer. Betrachtest du das Erwachen als eines der Themen der Via Creativa?

Thomas: Eine Glosse interpretiert, daß der Heilige Geist sagt: „Erhebt euch, ihr Schlafenden! Erhebt euch von den Toten, und Christus wird euch erleuchten", damit das Licht siegt. Der Apostel Paulus führt ein Bild ein, das sich bei Jesaja findet (60,1): „Auf, werde Licht, Jerusalem. Denn dein Licht ist gekommen, und die Herrlichkeit des Herrn erhebt sich über dir." Erhebt euch von der Vernachlässigung guter Werke, ihr Schlafenden. „Wie lang willst du noch schlafen, du Fauler?" (Spr.6,9) „Soll, wer einmal liegt, nicht mehr aufstehen?" (Ps.41,9). (579)

Fox: Du scheinst das Erwachen mit der Auferstehung Christi auf eine Stufe zu stellen.

Thomas: „Erhebt euch von den Toten", bedeutet von toten oder zerstörerischen Handlungen. Christus wird „unser Gewissen von toten Werken reinigen" (Heb.9,14). „Deine Toten werden leben, die Erschlagenen stehen wieder auf" (Jes.26,19). Erhebt euch darum, und „Christus wird euch erleuchten." (580)

Fox: Können wir uns aus unserer Schläfrigkeit und Sünde selbst erheben, wie Paulus sagt: 'Erhebe dich, und Christus wird dich erleuchten'?

Thomas: Zweierlei ist zur Rechtfertigung eines Sünders wesentlich, nämlich die freie Entscheidung zur Auferstehung aus der Sünde und die Gnade. (581)

Fox: Christi Auferstehung ist für dich also Vorbild deiner eigenen. Unsere Auferstehung jedoch beginnt in diesem Leben.

Thomas: Wir können vier Dinge aus dem Glaubensartikel lernen, daß „Christus am dritten Tage von den Toten auferstanden ist." Erstens laß uns versuchen, geistig vom Tode der Seele, den die Sünde gebracht hat, aufzuerstehen und durch die Reue zum gerechten Leben zu kommen. „Erhebt euch, ihr Schlafenden! Erhebt euch von den Toten, und Christus wird euch erleuchten" (Eph.5,14). Das ist die erste Auferstehung: „Gesegnet und heilig ist, wer an dieser ersten Auferstehung teilhat" (Joh.20,6).

Laß uns zweitens das Auferstehen nicht bis zu unserem Tode aufschieben, sondern es jetzt tun, da Christus am dritten Tage auferstand: „Zögere nicht, zum Herrn umzukehren, und verschiebe es nicht von Tag zu Tag" (Sir.5,8). Von Krankheit überwältigt, wirst du nicht in der Lage sein, für das zu sorgen, was zum Heil nötig ist. Außerdem wirst du in der Sünde bleiben und nicht an all dem Guten teilhaben können, das in der Kirche geleistet worden ist, und du wirst viel Übles erzeugen.

Laß uns drittens zu einem unvergänglichen Leben auferstehen, um nie mehr zu sterben und der Sünde zu erliegen. „Wir wissen, daß Christus, von den Toten auferweckt, nicht mehr stirbt. Der Tod hat keine Macht mehr über ihn" (Röm.6,9).

Laß uns viertens zu einem neuen und herrlichen Leben erstehen, indem wir alles vermeiden, was zuvor Anlaß und Ursache zu Tod und Sünde war: „Wie Christus durch die Herrlichkeit des Vaters von den Toten auferweckt wurde, so sollen auch wir in der Neuheit des Lebens wandeln" (Röm.6,4). Dieses neue Leben ist das Leben der Gerechtigkeit, die die Seele erneuert und sie zum Leben in der Herrlichkeit führt. (582)

Fox: Mir gefällt deine Formulierung von der 'ersten Auferstehung'. Das bezieht sich auf das Thema der Schläfrigkeit, der ein Volk oder eine Kirche zu gewissen Zeiten der Geschichte verfällt. Und du meinst, daß Christus unserem Erwachen beisteht.

Thomas: Im Bereich der Auferstehung war die Auferstehung Christi die erste. Daher muß Christi Auferstehung die Ursache für unsere sein, wie der Apostel (1 Kor.15,20) sagt: "Christus erstand von den Toten als Erstling der

Entschlafenen. Denn durch einen Menschen kam der Tod, so kommt durch einen Menschen die Auferstehung von den Toten.“ (583)

Fox: Auferstehung bezieht sich auf die Seelen ebenso wie auf die Körper?

Thomas: Die Auferstehung Christi wirkt in der Kraft der Gottheit. Diese bezieht sich nicht nur auf die Auferstehung des Körpers, sondern auch der Seele. Von Gott stammt es nämlich, daß die Seele durch die Gnade lebt und der Körper durch die Seele. Die Auferstehung Christi wirkt deshalb instrumentell nicht nur auf die Auferstehung des Körpers, sondern auch auf die Auferstehung der Seele. (584)

Fox: Das ist eine begeisternde und praktische Vorstellung: daß wir vor dem Tode auferstehen.

Thomas: Es gibt zwei Arten der Auferstehung: eine leibliche, wenn die Seele sich wieder mit dem Leib verbindet, und eine geistige, wenn sie sich wieder mit Gott verbindet. Obwohl diese zweite Auferstehung bei Christus nicht stattfand, weil seine Seele nie durch die Sünde von Gott getrennt war, ist er durch seine leibliche Auferstehung für uns Ursache beider Auferstehungen. (585)

Fox: Ich höre westliche Theologen selten von dieser 'ersten Auferstehung' sprechen, vom Erwachen der Seele des Menschen, die du auch in der Bedeutung von Jesu Auferstehung für eine wichtige Dimension hältst.

Thomas: Christi Auferstehung ist vorbildlich auch hinsichtlich der Auferstehung der Seelen. Denn auch der Seele nach müssen wir dem auferstandenen Christus gleichartig werden, wie der Apostel (Röm.6,4-11) sagt: Wie Christus durch die Herrlichkeit des Vaters von den Toten erweckt wurde, sollen auch wir ein neues Leben leben. Und so wie er, von den Toten erweckt, nicht mehr stirbt, ... seien auch wir für die Sünde tot, damit wir ... in ihm leben. (586)

Fox: Jesus hilft uns also, die Todesangst zu überwinden – und dann mit dem Leben weiterzumachen?

Thomas: Dadurch, daß Gott Mensch werden wollte, zeigte Gott die Unermeßlichkeit seiner Liebe, damit die Menschen nicht mehr aus Angst vor dem Tode, ... sondern durch die Neigung der Liebe Gott dienen. (587) Da Christus sich nicht weigerte, um der Wahrheit willen zu sterben, nahm er die Todesangst fort, deretwegen die Menschen meistens der Knechtschaft der Sünde unterworfen sind. (588)

Fox: Glaubst du, daß schon Jesus über eine erste und eine zweite Auferstehung sprach?

Thomas: Unser Herr verspricht beide Auferstehungen, denn er sagt: „Amen, Amen, ich sage euch, daß die Stunde kommt und da ist, wenn die Toten die Stimme des Gottessohnes hören, und wer sie hört, wird leben." Das scheint sich auf die geistige Auferstehung der Seelen zu beziehen. ... Später aber geht es ihm um die körperliche Auferstehung, wenn er sagt: „Die Stunde kommt, in der alle, die in den Gräbern sind, die Stimme des Gottessohnes hören" (Joh.5,25 u.28). Denn offenbar sind nicht die Seelen in den Gräbern, sondern die Körper. Deshalb sagt er die körperliche Auferstehung voraus. (589)

Fox: Offenbar gibt es mehr Aspekte der Auferstehung, als wir bisher festgestellt haben.

Thomas: An jenem Tage, an dem die Auferstehung stattfand, begann sozusagen eine neue Art der Schöpfung. Wie der Psalmist sagt (104,30): „Sende deinen Geist aus, so werden sie erschaffen, und du erneuerst das Angesicht der Erde." Und wie es der Galaterbrief ausdrückt: „In Christus Jesus kommt es nicht auf Beschneidung oder Unbeschnittenheit an, sondern auf eine neue Schöpfung." (590)

Fox: Die Auferstehung ist für uns also eine Art der Neuschöpfung.

Thomas: Das Leben des auferstandenen Christus verbreitet sich in einer allgemeinen Auferstehung auf die ganze Menschheit. (591) Christi Auferstehung ist die Ursache für die Neuheit des Lebens, die aus der Gnade oder der Gerechtigkeit stammt. (592)

Fox: Wenn du von der Universalität der Auferstehung sprichst, scheint dein Sinn für den Kosmischen Christus durch.

Thomas: Die ursprüngliche Ursache der menschlichen Auferstehung ist das Leben des Gottessohnes, das seinen Anfang nicht in Maria nahm, wie die Ebioniten sagen, sondern schon immer war, wie der Apostel im Brief an die Hebräer gegen Ende sagt: „Jesus gestern und heute und immer." Aus diesem Grunde sagt Hiob nicht symbolisch „der Erlöser wird leben", sondern „lebt". Aus dieser Perspektive verkündet er die zukünftige Auferstehung und bestimmt ihre Zeit, wenn er sagt: „Und am letzten Tage werde ich von der Erde erhoben." (593)

Fox: Manchmal ermüdet uns unsere Arbeit und wir bedürfen der 'ersten Auferstehung', um uns einfach davon zu erholen.

Thomas: Bei der Arbeit ist eine sensible Natur immer unter Spannung, und die Arbeit ist mühsam, wie die Behauptungen der Naturwissenschaftler bezeugen. (594)

Fox: Du sagst, die erste Auferstehung sei eine Auferstehung der Seele. Wie steht es mit der 'zweiten Auferstehung'?

Thomas: Da die Seele unsterblich ist, muß ihr der Körper wiederverbunden werden, das heißt auferstehen. Somit scheint die Unsterblichkeit der Seele die zukünftige Auferstehung des Körpers zu fordern. (595) Wenn der Körper wieder angenommen worden ist, wird die Seligkeit zunehmen, nicht in der Intensität, aber im Ausmaß. (596)

Fox: Die zweite Auferstehung umfaßt für dich also Seele und Körper?

Thomas: Hiob sagt nicht: „Nur meine Seele wird auf der Erde stehen", sondern „ich selbst" werde es. Dieses Selbst besteht aus Seele und Körper. Um zu zeigen, daß auch der Körper auf seine Weise an der Vision teilhaben wird, fügt Hiob hinzu: „Und meine Augen werden Gott schauen." Zwar werden die Augen nicht das Wesen Gottes schauen können, aber die körperlichen Augen werden den menschgewordenen Gott sehen und die in die Schöpfung strahlende Herrlichkeit Gottes, gemäß Augustinus in seinem Gottesstaat. (597)

Fox: Eine der Gaben der Auferstehung ist für uns also die Hoffnung.

Thomas: Christi Auferstehung erhöht unsere Hoffnung. Denn wir hoffen auf unsere Auferstehung, wenn wir Christus, unser Haupt, auferstehen sehen. Wie es in Kor. 15,12 heißt: „Wenn gepredigt wird, daß Christus von den Toten auferstanden ist, wie können da einige von euch sagen, es gäbe keine Auferstehung?" (598) Hiob sagt: „Meine Hoffnung ist in meiner Brust erneuert worden", um zu zeigen, daß er seine Hoffnung nicht nur in Worten hat, sondern verborgen in seinem Herzen. Seine Hoffnung ist nicht zweifelnd, sondern fest, nicht simpel, sondern kostbar. Denn was in der Brust verborgen ist, wird geheimgehalten und sicher verwahrt und für wertvoll gehalten. (599)

Fox: Deine Hoffnung klingt sehr tief.

Thomas: Wenn Gott aus Nichts etwas gemacht hat, müssen wir glauben, daß Gott alle Dinge erneuern kann, wenn sie zerstört werden sollten. Gott kann den Blinden Augenlicht geben, die Toten zum Leben erwecken und ähnliche Wunder wirken. (600)

Fox: Mir fällt auf, wie sehr deine Hoffnung sich auf deinen Sinn für Gott als Schöpfer und Erschaffer aller Dinge aus dem Nichts bezieht. Wo siehst du noch Christi Rolle in der Auferstehung?

Thomas: Christus erhob uns zuerst als Sieger, der seine Gefangenen befreit.

Zweitens als Arzt, der die Kranken heilt. Drittens als Anwalt, der die Angeklagten freispricht. Viertens als Mutiger, der die Schwachen verteidigt. Fünftens als Ehemann, der mit seiner Frau Freude hat, wie Hosea (2,22) sagt: „Ich traue mich dir an in Treue und Gerechtigkeit." (601)

Fox: Welche Rolle gibst du Christus noch in der Via Creativa, abgesehen von der Tat seiner Auferstehung und seinem Leben, das die Menschen für die Auferstehung befreit?

Thomas: Da die Gnade Christi höchst vollkommen war, flossen als Folge davon die Tugenden aus, die die einzelnen Seelenkräfte vervollkommnen. So besaß Christus alle Tugenden. (602)

Fox: Daraus ergibt sich, daß Jesus seine Tugenden beziehungsweise seine Kraft am vollsten hervorgebracht hat und uns dadurch unsere Verantwortung zeigte, das Gleiche zu tun. Wie tritt Christus in die Via Creativa ein?

Thomas: Man beachte die vierfache Schönheit in Christus. Erstens gemäß der göttlichen Schönheit oder Form, wie Philipper (2,6) sagt: „Obwohl er in der Gestalt Gottes war." Demnach war er den Menschenkindern sichtbar. Denn alle Menschen haben die Gnade nur als Ergebnis eines Überfließens und Teilens. Er aber hat sie aus sich und in Fülle. Wie es in Kolosser 2,9 heißt: „In seinem Körper wohnt die Fülle Gottes." Und in Hebräer 1,3: „Er ist der Abglanz der Herrlichkeit Gottes und das Abbild des göttlichen Wesens." Und Weisheit 7,26: „Sie (die Weisheit) ist der Widerschein des ewigen Lichts und der ungetrübte Spiegel der Herrlichkeit Gottes."

Eine zweite Schönheit ist die Schönheit der Gerechtigkeit und Wahrheit, wie Jeremia (31) es ausdrückt: „Herr, möge die Schönheit der Gerechtigkeit dir Segen bringen." Johannes 1 spricht von „voller Gnade und Wahrheit". Eine dritte Schönheit ist die Schönheit des aufrichtigen Gesprächs. Darüber sagt der erste Petrusbrief, daß „es ein Beispiel für die Herde wurde". Durch dieses Beispiel wurde Christus den Menschenkindern sichtbar, denn sein Reden war aufrichtiger und tugendhafter als das aller anderen. Bei 1 Petrus 2 heißt es: „Er sündigte nicht, und in seinem Mund war kein Trug." (603)

Fox: Was meinst du damit, wenn du von der 'Rede' sprichst, die von Jesus ausging?

Thomas: Christus allein ist der Meister, der in uns allen lehrt. (604)

Fox: Christus war also wie du selbst ein Künstler, da er ein großer Lehrer war. Wir könnten seine Lehre als eine meditative Kunst bezeichnen. Und sicherlich war er als Erzähler von Gleichnissen ein einzigartiger Künstler. Was machte ihn zu einem so großen Lehrer?

Thomas: Jesus sagt: „Ihr habt recht, denn was ihr sagt, ist richtig: Ich bin Lehrer und Herr, Lehrer wegen der Weisheit. Ich lehre durch Worte. Und Herr wegen der Macht, die ich in Wundern zeige." ... So sprach Jesus zu den Jüngern: „Ihr habt recht. Ich bin euer Lehrer und Herr, weil ihr mich als Lehrer hört und mir als Herrn folgt."Wir lesen in Johannes 6,68: „Zu wem sollen wir gehen? Du hast Worte des ewigen Lebens." Und in Matthäus (19,27): „Siehe, wir haben alles verlassen und sind dir nachgefolgt." (605)

Fox: Du schreibst Jesu schöpferische Berufung als Lehrer seiner Weisheit zu?

Thomas: Im ersten Brief an die Korinther 1 sagt der Apostel, daß Christus die Kraft Gottes und Weisheit Gottes sei. Er ist der Herr von allem, denn Ambrosius sagt: „'Herr' ist ein Wort der Kraft." Insofern er die Weisheit Gottes ist, lehrt er alle Leute, und deshalb nannten die Jünger ihn „Herr", wie in Johannes 6,69: „Herr, zu wem sollen wir gehen?" und auch als Lehrer, wie in Johannes 4,51. Das ist richtig, denn er ist der eine Herr, der erschafft und erneuert. (606)

Fox: Christus ist für dich dann sicherlich der Kosmische Christus, da beide von dir verwendeten Titel kosmische Titel sind: Du nennst ihn Weisheit und Herrn.

Thomas: Jeremia sagt in bezug auf die Weisheit des Herzens: „Er wird weise sein." Ja, er wird die Weisheit selbst sein, wie es in Korinther 1 heißt: „Christus, die Kraft und die Weisheit Gottes." (607)

Fox: Christus besitzt für dich also nicht nur alle Weisheit, sondern ist die Weisheit oder sophia. Und Christus besitzt nicht nur alle Tugend und Kraft, sondern ist die 'Tugend oder Kraft Gottes'. Das muß auch in der Moral das Höchste sein: zur Tugend selbst zu werden, und das Höchste in der Kraft: mit der göttlichen Kraft eins zu werden. Kannst du bitte über Christus als Weisheit Gottes mehr sagen?

Thomas: Wer immer etwas erschafft, muß es zuvor in seiner Weisheit entwerfen, die die Form und der Begriff des geschaffenen Dinges ist, so wie der Begriff (ratio) einer Kiste, die ein Handwerker bauen will, zuerst in seinem Geist gebildet wird. So erschafft auch Gott alles durch das Entwerfen (conceptus) im göttlichen Denken (intellectus), das die in Ewigkeit empfangene Weisheit ist, nämlich das Wort Gottes und der Sohn Gottes. (608)

Fox: Kreativität und Weisheit gehören für dich zusammen. Das erinnert mich an die Worte Hildegard von Bingens: 'In allen schöpferischen Werken liegt Weisheit'. Und du verstehst das Wort Gottes, den Kosmischen Christus, als eine große Tat der Kreativität der Gottheit, eine echte Fortpflanzung des Vater/Mutter-Gottes?

Thomas: Die Weisheit ist im Sohn personifiziert, von dem geschrieben steht: „Ich, die Weisheit, habe Flüsse ausströmen lassen." Diese Flüsse deute ich als das unaussprechliche Ausfließen der ewigen Ströme, des Sohnes vom Vater und des Heiligen Geistes von beiden. Dies sind die Ströme, die einst unterirdisch zu sein schienen und deshalb in der Verwirrung der Geschöpfe nicht mehr gesehen wurden, so daß die weisesten der Menschen kaum zur Erkenntnis des Mysteriums der Dreifaltigkeit kommen konnten. Jetzt aber hat er „Flüsse der Tiefe erforscht und das Verborgene ans Licht gebracht" (Hiob 28,11). Jetzt ist der Sohn gekommen und hat uns Gute Nachricht gebracht und uns ihren Lauf geöffnet. „Lehrt alle Völker, tauft sie im Namen des Vaters und des Sohnes und des Heiligen Geistes." (609)

Fox: Deine Metaphorik von Christus als Weisheit wirkt sehr saftig.

Thomas: Christus ist ein Tau zum Kühlen, siehe Jesaja 18: „Wie eine Wolke von Tau am Tage der Ernte." Er ist der Regen, um fruchtbar zu machen, wie in Psalm 72,6: „Er strömt wie Regen auf die Felder." Er ist wie die Saat, die Frucht bringt, wie Jeremia (23) sagt: „Ich werde den gerechten Samen Davids erheben." Die Frucht, von der die Rede ist, ist die Gerechtigkeit, die mit ihm in drei Formen ersteht: Er hat die Gerechtigkeit durch seine Mühe erfüllt, wie in Matthäus 3,15: „Darum können wir so die ganze Gerechtigkeit erfüllen." Er hat in seiner Rede Gerechtigkeit gelehrt, wie in Jesaja 63: „Der ich die Gerechtigkeit verkünde und ein Verteidiger bin mit der Kraft zu retten." Und er gab die Gerechtigkeit als ein Geschenk, wie in 1 Korinther 1: „Er wurde für uns Weisheit und Heiligkeit und Gerechtigkeit." (610)

Fox: Die Worte, die das Wort gebar, sind in der Tat kraftvoll.

Thomas: Der Psalmist nennt die Worte Christi „Pfeile", und zwar aus drei Gründen: Erstens weil ein Pfeil aufgrund seiner Schärfe bis in Herz vordringt, wie Hosea (2) sagt: „Ich werde sie in dic Einsamkeit führen und zu ihrem Herzen sprechen." Die Worte Christi sind nach dem Hebräerbrief (4) „lebendig und wirksam und durchdringender als ein zweischneidiges Schwert". Dann bewegt ein Pfeil sich schnell. So erfüllten die Worte Christi plötzlich die ganze Welt, denn das Wort Christi wurde noch vor der Zerstörung Jerusalems fast durch die ganze Welt verbreitet. Siehe Psalm 147: „Sein Wort läuft schnell." Außerdem erreicht ein Pfeil auch weit Entferntes, wie es das Wort Christi tut, gemäß Psalm 19: „In jedes Land drang die Kunde." (611)

Fox: Wie stellst du dir das Wort Gottes vor?

Thomas: Das Wort ist die im Herzen des Vaters empfangene Schönheit. (612)

Fox: Wenn du Christus als 'Schönheit' bezeichnest, dann preist du damit einen weiteren Aspekt der Via Creativa der Gottheit: Christus, das Wort, ist sozusagen die meditative Kunst des Vatergottes.

Thomas: Das inkarnierte Wort ist ähnlich dem gesprochenen Wort. Wie ein physischer Laut ausdrückt, was wir denken, so drückt der Körper Christi das Ewige Wort aus. (613)

Fox: Und dieses Wort Gottes ist ein schöpferisches.

Thomas: Gott kennt das göttliche Selbst. Aber Gott kennt und erschafft auch die Geschöpfe. Deshalb drückt das Wort Gott, den Schöpfer, aus und drückt auch das Universum aus und erschafft es. (614)

Fox: Das Wort ist wahrhaft ein kosmisches Wort.

Thomas: Dem Wort wird die Gestaltung von allem zugeschrieben. Darum sagt der Psalmist (33): „Die Himmel wurden vom Worte Gottes gebildet." (615) Das Dasein der Dinge fließt aus dem Wort (fluit a Verbo) wie aus ihrem ursprünglichen Grund, und es fließt hinein in das Dasein, das die Dinge ihrer eigenen Natur nach haben. (616)

Fox: Das Wort ist für dich offenbar auch die kosmische Weisheit. Unsere ganze Diskussion dreht sich um die Kreativität des Kosmischen Christus.

Thomas: Eine der Funktionen der Weisheit ist das Erschaffen. ... Die Weisheit spricht persönlich: „Ich war bei ihm beim Bilden aller Dinge" (Spr.8,30). So denken wir also vom Sohn, wenn wir ihn das Bild des unsichtbaren Gottes nennen und das Muster, nach dem alle Dinge gemacht sind: „Der Erstgeborene aller Geschöpfe, denn in ihm wurde alles geschaffen, im Himmel und auf der Erde" (Kol.1,15-16). Weil „alles durch ihn gemacht wurde" (Joh.1,3), denken wir mit Recht an den Sohn, wenn es heißt: „Ich bin wie ein Bach, der von den Wassern eines großen Stromes fließt." ... Aristoteles erklärt, daß das Original, das zuerst kommt, die Ursache der Kopien ist, die später kommen. (617)

Fox: Welche anderen Funktionen hat die Weisheit noch?

Thomas: Wer ein Ding gemacht hat, kann es auch reparieren. Deshalb ist die

Wiederherstellung der Schöpfung die dritte Funktion der Weisheit: „Durch die Weisheit wurden sie geheilt" (Weish.9,19). Das war besonders das Werk des Sohnes, der Mensch wurde, um unseren Wesenszustand zu verändern und alles Menschliche zu erneuern: „Um durch ihn alles zu versöhnen, was im Himmel und was auf der Erde ist" (Kol 1,20). Mit Recht lesen wir also vom Sohn: „Ich bin wie ein Bach eines Flusses und wie ein Kanal an einem Fluß, der aus dem Paradies kommt." Dieses Paradies ist die Herrlichkeit Gottes, des Vaters, und aus diesem Paradies stieg der Sohn in unser Tränental hinab, wobei er die Herrlichkeit nicht verlor, sondern verbarg: „Ich bin vom Vater ausgegangen und in die Welt gekommen" (Joh.16,28). Laßt uns hier innehalten und überlegen, wie er gekommen ist und was die Frucht dessen war. Wie strömt Wasser herab! Wie wurde Christus durch die Liebe zu uns durch das Mysterium seines Lebens gedrängt! „Wie ein aufgestauter Strom, den der Geist des Herrn vor sich hertreibt" (Jes.59,19). (618)

Fox: Dein Verständnis einer Theologie des Kosmischen Christus und Christi als sophia oder Weisheit stellt die Erlösung, die du eben als die 'Wiederherstellung der Schöpfung' bezeichnet hast, in einen viel weiteren Rahmen, als es die Sündenfall/Erlösungs-Ideologie tut. Erlösung ist für dich das dritte Werk der Weisheit und folgt auf die Schöpfung, welche wiederum auf die Natur der Gottheit folgt.

Thomas: Das tut die höchste Weisheit: Sie offenbart die verborgenen Wahrheiten der Gottheit. Sie bringt die Werke der Schöpfung hervor und stellt sie in der Not wieder her. Sie bringt sie zur Vollendung, indem sie sie ihre eigenen und vollkommenen Ziele erreichen läßt. (619)

Fox: Bitte sage mehr über das erste Werk der Weisheit: die Offenbarung der Mysterien der Gottheit.

Thomas: Gott allein kennt die Tiefen und Reichtümer der Gottheit, und die göttliche Weisheit allein kann ihre Geheimnisse verkünden. Unsere Erkenntnis Gottes, was es auch sein mag, kommt von Gott, denn die Unvollkommenheit ist der Schatten, den die Vollkommenheit wirft, und das Teilweise hat seinen Ursprung im Vollständigen. „Wer erkennt deine Gedanken, wenn du nicht die Weisheit gegeben hast" (Weish.9,17). Vor allem findet sich die Offenbarung der Heiligen Dreifaltigkeit in den Taten des Sohnes, der das Wort Gottes ist, ausgesprochen vom Vater. „Niemand kennt den Vater, nur der Sohn und der, dem es der Sohn offenbaren will" (Mt.11,27). (620)

Fox: Du sagtest oben, daß Christus aus der 'Herrlichkeit' des Vaters zur Erde kam. Würdest du das bitte näher ausführen.

Thomas: Christus ist zunächst der Abglanz des Vaters, wie Hebräer 1 sagt: „Er ist der Abglanz der Herrlichkeit Gottes und das Abbild des göttlichen Wesens." Zweitens durch das Licht der Heiligen, wie in Psalm 110,3: „Aus dem Schoße des Morgens zeugte ich dich im Glanze der Heiligen." Drittens aus der Fülle der Herrlichkeit, wie es Matthäus (17,2) sagt: „Sein Gesicht leuchtete wie die Sonne." Viertens durch die Richtigkeit seiner Lehre, wie es in Jesaja (60,3) heißt: „Die Völker werden in deinem Licht gehen und die Könige im Glanz deines Aufganges." (621)

Fox: Die Worte 'Herrlichkeit' und 'Glanz' bezeichnen in der Bibel stets den Kosmischen Christus; und mir fällt auf, wie oft du sie nennst.

Thomas: Damit jemand gerade auf einem Weg gehen kann, muß er oder sie ungefähr das Ziel kennen. So kann ein Bogenschütze nur dann einen Pfeil richtig abschießen, wenn er das Ziel sieht. ... Das ist besonders wichtig, wenn der Weg schwer und hart und das Gehen mühsam, das Ziel aber erfreulich ist. Durch sein Leiden erlangte Christus nicht nur die Herrlichkeit seiner Seele, die er schon seit seiner Empfängnis besaß, sondern auch die seines Körpers. So sagt Lukas (24,26): „Mußte Christus nicht all das erleiden, um seine Herrlichkeit zu erlangen?" Dahin führt Christus jene, die den Spuren seines Leidens folgen. (622)

Fox: Du verbindest die Herrlichkeit Christi mit seinem Leiden – wie sieht es mit der Erfahrung der Transfiguration aus? War diese nicht ebenfalls ein Augenblick der Offenbarung der Herrlichkeit des Kosmischen Christus?

Thomas: Der Glanz, den Christus bei seiner Transfiguration annahm, war dem Wesen nach ... der Glanz der Herrlichkeit. (623) Es war angemessen, daß Christus seinen Jüngern die Herrlichkeit seines Glanzes (was gerade die Transfiguration ist) zeigte. Und er wird die Seinen dem gleichgestalten. (624) Christus wollte verherrlicht werden, um den Menschen seine Herrlichkeit zu zeigen und in ihnen die Sehnsucht danach zu wecken. (625)

Fox: Ist diese Herrlichkeit, die uns versprochen wird, etwas Ehrfurchtgebietendes?

Thomas: Es war passend, daß (bei der Transfiguration) die Jünger, weil die Stimme des Vaters sie erschreckte, zu Boden fielen; denn dadurch sollte gezeigt werden, daß die Größe der offenbarten Herrlichkeit die Sinne und das Vermögen der Sterblichen übersteigt, wie Exodus (33,20) sagt: „Kein Mensch sieht mich und lebt." ... Christus aber heilt die Menschen von dieser Schwäche und führt sie in die Herrlichkeit. Das ist gemeint, wenn er zu ihnen sagt (Mt.17,7): „Steht auf und fürchtet euch nicht." (626)

Fox: Es hat mich berührt, als du die Anziehungskraft Jesu als Lehrer auf sein Wandeln im Licht, auf seine Herrlichkeit und seinen Glanz bezogen hast. Kannst du noch Näheres über Jesus als Lehrer sagen?

Thomas: Man beachte, daß Jesaja (32,20) sagt: „Wohl denen, die nahe am Gewässer säen“, denn die Lehre des Herrn ist Wasser. Erstens weil es Fülle hat. Sirach (24) sagt: „Ich gieße aus Flüsse meiner Weisheit.“ Zweitens weil es kühlt, wie in den Sprüchen (25) von „kaltem Wasser für die durstige Seele“ die Rede ist. Drittens weil es fruchtbar macht, wie in Jesaja (55,10): „Wie der Regen vom Himmel fällt und nicht mehr von allein dorthin zurückkehrt, sondern die Erde tränkt und sprießen läßt, so wird es mit dem Wort sein, das meinen Mund verläßt.“ Viertens weil es sich schnell bewegt, wie es in Johannes (4,14) heißt: „In ihm wird eine sprudelnde Quelle sein, die zu ewigem Leben fließt.“ Fünftens weil es sich für einzelne formt, wie die Sprüche (5) sagen: „Teile deine Wasser in Kanäle ein.“ (627)

Fox: Ein Jünger, eine Jüngerin ist also jemand, der oder die Christus als Lehrer folgt?

Thomas: Manche folgen Christus durch die Würde ihres Fleisches, wie es in der Offenbarung (14,4) heißt: „Denn sie sind jungfräulich und folgen dem Lamm, wohin es geht.“ Andere folgen Christus aufgrund der Absicht ihres Herzens, wie in Philliper (3): „Ich dränge weiter, damit ich verstehen kann.“ Andere durch leidvolle Prüfungen, wie in 1 Petrus 2,21: „Christus hat für euch gelitten, um euch ein Beispiel zu geben und damit ihr in seinen Spuren folgen könnt.“ Wieder andere durch die Beachtung der Gebote, wie Hiob (23,11) sagt: „Mein Fuß folgte seinen Spuren, ich hielt seinen Weg ein und wich nicht davon ab.“ Andere durch den Empfang der Gnade, wie es Sirach (23) sagt: „Dem Herrn zu folgen, ist eine große Ehre; denn jenen wird eine lange Lebensspanne gegeben werden.“ (628)

Fox: Christus als Weisheit ist also nicht nur der Lehrer, sondern auch das Gelehrte – die Weisheit selbst.

Thomas: Christus ist das Buch. Ein Buch ist ein Instrument, in dem sich die Gedanken des Herzens finden – in Christus aber finden sich die Gedanken des göttlichen Geistes. Im Kolosserbrief (2,3) heißt es: „In ihm sind alle Schätze der Weisheit und Erkenntnis Gottes verborgen.“ Die Überschrift des Buches ist Gott, der Schöpfer (1 Kor.11): „Das Haupt Christi ist Gott.“ Und in der Überschrift des Buches, das heißt, im Willen Gottes, des Vaters, ist über mich geschrieben, das heißt erlassen, daß ich kommen werde. (629)

Fox: Die Nachfolge Christi, der die Weisheit, das Wort und das Kind Gottes ist, scheint mir ein Teil unserer kreativen Antwort darauf zu sein, daß wir Christus die frohe Botschaft verkünden hören.

Thomas: Daß Paulus sagt (Phil.1,21) „für mich ist Christus das Leben und zu sterben ein Gewinn" beruht darauf, daß er sich ganz dem Dienst Christi hingegeben hat. ... Das Leben bringt Aktivität hervor, denn das scheint die Wurzel des Lebens zu sein, unseres Aktivitätsprinzips. Deshalb bezeichnen manche das, was sie zur Aktivität anregt, als ihr 'Leben'. Jäger zum Beispiel nennen die Jagd ihr Leben und Freunde ihren Freund. So ist Christus unser Leben, weil der Ursprung unseres Lebens und unserer Aktivität Christus ist. (630)

Fox: Die Aktivität und Kreativität der Verkündigung Christi war also die Antwort des Paulus auf seine geistliche Berufung. Es war die Kraft oder die Tugend und das Werk des Paulus?

Thomas: Paulus spricht über sein Vertrauen, wenn er sagt (Phil.1,20) „vollen Mutes, daß Christus ... durch meinen Leib verherrlicht wird". Als wollte er sagen: Viele verfolgen mich, doch ich lege mein Vertrauen in Gott. „Ich will Gott vertrauen und mich niemals fürchten" (Jes.12,2). ... Außerdem zeigt er seine rechte Absicht, weil Christus erhöht wird, der als wahrer Gott nicht an sich erhöht oder erniedrigt werden kann, sondern nur in uns, das heißt, in unserer Erkenntnis. Derjenige nämlich ehrt Christus, der die Erkenntnis Christi erweitert: „Wer kann ihn loben, wie es ihm entspricht?" (Sir.43,31). Dies geschehe in Worten und Werken, wenn die Größe der göttlichen Werke seine Größe erweist. (631)

Fox: Wenn wir also unsere Antwort auf Christus gebären, dann ehren wir Christus und zeigen seine Größe?

Thomas: Solange die wunderbaren Werke Christi im Herzen eines Menschen verborgen liegen, wird Christus dadurch nicht geehrt, außer in diesem Herzen, nicht jedoch gegenüber anderen, wenn es nicht in sichtbare äußere Werke ausbricht. Deshalb spricht Paulus von „in meinem Leibe". In unserem Leib wird Christus auf zweifache Weise geehrt: zum einen, indem wir unseren Leib Christus widmen, indem wir ihn in seinen Dienst stellen: „Verherrlicht also Gott in eurem Leib!" (1 Kor.6,20). Und zum anderen, indem wir unseren Leib für Christus aufs Spiel setzen: „Und wenn ich meinen Leib dem Feuer übergäbe" (1 Kor.13,3). Das Erste wird durch das Leben erreicht, das Zweite durch den Tod. (632)

Fox: Mir gefällt die Vorstellung, daß unsere Arbeit und Kreativität ein Ausdruck der 'Verherrlichung Gottes' in unserem Körper ist, dann alle Kunst und Kreativität sind sehr körperlich. In gewisser Hinsicht opfern wir unseren Körper bei der gebärenden Arbeit; denn wir zahlen für das, was wir gebären, einen körperlichen Preis.

Thomas: Paulus sagt (Phil.1,22): „Wenn ich aber im Fleische weiterleben soll, so bedeutet das fruchtbare Arbeit für mich." ... Als wolle er sagen: Wenn Christus in meinem Leibe verherrlicht wird, solange ich lebe, trägt mein Leben im Fleisch Früchte, das heißt: Wenn mein Leben mir die Frucht bringt, daß Christus verherrlicht wird, dann ist das Leben im Fleisch gut und fruchtbar: „Ihr habt einen Gewinn, der euch zur Heiligung führt und zum ewigen Leben" (Röm.6,22). (633)

Fox: Unsere Arbeit ist also fruchtbar, wenn sie in Christus oder mit Christus geschieht.

Thomas: Bei Jesaja (7,14) steht: „Sein Name wird Immanuel sein", das heißt, Gott mit uns, weil Christus auf vielerlei Weise mit uns ist. Erstens wie ein Bruder durch die natürliche Verwandtschaft. Das Hohelied (8,1) sagt: „Wer wird dich mir als Bruder geben, genährt an der Brust meiner Mutter, daß ich dich neben mir finde und küsse?" Zweitens wie ein Ehemann durch die Bande der Liebe. Johannes (14) sagt: „Wer mich liebt, wird mein Wort halten." Drittens wie ein Hirte durch die Milde des mütterlichen Trostes. In der Offenbarung (3,20) steht: „Ich stehe vor der Tür und klopfe an. Wer meine Stimme hört und öffnet, bei dem werde ich eintreten, und wir werden Mahl halten." Viertens als Retter durch den helfenden Schutz. So in Jeremia (30,10): „Fürchte dich nicht, mein Knecht Jakob, Spruch des Herrn, und Israel verzage nicht, denn siehe, ich werde dich aus einem fernen Land erretten." Fünftens wie ein Führer durch das Beispiel seiner Arbeit, gemäß Exodus (32): „Der Herr allein war sein Führer." (634)

Fox: Verspricht Christus uns nicht auch den Heiligen Geist?

Thomas: Denen, die glauben, wird der Heilige Geist versprochen: „Ich lege einen neuen Geist in euch ... und ich werde euch einen neuen Geist geben" (Jes.37,7). Weil uns dieser Geist gegeben wird, werden wir zu Kindern Gottes. (635)

Fox: Was folgt daraus, daß Christus den Heiligen Geist sendet?

Thomas: Im Psalm 45 wird der Heilige Geist als „Öl" bezeichnet, weil Öl alle Flüssigkeiten übertrifft, wie der Heilige Geist alle Geschöpfe übertrifft. Genesis 1 sagt: „Der Geist des Herrn schwebte über den Wassern“, das heißt, er sollte über den Herzen aller Menschen schweben, denn er ist die Liebe Gottes. Zweitens wegen seiner Süße. Das Mitgefühl und alle Süße des Geistes stammen vom Heiligen Geist. In 2 Korinther 6 heißt es: „In Süße, in Sanftheit, im Heiligen Geist.“ Drittens weil Öl sich verteilt, wie sich der Heilige Geist mitteilt. Siehe den zweiten Korintherbrief gegen Ende: „Möge die Gemeinschaft des Heiligen Geistes mit euch allen sein, Amen.“ Und Römer 5: „Die Liebe Gottes ist in euren Herzen durch den Heiligen Geist.“ Außerdem ist Öl ein Stoff für Feuer und Hitze, und der Heilige Geist fördert und nährt die Hitze in uns. Das Hohelied sagt: „Seine Lichter sind Lichter des Feuers.“ Und das Öl erleuchtet auch, wie Hiob (32) sagt: „Die Inspiration des Allmächtigen gibt Verständnis.“ (636)

Fox: Warum spricht Psalm 45 vom 'Öl der Freude'? Wie bezieht sich das auf den schöpferischen Prozeß, in dem der Heilige Geist uns erleuchtet?

Thomas: Es wird das Öl der Freude genannt, weil die Menschen des Ostens sich in Freudenzeiten mit Öl salben. Jesaja (61) spricht vom „Öl der Freude statt der Trauer“. Der Heilige Geist ist die Ursache der Freude, wie es im Römerbrief (14) heißt: „Und Freude im Heiligen Geist.“ Galater (5) spricht von „Liebe, Freude, Frieden“, weil der Heilige Geist nicht in jemandem sein kann, ohne ihnen Freude im Guten und in der Hoffnung auf ein zukünftiges Gut zu bringen. (637)

Fox: Wenn du den Heiligen Geist als das 'Öl der Freude' preist, scheinst du wiederum die Krankheit der acedia anzusprechen. Ein Teil der 'Erneuerung' oder Erlösung, die Christus uns brachte, scheint in der Fähigkeit zu bestehen, wieder Freude und Güte, Hoffnung und eine Zukunft erleben zu können.

Thomas: Christus war die Salbung über allen anderen Heiligen. Johannes 1 sagt: „Wir sahen ihn voller Gnade und Wahrheit.“ Seine Mitarbeitenden werden Gesalbte genannt, denn was auch immer von diesem Öl bleibt, das heißt von der Gnade des Heiligen Geistes, es ist aus dem Überfließen Christi. Johannes 1 sagt: „Von seiner Fülle haben wir alle empfangen.“ Und Psalm 133: „Wie eine Salbung seines Kopfes“, und so weiter. (638)

Fox: Es ist interessant, wie spielerisch du mit dem Thema des 'Öles' und 'Ölens' im Zusammenhang mit dem Kosmischen Christus umgehst, da doch das Wort 'Christus' einfach 'der Gesalbte' bedeutet.

Thomas: 'Christus' ist ein griechisches Wort, das 'der Gesalbte' bedeutet. Könige und Priester wurden gesalbt. Darum ist Jesus ein König und Priester. Wie der Engel in Lukas (2,11) sagt: „Uns ist heute der Retter geboren, der Christus, der Herr ist.“ Er ist auf einzigartige Weise der Christus, weil andere mit sichtbarem Öl gesalbt sind, er aber mit unsichtbarem, das heißt mit dem Heiligen Geist, und in größerer Fülle als alle anderen. In Psalm 45,8 lesen wir: „Gott, dein Gott, hat dich gesalbt mit dem Öl der Freude, wie keinen deiner Gefährten.“ Es geht über die Gefährten hinaus, weil es in Johannes (3,34) heißt: „Denn er gibt den Geist unbegrenzt.“ (639)

Fox: Jesus erfüllte also wirklich seinen Titel als 'der Christus', als 'der Gesalbte'.

Thomas: Gott, der Vater, salbte Christus mit dem Öl priesterlicher Würde, wie einen Priester mit dem Ziel, Opfer darzubringen. Sirach (45,15) sagt: „Er salbte ihn mit heiligem Öl.“ Zweitens war es ein Öl königlicher Macht, wie bei einem König mit dem Ziel zu regieren. In 2 Könige 12 heißt es: „Ich salbte dich zum König und Führer meines Volkes.“ Drittens ein Öl grenzenlosen Mutes, wie ein Kämpfer, bereit zu kämpfen. 2 Könige 1 sagt: „Wie wurde der Schild der Tapferen niedergeworfen, der Schild Sauls und Jonathans, als wäre er nicht mit Öl gesalbt gewesen?“ Viertens ein Öl herausragender Freude, wie für einen großzügigen Menschen, um Mitgefühl zu zeigen. Psalm 112,5 schreibt: „Ein guter Mann, der Mitgefühl zeigt und freundlich ist.“ Und in Psalm 45 heißt es: „Gott, dein Gott, hat dich gesalbt mit dem Öl der Freude, wie keinen deiner Gefährten.“ Ebenso salbte der getreue Knecht Christus mit den Tränen der Reue. Bei Matthäus 6,17: „Öle dein Haar und wasche dein Gesicht.“ Zweitens mit dem Öl der Hingabe. Siehe Lukas 7,46: „Sie aber hat meine Füße mit Öl gesalbt.“ Drittens mit dem Öl des reinen Willens, gemäß Kohelet 9,8: „Trage stets weiß, und nie fehle Öl auf deinem Kopf.“ Viertens mit dem Öl des Lobes und Dankes, wie in Genesis 28,18: „Jakob stand früh auf, nahm dem Stein, ... stellte ihn als ein Zeichen auf und goß Öl darüber.“ (640)

Fox: Oben sagtest du, daß es eine vierte Funktion gibt, die die Weisheit erfüllt. Bitte führe das näher aus und sage auch etwas über die Rolle Christi in der Ausführung dieser Funktion.

Thomas: Eine vierte Funktion der göttlichen Weisheit ist, die Dinge zur Erfüllung ihrer Aufgabe zu bringen. Was bliebe sonst als die Eitelkeit? Eitelkeit, die die Weisheit nicht erträgt, denn die Weisheit „reicht von einem Ende zum anderen und ordnet voll Süße alle Dinge“ (Weish.8,1). Wann sonst sind wir entspannt, als wenn wir ankommen und ruhen, wo wir sein wollen? Das tut der Sohn, der wahre natürliche Sohn des Vaters, der uns in die Herrlichkeit seines Geburtsrechtes bringt: „Denn es war angemessen, daß Gott, für den und durch den das All ist und der viele Kinder zur Herrlichkeit geführt hat ...“ (Heb.2,10). (641)

Fox: Christus hat also unsere Sohn- und Tochterschaft in der Herrlichkeit Gottes gebracht?

Thomas: Indem Paulus sagt „in welchem wir rufen“ zeigt er durch unser Zeugnis (daß wir Kinder Gottes sind). Denn wir bekennen Gott als unseren Vater nach Gottes eigener Anweisung, wenn wir beten: „Unser Vater, der du bist im Himmel“. Das gilt nicht nur von Juden, sondern auch von Heiden. Deshalb setzt er beide Bezeichnungen, das hebräische Abba und das lateinische oder griechische Pater, um zu zeigen, daß es für beide Völker gilt. So spricht auch der Herr (Mk.14,36): „Abba, Vater, dir ist alles möglich“ und (Jer.3,19): „Du wirst mich Vater nennen.“ Das sprechen wir aber nicht nur mit dem Ton der Stimme, sondern vielmehr mit der Absicht des Herzens, was wegen seiner Größe als Schrei bezeichnet wird. So wird zum schweigenden Moses gesagt: „Was schreist du nach mir?“ (Ex.14,15). Diese machtvolle Intention des Herzens entsteht aus der kindlichen Liebe, die der Geist in uns hervorruft, weshalb der Apostel sagt: „In welchem“ (nämlich dem Heiligen Geist) „wir rufen Abba, Vater.“ (642)

Fox: Und indem Christus uns den Geist gesendet hat, hat er diese kindliche Beziehung ermöglicht – oder uns zumindest bekannt gemacht?

Thomas: Wenn Paulus sagt: „Der Geist selbst gibt Zeugnis,“ beweist er dasselbe (daß wir Kinder Gottes sind) aus dem Zeugnis des Heiligen Geistes, damit niemand sage, daß wir bei unserem Zeugnis täuschten. Daher sagt er: „Ich behaupte also, daß wir im Heiligen Geiste rufen: Abba, Vater. Denn der Geist selbst gibt Zeugnis, daß wir Kinder Gottes sind.“ Dieses Zeugnis gibt er aber nicht mit äußerer Stimme dem menschlichen Ohr, wie der Vater (in Mt.3) dem Sohn erklärt, sondern er gibt Zeugnis, indem er die kindliche Liebe in uns bewirkt. Deshalb sagt Paulus, daß er nicht den Ohren, sondern unserem Geiste „Zeugnis gibt, daß wir Kinder Gottes sind“. (643)

Fox: Kinder Gottes zu sein, bedeutet auch, Erben des göttlichen Vermächtnisses zu sein.

Thomas: Erbe heißt jemand, der oder die die hauptsächlichen Güter eines anderen erhält und nicht nur Kleinigkeiten. Wie es in Gen.25,5 heißt, daß Abraham „Isaak alles vermachte, was er besaß; den Söhnen der Nebenfrauen gab er Geschenke.“ Das hauptsächliche Gut, durch das Gott reich ist, ist

Gott selbst. Gott ist aber durch sich selbst und nicht durch etwas anderes reich, weil Gott keiner äußeren Güter bedarf, wie Psalm 16 sagt. So erhalten die Kinder Gottes Gott selbst als Erbe. (644)

Fox: Aber ein Kind erhält doch das Erbe nicht, bevor die Eltern sterben. Es scheint, die Menschen könnten Gott nie beerben, da Gott niemals stirbt.

Thomas: Das gilt nur bei den zeitlichen Gütern, die nicht von mehreren zugleich besessen werden können. Dort ist es nötig, daß einer stirbt, damit andere seinen Besitz übernehmen können. Geistige Güter (bona spiritualia) hingegen können vielen gleichzeitig gehören. Deshalb muß der Vater nicht sterben, damit die Kinder erben können. ... Paulus beschreibt diese Erbschaft auch aus der Sicht Christi, wenn er von „Miterben Christi" spricht. Denn wie er zunächst der Sohn ist, an dessen Kindschaft wir teilhaben, so ist auch er zunächst der Erbe, mit dessen Erbschaft wir verbunden sind. (645)

Fox: Wir werden, mit anderen Worten, also ebenfalls zu Kosmischen Christus-Wesen. Bedeutet das, daß wir auch zu Trägerinnen und Trägern der kosmischen Weisheit werden?

Thomas: In Johannes 1,12 heißt es: „Er gab ihnen die Kraft, Kinder Gottes zu werden." Und 1 Johannes 4,16 sagt: „Die in der Liebe bleiben, bleiben in Gott und Gott in ihnen." (646) Mit dem Ausdruck 'Kinder Gottes' kommen wir zum Lohn (der Weisheit). Einige werden Kinder Gottes (filii Dei) genannt, indem sie an der Ähnlichkeit des eingeborenen und natürlichen Sohnes teilhaben, nach Römer 8,29: „Die Gott im voraus erkannt hat, hat Gott dazu bestimmt, dem Bilde seines Sohnes gleichgestaltet zu werden." Dieser Sohn ist die gezeugte Weisheit. (647)

Fox: Das klingt, als würden wir mit Hilfe Christi auch zu Trägerinnen und Trägern der Weisheit.

Thomas: Da sie durch eine Einheit der Seele mit Gott näher an Gott heranreicht,* überragt die Weisheit als Gabe die Weisheit als intellektuelle Tugend, so daß sie uns nicht nur in der Kontemplation, sondern auch im Handeln leiten kann. (648)

Fox: Das verstehe ich wiederum so, daß unsere Arbeit (die du gerade als Aktion bezeichnetest) aus unseren Herzen (Kontemplation) ausfließt.

Thomas: Zur Weisheit gehört zunächst die Kontemplation des Göttlichen, welche die Vision des Ursprungs ist. Dann folgt die Leitung des menschlichen Handelns nach der göttlichen Ordnung. Die Leitung der menschlichen Handlungen durch die Weisheit führt nicht zu Bitterkeit und Mühe, sondern im Gegenteil: Durch die Weisheit wird das Bittere süß und die Mühe zur Ruhe. (649)

Fox: Was würdest du als Gegenteil der Weisheit ansehen?

Thomas: Isidor sagt: „Dumm ist, wer in seiner Stumpfheit (stupor) nicht zu motivieren ist“, ... denn Dummheit bedeutet eine Gefühllosigkeit des Herzens und Dumpfheit der Sinne. ... „Weise (sapiens)“, sagt Isidor, „kommt nämlich von 'Geschmack' (sapor), denn wie der Geschmack Speisen unterscheiden kann, so kann der Weise Dinge und Ursachen unterscheiden.“ Danach ist klar, daß die Dummheit der Weisheit als Gegenteil gegenübersteht. ... Der Dumme hat zwar den Sinn für das Urteilen, aber abgestumpft, während er beim Weisen scharf und durchdringend ist. (650)

Fox: Deine Rede von der Dumpfheit und Apathie weist mich deutlich auf unser heutiges Bedürfnis nach Weisheit hin, im Gegensatz zu bloßem Wissen. Unsere Kenntnisse haben sich schnell vervielfacht, aber unsere Weisheit hat damit nicht Schritt gehalten.

Thomas: Durch den Geist der Weisheit werden die Augen des Herzens erleuchtet in einem klareren Wissen um Gott. (651)

Fox: Wenn wir am Sophia-Werk Christi als Weisheit teilhaben, so haben wir gewiß auch am Logos-Werk Christi als Wort Gottes teil?

Thomas: Die Geschöpfe bezeichnet man als das Wort Gottes ..., weil sie den Geist Gottes ausdrücken wie eine Wirkung die Ursache. (652) Wie die göttliche Güte sich durch den Schöpfungsakt allen Geschöpfen in einer gewissen Ähnlichkeit mitteilt, so teilt sich den Menschen durch den Akt der Adoption eine gewisse Ähnlichkeit mit der natürlichen Sohn- und Tochterschaft mit, wie es in Römer 8,29 heißt. (653)

Fox: Wir sind also auch Gottes Söhne und Töchter.

Thomas: Durch die Adoption werden wir zu Geschwistern Christi und haben einen Vater mit ihm, der jedoch Christi Vater auf eine andere Weise ist als der unsere. (654)

Fox: Warum müssen wir von Gott adoptiert werden, wenn wir ohnehin Gottes Ebenbilder sind?

Thomas: In seiner Natur gesehen ist der Mensch hinsichtlich der natürlichen Gaben, die er bekommt, vor Gott kein Fremder, wohl aber hinsichtlich der Gaben der Gnade und Herrlichkeit. In dieser Hinsicht wird der Mensch adoptiert. (655)

Fox: Du preist hier wiederum unsere Vergöttlichung, denn Gottes Kind zu sein bedeutet, an der Gottheit teilzuhaben.

Thomas: Gewiß gibt es nur einen Gott, „obwohl viele Götter genannt werden“, aufgrund einer echten Teilhabe an der Gottheit wie bei den Heiligen. Siehe Psalm 82,6: „Ich habe euch Götter genannt“, ob im Himmel, wie die Heiligen, die die himmlische Herrlichkeit besitzen, oder auf der Erde, wie die Heiligen, die noch auf ihrem Weg sind. (656)

Fox: Durch das, was du als 'Gnade und Herrlichkeit' bezeichnest, haben wir also Anteil an der göttlichen Natur?

Thomas: Eingegebene Tugenden richten den Menschen in höherer Weise und auf höhere Ziele aus, und infolgedessen auf die Beziehung zu einer höheren Natur (alterior natura). Das gilt für die Ausrichtung auf die Teilhabe an der göttlichen Natur, wie es bei 2 Petr.1,4 heißt. ... Und entsprechend dieser Aufnahme der Natur wird gesagt, daß wir als Kinder Gottes wiedergeboren werden. (657)

Fox: Und die Gnade macht uns noch göttlicher?

Thomas: Das Licht der Gnade stellt eine Teilhabe an der göttlichen Natur dar. (658) Das Gnadengeschenk übersteigt jede Fähigkeit der geschaffenen Natur, denn es ist nichts anderes als jene Teilhabe an der göttlichen Natur, die jede andere Natur übersteigt. ... Es ist ebenso notwendig, daß allein Gott vergöttlicht (deificet), indem Gott die Gemeinschaft der göttlichen Natur durch die Teilhabe an der Ähnlichkeit vermittelt, wie allein das Feuer etwas entzünden kann. (659)

Fox: Für die meisten Christinnen und Christen der westlichen Kirchen ist eine solche Rede von unserer 'Vergöttlichung' durch Gott und unserer Teilhabe an der göttlichen Natur sehr ungewöhnlich. Wie entnimmst du das aus der Schrift?

Thomas: Der Vater liebte die Jünger ..., damit sie durch eine Teilhabe an der Gnade Götter würden. In Psalm 82,6 heißt es: „Ich habe gesagt: Ihr seid Götter.“ Und der zweite Petrusbrief (1,4) sagt: „Durch sie wurden uns kostbare und große Verheißungen geschenkt, ... damit wir an der göttlichen Natur Anteil erhalten.“ Und auch damit sie in die Einheit des Gefühls aufgenommen werden, denn „wer sich an Gott bindet, ist eins im Geist“ (1 Kor.6,17). Und Römer 8,29: „Alle, die Gott im voraus erkannt hat, werden dem Sohn an Gestalt und Bild gleich, damit er der Erstgeborene vieler Geschwister sei.“ Gott, der Vater, offenbarte also im göttlichen Sohn nach seinen jeweiligen

Naturen ein größeres Gut, als der Sohn seinen Jüngern offenbarte. Dennoch aber ist es gleich. (660)

Fox: Christus hat sich selbst ja in große Schwierigkeiten gebracht, indem er seine Sohnschaft verkündete. Können wir gleiche Schwierigkeiten erwarten?

Thomas: Überall sagten die Leute: „Er macht sich zum Sohn Gottes", als sei er es nicht. Es war aber nicht gegen das Gesetz, wie er ihnen in Johannes 10,34 durch den Psalm 82,5 beweist: „Ich habe gesagt: Ihr seid Götter." Denn wenn andere Menschen, die angenommene Kinder sind, ohne Blasphemie sagen können, daß sie Kinder Gottes sind, wieviel eher kann dies Christus ohne Blasphemie sagen, der seinem Wesen nach Gottes Sohn ist? Da sie aber die Zeugung im Ewigen nicht verstanden, hielten sie beides für falsch und blasphemisch. (661)

Fox: Es ist bezeichnend, daß du das Mißverständnis der Sendung Jesu mit einem Versagen bezüglich der Via Creativa verbindest, der 'ewigen Fortzeugung' der Gottheit.

Thomas: Die göttliche Güte existiert in jedem Einzelwesen, aber nirgendwo vollkommen, außer im Sohn und im Heiligen Geist. Deshalb ist sie mit sich nirgendwo völlig zufrieden außer im Sohn, der soviel an Gutem hat wie der Vater. Siehe Johannes (3,35): „Der Vater liebt den Sohn und hat alles in seine Hand gegeben." (662)

Fox: Wir sind also wahrhaft göttlich, aber nicht in dem Ausmaße wie Jesus völlig göttlich. Du zeigst auf diesem Pfad der Via Creativa eine sehr reichhaltige Christologie, die Christus nicht nur als den Erlöser betrachtet. Du hast ihn auch als unseren Bruder, unseren Lehrer, unsere Weisheit – die sophia, als inkarnierte Tugend, als großartig und schön und voller Herrlichkeit, als Sohn Gottes, als Mitschöpfer und Wiederhersteller der Schöpfung, als logos, Offenbarer der Mysterien Gottes, als Künstler, als ein mächtiges Wasser, als Tau, als Aussender des salbenden und mitfühlenden Geistes, als Gerechtigkeit und Lehrer der Gerechtigkeit, dessen Worte wie Pfeile treffen, als unseren Gatten, als Hirten, als unseren Lehrer, und auch als unseren Heiland und Bruder bezeichnet, der uns zu Teilhabenden an der göttlichen Natur macht. Wenn ich dir dabei zuhöre, wird mir klar, wie sehr die Christologie einer Sündenfall/Erlösungs-Theologie verarmt ist, die Christus nur als Erlöser ansieht. Christus bringt uns so viele und verschiedene Gaben.

Thomas: Christus wurde uns in der Rolle des Arztes gegeben. Joel (2,23) sagt: „Jubelt, ihr Kinder Zions, und freut euch am Herrn, eurem Gott. Denn er hat euch einen Arzt der Gerechtigkeit gegeben." Er wird uns auch als ein

Wächter gegeben. Siehe Ezechiel (33,7): „Menschensohn, ich gebe dich dem Hause Israel als Wächter." Und auch als Verteidiger, wie in Jesaja (19,20): „Er wird ihnen einen Retter senden, der sie verteidigt und sie befreit." Und als einen Hirten, nach Ezechiel (34): „Ich werde für sie einen Hirten bringen, der sie ernährt." Er wird uns als ein Beispiel in seiner Arbeit gegeben, wie in Johannes (13,15): „Ich habe euch ein Beispiel gegeben, damit ihr auch so handelt, wie ich gehandelt habe." Er ist uns auch in der Nahrung eines Reisenden gegeben, nach Johannes (6,33): „Das Brot, das ich euch geben werde, ist mein Fleisch für das Leben der Welt." Und auch im Preise der Erlösung, wie Matthäus (20,28) sagt: „Der Menschensohn ist nicht gekommen, sich bedienen zu lassen, sondern zu dienen und sein Leben als Lösegeld für viele zu geben." Und als eine Belohnung, wie in Offenbarung (2): „Dem Siegreichen werde ich das verborgene Manna zu essen geben." (663)

Fox: Das sind in der Tat sehr reichhaltige Bilder: Christus, als Lehrer der Gerechtigkeit, als ein Wachhabender, als Verteidiger, als Hirte, als Arbeiter, als Nahrung für Reisende, wie auch als der Preis der Erlösung. Und Christus bringt uns auch Herrlichkeit?

Thomas: Es ist Christus, der uns zur Herrlichkeit bringt, Christus, der die Getreuen der Kirche zur Geburt bringt: „Sollte nicht ich selbst, da ich Kinder durch andere hervorbringen lasse, selbst gebären, spricht der Herr. Sollte ich, der andere gebiert, selbst unfruchtbar sein, spricht der Herr, euer Gott" (Jes.66,9). (664)

Fox: Es ist bezeichnend, daß du ebenso wie die Schrift eine Metaphorik der Geburt verwendest, wenn du vom Werk Christi sprichst. Du gibst uns ein Bild Christi als Mutter, ein angemessenes Ende für unsere Diskussion über die Via Creativa.

Thomas: Durch seine menschliche Natur ist Christus wie eine Mutter (similis matri). (665)

Anmerkungen

0 Summa contra gentiles Bd. III.21, n.8* und Summa theologica Bd. II,2 q.134.a.1
1 Summa theologica Bd. II,2 q.106.a.6
2 zu Dionysius' De divinis nominibus n.711, S.266*
3 Summa theologica Bd. II,2 q.45.a.2. ad 3
4 zu Dionysius' De divinis nominibus n.711, S.266*
5 Summa theologica Bd. I q.67.a.4*
6 Summa theologica Bd. I q.67.a.4*
7 Summa theologica Bd. I q.66.a.1. ad 3*
8 Summa theologica Bd. I q.74.a.3. ad 3*
9 Summa theologica Bd. I q.27.a.5. ad 3*
10 Summa contra gentiles Bd. IV. 2, n.5, S.26. Siehe auch Ps.2,7; Spr.8,24-25; Jes. 66,9; Joh.1,14 u.18; Heb.1,6.
11 zu Peter Lombards Buch der Sentenzen Bd. I, Prolog*
12 De potentia q.2.a.2. ad 6*
13 Summa theologica Bd. I q.33.a.2. ad 2*
14 Summa theologica Bd. I q.27.a.2*
15 Summa theologica Bd. I q.33.a.2. ad 2*
16 Kommentar zum Römerbrief I. 1.6, S.22
17 Summa theologica Bd. I q.25.a.1
18 Summa theologica Bd. I q.25.a.1
19 Summa theologica Bd. I q.25.a.1
20 Summa theologica Bd. I q.25.a.6*
21 De potentia q.2.a.1*
22 De potentia q.1.a.1*
23 Summa theologica Bd. I q.45.a.6. ad 3
24 zu Peter Lombards Buch der Sentenzen Bd. I, Prolog*
25- 26 Summa contra gentiles Bd. I.93, n.4, S.347
27 Summa theologica Bd. I q.44.a.4
28 Summa theologica Bd. I q.91.a.3
29 Summa theologica Bd. I q.27.a.1. ad 3*
30- 31 Summa contra gentiles Bd. II.24, n.5, S.71
32 Kommentar zum Buch Hiob 37, S.125*
33 Summa theologica Bd. I q.91.a.3
34 Summa theologica Bd. I q.45.a.6
35 Summa theologica Bd. I q.42.a.5. ad 2*
36 Summa theologica Bd. I q.37.a.1. ad 2*
37 Summa theologica Bd. I q.22.a.2. ad 3
38 Predigt zur Apostelgeschichte, S.16*
39- 41 zu Aristoteles' Politik, 1, S.566*
42- 46 De potentia q.3.a.7*
47 De veritate q.11.a.1
48 De potentia q.3.a.7*
49 Summa theologica Bd. I q.22.a.3
50 Summa contra gentiles Bd. III.77, n.2, S.335
51 Compendium theologiae, 131
52 Summa theologica Bd. I q.22.a.3
53 Compendium theologiae, 103
54 Summa contra gentiles Bd. III.75, n.4, S.321
55 Summa contra gentiles Bd. III.69, n.15, S.291
56 De potentia q.3.a.7*
57 Summa contra gentiles Bd. III.69, n.12, S.291
58 Summa contra gentiles Bd. III.69, n.18, S.293
59 Summa contra gentiles Bd. III.69, n.15, S.291
60 De potentia q.3.a.7*
61 Kommentar zum Johannesevangelium 1.10, Der Prolog ..., S.96
62 Summa theologica Bd. I q.105.a.5

63 De potentia q.3.a.7*
64 65 Summa theologica Bd. I q.105.a.5
66 Über die Geistwesen, a.10. ad 16*
67 Kommentar zum Buch Hiob 37, S.123*
68 Summa contra gentiles Bd. III.75, n.4, S.321
69 Summa contra gentiles Bd. III.75, n.4*
70 Summa theologica Bd. I q.91.a.3. ad 2
71 Compendium theologiae I, 103
72 Compendium theologiae I, 103
73 zu Aristoteles' Ethik, Bd. I, L.14, S.74*
74 Compendium theologiae I, 38
75 Compendium theologiae I, 38
76 zu Dionysius' De divinis nominibus n.402, S.134*
77 78 zu Aristoteles' Ethik, Bd. III, L.5, S.194*
79 Summa theologica Bd. II,1 q.6.a.5*
80 zu Aristoteles' Ethik, Bd. VII, L.6, S.650*
81 Summa theologica Bd. I q.91.a.3. ad 3
82 Summa theologica Bd. I q.91.a.3. ad 3
83 Summa contra gentiles Bd. IV. 11, n.1, S.80
84 Summa contra gentiles Bd. IV. 11, n.5, S.82
85 Psalmenkommentar, Prolog, S.148*
86 Psalmenkommentar 44, S.319* (Ps.44*)
87 Psalmenkommentar 27, S.241*
88 Summa theologica Bd. II,2 q.25.a.7
89 Summa theologica Bd. II,2 q.25.a.7
90 Kommentar zum Matthäusevangelium 25, S.233*
91 Kommentar zum Johannesevangelium 15.7, n.1995*
92 Psalmenkommentar 50, S.349*
93 Psalmenkommentar 51, S.353*
94 Kommentar zum Johannesevangelium 18.23, n.2321*
95 zu Dionysius' De divinis nominibus n.740, S.278*
96 Kommentar zum Johannesevangelium 13.13, n.1776*
97 Jesajakommentar 41, S.531* (Ps.115*, Mt.5*)
98 Jesajakommentar 42, S.532*
99 Jesajakommentar 42, S.533* (Jes.24*)
100 101 Psalmenkommentar 38, S.296*
102 Kommentar zum Epheserbrief 5.19, S.494*
103 104 Psalmenkommentar 36, S.287*
105 Summa contra gentiles Bd. III. 147, n.2, S.275f
106 107 zu Aristoteles' Ethik, Bd. I, L.6, S.34*
108 Compendium theologiae I, 39
109 Summa theologica Bd. II,2 q.23.a.8. ad 3
110 De veritate q.8.a.7. ad 2
111 Summa theologica Bd. I q.27.a.1*
112 Summa theologica Bd. I q.27.a.1*
113 zu Dionysius' De divinis nominibus n.288, S.90*
114 Summa theologica Bd. II,2 q.188.a.6
115 Summa contra gentiles Bd. II.45, n.4, S.179-181
116 Kommentar zum Korintherbrief 2, Kap.1, S.301*
117 Kommentar zum Matthäusevangelium 5, S.55*
118- 120 Kommentar zum Matthäusevangelium 5, S.56*
121 Kommentar zum Matthäusevangelium 6, S.73*
122 Jeremia-Kommentar 17, S.621*
123 Kommentar zum Matthäusevangelium 7, S.79*
124 Kommentar zum Johannesevangelium 15.2, n.1985*
125 Kommentar zum Johannesevangelium 15.4, n.1989*
126 Kommentar zum Johannesevangelium 15.5, n.1992* (Jes.27,4*)
127 Psalmenkommentar 51, S.353* (Jud.9*)

128 zu Peter Lombards Buch der Sentenzen Bd. I, Prolog*
129 Kommentar zum Johannesevangelium 15.12, n.2006*
130 Kommentar zum Johannesevangelium 15.6, n.1994*
131 Psalmenkommentar 1, S.151*
132 Kommentar zum Epheserbrief 1, S.82f*
133 Kommentar zum Johannesevangelium 15.8, n.1996*
134 zu Peter Lombards Buch der Sentenzen Bd. I Prolog*
135 Kommentar zum Johannesevangelium 15.8, n.1996*
136 Antrittsrede*
137 Antrittsrede*
138 Kommentar zum Matthäusevangelium 7, S.79*
139 Psalmenkommentar 38, S.296*
140 Kommentar zum Buch Hiob 24, S.90*
141 Kommentar zum Matthäusevangelium 25, S.231*
142 Kommentar zum Römerbrief XII. S.124*
143 Kommentar zum Matthäusevangelium 25, S.232*
144 Kommentar zum Matthäusevangelium 6, S.73*
145 Summa theologica Bd. II,2 q.79.a.3
146 Summa theologica Bd. II,2 q.79.a.3. ad 3
147 Summa theologica Bd. II,2 q.79.a.3. ad 1
148 Summa theologica Bd. II,2 q.79.a.3. ad 4
149 Kommentar zum Johannesevangelium 15.2, n.1984*
150 Summa theologica Bd. II,2 q.133.a.1
151 Summa theologica Bd. II,2 q.133.a.1. ad 2
152 Summa theologica Bd. II,2 q.79.a.3. ad 4
153 Jeremia-Kommentar 6, S.595* (Mt.24*)
154 Summa theologica Bd. II,2 q.133.a.2. ad 4
155 Jesajakommentar 62, S.568*
156 Summa theologica Bd. II,2 q.133.a.1. ad 3
157 In Decretalem II, S.309*
158 Summa theologica Bd. II,2 q.35.a.1. ad 3
159 Summa theologica Bd. II,2 q.133.a.2
160 Summa theologica Bd. II,2 q.133.a.2
161 zu Aristoteles' Ethik, Bd. IV, L.8, S.324*
162 Summa theologica Bd. II,2 q.133.a.2. ad 1
163 zu Aristoteles' Ethik, Bd. IV, L.1, S.289*
164 Summa theologica Bd. II,2 q.133.a.2
165 Kommentar zum Matthäusevangelium 3, S.52*
166 Kommentar zum Epheserbrief 4.24, S.485*
167 Kommentar zum Epheserbrief 4.25, S.485*
168 Kommentar zum Epheserbrief 3.15, S.472*
169 Summa theologica Bd. I q.72.a.1. ad 4*
170 zu Aristoteles' Ethik, Bd. VII, L.14, S.695*
171 Kommentar zum Johannesevangelium 15.15, n.2015*
172 Summa theologica Bd. II,2 q.177.a.1. ad 3
173 Summa theologica Bd. II,2 q.177.a.1
174 Summa theologica Bd. II,2 q.91.a.2. ad 3*
175 Summa theologica Bd. II,2 q.181.a.3
176 De veritate q.11.a.1. ad 6*
177 Summa theologica Bd. I q.117.a.1
178 Summa contra gentiles Bd. II.75, n.14, S.343
179 zu Aristoteles' Metaphysik Bd. I, L.1, S.15*
180 Summa theologica Bd. I q.117.a.1. ad 3
181 Über die Geistwesen a.9. ad 7*
182 Summa theologica Bd. II,2 q.181.a.3. ad 2
183 zu Aristoteles' Metaphysik, Bd. I, L.1, S.15*
184 zu Aristoteles' Ethik, Bd. II, L.I, S.114*
185 Questiones quodlibetales I, q.7.a.2*

186 Summa theologica Bd. II,2 q.188.a.6
187 Kommentar zum Matthäusevangelium 6, S.74*
188 Summa theologica Bd. II,2 q.182.a.4. ad 3
189 zu Aristoteles' Ethik, Bd. VII, L.14, S.697*
190 Kommentar zum Matthäusevangelium 5, S.48*
191 Psalmenkommentar 50, S.349*
192 Psalmenkommentar 36, S.287*
193 194 Psalmenkommentar 32, S.263*
195 Summa theologica Bd. II,1 q.35.a.5. ad 3
196 Psalmenkommentar 36, S.286*
197 Psalmenkommentar 38, S.297*
198 Kommentar zu den Klageliedern, Präambel, S.668* (Jes.26*)
199 ebenda*
200 Psalmenkommentar 44, S.319* (2 Kön.23*)
201 Predigt zur Apostelgeschichte, S.72-73*
202 Psalmenkommentar 45, S.327*
203 Summa theologica Bd. I q.66.a.1*
204 Psalmenkommentar 45, S.327* (Jes.56*)
205 Jesajakommentar 59, S.564*
206 Kommentar zum Johannesevangelium 4.10, n.577*
207 Summa theologica Bd. I q.43.a.6. ad 2*
208 Summa theologica Bd. I q.12.a.13
209 Psalmenkommentar 44, S.319*
210 Jeremia-Kommentar 5, S.593*
211 Kommentar zum Epheserbrief 5.31, S.497*
212 Kommentar zum Matthäusevangelium 3, S.36*
213 Summa theologica Bd. II,1 q.31.a.6
214 Summa theologica Bd. II,2 q.26.a.12
215 Summa theologica Bd. II,1 q.32.a.6
216 Kommentar zum Korintherbrief II, 9, S.350*
217 zu Aristoteles' Ethik, Bd. X, L.7, S.892f*
218 219 zu Aristoteles' Ethik, Bd. X, L.7, S.892*
220 Summa theologica Bd. II,1 q.32.a.8
221 Summa theologica Bd. II,1 q.32.a.8. ad 1
222 zu Aristoteles' Ethik, Bd. X, L.7, S.892*
223 Summa contra gentiles Bd. III. 134, n.2, S.222
224 Summa contra gentiles Bd. III. 90, n.4, S.47
225 Summa contra gentiles Bd. III. 134, n.2, S.222
226 227 Psalmenkommentar 32, S.360*
228 zu Aristoteles' Metaphysik, Bd. V, L.20, S.400*
229 230 Psalmenkommentar 25, S.235*
231 Summa theologica Bd. I q.39.a.8*
232 Summa theologica Bd. II,2 q.183.a.2
233 zu Dionysius' De divinis nominibus n.364, S.118*
234 Summa theologica Bd. II,2 q.180.a.7
235 De caelo et mundo II, L.14*
236 Summa theologica Bd. I q.91.a.3. ad 3
237 Summa theologica Bd. II,1 q.27.a.1. ad 3
238 Summa theologica Bd. II,1 a.27.a.1. ad 3
239 Summa theologica Bd. II,2 q.180.a.2. ad 3
240 Psalmenkommentar 32, S.260*
241 241 Kommentar zu Boethius' De Trinitate VI, 2. ad 5*
243 Summa theologica Bd. II,2 q.180.a.5. ad 2
244 Summa theologica Bd. I q.35.a.1*
245 De malo XVI, 8. ad 3*
246 Summa theologica Bd. I q.84.a.7
247 Summa contra gentiles Bd. III. 148, n.5, S.280
248 zu Aristoteles' Ethik, Bd. II, l.5, S.136*

249 Summa contra gentiles Bd. III. 148, n.7, S.281
250 De veritate q.22.a.15
251 Summa contra gentiles Bd. III. 88, n.5, S.43
252 Summa contra gentiles Bd. III. 88, n.6, S.43
253 Summa contra gentiles Bd. II.48, n.3, S.193
254 Summa theologica Bd. II,2 q.19.a.4*
255 De veritate q.24.a.1. ad 1
256 Summa theologica Bd. II,2 q.19.a.4*
257 Summa theologica Bd. II,2 q.26.a.12. ad 1
258 Summa theologica Bd. II,2 q.131.a.1
259 zu Aristoteles' Politik, L.1*
260 Summa contra gentiles Bd. II.47, n.5, S.191
261 Summa contra gentiles Bd. II.60, n.5, S.257
262 Summa contra gentiles Bd. III.67, n.7, S.281
263 Summa contra gentiles Bd. III.69, n.16, S.293
264 Summa theologica Bd. II,2 q.26.a.12. ad 3
265 Summa contra gentiles Bd. III.70, n.7, S.303
266- 67 Summa contra gentiles Bd. III.21, n.1-2, S.75
268 Summa theologica Bd. I q.78.a.3*
269 De veritate q.27.a.3. ad 24
270 Summa contra gentiles Bd. III.21, n.4, S.75
271 zu Dionysius' De divinis nominibus n.968, S.360*
272 Summa contra gentiles Bd. III.21, n.8, S.77
273 De veritate q.5.a.8
274 Summa contra gentiles Bd. III.70, n.8, S.303
275 Summa contra gentiles Bd. III.65, n.6, S.272-73
276 Summa contra gentiles Bd. III.67, n.7, S.281
277 Summa theologica Bd. I q.105.a.5
278 Summa theologica Bd. II,2 q.31.a.3
279 Summa theologica Bd. I q.22.a.2. ad 3
280 zu Aristoteles' Ethik, Bd. VI, L. 3, S.553*
281 Summa theologica Bd. II,1 q.57.a.3*
282 Summa theologica Bd. II,1 q.57.a.5. ad 1*
283 Summa theologica Bd. II,1 q.57.a.5. ad 1*
284 Summa theologica Bd. II,1 q.57.a.4*
285 De veritate q.5.a.1
286 Summa theologica Bd. II,1 q.55.a.1*
287 De veritate q.14.a.3
288 Summa theologica Bd. I q.25.a.1. ad 4
289 Summa contra gentiles Bd. II.7, n.4, S.17-19
290 Summa contra gentiles Bd. II.7, n.1, S.17
291 Summa contra gentiles Bd. II.8, n.1, S.19
292 Summa contra gentiles Bd. II.9, n.1, S.21
293 Kommentar zum Römerbrief I. l.6, S.22
294 zu Dionysius' De divinis nominibus n.751, S.283*
295 zu Dionysius' De divinis nominibus n.755, S.285*
296 Summa theologica Bd. II,1 q.55.a.1*
297 Psalmenkommentar 6, S.164*
298 Summa theologica Bd. II,1 q.56.a.1*
299 zu Dionysius' De divinis nominibus n.756, S.285*
300 zu Dionysius' De divinis nominibus n.760, S.286*
301 Kommentar zum Matthäusevangelium 25, S.232*
302 zu Aristoteles' Ethik, Bd. I, L. 10, S.55*
303 Summa theologica Bd. II,1 q.55.a.1. ad 4*
304 Summa theologica Bd. II,1 q.58.a.2. ad 1*
305 Summa theologica Bd. II,1 q.55.a.2*
306 Summa theologica Bd. II,1 q.55.a.3*
307- 308 Summa theologica Bd. II,1 q.56.a.3*

309 Summa theologica Bd. II,1 q.49.a.3. ad 1*
310 Summa theologica Bd. II,1 q.50 a.1*
311 Summa theologica Bd. II,1 q.50.a.2. ad 3*
312 Summa theologica Bd. II,1 q.49.a.4. ad 3*
313 Summa theologica Bd. II,1 q.49.a.4. ad 2*
314 Summa theologica Bd. II,1 q.50.a.5*
315 Summa theologica Bd. II,1 Prolog*
316 De veritate q.24.a.7
317 zu Aristoteles' Ethik, Bd. I, L. 5, S.29*
318 De veritate q.22.a.15*
319- 320 Summa contra gentiles Bd. II.46, n.3-4, S.185
321 Kommentar zum Johannesevangelium 1.4b, Der Prolog ..., S.69
322 Summa contra gentiles Bd. II.47, n.2, S.189-191
323 Summa contra gentiles Bd. II.48, n.1, S.191
324 Summa contra gentiles Bd. II.48, n.2, S.191-193
325 Summa theologica Bd. II,1 q.13.a.2*
326 Summa theologica Bd. II,1 q.13.a.2. ad 3*
327 Summa theologica Bd. I q.65.a.3. ad 2*
328 Summa theologica Bd. II,1 a.51.a.3*
329 zu Aristoteles' Ethik, Bd. II, L. 1, S. 115*
330 Summa theologica Bd. II,1 q.49.a.2. ad 3*
331 zu Aristoteles' Ethik, Bd. II, L. 1, S.115*
332 Summa theologica Bd. II,1 q.14.a.4*
333 Summa theologica Bd. II,1 q.34.a.1. ad 3
334 zu Aristoteles' De anima I, L.10, S.29*
335 Summa contra gentiles Bd. III. 64, n.2, S.263
336 Summa theologica Bd. II,2 q.23.a.4. ad 2
337 Summa contra gentiles Bd. III. 36, n.2, S.135
338 Summa contra gentiles Bd. III. 36, n.3, S.135
339 Summa theologica Bd. II,1 q.13.a.2. ad 3*
340 Summa contra gentiles Bd. II. 75, n.15, S.343
341 Summa contra gentiles Bd. II. 75, n.15, S.343
342 Summa contra gentiles Bd. II. 75, n.15, S.345
343 Summa theologica Bd. I q.70.a.1. ad 4*
344 zu Dionysius' De divinis nominibus n.758, S.286*
345 Summa theologica Bd. II,2 q.180.a.5. ad 2
346 Kommentar zum Epheserbrief 4.23, S.484f*
347 Summa theologica Bd. I q.78.a.4
348 De veritate q.15.a.2. ad 7
349 De veritate q.26.a.3
350- 51 Summa theologica Bd. I q.111.3. ad 1
352 De veritate q.25.a.4
353 De veritate q.4.a.1
354 Kommentar zum Johannesevangelium 1.4a, Der Prolog ..., S.63
355 De veritate q.22.a.11
356 Summa contra gentiles Bd. II. 47, n.4, S.191
357 Summa theologica Bd. II,2 q.23.a.8. ad 3
358 zu Aristoteles' Ethik, Bd. I, L. 9, S.48*
359 Summa theologica Bd. II,1 q.53.a.3*
360 De caritate, 2*
361 Summa theologica Bd. II,1 q.72.a.6. ad 2*
362 Kommentar zum Epheserbrief 6.10, S.500*
363 zu Dionysius' De divinis nominibus n.852, S.321*
364 zu Dionysius' De divinis nominibus n.748, S.282*
365 Summa theologica Bd. I q.3.a.4. ad 9*
366 Psalmenkommentar 32, S.263*
367 zu Aristoteles' Politik I, L.1*
368 Summa theologica Bd. II,2 q.134.a.4. ad 3

369 Psalmenkommentar 30, S.253*
370 Psalmenkommentar 33, S.266*
371 Summa theologica Bd. II,2 q.180.a.1
372 Psalmenkommentar 21, S.219*
373 zu Aristoteles' Politik I, L.1*
374 Summa theologica Bd. III q.66.a.4
375 zu Aristoteles' Politik I, L.1*
376 Summa theologica Bd. I q.104.a.1
377 Summa theologica Bd. II,1 q.21.a.2. ad 2*
378 Summa theologica Bd. II,1 q.57.a.3. ad 1*
379 Summa theologica Bd. II,1 q.21.a.2. ad 2*
380 Summa theologica Bd. II,1 q.57.a.1*
381 Summa theologica Bd. II,1 q.57.a.3*
382 Summa theologica Bd. II,1 q.57.a.3. ad 1*
383 Kommentar zum Matthäusevangelium 10, S.97*
384 De veritate q.14.a.3
385 De virtutibus, q.2*
386 De caritate, 2*
387 Psalmenkommentar 30, S.252*
388 Psalmenkommentar 33, S.268*
389 Kommentar zum Matthäusevangelium 5, S.50*
390 Psalmenkommentar 31, S.256*
391 zu Aristoteles' Ethik, Bd. I, L.10, S.55*
392 Summa theologica Bd. II,2 q.117.a.6. ad 2
394 Summa theologica Bd. I q.95.a.3
395 De veritate q.26.a.5
396 De veritate q.26.a.7
397 De veritate q.25.a.5*
398 Summa theologica Bd. I q.95.a.2. ad 3
399 zu Aristoteles' Ethik, Bd. IV, L.13, S.349*
400 De veritate q.26.a.7. ad 2*
401 Questiones de virtutibus cardinalibus a.4. ad 13*
402 De veritate q.22.a.15. ad 3
403- 405 zu Aristoteles' Ethik, Bd. III, L. 5, S.194*
406 zu Aristoteles' Metaphysik Bd. V, L.16, S.381*
407 Summa theologica Bd. II,1 q.59.a.5. ad 1*
408 De veritate q.26.a.7
409 De veritate q.26.a.7. ad 1
410 De veritate q.26.a.7
411 De veritate q.26.a.7
412 De veritate q.26.a.7. ad 3
413 De veritate q.26.a.7
414 Summa theologica Bd. II,1 q.23.a.2. ad 3*
415 De veritate q.26.a.7. ad 6
416 Summa theologica Bd. II,1 q.46.a.8
417 De veritate q.26.a.7. ad 7
418 Summa theologica Bd. I q.83.a.2
419 Summa theologica Bd. I q.87.a.2
420 De virtutibus, q.2*
421 Summa theologica Bd. I q.18.a.3. ad 2*
422 Summa theologica Bd. II,2 q.136.a.1. ad 3
423 Summa theologica Bd. II,1 q.34.a.4
424 zu Peter Lombards Buch der Sentenzen Bd. III 23.1.1. ad 4*
425 zu Aristoteles' Ethik, Bd. X, L. 6, S.886*
426 zu Aristoteles' Ethik, Bd. I, L. 4, S.23*
427 zu Aristoteles' Ethik, Bd. X, L. 10, S.908*
428 zu Aristoteles' Ethik, Bd. X, L. 11, S.914*
429 zu Aristoteles' Ethik, Bd. I, L. 13, S.69*

430 Summa theologica Bd. II,2 q.58.a.3. ad 1
431 Summa contra gentiles Bd. III. 116, n.4, S.157
432 De veritate q.26.a.5. ad 6
433 De veritate q.26.a.10. ad 2*
434 Summa theologica Bd. II,2 q.123.a.8
435 Summa theologica Bd. II,1 q.2.a.4*
436 Summa theologica Bd. II,2 q.123.a.2. ad 1
437 Summa theologica Bd. II,2 q.123.a.4
438 zu Aristoteles' Ethik, Bd. II, L. 6, S.140*
439 zu Aristoteles' Ethik, Bd. II, L. 11, S.166*
440 zu Aristoteles' Ethik, Bd. IX, L. 11, S.841*
441 zu Aristoteles' Ethik, Bd. X, L. 9, S.904*
442 zu Dionysius' De divinis nominibus n.440, S.144*
443 Summa theologica Bd. II,1 q.18.a.1*
444 Summa theologica Bd. II,1 q.21.a.1*
445 Summa theologica Bd. II,1 q.21.a.2*
446 Summa theologica Bd. II,1 q.59.a.5. ad 2*
447 Summa theologica Bd. II,2 q.33.a.2
448 Summa theologica Bd. II,2 q.32.a.5
449- 450 De caritate 2 *
451 Kommentar zum Johannesevangelium 15.12, n.2006*
452 zu Aristoteles' Ethik, Bd. X, L. 15, S.936*
453 Summa theologica Bd. II,1 q.96.a.2. ad 2
454 Summa theologica Bd. II,1 q.92.a.1
455 Summa theologica Bd. II,1 q.92.a.1. ad 1
456 Summa theologica Bd. II,2 q.44.a.3. ad 3
457 Summa theologica Bd. II,1 q.63.a.1*
458 Summa theologica Bd. II,2 q.30.a.2. ad 2
459 Summa theologica Bd. II,2 q.125.a.3
460 Summa theologica Bd. II,2 q.125.a.1. ad 1
461 Summa theologica Bd. II,2 q.125.a.1
462 Summa theologica Bd. II,2 q.125.a.2
463 Summa theologica Bd. III q.7.a.6. ad 3
464 Psalmenkommentar 26, S.237* (Micha 8*)
465 Summa theologica Bd. II,1 q.2.a.5*
466 Summa theologica Bd. II,2 q.128.a.1. ad 2
467 Predigt zum Vaterunser, 137*
468 zu Aristoteles' Ethik, Bd. IV, L. 10, S.337*
469 Summa theologica Bd. II,2 q.129.a.6. ad 1
470 Summa theologica Bd. II,2 q.128.a.1. ad 3
471 Summa theologica Bd. II,2 q.58.a.12
472 Summa theologica Bd. II,1 q.60.a.4*
473 Kommentar zum Matthäusevangelium 5, S.52*
474 Psalmenkommentar 17, S.194* (2 Kön.22*)
475- 476 Kommentar zum Matthäusevangelium 4, S.41* (Ps.32,6*)
477 Jeremia-Kommentar 17, S.620*
478 Psalmenkommentar 50, S.348* (Jes.8*)
479 Summa theologica Bd. II,2 q.123.a.6
480 Summa theologica Bd. II,2 q.123.a.6. ad 1
481 Psalmenkommentar 26, S.237*
482 Psalmenkommentar 48, S.335*
483 Kommentar zum Buch Hiob 28, S.155*
484 Psalmenkommentar 34, S.276*
485 Summa contra gentiles Bd. II.2, n.3, S.5-7
486 Kommentar zum Johannesevangelium 15.15 n.2015*
487 Kommentar zum Johannesevangelium 15.15 n.2014*
488 Summa theologica Bd. II,1 q.26.a.4
489 Kommentar zum Johannesevangelium 15.15 n.2016*

490 Summa theologica Bd. II,1 q.4.a.8*
491 zu Aristoteles' Ethik, Bd. VIII, L. 6, S.731*
492 Summa contra gentiles Bd. III. 116, n.3, S.157
493 Summa contra gentiles Bd. III. 116, n.2, S.156
494 Summa theologica Bd. II,2 q.19.a.4*
495 Summa theologica Bd. II,2 q.19.a.4*
496 Summa theologica Bd. II,2 q.19.a.10*
497 Summa theologica Bd. III q.80.a.10. ad 3
498 Summa theologica Bd. III q.7.a.6. ad 3
499 Summa theologica Bd. II,1 q.6.a.7. ad 1*
500 Summa theologica Bd. II,2 q.125.a.4
501 Summa theologica Bd. II,2 q.125.a.4. ad 1
502 zu Aristoteles' Ethik, Bd. III, L. 15, S.243*
503 Summa theologica Bd. II,2 q.19.a.9*
504 Summa theologica Bd. II,1 q.43.a.1
505 Summa theologica Bd. II,1 q.41.a.1
506 Summa theologica Bd. II,1 q.44.a.1
507 Summa theologica Bd. II,2 q.137.a.3. ad 1
508 Summa theologica Bd. II,2 q.125.a.2. ad 3
509 Summa theologica Bd. II,2 q.125.a.3
510 Summa theologica Bd. II,2 q.125.a.2
511 Summa theologica Bd. II,2 q.125.a.1. ad 1
512 Summa theologica Bd. II,1 q.40.a.6
513 Summa theologica Bd. II,1 q.40.a.6
514 zu Aristoteles' Ethik, Bd. VII, L. 14, S.697*
515 Summa theologica Bd. III q.1.a.6. ad 1
516 Summa theologica Bd. III q.72.a.8
517 Summa theologica Bd. II,2 q.129.a.2
518 Summa theologica Bd. II,2 q.137.a.1
519 Summa theologica Bd. II,2 q.128.a.1. ad 2
520 De spe, 1*
521 Summa theologica Bd. II,2 q.129.a.1
522 Summa theologica Bd. II,2 q.134.a.1
523 Summa theologica Bd. II,2 q.134.a.4. ad 3
524 Summa theologica Bd. II,2 q.134.a.1
525 Summa theologica Bd. II,2 q.129.a.3
526 Summa theologica Bd. II,2 q.129.a.1
527 Summa theologica Bd. II,2 q.129.a.1
528 Summa theologica Bd. II,2 q.134.a.2. ad 2
529 Summa theologica Bd. II,2 q.129.a.4. ad 3
530 zu Aristoteles' Ethik, Bd. IV, L. 10, S.335*
531 zu Aristoteles' Ethik, Bd. IV, L. 10, S.337*
532- 533 zu Aristoteles' Ethik, Bd. IV, L. 10, S.337*
534 Summa theologica Bd. II,2 q.129 Präambel*
535 Summa theologica Bd. II,2 q.129.a.5
536 Summa theologica Bd. II,2 q.129.a.6
537 Summa theologica Bd. II,2 q.129.a.6. ad 2
538- 539 zu Aristoteles' Ethik, Bd. IV, L. 8, S.326*
540 Summa theologica Bd. II,2 q.134.a.2. ad 1
541 Summa theologica Bd. II,2 q.134.a.2. ad 3
542 Summa theologica Bd. II,2 q.134.a.2. ad 3
543 Summa theologica Bd. II,2 q.134.a.1. ad 1
544 Summa theologica Bd. II,2 q.137.a.1. ad 2
545 Summa theologica Bd. II,2 q.129.a.4. ad 2
546 Über das Böse VIII, 1, ad 7*
547 Summa theologica Bd. II,2 q.35.a.3. ad 2
548 Summa theologica Bd. II,2 q.35.a.4. ad 2
549 Summa theologica Bd. II,2 q.35.a.4. ad 2

550 Summa theologica Bd. II,2 q.35.a.4. ad 3
551 Über das Böse XI, 4*
552 Kommentar zum Epheserbrief 6.12, S.501*
553 Psalmenkommentar 48, S.337*
554 Über das Böse XI, 4*
555 Über das Böse XI, 4. ad 3*
556 Summa theologica Bd. II,2 q.81.a.2. ad 1*
557 Summa theologica Bd. II,2 q.81.a.2*
558 Summa theologica Bd. II,2 q.81.a.7*
559 Summa theologica Bd. II,2 q.91.a.1. ad 3*
560 Summa theologica Bd. II,2 q.81.a.7*
561 Summa contra gentiles Bd. III. 119, n.4, S.163
562 Summa theologica Bd. II,2 q.91.a.1. ad 2*
563 Summa theologica Bd. II,2 q.106.a.3. ad 5*
564 Summa contra gentiles Bd. III. 119, n.7, S.164
565 Summa contra gentiles Bd. III. 119, n.8, S.164
566 Summa contra gentiles Bd. III. 119, n.2, S.162f
567 Summa theologica Bd. II,2 q.81.a.3*
568 Summa contra gentiles Bd. III. 119, n.4, S.163
569 Summa contra gentiles Bd. III. 119, n.5, S.163f
570 Summa contra gentiles Bd. III. 119, n.6, S.164
571 Summa contra gentiles Bd. III. 119, n.3, S.163
572 Summa contra gentiles Bd. III. 120, n.25, S.174
573 Summa theologica Bd. I q.73.a.1*
574 Summa theologica Bd. II,2 q.106.a.1. ad 1
575 Summa theologica Bd. II,2 q.106.a.1. ad 2
576 Summa theologica Bd. II,2 q.106.a.6. ad 2
577 Summa theologica Bd. II,2 q.107.a.1
578 Summa theologica Bd. II,2 q.107.a.2
579 580 Kommentar zum Epheserbrief 5.14, S.492*
581 Kommentar zum Epheserbrief 5.14, S.492f*
582 Brief an den Erzbischof von Palermo, a.5.* Siehe auch Predigt zur Apostelgeschichte, S.54f. (Joh.20,6*, Sir.5,8*)
583 Summa theologica Bd. III q.56.a.1
584 Summa theologica Bd. III q.56.a.2
585 Compendium theologiae I, 239
586 Summa theologica Bd. III q.56.a.2
587 Compendium theologiae I, 201
588 Compendium theologiae I, 227
589 Summa contra gentiles Bd. IV. 79, n.8, S.395f
590 Kommentar zum Johannesevangelium 20.1, n.2471*
591 Kommentar zum Buch Hiob 19, S.76*
592 Summa theologica Bd. III q.56.a.2. ad 4
593 Kommentar zum Buch Hiob 19, S.76*
594 zu Aristoteles' Ethik, Bd. VII, L.14, S.697*
595 Summa contra gentiles Bd. IV. 79, n.10, S.396
596 Summa theologica Bd. II,1 q.4.a.5*
597 Kommentar zum Buch Hiob 19, S.76*
598 Summa theologica Bd. III q.53.a.1
599 Kommentar zum Buch Hiob 19, S.76*
600 Predigt zur Apostelgeschichte, S.16*
601 Jesajakommentar 41, S.531*
602 Summa theologica Bd. III q.7.a.2
603 Psalmenkommentar 44, S.320*
604 Kommentar zum Johannesevangelium 13.13, n.1775*
605 Kommentar zum Johannesevangelium 13.13, n.1776*
606 Kommentar zum Johannesevangelium 13.13, n.1775*
607 Jeremia-Kommentar 23, S.632*

608 Kommentar zum Johannesevangelium 1.3, Der Prolog ..., S.55
609 zu Peter Lombards Buch der Sentenzen Bd. I, Prolog*
610 Jesajakommentar 45, S.540*
611 Psalmenkommentar 44, S.322*
612 Psalmenkommentar 32, S.260*
613 De veritate q.4.a.1. ad 6*
614 Summa theologica Bd. I q.34.a.3*
615 Psalmenkommentar 32, S.260*
616 Summa theologica Bd. I q.58.a.6
617- 620 zu Peter Lombards Buch der Sentenzen Bd. I, Prolog*
621 Jesajakommentar 62, S.568*
622 Summa theologica Bd. III q.45.a.1
623 Summa theologica Bd. III q.45.a.2
624 Summa theologica Bd. III q.45.a.1
625 Summa theologica Bd. III q.45.a.3
626 Summa theologica Bd. III q.45.a.4. ad 4
627 Jesajakommentar 32, S.515*
628 Jeremia-Kommentar 17, S.621*
629 Psalmenkommentar 39, S.302*
630- 33 Kommentar zum Brief an die Philipper I. l.3, S.87
634 Jesajakommentar 7, S.462*
635 Kommentar zum Epheserbrief 1.13, S.451*
636- 638 Psalmenkommentar 44, S.323*
639 Kommentar zum Johannesevangelium 11.27, n.1520*
640 Jesajakommentar 61, S.567* (2 Kön.12*, u.1*)
641 zu Peter Lombards Buch der Sentenzen Bd. I, Prolog*
642- 45 Kommentar zum Römerbrief VIII. l.3
646 Kommentar zum Johannesevangelium 17.24, n.2258*
647 Summa theologica Bd. II,2 q.45.a.6
648 Summa theologica Bd. II,2 q.45.a.3. ad 1
649 Summa theologica Bd. II,2 q.45.a.3. ad 3
650 Summa theologica Bd. II,2 q.46.a.1
651 Kommentar zum Epheserbrief 1.18, S.452*
652 De veritate q.4.a.1
653 Summa theologica Bd. III q.23.a.1. ad 2
654 Summa theologica Bd. III q.23.a.2. ad 2
655 Summa theologica Bd. III q.23.a.1. ad 1
656 Kommentar zum Korintherbrief I, 8. S.214*
657 Summa theologica Bd. II,1 q.110.a.3
658 Summa theologica Bd. II,1 q.110.a.3
659 Summa theologica Bd. II,1 q.112.a.1
660 Kommentar zum Johannesevangelium 15.9, n.1999*
661 Kommentar zum Johannesevangelium 19.7, n.2387*
662 Kommentar zum Matthäusevangelium 3, S.36*
663 Jesajakommentar 9, S.469*
664 zu Peter Lombards Buch der Sentenzen Bd. I, Prolog*
665 Psalmenkommentar 41, S.311*
665 Psalmenkommentar 41, S.311*

Viertes Gespräch

Über die Via Transformativa

Durch das Mitgefühl ahmen die Menschen Gott nach.
In allen Werken Gottes finden wir beides: Mitgefühl und Gerechtigkeit. (0)

Matthew Fox: Bruder Thomas, bisher haben wir die ersten drei Pfade der Schöpfungsspiritualität besprochen: die Via Positiva, den Weg der Freude, der Ehrfurcht und des Staunens; die Via Negativa, den Weg der Stille, des Loslassens, der Dunkelheit und des Leidens; und die Via Creativa, den Weg des Gebärens, der Phantasie, der Kreativität und der meditativen Kunst. Laß uns nun über den vierten Pfad, die Via Transformativa, sprechen, auf dem wir die Energie unserer Kreativität aufgreifen und sie mitfühlend für die Aufgaben der sozialen Wandlung einsetzen.

Thomas von Aquin: Die größte Veränderung, die nach den Naturgesetzen möglich ist, ist eine Änderung der Form, eine Transformation. (1)

Fox: Allerdings! An den vier von uns untersuchten Pfaden ist nichts Oberflächliches, und sie gipfeln in der Via Transformativa. Laß uns mit dem Kern der Sache beginnen: Welche Rolle spielt das Mitgefühl in deiner Spiritualität?

Thomas: Durch das Mitgefühl ahmen die Menschen Gott nach. (2)

Fox: 'Nachahmung Gottes' – darum scheint es doch auf einem geistigen Weg überhaupt zu gehen, um das Ausleben des Göttlichen in uns.

Thomas: Mitfühlend zu sein, ist typisch für Gott, den Vater. ... Gott ist das Mitgefühl selbst. (3) Gottes heiliger Name ist der Name des göttlichen Mitgefühls. (4)

Fox: Wenn das Mitgefühl unsere Nachahmung Gottes ausmacht, dann sollten wir uns wirklich tiefgehend mit der Bedeutung und Praxis des Mitgefühls beschäftigen. Was meinen wir damit, daß die Nachahmung Gottes bedeute, mitfühlend zu sein?

Thomas: In jedem Werk Gottes, wenn wir es von der Wurzel her betrachten, offenbart sich Mitgefühl oder Barmherzigkeit (misericordia). Diese Kraft bleibt in allem darauf Folgenden bestehen und verstärkt sich sogar. (5)

Fox: Du sagst, daß die erste Quelle aller Werke Gottes das Mitgefühl sei?

Thomas: Die Wirkung des göttlichen Mitgefühls ist die Grundlage aller göttlichen Werke. (6)

Fox: Warum ist das so?

Thomas: Das Mitgefühl, die Barmherzigkeit, ist Gott in höchstem Maße zuzuerkennen, aber nur der Wirkung nach, nicht jedoch hinsichtlich seiner leidenschaftlichen Neigung. Zum Erweis dessen ist zu bedenken, daß barmherzig (misericors) genannt wird, wer ein sorgendes Herz (miserum cor) hat und durch das Elend eines anderen so von Kummer ergriffen wird, als sei es sein eigenes. Daraus folgt dann, daß man sich darum bemüht, das Elend des anderen zu beseitigen, als sei es das eigene. Darin liegt die Wirkung des Mitgefühls. Kummer über das Elend anderer paßt jedoch nicht zu Gott, wohl aber das Elend anderer zu beseitigen, sofern wir unter Elend irgendeinen Mangel verstehen. Mängel werden aber nur durch die Vollkommenheit einer Güte behoben, und der erste Ursprung der Güte ist Gott. ... Sofern die Vollkommenheiten, die Gott den Dingen verliehen hat, alle Mängel beseitigen, gehören sie dem Mitgefühl an. (7)

Fox: Ich muß sagen, daß ich mich mit der Vorstellung, daß Gott kein Leid des Herzens durchmacht, nicht wohlfühle. Dein Argument scheint dabei bloß ein sprachliches zu sein: Im Lateinischen bedeutet Mitgefühl (misericordia) ein leidendes Herz. In der englischen Sprache ist das Wort für Mitgefühl (compassion) gleichbedeutend mit Mit-Leidenschaft (passion with). Ich glaube, daß dieses Wort besser ausdrückt, auf andere zu reagieren, 'als sei man es selbst'.

Thomas: Gott handelt barmherzig. (8) Gott ist „voller Mitgefühl ... wegen der großen Liebe, mit der uns Gott liebt“ (Eph.2,4). ... Wir können uns eine vierfache Güte und Wirksamkeit der göttlichen Liebe vorstellen. Erstens hat sie uns ins Dasein gebracht: „Du liebst alles, was ist, und verabscheust nichts von dem, was du gemacht hast“ (Weish.11,24). Zweitens schuf Gott uns nach dem göttlichen Bilde und fähig, Gottes eigene Seligkeit genießen zu können: „Du hast eine solche Liebe für unsere Vorfahren, und in deiner Hand sind alle Heiligen“ (Deut.33,3). Drittens stellte Gott einige wieder her, die von der Sünde verdorben waren. „Ja, ich habe euch geliebt mit immerwährender Liebe, deshalb habe ich euch angezogen und Mitgefühl mit euch gehabt“ (Jer.31,8). Viertens gab Gott den eigenen Sohn zu unserer Erlösung: „Denn so sehr hat Gott die Welt geliebt, daß Gott seinen eingeborenen Sohn gab“ (Joh. 3,16). (9)

Fox: Erkläre bitte, wie wir sagen können, daß Gott 'reich an Mitgefühl' sei.

Thomas: Wenn die Liebe Gutes im Geliebten hervorruft, dann ist es eine Liebe, die aus dem Mitgefühl hervorgeht. Die Liebe, mit der Gott uns liebt, ruft in uns Gutes hervor. Deshalb wird das Mitgefühl hier als die Wurzel der göttlichen Liebe dargestellt: „Ich will an die freundliche Gnade des Herrn denken, den Herrn preisen für alles, was er uns geschenkt hat ..., was Gott uns erwies in göttlicher Güte und Vielzahl seiner Gnaden" (Jes.63,7). (10)

Fox: Es ist bezeichnend, daß du das Mitgefühl mit der Güte oder der Via Positiva verbindest. Du scheinst Güte und Mitgefühl als fast identisch zu preisen.

Thomas: Mitgefühl und Güte sind in Gott als Subjekt, aber sie unterscheiden sich ihrem Begriff nach. Denn das Gute in Gott wird als das Teil des Guten mit den Geschöpfen angesehen, weil Gutes sich verbreitet. Mitgefühl hingegen bedeutet ein besonderes Ausgießen des Guten, um Elend zu beheben. Darum singt der Psalmist: „Erinnere dich an mich in deinem Mitgefühl," und nicht gemäß meiner Sünden. (11)

Fox: Gottes Mitgefühl ist also sehr groß?

Thomas: Joel (2,13) sagt: „Kehrt um zum Herrn, eurem Gott, denn Gott ist freundlich und barmherzig, reich an Mitgefühl und nachgiebig." (12)

Fox: Worin unterscheidet sich Gottes Mitgefühl von unserem?

Thomas: Jesaja sagt, daß die Frucht der Umkehr zu Gott das Mitgefühl sei: „Und laß ihn zum Herrn zurückkehren, ... denn Gott ist voller Mitgefühl." Die Hindernisse zum Mitgefühl werden ausgeschlossen, wenn Gott sagt: „Meine Gedanken sind nicht deine Gedanken", als wolle Gott sagen: „Du bist unfromm und ich fromm; du denkst an Rache und ich an Mitgefühl." (13) Es heißt, Gott sei reich an Mitgefühl, weil Gott unbegrenztes und unfehlbares Mitgefühl besitzt, anders als die Menschen. Denn das menschliche Mitgefühl ist auf dreierlei Weise gebunden oder begrenzt. Erstens ist das Mitgefühl der Menschen im Schenken weltlicher Güter an das Ausmaß des eigenen Besitzes gebunden. „Hilf aus Mitgefühl mit dem, was du hast" (Tob.4,7). Gott aber „schenkt allen, die Gott anrufen, aus dem göttlichen Reichtum" (Röm.10,12). Zweitens ist das Mitgefühl der Menschen begrenzt, weil sie nur Beleidigungen gegen sich selbst verzeihen können. Und sogar dabei sollte unterschieden werden, und man sollte nicht derart wahllos verzeihen, daß diejenigen, denen verziehen wird, noch mutiger und bereitwilliger zu weiteren Beleidigungen werden. „Wo keine Strafe verhängt wird, ist die Bosheit schnell dabei, und die Menschen haben keine Furcht, Böses zu tun" (Koh.8,11).

Aber nichts kann Gott schaden, und Gott kann jede Beleidigung vergeben: „Wenn du sündigst, wie willst du ihn verletzen?“ ... Drittens zeigt man Mitgefühl, wenn man Strafe erläßt. Aber auch hier muß man unterscheiden: Man darf sich nicht der Gerechtigkeit eines höheren Gesetzes widersetzen. Gott kann, auf der anderen Seite, jede Strafe erlassen, weil Gott an kein höheres Gesetz gebunden ist: „Wer hat Gott die Erde anvertraut? Wer hat Gott über die Welt gesetzt, die Gott gemacht hat?“ (Hiob 34,13). Darum ist Gottes Mitgefühl unendlich, weil es weder durch einen Mangel an Reichtum begrenzt ist, noch durch Furcht vor Verletzung, noch durch ein höheres Gesetz. (14)

Fox: Gottes Mitgefühl, sagst du, sei unendlich.

Thomas: Göttliches Mitgefühl hat kein Maß und überschreitet jedes Urteil. (15)

Fox: Ist es also ewig?

Thomas: Gottes Mitgefühl währt für immer. (16) Das Mitgefühl Gottes ist friedlich in Wohlstand und in Widrigkeiten. Zum Wohlstand sagt der Psalmist (42,9): „Bei Tage gewährte der Herr göttliches Mitgefühl,“ das heißt, in Zeiten des Wohlergehens, als wolle er sagen: „Allen Wohlstand, den ich habe, schreibe ich dem göttlichen Mitgefühl zu.“ In den Klageliedern (3,22) heißt es: „Das Mitgefühl des Herrn läßt nie nach.“ Und bezüglich der Widrigkeiten sagt der Psalmist: „Und nachts“, das heißt, in schwierigen Zeiten, „legte Gott das göttliche Lied auf meine Lippen“, das heißt, die Freude, die der größte Trost ist. Das kommt vom göttlichen Mitgefühl. (17)

Fox: Mitgefühl ist also im Dunkeln wie im Licht gegenwärtig – in der Via Negativa wie in der Via Positiva.

Thomas: Was immer Gott in uns bewirkt, kommt entweder aus der Gerechtigkeit oder dem Mitgefühl oder der Wahrheit. Aus der Gerechtigkeit, wenn man zurückgibt, was sich gehört. Aus der Wahrheit, wenn man zurückgibt, was man versprochen hat. Aus dem Mitgefühl, wenn man überschreitet, was angebracht oder versprochen ist. Beweisen wir diese drei Dinge. Gottes Gerechtigkeit ist groß, denn kein Verdienst ist so groß, daß Gott nicht mehr gäbe. Die Wahrheit ist größer, denn Gott verspricht und gibt, was wir nie verdient haben, wie die Fleischwerdung und anderes, was zum Mysterium der Erlösung gehört. Aber das Mitgefühl ist am größten, denn Gott schenkt Dinge, die wir nicht einmal begreifen können. Wie es im zweiten Korintherbrief (2) heißt: „Das Auge hat nicht gesehen“, und so weiter. Deshalb vergleicht der Psalmist die Gerechtigkeit mit den Bergen, die Wahrheit mit den

Wolken, die höher sind, und das Mitgefühl mit dem Himmel, der über allen Dingen ist. Er sagt: „Herr, dein Mitgefühl ist im Himmel", was also Ursache alles Guten für mich ist, ist im Himmel. (18)

Fox: Es ist wirklich bemerkenswert, daß du vom Mitgefühl als dem größten Mysterium Gottes sprichst, als von einer Kraft, die alle Dinge umfaßt, wie der Himmel selbst.

Thomas: Psalm 33,5 sagt: „Die Erde ist voll vom Mitgefühl Gottes." Und in allen Dingen hat das Mitgefühl seinen Platz. Denn gerechte Menschen haben wegen des göttlichen Mitgefühls Unschuld bewahrt. Und ebenso haben sich Sünder wegen des göttlichen Mitgefühls der Gerechtigkeit zugewandt. In 1 Timotheus 1 heißt es: „Ich habe Mitgefühl empfangen." Ebenso haben die, die in Sünde leben, Gottes Mitgefühl erfahren, und Klagelieder 3 sagt: „Das Mitgefühl Gottes ist vielfältig, so daß wir nicht vernichtet werden." (19)

Fox: Sich das göttliche Mitgefühl wie den Himmel vorzustellen, gibt uns ein Bild davon, wie allgegenwärtig das Mitgefühl ist. Es erfüllt die Erde und das Universum.

Thomas: Gottes Mitleiden liegt über allen göttlichen Werken. Denn Mitgefühl bedeutet bei Gott kein Leiden des Geistes, sondern die göttliche Güte zur Überwindung von Leid. (20)

Fox: Wenn man von diesem allgegenwärtigen Mitgefühl Gottes hört, erfüllt es uns mit Hoffnung.

Thomas: Gottes Mitgefühl ist von großer Dauer, wie Jesaja (54,8) sagt: „In ewigem Mitgefühl habe ich Erbarmen mit dir." Und es ist mit großer Kraft verbunden, denn als Gott den göttlichen Menschen machte, brachte Gott das Göttliche vom Himmel auf die Erde und machte das Unsterbliche sterblich. Gottes Mitgefühl hat große Wirkung, denn durch es kann der Mensch aus jedem Elend erhoben werden. In Psalm 86 heißt es: „Dein Mitgefühl mit mir ist groß, und du hast mir den Frevel meiner Sünde vergeben." ... In allen Dingen und von Anbeginn der Welt habe ich die Wirkungen deines Mitgefühls gefunden. (21)

Fox: Jetzt verstehe ich besser, warum du darauf beharrst, daß wir Gottes Mitgefühl nachahmen sollen, da du es für so machtvoll und umfassend hältst. Ich nehme darin wieder eine kosmische Dimension wahr, eine zutiefst nicht anthropozentrische, innerhalb derer du die göttliche Liebe zu den Dingen verstehst.

Thomas: Der Psalmist sagt, daß „die Erde voll ist vom Mitgefühl des Herrn." Siehe, er gibt uns ein Zeichen, denn die ganze Fülle der Erde geht hervor aus dem Mitgefühl Gottes, denn die Erde ist nicht von vergänglichen, sondern von geistigen Gütern erfüllt. Und besonders gilt das nach dem Kommen Christi, wie die Apostelgeschichte (2) sagt: „Alle wurden vom Heiligen Geist erfüllt." All das kommt nämlich vom Mitgefühl Gottes. In Römer (9,16): „Es kommt nicht auf das menschliche Streben an, sondern auf das Mitgefühl Gottes." Aber der Psalmist spricht von der Erde und nicht vom Himmel. Warum? Weil es im Himmel kein Elend gibt und deshalb kein Mitleid nötig ist. Die Erde aber, wo die Menschen unter vielem leiden, braucht die Fülle des Mitgefühls. (22)

Fox: Gottes Mitgefühl erstreckt sich auf alle Dinge dieser Erde.

Thomas: Gottes Hand ist auf dreierlei Weise eine Hand des Mitgefühls. Erstens als heilende, wie bei Hiob (5,18): „Gott verwundet und verbindet, Gott verletzt, doch Gottes Hände heilen auch." Zweitens als nährende, wie in Psalm 95,7: „Wir sind das Volk von Gottes Weide, die Herde, von Gottes Hand geführt." Drittens eine krönende, wie in Weisheit 5,16: „Aus der Hand des Herrn empfangen sie die Krone der Schönheit und die Juwelen der Herrlichkeit." (23)

Fox: Mir scheint auch, unser Pfad zu Gott sei, wie du zeigst, notwendigerweise ein Pfad des Mitgefühls. Gott zu finden, heißt Mitgefühl zu finden, und umgekehrt.

Thomas: Unter all den Dingen, die Freude am Herrn hervorrufen, sind es besonders zwei: Mitgefühl und Gerechtigkeit. In den Sprüchen (20,28): „Mitgefühl und Wahrheit behüten den König." Denn durch Gerechtigkeit werden die Untertanen verteidigt. Nimmt man die Gerechtigkeit fort, wird niemand sicher und glücklich sein. Ebenso sind ohne das Mitgefühl alle in Angst und ohne Liebe. Der Psalmist zeigt, daß man dies an Gott verstehen muß, wenn er sagt: „Der Herr liebt Mitgefühl und Gerechtigkeit." Denn Gott liebt diese an sich, weil diese Dinge zum göttlichen Werk gehören. Psalm 25,10 drückt es so aus: „Alle Wege des Herrn sind mitfühlend und gerecht." Außerdem liebt Gott sie in jeder Person, wie es Micha (6,8) sagt: „Dir wurde gesagt, Mensch, was gut ist und was der Herr von dir erwartet." Und darum sagt der Psalmist: „Freut euch, denn der Herr liebt das Mitgefühl." (24)

Fox: Es ist bemerkenswert, wie ich meine, daß du Gerechtigkeit und Mitgefühl dazu verbindest, daß beide uns Freude an der Gotteserfahrung bringen.

Thomas: Gerechtigkeit ohne Mitgefühl ist grausam, und Mitgefühl ohne Gerechtigkeit ist die Mutter der Schwäche. Darum ist es nötig, daß beide verbunden werden, gemäß Sprüche 3,3: „Nie sollen Mitgefühl und Wahrheit dich verlassen." Und Psalm 85,11 sagt: „Mitgefühl und Wahrheit sind sich begegnet." (25)

Fox: Mitgefühl scheint also der Pfad zu sein, den wir einschlagen müssen.

Thomas: Bei Micha (6,8) heißt es: „Dir wurde gesagt, Mensch, was gut ist und was der Herr von dir erwartet: nichts anderes als Recht tun und das Mitgefühl lieben und demütig mit deinem Gott gehen." (26)

Fox: Wir wollen uns hier ausführlicher mit der Beziehung zwischen Mitgefühl und Gerechtigkeit beschäftigen, denn das Mitgefühl kann, wie du zeigst, ohne Gerechtigkeit sentimental werden oder zu dem, was du als 'Mutter der Schwäche' bezeichnest.

Thomas: Der Fortschritt des Herrn in seinen Werken bezieht sich auf zweierlei, nämlich auf Mitgefühl und Gerechtigkeit. Denn wenn etwas über Gott und die Menschheit gesagt wird, so ist es nach den Maßstäben beider zu verstehen. Wenn also Gott Mitgefühl zugesprochen wird, so ist es nach Gottes Maßstab zu verstehen; von der Menschheit hingegen nach menschlichen Maßstäben. ... In allen Werken Gottes finden wir diese beiden: Mitgefühl und Gerechtigkeit. ... Zuerst kommt das Mitgefühl und danach die Gerechtigkeit. Darum sagt der Psalmist (25,10): „Alle Wege des Herrn sind mitfühlend und gerecht." Und in Tobit (3,2): „Alle deine Wege bezeugen dein Mitgefühl und deine Wahrheit." Und Psalm 145,9: „Gottes Mitgefühl ist über allen göttlichen Werken." (27)

Fox: Ohne Gerechtigkeit gibt es also kein Mitgefühl?

Thomas: Gott handelt barmherzig; nicht indem Gott gegen die eigene Gerechtigkeit handelt, sondern indem Gott über sie hinausgeht. ... Mitgefühl ist also nicht die Aufhebung der Gerechtigkeit, sondern ihre Fülle. (28)

Fox: Bitte sage noch Näheres über diesen Pfad des Mitgefühl, auf dem wir reisen sollen.

Thomas: Im Matthäusevangelium lesen wir: „Selig sind die Mitfühlenden, denn sie werden Mitgefühl erlangen." Barmherzig zu sein, bedeutet, ein mit dem Elend anderer mitleidendes Herz zu haben, weil wir es wie unser eigenes ansehen. Unser eigenes Mißgeschick schmerzt uns aber, und wir versuchen es loszuwerden; so sind diejenigen wahrhaft mitfühlend, die das Mißgeschick anderer abzuwenden versuchen. (29)

Fox: Mitgefühl ist also unsere Fähigkeit, andere wie uns selbst zu behandeln, ein Zeichen unserer radikalen wechselseitigen Abhängigkeit.

Thomas: Mitgefühl ist die Fülle aller Gnaden. (30)

Fox: Ich dachte aber, caritas oder Liebe sei die Erfüllung aller Gnade, das ganze Gesetz Gottes in den beiden Liebesgeboten.

Thomas: Um Gott würdig lieben zu können, muß man zunächst den oder die Nächste lieben. (31) Hiob lehrt (6,14), daß „wer seinem Freund in Notzeiten das Mitgefühl entzieht, die Gottesfurcht vernachlässigt, das heißt, die Achtung, die man Gott schuldet und deretwegen und in der man den Nächsten lieben muß. Wie es im ersten Johannesbrief heißt: „Wer seinen Bruder nicht liebt, den er sieht, wie kann der Gott lieben, den er nicht sieht?“ (32)

Fox: Mir fällt auf, wie du gerade den Ausdruck Gottesfurcht gedeutet hast, nämlich als die Achtung, die wir vor Gott haben und aus der unser Mitgefühl für unsere Nächsten fließt.

Thomas: Wahrhaft mitfühlend sind wir, wenn wir uns darum bemühen, das Mißgeschick anderer abzuwenden. (33)

Fox: Du hast mehrmals auf die Tatsache hingewiesen, daß wir unser eigenes Unglück erleichtern, wenn wir das Unglück anderer erleichtern. Damit rückst du das Mitgefühl in ein Bewußtsein wechselseitiger Abhängigkeit: daß wir mit anderen in unserem gemeinsamen Leid wirklich eins sind.

Thomas: Weil sich Kummer und Schmerz auf das eigene Übel beziehen, empfindet man insofern Kummer und Schmerz über das fremde Elend, als man das fremde Elend als eigenes erlebt. (34) Wenn alle Dinge miteinander verbunden sind, dann muß alles in einem großen Ganzen zusammengehören. Und so werden alle Dinge an einem teilhaben, wie Teile an der Gestalt des Ganzen teilhaben. (35) Alles in der Natur, was in seinem Dasein einem anderen zugehört, wird diesem vorrangig und stärker zugeneigt sein als sich selbst. Diese natürliche Neigung zeigt sich an allem, was natürlich bewegt wird. ... Natürlicherweise setzt sich nämlich ein Teil zur Erhaltung des Ganzen aus, wie sich die Hand unwillkürlich einem Schlag aussetzt, um den ganzen Körper zu erhalten. Und weil die Vernunft die Natur nachahmt, finden wir Abbilder davon auch in den politischen Tugenden, wie sich etwa ein tugendhafter Bürger der Todesgefahr aussetzt, um den Staat zu erhalten. Da Menschen natürlicherweise einem Staat angehören, ist dies eine natürliche Neigung. Gott ist nun das universale Gute, in dem auch Engel und Menschen und alle Geschöpfe enthalten sind, und jedes Geschöpf ist von Natur aus Gottes. (36)

Fox: Du erwähnst 'politische Tugenden'. Wenn wir auf der Via Transformativa über Gerechtigkeit und Mitgefühl sprechen, dann geht es tatsächlich um politische Tugenden, die ein weiterer Schritt bei der Entwicklung der Tugend zu sein scheinen, die wir auf der Via Creativa besprachen.

Thomas: Der Mensch ist ein geselliges Wesen, und unser Verlangen wird nicht durch die Sorge um uns selbst erfüllt, sondern wir möchten auch für andere sorgen können. Das muß jedoch auch Grenzen haben. (37)

Fox: Eine politische Tugend ist also Teil unseres moralischen Verhaltens und unserer Entscheidungsfindung?

Thomas: Aristoteles' Werk Politik ist eine Schlußfolgerung aus seiner gesamten Ethik. (38)

Fox: Und was du als unsere Sorge für andere bezeichnest, fällt unter die sogenannten politischen Tugenden?

Thomas: Die politische Wissenschaft ist ein praktisches Wissen um die menschlichen Angelegenheiten. (39) Gewiß gehört es zur Liebe, die unter den Menschen herrschen sollte, daß jemand das Wohl auch einzelner Menschen bewahrt. Viel besser und göttlicher aber ist es, dies für das Wohl eines ganzen Volkes oder Staates zu tun. ... Es ist göttlicher, dies für ein ganzes Volk zu tun, das viele Staaten umfaßt. (40)

Fox: Über die Dinge zu sprechen, die wir hier diskutieren, ist also fast eine göttliche Aufgabe?

Thomas: Das Ziel der politischen Wissenschaft ist das Wohl der Menschheit, das heißt, das höchste Ziel der menschlichen Belange. (41) Wir müssen aber bemerken, daß Aristoteles sagt, die politische Wissenschaft sei nicht überhaupt die wichtigste, sondern unter den praktischen Wissenschaften, die sich mit den menschlichen Angelegenheiten befassen, um deren höchstes Ziel es der politischen Wissenschaft geht. Das letzte Ziel des Universums aber wird in der Theologie bedacht, die die wichtigste Wissenschaft überhaupt ist. Er sagt, es gehöre zur politischen Wissenschaft, das letzte Ziel des menschlichen Lebens zu behandeln. (42)

Fox: Um sich mit den letzten Zielen des menschlichen Lebens, wie Gerechtigkeit und Mitgefühl, auseinanderzusetzen, muß man wohl ein tiefes Verständnis der menschlichen Natur und der menschlichen Seele haben.

Thomas: Ein politischer Führer muß in gewissem Maße etwas von den Dingen verstehen, die die Seele angehen, wie ein Arzt, der die Augen behandelt, die Augen und den ganzen Körper studieren muß. Die Verpflichtung des politischen Führers, die Seele zu studieren, deren Tugend er sucht, ist aber größer, denn die politische Wissenschaft ist wichtiger als die Medizin. (43)

Fox: Wenn wir von Mitgefühl (engl.: compassion) sprechen, dann umfaßt das auch die Leidenschaft (engl.: passion).

Thomas: Jeremia zeigt Mitgefühl, wenn er sagt: „Deshalb wurde mein Inneres bedrückt.“ Er zeigt Menschlichkeit, in der das Mitgefühl liegt und das 'Mitleiden', das eine innere Hilfe ist. Hosea (11,8) sagt: „Mein Herz wendet sich, mein Mitgefühl wird warm und stark.“ (44) Mitgefühl bedeutet Schmerz über das Leid anderer. Dieser Schmerz kann nun in einer Hinsicht das Motiv sinnlichen Verlangens haben. Dann ist das Mitgefühl keine Tugend, sondern eine Leidenschaft. (45)

Fox: Für uns Menschen ist Mitgefühl also wirklich eine Leidenschaft. Damit muß es aber noch nicht aufhören. Es ist auch eine Tugend im vollen Wortsinne.

Thomas: Als Tugend ist das Mitgefühl eine moralische Tugend, bei der es um Leidenschaften geht. ... Auch als Leidenschaften sind sie (die Kräfte des Mitgefühls) noch lobenswert. Nichts hindert sie aber, von einer entschiedenen Haltung auszugehen, wodurch sie zu einer Tugend werden. (46) Da es für menschliche Tugenden wesentlich ist, daß die seelischen Motive durch die Vernunft geregelt werden, folgt daraus, daß das Mitgefühl eine Tugend ist. (47)

Fox: Wie lassen sich Mitgefühl und Liebe vergleichen?

Thomas: Das Mitgefühl ist eine Tugend und die eigentliche Wirkung der heiligen Liebe (caritas). (48) Was meint Jesus, wenn er sagt, daß das große Gebot sei, zu lieben „mit deinem ganzen Herzen und deiner Seele und deinem ganzen Gemüt“? In der Liebe gibt es zweierlei, den Ursprung oder die Quelle und die Wirkung oder das Ergebnis. Die Quelle der Liebe kann entweder das Mitgefühl sein oder ein Urteil der Vernunft. Aus der Leidenschaft kommt sie, wenn jemand ohne den oder die Geliebte nicht mehr leben zu können meint. Aus der Vernunft kommt sie, wenn man nach der Leitung der Vernunft liebt. Der Herr sagt, daß man mit dem ganzen Herzen liebt, wenn man körperlich (carnaliter) liebt und mit der ganzen Seele, wenn man aus dem Vernunfturteil liebt. Und Gott sollen wir auf beiderlei Weise lieben. 'Körperlich' bedeutet, daß das Herz auf Gott hin bewegt wird, wie in Psalm 84,3: „Mein Herz und mein Fleisch jauchzen nach dem lebendigen Gott.“ Das dritte Gebot, „mit dem ganzen Gemüt“, ist das Ergebnis der Liebe, weil ich frei sehe, denke und tue, was dem Geliebten gefällt. „Wer mich liebt, wird mein Wort halten“ (Joh.14,23). Ich beziehe alles auf den einen, den ich liebe. „Wie liebenswert ist deine Wohnung, Herr der Heerscharen! Meine Seele seufzt und sehnt sich nach dem Tempel des Herrn“ (Ps.84,2). (49)

Fox: Wie läßt sich Mitgefühl mit anderen Tugenden vergleichen?

Thomas: Das Mitgefühl an sich ist die größte Tugend, denn es gehört zum Mitgefühl, sich auf andere zu ergießen, und was mehr ist, den Mängeln anderer auszuhelfen, was hauptsächlich Sache des Höherstehenden ist. Deshalb wird das Mitfühlen als Eigenschaft Gottes angesehen, und darin soll sich seine Allmacht am meisten manifestieren. (50)

Fox: Das ist bemerkenswert: Gottes Omnipotenz darf nicht als 'Macht' oder 'Urteil' verstanden werden, sondern zeigt sich ausschließlich im Mitgefühl. Hier rührst du an ein großes Mysterium.

Thomas: Gottes Mitgefühl kann niemals verstanden oder analysiert werden; es ist unerforschlich. (51)

Fox: Wie sieht es mit dem Mitgefühl unter uns Menschen aus? Ist das auch, wie für Gott, unsere größte 'Kraft'?

Thomas: Was den Menschen anbetrifft, der Gott über sich hat, steht die heilige Liebe, durch die er mit Gott vereint wird, höher als das Mitgefühl, durch welches er dem Leid des Nächsten abhilft. Unter allen Tugenden, die sich auf den Nächsten beziehen, ist das Mitgefühl die höchste, weil auch ihr Tun die anderen übertrifft. Denn dem Mangel eines anderen abzuhelfen, ist an sich Sache des Höheren und Besseren. (52)

Fox: Du hältst das Mitgefühl für die größte Tugend. In Anbetracht unserer ausführlichen Diskussion auf der Via Creativa über die Kraft in allen Tugenden ist das eine sehr wesentliche Aussage.

Thomas: Durch das Mitgefühl werden wir Gott ... hinsichtlich der äußeren Tätigkeit ähnlich. (53) Die Summe der christlichen Religion besteht im Mitgefühl, was die äußeren Werke angeht. Die innere Neigung der heiligen Liebe (caritas) aber, durch die wir mit Gott verbunden werden, kommt vor der Liebe und dem Mitgefühl zum Nächsten. (54)

Fox: Mitgefühl ist also unsere Art, Nächstenliebe auszudrücken.

Thomas: In bezug auf das Mißgeschick unserer Nächsten sollten wir ein mitleidiges Herz haben. In 1 Joh. 3,17: „Wer Besitz hat und sein Herz vor dem Bruder oder der Schwester verschließt, die in Not sind, wie kann die Gottesliebe in ihm bleiben?“ (55) Die Nächstenliebe erfordert nicht nur, unserem Nächsten Gutes zu wünschen, sondern es auch zu tun, wie es bei 1 Johannes 3,18 heißt: „Laßt uns nicht nur mit Worten und der Zunge lieben, sondern in Tat und Wahrheit.“ Damit wir anderen aber Gutes wünschen und tun, ist es nötig, ihnen in der Not zu helfen. (56)

Fox: 'In der Not helfen' – kannst du über diese mitfühlenden Taten Weiteres sagen?

Thomas: Die zeitlichen Güter, die den Menschen göttlicherseits gegeben werden, gehören ihnen, was das Eigentumsrecht angeht; was aber den Gebrauch anbetrifft, so dürfen sie ihnen nicht allein gehören, sondern auch denen, die aus ihrem Überfluß unterstützt werden können. (57)

Fox: Wir schulden es also anderen, ihnen in diesem gemeinsamen Leben beizustehen?

Thomas: Das Gemeinwohl vieler ist göttlicher als das Wohl des einzelnen. (58) Im Falle äußerster Not sind alle Dinge Gemeinbesitz. Wer in so großer Not ist, darf deshalb vom fremden Besitz für sein Auskommen nehmen, falls er niemanden findet, der ihm freiwillig etwas gibt. (59)

Fox: Das hieße, das Gesetz des Mitgefühls zu erfüllen, in diesem Falle uns selbst gegenüber. Wenn ich dich davon reden höre, verstehe ich dich so, daß das Mitgefühl auf dem einen oder anderen Wege geschehen muß. Es ist ein universelles Gesetz.

Thomas: Dazu gilt, was Ambrosius sagt: „Speise den, der verhungert. Wenn du es nicht tust, hast du ihn getötet.“ (60)

Fox: Das hat Ambrosius sehr deutlich ausgedrückt: daß unser Versagen hinsichtlich des Mitgefühls manchmal auf Mord hinausläuft.

Thomas: Wer anderen irgendwelche Güter erwirbt, der soll sie unter ihnen verteilen. (61) Bei Matthäus 5 heißt es: „Selig sind die Armen im Geiste, denn ihnen gehört das Reich Gottes.“ Und Sirach 31 sagt: „Gesegnet der Reiche, der schuldlos gefunden wird“, und so weiter. Jemand kann aber tatsächlich reich sein, nicht aber in seinem Anhaften. Und das kann eine gesunde Situation sein, wie es im Falle von Abraham war oder beim König Ludwig von Frankreich. Ein anderer aber ist tatsächlich reich und hängt auch daran – und das ist ungesund. In bezug darauf wird bei Matthäus 19 argumentiert, daß „es leichter für ein Kamel ist, durch ein Nadelöhr zu gehen“, und so weiter, denn wie es für ein Kamel unnatürlich ist, durch ein Nadelöhr zu gehen, so ist es für einen Reichen, gegen die göttliche Gerechtigkeit ins Himmelreich zu kommen. Letztere sind nämlich erdgeboren (terrigemae), während die ersteren Kinder der Menschheit sind (filii hominum). (62)

Fox: So entscheidet also, was wir ohne Reichtum tun, ob wir nach den Gesetzen der göttlichen Gerechtigkeit mitfühlend sind oder nicht?

Thomas: Ein Verhungernder muß eher ernährt als belehrt werden, wie es auch ... besser ist, einen Bedürftigen zu beschenken als mit ihm zu philosophieren, auch wenn das Philosophieren als solches besser ist. (63) Wir sollen von unserem Überfluß Almosen geben, aber auch denen geben, deren Not sehr groß ist. (64) Almosengeben ist ein Gebot. (65)

Fox: Das Almosengeben ist also eine Ausdrucksform des Mitgefühls?

Thomas: Almosengeben im engeren Sinne ist ein Akt des Mitgefühls. ... Es ist ein Akt der Liebe durch Vermittlung des Mitgefühls. (66)

Fox: Wie steht es mit den anderen Werken der Barmherzigkeit?

Thomas: Ein körperlicher Mangel tritt entweder während des Lebens oder nach dem Leben auf. Ist es während des Lebens, ... so ist der innere Mangel ein zweifacher: einen, den Hunger, beheben wir durch trockene Nahrung, und deshalb sollen wir 'die Hungrigen speisen'; den anderen, den Durst, beheben wir durch flüssige Nahrung, weshalb wir 'den Durstenden zu trinken geben' sollen. Der allgemeine Mangel bezüglich äußerer Hilfe ist ebenfalls ein zweifacher: einer bezieht sich auf Kleidung, deshalb sollen wir 'die Nackten bekleiden'; der andere bezieht sich auf Obdach, weshalb wir 'den Gast beherbergen' sollen. Ähnlich wenn es sich um einen besonderen Mangel handelt, entsteht dieser aus einer inneren Ursache, wie die Krankheit, weshalb wir 'die Kranken besuchen' sollen; oder er entsteht aus einer äußeren Ursache, wo es heißt, daß wir 'die Gefangenen befreien' sollen. Nach dem Leben aber kommt den Toten ein Begräbnis zu. (67)

Fox: Und was ist mit den sogenannten geistigen Werken der Barmherzigkeit?

Thomas: Geistigen Mängeln wird auf zweierlei Weise mit geistigen Akten begegnet. Auf eine Weise, indem wir Gott um Hilfe bitten, wofür uns das 'Gebet' gegeben ist, so daß wir für einander beten. Andererseits indem wir menschliche Hilfe anbieten, und das auf dreierlei Weise. Erstens gegen einen Mangel des Verstandes; falls dieser im spekulativen Verstand liegt, ist das Heilmittel die 'Lehre'; im praktischen Verstand aber ist es der 'Ratschlag'. Zweitens kann es sich um einen Mangel in der Leidenschaft des Verlangens handeln, worunter der größte der Kummer ist, dem wir mittels des 'Trostes' beikommen. Drittens kann der Mangel in ungeordnetem Handeln bestehen,

... Einmal kann das Heilmittel für einen Sünder in der 'Kritik' bestehen. ... Richtet sich die Sünde gegen uns selbst, so geben wir das Heilmittel, indem wir die 'Verletzung verzeihen'. ... Sind die Sündigenden den mit ihnen Zusammenlebenden eine Belastung, so ist das Heilmittel, sie 'mitzutragen'. (68)

Fox: Was hältst du für die Haupthindernisse für das Mitgefühl?

Thomas: Gewöhnlich gibt es zwei Hindernisse für das Mitgefühl. Das erste ist eine Verachtung gegenüber den Elenden, die manche des Mitgefühls nicht für wert halten. So sind die Schlechtgekleideten gewohnt, verachtet zu werden, die teuer Gekleideten aber, geehrt zu werden. Deshalb ist bei Sirach (19,30) die Rede davon, daß „die Bekleidung etwas über den Menschen zeigt." Hiob (31) aber schließt dieses Hindernis für sich aus, wenn er sagt: „Wenn ich auf den Vorübergehenden herabsah", das heißt auf einen vorbeigehenden Fremden, „oder den Armen, weil ihm Kleidung fehlte." Ich (Hiob) weiß, daß dieses oder anderes auch mir passieren kann. Und ich habe auf die anderen in der Not nicht nur nicht herabgesehen, sondern sie sogar mit dem Notwendigen versorgt. Darum fügt er hinzu: „Daß seine Glieder mich gesegnet haben", die ich natürlich, wenn sie unbedeckt waren, bedeckt habe, so daß sie Gelegenheit hatten, mich zu segnen. Und er erklärt seine Überlegungen dabei, wenn er sagt: „Und er wurde erwärmt durch die Wolle meiner Schafe", nämlich durch die Kleidung, die ihm gegeben wurde.

Das zweite Hindernis für das Mitgefühl aber ist die Sicherung der eigenen Macht, durch die es anderen scheint, daß sie andere nicht straflos ausgehen lassen können, besonders nicht Untergebene. Das schließt Hiob von sich aus, indem er sagt: „Wenn meine Hand der Waise drohte," mit dem Ergebnis nämlich, daß ich sie unterdrückt habe, „weil ich am Tor Helfer hatte", das heißt, am Gerichtsplatz, und zwar „höhere", das heißt mächtigere. Es ist aber gerecht, daß jemand die Glieder verliere, die er zum Unrecht einsetzt, und deshalb fügt er den Verlust als eine Strafe hinzu, nicht nur der Hand, sondern eines Armes und der Schulter, an der der Arm hängt, wenn er hinzufügt: „Dann falle die Schulter mir vom Nacken, und der Arm breche mir aus dem Gelenk", wenn ich nämlich meine Hand dazu erniedrigt habe, die Armen zu unterdrücken. (69)

Fox: Gibt es weitere Beispiele für Hindernisse des Mitgefühls?

Thomas: Jesus deutet das Gleichnis vom Sämann und erklärt, weil er von zwei Sorten Boden gesprochen hat, zuerst den schlechten und dann den guten Boden. Den schlechten Boden teilt er in drei Sorten auf, den am Wegesrand, den unter den Felsen und den dornigen. Um das zu verstehen, muß man wissen, daß das Hören des Wortes Gottes zu allererst eine Wirkung haben soll – daß es nämlich im Herz eingepflanzt wird: „Gesegnet ist, wer Tag und Nacht über das Gesetz des Herrn meditiert“ (Ps.1,2); und: „Ich lege dein Wort in mein Herz, damit ich nicht gegen dich sündige“ (Ps.119,11). Eine zweite Wirkung ist, daß es in die Tat umgesetzt werden sollte. Bei manchen ist die erste Wirkung blockiert, bei anderen die zweite. ... Die letztere Wirkung wird sowohl durch Wohlstand als auch durch widrige Umstände blockiert. (70)

Fox: Es ist interessant, daß du die Lehren Jesu als Lektionen über das Mitgefühl deutest.

Thomas: Der Wille Christi ist ein zweifacher, nämlich Mitgefühl und Gerechtigkeit. Zunächst aber geht es ihm um das Mitgefühl an und für sich, denn „Gottes Mitgefühl waltet über allen Werken Gottes“ (Ps. 145,9). Und: „Gott will, daß alle Menschen frei werden“ (1 Tim.2,4). (71) Und woanders heißt es: „Alle Wege des Herrn sind Mitgefühl und Wahrheit.“ Deshalb gehört das Danken zunächst zu den Wirkungen der Gerechtigkeit, wie der Psalmist sagt: „Deine rechte Hand ist voller Gerechtigkeit.“ Der Psalmist erläutert die Vollkommenheit des göttlichen Mitgefühls und die Wirkung dieser Vollkommenheit. (72)

Fox: Und dieses vollkommene Mitgefühl findest du bei Jesus Christus?

Thomas: Auf gewisse Weise ist das Mitgefühl Christus selbst, der uns aus dem göttlichen Mitgefühl gegeben wurde. Wie Psalm 102 ausdrückt: „Seit die Zeit des Mitgefühls gekommen ist.“ Das kann aus den zwei Formen des Tempels und den zwei Formen der Verpflichtung erklärt werden – nämlich der körperliche (und der geistige) Tempel. Denn die Worte Simeons, des Gerechten, sind: „O Gott, wir nehmen dein Mitgefühl, nämlich Christus, in unsere Arme in die Mitte deines (materiellen) Tempels auf.“ Auf gleiche Weise können diese Worte verstanden werden mit Bezug auf den Empfang des Glaubens. Deshalb ist der Sinn: „O Gott, wir nehmen den mitfühlend gegebenen Christus auf in die Arme unseres Glaubens.“ Jakobus 1,21 sagt: „Sanftmütig nehmt das in euch gelegte Wort auf.“ (73) In den Sprüchen (16,12): „Der Thron des Königs wird gefestigt durch Gerechtigkeit“ für das Mitgefühl des Nächsten. Jesaja (16,5) sagt: „Ein Thron des Mitgefühls wird errichtet, und er wird darauf sitzen in der Wahrheit im Tabernakel Davids.“ Und zur Ehre der Demut sagt Ezechiel (43,7): „Das ist der Ort, wo mein Thron steht, und der Ort, wo die Sohlen meiner Füße ruhen, wo ich für immer mitten unter den Kindern Israels wohnen werde.“ (74)

Fox: Wenn Christus das Mitgefühl ist, wie du sagst, dann wundert es nicht, daß seine Lehren in der Lehre über das Mitgefühl gipfeln. Weisheit lehrt Weisheit und Mitgefühl lehrt Mitgefühl.

Thomas: Mitgefühl ist das Feuer, das der Herr auf die Erde zu senden kam (siehe Lukas 12). (75)

Fox: Warum Feuer?

Thomas: Mitgefühl entsteht aus der Liebe zu Gott und zum Nächsten, die ein verzehrendes Feuer ist. (76)

Fox: Ja, Mitgefühl (engl.: compassion) ist eine Art Leidenschaft (engl.: passion), eine Art Feuer im Bauch.

Thomas: Jesaja sagt, daß „seine Zunge wie Feuer" ist, weil die Liebe (caritas) hauptsächlich deshalb als Feuer bezeichnet wird, weil sie erleuchtet. Sirach (2) sagt: „Die ihr Gott fürchtet, liebt Gott, und eure Herzen werden erleuchtet." Zweitens weil es wärmt. Das Hohelied (2) sagt: „Stärke mich mit Blumen, erfrische mich mit Äpfeln, denn ich bin vor Liebe krank." Drittens, weil Gott alle Dinge zur Gottheit wendet, wie der Römerbrief (8,28) sagt: „Wir wissen, daß Gott für diejenigen, die Gott lieben, alles zum Guten führt." Viertens weil es leicht gemacht wird. Bei Johannes (14,23) heißt es: „Wer mich liebt, wird mein Wort halten." Fünftens weil es uns erhebt. Im Hohenlied (3,1): „Auf meinem Bett suchte ich den, den meine Seele liebt. Ich suchte ihn und fand ihn nicht." (77)

Fox: Feuer ruft auch Bilder von Weiheopfern wach, die fast immer Brandopfer waren.

Thomas: „Mitgefühl will ich, keine Schlachtopfer," steht bei Hosea (6,6), und es wird auf zweierlei Weise erklärt. Erstens, daß eine Sache der anderen vorgezogen wird; denn ich wünsche Mitgefühl mehr als Verurteilung. Deshalb ist Mitgefühl dem Opfern vorzuziehen. Das Lamm ist das Opfer, und somit das Mitgefühl. Denn Gott hat Mitleid mit solchen Opfern. Was ist besser als diese? Sprüche 21,3 sagt: „Gerechtigkeit und Mitgefühl zu üben, ist Gott lieber als Schlachtopfer." ... „Mitgefühl will ich, keine Schlachtopfer", bedeutet auch, daß man etwas Gewünschtes um seiner selbst willen und nicht um etwas anderen willen wünscht. (78)

Fox: Mitgefühl ist also die höchste Form eines Opfers für Gott?

Thomas: Manches ist von Gott an sich angenommen worden, wie die Werke der Gerechtigkeit, der Liebe, des Glaubens und der Tugend. Darüber wird in

Deuteronomium (10,12) gesprochen: „Nun, Israel, was fordert der Herr, dein Gott, von dir, außer dem einen: daß du ... dem Herrn, deinem Gott, mit ganzem Herzen und ganzer Seele dienst." Gott nimmt aber nicht als Gabe an sich an, was in Psalm 50,13 steht: „Soll ich denn Fleisch essen", und so weiter. Nein. Aber was denn? Im gleichen Psalm sagt Gott: „Bring Gott als Opfer dein Lob." (79)

Fox: Damit stellst du eine weitere Dimension des Mitgefühls heraus, diejenige des Dankes, des Lobes und der Feier. Diese Art Opfer scheint Gott sich am meisten von uns zu wünschen.

Thomas: Gott zieht ein Opfer mit unseren Lippen, das heißt das Lob der Werke Gottes, gegenüber Tieropfern vor. Darum spricht der Psalmist von „Ohren" und so weiter, als wolle er sagen: „Ihr bittet mich um das, was ihr mir zuerst gegeben habt, nämlich die Tugend der Weisheitssuche. Und ihr erbittet, daß ich die Weisheit zeige, die wir für diesen Zweck empfangen, damit wir verkünden und prophezeien." Jesaja (50) sagt: „Der Herr hat meine Ohren geöffnet." (80)

Fox: Und eine solche Art der Opferung scheint mir der beste Kult zu sein.

Thomas: Wir verehren Gott durch äußere Opfer und Geschenke nicht um Gottes willen, sondern um unserer selbst und unseres Nächsten willen. Denn Gott braucht unsere Opfer nicht, sondern wünscht ihre Darbringung um unseres und unseres Nächsten Nutzen wegen. Deshalb ist das Mitgefühl ... ein von Gott lieber angenommenes Opfer, weil es direkter zum Nutzen unseres Nächsten führt, wie es in Hebräer 13,16 heißt: „Vergeßt nicht, Gutes zu tun und zu teilen, denn solche Opfer gefallen Gott." (81)

Fox: Könntest du mehr darüber sagen, inwiefern Christus das Mitgefühl und ein Lehrer des Mitgefühls ist?

Thomas: Wenn wir die Abfallenden ermahnen zurückzukommen, sind wir mitfühlend. Matthäus (9,36) berichtet, daß „Jesus, als er die vielen Menschen sah, von Mitgefühl zu ihnen bewegt war." Die Mitfühlenden sind also selig (siehe Matthäus 5,2). Und warum? „Weil sie Mitgefühl erlangen werden." Und es sollte bekannt sein, daß die Gaben Gottes unsere Verdienste stets überschreiten, wie Sirach (33,11) sagt: „Wenn der Herr zurückgibt, so gibt er siebenfältig." Darum ist das Mitgefühl, das der Herr uns schenkt, weit größer als das, das wir unseren Nächsten schenken. (82)

Fox: Ich glaube, daß für das Mitgefühl ein tiefes Vertrauen notwendig ist.

Thomas: Mitgefühl ist die Ursache des Vertrauens. (83) Der eigentliche Rat (in Matthäus 5) ist: Daß wir mitten in den Anfechtungen dieser Welt Mitgefühl erfahren werden. (84)

Fox: Und Hoffnung! Mitgefühl ist in diesem Leben erreichbar. Wenn wir versprechen können, daß Mitgefühl möglich ist, treffen wir wohl auf ein Gegenmittel gegen die Verzweiflung unserer Zeit.

Thomas: Der Grund, warum Anmaßung eine geringere Sünde ist als Verzweiflung, liegt darin, daß es für Gott viel typischer ist, Erbarmen zu haben und zu schonen, als zu strafen. Mitgefühl entspringt dem Wesen Gottes; Strafe wird nur durch unsere Fehler erforderlich. (85)

Fox: Bei verschiedenen Gelegenheiten in dieser Diskussion über das Mitgefühl hast du es mit der Gerechtigkeit verbunden. Es scheint mir jetzt angemessen, das Thema der Gerechtigkeit zu vertiefen. In welcher Beziehung stehen Gerechtigkeit und Mitgefühl?

Thomas: Das Werk der göttlichen Gerechtigkeit setzt immer das Werk des Mitgefühls voraus und ist darauf gegründet. ... Unser Menschsein hängt letztlich ab von der göttlichen Güte. So offenbart sich in jedem Werk Gottes, wenn wir es von der Wurzel her betrachten, Mitgefühl. Diese Kraft bleibt in allem darauf Folgenden bestehen und verstärkt sich sogar. (86)

Fox: Sagst du damit, daß Mitgefühl umfassender als Gerechtigkeit ist, wenn es sie auch keineswegs ausschließt?

Thomas: Zur Erhaltung der gerechten Ordnung würde weniger genügen als was die göttliche Güte spendet, die über jedes Maß der Geschöpfe hinausreicht. (87) Ein Akt der Gerechtigkeit ist eine gerechte Handlung nach der Art wie ein Gerechter sie tut, nämlich spontan und freudig. ... Das Geben von Almosen an sich, also um Gottes willen, soll spontan und freudig geschehen. (88)

Fox: Betrachtest du Gerechtigkeit als ein kosmisches Gesetz, das dem gesamten Universum und allen Dingen darin gemein ist?

Thomas: Es gibt zwei Arten von Gerechtigkeit: eine Gerechtigkeit des Austauschens ... und eine verteilende Gerechtigkeit. Die erste Form hat mit dem Austausch von Waren zu tun und bezieht sich nicht auf Gott, denn der Apostel (Röm.11,35) sagt: „Wer hätte Gott zuerst gegeben, so daß Gott ihm zurückgeben müßte?“ Die zweite besteht im Austeilen ..., wenn etwa ein Herrscher oder Verwalter an alle gemäß ihrer Würdigkeit austeilen. Wie die angemessene Ordnung sich in einer Familie oder in einem Staat in dieser Art der

Gerechtigkeit bei der Führungsperson zeigt, so zeigt die Ordnung des Universums, die sich in natürlichen Dingen und in freien Handlungen offenbart, die Gerechtigkeit Gottes. (89)

Fox: Die Vorstellung, daß die göttliche Gerechtigkeit sich in der Ordnung des Universums manifestiert, begründet unser Verständnis der Gerechtigkeit in einem kosmischen Rahmen. Sie führt uns über einen von Schuld besessenen oder zwanghaften Liberalismus und über anthropozentrische Philosophien der Arbeitsethik hinaus.

Thomas: Warum warnte Johannes der Täufer zu Beginn seiner Prophezeiungen nicht hinsichtlich der Gerechtigkeit, sondern sprach über die Buße? Der Grund dafür ist, daß er erstens wegen der Gerechtigkeit durch das Gesetz der Natur und der Schrift warnte, daß die Leute diese Gesetze aber übertreten hatten. Jesaja (24,5) sagt: „Sie haben die Weisungen übertreten, die Gesetze verletzt und den ewigen Bund gebrochen." Darin gibt er zu verstehen, daß er alle Menschen für Sünder hält. Und in 1 Timotheus 1,15 heißt es: „Der Christus Jesus ist in die Welt gekommen, um die Sünder zu retten." Und Römer 3,23: „Alle haben gesündigt und die Herrlichkeit Gottes verloren." Und das heißt „Buße tun". (90)

Fox: Was du sagst, ist höchst interessant, da es impliziert, daß die Hauptsünde der Menschheit in der Ungerechtigkeit besteht und wir Sünder sind, weil wir ungerecht sind. Siehst du Gerechtigkeit außer als einen Teil der kosmischen Ordnung der Dinge auch als etwas Naheliegendes, das allen individuellen Wesen gemeinsam ist?

Thomas: Was Gott in den geschaffenen Dingen wirkt, wird in angemessener Ordnung und nach Maß getan, denn darin besteht das Wesen der Gerechtigkeit. Also muß in allen Werken Gottes Gerechtigkeit sein. (91)

Fox: Inwiefern existiert die Gerechtigkeit in allen Werken Gottes?

Thomas: Das Wesen der Gerechtigkeit bleibt (bei der Schöpfung) gewahrt, indem die Dinge nach dem Maß der göttlichen Weisheit und Güte ins Sein gebracht werden. (92) Wie sich die menschliche Gerechtigkeit auf Staat oder Haushalt bezieht, so bezieht sich die Gerechtigkeit Gottes auf das ganze Universum. (93)

Fox: Für eine ökologische Spiritualität ist deine Aussage sehr wichtig, daß die Schöpfung selbst die göttliche Gerechtigkeit hält und bewahrt. Fügt Gottes Mitgefühl etwas zu Gottes Gerechtigkeit hinzu?

Thomas: Gott handelt mitfühlend; nicht indem Gott gegen die eigene Gerechtigkeit handelt, sondern indem Gott über sie hinausgeht. So handelt jemand, der einem anderen hundert Geldstücke schuldet, ihm aber zweihundert gibt, nicht gegen die Gerechtigkeit, sondern freigiebig und mitfühlend. Das gleiche gilt, wenn jemand eine Beleidigung vergibt, denn wer etwas vergibt, schenkt in gewissem Sinne etwas. Deshalb nennt der Apostel (Eph.4,3) die Vergebung ein Geschenk: „(Ver)gebt einander, wie Christus euch (ver)geben hat." Daraus wird deutlich, daß Mitgefühl nicht die Aufhebung der Gerechtigkeit ist, sondern ihre Fülle. So heißt es (Jak.2,13): „Mitgefühl triumphiert über das Gericht." (94)

Fox: Du implizierst damit, daß Gott gegenüber existierenden Dingen immer mitfühlend ist.

Thomas: Aus der Fülle seiner Güte teilt Gott reichlicher aus als das Maß der Dinge es erfordert. Zur Erhaltung der gerechten Ordnung würde nämlich weniger genügen als was die göttliche Güte spendet, die über jedes Maß der Geschöpfe hinausreicht. (95)

Fox: Im Gespräch über die Via Transformativa hat es Stellen gegeben, wo ich meinte, du würdest Gerechtigkeit und Wahrheit gleichsetzen. Gehe ich recht in dieser Annahme?

Thomas: Die Gerechtigkeit Gottes, die die Dinge gemäß Gottes Weisheit geordnet hat, welche Gottes Gesetz ist, wird passend als Wahrheit bezeichnet. Deshalb wird auch in unseren Angelegenheiten von der Wahrheit der Gerechtigkeit gesprochen. (96) Was Gott in uns tut, ist entweder aus Gerechtigkeit oder aus Mitgefühl oder aus Wahrhaftigkeit. ... Der Psalmist vergleicht die Gerechtigkeit mit den Bergen, die Wahrheit mit den Wolken, die höher sind, und das Mitgefühl mit dem Himmel, der höher ist als alles. ... All dies ist nach seiner Wirkung gesagt, denn vom Wesen her sind sie alle gleich. (97)

Fox: Gerechtigkeit, Wahrheit und Mitgefühl seien in der Essenz das Gleiche, sagst du, und sie hätten mit allem zu tun, was Gott in uns wirkt. Wahrheit und Gerechtigkeit liegen also im Herzen des inneren Menschen. Wenn du Gerechtigkeit und Wahrheit und Mitgefühl gleichsetzt, sehe ich darin auch eine Verbindung zu deinem Verständnis der Schönheit.

Thomas: Man beachte den Satz bei Jesaja, daß „das Werk der Gerechtigkeit Friede sein wird", denn der Friede der Heiligen im Lande des Schöpfers wird schön sein, hauptsächlich weil er nicht falsch sein wird. Und weil er nicht gebrochen wird, wie Jesaja (9) sagt: „Und es wird kein Ende des Friedens geben." Drittens weil er vollendet sein wird. (98)

Fox: Friede und Gerechtigkeit gehören also zusammen?

Thomas: Friede wird durch Gerechtigkeit verursacht, bei der es um Tätigkeit geht, wie Jesaja (32,17) sagt: „Das Werk der Gerechtigkeit ist der Friede." Denn wer sich zurückhält, anderen Unrecht zu tun, verringert den Anlaß für Streit und Aufruhr. (99)

Fox: In Gerechtigkeit zu wandeln, heißt also, in Frieden und Schönheit zu wandeln?

Thomas: Jesaja (26,7) sagt: „Der Weg des Gerechten ist gerade", weil der Weg der Gerechtigkeit gerade ist. Erstens wegen der Kürze des Weges. In Weisheit (5,7) heißt es: „Wir wanderten durch weglose Wüsten." Zweitens wegen der Ebenheit des Bodens, denn das Gerade liegt in der Mitte zwischen den Extremen. Drittens wegen der Schönheit, wie Jeremia (31) sagt: „Der Herr segne euch, Weiden der Gerechtigkeit, heilige Berge." (100)

Fox: Ist Gerechtigkeit eine Sache des Intellektes oder des Willens?

Thomas: Hinsichtlich des herrschenden Gesetzes liegt die Gerechtigkeit in der Vernunft oder im Verstand; hinsichtlich des Befehls jedoch, der das Handeln gemäß dem Gesetz regelt, liegt sie im Willen. (101)

Fox: Und ist Gott gerecht?

Thomas: In Gott ist Gerechtigkeit, deren Sache es ist, allen das ihre zuzuteilen. Wie es im Psalm (11,7) heißt: „Der Herr ist gerecht und liebt gerechte Taten." (102)

Fox: Könntest du dich ausführlicher über die Beziehung zwischen Gott und Gerechtigkeit äußern?

Thomas: Gott ist Weisheit und Gerechtigkeit. (103) Gott ist gerecht, und Gott ist Gerechtigkeit. Siehe Psalm 9: „Gerecht ist der Herr", und so weiter. (104) Gott ist der Gerechteste (justissimus). (105) Gottes Sein ist identisch mit Gottes Handeln – deshalb ist Gutsein und Gerechtsein für Gott ein und das gleiche. (106) In der Heiligen Schrift wird Gott als Tugend gepriesen und als Heil und als Freiheit. (107)

Fox: Wenn Gott die Gerechtigkeit selbst ist und wenn Gott am gerechtesten ist und wenn Gerechtigkeit ein biblischer Name für Gott ist, dann sind unsere Bemühungen, Gerechtigkeit zu schaffen und Unrecht zu erleichtern, ein Gipfel unserer Nachahmung Gottes. Sage uns mehr über die Tugend der Gerechtigkeit.

Thomas: Die Gerechtigkeit ist unter den moralischen Tugenden die hervorragende. Durch sie wird jemand auf andere ausgerichtet. (108)

Fox: Warum bezeichnest du die Gerechtigkeit als die Erste unter den moralischen Tugenden?

Thomas: Einfach gesagt, ist eine moralische Tugend wegen des vernünftigen Guten, das sie durchdringt, besser. Deshalb ragt die Gerechtigkeit unter den anderen moralischen Tugenden hervor und wird als der hellste, strahlendste Morgen- und Abendstern bezeichnet. (109)

Fox: Du sagst, die Gerechtigkeit bringe die größte Erfüllung mit Güte.

Thomas: In gewisser Weise wird jede Tugend als Gerechtigkeit bezeichnet. (110) Indem Gerechtigkeit den göttlichen Geist nachahmt, wird sie mit ihm durch einen immerwährenden Bund vereint. (Sie gehört zu den Tugenden, die in diesem Leben denen zugesprochen werden, die den Höhepunkt der Vollkommenheit erreicht haben. (111)

Fox: Durch die Gerechtigkeit ahmen wir den göttlichen Geist nach – das ist ein hoher Anspruch! Kein Wunder, daß die Gerechtigkeit den Menschen nicht so leicht fällt.

Thomas: Seitens der Vernunft ist es schwierig, in irgendeinem Bereich vernünftige Mittel zu finden und zu behaupten. Diese Schwierigkeit findet sich nur im Akt der Verstandestugend und im Akt der Gerechtigkeit. (112)

Fox: Wie kann der göttliche Geist so eng mit der Gerechtigkeit verbunden sein?

Thomas: Die göttliche Weisheit ist die erste Wurzel der Gerechtigkeit. (113) In Weisheit 8,7 steht: „Die göttliche Weisheit lehrt … Gerechtigkeit und Tapferkeit." (114)

Fox: Gerechtigkeit und andere moralische Tugenden betreffen unseren Umgang mit anderen.

Thomas: Die moralischen Tugenden werden in Angelegenheiten praktiziert, die das Leben der Gemeinschaft betreffen. (115) Dic gesetzliche Gerechtigkeit (justitia legalis) hat unter allen moralischen Tugenden den Vorrang, insofern das Gemeinwohl über das Wohl von Einzelpersonen geht. (116)

Fox: Du sagst, die Gesetzesgerechtigkeit überrage alle anderen moralischen Tugenden – was ist gesetzliche Gerechtigkeit?

Thomas: Es muß eine höhere Tugend geben, die alle Tugenden auf das Gemeinwohl hinordnet. Das ist die gesetzliche Gerechtigkeit. (117)

Fox: Das 'Gemeinwohl' scheint ein Ausdruck zu sein, an dem wir unsere Bemühungen um Tugend, Kraft und Gerechtigkeit kritisch messen können.

Thomas: Das Gute an einer jeden Tugend, ob sie einen Menschen auf sich selbst hin ordnet oder in Beziehung zu anderen Personen, ist auf das Gemeinwohl gerichtet, auf das die Gerechtigkeit zielt. Also können alle tugendhaften Handlungen zur Gerechtigkeit gehören, insofern sie den Menschen auf das Gemeinwohl hinlenken. ... Durch die 'gesetzliche Gerechtigkeit' ist man in Einklang mit dem Gesetz, das alle tugendhaften Handlungen auf das Gemeinwohl hinordnet. (118)

Fox: Güte und Gerechtigkeit gehören also beim Menschen ebenso zusammen wie bei Gott, wie du oben sagtest.

Thomas: Gute Menschen werden hauptsächlich der Gerechtigkeit wegen gut genannt. (119)

Fox: Du sagst, das Gesetz lenke die Menschen zum Gemeinwohl.

Thomas: Politische Gerechtigkeit besteht in einer Lebensgemeinschaft, die auf eine Selbstgenügsamkeit in den Erfordernissen des menschlichen Lebens ausgerichtet ist. Und eine Staatsgemeinschaft sollte so beschaffen sein, daß darin alles zu finden ist, was man zum Leben braucht. (120) Da unter Freien und Gleichen politische Gerechtigkeit herrscht, haben Menschen, die nicht frei und gleich sind, keine politische Gerechtigkeit, das heißt keine Gerechtigkeit an sich. Die Gerechtigkeit eines Herrn oder Vaters ist eine bedingte Gerechtigkeit, insofern sie zur politischen Gerechtigkeit Ähnlichkeit hat. (121)

Fox: Welches ist die Beziehung zwischen Gesetz und Gerechtigkeit?

Thomas: Weil Unrecht darin besteht, daß man sich zu viel vom Nutzen und zu wenig von den Lasten nimmt, folgt daraus, daß wir bei einer für die Mehrheit guten Regierung nicht zulassen dürfen, daß Menschen nach Laune und menschlicher Leidenschaft regieren, sondern daß das Gesetz, also die Leitung der Vernunft, das Volk beherrscht, oder daß ein Mensch herrscht, der nach der Vernunft regiert. (122)

Fox: Das Gesetz hilft also, die menschliche Neigung zum Unrecht zu zügeln?

Thomas: Ein Führer hat die Aufgabe, das Recht zu beachten und folglich auch die Gleichheit, die er vernachlässigt, wenn er für sich zu viel vom Nützlichen und zu wenig vom Mühsamen beansprucht. (123) Da ein Führer – wenn er gerecht ist – für sich nicht mehr Gutes beansprucht als für andere (außer vielleicht aufgrund einer angemessenen und gerechten Verteilung), folgt daraus, daß er nicht zu seinem eigenen Vorteil, sondern zu dem anderer arbeitet. Deshalb ist die gesetzliche Gerechtigkeit, nach der ein Herrscher die Mehrheit der Menschen regiert, zum Wohle der anderen. (124)

Fox: Auf welche andere Weise sind Gesetz und Gerechtigkeit verbunden?

Thomas: Gerechtigkeit hat zwei Teile: Böses zu meiden und Gutes zu tun. Darum sagt der Psalmist: „Halte dich fern vom Bösen und tue Gutes." Diese beiden Teile der Gerechtigkeit entsprechen den Vorschriften des Gesetzes: Denn die Gerechtigkeit wird durch das Gesetz geregelt. Im Gesetz gibt es bestimmte affirmative Vorschriften – Gebote, die durch das Tun von Gutem erfüllt werden, und bestimmte negative – Verbote, die durch das Meiden von Bösem erfüllt werden. Durch diese beiden werden also die natürlichen Neigungen des Verlangens berücksichtigt, dessen Gegenstand diese beiden sind: nämlich Gut und Böse. Denn das Verlangen wendet sich natürlich dem Guten zu und flieht das trügerische Böse. (125)

Fox: Ich verstehe das so, daß Gerechtigkeit unser Pfad zu Gott ist.

Thomas: Der Weg, bereitet und gerade, zum Empfang des Herrn ist die Gerechtigkeit, gemäß Jesaja (26,7): „Der Weg des Gerechten ist gerade." (126)

Fox: Wie unterscheidet sich Gerechtigkeit von den anderen moralischen Tugenden?

Thomas: Im Vergleich zu anderen Tugenden ist es typisch für die Gerechtigkeit, daß sie die Menschen im Hinblick auf ihre Beziehungen zu anderen leitet, denn sie bedeutet, wie ihr Name sagt, einen Ausgleich. Üblicherweise sagt man ja von Dingen, die einander angeglichen werden, daß sie 'justiert' werden. Gleichheit bezieht sich immer auf ein anderes. Die anderen Tugenden vervollkommnen den Menschen aber nur hinsichtlich seiner eigenen Belange. (127)

Fox: Was ist dann Gerechtigkeit?

Thomas: Isidor sagt, jemand heiße gerecht, wenn er das Recht (jus) hütet. (128) Gerechtigkeit ist ein Verhalten, nach dem man mit festem und stetigem Willen jedem das seine zukommen läßt. (129) Gerechtigkeit ist die hervorragendste unter den moralischen Tugenden, da sie der Vernunft am nächsten steht. ... Es geht dabei um Handlungen, durch die man nicht nur in sich das Gleichgewicht findet, sondern auch in bezug auf andere. (130)

Fox: Kann Gerechtigkeit eine größere Tugend sein als der Mut?

Thomas: Der Mut hält den ersten Rang unter denjenigen moralischen Tugenden, die mit den Leidenschaften zu tun haben, ist der Gerechtigkeit aber untergeordnet. (131) Obwohl die Tapferkeit mit schwierigen Dingen zu tun hat, gehört sie doch nicht zu den besseren, da sie nur im Krieg nützlich ist. Die Gerechtigkeit dagegen nützt in Krieg und Frieden. (132)

Fox: Unterscheidet sich Gerechtigkeit vom Mitgefühl?

Thomas: Da die Gerechtigkeit eine Kardinaltugend ist, werden ihr andere sekundäre Tugenden zugeordnet, wie das Mitgefühl, die Großzügigkeit und andere solche Tugenden. Den Elenden zu helfen, was zum Mitgefühl ... gehört, wird auf die Gerechtigkeit als der Haupttugend zurückgeführt. (133)

Mitgefühl ist nicht die Aufhebung der Gerechtigkeit, sondern ihre Fülle. (134) Die Werke der Gerechtigkeit und des Mitgefühls sind wie ein Opfer. So sagt der Brief an die Hebräer gegen Ende: „Hört nicht auf, Gutes zu tun und zu teilen." (135)

Fox: Praktiziert also Gott auch Gerechtigkeit?

Thomas: Unter den moralischen Tugenden kann nur die Gerechtigkeit wirklich Gott zugeschrieben werden. Denn die anderen moralischen Tugenden haben mit den Leidenschaften zu tun, die sich bei Gott nicht finden. So etwa die Mäßigung hinsichtlich der Lustgefühle oder die Tapferkeit hinsichtlich der Gefühle von Angst und Unbesonnenheit. Die Gerechtigkeit bezieht sich aber auf Handlungen wie das Verteilen und Umverteilen, die zu Gott passen können. (136) Wie durch die Ordnung der verteilenden Gerechtigkeit in einer Stadt durch einen ersten Bürger die gesamte politische Ordnung erhalten wird, so wird durch diese ordnende Gerechtigkeit das gesamte Universum von Gott erhalten. Denn würde sie zurückgezogen, so verwirrte sich alles. Und das ist tatsächlich eine Gott zugehörige Handlung. Denn es paßt zu Gott, aus göttlicher Güte alles zu erhalten, was Gott gemacht hat. (137)

Fox: Du sagst, Gerechtigkeit erhalte das ganze Universum. Dadurch stellst du Gerechtigkeit und ihr Gegenteil, das Unrecht, in einen kosmischen Zusammenhang. Zu sagen, daß Gottes Gerechtigkeit die Dinge erhält, klingt wie ein Verständnis des Heils, von dem wir selten hören: daß die Dinge durch Gerechtigkeit erhalten werden.

Thomas: Gerechtigkeit erhält alle existierenden Dinge, insofern die Natur eines jeden Dinges sie nach seiner jeweiligen Art und Weise empfängt und erhält. (138) Die göttliche Gerechtigkeit wird als das „Heil" aller gepriesen (von Dionysius), weil sie alles rettet, insofern sie in allem dreierlei hütet und erhält: Erstens erhält sie die „jedem Ding eigene Substanz“, das heißt, in der Einzigartigkeit seiner Natur, „und rein“, das heißt ohne äußere Vermischung. Zweitens erhält sie „die Ordnung“ jedes Dinges, angemessen und rein. Drittens ist sie die Ursache, daß alle Dinge passend und rein tätig sind. Auf diese Weise besteht die Natur des Heils in den Dingen darin, daß sie gemäß ihrer einzigartigen Weise bewahrt werden. (139)

Fox: Ich kann mir für eine ökologische Epoche wie die unsere keine bessere Definition des Heiles vorstellen, als die gerade von dir ausgesprochene: die Dinge im Guten zu bewahren. So kann eine Heilstheologie mit einer Schöpfungstheologie verbunden werden, denn das Gute in der Natur muß anerkannt und erhalten werden. Wie erhält Gott die Dinge durch die Gerechtigkeit?

Thomas: Für alle Dinge ist die göttliche Gerechtigkeit Ursache ihrer angemessenen Aktivität. (140)

Fox: Deine Lehre, daß das Heil nicht nur darin besteht, daß wir vom Bösen befreit werden, sondern daß es auch in den guten Werken liegt und in den Dingen auf ihre je eigene Weise fortläuft, ist ein sehr wichtiger Beitrag zur Überwindung der Verzerrung der Heilsbedeutung, die wir von einer Sündenfall/Erlösungs-Ideologie geerbt haben.

Thomas: Heil und Freiheit ... sind die Wirkungen der Gerechtigkeit. (141) Jemanden, der das göttliche Heil weitherzig preist, sollten wir nicht nur in bezug auf das Gehaltensein in Gott empfangen, sondern auch hinsichtlich der Trennung vom Bösen. (142)

Fox: Es scheint, daß die erstere Art des Heils vor der zweiten kommt, so wie Segen der Sünde vorhergeht und Güte der Unterdrückung.

Thomas: Die erste Bedeutung des Heiles liegt in der Bewahrung des Guten. Dieses Bewahren findet im Guten auf vielerlei Weise statt. (143) Denn manche Dinge werden durch Gott im Guten bewahrt, der sie als in sich unwandelbar eingerichtet hat, so etwa die Himmelskörper, die jedem Verfall entzogen sind, oder die Seligen, die nicht sündigen können. So wie einige unwandelbare Dinge bewahrt werden, so daß sie keine Gegenwirkungen haben, sieht Gott zweitens manchmal, daß manche schwach werden, und rettet sie, indem Gott sie dadurch im Guten erhält, daß Gott nicht zuläßt, daß sie in Versuchung geraten. Drittens dadurch, daß Gott zuläßt, daß manche angegriffen werden, ihnen aber die nötige Stärke gibt, um dem Angriff widerstehen zu können, so wie die Starken gegen das Schlechte, das heißt, das Schwächere, geschützt sind. (144)

Fox: Es beeindruckt mich sehr, daß du das Heil im Lichte des Erhaltens von Segen definierst. Dadurch verbindet sich die Via Positiva mit der Via Transformativa, wobei letztere zu einem Weg wird, die erste zu erhalten und auszuweiten. Dadurch wird auch unsere Arbeit und die in allen Wesen des Universums wohnende Arbeit als eine heilige mit einer heilbringenden Wirkung geachtet.

Thomas: Die Bedeutung des Heils besteht zuerst und hauptsächlich darin, daß etwas im Guten bewahrt wird. (145)

Fox: Für eine ökologische Epoche wie die unsere ist dies eine sehr kraftvolle und weittragende Definition. Heil bedeutet, die Dinge im Guten zu erhalten, ihre segnende Kraft zu erhalten. Ist dies einer der Wege, wie die göttliche Gerechtigkeit in der Welt wirkt?

Thomas: In bezug auf die göttliche Gerechtigkeit ist es nötig zu bedenken, daß sie tatsächlich darin besteht, daß sie allen Dingen gemäß ihrem Eigenwert gibt und das Wesen aller Dinge erhält, nach ihrer jeweiligen Ordnung und Kraft. Bei den unsterblichen Dingen erhält sie nämlich gemäß deren Wesen ihre Unsterblichkeit, und bei den Sterblichen die Sterblichkeit. (146)

Fox: Die göttliche Gerechtigkeit achtet also die den Dingen innewohnende Natur. Aber die göttliche Gerechtigkeit befreit doch auch?

Thomas: Dionysius sagt, daß die heiligen Ärzte die göttliche Gerechtigkeit als „Befreiung" bezeichnen, insofern sie vom Bösen auf vielerlei Weise errettet. Erstens insofern sie denen, die wahres Sein haben, nicht erlaubt, von ihrem Wesen so weit abzufallen, daß sie zunichte werden, sondern daß ihnen immer Substanz verbleibt. Zweitens wenn einige wahrhaft existierende Wesen im Handeln einer Sünde verfallen, also in etwas Ungeordnetes durch den Drang des Verlangens oder in eine fehlerhafte Ausführung einer Handlung, „befreit" Gott dasjenige, was auf diesem Wege abgerutscht ist, von der Leidenschaft, die zur Sünde geführt hat, und auch von der Schwäche, die ihre angemessene Ordnung nicht aufrechterhalten kann, wie auch vom Mangel, der sich aus dem Verlust von Vollkommenheit ergibt. (147)

Fox: Es beeindruckt mich sehr, daß du das Heil mit der Befreiung identifizierst, was doch viele von uns für ein ausschließlich marxistisches Konzept hielten. Du sprichst von einer Befreiung vom Mangel – wie werden wir vom Mangel befreit?

Thomas: Gott befreit uns insofern vom Mangel, als Gott für unsere Fehler einsteht. Gott befreit uns von unseren Schwächen, insofern Gott uns in unseren Schwächen mit väterlicher und mitfühlender Zuneigung stützt. Gott befreit uns aber auch von der Wiederholung der Leidenschaft, mit anderen Worten, Gott ruft uns vom Bösen zurück und festigt uns darüber hinaus in genau dem Guten, das betroffen oder vermindert oder geschwächt war. Gott bringt die Dinge durch Wiederherstellung zur Erfüllung. Was in die Sünde gefallen ist, hat Gott wieder auf die Füße gestellt, das heißt, daß Gott nach dem richtigen Maß stärkt und schmückt und ordnet. Dadurch zieht Gott alle Gesetzlosigkeit und Unordnung zur Ganzheit und löst alle Makel der Sünde auf. (148)

Fox: Aber es wird doch keine dieser Befreiungen und Heilungen gegen unseren freien Willen vorgenommen.

Thomas: Diejenigen Wesen, die fallen, werden nach ihrem freien Willen wiederhergestellt, und das umfaßt auch die Dinge, die aufgrund ihres natürlichen Verfalls fallen. (149)

Fox: Heil und Schöpfung gehören also zusammen.

Thomas: Wenn etwas das Ziel erreicht, für das es gemacht wurde, sagt man, es sei erlöst; erreicht es aber das Ziel nicht, so gilt es als verloren. Gott schuf die Menschen nun zum ewigen Leben. Folglich sind die Menschen, die das ewige Leben erreichen, erlöst, wie es Gottes Wille ist. (150) Wenn Gott ein Wesen aus der Sünde wahrhaftig gerecht macht, dann heißt es, Gott habe eigentlich erschaffen. Im Epheserbrief (2,10) heißt es: „Als Gottes Geschöpfe sind wir im Christus Jesus dazu geschaffen, gute Werke zu tun“, und Jakobus (1,18) sagt: „Daß ihr die Erstlingsfrucht von Gottes Schöpfung seid“, nämlich von Gottes Geist. (151)

Fox: Ich glaube, daß viele Menschen mit den Wörtern 'Gerechtigkeit' und 'Rechtfertigung' in Verwirrung geraten sind. Könntest du etwas über ihren Unterschied und ihre Verbindung sagen?

Thomas: Gerechtigkeit im eigentlichen Sinne besteht immer zwischen verschiedenen Personen. Jede Sünde verstößt im übertragenden Sinne gegen die Gerechtigkeit oder die rechte Beziehung zu Gott, den Nächsten und sich selbst oder zwischen niederen und höheren Kräften in uns selbst, denn durch jede Sünde wird eine der genannten Ordnungen gestört. Von dieser Art der Gerechtigkeit hat deshalb die Rechtfertigung ihren Namen bekommen. (152)

Fox: Daß jede Sünde in irgendeiner Weise im Gegensatz zur Gerechtigkeit steht, ist eine wichtige Aussage. Und die 'Rechtfertigung' bezieht sich also auf die Harmonie in unserer Psyche oder Seele?

Thomas: Die Rechtfertigung heißt nicht nach der gesetzlichen Gerechtigkeit so, die mit den Tugenden zu tun hat, sondern nach der Gerechtigkeit, die allgemein eine gute Ordnung in der Seele bedeutet. (153)

Fox: Was wäre das Gegenteil von Gerechtigkeit?

Thomas: Ungerechtigkeit ist zweierlei: Erstens gibt es die Illegalität, die der gesetzlichen Gerechtigkeit entgegensteht. Diese ist ihrem Wesen nach ein besonderes Vergehen, da sie das Gemeinwohl, das sie verachtet, als besonderen Gegenstand hat. ... Die Verachtung des Gemeinwohls kann den Menschen zu jeder Art Sünde verleiten. So haben alle Vergehen, wenn sie sich gegen das Gemeinwohl richten, den Charakter der Ungerechtigkeit, da sie aus dieser entstehen.

Andererseits sprechen wir von Ungerechtigkeit in bezug auf eine Ungleichheit zu anderen, wenn ein Mensch mehr Güter, zum Beispiel Reichtum und Ehre, und weniger Übel, zum Beispiel Mühe und Schäden, haben will. (154)

Fox: Gesetzliche Gerechtigkeit richtet sich auf das Gemeinwohl?

Thomas: Die Gerechtigkeit leitet den Menschen in der Beziehung zu anderen, und zwar auf zweierlei Weise: Einmal, insofern der andere als einzelner betrachtet wird; und zweitens, insofern er zur Gemeinschaft gehört, denn wer einer Gemeinschaft dient, dient allen, die dieser Gemeinschaft angehören. Gerechtigkeit kann nun in beiderlei Hinsicht vorkommen. Es ist klar, daß alle, die zu einer Gemeinschaft gehören, in bezug auf diese Gemeinschaft wie Teile eines Ganzen sind. Da nun der Teil zum Ganzen gehört, kann sich, was für einen Teil gut ist, auch auf das Ganze richten. ... Da es Sache des Gesetzes ist, auf das Gemeinwohl hin zu ordnen, wird diese wie gesagt allgemeine Gerechtigkeit als 'gesetzliche Gerechtigkeit' bezeichnet. Denn durch sie ist man in Einklang mit dem Gesetz, das alle tugendhaften Handlungen auf das Gemeinwohl hinordnet. (155)

Fox: Du scheinst hier auf der Via Transformativa alle Tugenden, mit denen wir uns auf der Via Creativa auseinandergesetzt haben, in die Gerechtigkeit einzubinden.

Thomas: Das Gute an einer jeden Tugend, ob sie einen Menschen auf sich selbst hin ordnet oder in Beziehung zu anderen Personen, ist auf das Gemeinwohl gerichtet, auf das die Gerechtigkeit zielt. Also können alle tugendhaften Handlungen zur Gerechtigkeit gehören, insofern sie den Menschen auf das Gemeinwohl hinlenken. (156)

Fox: Mir scheint, für dich ist die Gerechtigkeit die allumfassendste der Tugenden.

Thomas: Das Maßvolle und die Tapferkeit liegen im sinnlichen Verlangen, das heißt in Begierde und Zorn. Diese Kräfte bedeuten nun ein Verlangen nach bestimmten Gütern, so wie die Sinne Einzeldinge erkennen. Die Gerechtigkeit hat hingegen als Subjekt das vernünftige Verlangen, das sich auf universelles Gutes richtet, das von der Vernunft erkannt wird. Deshalb kann die Gerechtigkeit eher als die Mäßigung und die Tapferkeit eine allgemeine Tugend sein. (157)

Fox: Das zeigt, wie sehr die Sentimentalität und andere Formen des Antiintellektualismus ein Bewußtsein der Gerechtigkeit zerstören und davon ablenken. Da wundert es nicht, daß Unrechtstrukturen sich sehr für sentimentale und erregende Ablenkungen vom intellektuellen Leben einsetzen. Deiner Meinung nach überwacht die Gerechtigkeit alle anderen Tugenden?

Thomas: Die gesetzliche Gerechtigkeit richtet alle tugendhaften Handlungen auf das Gemeinwohl. (158) Es muß eine höhere Tugend geben, die alle Tugenden auf das Gemeinwohl hinordnet. Das ist die gesetzliche Gerechtigkeit. (159)

Fox: Aber Gerechtigkeit hat nicht nur mit dem Gemeinwohl zu tun?

Thomas: Wie es außer der gesetzlichen Gerechtigkeit noch Einzeltugenden geben muß, die den Menschen in sich leiten, wie die Mäßigung und die Tapferkeit, so muß es außer der gesetzlichen Gerechtigkeit auch noch Einzelgerechtigkeit geben, die den Menschen in seinen Beziehungen zu anderen Personen lenkt. (160)

Fox: Was ist dann das Wesen einer gerechten Handlung?

Thomas: Der Akt der Gerechtigkeit liegt in nichts anderem, als allen zu geben, was ihnen zukommt. (161)

Fox: Und was heißt 'was ihnen zukommt'?

Thomas: Es heißt, einer Person komme das zu, was ihr nach der Ausgeglichenheit der Verhältnisse geschuldet wird. (162)

Fox: Warum symbolisieren wir die Gerechtigkeit durch eine Frau mit Waagschalen in ihrer Hand?

Thomas: Wer zuviel hat, überschreitet das Maß. ... Deshalb wissen wir anhand dieses Maßes, was wir von denen nehmen sollten, die mehr haben, und denen geben, die weniger haben. Außerdem werden wir wissen, daß wir von den Größeren, nämlich denen, die mehr haben, in dem Maße nehmen sollen, in dem sie denen, die weniger haben, geben sollen, nämlich worin das Maß sie überschreitet. (163)

Fox: Die Gerechtigkeit hat also ein Element des Gleichgewichts in sich, das wir ständig einschätzen müssen. Um noch einmal zu verdeutlichen, wie ich dich bislang verstanden habe, würde ich sagen, daß Gerechtigkeit die erste aller moralischen Tugenden ist.

Thomas: Die gesetzliche Gerechtigkeit hat unter allen moralischen Tugenden den Vorrang, insofern das Gemeinwohl über das Wohl von Einzelpersonen geht. (164)

Fox: Diese Formulierung des Gemeinwohls können wir heutzutage leicht aus den Augen verlieren. Könntest du noch etwas dazu sagen?

Thomas: Das Gemeinwohl setzt sich aus vielem zusammen ..., denn die Bürgergemeinschaft (communitas civitatis) setzt sich aus vielen Personen zusammen, und für ihr Wohl wird durch vielerlei Tätigkeiten gesorgt. (165) Um das Gemeinwohl kann es unmöglich gut stehen, wenn die Bürger nicht tugendhaft sind, oder wenigstens diejenigen, denen das Regieren zufällt. (166)

Fox: Kannst du bitte ein Beispiel für das Gegenteil von Gemeinwohl geben?

Thomas: In einer Oligarchie ist die Abweichung vom Gemeinwohl größer als in einer Demokratie, in der zumindest das Wohl der Mehrheit gesucht wird. Am schlimmsten aber ist die Tyrannei, in der es nur um das Wohl eines einzelnen geht. ... Das Königtum ist die beste, die Tyrannei aber die schlechteste Regierungsform.

Wo vom Recht abgewichen wird und es auf den Willen, ja, die Laune eines anderen ankommt, entsteht keine Sicherheit. Ein Tyrann unterdrückt seine Untertanen nicht nur körperlich, sondern schränkt auch ihr geistiges Wachstum ein, denn er strebt nach seiner Macht, nicht nach ihrem Nutzen. Die Tyrannen müssen fürchten, daß alles Bedeutungsvolle unter den Beherrschten eine Verurteilung ihrer ungerechten Regierung ist. So sind dem Tyrannen die Guten immer verdächtiger als die Schlechten, denn er fürchtet jede fremde Tugend. Er will nicht, daß sie stark werden oder sich ein Herz fassen können, daß sie seine Tyrannei nicht länger ertragen. Er achtet darauf, daß die Untertanen keine Freundschaften miteinander schließen und sich nicht des Friedens untereinander erfreuen können, denn wenn einer dem anderen mißtraut, können sie sich seiner Unterdrückung nicht widersetzen.

Deshalb säen Tyrannen Zwietracht unter den Untertanen und nähren sie, wo sie entsteht. Und sie versuchen zu unterbinden, was zur friedlichen Verbindung der Menschen beiträgt, wie die Heirat zwischen Familien oder Feste, damit unter ihnen nicht das Gefühl der Zusammengehörigkeit und des Vertrauens entsteht. (167)

Fox: Du betrachtest Gesetz und gesetzliche Gerechtigkeit als ermutigende Tugenden und als das Gemeinwohl des Staates?

Thomas: Ein Gesetz ... macht die Menschen insofern gut, als ihre Handlungen Tugend bewirken. (168) Das menschliche Gesetz verbietet nicht alle Verfehlungen (vitia), derer die Tugendhaften sich enthalten, sondern nur die schweren, derer sich die Mehrheit der Menschen enthalten kann. (169) Das menschliche Gesetz (lex humana) verbietet nicht alle lasterhaften Handlungen durch verpflichtende Gebote, wie es auch nicht alle tugendhaften vorschreibt. (170)

Fox: Das Gesetz hat also seinen Platz, kann aber nicht alles leisten. Gesetze sind unvollkommen.

Thomas: Die menschliche Vernunft (ratio humana) kann an der Weisung der göttlichen Vernunft nicht in ganzer Fülle, sondern nur unvollkommen und auf ihre Weise teilhaben. (171)

Fox: Tugend greift also tiefer als Gesetze. Wie du sagst, sind Gesetze unvollkommen. Ich kenne heute in unserem Land einige Gruppierungen, die aus einer Art Fanatismus handeln und versuchen, statt eines grundlegenden Rechtsverständnisses die Tugend zum Gesetz zu erheben. Gibt es deiner Ansicht nach noch andere Arten der Gerechtigkeit, außer der gesetzlichen, die die anderen moralischen Tugenden überbieten?

Thomas: Selbst wenn wir von der Einzelgerechtigkeit reden, hebt sie sich unter den anderen Tugenden aus zwei Gründen hervor: Erstens ..., weil sie in einem edleren Seelenteil wohnt, das heißt, im vernünftigen Verlangen, im Willen, während die anderen moralischen Tugenden im sinnlichen Verlangen liegen, zu dem die Leidenschaften gehören, die den Gegenstandsbereich der anderen Tugenden darstellen. Der zweite Grund ergibt sich aus dem Objekt, denn die anderen Tugenden werden allein wegen des Guten für den Tugendhaften selbst gelobt. Die Gerechtigkeit aber wird gelobt, wenn der Tugendhafte sich anderen gegenüber gut verhält, so daß die Gerechtigkeit in gewissem Sinne Gutes für den anderen ist. (172)

Fox: Mir gefällt die Formulierung, daß Gerechtigkeit das Wohl eines anderen Menschen meint. Ist Gerechtigkeit größer als Großzügigkeit und Mut?

Thomas: Wenn Großmut zur Gerechtigkeit dazukommt, so vermehrt er ihren Wert. Ohne die Gerechtigkeit hat er aber nicht einmal den Charakter einer Tugend. (173)

Fox: Jetzt wird mir klarer, warum die beiden Arten der Gerechtigkeit, von denen du oben sprachst – Gerechtigkeit als Erhaltung und als Befreiung – eine tiefe Heilserfahrung ausmachen.

Thomas: Gerechtigkeit führt zur Herrschaft Gottes, wie es in den Sprüchen (8,20) heißt: „Ich gehe auf dem Weg der Tugend, den Pfaden der Gerechtigkeit, um die zu beschenken, die mich lieben und ihre Schatzkammern zu füllen." (174)

Fox: Lehrte Jesus das?

Thomas: Christus kam nicht, um die Gerechten zur Buße aufzurufen, sondern zu größerer Gerechtigkeit. (175)

Fox: Also gehören Heiligkeit und Gerechtigkeit zusammen?

Thomas: Das Herz der Heiligen ist voller Gerechtigkeit. ... Die Heiligen haben Gerechtigkeit, Liebe und Wirkungen der Art, die Gott am nächsten kommen – sie wissen mehr als die anderen. Wie Psalm 34,9 sagt: „Kostet und seht, wie gütig der Herr ist." (176) Jesaja spricht von zwei Dingen: von der Gerechtigkeit, die er besitzt, und einer Vision Gottes. Und sie folgen aufeinander. Denn zur Vision Gottes kommt er durch die Gerechtigkeit. Siehe Psalm 15: „Wer darf in deinem Zelt wohnen", und so weiter, „der makellos lebt und das Rechte tut." Und eine andere Zeile lautet: „Ich aber werde dein Angesicht in der Gerechtigkeit sehen und deshalb vor deinen Augen erscheinen", das heißt: „Ich werde kommen, dich zu sehen, und werde zufrieden sein, wenn deine Herrlichkeit erschienen ist", das heißt, wenn ich dich sehe. Und ich werde von allen Gütern erfüllt sein. Psalm 103 sagt: „Wer dein Verlangen nach dem Guten stillt", nämlich nach deiner Herrlichkeit, in der alles Gute existiert. (177)

Fox: Du sagst, Gerechtigkeit und eine Vision Gottes folgen aus einander und bilden den Pfad zur Heiligkeit. Kannst du dazu bitte noch Genaueres sagen?

Thomas: Die Seele wird auf viererlei Weise zu Gott erhoben: Nämlich, um die Erhabenheit der Macht Gottes zu bewundern, wie Jesaja (40) es ausdrückt: „Erhebe deine Augen und sieh, wer all dies geschaffen hat." Und Psalm 104 sagt: „Wie wunderbar sind deine Werke, o Herr." Das ist die Erhebung des Glaubens. Zweitens wird der Geist erhoben, um die Erhabenheit der ewigen Schönheit zu begreifen. Hiob (2) sagt: „Du kannst makellos dein Gesicht erheben, du wirst fest bleiben und dich nicht fürchten. Du wirst das Elend vergessen, und eine Helligkeit wie am Mittag wird von dir ausgehen." Das ist die Erhebung der Hoffnung. Drittens wird der Geist erhoben, um sich an die göttliche Güte und Heiligkeit zu heften, wie Jesaja (51) sagt: „Erwache und erhebe dich, Jerusalem“, und so weiter. Das ist die Erhebung der Liebe (caritas). Viertens wird der Geist erhoben, um zur Nachahmung der göttlichen Gerechtigkeit zu arbeiten. In den Klageliedern (3,41) heißt es: „Erheben wir Herz und Hand zu Gott in den Himmeln.“ Das ist die Erhebung der Gerechtigkeit. Der vierte Weg ist auch gemeint, wenn er sagt: „Zu den Heiligen und Hohen“, denn die beiden letzten Arten der Erhebung gehören zum gleichen Ausspruch; „zu den Heiligen“ und die beiden ersten Arten zu „zu euch Hohen“. (178)

Fox: Diese vier Arten des Betens oder der Erhebung klingen wie die vier Pfade, über die wir gesprochen haben. Schließlich führt alles zur Heiligkeit. Besonders schätze ich es, daß du unsere Arbeit zur Nachahmung der göttlichen Gerechtigkeit als ein wesentliches Beispiel für tiefes Gebet und Spiritualität anführst. Darum geht es im wesentlichen bei der Via Transformativa.

Thomas: In den Sprüchen (13,12) heißt es: „Wird das Verlangen erfüllt, erquickt es die Seele.“ Wenn man sich an Gott wendet, so wird das Verlangen erfüllt. Dazu ist es aber notwendig, daß das Verlangen gerecht ist, denn Gott ordnet kein Unrecht an. Aus diesem Grund legt der Psalmist zuerst die Wurzel für ein gerechtes Verlangen an – nämlich, daß die Menschen durch die Liebe in Gott erfreut werden. Deshalb sagt er: „Sich in Gott erfreuen“, das heißt, daß all unsere Liebe in Gott ist. Philipper 4 sagt: „Erfreue dich stets in Gott.“ Im Griechischen wird delitiare verwendet, als wolle er sagen: „Seid nicht zufrieden mit dem, was zum Wohlergehen nötig ist, sondern sucht zusätzliche Fülle, so wie Genießer nicht mit einfacher Nahrung zufrieden sind.“ Und Hiob 22,26: „Dann wirst du dich am Allmächtigen erfreuen.“ Und dann wird dir Gott die Wünsche deines Herzens erfüllen. Der Autor sagt nicht „des Fleisches“, denn nach Origenes sind die Wünsche des Herzens, was das Herz begehrt. Ihm zufolge würde zum Beispiel das Auge, wenn es wählen könnte, schöne Farben auswählen, die Ohren hingegen schöne Klänge. Der Gegenstand des Herzens wäre also Wahrheit und Gerechtigkeit, weil diese sich dort befinden, und sie würden vom Herzen begehrt. Und diese, so sagt er, wird Gott dir geben. Siehe auch Matthäus 7: „Suchet, so wird euch gegeben.“

Ein anderes Verständnis des Ausdrucks „des Herzens“ ist: Wenn die Wünsche vom Herzen stammen, wird Gott sie hören, bevor man ruft. Jesaja (65) sagt: „Bevor sie rufen, höre ich.“ (179)

Fox: Das sagt sehr viel. Du verbindest das Herz mit Wahrheit und Gerechtigkeit und scheinst auch Freude und das Schaffen von Gerechtigkeit zu verknüpfen. Ich halte das für sehr wertvoll, da an der Gerechtigkeit Arbeitende die doppelte Versuchung der Traurigkeit und der Selbstgerechtigkeit vermeiden müssen.

Thomas: In dem Maße, in dem die Gerechten die Gerechtigkeit lieben, werden sie Freude daran haben, gerecht zu handeln. (180)

Fox: Warum ist das so?

Thomas: Alle haben Spaß an dem, was ihnen liegt. Wie sehr Liebende sich nach dem Abwesenden sehnen, so viel Freude haben sie, wenn es da ist. So erfreuen sich Pferdeliebhaber an Pferden und Theaterliebhaber an Vorstellungen. Damit ist klar, daß die Tugendhaften die Tätigkeiten ihrer eigenen Tugend lieben als etwas, das ihnen angenehm ist. In dem Maße, in dem die Gerechten die Gerechtigkeit lieben, werden sie Freude daran haben, gerecht zu handeln. (181) Niemand wird eine Person gerecht nennen, die nicht Freude daran hat, gerecht zu handeln. (182)

Fox: Ich habe den Eindruck, daß du uns eine Bedeutung der Leidenschaft wiedergewinnst, die unserem Mitgefühl unterliegt. Ich glaube zum Beispiel, daß die Wut eine Leidenschaft ist, die in unserem Handeln für Gerechtigkeit oder Mitgefühl eine positive Rolle spielt.

Thomas: Was Zorn provoziert, hat immer mit Unrecht zu tun. ... Diejenigen, die vorsätzlich Schaden zufügen, scheinen aus Verachtung zu sündigen (peccare), und deshalb zürnen wir ihnen am meisten. (183) Denjenigen, die anderen schaden, zürnen wir und versuchen, Vergeltung an ihnen zu üben, insofern die Geschädigten in irgendeiner Weise zu uns gehören, sei es durch eine Verwandtschaft oder Freundschaft oder wenigstens aufgrund einer Gemeinschaft derselben Natur. (184)

Fox: Die Leidenschaft der Wut muß also keineswegs nur negativ sein. Ja, moralische Empörung ist ein notwendiger Teil des Mitgefühls.

Thomas: Wenn eine Leidenschaft dem Vernunfturteil zuvorkommt, um den Geist zur Zustimmung zu drängen, behindert sie das Überlegen und Urteilen der Vernunft. Folgt sie diesem Urteil aber als einer Anweisung der Vernunft, hilft sie bei deren Ausführung. (185)

Fox: Unsere Wut unterstützt also unseren Kampf für Gerechtigkeit. Mir scheint, daß unsere wechselseitige Verbundenheit dafür sorgt, daß wir wütend werden, wenn wir etwas Geliebtes von Unrecht bedroht sehen.

Thomas: Wenn wir sagen „Vater unser", werden unsere Gefühle zum Nächsten in Ordnung gebracht. „Haben wir nicht alle einen Vater?" (Mal.2,10). Wenn wir aber alle einen Vater haben, dann sollte niemand von uns irgendeinen unserer Nächsten deshalb verachten, weil er oder sie anders ist als wir. Jesus spricht von „unser Vater" und nicht von „mein Vater". ... Der Herr lehrt uns, keine privaten Gebete zu halten, sondern allgemein für das gesamte Volk zu beten. Eine solche Art von Gebet ist für Gott annehmbarer. Chrysostomus sagt es so: „In Gottes Augen ist ein Gebet annehmbarer, wenn es aus geschwisterlicher Liebe kommt als aus Not." (186)

Fox: Doch da wir alle einen Schöpfer haben, sind wir Geschwister. Du verbindest die Gerechtigkeit auch mit Freude und dem Entzücken des Herzens. Hier scheinen wir in eine weitere Dimension des Mitgefühls einzutreten, den Weg des Feierns. Unser Herz wird nicht nur durch das Leiden anderer Menschen angerührt, sondern auch durch deren Freude. Gemeinsame Leidenschaft betrifft Feier ebenso wie Gebrochenheit.

Thomas: Es gibt zwei Arten von Toren: böse, die den Zugang zum Leben verschließen, und gute, die den Weg zum Leben öffnen. Psalm 118 sagt: „Öffne die Tore zum Leben", das heißt, der Gerechtigkeit, und so weiter. Die bösen Tore sind die Sünden, die guten aber sind die Tugenden. (187)

Fox: Man könnte also sagen, daß unsere radikale Antwort auf das Leben – und darum geht es im Gebet, mit unserer Antwort auf diese beiden 'Tore' zu tun hat.

Thomas: Man kann auf zweierlei Art beten. Entweder, indem man den Geist zu Gott erhebt, weil Johannes Damaszenus sagt: „Gebet ist der Aufstieg des Geistes zu Gott." Oder durch das Vertrauen, das man von Gott hat. Hinsichtlich des ersten sagt der Psalmist: „O Herr, ich habe meine Seele zu dir erhoben und sehe deine Güte in der Kontemplation und in der Liebe." In den Klageliedern (3,41) heißt es: „Erheben wir Herz und Hand zu Gott." Hinsichtlich des zweiten, das man nur durch sehr zuversichtliches Beten erreicht, sagt Jakobus (1,6): „Bitten wir voll Vertrauen und zweifeln wir nicht." Und in Hebräer 4,16: „Laßt uns also im Vertrauen hingehen zum Thron der Herrlichkeit", das heißt der Gnade Gottes. Deshalb sagt der Psalmist: „Auf dich, mein Gott, vertraue ich." Und 2 Korinther 3,4: „Durch Christus haben wir großes Vertrauen in Gott, aber nicht wir sind dazu fähig, als könnten wir es uns selbst zuschreiben." (188)

Fox: Im Gebet scheint uns unser Vertrauen Zugang zu unserem wahren Selbst und unserem Herzen zu verschaffen, so daß Mitgefühl als Gerechtigkeit und Freude zwischen uns wirklich von Herz zu Herz fließen kann.

Thomas: Geistige Blindheit und Härte des Herzens haben mit der Motivation des menschlichen Geistes zu tun, sich ans Böse zu halten und sich vom göttlichen Licht abzuwenden. (189)

Fox: Mitgefühl fordert also unsere Herzenshärte heraus?

Thomas: Der Heilige Geist löst die Härte des Herzens auf, wie es bei Lukas 12 steht: „Ich bin gekommen, Feuer auf die Erde zu senden.“ (190)

Fox: Das Feuer des Mitgefühls schmilzt also sozusagen Herzen und Gemüter, die kalt und hart sind.

Thomas: Geistige Blindheit bezieht sich auf das Sehen und Entdecken; und Schwere des Herzens auf das Hören und Lehren; und Herzenshärte auf die Neigungen. (191)

Fox: Du sprichst offenbar über etwas, worüber die Religion sich selten äußert und was wir als geistige Sünden bezeichnen könnten: das Verschließen des Geistes und die Verhärtung des Herzens.

Thomas: Geistige Sünden sind mit mehr Schuld behaftet als fleischliche. ... Geistige Sünden sind trauriger als fleischliche, wenn andere Dinge gleich sind. ... Die fleischliche Sünde hat mit der Zuwendung zu etwas zu tun und darum mit einem engeren Anhaften. Die geistige Sünde hingegen besteht mehr in einem Abwenden von etwas, worin die Idee der Schuld besteht. Aus diesem Grund liegt in ihr größere Schuld. (192)

Fox: Das erinnert mich an deine Unterscheidung zwischen läßlichen und Todsünden. Bezeichnenderweise sagst du, daß die Abwendung von etwas bedauerlicher ist als die Zuwendung zu etwas, weil mir scheint, daß die Morallehren der institutionellen Kirchen sich auf Themen der Zuwendung und somit der 'fleischlichen Sünden' beschränkt haben, während Anweisungen über die Abwendung von und die Auseinandersetzung mit geistigen Sünden sehr dünn waren.

Thomas: Wenn man sündigt, ohne sich von Gott abzuwenden, dann kann diese Abweichung aufgrund des Wesens der Sünde wiederhergestellt werden, weil das Ordnungsprinzip nicht zerstört ist. Solche Sünden werden als läßlich bezeichnet. (193)

Fox: Wie ähnlich sind sich läßliche und Todsünden?

Thomas: Todsünden und läßliche sind sich unendlich fern, was das angeht, wovon sie sich abwenden, nicht aber in bezug auf das, auf das sie sich zuwenden, das heißt, ihren spezifischen Gegenstand. (194)

Fox: Wie steht es mit der geistigen Offenheit? Gibt es eine Sünde der geistigen Verschlossenheit?

Thomas: Es gibt in der Vernunft eine Sünde, insofern sie in der Erkenntnis der Wahrheit irrt, was der Vernunft als Sünde angerechnet wird, wenn ihre

Unkenntnis oder ihr Irrtum sich auf etwas erstreckt, was sie wissen könnte oder sollte. (195)

Fox: Du sagst, daß auch Unwissenheit sündig sein kann. Ich denke da zum Beispiel an die Sünden der Kirche, wenn sie ihr eigenes mystisches und prophetisches Erbe vergißt.

Thomas: Unkenntnis bezeichnet einen Mangel an Wissen, das heißt, einen Mangel an Wissen über Dinge, die zu wissen man eine natürliche Neigung hat. Einige von diesen Dingen sind wir verpflichtet zu wissen, nämlich diejenigen, ohne deren Kenntnis wir nicht in der Lage sind, eine anstehende Handlung korrekt auszuführen. (196)

Fox: Eine solche Sünde wäre wohl die Anthropozentrik.

Thomas: Ist die Vernunft nachlässig, so ist die Unkenntnis einer Sache, die wir wissen sollten, eine Sünde. (197)

Fox: Wir sündigen also gegen die Wahrheit – nicht nur als Individuen, sondern auch als Gemeinschaften und Institutionen. Und für dich ist die Sünde der Ungerechtigkeit die größte?

Thomas: Die größte Sünde muß notwendigerweise im Gegensatz zur größten Tugend stehen. (198)

Fox: Auch hier ist die institutionelle Kirche, zum Beispiel in ihrer Lehre über die Keuschheit, so unausgewogen gewesen, daß die Menschen ihre Lehre über die Gerechtigkeit nicht einmal hören.

Thomas: Mäßigung ohne Gerechtigkeit wäre nicht einmal eine Tugend. (199)

Fox: Das ist tatsächlich eine starke Bestätigung für die Notwendigkeit der Gerechtigkeit in unserem moralischen Leben.

Thomas: Vollkommenheit besteht in der Verfolgung dessen, was aus der Liebe entsteht. 1 Korinther 13,3 sagt: „Wenn ich all meine Güter an die Armen verteile, und wenn ich meinen Körper der Verbrennung anheim gebe, aber die Liebe nicht habe, nützt es mir nichts." Denn Vollkommenheit besteht nicht in etwas für sie Äußerem, wie Armut, Jungfräulichkeit und ähnlichem, außer wenn diese Werkzeuge der Liebe (caritas) sind. (200)

Fox: Ohne Gerechtigkeit gibt es keine Liebe.

Thomas: Allein die Liebe ist das Geschenk der Gerechten, denn „wer in der Liebe bleibt, bleibt in Gott und Gott in ihm" (1 Joh. 4,16). (201)

Fox: Oben sagtest du, Gott sei Gerechtigkeit und Gerechtigkeit sei die hauptsächliche moralische Tugend, die wir Gott zuschreiben können. Was aber, wenn jemand in einer Unrechtssituation groß wird und niemals den Gott der Gerechtigkeit erlebt? Heißt das, daß ein solcher Mensch Gott nie kennen kann?

Thomas: Gott wird nicht nur aus den Werken der Gerechtigkeit erkannt, sondern auch aus Gottes anderen Werken. Angenommen, jemand erkenne Gott nicht als gerecht, so folgt daraus nicht, daß er Gott gar nicht erkennt. Es ist auch unmöglich, daß jemand keines der Werke Gottes erkennt, denn das Sein im allgemeinen, das nicht unerkannt bleiben kann, ist Gottes Werk. (202)

Fox: Das ist ein weiterer Grund dafür, daß das Feiern ebenfalls in unser Verständnis des Mitgefühls gehört: In der Via Positiva ist Gott auf der Ebene des Daseinswunders bekannt, und in der Via Transformativa auf der Ebene der Befreiung und Wandlung des Daseins. Feier und Gerechtigkeit scheinen Hand in Hand zu gehen.

Thomas: Die Hand Gottes ist auf drei Weisen eine göttliche. Erstens ist es eine Hand göttlicher Macht, auch das auf drei Weisen: Erstens als schaffende, wie Hiob (10,8) sagt: „Deine Hände haben mich gebildet." Zweitens eine regierende, wie nach Psalm 95: „In deinen Händen sind die Enden der Erde." Drittens eine schützende, wie bei Jesaja (49,2): „Gott verbarg mich im Schatten der göttlichen Hand."

Die zweite Hand Gottes ist die Hand der Gerechtigkeit, und das auf dreierlei Weise: Erstens ist es eine prüfende Hand, nach Hiob (19,21): „Gottes Hand hat mich berührt." Zweitens ist es eine Hand, die züchtigt, um zu reinigen, wie in 2 Makkabäer 6,26: „Jetzt könnte ich mich der Bestrafung durch die Menschen entziehen, aber der Hand des Allmächtigen entkomme ich weder lebend noch tot." Drittens ist es eine Hand, die unterdrückt, um zu verdammen, wie es im Hebräerbrief (10,31) heißt: „Es ist furchtbar, in die Hände des lebendigen Gottes zu fallen."

Die dritte Hand ist eine des Mitgefühls, und auch das auf dreierlei Weise: Erstens als heilende, nach Hiob 5,18: „Gott verwundet und verbindet, Gott verletzt, doch Gottes Hände heilen auch." Zweitens als nährende, wie in Psalm 95,7: „Wir sind das Volk von Gottes Weide, die Herde, von Gottes Hand geführt." Drittens eine krönende, wie in Weisheit 5,16: „Aus der Hand des Herrn empfangen sie die Krone der Schönheit und die Juwelen der Herrlichkeit." (203)

Fox: Ich freue mich, daß du unser Gespräch bis hier mit dem Bild zusammenfaßt, daß die Hand Gottes eine schaffende, Gerechtigkeit herstellende und mitfühlende ist: eine Herausforderung an unsere Bemühungen zur 'Nachahmung Gottes'. Du hast über Mitgefühl und Freude oder Feier gesprochen. Jetzt halte ich es für wichtig, daß wir uns diesem Aspekt des Mitgefühls weiter zuwenden, da wir sehr viel Zeit mit dem Aspekt der Gerechtigkeit zugebracht haben. Sage uns bitte etwas über das Mitgefühl als Feier. Zunächst einmal scheint da eine Verbindung zwischen Mitgefühl als Gerechtigkeit und Mitgefühl als Freude zu bestehen.

Thomas: Der Psalmist drängt die Gerechten und Rechtschaffenen, gute Werke zu tun und die rechte Absicht dabei zu haben, wenn er sagt: „Freut euch im Herrn und jubelt, ihr Gerechten!" Als wolle er sagen, daß für die Menschen zwei Dinge nötig sind, nämlich rechtes Tun – das macht die Gerechtigkeit, und rechte Absicht – das macht die Freude. Deshalb sagt er: „Freut euch und jubelt, ihr Gerechten!" (204)

Fox: Die Hauptabsicht unseres Arbeitens, unserer Werke ist also die Freude. Man könnte sogar sagen, daß die Gerechtigkeit ein Mittel zum Zweck der Freude ist, denn ohne Gerechtigkeit können wir nicht feiern; und auch beim Herstellen von Gerechtigkeit erleben wir Freude.

Thomas: Freude ergibt sich aus dem Tun der Gerechtigkeit, wenigstens dem Willen nach, in welchem Falle es keine Leidenschaft ist. Und wenn diese Freude durch die Vervollkommnung der Gerechtigkeit zunimmt, fließt sie über in das sinnliche Verlangen. (205) Wer an der Gerechtigkeit keine Freude hat, ist nicht gerecht. Gott aber ist gerecht, und Gott ist die Gerechtigkeit. Psalm 11 sagt: „Der Herr ist gerecht," und so weiter, und darum „freut euch im Herrn, ihr Gerechten." Und Habakkuk (3) sagt: „Ich will mich am Herrn freuen und in Gott, meinem Retter, jubeln." (206)

Fox: Freude ist nicht das gleiche wie bloßer Optimismus. Sie entsteht nicht durch das Verdrängen von Leid oder Kampf.

Thomas: Jubel entsteht aus innerer Freude. Aber in wem? ... Nach dem Brief an die Philipper (4): „Freut euch im Herrn, ich sage nochmals, freut euch." (207) Die sich aber dem Willen Gottes unterstellen wollen, erfreuen sich sowohl an angenehmen wie auch an widrigen Dingen. Darum spricht der Psalmist von „großem Lob", denn sie preisen alles, nicht nur manches. (208)

Fox: Das ist ein wichtiger Punkt: Mit einem Bewußtsein der Freude finden wir 'in allen Dingen' Freude. Freude und Gerechtigkeit gehen also zusammen und machen gemeinsam das Mitgefühl aus?

Thomas: Jesaja spricht von „immerwährender Freude“. Das ist solange wahr, wie man in der Gerechtigkeit wohnt, wie auch Jeremia (18) erklärt. Siehe Jesaja (35,10): „Mit ewiger Freude auf ihren Köpfen werden sie Freude und Wonne erlangen.“ Und er gibt als Grund an: „Denn ich bin der Herr.“ Der Sinn dessen ist: Weil der Herr die Gerechtigkeit schätzt, läßt er dich gerecht sein, damit du ihm gefällst, und er wird mit dir einen Bund zu immerwährender Freude schließen. (209)

Fox: Feier und Freude sind also wesentlich für die Dimension der Leidenschaft (engl.: passion), die unser Mitgefühl (engl.: compassion) ist.

Thomas: Es gehört zur Vollkommenheit des moralisch Guten, daß der Mensch nicht nur in seinem Willen, sondern auch in seinem sinnlichen Verlangen zum Guten bewegt wird, wie Psalm 84,3 sagt: „Mein Herz und mein Fleisch jubelten dem lebendigen Gott.“ Wobei wir mit 'Herz' das geistige und mit 'Fleisch' das sinnliche Verlangen meinen. (210)

Fox: Freude ist kein Hindernis für gerechte Handlungen.

Thomas: Spaß an tugendhaften Tätigkeiten ist viel lustvoller als an anderen Vergnügen. (211) Man kann aufgrund eines Vernunfturteils sich entscheiden, sich von einer Leidenschaft ergreifen zu lassen, um unter Mitwirkung des sinnlichen Verlangens direkter handeln zu können. So trägt die seelische Leidenschaft zur Qualität einer Handlung bei. (212)

Fox: Ich verstehe dich so, daß eine Zunahme an Tugend, zum Beispiel unserer Gerechtigkeitsliebe, unsere Leidenschaft vergrößert.

Thomas: Je vollkommener eine Tugend ist, um so mehr Leidenschaft ruft sie hervor. (213)

Fox: Und auf der Via Transformativa entsteht unsere Freude dadurch, daß wir an der Verwirklichung des Gottesreiches teilnehmen?

Thomas: Wer Liebe hat, liebt Gott und besitzt Gott; und wer hat, was er liebt, ist glücklich. Wo also Liebe (caritas) ist, da ist Freude. Im Römerbrief (14,17): „Das Reich Gottes ist nicht im Essen und Trinken, sondern ... in der Freude im Heiligen Geist.“ Diese Freude hatte der Psalmist verloren und sucht danach, daß sie wiederhergestellt wird, wenn er sagt (Ps.51): „Erneuere meine Freude in mir.“ (214)

Fox: Kannst du unser Verständnis des Wortes 'Freude' in der Art, wie du es verwendest, vertiefen?

Thomas: Geistige Freude hat drei Ebenen. Die erste besteht in einer Harmonie der Gefühle, die zweite in einem Weitwerden des Herzens, die Dritte im Fortschritt in äußeren Dingen. Von der Harmonie durch die Freude spricht der Psalmist als „zu meinem Herzen“ und so weiter. ... Wenn das Gefühl wirklich im Geliebten ruht, dann wird die Seele erweitert, um größere Ausdehnung zu erfahren, und das tritt sogar bei sinnlichen Dingen auf. 2 Korinther 6,11 sagt: „Unser Herz ist weit geworden.“ Und darum spricht der Psalmist von „Freude“, weil die Erweiterung durch eine Art Freude hervorgerufen wird. Außerdem fließt Freude in den Körper zurück. In den Sprüchen (17,22) heißt es: „Ein fröhliches Herz tut dem Leib wohl, ein bedrücktes Gemüt läßt die Glieder verdorren.“ Und so wird nach der Auferstehung der Körper, in einer Vision der Herrlichkeit der Heimat, durch die Freude des Geistes verherrlicht werden. Jesaja sagt (gegen Ende): „Ihr werdet sehen, und euer Herz wird sich freuen, und eure Knochen werden blühen wie Gras.“ So sagt der Psalmist: „Die Knochen der Demütigen werden jubeln.“ Das bezieht sich auf eine gegenwärtige Verherrlichung, denn das Herz der Menschen ist niedergedrückt durch die Trauer der Buße. Wenn die Menschen also glücklich sind, ist das ein Zeichen, daß die Knochen, die ausgezehrt und angeschlagen waren, an der Freude teilhaben. (215)

Fox: So ist also real, was du als unsere 'gegenwärtige Verherrlichung' bezeichnest. Als Teil der Via Transformativa erfahren wir schon in unserer Lebenszeit tiefe Freude?

Thomas: Jeremia verspricht zuerst das weltliche Vergnügen des Volkes, wenn er vom „Freudenruf“ spricht. „Ich verbanne von ihnen den Jubelruf und den Freudenruf, die Stimme von Braut und Bräutigam, das Geräusch der Mühle und das Licht der Lampe“ (Jer.25,10). Die geistige Freude wird durch das Lob Gottes ausgedrückt: „Die Stimme derer, die sagen: Bekennet den Herrn.“ Jesaja (51,3) sagt: „Freude und Glück wird darin sein und Dank und der Klang des Lobes.“ Und in Tobit 13: „In allen Dörfern wird das Halleluja gesungen werden.“ Und mit Opfern: „Und von denen, die Opfergaben ins Haus des Herrn tragen.“ Jeremia nennt dafür den Grund: „Denn ich wende das Geschick des Landes.“ Und in den Klageliedern (5,21) heißt es: „Erneuere unsere Tage wie von Anbeginn.“ (216)

Fox: Die Erneuerung beginnt jetzt und ist nicht etwas, was wir erst nach dem Tode erfahren?

Thomas: Alle Belohnungen (der Seligpreisungen) werden im kommenden Leben ganz vollendet werden; inzwischen haben sie aber auch in diesem Leben in gewisser Weise schon begonnen. Denn das 'Himmelreich' kann nach

Augustinus den Anfang vollkommener Weisheit bedeuten, wenn der Geist im menschlichen Leben zu herrschen beginnt. Der 'Besitz' des Landes bezeichnet die wohlgeordneten Neigungen der Seele, deren Verlangen zur Ruhe kommt auf dem festen Fundament des ewigen Erbes, symbolisiert als „das Land". Sie werden in diesem Leben „getröstet" werden, indem sie den Heiligen Geist empfangen, der als „Paraklet", als der Tröster, bezeichnet wird. Sie haben schon in diesem Leben „ihren Teil" von der Nahrung, von der unser Herr (Joh.4,34) sagt: „Meine Speise ist es, den Willen dessen zu tun, der mich gesandt hat." Und auch Gottes Mitgefühl erlangen die Menschen schon in diesem Leben. Und das Auge wird gereinigt durch die Gabe der Einsicht, so daß wir sozusagen „Gott sehen" können. Ebenso werden diejenigen, die „Friedenstiftende" sind in ihren eigenen Handlungen, in diesem Leben einer Ähnlichkeit zu Gott nahekommen und als „Kinder Gottes" bezeichnet werden. (217)

Fox: Die Erneuerung und die Neuanfänge, die die Transformation mit sich bringt, erweisen uns Freude.

Thomas: Der Psalmist sagt: „Gott macht meine Jugend glücklich", das heißt, es wird eine Erneuerung und Jugend geben, wie es in Epheser 4,13 heißt, „damit wir das Maß der vollendeten Gestalt Christi erreichen." Deshalb spricht er von „Jugend". Psalm 103,5 sagt: „Wie dem Adler wird dir die Jugend erneuert." Der Priester spricht diesen Psalm, wenn er an den Altar tritt („Ich werde zum Altar Gottes treten, des Gottes, der meiner Jugend Freude gibt."), weil diese beiden Dinge – Freude und Erneuerung – notwendig für diejenigen sind, die sich dem himmlischen Altar nähern wollen. In Leviticus 10 heißt es: „Wie kann man mit einem bekümmerten Herzen essen und trinken und Gott in den Zeremonien gefallen?" Ebenso gibt es in bezug auf die Sünde kein Alter. 1 Johannes 2 sagt: „Ich schreibe an die Jungen." (218)

Fox: Kult, Freude, Erneuerung, Gerechtigkeit – all dies scheint im Akt der Feier zusammenzufinden.

Thomas: In Israel war es Sitte, daß diejenigen, die durch die Menge zum Tabernakel (zur Stiftshütte) gingen, es mit Freude taten. Jesaja 30: „Das Lied an dich wird wie eine Stimme heiligen Ernstes und der Freude sein." Wer also mit einer Flöte geht, geht freudig. So sagt der Psalmist: „Ich werde zum Ort des Tabernakels gehen" mit Freude, denn „in der Stimme des Jubels und des Lobes ist der Klang von Feiernden. In einem anderen Satz hört er „die Klänge von Tafelnden", als wolle er sagen: Ich will auf die Stimme der Speisenden hören, denn an der Tafel herrscht der Klang der Freude. Und das wird im Licht anderer Freuden, die es gibt, deutlicher. Erstens gibt es die Freude guter Sitten. Jesaja (35) sagt: „Sie werden Freude und Glück finden." Zweitens wird es Lob und Dank geben, denn sie wissen, daß sie diese Dinge durch Gottes Gnade bekommen haben. Und sie werden die Wunder Gottes bezeugen, so daß Dankbarkeit folgt und die Stimme des Lobes. Drittens wird es eine geistige Erneuerung geben. Jesaja (65,13) sagt: „Meine Diener werden essen, und ihr leidet Hunger. Meine Diener werden trinken, und ihr bleibt durstig", und so weiter. Matthäus 5: „Selig sind, die hungern und dursten nach der Gerechtigkeit." Und so wird es den Klang von Feiern geben und von Festen, das heißt, von ständiger Freude. (219)

Fox: Feste feiern und Begeisterung, zusammen mit dem Versprechen, Recht zu schaffen – das ist wahrhaft Mitgefühl. Gerechtigkeit scheint notwendig zu sein, damit das Feiern geschehen kann.

Thomas: Es gehört zur Gerechtigkeit, Ungleiches zur Gleichheit zu bringen. Wenn Gleichheit herrscht, ist das Werk der Gerechtigkeit getan. Aus diesem Grund ist Gleichheit das Ziel der Gerechtigkeit und der Ausgangspunkt der Freundschaft. (220)

Fox: Gerechtigkeit ist der Ausgangspunkt der Freundschaft – das erklärt, warum Geselligkeit Gerechtigkeit braucht und warum Mitgefühl beide umfaßt.

Thomas: Der Psalmist stellt die Früchte der Begeisterung dar, wenn er sagt: „Sie werden jubeln und glücklich sein." Aber er gibt die Freude als Frucht der Heiligen an, denn Glück bedeutet ein Weitwerden des Herzens, das die innere Freude ausdrückt. Psalm 119 sagt: „Du hast mein Herz weit gemacht." Und dieses Glück gebührt den Gerechten. Psalm 97,11: „Das Licht erstrahlt den Gerechten und Freude denen mit einem redlichen Herzen." Erhebung meint ein äußeres Hervorbrechen der inneren Freude; und diese Erhebung paßt zu den Gerechten. Psalm 32,11 sagt: „Freut euch am Herrn, ihr Gerechten." Und es ist den Gerechten angemessen, wenn er von denen spricht, „die nach meiner Gerechtigkeit verlangen", nämlich um sie nachzuahmen. Oder wie es von David heißt: „Sie verlangen nach meiner Gerechtigkeit", das heißt, sie haben Freude an meiner Güte, das ist die Freude ihres Herzens, und daraus entsteht der Jubel ihrer Stimme. Jesaja 51 sagt: „Freude und Glück finden sich darin, das Danken und die Stimme des Lobes." Und der Psalmist fügt hinzu: „Mögen sie immer sagen, der Herr wird erhöht", das heißt, die Heiligen erhöhen Gott. Nicht wirklich, indem sie Gott größer machen, sondern indem sie verkünden und ausrufen, daß Gott groß ist. Psalm

34: „Preise den Herrn mit mir", und so weiter. Sirach 43 sagt: „Gottes Erhabenheit ist wunderbar." (221)

Fox: Unsere Freude und Begeisterung, unser gemeinsames Feiern, ist in gewisser Hinsicht eine eschatologische Vorwegnahme des Gottesreiches.

Thomas: Das Himmelreich ist Glück. Reich wird es wegen der Herrschaft genannt, denn beherrscht wird es zu der Zeit, in der man dem Willen des Regierenden unterworfen ist. Das aber wird im Himmel sein, weshalb Lukas 14,15 sagt: „Selig, wer im Reich Gottes Brot essen darf." Ebenso führt Gerechtigkeit zu Gott. (222)

Fox: Uns ist ein Eingehen in die Freude Gottes verheißen.

Thomas: „Tritt ein in die Freude deines Herrn", könnte bedeuten: Erfreue dich an dem, woran und worin dein Herr Freude hat, das heißt, an der Freude von Gottes Wesen. Die Menschen werden sich wie der Herr freuen, wenn sie ebenso zufrieden sind wie der Herr. Wie Jesus zu seinen Aposteln sagt (Luk.22,30): „Ihr sollt in meinem Reich an meinem Tisch essen und trinken." Das heißt, daß ihr auf die gleiche Weise glücklich sein sollt wie ich. (223) Mit dem Tisch wird die Erquickung der Freude bezeichnet, die Gott in sich selbst hat und die die Heiligen von ihm haben. (224)

Fox: Ein Teil der Früchte, die wir genießen, ist Frucht unserer eigenen Arbeit für Gerechtigkeit und Mitgefühl.

Thomas: Die Gerechten essen gern die Früchte dessen, was sie geschaffen haben. (225) „Wie schön sind auf den Bergen die Füße dessen, der den Frieden verkündet und ausruft." Damit bezeichnet Jesaja die Freude der Befreiten; und er beschreibt diese Freude im Lichte des Empfangens der Boten, die von Chaldäa kommend die Botschaften brachten. „Schön", denn es war schön und erfreulich für das Volk, sie solches ankündigen zu hören; „auf den Bergen", damit sie hören; „verkünden sie" öffentlich den von Cyrus erneuerten Frieden. Das „Gute" ist die versprochene Befreiung; die „Errettung" von der Gefangenschaft. Zweitens beschreibt er die Freude aus der Sicht der Wachen, die den Herrn nach Zion zurückkehren sahen und begeistert ihre Stimme erhoben: „Die Stimme der Freude wird erschallen." Apostelgeschichte 4,24: „Sie erhoben einmütig ihre Stimme zu Gott." Und der Grund der Freude ist, daß „sie von Auge zu Auge sehen werden", als würden sie die Gefangenen mit eigenen Augen kommen sehen. Jesaja (30,20): „Deine Augen, Jerusalem, werden deinen Lehrer sehen." Drittens „freut euch" im Hinblick auf das Kommen der Gefangenen. (226)

Fox: Gerechtigkeit und Befreiung geben uns wirklich Grund, uns zu freuen. Und Gott feiert mit uns in diesem großen Akt kosmischen Mitgefühls?

Thomas: Liebe ist der Grund der Freude, denn alle freuen sich an dem, was sie lieben. Gott aber liebt sich und die Schöpfung, besonders die vernunftbegabte, der Gott unendlich Gutes mitgeteilt hat. (227)

Fox: Gott hat uns unendlich Gutes mitgeteilt, sagst du. Ich habe den Eindruck, daß in der Dimension des Feierns auf der Via Transformativa die Via Positiva zur Erfüllung und zu einem Neubeginn findet. Mir scheint, der Akt des Feierns ist selbst ein heilendes Tun, bei welchem wir uns der unendlichen Güte, mit der Gott uns begabt hat, erinnern können.

Thomas: Ein Weg, andere zu trösten, ist durch das Beispiel unseres eigenen Glücks. Man kann andere nicht trösten, wenn man selbst nicht im Frieden ist. (228)

Fox: Eine weitere Dimension des Mitgefühls als Feier ist also die Dimension des Friedens?

Thomas: Es ist wie bei Jeremia, der „Gnade fand“, indem er durch die Wüste in das Land der Verheißung reiste. Die Gnade, die er fand, war das Mitgefühl vor Gott, weil er „in Ruhe einging“, das heißt, in sein eigenes Land, in dem er friedlich ruht. Das kann den Frieden mystisch erklären, wie sie ihn zur Zeit des Simon Makkabäus (1 Makk.14) verstanden. Jesaja 13: „Mein Volk wird sitzen in der Schönheit des Friedens und im Tabernakel des Vertrauens und in der Fülle der Ruhe.“ (229)

Fox: Und es gibt auch so etwas wie einen falschen Frieden?

Thomas: Man sollte daran denken, daß es auch einen falschen Frieden gibt. Weisheit 14,22 sagt: „Die im Zwiespalt der Unwissenheit leben, nennen große Übel auch noch Frieden.“ Gewisse täuschende Dinge nämlich, von denen auch Psalm 28,3 spricht: „Die friedlich zu ihren Nachbarn sprechen, aber Böses im Herzen führen.“ Auch gewisse vergängliche Dinge machen einen falschen Frieden aus, wie es im ersten Brief an die Thessalonicher gegen Ende (5,3) steht: „Während sie von Frieden und Sicherheit reden, kommt plötzlich Verderben über sie.“ (230)

Fox: Was ist wahrer Friede?

Thomas: Jesus sagt: „Frieden lasse ich euch, meinen Frieden gebe ich euch.“ Nun ist Frieden nichts anderes als eine geordnete Ruhe. Denn es heißt, die Dinge hätten ihren Frieden, wenn ihre Ordnung ungestört ist. Unter den

Menschen gibt es eine dreifache Ordnung, diejenige einer Person mit und in sich selbst, einer Person zu Gott und einer Person zu anderen. Im Menschen ist der Friede also ein dreifacher. Es gibt einen inneren Frieden, durch den man mit sich selbst in Frieden ist, „alle Kräfte ungestört". Siehe Psalm 119: „Großer Friede herrscht bei allen, die das Gesetz lieben."

Eine weitere Art des Friedens beim Menschen ist der Frieden mit Gott, ganz im Einklang mit Gottes Plan zu sein. Siehe Römer 5,1: „Gerecht gemacht aus Glauben, haben wir Frieden mit Gott." Die dritte Art des Friedens ist die mit den Nächsten. Siehe Hebräer 12,14: „Strebt eifrig nach Frieden mit allen." Wir sollten daran denken, daß in uns drei Dinge in Ordnung zu bringen sind: Der Verstand, der Wille und das sinnliche Verlangen, so daß der Wille vom Verstand geführt wird und das Verlangen von Verstand und Willen. ... Diesen Frieden haben die Heiligen hier im Leben und werden ihn in der Zukunft haben. Jetzt haben sie ihn aber nur unvollkommen, denn weder in uns selbst, noch gegenüber Gott, noch mit unseren Nächsten können wir ganz ungestörten Frieden haben. (231)

Fox: Frieden im Herzen und Feier unter den Menschen schließen einander ja keineswegs aus, sondern machen gemeinsam erst echtes Feiern aus; und wo Gerechtigkeit unseren Frieden mit den Nächsten regelt, wirkt das Mitgefühl.

Thomas: Im Hinblick auf die Freude des Herzens sagt Jeremia (31,4): „Jungfrau Israel, du sollst wieder mit deinen Trommeln zum Tanz ausziehen", das heißt, beim Tanz die Trommel spielen. Bei Jesaja (30,29) heißt es: „Ihr freut euch von Herzen, wie die Pilger, die unter dem Klang ihrer Flöten zum Berg des Herrn, zu Israels Felsen ziehen." Und was die Ruhe des Friedens angeht: „Ihr werdet Wein pflanzen in den Bergen von Samaria", mit Bezug auf die drei Städte, die dem jüdischen Bereich hinzugefügt worden sind. Jesaja 65,21: „Sie werden Reben pflanzen und ihre Früchte genießen."

Jeremia weist auf den Grund für den Wohlstand hin: „Denn der Tag wird kommen", an welchem man zum Kult Gottes zurückkehren soll, an welchem sie sich gegenseitig ermutigen. ... Siehe Jesaja 2,3: „Kommt, wir ziehen hinauf zum Berg des Herrn, zum Haus des Gottes Jakobs. Gott wird uns Gottes Wege zeigen, und auf Gottes Pfaden wollen wir gehen." (232)

Fox: Wir bringen unseren Frieden und unsere Freude mit, wenn wir gemeinsam Gottesdienste oder Feste feiern. Und dadurch vergrößert sich unter uns die Freude.

Thomas: Es ist natürlich, daß die Menschen nach Vergnügen suchen; und sie suchen immer danach, und wenn es wegen der Sorge verloren geht, dann eilen sie zu den Vergnügungen des Bösen. (233)

Fox: Diese Beobachtung macht viele der Süchte erklärlich, in die die Erwachsenen unserer Zeit verfallen sind: Die Sorge überwiegt die echte Freude, und deshalb wenden die Menschen sich Drogen und ungesunden Vergnügungen zu. Wie wichtig ist es, daß Erwachsene wieder unsere kindlichen Arten des Spielens – das heißt, des Feierns – im Universum entdecken!

Thomas: Kinder haben keine Hemmungen, sie sind frei in dem, was sie für sich haben wollen: Das ist Spielen. (234)

Fox: Mir scheint, daß die Erwachsenen sich in unserer Kultur häufig schuldig fühlen, wenn sie spielen.

Thomas: Ein Spiel ist nicht böse an und für sich. Sonst könnte es in den Spielen keine Tugend geben, die man als eutrapelía (spielerische Gewandtheit) bezeichnet. Abhängig von den Zwecken, die ein Spiel ordnen, und von den Umständen, die es bestimmen, kann es eine tugendhafte oder lasterhafte Tätigkeit sein. Da es unmöglich ist, ständig im aktiven oder kontemplativen Leben engagiert zu sein, ist es manchmal notwendig, es mit Spaß zu unterbrechen, damit der Geist nicht durch zu viel Ernst gebrochen wird. Auf diese Weise kann jemand sich bereitwilliger tugendhaften Tätigkeiten zuwenden. (235)

Fox: Können Erwachsene den Instinkt für das Spiel wiedergewinnen, den wir als Kinder alle hatten?

Thomas: Menschen sind von Natur aus gesellig und haben, da sie einander natürlicherweise zum Leben brauchen, Spaß am Zusammenleben. Daher sagt der Philosoph in Politik I: „Jeder Mensch, der vereinzelt ist, ist entweder übermenschlich und ein Gott oder untermenschlich und ein Tier." Darum ist im Matthäusevangelium von den auf dem Markt Sitzenden die Rede, denn niemand möchte allein spielen, aber auf dem Forum oder Versammlungsplatz, wo alle zusammenkommen, findet Spiel statt. Ebenso muß beachtet werden, daß es für Menschen natürlich ist, daß sie an Darstellungen Spaß haben. Wir freuen uns also, wenn wir etwas modelliert finden, was dasjenige gut darstellt, was es zeigen soll. Auf gleiche Weise stellen die Spiele von Kindern, die Spaß am Spielen haben, immer etwas dar, etwa Krieg oder ähnliches. Man bedenke auch, daß alle Gefühle des Gemüts in einer von zwei Leidenschaften enden: Freude oder Trauer.

Im Matthäusevangelium heißt es: „Diejenigen, die rufen", und so weiter.

Das muß man auf folgende Weise sehen: Nehmen wir an, auf der einen Seite stehen ein paar Jungen und ein paar auf der anderen, so daß einige singen, die anderen tanzen; die einen tun eines, und die anderen antworten darauf. Würde eine Gruppe singen und die andere antwortete nicht gemäß ihrer eigenen Schönheit, würde die erste dadurch ungerecht behandelt. Deshalb sagt das Evangelium: „Sie sagen: Wir haben für euch gesungen, und ihr habt nicht getanzt." (236)

Fox: Dies ist sehr wichtig: Unsere Weigerung zu feiern, Segen für Segen zurückzugeben, oder Gesang für Tanz, wenn du so willst, ist eine Frage von Recht und Unrecht, ein weiteres Beispiel also, wo das Mitgefühl Gerechtigkeit und Feier zusammenbringt.

Thomas: Nichts kann die Seele so wandeln wie ein Lied: Deshalb erzählt Boethius in seiner Musica von einem gewissen Mann, der vor Pythagoras mit einem anderen stritt. Andere standen dabei und sangen. Als Pythagoras sie ihre Tonart ändern ließ, beruhigte sich der Mann. Deshalb wurden alle in Musik geschult. Man beachte also, daß ein bestimmtes Lied für die Freude ist, wie es bei Sirach 40,20 heißt: „Wein und Bier erfreuen das Herz." Deshalb heißt es im Evangelium: „Wir haben gesungen", das heißt, wir haben ein Freudenlied gesungen, „und ihr habt nicht getanzt. Ebenso ist es Sitte, daß man wie zur Freude, so auch zum Weinen bewegt wird. Darum sagt Jeremia (9,17): „Die Trauernden sollen kommen und Trauer über uns anstimmen", und so weiter. Und das Evangelium: „Wir haben geweint", das heißt, Trauerlieder gesungen, „und ihr habt nicht getrauert." (237)

Fox: Du erwähntest, daß unsere Fähigkeit zum Feiern und zu spielen eine Art Tugend ist.

Thomas: Es kann eine Tugend beim Spielen geben, die der Philosoph als eutrapelía oder spielerische Gewandtheit bezeichnet. Als spielerisch oder geschickt gilt, wer zu frohen Wendungen des Geistes fähig ist (vom Griechischen trepein, wenden). (238)

Fox: Ich nehme an, daß die Bezeichnung einer Tugend des Feierns als 'Wendung' auch die Fähigkeit einschließt, die Gangart zu wechseln, Paradoxien zu sehen, zu lachen und andere zu bewegen, wie auch loszulassen, indem wir die Geschäftigkeit unseres Geistes und Körpers aussetzen.

Thomas: Worte oder Taten, in denen nichts weiter gesucht wird als die Freude der Seele, werden als spielerisch oder humorvoll bezeichnet. Es ist manchmal nötig, Nutzen aus ihnen zu ziehen, um der Seele sozusagen Ruhepausen zu geben. (239)

Fox: Sage uns bitte mehr über die Tugend des Spielens; ich glaube, wir Erwachsenen brauchen heute viel mehr davon. Sie zu lehren und zu lernen, wäre in einer adultistischen und selbstbezogenen Gesellschaft, die sich viel zu ernst nimmt, Teil eines Wandlungsprozesses.

Thomas: So wie die Menschen körperliche Ruhe zur Erfrischung des Leibes brauchen, weil sie nicht ständig arbeiten können, da ihre Kraft begrenzt und nur einer bestimmten Menge Arbeit angemessen ist, so ist es auch mit unserer Seele, deren Kraft ebenfalls begrenzt und einer bestimmten Menge Arbeit angepaßt ist. ... Und wie die Müdigkeit durch Ausruhen aus dem Körper vertrieben wird, so muß auch die Müdigkeit der Seele durch ihr Ausruhen geheilt werden. Und die Ruhe der Seele ist das Vergnügen. (240)

Fox: Du sagst, Vergnügen bringe der Seele Ruhe. Das gibt mir Einsicht in das Problem der acedia, der Trägheit, über die wir zuvor sprachen: Die Erfrischung, die das Feiern uns bringt, ist ein Heilmittel gegen die Müdigkeit von Seele und Körper.

Thomas: Vom Heiligen Evangelisten Johannes wird in den Konferenzen der Väter (24,21) erzählt, daß einmal alle entsetzt waren, als sie ihn mit seinen Jüngern beim Spielen fanden. Er aber soll einen der Betreffenden, der einen Bogen trug, aufgefordert haben, einen Pfeil abzuschießen. Nachdem dieser es mehrere Male getan hatte, fragte Johannes ihn, ob er es unendlich häufig tun könne. Der Mann antwortete ihm, wenn er es versuchte, würde der Bogen irgendwann brechen. Darüber zog der Bruder Johannes den Vergleich, daß auch der menschliche Geist bräche, wenn seine Spannung nie gelockert würde. (241)

Fox: Zu welcher Art der Tugend gehört unsere Kunst des Spielens?

Thomas: Spielerisch zu sein, ist Teil der Tugend der Mäßigung. (242)

Fox: Das ist interessant, denn es macht erklärbar, warum eine spielerische Person vertrauenswürdiger als eine übertrieben ernste ist. Das Spielen hat etwas mit dem Anerkennen unserer Grenzen zu tun. Wenn das Feiern eine Tugend ist, dann ist die Weigerung der Menschen, spielerisch zu sein, oder unserer Institutionen, die Künste des Feierns zu lehren, ein Zeichen von Stolz oder übermäßiger Selbstbezogenheit.

Thomas: In menschlichen Angelegenheiten ist alles eine Sünde, was der Vernunft widerspricht. Nun widerspricht es der Vernunft, andere dadurch zu belasten, daß man ihnen keinen Spaß gönnt und ihr Vergnügen behindert. ... Wer ohne Heiterkeit ist, dem mangelt es nicht nur an spielerischer Sprache, sondern er belastet auch andere, indem er für ihre maßvolle Heiterkeit taub ist. Folglich ist eine solche Person sündig und gilt als undankbarer Langweiler. (243)

Fox: Dieses Gespräch über Mitgefühl als Feier erinnert mich an unser voriges Gespräch über die Via Creativa, als wir sagten, das kontemplative Leben sei auch ein Leben des Spielens und Feierns.

Thomas: Kontemplative Tätigkeiten sind nicht um eines anderen Zieles willen da, sondern sind selbst Ziel. Das Spielen ist manchmal sich selbst Ziel, wenn man aus Spaß spielt; manchmal ist es auch Mittel zum Zweck, wenn man spielt, um hinterher besser studieren zu können. (244) Das kontemplative Leben besteht in Muße und Ruhe, wie es in Psalm 46,11 heißt: „Seid still und erkennt, daß ich Gott bin." Es richtet sich auf das Göttliche. (245)

Fox: Und aus unserer kontemplativen Erfahrung folgt große Freude?

Thomas: Das kontemplative Leben kann auf zweierlei Weise erfreuen. Zum einen aufgrund der Tätigkeit selbst, die zur Natur und zum Verhalten des Menschen paßt. Die Kontemplation der Wahrheit paßt zum Menschen als einem vernünftigen Wesen. Deshalb verlangen alle Menschen von Natur aus nach Wissen und haben infolge dessen Freude am Erkennen der Wahrheit. Noch freudiger wird es für diejenigen, zu deren Haltung Weisheit und Wissen gehören, woraus sich ergibt, daß sie ohne Schwierigkeit kontemplieren können.

Zum anderen erfreut die Kontemplation hinsichtlich ihres Gegenstandes, insofern man eine geliebte Sache kontempliert. So ist auch das körperliche Sehen erfreulich, nicht nur weil es an sich Freude macht, sondern auch wenn man eine geliebte Person anschaut. Das kontemplative Leben besteht also hauptsächlich in der Kontemplation Gottes, wozu die Liebe uns bewegt. Daher gibt es im kontemplativen Leben Freude nicht nur aufgrund der Kontemplation selbst, sondern auch aufgrund der göttlichen Liebe. (246)

Fox: Und du sagst, dieses Vergnügen sei sehr groß?

Thomas: Diese Freude übersteigt in beiderlei Hinsicht jede menschliche. Denn zum einen ist die geistige Freude stärker als die fleischliche, ... und zum anderen übersteigt die Liebe zu Gott jede andere. So heißt es im Psalm (34,8): „Kostet und seht, wie süß der Herr ist." (247)

Fox: Ich hoffe, du schaffst damit keinen Gegensatz, wenn du einen Kontrast zwischen 'geistiger Freude' und 'fleischlichem Vergnügen' bildest. Körperliche Liebe kann schließlich durchaus den Rang geistiger Freude erreichen.

Das wird gerade im Hohenlied der Bibel gepriesen. Doch wird aus deinen Aussagen deutlich, daß Kontemplation für dich nicht nur eine rationale Übung ist.

Thomas: Obwohl das kontemplative Leben im wesentlichen im Geist (intellectus) besteht, hat es seinen Ursprung im Gefühl (affectus), insoweit man nämlich durch die Liebe (caritas) zur Kontemplation Gottes angetrieben wird. Und weil das Ziel dem Ursprung entspricht, folgt daraus, daß auch Abschluß und Ziel des kontemplativen Lebens im Gefühl liegt. Man hat nämlich Freude daran, etwas Geliebtes zu schauen, und die Freude über das Geschaute steigert noch die Liebe. ... Die letzte Vollendung des kontemplativen Lebens ist also, daß die göttliche Wahrheit nicht nur geschaut, sondern auch geliebt wird. (248)

Fox: Und dieses Schmecken und Lieben ist etwas zutiefst Freudiges.

Thomas: Die Liebe des Heiligen Geistes überwältigt die Seele wie eine Sturzflut, wie Jesaja (59,19) es sagt: „Wie ein reißender Strom, den der Geist des Herrn treibt." Und sie erscheint angenehm, denn sie erzeugt Freude und Süße in der Seele, wie es in Weisheit 12 heißt: „O wie gut und süß, Herr, ist dein Geist in uns." Und die Guten trinken von diesem Getränk, wie in 1 Korinther 10,4: „Alle tranken den gleichen geistigen Trunk." Oder mit dem Ansturm deines Vergnügens an Gott, welches als Ansturm bezeichnet wird. In den Sprüchen (18,4) ist von einem „sprudelnden Bach, einer Quelle der Weisheit" die Rede. Denn Gottes Wille ist so wirksam, daß man sich ihm nicht widersetzen kann, wie man es auch bei einem Sturm nicht kann. Römer 9: „Wer kann Gottes Willen widerstehen?" ... Und Jeremia 2: „Sie ließen mir eine Quelle lebendigen Wassers", und so weiter. Denn es ist wahrhaftig die Quelle des Lebens, das heißt, der geistigen Güter, von denen alles Leben erhält. (249)

Fox: Bei dieser Diskussion über das Mitgefühl als Schaffen von Recht und Feiern bekomme ich den Eindruck, daß wir dabei sind, die Bedeutung von Worten wie 'Heil' und 'Erlösung', die wir in unserer religiösen Sprache zu leichtfertig um uns werfen, neu zu definieren oder, wenn du so willst, erst voll zu definieren. Das ist sicherlich auch die Via Transformativa: eine Wandlung unserer Wege und sogar unserer Worte.

Thomas: Jeremia verkündet Befreiung und führt sie herbei. Zuerst weckt er die Aufmerksamkeit des Volkes: „Hört!" sagt er, damit alle Zuversicht fassen zu dem, der so befreien kann, wie er es tut. Jesaja (49,1) sagt: „Hört, ihr Inseln, merkt auf, ihr Völker in der Ferne." Zweitens verkündet Jeremia die

Befreiung des Volkes entgegen dem göttlichen Unwillen, denn „der Israel zerstreut hat, bringt es auch wieder zusammen." Jesaja 40,11: „Wie ein Hirte sammelt er seine Herde in seinen Armen, er bringt die Lämmer zusammen und trägt sie in seinem Schoß, und er trägt die Neugeborenen." Die Macht derer, die sie aufhalten wollen, nämlich der Chaldäer, hindert nicht: „Er befreit sie." Psalm 72,12 sagt: „Gott befreit die Armen von den Mächtigen und die Bedürftigen von dem, der nicht sein Helfer war." Drittens verspricht er den Befreiten Wohlergehen, zunächst in allem, was er über die rechte Ausübung der Religion verheißt. Jesaja (51,11) sagt: „Die vom Herrn Befreiten kehren zurück und kommen voll Jubel nach Zion, mit ewiger Freude auf ihren Köpfen." Er verspricht auch die Fülle weltlicher Güter und verkündet die Fruchtbarkeit der guten Dinge im Hinblick auf die tragenden Elemente der Erde, die unsere Nahrung produzieren, und auf die Tiere, die uns Essen geben. „Und sie werden zusammenkommen und Gott loben bei Getreide und Wein." Genesis 27: „Ich habe ihn gesichert mit Getreide und Wein und Olivenöl." Und er verspricht die Sättigung derer, die es besitzen: „Ihre Seele wird sein wie ein bewässerter Garten," der nicht auf Regen wartet. Darunter können die geistigen Güter verstanden werden, die Christus zusammengebracht hat, die jetzt teilweise, in der Zukunft aber ganz erfüllt werden. In der Offenbarung (7,16) heißt es: „Sie werden nicht mehr hungern, noch dursten, und weder die Sonne noch eine andere brennende Hitze wird sie treffen." Und Jeremia verspricht die Freude des Herzens in bezug auf die Zeichen der Freude und sagt: „Israel wird erfreut werden." Kapitel 30,19: „Lobgesang wird erschallen und die Stimmen Spielender, und ich will ihre Zahl vermehren," und so weiter. Und über die Beseitigung der Trauer sagt er: „Ich werde Trauer in Freude wenden." (250)

Fox: Ja! In diesem Absatz aus deinem Kommentar zu Jeremias Verheißung eines neuen Bundes faßt du sehr gut unser Gespräch über die Via Transformativa zusammen: das Zusammenkommen von Befreiung und Feier. Du führst auch die Rolle Christi ein. Wir sprachen zuvor schon darüber, daß Christus das Mitgefühl und der Lehrer des Mitgefühls sei. Wer ist Jesus für dich noch im Lichte der Via Transformativa? Wie tritt Christus noch in dieses Gespräch über Mitgefühl, Gerechtigkeit und Feier ein?

Thomas: Jeremia sagt: „In jenen Tagen werde ich aus dem Samen Davids Gerechtigkeit sprießen lassen." Christus ist die Gerechtigkeit selbst. Jesaja (11,1) sagt: „Aus der Wurzels Isais wächst ein Sprößling, eine Blume kommt aus seiner Wurzel." (251)

Fox: Zu sagen, Christus sei die Gerechtigkeit selbst, stellt den Kampf um die Gerechtigkeit in den Kern einer christlichen Lebensweise.

Thomas: Jesus Christus war in sich selbst immer Weisheit und Gerechtigkeit, und doch kann gesagt werden, daß er für uns neu als Gerechtigkeit und Weisheit gemacht worden ist. (252)

Fox: Was heißt es, Christus sei die Gerechtigkeit selbst?

Thomas: Christus richtet zunächst, indem er um der Welt willen kommt, und zweitens, indem er Gerechtigkeit über die Welt lehrt, wenn er mit dem Wort lehrt und es selbst mit seinen Taten erfüllt, und in der Gabe der Gnade an andere. Psalm 119 sagt: „Ich habe Gerechtigkeit und Gericht gemacht." (253)

Fox: Ist Mitgefühl ein Teil des Inkarnationsmysteriums?

Thomas: Fleisch anzunehmen, war ein Zeichen des unvorstellbaren Mitgefühls Gottes. (254)

Fox: Die Existenz Christi und sein Leben ist also schon eine Lehre über das Mitgefühl Gottes uns gegenüber?

Thomas: Das Leben Christi ist Vorbild und Form unserer Gerechtigkeit. (255)

Fox: Was wäre dafür ein Beispiel?

Thomas: Frieden wird durch Gerechtigkeit aufrechterhalten. „Das Werk der Gerechtigkeit wird der Frieden sein" (Jes.32,17). (256)

Fox: Aber ist nicht der Friede mehr eine Frucht der Liebe als der Gerechtigkeit?

Thomas: Der Friede ist ein indirektes Werk der Gerechtigkeit, weil sie das forträumt, was ihn hindert. Er ist aber ein direktes Werk der Liebe (caritas), da diese aus sich heraus Frieden schafft. (257)

Fox: Ich verstehe, inwiefern die Gerechtigkeit, indem sie das Unrecht beseitigt, Frieden ermöglicht. Aber wie sorgt Liebe für Frieden?

Thomas: Da der Friede aus der Liebe (caritas), in ihrer Eigenart als Liebe (dilectio) zu Gott und zum Nächsten, entsteht, gibt es außer der Liebe (caritas) keine andere Tugend, deren typische Wirkung der Friede ist, was auch von der Freude gesagt wurde. (258)

Fox: Wie bringt Christus Frieden?

Thomas: Christus schafft Frieden und gibt Frieden, denn „er ist unser Friede, der alles vereint" (Eph.2,14). „Und in mir habt ihr Frieden" (Joh.17). (259)

Fox: Kannst du uns ein konkretes Beispiel dafür geben, wie Christus Frieden bringt?

Thomas: Die Art des Zusammenkommens wird deutlich, wenn Paulus im Epheserbrief davon spricht, daß Christus „die Trennwand der Spaltung niederreißt". Die Methode besteht also darin, zu beseitigen, was stört. Um den Text zu verstehen, können wir uns ein großes Feld mit vielen Menschen darauf vorstellen. In die Mitte aber ist eine große Barriere gestellt, die die beiden Völker trennt, so daß sie nicht als ein Volk, sondern als zwei erscheinen. Wer die Trennwand beseitigt, würde die beiden Menschenmengen zu einer großen Menge vereinen und ein Volk bilden. (260)

Fox: Christus zerstört also Dualismen und bringt dadurch Frieden?

Thomas: Christus hat dieser Barriere ein Ende gesetzt, so daß es seither keine Trennung gibt und Juden und Heiden zu einem Volk wurden. Darum sagt Paulus: Ich bestätige, daß Christus „beide zu einem machte", indem er „die Trennwand niederriß". ... Die Barriere der Spaltung niederzureißen, bedeutet, die Feindschaft zwischen Juden und Heiden zu vernichten. ... Gewiß aber hat Christus die Feindseligkeit abgeschafft, indem er Fleisch annahm. Denn bei seiner Geburt wurde den Menschen sofort Friede verkündet (siehe Luk.2,14). Und in seinem unbefleckten Fleisch hat „er sich für uns hingegeben als eine Gabe und ein Opfer an Gott" (Eph.5,2). (261)

Fox: Deine Beschreibung, daß Christus befreit oder erlöst, indem er Dualismen und Grenzen zerbricht, läßt sich weit über das Thema von Juden und Heiden hinaus praktisch anwenden. Es scheint auf sehr viele unserer Themen von Krieg und Frieden, von Erde und Mensch, von Mann und Frau, von Arm und Reich, von Schwarz und Weiß, und so weiter zu passen.

Thomas: Das Kommen Christi hat die alte Barriere der Verdammnis niedergerissen. Die gesamte menschliche Rasse ist nun offener als je zuvor für den Empfang der Gnade. ... Nun ist das Evangelium gepredigt und alles bereit, um jede Unvollkommenheit der Menschheit zu reinigen. (262)

Fox: Das klingt auf jeden Fall hoffnungsvoll. Kannst du die Befreiung, die Christus bringt, noch weiter beschreiben?

Thomas: Jesaja sagt die Befreiung der Stämme von der Sklaverei unter der Sünde durch den aus Gott geborenen Sohn vorher. Zunächst beschreibt er ihren Befreier in bezug auf die Größe seiner Gnade: Er wird aus der Fülle seiner Weisheit heraus verstehen; er wird „Knecht" sein nach seiner angenommenen Natur, nämlich der Christus. In Philipper 2 heißt es: „Nahm er die Gestalt eines Knechtes an." Und in Sprüche 14,35: „Als kluger Diener fand er des Königs Gefallen." „Er wird erhöht werden", sagt Jesaja und meint es in bezug auf die Werke der Tugend. Psalm 21,14 sagt: „Erhebe dich, Herr, in deiner Macht!" Jesaja sagt, er werde „erhoben" werden und bezieht es auf die Himmelfahrt. Psalm 8,2 sagt: „Über den Himmel erhebst du deine Herrlichkeit." „Und erhöht", sagt Jesaja, sitzend zur Rechten Gottes. Jesaja 4 sagt: „Der Zweig des Herrn wird schön und herrlich sein, und die Frucht der Erde eine Quelle des Stolzes." Und über die Schmach seines Leidens heißt es: „Wie sie erstaunt waren" über sein Beispiel, seine Wunder und Lehren. Matthäus 12 sagt: „Die Menge war verwundert über seine Lehre und über die Wunder, die er vollbrachte." Er wird „unrühmlich" sein in seinem Leiden „und ohne Schönheit" hinsichtlich der Wohlgestalt seines Geistes. Psalm 22,7 sagt: „Ich aber bin ein Wurm und kein Mensch, der Leute Spott und vom Volk verachtet."

Jesaja sagt auch die Befreiung vorher, was die Vergebung der Sünden angeht. „Daß einer versprengt", nämlich sein Blut und Wasser der Taufe. Über die Verehrung desjenigen sagt er: „Über diesen werden die Könige ihren Mund halten und still werden", um zu hören und sich nicht anzumaßen, mit seinen Mysterien umzugehen. Hiob 29 sagt: „Die Edlen werden aufhören zu sprechen." Und über die Erkenntnis der Wahrheit: „Weil es ihnen", nämlich dem Volk, „nicht gesagt worden ist" durch die Propheten, „haben sie" mit dem Herzen „gesehen und gehört", daß jener persönlich verkündet wurde. Bei Jesaja 65 heißt es: „Siehe, ich gehe zu einem Volk, das mich nicht kennt und das meinen Namen nicht anruft." (263)

Fox: Wie schon beim Gespräch über Christus auf der Via Creativa bemerke ich, wie reichhaltig deine Christologie ist und daß sie sich keineswegs auf die Motive von Kreuz und Erlösung beschränkt. Du siehst Christus auf vielfältige Weise, darunter auch als Lehrer. Offenbar ist Christus, den du als höchst tugendhaft bezeichnest, mitfühlend und gerecht, oder sogar 'die Gerechtigkeit selbst', wie du oben sagtest. Gibt er uns aber auch Anleitung in der feiernden Dimension des Mitgefühls?

Thomas: Christus erfreut sich in Ewigkeit über zweierlei: Über seine eigene Güte und die seines Vaters. In den Sprüchen (8,30) heißt es: „Ich war Gottes Freude und spielte vor Gott auf der Erde." Ebenso erfreut Christus sich an der Güte der vernünftigen Wesen, gemäß den Sprüchen (8,31): „Meine Freude war, bei den Menschenkindern zu sein." Das heißt, an dem, was ich mit den Menschenkindern teile, daran erfreut sich Christus in Ewigkeit. Jesaja (62,5) sagt: „Dein Gott freut sich über dich." (264)

Fox: Das verleiht unserem Bedürfnis, feiern zu lernen, eine ganz neue Dimension: Die Gottheit hängt in ihrer eigenen Freude und Lust von uns ab! Natürlich ruft Christus uns auf, ebenfalls an dieser Freude teilzuhaben.

Thomas: Der Herr will, daß wir durch Beachtung seiner Gebote an seiner Freude teilhaben können. Deshalb sagt er: „Daß meine Freude“, nämlich diejenige, durch die ich mich an meiner Gottheit freue und die des Vaters, „in euch sei.“ Das ist nichts anderes als das ewige Leben, welches Freude in Wahrheit ist. (265)

Fox: 'Ewiges Leben' bedeutet also Freude. Die Lehre Christi bringt uns also Freude.

Thomas: Die Lehre Christi ist leicht in ihrer Wirkung auf alle Menschen, denn sie wandelt die Herzen und läßt uns nicht Vergängliches lieben, sondern Geistiges. (266)

Fox: Und die Erlösung Christi befreit uns für das Mitgefühl, das heißt, für Gerechtigkeit und Feiern?

Thomas: Am Ende der Welt werden die Söhne und Töchter Christi kraft seines Todes erneuert. Johannes (12,24) sagt: „Wenn das Weizenkorn nicht in die Erde fällt und stirbt, bleibt es allein. Stirbt es aber, so bringt es reiche Frucht.“ (267) Gegen die Sünde verheißt Jesaja das Leiden Christi; gegen die Niedergeschlagenheit verspricht er die Erhöhung, wie in Kapitel 54,1: „Singe, Unfruchtbare, die nie gebar.“ Gegen die Armut verheißt er das üppige Fruchten der Dinge an ihrem Ort, wie in Kapitel 55,1: „Kommt zum Wasser, ihr Durstenden.“ (268)

Fox: War Christus ein Mann der Armut?

Thomas: Christus war nicht nur in seinen Bedürfnissen arm, sondern auch tatsächlich. (269) In eigener Person, in dieser Welt lebend, war Christus bettelarm. 2 Korinther 8,9 sagt: „In seiner Gnade ist unser Herr Jesus Christus, der reich war, für uns arm geworden, damit wir durch seine Armut reich werden.“ Als Bettler wird bezeichnet, wer seine Nahrung bei anderen erbittet, ein Armer, der nicht für sich selbst sorgen kann. Und das wird von Christus gesagt, nach Lukas 9,58: „Der Menschensohn hat keinen Ort, wo er seinen Kopf hinlegen kann.“ Oder, geistig gesehen, bin ich abhängig von Gottes Hilfe durch die Gnade. „Und ich bin ein Armer“, denn was ich habe, reicht nicht aus. (270) Durch die Verachtung allen Reichtums zeigte Christus den höchsten Grad an Großmut und Großzügigkeit. (271)

Fox: Und doch war Jesu Armut weniger streng als die von anderen, zum Beispiel von Johannes dem Täufer in der Wüste.

Thomas: Da Johannes ein armer Mann war, zog er sich von fleischlichen Bedürfnissen zurück. Christus aber war Gott, und wenn er ein strenges Leben geführt hätte, hätte er nicht gezeigt, daß er Mensch war. Deshalb führte er ein deutlich menschliches Leben. So war Johannes das Ende des Alten Bundes, und schwere Bürden wurden ihm aufgeladen. Christus aber war der Anfang des neuen Gesetzes, das auf dem Pfad der Sanftheit fortschreitet. (272)

Fox: Sicherlich werden wir uns später noch mehr mit der Lehre Christi über das neue Gesetz beschäftigen, mir fällt aber deine Aussage über die Sanftheit dieses Gesetzes auf.

Thomas: Wenn jemand einen anderen liebt, belastet es ihn nicht, für den Geliebten zu leiden. Denn die Liebe macht alle schweren und unmöglichen Dinge leicht. Wer also Christus sehr liebt, für den ist nichts belastend, und deshalb braucht das neue Gesetz keine Last. (273)

Fox: Christi Lehre ist also auch für die Armen gute Nachricht?

Thomas: Matthäus sagt: „Den Armen wurde das Evangelium gepredigt", das heißt, der Armut wurde es gepredigt. So heißt es bei Matthäus (5,3): „Selig sind, die arm sind im Geiste", und so weiter. Und Lukas 4,18: „Der Geist des Herrn ruht auf mir, denn der Herr hat mich gesalbt, damit ich den Armen die gute Nachricht bringe." (274)

Fox: Du zitierst einen Text, der von Christus als einem Propheten spricht. Verstehst du Jesus als Teil der prophetischen Tradition Israels?

Thomas: Christus war ein Prophet, wie deutlich wird aus Deuteronomium 18,15: „Einen Propheten wie mich wird dir der Herr, dein Gott, aus deiner Mitte unter deinen Brüdern erstehen lassen. Auf ihn werdet ihr hören." Dieser Text bezieht sich auf Christus. (275) Der größte aller Propheten ist niemand anders als Christus. (276)

Fox: Glaubst du, daß Christus uns alle beruft, Prophetinnen und Propheten zu sein?

Thomas: Es ist typisch für Propheten zu offenbaren, was nicht vorhanden, sondern verborgen ist. Obwohl Christus ein Prophet war, war er mehr als ein solcher, denn er brachte Propheten hervor: „Die Weisheit schafft Propheten und Freunde Gottes" (Weish. 7,27). (277)

Fox: Das ist eine sehr kraftvolle Aussage. Zuvor, auf der Via Creativa, stelltest du fest, daß Christus die Weisheit ist. Nun preist du Christus als einen Propheten auf der Via Transformativa. Laß uns tiefer in dein Verständnis der Prophetie eindringen, da dies nicht nur auf Christus, sondern auf uns alle ein Licht werfen wird, die wir, wie du sagst, Prophetinnen und Propheten sind, die Christus hervorbringt. Was bedeutet für dich das Wort 'Prophet'?

Thomas: Der Akt der Prophetie besteht darin, Verborgenes zu erkennen und zu verkünden. (278) Der Prophet wird nicht nur als jemand angesehen, der fernhin spricht, also jemand, der verkündet, sondern der auch fernhin sieht, von (griech.) phanos, was etwas Erscheinendes bedeutet. (279)

Fox: Dann kann man also sagen, daß ein Prophet eine Vision hat und sie für das Volk verkündet?

Thomas: Die Prophetie besteht aus zwei Akten: der primäre ist das Schauen, der sekundäre das Verkünden. Der Prophet verkündet durch Worte oder auch durch Handlungen (wie bei Jeremia deutlich wird (13.5) ...). Wie aber auch die prophetische Verkündigung zustande kommt, sie wird immer von jemandem vorgenommen, der oder die nicht den Sinnen entrückt ist, denn eine solche Verkündigung geschieht durch bestimmte äußere Zeichen. Ein Prophet muß also seine Sinne gebrauchen, um seine Verkündigung vollkommen zu machen. Sonst würde er verkündigen wie ein Besessener. (280)

Fox: Beschäftigt sich Prophetie mit Themen, über die wir auch auf anderem Wege als der Inspiration, zum Beispiel durch die Wissenschaft, etwas erfahren können?

Thomas: Zur Unterweisung im Glauben und zur moralischen Bildung kann vieles nützlich sein, was in den Wissenschaften bewiesen wird. Zum Beispiel daß unsere Vernunft unzerstörbar ist, und alles, was bei der Betrachtung der Geschöpfe zur Bewunderung der göttlichen Weisheit und Kraft führt. Dies wird auch in der Heiligen Schrift erwähnt. ... Bewiesene Schlußfolgerungen aus den Wissenschaften können also in den Bereich der Prophetie fallen. (281)

Fox: Unsere wissenschaftliche Arbeit und andere Beschäftigungen können also prophetische Beiträge leisten. Meinst du, daß Jesus als Prophet beide Aspekte der Prophetie – Vision und Verkündigung – erfüllt hat?

Thomas: Der Prophet macht bekannt, verkündet: Christus war in dem Sinne ein Prophet, daß er die Wahrheit über Gott bekannt machte: „Ich bin dazu geboren und kam in die Welt, daß ich für die Wahrheit Zeugnis ablege“

(Joh.18,37). Was die Funktion der Schau bei einem Propheten angeht, so müssen wir wissen, daß Jesus zugleich ein „Wanderer“ und ein „Erfassender“ war, oder gesegnet. Er war ein Wanderer im Erleiden der menschlichen Natur und in allem, was damit zu tun hatte. Gesegnet war er in seiner Einheit mit der Gottheit, durch welche er Gott vollkommen genoß. In der Vision oder Schau eines Propheten gibt es zweierlei: Erstens das geistige Licht der Vernunft. Darin war Christus kein Prophet, denn sein Licht hatte keinen Mangel, sondern war das der Gesegneten. Zweitens kommt eine Phantasievision vor. Und darin hatte Christus eine Ähnlichkeit mit den Propheten, insofern er ein Wanderer war und mit seiner Phantasie verschiedene Bilder formen konnte. (282)

Fox: Mich interessiert an unserer prophetischen Berufung die Rolle der Phantasie, besonders im Licht der Beziehung zwischen der Via Creativa, wo die Phantasie erweckt und geübt wird, und der Via Transformativa, auf der wir wie Christus als Prophetinnen und Propheten gesalbt werden. Kannst du Näheres zur Rolle der Phantasie in der Prophetie ausführen?

Thomas: Die Prophetie besteht aus zwei Akten: Schauen und Verkünden. Zum Schauen ist wiederum zweierlei nötig: das Urteilen, das im Verstand ist, und das Empfangen, das manchmal im Verstand und manchmal in der Phantasie ist. (283) Die Vollkommenheit der Phantasie wird zur Prophetie gebraucht, aber nicht unbedingt vorher. Denn Gott gibt die Gabe der Prophetie ein und kann den Zustand des Organs der Vorstellungskräfte verbessern, wie Gott auch trübe Augen klar sehen lassen kann. (284)

Fox: Du bezeichnest Prophetie als eine Begabung?

Thomas: Die Prophetie wird den höchsten Gütern zugerechnet, da sie ein freies Geschenk ist. (285)

Fox: Wenn jemand also die eigene Phantasie nicht geübt hat, wenn die Via Creativa nicht tiefgehend genug durchlaufen wurde und die Veranlagung zur Phantasie nicht vergegenwärtigt wurde, kann dann ein Mensch diese Gabe verweigern und die prophetische Berufung abtreiben?

Thomas: Man kann sich selbst am Gebrauch der Prophetie hindern; und zum angemessenen Gebrauch der Prophetie ist eine passende Veranlagung nötig, da der Gebrauch der Prophetie aus der geschaffenen Kraft des Propheten hervorgeht. Darum ist eine bestimmte Veranlagung erforderlich. (286)

Fox: Alle potentiellen Prophetinnen und Propheten sollten also das Künstlerische in sich üben, wenn sie für die prophetische Berufung bereit sein wollen. Darin liegt doch eine wichtige Lektion für die Religionspädagogik. Wenn die meditative Kunst unseren potentiellen Prophetinnen und Propheten nicht ermöglicht, ihre Phantasie zu üben, dann werden wir viel weniger von ihnen haben, als wir brauchen. Obschon wir unsere Veranlagung für die Prophetie mit Hilfe unserer Phantasie üben können, ist die Prophetie doch eine Gabe, die unsere menschliche Vorstellungskraft übersteigt?

Thomas: Zweierlei tritt auf, um die prophetische Offenbarung zu bewirken: die Erleuchtung des Geistes und die Bildung von Bildern in der Einbildungskraft. (287) Der Prophet braucht keinen neuen Eindruck von den Dingen, die er schon gesehen hat, sondern nur eine regelrechte Anordnung der Bilder in der Schatzkammer seiner Vorstellungskraft, die diejenigen Dinge, die prophezeit werden sollen, angemessen anzeigen kann. (288) Die Bilder in der Phantasie des Propheten werden auf übernatürliche Art geformt. (289)

Fox: Die Phantasie der Propheten wird also von Gott angerührt?

Thomas: Die Bilder, die zuvor in der Phantasie des Propheten existieren, sind als solche nicht in der Lage, Zukünftiges anzuzeigen. Deshalb müssen sie von der göttlichen Kraft umgeformt werden. (290) Die Bilder, die zuvor in der Phantasie des Propheten existieren, sind sozusagen Elemente der Phantasievision, die durch die göttliche Kraft enthüllt wird, denn sie besteht aus diesen. Deswegen verwenden Propheten Dinge, mit denen sie vertraut sind, als Gleichnisse. (291)

Fox: Was brauchen Prophetinnen und Propheten noch, außer Verständnis und Phantasie?

Thomas: Beim Propheten gibt es zwei herausragende Gaben. Nämlich die Prophetie, wie Joel (3,1) sagt: „Ich werde meinen Geist ausgießen über alles Fleisch, und eure Söhne und Töchter werden prophezeien." Und auch die Gabe der Gerechtigkeit. In 1 Korinther 1,30 steht: „Ihr seid aber von dem, der Weisheit und Gerechtigkeit für euch gemacht hat." (292)

Fox: Eine Prophetin hat also eine besondere Beziehung zur Vision der Gerechtigkeit und zur Kritik des Unrechts?

Thomas: Der Prophet haßte die Ungerechten in ihrem Unrecht, weil er Haß auf das Unrecht hat, in dem ihr Übel besteht. Das ist vollkommener Haß, wie er sagt: „Ich hasse sie mit vollkommenem Haß" (Ps. 139,22). Es gehört sich aber, das Schlechte an einem Menschen zu hassen und das Gute an ihm zu lieben. Deshalb gehört auch dieser vollkommene Haß zur Liebe (caritas). (293)

Fox: Der Haß auf das Unrecht, die Leidenschaft für die Gerechtigkeit, liegt also allen Propheten im Blut. Ruft diese Leidenschaft für die Gerechtigkeit nicht auch Feinde auf den Plan?

Thomas: Das Johannesevangelium sagt, daß „Jesus selbst bezeugte, daß ein Prophet in seinem eigenen Land nichts gilt." ... Was der Herr sagte, gilt in bezug auf die meisten Propheten, denn es ist im Alten Testament schwer, Propheten zu finden, die nicht unter Verfolgung gelitten haben, wie es in der Apostelgeschichte (7,52) heißt: „Welchen der Propheten haben eure Väter nicht verfolgt?" Und bei Matthäus (23,37): „Jerusalem, Jerusalem, du tötest deine Propheten und steinigst, die zu dir gesandt sind." Die Aussage unseres Herrn gilt außerdem nicht nur unter den Juden, sondern, wie Origenes sagt, auch unter vielen der Heiden, weil sie von ihren Mitbürgern mit Verachtung behandelt und getötet wurden. Sie lebten auf gewöhnliche Weise unter den Menschen; und zu viel Vertrautheit mindert den Respekt und nährt die Verachtung. Deshalb achten wir diejenigen, mit denen wir vertrauter sind, weniger und schätzen diejenigen höher, mit denen wir nicht Bekanntschaft machen können. (294)

Fox: Ich finde es interessant, daß du darauf hinweist, daß auch die Heiden ihre Prophetinnen und Propheten haben.

Thomas: Zu keiner Zeit hat es an Menschen gefehlt, die den prophetischen Geist hatten; nicht um eine neue Glaubenslehre zu verkünden, sondern um das menschliche Handeln zu leiten. (295) Zu jeder Zeit sind die Menschen von Gott in bezug auf das angeleitet worden, was zu tun ist, sofern es dem Heil der Erwählten dienlich war. (296)

Fox: Prophetie ist also eine Art, auf welche der Geist uns in unseren Handlungen anleitet, in dem, was wir tun sollen, wie du es ausdrückst.

Thomas: Die Prophetie richtet sich auf die Erkenntnis der göttlichen Wahrheit, durch deren Kontemplation wir nicht nur im Glauben unterwiesen, sondern auch in unseren Handlungen geführt werden. (297)

Fox: Eine Prophetin, ein Prophet ringt also sozusagen mit den bösen Geistern.

Thomas: Böses entsteht aus mangelndem Handeln. (298) Die Notwendigkeit der Prophetie entsteht durch die Vielzahl der Übel, „denn sie haben sich vermehrt über das Gute hinaus." Und damit nun die Übel vermindert werden und das Gute zunimmt, war es nötig, daß den Menschen verkündet wurde. Matthäus (7,13) sagt: „Der Weg ist schmal, der zum Leben führt, und breit ist der Weg, der ins Verderben führt." Und bei Kohelet 1 heißt es: „Unendlich ist die Zahl der Narren." (299)

Fox: Wenn Propheten nun mit bösen Mächten kämpfen müssen, scheint doch die Sünde der Angst ihren Kopf auf der Via Transformativa zu erheben, wie sie es schon auf der Via Creativa tat. Prophetinnen brauchen also die Tugend des Mutes?

Thomas: Um das Wort Gottes zu verkünden, setzte sich der Prophet Jeremia Todesgefahren aus, verließ sein Heim und sein Vaterland und ertrug die Fallen seiner Landsleute wie die von Löwen, beide listig in ihren Tücken und voller Bosheit. (300)

Fox: Propheten brauchen also Mut zum Leben wie auch Mut, offen zu sprechen.

Thomas: Zur Verkündigung ist seitens der Verkündigenden ein gewisser Mut erforderlich, damit sie keine Angst haben, die Wahrheit vor den Gegnern der Wahrheit auszusprechen. So sagt der Herr zu Ezechiel (3,8-9): „Ich mache dein Gesicht stärker als ihr Gesicht, und deine Stirn härter als ihre. ... Fürchte sie nicht und scheue nicht ihren Blick." (301)

Fox: Du sagst, ein Prophet sei kühn. Kannst du uns ein Beispiel für diese Kühnheit unter Propheten geben.

Thomas: Ursache für die Verfolgung des Jeremia war seine Verkündigung. So nennt er den Ort seines Verkündens (7,2): „Stelle dich an das Tor des Hauses des Herrn und verkünde dort ein allumfassendes Wort." (302)

Fox: Es scheint so, daß die Berufung zur Verkündigung einen Propheten in ziemliche Schwierigkeiten bringen kann.

Thomas: Jesaja zeigt die Stärke der Prophetie im Vergleich mit der Zerbrechlichkeit der Menschen: Deshalb bezeichnet der Herr zuerst ein Rufen, das eine deutliche und klare Verkündigung anzeigt. „Rufe", sagt Jesaja (58,1), „rufe und höre nicht auf. Erhebe deine Stimme wie eine Trompete." (303)

Fox: Bitte führe noch etwas zur Verkündigung aus, zu der ein Prophet, eine Prophetin berufen ist.

Thomas: Jesaja erklärt, als wer, für wen und auf welche Weise er verkünden wird. Als wer? Derjenige, der die Pflicht hat, „der du das Evangelium verkündest". Römer 10,15: „Wie sollen sie verkünden, wenn sie nicht gesandt sind?" Jesaja bestimmt die Art und Weise durch dreierlei: Erstens durch die Höhe des Ortes, damit derjenige, der Gutes verkündet, von weitem gehört werde, als „auf dem Berg". ... Jesaja 2,3: „Komm, ziehen wir hinauf zum Berg des Herrn." Jesaja 42: „Vom Gipfel des Berges werden sie rufen." Zweitens durch den Lärm ihrer Stimme, „kraftvoll erhoben", so daß viele sie hören können, durch klares und beständiges Beten. Jesaja 58,1: „Rufe und höre nicht auf. Erhebe deine Stimme wie eine Trompete." Drittens durch die Sicherheit des Herzens: „Erhebe dich und fürchte dich nicht." Jeremia 1,8: „Fürchte dich nicht vor ihnen, denn ich bin bei dir." (304)

Fox: Teil der Aufgabe eines Propheten ist es, wie eine Trompete zu rufen?

Thomas: Man beachte bei Jesaja den Ausdruck „erhoben wie eine Trompete." Denn die Verkündigung ist eine Trompete. Erstens, weil sie alle zum Leben aufweckt, wie in 1 Korinther 15,52: „Die Trompete wird erschallen, und die Toten werden unvergänglich auferweckt." Zweitens, weil sie uns zum Krieg drängt, wie in 1 Korinther 14,8: „Wenn die Trompete unklar klingt, wer wird sich dann zum Krieg vorbereiten?" Drittens, weil sie das Erwachen von jemandem ankündigt, nach Jesaja 27,13: „Eine Trompete wird geblasen." Viertens, weil sie alle zu einem Plan ruft. Hosea (8,1) sagt: „Setze eine Trompete an deine Lippen!" Fünftens, weil sie uns zu einem Fest einlädt, wie in Psalm 81,4: „Blast in das Horn zur Zeremonie am Tag eures Festes." (305)

Fox: Wieder einmal bin ich, wie auf der Via Creativa, von deiner Anwendung biblischer Texte beeindruckt, die gewöhnlich für die 'zweite Auferstehung' oder unseren Tod bemüht werden, die du aber für das anführst, was du zuvor als 'erste Auferstehung' oder unser Erwachen im Hier und Jetzt genannt hast. Prophetinnen und Propheten erwecken uns wahrhaftig, und ein Teil ihres Trompetens ist es, uns schlechte Nachrichten mitzuteilen, die wir lieber leugnen oder meiden würden. Sie wagen es, uns auf die Via Negativa zu führen, wohin wir sonst nicht gehen würden.

Thomas: Jeremia benennt die Größe unserer Angst und Sorge: „Wehe wegen des großen", wegen der Größe der Sorgen, „Tages", nämlich der Einnahme Jerusalems. Weisheit 1 sagt: „Der Klang des Tages des Herrn ist bitter. Zu jener Zeit werden die Tapferen in Bedrängnis kommen. Das ist der Tag des Zorns, der Sorge und der Verwunderung, der Tag des Jammers und Elends, der Tag der Schatten und der Dunkelheit, der Tag der Wolken und des Wirbelsturmes, der Tag der Trompeten und der Verwirrung", und so weiter. (306)

Fox: Kein Wunder, daß Prophetinnen und Propheten selten beliebt sind! Sie benennen die Ängste ihrer jeweiligen Zeit.

Thomas: Angst macht die Menschen zu Sklaven. Liebe befreit sie. (307)

Fox: Manchmal frage ich mich, welchen Preis die Menschheit für die Angst zahlen muß.

Thomas: Unter dem Druck ständiger Angst entarten die Menschen ... und werden schließlich zu kleinmütig, um männliche und große Taten zu unternehmen. (308)

Fox: Die Angst entmutigt also die Seelengröße und die Erweiterung der Seele. Natürlich bringen Propheten auch gute Nachricht in Form der Hoffnung auf Befreiung.

Thomas: Jeremia verspricht außerdem das künftige Heil. Zuerst verspricht er dabei Erlösung. „Und durch diesen werdet ihr erlöst", nämlich von der Zeit, wie von Bösem. Hosea 1: „Ich helfe ihnen als der Herr, ihr Gott." Zweitens verheißt Jeremia die Art und Ordnung des Heils, verspricht die Freiheit von Sklaverei und von der Macht der Feinde. „An jenem Tag wird es sein, daß ich das Joch zerbreche", welches Nebukadnezzar selbst ist, „und sie werden nicht unterdrückt werden." ... Dabei muß ein Bezug hergestellt werden zur Befreiung von der Macht der Dämonen durch Christus. Jesaja (9,3) sagt: „Du hast das drückende Joch zerbrochen, das Tragholz auf unserer Schulter und den Stock des Treibers." (309)

Fox: Der Prophet, die Prophetin hat Feinde und stellt sich ihnen.

Thomas: Christus hatte und hat viele Feinde. Psalm 119 sagt: „Sie haßten mich ohne Grund." Und auch Gott hat Feinde: Johannes (15) sagt: „Sie haßten mich und meinen Vater." Und andere gerechte Menschen haben Feinde und leben nicht ohne Anfechtung. Der Psalmist sagt: „Und sie wurden sehr gestärkt", das heißt, sie haben große Macht, zu viel Macht. „Und die mich hassen, vermehren sich", nämlich ungerecht, weil sie mich wegen der Gerechtigkeit verfolgen, an die ich mich hielt. (310)

Fox: Es ist das Gottvertrauen der Propheten, das sie stark macht.

Thomas: Der Psalmist sagt, daß andere Leute aus Angst vor der Welt schwach werden, weil sie wanken. Die Gottesfurcht aber macht uns stark. So heißt es bei Sirach (34,16): „Wer den Herrn fürchtet, verzagt nicht." (311)

Fox: Trotz allen Kampfes erfahren Prophetinnen und Propheten tiefen Frieden.

Thomas: Man denke an den Ausspruch Jesajas: „Das Werk der Gerechtigkeit wird Friede sein." ... Die Heiligen zählen dreierlei zum Frieden, den sie ersehnen. Erstens die Stärke der göttlichen Kraft. Psalm 125,1 sagt: „Wer auf den Herrn vertraut, ist wie der Zionsberg, der niemals wankt, wie jene, die in Jerusalem leben." Zweitens die Reinheit des eigenen Gewissens, wie in den Sprüchen (3,23): „Du gehst sicher deinen Weg und stolperst nicht." Drittens die Beseitigung des feindseligen Bösen, wie in Johannes 16,33: „Habt Mut, ich habe die Welt überwunden." (312)

Fox: In gewisser Hinsicht ist ein Prophet ein Krieger, der um Recht und Unrecht streitet und der Angst widersteht.

Thomas: Jeremia schließt die Angst vor Verfolgung durch Feinde aus: „Fürchtet euch nicht." Jesaja (51,12): „Was fürchtet ihr euch vor sterblichen Menschen, vor dem Menschensohn, der dahinschwindet wie Gras?" Und Gott verspricht Hilfe: „Denn ich bin bei euch" (Jer.20): „Der Herr steht mir bei wie ein tapferer Held. Darum werden meine Verfolger fallen und schwach werden, sie werden beschämt werden, weil sie nichts verstehen, mit unvergeßlicher Schmach." Jesaja (50) sagt: „Gott, der Herr, ist mein Helfer, darum sorge ich mich nicht." (313) Jeremia sorgt sogar für eine Befreiung aus der Gefangenschaft und setzt der Angst seines Volkes ein Ende: „Damit ihr mich nicht fürchtet." Jesaja 43,5: „Fürchte dich nicht, denn ich bin mit dir. Vom Osten bringe ich deine Kinder herbei, vom Westen her versammle ich euch." Er setzt die Befreiung als einen Anfangspunkt (terminus a quo): „Siehe, ich habe euch aus einem fernen Land befreit." Sacharja (8,7) sagt: „Seht, ich werde mein Volk befreien aus dem Land des Ostens und aus dem Land des Sonnenuntergangs, und ich werde sie führen. Und sie werden in Jerusalem wohnen und mein Volk sein. Und ich will ihr Gott sein, in Wahrheit und Gerechtigkeit." Und als einen Endpunkt (terminus ad quem): „Und er (Jakob, bzw. das Volk Israel) wird heimkehren und Ruhe finden", wie zur Ruhe des Friedens, „mit allen", wie zur Fruchtbarkeit der Dinge. Jesaja (32,18) sagt: „Mein Volk wird an einer Stätte des Friedens wohnen, in sicheren Wohnungen, an einem stillen Ruheort." (314)

Fox: Ein Teil der Bedeutung von 'Heiland' oder 'Erlöser' ist es, den 'spirituellen Krieger' in uns zu stützen.

Thomas: Jeremia zeigt den Urheber des Heils: Erstens stellt er die Gegenwart des Erlösers vor: „Denn ich bin mit euch." Jeremia (20) sagt: „Der Herr steht mir bei wie ein tapferer Krieger." Zweitens schützt er vor Feinden: „Du wirst die Vollendung herbeiführen." Er wird sie zur Erfüllung ihres Zwecks führen. Jesaja (10) sagt: „Gott, der Herr, wird eine Minderung und Vernichtung der Heere auf der Erde vollbringen." Drittens verkündet er Gottes Mitgefühl, das sie erhält: „Ich werde keinen Samen von dir nehmen, so daß jemand übrig bleibt." Jeremia (5) sagt: „In jenen Tagen wird der Herr nicht sagen: Ich mache ein Ende mit euch." Viertens bringt er eine maßvolle Strafe, um zu züchtigen: „Ich werde euch gerecht züchtigen." Jeremia (10,24) sagt: „Züchtige mich, Herr, doch gerecht und nicht in deinem Zorn, sonst machst du mich zunichte." (315)

Fox: Jesus lehrte doch seine Nachfolgerinnen und Nachfolger, wie ihre prophetische Verfolgung auftreten würde.

Thomas: Jesus sagt: „Wenn man euch in der einen Stadt verfolgt, so flieht in eine andere" (Mt.10,23). (316) Er sagt: „Sie haben jedes Übel gegen euch vorgebracht", das heißt, euren Ruf in eurer Abwesenheit mit allen möglichen bösen Worten geschädigt. Auf diese Weise gibt es eine dreifache Verfolgung: nämlich des Herzens, der Werke und des Mundes. ... „Denn so haben sie die Propheten verfolgt." ... Sie sollen ihr Leiden nach dem Beispiel der Propheten ertragen. Deshalb „so", das heißt, durch Frechheiten, Unrecht und boshafte Worte, „haben sie die Propheten verfolgt." In Jakobus 5,10 heißt es: „Nehmt euch, Brüder, im Leiden und in der Geduld die Propheten zum Vorbild, die im Namen des Herrn gesprochen haben", die „vor euch waren" und deshalb durch ihr Beispiel auffordern. (317)

Fox: Die Gemeinschaft der Heiligen hilft uns also, unsere prophetische Berufung zu ertragen und die achte Seligpreisung auszuleben.

Thomas: Die achte Seligpreisung ist eine Bestätigung und Bekräftigung aller vorausgegangenen. Denn daraus, daß jemand in der Armut des Geistes, der Milde und dem anderen gefestigt ist, folgt, daß keine Verfolgung sie dazu bringen wird, dieses zurückzunehmen. Deshalb entspricht die achte Seligpreisung den vorhergehenden sieben. (318)

Fox: Da weist du auf etwas sehr Wichtiges hin und unterstreichst, wie wesentlich die prophetische Berufung ist, wie Jesus sie lehrt: Eine Prophetin, ein Prophet zu sein und als solche behandelt zu werden, faßt die gesamte Bergpredigt zusammen, von der du bereits sagtest, sie bilde den gesamten Prozeß eines christlichen Lebens. Warum, glaubst du, sind Propheten so oft verhaßt?

Thomas: Die Apostel wurden erwählt und so weit über die Welt erhoben, daß sie wirksam an der Gottheit teilhaben konnten und mit Gott verbunden waren. Deshalb haßte die Welt sie. Daraus folgt, daß die Welt eher Gott in ihnen als sie selbst gehaßt hat. Und die Ursache dieses Hasses war, daß die Welt kein echtes Wissen von Gott hatte, nämlich vom wahren Vertrauen und der echten Liebe. Sonst hätten sie sie als Freunde Gottes erkannt und sie nicht verfolgt. (319)

Fox: Der Prophet als Kriegerin oder Krieger ist also jemand, der oder die in die Kraft des Zornes eintritt, um Kraft zu bekommen.

Thomas: Es ist die Sache des Verlangens, sich von Schädlichem zurückzuziehen und sich Angenehmem zu nähern. Aber das Schädliche zu bekämpfen und zu überwinden, gehört der Kraft des Zornes an. (320)

Fox: Man könnte also sagen, daß unsere Mystik, die unser Ja zur Schönheit des Lebens ist, mit Verlangen, mit Sehnsucht zu tun hat; und daß unsere Prophetie, die unser Nein zu den Eingriffen ins Leben ist, mit Zorn zu tun hat.

Thomas: Es ist Sache des Zorns, sich dem Schädlichen zu widersetzen, das uns angreift. (321) Der Zorn ist sozusagen Vorkämpfer und Verteidiger des Begehrens, indem er sich gegen das wendet, was dem Angenehmen, nach dem das Begehren strebt, hinderlich ist oder was schädlich ist und was das Begehren meidet. Deswegen gehen alle zornigen Leidenschaften von den begehrenden aus und münden wieder in sie ein. So wird Zorn aus Kummer geboren und mündet, indem er Rache nimmt, in die Freude ein. Deshalb geht es auch bei Kämpfen unter Tieren um das, was sie begehren, nämlich Nahrung und Sexualität. (322)

Fox: Ich halte es für wichtig, daß du den Zorn, das Prophetische also, in der Sehnsucht, im Begehren oder Verlangen, also im Mystischen, gründest. Die Via Positiva geht schließlich der Via Transformativa voraus.

Thomas: Gebet ist der Ausdruck eines Verlangens. (323)

Fox: Ein Prophet, eine Prophetin praktiziert also einen gesunden Zorn.

Thomas: An sich gesehen beziehen Gut und Böse sich auf den Trieb der Begierde. Insofern aber der Aspekt des Schwierigen hinzukommt, gehören sie zum Trieb des Zorns. (324) Jeremia zeigt seinen Eifer für die Gerechtigkeit: „Ich bin erfüllt vom Zorn des Herrn“, und zwar feurig, das heißt, mit dem Eifer für die Gerechtigkeit des Herrn. Numeri 25,11 sagt: „Pinhas hat durch seinen Eifer meinen Zorn abgewendet, so daß ich die Israeliten in meinem Eifer nicht vernichtete.“ Jeremia befiehlt auch die Vernichtung seiner Feinde: „Ergieße deinen Zorn über die Chaldäer draußen,“ auf den Feldern und Ebenen nämlich. Sirach 36,8 sagt: „Weck deinen Zorn, ergieß deinen Ärger.“ (325)

Fox: Dieser Eifer, diese Wut und moralische Empörung, die den Propheten bewegen, sind also nicht das gleiche wie bei einer persönlichen Verletzung und, wie du sagst, auch nicht gegen die Vernunft.

Thomas: Zunächst haben die Sanftmütigen eine solche Haltung, daß sie innerlich nicht durch Ärger in ihrem Vernunfturteil gestört werden. Zweitens werden sie durch den Ärger nicht zu äußeren Entscheidungen gedrängt, denn die Vernunft entscheidet über die Objekte des Zorns und über die Dauer der zornigen Reaktion. (326) Wut, eine ungeordnete Aggression, hat an Gutem insofern Anteil, als sie in eine gewisse Richtung drängt, die ihr gut und richtig erscheint, nämlich die Vergeltung eines Angriffs. Deshalb verlangt sie danach, Dinge zu mindern und in etwas Gutes und Schönes zu wandeln, die ihr als böse erscheinen, wie das Schädigen des Nächsten. Denn für eine Aggression ist es typisch, daß sie nach dem strebt, was eine gerechte Strafe zu brauchen scheint. (327)

Fox: Der Zorn einer Prophetin ist also kein Selbstzweck?

Thomas: Der Zorn ist sozusagen Vorkämpfer und Verteidiger des Begehrens, indem er sich gegen das wendet, was dem Angenehmen, nach dem das Verlangen strebt, hinderlich ist oder was schädlich ist und was das Begehren meidet. Deswegen gehen alle zornigen Leidenschaften von den begehrenden aus und münden wieder in sie ein. (328)

Fox: Das halte ich für sehr wichtig: Die Prophetie dient der Mystik oder dem, was wir ersehnen und lieben. Zu viele Menschen lassen ihr Leben vom Zorn bestimmen, und das ist nicht Sinn der Prophetie. Das Reizbare dient dem Begehren; Zorn ist kein Ziel; die Ruhe in dem von uns Ersehnten ist das Ziel. In der Antwort des Propheten auf den Zorn liegt also das Werk des Geistes zur Wandlung der Geschichte?

Thomas: Manchmal stört die Bewegung des Geistes die Vernunft, manchmal stärkt sie sie. Das unterscheidet nämlich die Bewegungen des Teufels und die des Heiligen Geistes. Denn man ist Herr über sich nur mittels der Vernunft, die uns frei macht. Wer sich aber nicht vernunftgemäß bewegt, tut dies ziemlich hastig. Eine vernunftgemäße Bewegung, sagt man, stamme vom Heiligen Geist. Denn die Bewegung des Teufels stört die Vernunft. In jenen, die aus dem Heiligen Geist sprechen, bleibt die Vernunft noch erhalten. Deshalb sprechen sie aus der Vernunft und nicht wie zu hastige Leute. Deshalb führt die Bibel sie zurück zur prophetischen Wahrheit und sagt in 2 Petrus 1,19: „Und wir haben das stärkere prophetische Wort." (329)

Fox: Wir könnten also sagen, daß Prophetinnen und Propheten zornig handeln, aber nicht aufgrund von Zorn.

Thomas: Um des Guten willen tun sie dies, das heißt, aus der Liebe Gottes und für Gerechtigkeit und Tugend kämpfen sie standhaft und „mannhaft mitten in Schwierigkeiten." Und wenn die Heiligen jener Zeit mitten unter ihren Anfechtungen das verfolgten, worum es ihnen ging – nämlich das Weltliche zu verachten und das Geistige zu suchen –, so taten sie es nicht nur leidlich, sondern gut. Deshalb kann man von der göttlichen Gerechtigkeit mit Recht sagen, daß sie die geistige Tugend nicht durch ein Teilhaben am Wohlstand zerstört oder schwächt. Versuchte aber jemand dies, nämlich auf der Seite des Guten zu kämpfen, so läßt Gott solches nicht ohne göttliche Hilfe geschehen. Gott stärkt diejenigen in Schönheit, die fest in geistiger Güte stehen, die sie in widrigen Umständen stützt, und weiterhin zahlt Gott diesen Menschen in der Zukunft zurück, je nach ihrem eigenen Verdienst. (330)

Fox: Sollten Propheten aber nicht tugendhaft sein, und ist nicht Geduld eine Tugend, die im Gegensatz zu Wut und Zorn steht?

Thomas: Es widerspricht dem Wesen der Geduld nicht, wenn man nötigenfalls jemanden angreift, der Übles tut. (331)

Fox: Ist nicht manchmal auch Gewaltlosigkeit gefragt?

Thomas: Der Wert der Tugend leuchtet besonders, wenn man viele und schwere Schicksalsschläge bereitwillig erträgt. Nicht weil man gegen Schmerz und Kummer unempfindlich geworden wäre, wie die Stoiker wollen, sondern weil man stark und großherzig bleibt und aufrecht im Geist. (332)

Fox: Aber wie ist es mit der Lehre der Bergpredigt: „Ich sage euch, widersteht nicht dem Bösen. Wenn euch jemand auf die rechte Wange schlägt, so haltet ihm auch die andere hin" (Mt.5,39)?

Thomas: Man muß die Bibel im Lichte dessen verstehen, was Christus und die Heiligen wirklich praktiziert haben. Christus hielt nicht seine andere Wange hin und auch Paulus nicht. Die Bergpredigt hier wörtlich zu interpretieren, würde also zu einem Mißverständnis führen. Die Aussage bezeichnet vielmehr die Bereitschaft der Seele, falls nötig, solches und Schlimmeres zu ertragen, ohne gegen den Angreifer bitter zu werden. Solche Bereitschaft aber zeigte unser Herr, als er seinen Körper zur Kreuzigung hingab. Deshalb war diese Antwort des Herrn zu unserer Belehrung nützlich. (333)

Fox: Kannst du noch ein weiteres Beispiel für den Vorteil der Gewaltlosigkeit bringen?

Thomas: Wenn Menschen angegriffen werden, dann wird zuerst ihr Gemüt erregt. Falls sie es nicht geduldig ertragen, ergehen sie sich in Worten. Das Gegenmittel gegen die Gemütserregung ist aber, sich taub zu stellen, so daß man die unrechten Worte nicht hört. Darum sagt der Psalmist: „Ich bin aber wie ein Tauber, der nicht hört." Bei Sirach 1,23 heißt es: „Er bleibt zur rechten Zeit geduldig." Und im 28. Kapitel: „Umgib deine Ohren mit einer Hecke, und höre nicht auf wertloses Geschwätz." Das Gegenmittel gegen den Wortschwall ist, wie stumm zu sein. Psalm 38,7 sagt: „Ich bin gekrümmt und tief gebeugt," und so weiter. Deshalb sagt der Psalmist (38,14): „Ich bin wie ein Stummer, der den Mund nicht auftut." Christus tat dies besonders, wie Matthäus (27,14) berichtet: „Er aber antwortete ihm kein einziges Wort, so daß der Statthalter erstaunt war." Jesaja 53: „Das Schaf wird zum Schlachten geführt", und so weiter. Das sollte auch ein gerechter Mensch tun. Psalm 39,2 sagt: „Ich lege meinem Mund einen Zaum an, solange der Frevler vor mir steht." „Und ich bin wie einer geworden, der nicht hört." Hier wird die Wirkung der Geduld vorgestellt. Das ist aber gegen die Meinung böser Menschen, die es für bloße Feigheit halten, nicht für Tugend. ... Darum heißt es von Christus (Lukas 23), daß Herodes ihn mit Verachtung behandelte und auf ihn herabsah. (334)

Fox: Macht nicht diese gewaltlose Geduld manchmal Feinde zu Freunden?

Thomas: Das Mitgefühl Gottes bringt es manchmal zustande, daß jemand, der Mühsal erleidet, das Böse, das andere ihm zufügen, so erträgt, daß er mit seinen Feinden Frieden hat. Sprüche 16,7: „Gefallen Gott die Wege eines Menschen, so versöhnt er sich auch mit seinen Feinden." Und das ist sogar natürlich, denn niemand ist so brutal und grausam, daß er jemanden weiter quält, den er schon gedemütigt sieht. Nicht einmal ein Hund wird jemanden anfallen, der schon liegt. (335)

Fox: Prophetinnen und Propheten sprechen anscheinend nicht ihre eigenen Worte, sondern sind Werkzeuge für Gottes Wort.

Thomas: Propheten sprechen nicht aus eigenem Willen. (336) Die Prophetie wird einem Menschen zum Nutzen der Kirche und nicht um seiner selbst willen verliehen. (337)

Fox: Die Gabe der Prophetie ist wohl eine Art fortlaufende Offenbarung für die Kirche.

Thomas: Im ersten Buch seines Kommentares zu Ezechiel sagt Gregor, daß durch eine mit allem Ernst des Herzens erhobene Stimme, die Psalmen singt, dem allmächtigen Gott ein Weg ins Herz gebahnt wird, so daß Gott der ernsthaften Seele entweder die Mysterien der Prophetie oder die Gnade der Reue eingeben kann. Das Ziel ist also, daß die Seele mit Gott, dem Hohen und Heiligen, vereint werde. (338)

Fox: Sagen wir damit, daß die Inspiration von Prophetinnen und Propheten wie diejenige der biblischen Autoren ist?

Thomas: Das Wissen in der Heiligen Schrift und andere Arten der Erkenntnis unterscheiden sich. Denn andere Erkenntnis wird durch den menschlichen Verstand hervorgebracht, während die Schrift durch die Eingebung des göttlichen Geistes selbst zustande kommt. 2 Petrus 1,21: „Denn eine Weissagung wird nicht aus menschlichem Willen ausgesprochen, sondern die Inspirierten sprechen aus dem Heiligen Geist." Darum wird die menschliche Zunge in der Heiligen Schrift bewegt, wie die Zunge eines Körpers, die Worte sagt, die woanders gebildet werden. Psalm 45,2 sagt: „Meine Zunge gleicht einem Schreibstift." Und 2 Könige 23: „Der Geist des Herrn hat durch mich gesprochen, und Gottes Wort durch den Herrn der Herrlichkeit," wie durch die Offenbarung gesagt wird. Und 3 Könige 20 sagt: „Schlage mich mit dem Wort des Herrn", das heißt, in göttlicher Offenbarung. (339)

Fox: Gehen wir noch weiter darauf ein, wie du unsere Entwicklung als Propheten verstehst. Was braucht ein Prophet, eine Prophetin noch?

Thomas: Für einen Propheten ist dreierlei notwendig: prophetische Würde, Liebe zur Gemeinschaft und mitfühlende Frömmigkeit. Wenn also Propheten zwischen Gott und das Volk gestellt werden – wie es heißt: „Ich stand als Mittler zwischen Gott und euch" (Deut.5,5) –, dann ist es sinnvoll, daß sie durch die Gabe der Prophetie mit Gott verbunden werden. In Weisheit 7,27: „In jeder Generation tritt sie (die Weisheit) in heilige Seelen ein" und wird durch das Band der Liebe mit dem Volk verbunden. Epheser 4 spricht von denen, „die dafür sorgen, die Einheit des Geistes im Band des Friedens zu erhalten." Und indem sie für die Sache des Volkes beten, erweisen sie Gott Achtung, und wenden sich an das Volk, indem sie die Sache Gottes verkünden. Für diese drei Dinge treten sogleich drei andere ein. Denn es muß sich eine Art des Sprechens ergeben, die sich in Metaphern und Bildern ausdrückt, die die passende Art des prophetischen Sprechens sind. Numeri 12,6 sagt: „Wenn es bei euch einen Propheten gibt, so erscheine ich ihm in einer Vision und rede im Traum mit ihm." (340)

Fox: Mit deiner Aussage, daß Metaphern und Bilder die passende Art für Propheten sind, unterstreichst du die Rolle der Kunst und der meditativen Kunst in der Entwicklung des Prophetischen in uns. Außerdem kritisierst du damit ein Ausbildungsmodell, das solche Arten des Lernens ausschließt. Du erwähnst auch das Mitgefühl: Sind Propheten des Mitgefühls besonders kundig?

Thomas: Der Prophet Jeremia zeigt Mitgefühl, wenn er sagt: „Mein Leib schmerzt mich“, womit er die Gefühle meint, die ihn plagen; und „das Gefühl meines Herzens“, womit er meint, daß sein Geist beunruhigt ist. „Ich werde nicht schweigen“ – er wird laut klagen, wie es in den Klageliedern (2,11) heißt: „Meine Augen ermüden vom Weinen, mein Magen ist unruhig.“ (341)

Fox: Du unterstreichst hier die besondere Verbindung zwischen Via Negativa und Via Transformativa: Ein Prophet, eine Prophetin fühlt das Leid der Welt tief im Herzen und im Bauch.

Thomas: Jeremia drückt das Mitgefühl eines Propheten aus, wenn er sagt: „Wenn du es nicht gehört hast, wird deine Seele insgeheim klagen“, als wolle er sagen, man solle die Sieger nicht verärgern. Jesaja 22,4: „Laßt mich allein, ich weine bitterlich. Versucht mich nicht zu trösten über die Vernichtung der Tochter, meines Volkes.“ Und Ezechiel 24,16: „Du sollst nicht weinen und nicht klagen, sondern deine Greuel wegschaffen.“ Und Jeremia gibt uns Grund zum Mitgefühl: „Klagend wird er klagen, und unsere Augen werden Tränen vergießen, denn die Herde des Herrn ist ergriffen worden.“ Und später (50,6): „Die Herde meines Volkes ist verloren. Ihre Hirten führten sie in die Irre, trieben sie in die Berge.“ (342)

Fox: Aus dem tiefen Mitgefühl der Propheten scheint Reue zu folgen.

Thomas: Jesaja nennt das tröstende Mitgefühl des Propheten, wenn er sagt: „Zieht euch zurück“, ihr tröstenden Propheten, drängt nicht wie die Tröstenden. Jeremia (8,23) sagt: „Wer gibt meinem Kopf Wasser und meinen Augen eine Tränenquelle, daß ich mein erschlagenes Volk beweine.“ (343) Die Propheten und andere Gerechte, die Christus im voraus verkündeten und ihn mit ihren Tränen von Gott forderten, haben auf bestimmte Weise für ihn geweint. Psalm 72 sagt: „Wie Regen mögen Tränen herabfallen auf die Felle.“ (344)

Fox: Wie wir in unserer Diskussion über das Mitgefühl oben feststellten, hat Mitgefühl jedoch nicht nur mit Leid und Schmerz und Unrecht zu tun, sondern auch mit Freude und Feier. Prophetinnen und Propheten verkündigen doch ebenso gute wie schlechte Neuigkeiten?

Thomas; Jesaja sagt: „Du wirst den Sabbat ein Vergnügen nennen.“ Das heißt, du wirst einen solchen Sabbat in bezug auf die Ausführung guter Werke feiern. Exodus 20 sagt: „Denke daran, den Sabbat zu heiligen.“ Zweitens legt Jesaja die Früchte dar: „Sie werden erfreut sein“ über die geistigen Güter. „Ich will euch erheben", indem ich die gebirgige Erde flacher mache. „Ich werde essen" von der guten Frucht der Erde. Hiob (22,26) sagt: „Dann wirst du dich am Allmächtigen erfreuen." (345) Jeremia verspricht den Menschen Wohlstand, der ihr Herz erfreut. „Und sie werden loben." Jesaja (51) sagt: „Freude und Glück finden sich ein, und Dank und die Stimme des Lobes." Über die Menge der Menschen heißt es: „Ich werde sie vermehren, und ihre Zahl wird nicht abnehmen", solange sie in mir sind und sie nicht aus ihrer Sünde herauskommen. Psalm 139 sagt: „Wenn ich sie zähle, sind sie mehr als der Sand." (346)

Fox: Du sagtest zuvor, daß Propheten sich weigern, zu schweigen. Manchmal scheinen sie aber doch auch das Schweigen zu bevorzugen und sich manchmal sogar – wie im Falle von Moses und Jeremia – dem prophetischen Ruf zu widersetzen.

Thomas: Jesaja sagt: „Hier bin ich, sende mich aus." Das erscheint anmaßend. Moses verweigerte die Berufung (Ex.3), und auch Jeremia hatte Bedenken (Jer.1,6). Aber beide Arten der Antwort wurzelten in der Liebe, wie Gregor sagt. Moses und Jeremia wollten aus Liebe zu Gott nicht die Tröstung der Kontemplation verlieren, und Jesaja wollte aus Nächstenliebe gesandt werden, um hilfreich zu sein. Schließlich haben aber die beiden, als ihnen befohlen wurde, sich nicht hartnäckig geweigert, und der Dritte sich erst angeboten, nachdem er gereinigt und ein Ruf ergangen war. (347)

Fox: Du verstehst die Prophetie als eine Berufung und eine Gabe. Offenbar hast du dabei einen Gebenden und einen Rufenden im Auge, der Gott ist.

Thomas: Jesaja spricht die Gabe der Prophetie an: „Der Geist des Herrn ist auf mir, weil Gott mich gesalbt hat" und mich mit der Gabe der Prophetie erfüllt. 2 Petrus 1,21: „Eine Weissagung wird nicht aus menschlichem Willen ausgesprochen, sondern die Inspirierten Gottes sprechen aus dem Heiligen Geist." Oder von Christus sagt Jesaja: „Der Geist Gottes wird auf ihm ruhen." Psalm 45 sagt: „Gott, dein Gott, hat dich gesalbt mit dem Öl der Freude, wie keinen deiner Gefährten." (348)

Fox: Prophetinnen und Propheten werden also von Gott und dem Geist Gottes berufen, so zu sein.

Thomas: Jemand wird Prophet genannt ..., wenn eine göttliche Berufung vorliegt, wie bei Jeremia (1,5): „Ich habe dich zum Propheten unter den Völkern gemacht." (349)

Fox: Und doch scheinst du auch einen Sinn für eine nicht elitäre Berufung zum Prophetischen zu haben, wenn du oben etwa sagtest, daß alle Kulturen und geschichtlichen Epochen ihre Propheten haben. Offenbar brauchen alle Kulturen Prophetinnen und Propheten.

Thomas: Das prophetische Licht erstreckt sich auch auf die Lenkung der menschlichen Handlungen. Und in dieser Hinsicht ist die Prophetie notwendig zur Regierung eines Volkes, insbesondere in bezug auf den göttlichen Kult, denn dafür reicht die Natur nicht aus, sondern die Gnade ist nötig. (350)

Fox: Mir scheint, es gibt in unserer Mitte viel mehr Prophetinnen und Propheten, als wir wissen.

Thomas: Heilige werden aus drei Gründen als Propheten Gottes bezeichnet. Erstens, weil sie von Gott inspiriert sind. Joel 2 sagt: „Ich will meinen Geist ausgießen über alles Fleisch, und deine Söhne und Töchter werden prophezeien." Auf der anderen Seite wird bei Ezechiel (13,3) über die falschen Propheten gesagt, die aus ihrem eigenen Geist sprechen: „Weh den törichten Propheten, die nur ihrem eigenen Geist folgen und nichts geschaut haben." Zweitens, weil sie von Gott gesendet sind, wie Matthäus (23,34) sagt: „Seht, ich sende euch Propheten, Weise und Schriftgelehrte." Jesaja (29) sagt: „Der Herr und sein Geist haben mich nun gesendet." Und über die falschen Propheten heißt es bei Jeremia (23,21): „Ich habe sie nicht ausgesandt, und dennoch laufen sie. Ich habe nicht zu ihnen gesprochen, und dennoch weissagen sie." Drittens haben sie Gott bezeugt (Apg.10,43): „Alle Propheten bezeugen Gott", und so weiter. Jesaja (44) sagt: „Ihr seid meine Zeugen." Und leidenschaftlich zeigt sich ihre Liebe (caritas) zur Gemeinschaft, von der er sagt: „Hier ist einer, der die Geschwisterlichkeit liebt." (351)

Fox: Auch Frauen sind Propheten, wie Joel in der gerade von dir zitierten Schriftstelle bemerkt.

Thomas: Die Heilige Jungfrau ist eine Prophetin, die weissagte: „Meine Seele preist die Größe des Herrn" (Luk.1,46). Gott näherte sich ihr durch ihren prophetischen Geist und durch ihr Vertrauen. Auch der Heilige Geist wird als Prophetin bezeichnet, die der Anfang aller Prophetie ist. 2 Petrus 1,21: „Eine Weissagung wird nicht aus menschlichem Willen ausgesprochen, sondern die Inspirierten Gottes sprechen aus dem Heiligen Geist." Denn unter den Hebräern hat 'Geist' weibliches Geschlecht, nämlich 'ruach'. Darauf bezieht sich: „Maria empfing," das heißt, daß der Geist sie empfangen ließ. Denn „was in ihr geboren wurde, ist vom Heiligen Geist." (352)

Fox: Kennst du außer Maria noch weitere Prophetinnen?

Thomas: Maria Magdalena wurde ein dreifaches Vorrecht gewährt. Erstens die Prophetie, denn sie durfte die Engel sehen; Prophetie geschieht nämlich zwischen Engeln und Menschen. Zweitens die Würde der Engel, denn sie sah Christus, den die Engel schauen wollen. Drittens gewiß das apostolische Amt: Sie wurde die Apostelin der Apostel, da es ihr anvertraut wurde, den Jüngern die Auferstehung des Herrn zu verkünden. So wie eine Frau dem Mann zuerst die Worte des Todes verkündete, so verkündete eine Frau auch zuerst die Worte des Lebens. (353)

Fox: Und du schätzt den Mut, den die Frauen zeigen?

Thomas: Weil beide Frauen noch nahe am Kreuz stehenblieben, während die Jünger geflohen waren und ihn zurückgelassen hatten, empfiehlt Johannes die hingebungsvolle Beständigkeit der Frauen. Bei Hiob 19,20 heißt es: „Mein Fleisch ist verzehrt, meine Knochen kleben am Gebein." Es ist, mit anderen Worten, als hätten sich die Jünger, durch das Fleisch bezeichnet, zurückgezogen, während die Frauen, durch die Haut bezeichnet, geblieben sind. (354)

Fox: Du scheinst Maria Magdalena als Prophetin und als mutige Frau zu bewundern.

Thomas: Der Mut dieser Frau ist erstaunlich. (355)

Fox: Was meinst du damit?

Thomas: Maria sagt (zum Gärtner): „Sage mir, wohin du den Leichnam Jesu gelegt hast, denn ich will ihn fortnehmen." Der Mut dieser Frau ist erstaunlich. Er beseitigt die Angst angesichts einer Leiche und drängt sie, mehr zu versuchen als sie kann, nämlich einen Leichnam fortzutragen. Das meint Paulus mit: „Liebe hofft alles" (1 Kor.13,7). Sie möchte ihn fortnehmen und an einen anderen, unbekannten Ort bringen, damit die jüdischen Führer dem leblosen Körper nichts antäten. (356)

Fox: Gehst du davon aus, daß das prophetische Wort vom göttlichen Wort ausgeht?

Thomas: Prophetische Worte sind für sich genommen viele, aber in ihrem Ursprung sind sie eins, da sie vom unerschaffenen Wort ausgehen. (357)

Fox: Du schaffst hier eine sehr wichtige Verbindung zwischen dem schöpferischen Wort Gottes und dem prophetischen Wort – zwischen Schöpfung und Befreiung, zwischen Via Positiva und Via Transformativa.

Thomas: Das Formgebende an der prophetischen Erkenntnis ist das göttliche Licht. (358)

Fox: Das prophetische Wort ist fast wie eine neue Schöpfung: „Es werde Licht" ist der erste Akt der Schöpfung, und in diesem Falle der Neuschöpfung. Es ist wie der Geist Gottes, der nach der Genesis über den Wassern schwebte, um die Schöpfung zu beginnen, und der durch die Prophetinnen und Propheten eine neue Schöpfung bringt.

Thomas: Der Heilige Geist ist der Geist der Prophetie, wie Joel sagt (2,28): „Ich werden meinen Geist ausgießen über alles Fleisch, und eure Söhne und Töchter werden prophezeien." (359)

Fox: Das prophetische Wort ist oft beunruhigend und doch wandelnd.

Thomas: Sirach 49,7 sagt: „Propheten sind geweiht, um niederzureißen, auszureißen und zu vernichten, aber auch aufzubauen und zu erneuern." (360)

Fox: Wie verstehst du es, daß die prophetische Berufung die Phantasie der Propheten berührt?

Thomas: Das der Prophetie zugehörige übernatürliche Empfangen geschieht in der Schau der Phantasie. Zur Schau einer solchen Vision wird die menschliche Kraft von einem Geist ergriffen und den Sinnen entrückt. ... Wenn also Prophetie in Form einer Vision der Phantasie zustande kommt, muß der Prophet seinen Sinnen entrückt sein. ... Deshalb kommt eine Prophetie, die aus der Vision der Phantasie stammt, immer entweder in einem Traum, wo man durch eine natürliche Ursache den Sinnen entzogen ist, oder in einer Vision, wobei die Entrückung eine seelische Ursache hat. (361)

Fox: Deine Beschreibung, wie ein Prophet vom Geist berührt wird, ist eine verblüffende Parallele zu deinen Beschreibungen, wie ein Künstler inspiriert wird: eine weitere Korrelation zwischen der Via Creativa und der Via Transformativa.

Thomas: Eine solche Erleuchtung des prophetischen Geistes kann ein Spiegel genannt werden, insofern darin eine Ähnlichkeit mit der Wahrheit des göttlichen Vorherwissens entsteht. Deshalb heißt er 'Spiegel der Ewigkeit', weil er das Vorherwissen Gottes darstellt. Denn Gott sieht in der göttlichen Ewigkeit alles als gegenwärtig. (362)

Fox: Propheten sind natürlich nicht andauernd Propheten. Individuen werden manchmal bezüglich bestimmter moralischer Einsichten für das Volk inspiriert, niemals jedoch bezüglich aller Bedürfnisse des Volkes.

Thomas: Der Herr offenbart den Propheten alles, was zur Unterweisung des gläubigen Volkes nötig ist, aber nicht allen alles, sondern einiges diesem, einiges jenem. (363) Das prophetische Licht wohnt dem Propheten nicht inne, sondern ist eine Art vorübergehender Zustand. Deshalb muß der Prophet nicht immer über die gleiche Stufe der Prophetie verfügen. Die Offenbarung kommt ihnen nämlich manchmal in einem Grade, ein andermal in einem anderen Grade zu. (364)

Fox: Unser prophetisches Bewußtsein nimmt zu und ab und bedarf ständiger Anleitung und Inspiration.

Thomas: Sonst müßte ein Prophet ständig im Besitz der prophetischen Kraft sein, was offenbar falsch ist. ... So wie die Luft immer neue Erleuchtung braucht, so braucht der Geist (mens) des Propheten immer neue Offenbarung. (365) Im Bereich der göttlichen Offenbarung ist die Prophetie etwas Unvollkommenes. So heißt es in Korinther 13,8: „Prophetie hat ein Ende" und „unsere Prophetie ist Stückwerk", das heißt unvollkommen. (366)

Fox: In diesem Sinne ist Prophetie keine Tugend oder Gewohnheit, die man ständig besitzen kann.

Thomas: Der prophetische Geist ist den Propheten nicht stets gegenwärtig, sondern nur wenn ihr Geist von der Gottheit erleuchtet wird. (367) Das prophetische Licht kann keine Gewohnheit sein, sondern ist wie ein vorübergehender Eindruck in der Seele des Propheten so wie das Sonnenlicht in der Luft. Und wie das Licht nur in der Luft bleibt, solange die Sonne scheint, bleibt das erwähnte Licht nur im Geist des Propheten, solange es tatsächlich göttlich inspiriert wird. (368)

Fox: Prophetinnen und Propheten sind in der Tat Visionäre, Empfangende des Lichtes.

Thomas: Hosea sagt (12): „Ich habe die Visionen unter ihnen vervielfacht." (369) Bei der prophetischen Erkenntnis ist der menschliche Geist passiv zur Einstrahlung des göttlichen Lichtes. (370)

Fox: Worin unterscheidet sich Prophetie von bloßen Visionserlebnissen?

Thomas: Die Prophetie führt zu einem Akt äußeren Einsatzes, der über die Vision hinausgeht. Die Vision ist in bezug auf die Prophetie die materielle Ursache. (371)

Fox: Die Eingeborenen unseres Landes sagen, daß eine Vision keine Vision ist, wenn sie nicht mit dem Volk geteilt wird. Das entspricht deiner Idee des 'äußeren Einsatzes'. Es unterstreicht auch, daß die eingeborenen Völker die Rolle der Vision als Vorläufer der Prophetie verstanden haben – „damit das Volk lebt", wie sie sagen. Wenn du sagst, Prophetie sei rezeptiv, willst du damit sagen, daß eine Fähigkeit, auf prophetische Rufe zu reagieren, die sich durch Reaktionen in der Vergangenheit gezeigt hat, gar keine Rolle spielt?

Thomas: So wie einmal entzündetes Holz sich leichter wieder entzünden läßt, bleibt im prophetischen Geist nach dem Vergehen der eigentlichen Erleuchtung eine Verfassung zurück, die es leichter macht, erneut erleuchtet zu werden. Ist der Geist also einmal zur Andacht erhoben, so wird er danach leichter wieder zur Andacht zurückgerufen. (372)

Fox: Ein Prophet empfängt die Prophezeiung also nicht passiv, sondern hat selbst auch etwas dazu zu sagen?

Thomas: Menschen haben kein Vorherwissen (praecognitio) von Zukünftigem, sondern können es sich durch Erfahrung erwerben, wobei ihnen die natürliche Veranlagung hilft, soweit sich im Menschen eine Vollkommenheit der Vorstellungskräfte und geistige Klarheit findet. (373)

Fox: Ich verstehe das wiederum so, daß du die Via Creativa, die Entwicklung unserer Phantasie und Klarheit des Verstehens, mit der Via Transformativa, unserer prophetischen Berufung, verbindest.

Thomas: Prophetie im engeren Sinne kann nicht von der Natur, sondern nur aus göttlicher Offenbarung stammen. (374)

Fox: Gibt es auch Visionen, die nicht prophetisch sind?

Thomas: Sowohl die körperlichen als auch die geistigen oder Phantasie-Visionen gehören zur Prophetie. Sie können aber nicht als echte Prophezeiungen gelten, wenn nicht eine vernünftige Vision hinzukommt, in welcher sich der Sinn der Prophetie erfüllt. In Daniel 10,1 heißt es: „Das Verständnis wurde ihm in einer Vision gegeben." Und weiter: „Und er verstand das Wort." Meist ist mit Vision aber die körperliche gemeint. (375)

Fox: Vernunft oder Intelligenz spielt also bei der prophetischen Gabe eine wichtige Rolle?

Thomas: Durch das frei gewährte Licht der Gnade, das die Gabe der Prophetie bildet, wird der Geist zur Prophetie erhoben. Er erreicht die Schau Gottes nicht in dem Maße, daß sie Gegenstand der Seligkeit würde, sondern soweit sie Ursache von Dingen ist, die zur Zufriedenheit der Menschen in der Welt beitragen. (376)

Fox: Ich verstehe das wiederum so, daß Prophetie für das Volk bestimmt ist.

Thomas: Die Prophetie wird einem Menschen zum Nutzen der Kirche und nicht um seiner selbst willen verliehen. (377) Die Gabe der Prophetie wird Menschen manchmal zum Nutzen anderer, wie auch zur Erleuchtung ihres eigenen Geistes verliehen. Das sind diejenigen, in deren Seele die göttliche Weisheit durch die heiligende Gnade kommt, die „sie zu Freunden Gottes und Propheten macht." Andere erhalten die Gabe der Prophetie nur zum Nutzen anderer, siehe dazu Matthäus 7,22. (378)

Fox: Das heißt also, daß die Gabe der Prophetie nicht immer den Vollkommensten unter uns gewährt wird?

Thomas: Göttliche Gaben werden nicht immer den an sich Besten verliehen, sondern manchmal auch denjenigen, die zum Empfang einer solchen Gabe am besten geeignet sind. So gibt Gott die Gabe der Prophetie denen, die Gott dafür am geeignetsten hält. (379)

Fox: Prophetie bleibt also eine Begabung, die vom Geber der Gaben um des Volkes willen verliehen wird. Verleiht allein Gott die Gaben der Prophezeiung?

Thomas: Die frei gegebenen Gnadengaben werden dem Heiligen Geist als ihrem ersten Ursprung zugeschrieben. Doch der Heilige Geist bewirkt solche Gaben mittels des Dienstes der Engel. (380)

Fox: Als du von der Prophezeiung Maria Magdalenas sprachst, erwähntest du Engel. Warum meinst du, daß Engel mit der prophetischen Arbeit zu tun haben?

Thomas: Die göttlichen Erleuchtungen und Offenbarungen werden von Gott durch die Engel zu den Menschen weitergeleitet. Prophetisches Wissen wird nun durch göttliche Erleuchtung und Offenbarung vermittelt. Daher ist klar, daß dies durch die Engel geschieht. (381) Prophetie ist eine Vollkommenheit der Vernunft (intellectus), in der auch ein Engel einen Eindruck hinterlassen kann. (382) Die prophetische Offenbarung, die durch den Dienst der Engel zustande kommt, gilt als göttlich. (383)

Fox: Was einer Prophetin geschieht, scheint sogar sie selbst zu überraschen.

Thomas: Da der Geist (mens) des Propheten ein fehlerhaftes Werkzeug ist, verstehen auch echte Propheten nicht alles, was der Geist durch das beabsichtigt, was sie sehen, sagen oder auch tun. (384)

Fox: Du erwähnst das Handeln. Eine Prophetin sieht, spricht und handelt.

Thomas: Der Geist eines Propheten wird nicht nur dazu bewegt, etwas wahrzunehmen, sondern auch etwas zu sagen oder zu tun; manchmal zu allen drei Tätigkeiten, manchmal zu zweien, manchmal auch nur zu einer. (385)

Fox: Es erstaunt mich, wenn ich in deinem Werk lese, daß Prophetie und Ekstase oder Entrückung oft zusammengehören.

Thomas: Entrückung bildet einen Grad der Prophetie. (386) Die Entrückung des Paulus (siehe 2.Kor.12,2) gehört in gewisser Weise zur Prophetie. (387)

Fox: Wie definierst du 'Entrückung'?

Thomas: In der Entrückung wird jemand durch den göttlichen Geist unter Abziehung von seinen Sinnen zu etwas Übernatürlichem erhoben, nach Ezechiel (8,3): „Der Geist erhob mich zwischen Erde und Himmel und führte mich in Visionen Gottes nach Jerusalem. (388)

Fox: Ist Entrückung das gleiche wie Ekstase?

Thomas: Die Entrückung (raptus) fügt etwas zur Ekstase (extasis) hinzu. Denn Ekstase bedeutet nur ein Heraustreten aus sich selbst, insofern jemand aus der eigenen Struktur herausgestellt wird. Die Entrückung fügt dem eine gewisse Gewaltsamkeit hinzu. (389)

Fox: Was verursacht eine Entrückung?

Thomas: In jeder Gnadengabe wird dem Menschen göttliche Hilfe gewährt. (390) Ursache der Entrückung ist die Liebe (amor). (391)

Fox: Aus dieser umfangreichen Diskussion über Propheten und aus deiner Christologie, in der du Jesus als einen Propheten preist, gewinne ich den Eindruck, daß du unserer prophetischen Berufung und dem Hören auf die vergangenen und in unserer Mitte gegenwärtigen Prophetinnen und Propheten einen sehr hohen Rang einräumst.

Thomas: Die Lehre sowohl der Apostel als auch der Propheten ist zum Heil notwendig. (392)

Fox: Es gefällt mir, daß du den Propheten eine 'Lehre' zusprichst. Daraus ergibt sich, daß sich Lehre um Recht und Unrecht dreht, um Kühnheit und die Konfrontation der Gegner der Gerechtigkeit, um Leidenschaft und Mitgefühl und nicht bloß um Dogmen als solche. Ich stimme mit dir auch darin überein, daß das, was uns der prophetische Geist bringt, für das Heil notwendig ist. Prophetie hat mit dem Abenteuer zu tun und mit dem Mut, der für wahrhaft moralische Abenteuer notwendig ist. Ich stimme auch damit überein, die Propheten in die gleiche Kategorie wie die Apostel zu stellen; denn wir haben durch die klerikalen Hierarchien oft eingeschärft bekommen, daß die 'apostolische Sukzession' zählt, doch nur selten höre ich von der 'prophetischen Sukzession' reden.

Thomas: Die Herrschaft Christi ist eine Herrschaft von Recht und Gerechtigkeit. ... Deshalb empfiehlt die Schrift mit den Worten „ihr habt die Gerechtigkeit geliebt“ die Güte des Herrschenden. Denn manche Leute dienen dem Recht nicht, weil sie die Gerechtigkeit lieben, sondern aus Furcht oder wegen des eigenen Ruhms. Solch eine Herrschaft hat keine Dauer. Christus aber dient dem Recht aus Liebe zur Gerechtigkeit. Indem es heißt „ihr habt die Gerechtigkeit geliebt“, sagt die Schrift, daß der angelegte Maßstab deswegen richtig und gerade ist, weil ihr die Gerechtigkeit geliebt habt. Wie das Buch der Weisheit sagt (1,1): „Liebt die Gerechtigkeit, ihr Herrscher der Erde!“ Darüber hinaus gibt es keinen gerechten Menschen, der nicht die Gerechtigkeit liebt. (393)

Fox: Es gibt in der Geschichte Beispiele für falsche Propheten. Könntest du dazu etwas sagen?

Thomas: Bei Jeremia (12) hören wir, daß die Führer das Volk durch die Perversität ihrer Taten zerstören. Jeremia 10,21: „Die Hirten haben töricht gehandelt und den Herrn nicht gesucht. Deshalb haben sie nichts verstanden, und ihre Herde wurde zerstreut“ wegen ihrer falschen Lehre. Bei Jeremia 50,6: „Die Herde meines Volkes ist verloren. Ihre Hirten führten sie in die Irre, trieben sie in die Berge“ wegen ihrer Feigheit oder Angst. Sacharja (11,17) sagt: „Weh meinem nichtsnutzigen Hirten, der die Herde im Stich läßt. Mein Schwert kommt über seinen Arm und sein rechtes Auge“ wegen der Strenge des Herrn. Nach Ezechiel (34): „Ihr habt mit Strenge und Macht geherrscht, und meine Schafe wurden verstreut“, und so weiter, wegen der nachlassenden Sorge. Sacharja (11,16) sagt: „Ich lasse einen Hirten im Land auftreten, der sich nicht um das Vermißte kümmert, der das Verlorene nicht sucht, der das Gebrochene nicht heilt, der das Gesunde nicht versorgt. Statt dessen ißt er vom Fleisch der gemästeten Tiere und reißt ihnen die Klauen ab.“ (394)

Fox: Interessant, daß du zu dieser Kritik der religiösen Führer Jeremia zitierst.

Thomas: Jeremias spricht über die Fehler der religiösen Vorsteher, die oft die Ursache der Fehler bei den Untergebenen sind. So sagt er: „Weil in meinem Volk Schurken gefunden wurden.“ Erstens klagt er ihre Fehler als Vergehen gegen die Gerechtigkeit an, zweitens als Verdrehung der Lehre, wenn er sagt: „Es herrscht Verwirrung, und vieles ist auf der Erde begangen worden." (395)

Fox: Jetzt sehe ich, warum du den Akt des Urteilens in das Herz der prophetischen Berufung stellst. Prophetinnen und Propheten fällen in der Tat ein Urteil.

Thomas: Jeremia zeigt zunächst die Ungerechtigkeit der Gemeindevorsteher wegen ihrer unrechten und hinterlistigen Unterdrückung der Armen, gegen die sie Betrug einsetzen, und er nennt sie 'Schurken'. Psalm 10 sagt: „Sie ergreifen die Armen und berauben sie." 'Voller Betrug' heißt hier, reich an Gütern, die durch Betrug erworben wurden. Das Ergebnis des Betruges ist die Zunahme an Gütern. 'So werden sie mit Ehren erhöht' und mit Reichtümer 'beschenkt'. Jeremia sagt: „Wie das Rebhuhn, das sich auch von dem ernährt, was es nicht selbst gelegt hat, häufen sie zu Unrecht Reichtümer an" und nehmen an Sünde zu. Dann zeigt er ihre Ungerechtigkeit im Hinblick auf den Mangel an gerechten Urteilen, denn „die Sache der Witwe" wird vernachlässigt. Jesaja 1: „Sie verschaffen den Waisen kein Recht, und die Witwe kann ihre Sache nicht vorbringen." (396)

Fox: Es kann also bei allen Menschen – Prälaten einschließlich – möglich sein, daß sie ihre prophetischen Verantwortungen verlassen und zu falschen Propheten werden?

Thomas: Rabbi Moses (Maimonides) sagt, daß die Verstrickung in weltliche Genüsse und Sorgen das Zeichen für einen schlechten Propheten sei. Das stimmt mit dem überein, was wir beim Hl. Matthäus lesen (7,15): „Hütet euch vor den falschen Propheten", und etwas später (7,16): „An ihren Früchten werdet ihr sie erkennen." (397)

Fox: Mir scheint, daß das, was wir heute als Gewissen bezeichnen, den Propheten sehr wichtig war. Denn ihre Inspiration drängte sie manchmal dazu, die etablierten Mächte zu kritisieren.

Thomas: Im Matthäusevangelium heißt es: „Deshalb soll alles Gute, das uns oder andere empört, von uns abgeschnitten werden." Ebenso „wenn dein rechtes Auge", das heißt, ein Freund oder Berater in göttlichen Dingen, dich empört, indem er dich in die Häresie zieht, so soll er durch Widerlegung ausgerissen werden und fortgeworfen, indem es offen ausgesprochen wird. Ebenso wenn Eltern für Empörung sorgen, weil sie die Heiligkeit des Lebens behindern, soll solch ein Auge ausgerissen werden, indem man ihm widersteht, und fortgeworfen, indem man sich davon trennt. Ebenso wenn ein kontemplatives Leben Empörung hervorruft, weil es zu Langeweile und Überheblichkeit führt, so muß es ausgerissen werden, manchmal indem es vermindert wird, und fortgeworfen, indem man zu einem aktiven Leben übergeht. (398)

Fox: Ich sehe, daß das Gewissen in deiner eigenen prophetischen Berufung eine große Rolle spielt. Wir kennen alle die Geschichte, wie deine Familie dich entführen ließ, als du dich für die Berufung zur revolutionären Bewegung der Dominikaner und gegen die Privilegien entschieden hast, die dir das benediktinische Establishment deiner Zeit garantierte. Sage uns mehr über das Gewissen. Mir scheint nämlich, daß wir ohne dieses nicht prophetisch wirken können.

Thomas: Für alle ist es unerfreulich, was einem selbst gehört, an andere abtreten zu müssen. (399)

Fox: Und dieses Gewissen, unser eigenes Urteil über richtig und falsch, gehört zu den Dingen, die wir anderen nicht unterwerfen können?

Thomas: Jedes Gewissensurteil, sei es richtig oder falsch und betreffe es an sich böse oder moralisch gleichgültige Dinge, ist auf solche Weise verpflichtend, daß alle, die gegen ihr eigenes Gewissen handeln, damit immer sündigen. (400)

Fox: Das ist eine bemerkenswerte Aussage: daß wir unserem Gewissen folgen müssen, selbst wenn es uns zu Bösem führt.

Thomas: Das Gewissen bindet stärker als die Anordnung eines Vorgesetzten. ... Indem man dem richtig urteilenden Gewissen folgt, meidet man nicht nur die Sünde, sondern man wird immun gegen sie, wie sehr es auch im Widerspruch zur Anordnung eines Vorgesetzten stehen mag. ... Gegen die Vorschrift eines Vorgesetzten zu verstoßen oder gegen das eigene Gewissen, kann beides sündig sein. Man sündigt schwerer, wenn man gegen das Gewissen handelt, denn es bindet mehr als die Vorschrift eines Vorgesetzten. (401)

Fox: Warum bestehst du so sehr auf den Vorrang des Gewissens über das, was du als 'äußere Autorität' bezeichnest?

Thomas: Solange eine Gewissensauffassung besteht, ist es eine Todsünde, dagegen zu handeln. (402)

Fox: Wir müssen dem Gewissen also selbst dann folgen, wenn es fehlgeht?

Thomas: Was das irrende Gewissen vorschreibt, stimmt nicht mit Gottes Gesetz überein, wird aber dennoch für Gottes Gesetz gehalten. Deshalb verstößt, wer dagegen handelt, gegen das Gesetz Gottes. (403)

Fox: Was ist das Gewissen?

Thomas: Das Gewissen ist eine Auflage der Vernunft. ... Da nun ein Gegenstand des Willens von der Vernunft vorgegeben wird, nimmt der Wille, der sich für etwas von der Vernunft als falsch Erkanntes entscheidet, die Gestalt des Bösen an. Darum muß man einfach sagen, daß der Wille, der sich der Vernunft widersetzt, immer im Unrecht ist, sei es nun richtig oder falsch. (404)

Fox: Du sagst, das Gewissen sei ein Urteil und eine Auflage der Vernunft. Manche Menschen betrachten es wie eine kleine Stimme in unserem Inneren. Du betonst jedoch, daß es ein Akt der Entscheidung sei.

Thomas: Im eigentlichen Sinne ist das Gewissen kein Vermögen (potentia), sondern eine Tätigkeit (actus), ... nämlich die Anwendung des moralischen Wissens auf das Handeln. (405)

Fox: Du scheinst das Gewissen aus dem Bereich des Willens herauszunehmen und mehr in den Bereich von Vernunft und sogar des Gesetzes zu stellen.

Thomas: Der Wille ist nicht als erste Regel (prima regula) zu betrachten, denn er wird in uns wie in Gott durch Vernunft und Verstand geleitet. (406)

Fox: Damit unterstreichst du noch einmal, wie wichtig die Gerechtigkeit für das Gewissen und moralische Entscheidungen ist.

Thomas: Zu sagen, die Gerechtigkeit hinge vom bloßen Willen ab, hieße zu behaupten, der göttliche Wille handele nicht gemäß seiner Weisheit und wäre Blasphemie. (407)

Fox: Oben sagtest du, das Gewissen sei wie ein Gesetz Gottes. Doch bringt es uns oft genug in Widerspruch zu anderen Gesetzen in unserem Leben. Krisen des Gehorsams werden oft zu Gewissenskrisen – oder ist es umgekehrt?

Thomas: Das richtige Gewissen bindet absolut und vollkommen im Gegensatz zur Vorschrift eines Vorgesetzten. ... Das Gewissen bindet mehr als die Vorschrift eines Vorgesetzten. (408) Gehorsam wird innerhalb der zu beachtenden Grenzen gefordert. ... Der heilige Paulus sagt: „Es soll jede Seele den höheren Mächten unterstehen, denn es gibt keine Macht, die nicht von Gott wäre." Deshalb sollen Christen der Macht gehorchen, die von Gott ist, aber nicht sonst. (409)

Fox: Woher wissen wir, ob eine Macht von Gott ist oder nicht?

Thomas: Aus zwei Gründen kann eine Macht nicht von Gott stammen: Sie kann einen Mangel in ihrem Ursprung oder in ihrer Ausübung haben.

Was das erste angeht, so kann der Mangel entweder in der Unwürdigkeit der Person oder in einem Fehler bei der Erlangung der hohen Position liegen – in Gewalt, Bestechung oder einer anderen illegalen Praktik. ... Der Mißbrauch von Macht kann zwei Richtungen haben. Entweder erzwingt ein Herrscher, was dem Zweck, für den seine Autorität eingerichtet wurde, entgegengesetzt ist. Etwa wenn er eine Sünde befiehlt statt der Tugend, die eine Autorität fördern und erhalten soll. In diesem Falle ist man nicht nur vom Gehorsam entbunden, sondern verpflichtet, nicht zu gehorchen und den Märtyrern zu folgen, die sogar lieber den Tod erlitten, als die bösen Befehle der Tyrannen auszuführen. Oder der Herrscher erteilt Befehle, die seine Befugnisse überschreiten, zum Beispiel indem er Zahlungen verlangt, für die er keine Berechtigung hat, oder ähnliches. In solchem Falle müssen die Untergebenen nicht gehorchen, sind aber auch nicht zum Ungehorsam verpflichtet. (410)

Fox: Du sagst, es gäbe ein höheres Gesetz als das menschliche?

Thomas: Man muß Gott mehr gehorchen als den Menschen. (411)

Fox: Damit verkündest du ein Prinzip, das viele praktische, wenn auch politisch beunruhigende Implikationen hat.

Thomas: Diejenigen, die Königen statt Gott in Dingen gehorchen, in denen sie ihnen nicht gehorchen sollten, machen diese Könige zu ihren Göttern. „Wir sollen Gott mehr gehorchen als den Menschen“ (Apg. 5,29). Diejenigen, die ihre Kinder oder Verwandten mehr als Gott lieben, implizieren durch ihr Verhalten, daß es viele Götter gibt. (412) Der Vorgesetzte steht zwar höher als ein Untergebener; doch steht Gott, kraft dessen Gebot das Gewissen bindet, noch höher. (413) Alle (Vorgesetzte und Untergebene) sind verpflichtet, ihr Handeln gemäß dem Wissen zu überprüfen, das sie von Gott haben, sei es natürlich, erworben oder eingegeben. Denn jeder Mensch soll vernünftig handeln. (414)

Fox: Aus dieser umfassenden Formulierung vom 'Handeln nach der Vernunft' ergibt sich nun noch eine weitere Dimension: dem eigenen Gewissen zu folgen.

Thomas: Da das Gewissen nichts anderes ist, als die Anwendung von Wissen auf eine Handlung, ist offenkundig, daß das Gewissen kraft eines göttlichen Gebotes bindet. (415)

Fox: Das klingt so, als würdest du zwar das Gesetz achten, aber die Auffassung vertreten, daß alle Menschen in ihren Gewissensentscheidungen Zugang zum Licht Gottes haben.

Thomas: Unter den anderen Geschöpfen unterstehen die vernünftigen der göttlichen Vorsehung auf herausragende Weise, insofern sie selbst an der Vorsehung teilhaben und sie für sich und andere ausüben können. ... Das Licht der natürlichen Vernunft, durch das wir Gutes und Böses unterscheiden, was Sache des natürlichen Gesetzes ist, ist nichts anderes als ein Eindruck des göttlichen Lichtes (impressio divini luminis) in uns. (416) Gott ist die universelle Ursache der Erleuchtung der Seele (siehe Johannes 1,9), wie die Sonne die universelle Ursache der Erleuchtung des Körpers ist, wenn auch nicht auf gleiche Weise. Denn die Sonne erleuchtet aus Naturnotwendigkeit, während Gott frei nach der Ordnung der göttlichen Weisheit wirkt. (417)

Fox: Und so hat jeder Mensch ein Gewissen, dem er folgen kann?

Thomas: Ich sage, das richtig urteilende Gewissen binde absolut, weil es auf jeden Fall und unter allen Umständen bindet. ... Außerdem sage ich, daß das richtig urteilende Gewissen an sich binde, das falsch urteilende aber aus äußeren Gründen. (418)

Fox: Wie bezieht sich deine Lehre über das Gewissen auf die Frage der Missionierung und religiösen Bekehrung?

Thomas: Die Ungläubigen, die den Glauben nie angenommen haben, ... dürfen auf keine Weise zum Glauben gezwungen werden, ... denn der Glaube ist eine Sache des Willens. (419) Es steht der Kirche nicht zu, den Unglauben derjenigen zu bestrafen, die den Glauben nie angenommen haben. (420)

Fox: Ich wünschte, die Inquisitionen seit deinen Tagen hätten diese beiden Sätze von dir gelesen. Wie bezieht sich deine Lehre über das Gewissen auf unsere Rolle als Bürgerinnen und Bürger?

Thomas: Wer die Macht durch Gewalt an sich reißt, ist nicht echter Herr oder Meister. (421) Eine tyrannische Regierung ist unrecht, weil sie nicht auf das Gemeinwohl, sondern auf das private Wohl des Herrschers gerichtet ist, wie aus Politik III und Ethik VIII des Philosophen klar wird. Deshalb ist der Umsturz einer solchen Regierung keine Meuterei, es sei denn, der Aufruhr würde solche Unordnung verursachen, daß die Gemeinschaft dadurch größeren Schaden leidet als zuvor durch die Tyrannei. Der Tyrann selbst ist vielmehr der Meuterer, der in dem ihm unterworfenen Volk Zwietracht und Aufruhr nährt, damit er es leichter beherrschen kann. Das Tyrannische besteht nämlich darin, daß es sich auf Kosten der Gemeinschaft auf das private Wohl des Herrschers richtet. (422)

Fox: Hältst du es für moralisch, wenn Menschen einen Tyrannen stürzen, selbst wenn sie ihm zuvor Gehorsam versprochen haben?

Thomas: Man kann nicht sagen, daß eine Gemeinschaft freier Menschen (ein Volk) untreu handelt, wenn es einen Tyrannen absetzt, auch wenn es sich ihm zuvor für immer unterworfen hat. Denn er hat es verdient, daß ihm der Vertrag von den Untertanen nicht gehalten wird, weil er beim Regieren seinem Volk nicht die Treue gehalten hat, wie es die Pflicht eines Königs verlangt. (423)

Fox: Die Verpflichtungen gelten also in zwei Richtungen, und auch die Führungspersonen sind auf die Abkommen verpflichtet, die sie mit dem Volk getroffen haben. In deiner Betonung der Unverletzlichkeit des Gewissens scheinst du auch dem Gehorsam Grenzen zu setzen.

Thomas: Ein gehorchender Mensch wird durch die Anweisung der ihm vorstehenden Person durch eine Art Notwendigkeit in der Gerechtigkeit bewegt, wie ein Naturding durch natürliche Notwendigkeit durch die Kraft des Bewegenden bewegt wird. ... So kann es zweierlei Gründe dafür geben, daß ein Untergebener der ihm vorgesetzten Person nicht in allen Dingen gehorchen muß. Zum einen, wenn ein Gebot einer höheren Macht besteht. Die Glosse zum Römerbrief des Heiligen Paulus (13,2) ... sagt: „Wenn also der Kaiser etwas befiehlt und Gott etwas anderes, so muß man den einen mißachten und Gott gehorchen." Außerdem ist die untergebene Person der vorgesetzten nicht zu gehorchen verpflichtet, wenn diese ihr etwas befiehlt, worin sie ihr nicht untersteht. ... In den Dingen, die mit den inneren Motiven des Willens zu tun haben, braucht der Mensch keinem Menschen, sondern nur Gott zu gehorchen. Der Mensch muß Menschen jedoch in Dingen gehorchen, die äußerlich mit dem Körper zu verrichten sind. Aber in dem, was die Natur des Körpers angeht, braucht der Mensch ebenfalls nur Gott und nicht dem Menschen zu gehorchen. Denn alle Menschen sind von Natur aus gleich (omnes homines natura sunt pares). (424)

Fox: Du sagst, alle Menschen seien von Natur aus gleich – das klingt sehr modern, und auch die amerikanische Unabhängigkeitserklärung beginnt mit dieser Aussage.

Thomas: Von Natur aus sind alle Menschen in der Freiheit gleich, nicht aber in anderen Begabungen. Man untersteht anderen nicht so, als wäre man ein Gebrauchsgegenstand. (425)

Fox: Kannst du ein Beispiel dafür geben, wie wir hinsichtlich dessen, was die 'Natur des Körpers' angeht, nur Gott gehorchen sollen?

Thomas: Zum Beispiel in dem, was die Erhaltung des Körpers und die Erzeugung von Nachkommen angeht. Im Hinblick auf eine Eheschließung oder die Erhaltung der Keuschheit oder Ähnliches sind weder Bedienstete ihrer Herrschaft, noch Kinder ihren Eltern zum Gehorsam verpflichtet. (426)

Fox: Du sagst aber, wir seien verpflichtet, wenn es um äußere körperliche Handlungen gehe. Kannst du dafür Beispiele geben?

Thomas: In den Bereichen, die die menschlichen Angelegenheiten und Tätigkeiten betreffen, haben Untergebene ihren Vorgesetzten im Rahmen ihrer übergeordneten Stellung Folge zu leisten. So etwa der Soldat dem Feldherrn in kriegerischen Belangen, der Sklave dem Herrn in den von ihm auszuführenden Diensten und ein Sohn dem Vater in Fragen der Erziehung und des Haushaltes. (427)

Fox: Wie ist es mit der Sklaverei? Müssen Sklaven ihren Herren gehorchen?

Thomas: Der Dienst, durch den ein Mensch einem anderen unterstellt ist, erstreckt sich nur auf den Körper, nicht aber auf die Seele, die dabei frei bleibt. ... Deshalb sind diejenigen, die durch die Gnade zu Kindern Gottes werden, frei von der geistigen Knechtschaft der Sünde, nicht aber von körperlichen Diensten, durch die sie weltlichen Herrschern unterstellt sind. (428)

Fox: Es enttäuscht mich, daß du hier einen Dualismus zwischen Körper und Seele aufbaust, da du doch dein ganzes Leben hindurch betont hast, daß Körper und Seele völlig miteinander vermischt sind. So gibt es gewiß Zeiten, während derer wir einer Knechtschaft von Körper oder Seele widerstehen müssen. Ich halte deine auf den Unterschieden zwischen Körper und Seele beruhende Position zur Sklaverei für falsch und sie hat sicherlich zur Versklavung des Menschen beigetragen.

Thomas: Man braucht weltlichen Herrschern nur insoweit zu gehorchen, wie die Ordnung der Vernunft es erfordert. Wenn diese also nicht eine rechtmäßige, sondern angeeignete Macht ausüben, oder wenn sie Unrechtes befehlen, dann müssen ihre Untergebenen ihnen nicht gehorchen, außer vielleicht in Einzelfällen, um einen Skandal oder eine Gefahr zu vermeiden. (429)

Fox: Gerechtigkeit regiert, nicht unbedingt das Gesetz?

Thomas: Das Gesetz ist nichts anderes als eine Anordnung der Vernunft für das Gemeinwohl, von denjenigen bekanntgemacht, die die Sorge für die Gemeinschaft haben. (430) Da das tyrannische Gesetz nicht der Vernunft entspricht, ist es im Grunde genommen kein Gesetz, sondern vielmehr eine Perversion des Gesetzes. (431) Ungerechte Gesetze ... sind Gewaltmaßnahmen und keine Gesetze. ... Daher verpflichten solche Gesetze das Gewissen nicht ... und dürfen auf keine Weise befolgt werden. (432)

Fox: Gibt es auch andere Gelegenheiten, bei denen dem Gesetz nicht gehorcht werden muß?

Thomas: In manchen Fällen ist es schlecht, ein bestehendes Gesetz zu befolgen, und es ist gut, sich ohne Beachtung des Gesetzestextes nach dem Wesen der Gerechtigkeit und dem Gemeinwohl zu richten. Darum geht es bei der 'epieikeia', die wir als 'Billigkeit' bezeichnen, woraus sich ergibt, daß epieikeia eine Tugend ist. (433)

Fox: Willst du damit sagen, daß es unter bestimmten Umständen eine Tugend ist, sich den Buchstaben des Gesetzes zu widersetzen?

Thomas: Es ist sündhaft, dem Gesetzestext zu folgen, wo dies nicht sein darf. (434) Not unterliegt nicht dem Gesetz. (435)

Fox: Wie könnten einige Handlungsanweisungen für moralischen Gehorsam und Ungehorsam aussehen?

Thomas: Menschliches Recht kann das Naturrecht oder das göttliche Recht nicht aufheben. (436) Jedes Gesetz richtet sich auf das Gemeinwohl der Menschen und bezieht daher seine Kraft und Bedeutung. Sofern es davon abweicht, hat es keine verpflichtende Kraft. (437)

Fox: In deiner Definition des Gesetzes sprichst du über Gesetze, die für das Gemeinwohl gemacht sind. Wer ist deiner Meinung nach für die Gesetzgebung verantwortlich?

Thomas: Eine Gemeinschaft von Menschen ... kann in zweierlei Zustand sein. Handelt es sich um eine Gemeinschaft freier Menschen, die sich ihr Gesetz selbst geben kann, so wiegt die Übereinkunft aller, die sich in der Gewohnheit zeigt, mehr als die Autorität des Vorstehenden (princeps), dessen gesetzgebende Kraft nur auf der Stellvertretung aller beruht. Daher dürfen Einzelpersonen keine Gesetze erlassen, sondern nur das ganze Volk. Hat die Gemeinschaft der Menschen dagegen nicht die freie Macht, sich Gesetze zu erlassen oder von höherer Macht erlassene Gesetze abzuschaffen, so erlangt die in dieser Gemeinschaft vorherrschende Gewohnheit insoweit Gesetzeskraft, als sie von den für die Gesetzgebung Zuständigen toleriert und somit gebilligt wird. (438)

Fox: Ich verstehe das so, daß du den Mißbrauch von Macht weniger über viele kritisierst.

Thomas: Menschliche Macht (potestas) ist höchst unvollkommen, denn sie wurzelt im Wollen und in den Meinungen der Menschen, die äußerst unbeständig sind. Und je größer eine Macht eingeschätzt wird, von um so mehr hängt sie ab. (439)

Fox: Ich verstehe das so, daß in einer Gemeinschaft wirklich die Menschen die Quelle der Macht sind.

Thomas: Wenn auch der Kopf höher als der Körper ist, so ist der Körper doch größer. Der Körper wird vom Kopf regiert, aber der Kopf wird vom Körper getragen. Und der Kopf braucht den Körper nicht weniger als der Körper den Kopf. ... So hat also der Herrscher die Macht und die Majestät von den Untertanen. Und im Falle, daß er sie verachtet, kann er sowohl die Macht als auch die Stellung verlieren. (440)

Fox: Und manchmal verliert er seinen Kopf, würde ich hinzufügen! Deine Vorstellung, daß der Herrscher seine Macht von den Untergebenen habe, ist sehr modern. Nach welchen Prinzipien würdest du die Verpflichtungen eines Führers beschreiben?

Thomas: Die Einheit der Gesellschaft, Friede genannt, wird durch die Bemühungen des Führers bewirkt. Zu einem guten Leben der Gesellschaft ist dreierlei erforderlich: Erstens, daß die Gesellschaft zur Einheit des Friedens gebracht werde; zweitens, daß die so im Frieden verbundene Gesellschaft zu einem guten Leben geführt werde. ... Drittens ist es nötig, daß durch die Bemühung des Herrschers eine ausreichende Menge der anderen, zu einem guten Leben erforderlichen Güter zur Verfügung steht. (441)

Fox: Du sprichst von dem Frieden, der von Gerechtigkeit ausgeht, den du auch vorher in unserem Gespräch erwähntest, wenn du über ein gerechtes Dasein sprachst und über den Gemeinschaftsaspekt des harmonischen Lebens. Was meinst du aber mit den Dingen, die für ein gutes Leben notwendig sind?

Thomas: Zu einem richtigen Leben der Menschen auf der Erde ... gehören als Teilgüter, um die sie sich zu bemühen haben, Reichtum und Gewinn, Gesundheit, Beredsamkeit und Bildung. (442)

Fox: Es ist bezeichnend, daß du in dein Verständnis des Sinns von Regierung das psychologische, körperliche, ökonomische, erzieherische und sogar ästhetische Wohlbefinden aller einbeziehst. Ich entnehme dem auch eine implizite Kritik von Systemen, in denen kein Friede bestehen kann, weil keine Gerechtigkeit herrscht. Laß uns noch über die Beziehung zwischen Armut und Reichtum und zwischen Unrecht und Gerechtigkeit sprechen. Dieses Thema scheint häufig Ausgangspunkt der prophetischen Empörung zu sein.

Thomas: Da Gott das Böse haßt und das Gute Gott gefällt, hört Gott die Unterdrückten schreien – Gott hört jedoch nicht die Unterdrücker. Darum sagt Hiob: „Sie werden schreien", nämlich die Unterdrücker und Tyrannen, als suchten sie die Befriedigung ihrer Bedürfnisse von Gott, „und Gott wird sie nicht hören." Das geschieht wegen des Stolzes der bösen Menschen, wie Psalm 102 sagt: „Gott beachtet das Gebet der Demütigen." (443)

Fox: Glaubst du an einen Gott, der die Unterdrückten vom Unrecht befreit?

Thomas: Die Reichen sind stark, gemäß Sprüchen 18,11: „Dem Reichen ist sein Vermögen wie eine feste Stadt", und so weiter. Aber Gott befreit die Armen von ihnen. Denn die Reichen greifen die Armen zuerst an und berauben sie dann. Davon befreit Gott sie. Über die Armen sagt der Psalmist (35,10): „Du entreißt die Armen", die keine Vorräte haben, „der Hand der Starken". Über die Starken sagt der Psalmist weiter: „die Bedürftigen und Armen denen, die sie berauben." Als bedürftig wird bezeichnet, wem das Nötige fehlt. (444)

Fox: Was ist Armut?

Thomas: Armut ist vielfältig. Es gibt eine Armut an irdischem Besitz. Jakobus 2,5 sagt: „Wählte Gott nicht die Armen dieser Welt aus, reich im Glauben zu sein und Erben des Gottesreiches, das Gott denen verspricht, die Gott lieben?" Es gibt eine Armut der Bescheidenheit, wie nach Matthäus 5: „Selig sind die Armen im Geiste, denn das Himmelreich gehört ihnen." Eine Armut der Anfechtung, wie nach Psalm 69,30: „Ich bin arm und niedergeschlagen. Dein Heil, Herr, erhält mich." Des Wissens, in Offenbarung 3: „Du erkennst nicht, weil du arm bist." Und der Unvollkommenheit, wie in den Klageliedern (3,1): „Ich bin der Mann, der seine Armut sieht unter der Rute von Gottes Zorn." (445)

Fox: Laß uns über die erste Art der Armut sprechen, die du erwähntest, die Armut an irdischem Besitz. Diskussionen über reich und arm kommen oft nicht weiter, weil wir nicht genügend auf das achten, was du die 'Grundbedürfnisse' nennst. Mir scheint, daß wir Gemeinschaften der Gerechtigkeit und Freude aufbauen könnten, wenn alle ihre Grundbedürfnisse befriedigt hätten.

Thomas: Tatsächlich ist äußerer Reichtum für den Nutzen der Tugend notwendig, denn durch ihn unterhalten wir unseren Körper und helfen anderen Menschen. Die Mittel zu einem Zweck müssen aber ihre Qualität aus diesem Zweck erhalten. Der äußere Reichtum muß also gut für die Menschen sein – natürlich nicht ein vorrangiges Gut, aber ein sekundäres. Denn das Ziel ist das im Prinzip Gute, während anderes nur im Hinblick auf ein solches Ziel gut ist. (446)

Fox: Damit berührst du ein weiteres Thema: die Verwirrung von Mitteln und Zwecken. Äußere Reichtümer haben – besonders in einer Konsumgesellschaft – etwas an sich, was alle anderen Zwecke auslöscht und damit die Nützlichkeit der Güter verdirbt.

Thomas: Wird die Praxis der Tugend durch den Reichtum behindert, so gehört dieser nicht mehr zu den Gütern, sondern zu den Übeln. Für manche Menschen scheint es gut zu sein, Reichtümer zu besitzen, denn sie setzen sie für die Tugend ein; für andere aber ist es schlecht, sie zu haben, denn sie werden dadurch von der Tugend abgelenkt, entweder durch zu große Sorge darum oder Anhaftung daran, oder wegen des daraus entspringenden geistigen Stolzes. (447)

Fox: Reichtum scheint ein relativer Begriff zu sein. Ich sage gern, daß der wirkliche Reichtum unserer Spezies in der Gesundheit der Erde liegt, in ihren Ökosystemen und ihren Geschöpfen. Aber in meiner Gesellschaft meint man mit Reichtum Geld und Aktien, Gold und Immobilien.

Thomas: Es gibt zwei Arten Reichtum, natürlichen und künstlichen. Natürlicher Reichtum, wie Essen, Trinken, Kleidung und Obdach, versorgt die natürlichen Bedürfnisse. ... Natürlicher Reichtum sollte der menschlichen Natur dienen und kann deshalb nicht vollkommen sein, denn er unterliegt selbst dem Menschlichen. (448)

Fox: Wir müssen also alle reich an natürlichem Reichtum in diesem Sinne sein, denn du sprichst hier offenbar von Grundbedürfnissen, die du als unsere natürlichen Bedürfnisse bezeichnest. Was aber ist mit dem künstlichen Reichtum?

Thomas: Künstlicher Reichtum, wie Geld, dient nicht direkt der Natur, sondern wurde erfunden, um den Warenaustausch zu erleichtern. ... Noch viel weniger (als der natürliche) ist der künstliche Reichtum ein letztes Ziel der Menschheit, denn er ist nichts weiter als ein Mittel für den natürlichen. (449)

Fox: 'Künstlicher Reichtum ist ein Mittel zu natürlichem' – könnten wir doch diese Perspektive der Dinge nur immer beibehalten! Wie können wir dieses Thema des Reichtums weitergehend analysieren?

Thomas: Eine äußere Sache kann auf zweierlei Weise betrachtet werden: Einmal hinsichtlich ihrer Natur, die der menschlichen Macht nicht unterworfen ist, sondern nur der göttlichen, der alles sofort gehorcht; zum anderen hinsichtlich des Gebrauchs dieser Sache. Da hat der Mensch eine natürliche Herrschaft über die äußeren Dinge, weil er sie durch Vernunft und Wille zu seinem Nutzen verwenden kann. (450)

Fox: Ich fürchte, wir übergehen dabei deinen ersten Punkt: daß alle Dinge der göttlichen Macht unterliegen. Mir scheint, daß wir wieder eine Art Achtung vor den Dingen lernen müssen. Dann wird unser Kontrollzwang sich lockern, und wir werden eine andere Beziehung zu ihnen aufnehmen können.

Thomas: Hinsichtlich der äußeren Dinge kommt dem Menschen zweierlei zu, wovon das eine die Macht ist, anzuschaffen und zu verwalten. ... Das andere ist der Gebrauch. In dieser Hinsicht darf der Mensch die äußeren Dinge nicht als seine eigenen, sondern als gemeinschaftliche haben, so daß er sie mit anderen für ihre Bedürfnisse bereitwillig teilt. Daher sagt der Apostel in 1 Timotheus 6,17f: „Gebiete den Reichen in dieser Welt, daß sie bereitwillig geben und teilen.“ (451)

Fox: Ich sehe in dieser Einstellung eine Logik. Du kommst immer wieder zu einem Punkt zurück: Die äußeren Güter sind Mittel und keine Zwecke.

Thomas: Nach der Naturordnung ist von der göttlichen Vorsehung bestimmt, daß die materiellen Dinge dazu da sind, die menschlichen Bedürfnisse zu erleichtern. (452)

Fox: Jetzt sehe ich, warum wir Propheten brauchen, um uns daran zu erinnern. Der Unterschied zwischen Bedürfnis und Wunsch, zwischen reich und arm ist heftig geleugnet und verdrängt worden.

Thomas: Wenn die Erlangung von Reichtum das Ziel von Menschen ist, so werden sie alle Mittel zu diesem letzten Ziel einsetzen, Betrug oder anderes. Sie werden zu Räubern und schaffen sich durch Raub Überfluß. Dieser Überfluß aber führt zur Verachtung von Gott, und deshalb fügt Hiob hinzu: „fordern Gott frech heraus“. ... Deren letztes Ziel das Erlangen von Reichtum ist, halten folglich alles für gut, was diesem Ziel dient. Es ist klar, daß sie Gott herausfordern, wenn sie gegen die Gerechtigkeit handeln und Reichtum durch Raub gewinnen. Daraus folgt, daß sie Gott frech herausfordern. (453)

Fox: Die Gerechtigkeit fordert, daß zuerst die Grundbedürfnisse aller befriedigt werden, bevor wenige ihren Luxus haben können.

Thomas: Was einige im Überfluß haben, ist nach dem Naturrecht dem Unterhalt der Armen geschuldet. So sagt Ambrosius, wie sich auch in den Dekreten Gratians, 47, findet: „Es ist das Brot der Hungrigen, das du zurückhältst, das Kleid der Nackten, das du verschließt, und das Geld, das du in der Erde vergräbst, ist die Befreiung und der Loskauf der Elenden." Da es aber viele Notleidende gibt und mit einer Sache nicht allen geholfen werden kann, ist es der Entscheidung des einzelnen überlassen, mit seinem Besitz so zu verfahren, daß er Notleidenden damit hilft. Besteht jedoch eine dringende und offenkundige Notlage, der mit den vorhandenen Mitteln beigekommen werden muß, wenn zum Beispiel ein Mensch in Lebensgefahr ist und anders nicht geholfen werden kann, dann darf man sich von fremdem Besitz aus der Not helfen und etwas offen oder heimlich wegnehmen. Das ist auch keine Frage des Diebstahls oder Raubes. (454)

Fox: Ich finde deine Betonung der 'Entscheidung des einzelnen' etwas zu stark am Privaten orientiert. Auch die Gesellschaft muß manchmal die Hilfestellung leisten, von der du sprichst. Aber deine letzte Aussage, daß die ganz Armen ein Recht darauf haben, sich von denen etwas zu nehmen, die mehr als genug haben, ist in der Tat eine starke Medizin.

Thomas: Der Gebrauch eines fremden Besitzes, den man in extremer Notlage genommen hat, ist eigentlich kein Diebstahl, weil durch eine derartige Not dasjenige, was man zur Erhaltung des eigenen Lebens genommen hat, zum eigenen wird. (455)

Fox: Du hältst es für ein 'Naturrecht' oder 'Naturgesetz', daß diejenigen, die genug haben, den Armen helfen müssen. Könntest du das bitte ausführen?

Thomas: In einer ähnlichen Notlage kann man auch heimlich fremden Besitz nehmen und einem Nächsten, der es braucht, damit helfen. (456)

Fox: Sagst du damit, daß Eigentum nicht unverletzlich ist?

Thomas: Eine Unterscheidung des Besitzes gibt es nach dem Naturrecht nicht, sondern vielmehr nach menschlicher Absprache, was in den Bereich des gesetzten Rechtes gehört. Deshalb ist Besitz nicht gegen das Naturrecht, sondern wird durch einen Entwurf der menschlichen Vernunft dem Naturrecht hinzugefügt. (457)

Fox: Siehst du einen Platz für Privatbesitz?

Thomas: Im derzeitigen Zustand muß wegen der Vermehrung an Besitzern auch eine Aufteilung des Besitzes stattfinden, weil die Gütergemeinschaft Anlaß zu Streit gibt. Im Zustand der Unschuld wäre der menschliche Wille so geordnet gewesen, daß sie ohne Gefahr des Streites gemeinsam je nach ihren Bedürfnissen hätten benutzen können, was ihnen unterstand. Das wird ja auch (jetzt) von vielen guten Menschen so gehalten. (458)

Fox: Obwohl du die Beziehung der Reichen zum Reichtum und zu den Armen kritisierst, leugnest du nicht den Nutzen und das Recht auf Privatbesitz?

Thomas: Der Besitz von Eigentum ist aus drei Gründen zum menschlichen Leben nötig: Erstens beschafft jeder sorgfältiger, was nur ihm allein gehört, als etwas, was allen oder vielen gehört; weil etwa jeder die Arbeit scheut, überläßt er das, was die Gemeinschaft angeht, den anderen, wie es bei einer großen Zahl von Beamten auftritt. Zweitens werden die menschlichen Angelegenheiten ordentlicher gehandhabt, wenn alle einzelnen für die Beschaffung ihrer eigenen Dinge sorgen; und es gäbe Verwirrung, wenn jeder unterschiedslos irgend etwas zu regeln hätte. Drittens wird unter den Menschen auf diese Weise ein friedlicherer Zustand gewahrt, weil alle mit dem eigenen zufrieden sind. Wir sehen nämlich, daß unter denjenigen, die gemeinsamen Besitz haben, öfter Streit ausbricht. (459)

Fox: Ich verstehe das so, daß du die rechte Beziehung zwischen Wohlstand und Armut hervorhebst. Reichtum kann uns völlig von unseren wirklichen Zielen und auch von echten Beziehungen ablenken, einschließlich der Beziehung zu den Armen.

Thomas: Jesus sagt: „Wo dein Schatz ist, da ist auch dein Herz." ... Liebst du Irdisches, dann wird dein Herz dort sein; denn wo die Liebe ist, da ist auch das Auge: Die Augen des Narren reichen bis an die Grenzen der Erde. (460)

Fox: Reichtum wird dann zum Götzen, zu einem Ziel statt einem Mittel.

Thomas: Was immer jemand zum Ziel an sich macht, ist dieses Menschen Gott. Die also den Reichtum zu ihrem Ziel machen, deren Gott ist der Reichtum, wie es von denen heißt, „deren Gott der Bauch ist" (Phil.3,19). (461)

Fox: In diesen Fällen soll der Zweck die Mittel rechtfertigen.

Thomas: Durch Reichtum werden die Menschen überheblich, weil sie glauben, daß sie wegen ihres Reichtums nur auf sich selbst angewiesen sind. Deshalb verachten sie frech Gott und vertrauen auf ihren Reichtum. „Die Geliebten wurden fett und bockten" (Deut.32,15). (462)

Fox: Und daraus folgt Gier.

Thomas: Die Gier nach Gewinn kennt keine Grenze, sondern strebt ins Unendliche. (463)

Fox: Das ist, als würden materielle Güter in unsere Göttlichkeit eindringen, in unsere Fähigkeit zum Geistigen oder Unendlichen. Das ist ein weiterer Grund, eine Theologie unserer Göttlichkeit zu entwickeln, denn wenn wir eine solche nicht haben, dann werden die Menschen zu unendlich gierigen Konsumenten.

Thomas: Die nicht naturhafte Begierde ist ganz und gar unendlich. Sie folgt nämlich aus der Vernunft, deren Sache es ist, ins Unendliche fortzuschreiten. Wer also Reichtum begehrt, kann diesen nicht nur bis zu einer bestimmten Grenze begehren, sondern will einfach so reich sein, wie es nur geht. (464)

Fox: Du hältst das unnatürliche Verlangen für unendlich. Wie steht es mit dem Verlangen nach natürlichen Gütern?

Thomas: Eine natürliche Begierde kann nicht wirklich unendlich sein, weil sie sich auf das richtet, was die Natur bedarf; und die Natur beabsichtigt immer etwas Begrenztes und Gewisses. Deshalb verlangt man niemals unendlich viel Nahrung oder Getränk. (465) Das Bedürfnis nach natürlichen Gütern ist nicht unendlich, weil sie der Natur in einem gewissen Ausmaß reichen. Das Verlangen nach künstlichem Reichtum aber ist unendlich, weil es Diener eines ungeordneten und zügellosen Bedürfnisses ist. Doch ist dieses Verlangen nach Reichtum auf andere Weise unendlich als das nach dem höchsten Gut. Denn je vollkommener das höchste Gut besessen wird, um so mehr wird es geliebt und werden andere Dinge verachtet, weil wir es um so besser kennen, je mehr wir es besitzen. ... Bei dem Verlangen nach Reichtum oder irgendeinem anderen vergänglichen Gut ist jedoch das Gegenteil der Fall: Denn wenn wir es schon besitzen, verachten wir es und suchen anderes. ... Der Grund dafür ist, daß wir seine Unvollkommenheit besser erkennen, wenn wir es besitzen. Und das zeigt, wie unvollkommen es ist und daß das höchste Gut nicht darin liegt. (466)

Fox: In unserer Zeit, in der die Erde unter so viel Gier und Mißbrauch erschaudert, ist es wichtig, von endlichen und unendlichen Grenzen zu sprechen.

Thomas: Diejenigen, die ihr Ziel in den Reichtum setzen, haben danach endlose Begierde. Die den Reichtum aber für das Lebensnotwendige brauchen, begehren endlichen Reichtum, der für das Lebensnotwendige ausreicht.

(467) Die Masse der Toren, die nichts anderes kennen als materielle Güter, die man für Geld erhalten kann, glaubt, daß alle materiellen Dinge dem Geld gehorchen. Wir sollten unsere Einschätzung der menschlichen Güter aber nicht von den Narren übernehmen, sondern von den Weisen. (468)

Fox: Das heutige Problem ist, daß die Werbungsindustrie so mächtig ist, daß sie uns alle zu einer Masse von Narren machen kann, das heißt, zu bloßen Konsumenten, die nach einer unendlichen Menge von Gütern suchen. Was wäre eine Alternative zur Habgier?

Thomas: Die heilige Liebe (caritas) selbst hat ihrem Charakter nach keine Grenze für ihr Wachsen, denn sie hat Teil an der unendlichen Liebe, die der Heilige Geist ist. Die Ursache, von der das Wachstum der heiligen Liebe ausgeht, ist eine unendliche Kraft, nämlich Gott. Auch seitens des Subjektes kann diesem Wachsen keine Grenze gesetzt werden, denn wann immer die Liebe zunimmt, nimmt auch die Fähigkeit zu weiterem Wachstum zu. Daraus ergibt sich, daß dem Wachsen der heiligen Liebe (caritas) in diesem Leben keine Grenze gesetzt werden kann. (469)

Fox: Wenn wir unsere Suche nach dem Unendlichen in eine Besessenheit von materiellen Gütern leiten, scheint das Mitgefühl zu verschwinden.

Thomas: Der Psalmist sagt: „Gesegnet sind, die an die Armen und Bedürftigen denken." Glücklich sind die Mitfühlenden, die sich um die Bedürftigen und Armen kümmern. Sprüche 14,31 sagt: „Wer mit den Armen Erbarmen hat, wird glücklich sein." Und der Psalmist spricht vom „Denken an" die Armen, nicht nur vom „Helfen". Denn wie gesagt wurde, sollte man mitfühlend sein wie Gott es ist. Gott aber wartet nicht, bis Gott gebeten wird, sondern Gott hilft dem Bedürfnis, bevor darum gebeten wird. Wahrhaft mitfühlend ist also, wer nicht nur denen hilft, die danach suchen, sondern auch den Bedürftigen, bevor sie danach fragen. Bei Hiob (31,16) steht: „Wenn ich den Armen verweigerte, was sie brauchen, wenn ich die Augen der Witwe warten ließe." (470)

Fox: Was ist denn Habsucht oder Gier?

Thomas: Habsucht (avaritia) wird definiert als „unmäßige Liebe zum Besitzen", weshalb sie offenbar eine Sünde ist. (471)

Fox: Gegen wen richtet sich die Sünde der Habsucht?

Thomas: Die Habsucht kann in äußeren Dingen in zweierlei Hinsicht eine Maßlosigkeit bedeuten. Einmal in bezug auf das Erlangen und Bewahren derselben, wenn etwa jemand mehr davon erwirbt oder behält, als sich ziemt.

Dann ist es eine Sünde direkt gegen den Nächsten. Denn bei äußeren Gütern kann ein Mensch nur dann Überfluß daran haben, wenn es einem anderen daran mangelt, weil äußere Güter nicht von vielen zugleich besessen werden können. (472)

Fox: Das scheint mir äußerst wichtig: Der Überfluß des Einen (oder des einen Volkes) bedeutet bei anderen den Verlust des Notwendigen. Irdische Güter können nicht von vielen zugleich besessen werden, während geistige Güter, wie Ideen und Kreativität, Musik und so weiter, durchaus von vielen besessen werden können. Du sagst, Habgier nähre das Unrecht?

Thomas: Die Habsucht widerspricht der Gerechtigkeit. So wird sie bei Ezechiel (22,27) verstanden, wo es heißt: „Des Landes Fürsten sind wie Wölfe, die auf Beute aus sind. Sie vergießen Blut ... und sind gierig, Gewinn zu machen." (473)

Fox: Warum meinst du, gehen Unrecht und Habgier zusammen?

Thomas: Ungerechte Menschen sind nie zufrieden. Wer aber die Gerechtigkeit zum Ziel hat, verwöhnt sich nicht zu sehr. Sprüche 13,25 sagt: „Der Gerechte ißt und wird satt." (474)

Fox: Gegen wen außer unserem Nächsten wird die Sünde der Habsucht noch begangen?

Thomas: Außerdem kann Habsucht Maßlosigkeit in bezug auf die innere Neigung zum Reichtum mit sich bringen, wenn jemand zum Beispiel unmäßig Reichtum begehrt oder liebt oder ihn genießt. So ist die Habsucht eine Sünde gegen sich selbst, indem sie die inneren Neigungen in Unordnung bringt, jedoch nicht im körperlichen Bereich wie die fleischlichen Sünden. Folglich handelt es sich dabei, wie bei allen moralischen Sünden, um eine Sünde gegen Gott, insofern die Menschen ein ewiges Gut des weltlichen wegen verschmähen. (475) Also steht die Habsucht im Gegensatz zur Freigiebigkeit ..., die das Verlangen nach Reichtum mäßigt. (476)

Fox: Für wie ernst nimmst du die Sünde der Gier?

Thomas: Sofern die Habsucht der Gerechtigkeit entgegengesetzt ist, ... gehört es zu ihr, daß jemand unrechterweise fremdes Gut an sich nimmt oder behält. Das ist Raub und Diebstahl, die Todsünden sind. ... Wird die Liebe zum Reichtum so groß, daß sie der heiligen Liebe (caritas) vorgezogen wird, so daß man aus Liebe zu Reichtum sich nicht scheut, gegen Gott oder den Nächsten zu handeln, so wird die Habsucht zur Todsünde. ... Ist jemand aber nicht bereit, um des Geldes willen gegen Gott oder den Nächsten zu handeln, so ist die Habsucht eine läßliche Sünde. (477) Die Gier nach Reichtum verdunkelt die Seele, sofern sie das Licht der göttlichen Liebe ausschließt, weil sie die Liebe zum Reichtum über die Gottesliebe stellt. (478)

Fox: Wenn du sagst, unsere Gier könne 'die Seele verdunkeln', nehme ich unsere Habsucht als etwas ziemlich Bedrohliches wahr. Ich spüre auch, daß die Gier eine Kultur und ein Volk in Dunkelheit bringen kann.

Thomas: Der Grad der Sünden kann daran bemessen werden, welchem Gut das menschliche Verlangen ungeordneterweise unterliegt. Je niedriger dieses Gut, desto verfehlter ist die Sünde. Denn es ist beschämender, einem niederen Gut zu unterliegen als einem höheren. Das Gut der äußeren Dinge ist aber unter den menschlichen Gütern das niedrigste. Es ist nämlich geringer als das Gut des Körpers, das wiederum geringer als das Gut der Seele ist, über welches das göttliche Gut hinausragt. Demgemäß steckt in der Sünde der Habsucht sozusagen die größte Verfehlung, weil sie das menschliche Verlangen sogar den äußeren Dingen unterstellt. (479)

Fox: Ich frage mich, ob die Werbeindustrie uns nicht alle deformiert, weil sie unser Verlangen auf die am wenigsten wichtigen Güter oder Segnungen des Lebens lenkt.

Thomas: So heißt es bei Sirach: „Nichts ist schlimmer als ein habsüchtiger Mensch. Nichts ist niedriger als die Liebe zum Geld, denn der Habsüchtige bietet selbst seine Seele zum Verkauf." ... Denn er setzt seine Seele, das heißt sein Leben, wegen des Geldes Gefahren aus. Deshalb heißt es weiter: „Während er noch lebt, wirft er fort", das heißt, verachtet er, „sein Inneres", um Geld zu erlangen. Cicero fügt dem hinzu, daß es Zeichen eines engen Geistes sei, sich dem Geld unterstellen zu wollen. (480)

Fox: Wenn ich dir zuhöre, bekomme ich den Eindruck, daß das Heilmittel gegen die Habsucht nicht darin besteht, den Materialismus zu verdammen. Die Habsucht scheint mir viel eher eine Suche nach Befriedigung eines spirituellen als eines materiellen Bedürfnisses zu sein, nämlich unsere Sehnsucht nach dem Unendlichen.

Thomas: Habsüchtige genießen es, sich als Besitzer von Reichtum zu betrachten. Deshalb ist Habsucht eine geistige Sünde (peccatum spirituale). (481)

Fox: Könntest du mir noch einmal in Erinnerung rufen, was du mit dem Ausdruck 'geistige Sünde' meinst.

Thomas: Jede Sünde besteht im Verlangen nach einem veränderlichen Gut, nach dem man ein ungeordnetes Verlangen hat. Geistige Sünden betreffen die Seele, fleischliche die Berührung und Sinnesfreude. (482) Ehebruch gehört nicht nur zur Sünde der Wollust, sondern auch zur Sünde der Ungerechtigkeit, ... so daß der Ehebruch eine viel schwerere Sünde ist als der Diebstahl. (483)

Fox: Ich erinnere mich daran, daß du zuvor sagtest, eine geistige Sünde sei größer als eine fleischliche, weil die erstere die Seele von Gott abwendet, während die letztere uns einer Erfahrung physischer Vereinigung zuwendet.

Thomas: Eine Todsünde kann es nicht in unserer Sinnesnatur geben, sondern nur in der Vernunft (484), und nicht unsere Sinnlichkeit wird dafür verantwortlich gemacht, sondern die Vernunft. (485)

Fox: Ja, schließlich ist es unsere Vernunft, die die electio oder Wahl trifft. Die christlichen Kirchen haben stets dazu geneigt, viel heftiger gegen die fleischlichen Sünden als gegen die seelischen zu predigen, die du als 'geistige Sünden' bezeichnest. Indem du nun die Habsucht als eine Sünde des Geistes bezeichnest, betonst du ihre Schwere. In Anspielung auf die Unzucht betonst du noch einmal, wie aus den sogenannten geistigen Sünden Unrecht entsteht und hältst sie aus diesen Gründen für ernsthaft. Bitte sage noch Genaueres dazu, daß die Habsucht eine geistige Sünde ist.

Thomas: Hinsichtlich des körperlichen Gegenstandes sucht die Habsucht nicht das Vergnügen des Körpers, sondern nur der Seele, sofern der Mensch nämlich Freude daran hat, Reichtum zu besitzen. Deshalb handelt es sich nicht um eine fleischliche Sünde. Von ihrem Gegenstand her gesehen, liegt sie aber zwischen den rein geistigen Sünden, die geistiges Vergnügen an geistigen Dingen suchen, wie der Stolz an der eigenen Großartigkeit, und den rein fleischlichen Lastern, die eine rein körperliche Freude an körperlichen Gegenständen suchen. (486)

Fox: Welche Konsequenzen können wir aus einer Kultur oder einem Wirtschaftssystem erwarten, das auf Habsucht aufbaut?

Thomas: Aus Habsucht entsteht eine 'Verhärtung gegen das Mitgefühl', weil das Herz des Habsüchtigen nicht von Mitgefühl erweicht wird, Bedürftige mit seinem Reichtum zu unterstützen. ... Es geht auch 'Ruhelosigkeit' daraus hervor, sofern sie im Menschen überflüssige Aufregung und Sorge erweckt, wie es beim Prediger (5,9) heißt: „Wer das Geld liebt, bekommt davon nie genug." ... Habsüchtige setzen bei der Aneignung fremden Gutes manchmal Gewalt ein, das gehört zur 'Gewalttätigkeit'; manchmal auch List. Verwenden sie dabei Worte, so gehört es zur 'Falschheit', wenn es sich um einfache Worte handelt, zum 'Meineid', wenn etwas durch einen Eid bestätigt wird. Wird die List in Form von Handlungen angewandt, so handelt es sich gegenüber Sachen um 'Betrug', gegenüber Menschen um 'Verrat', wie etwa bei Judas, der aus Habsucht Christus verriet. (487)

Fox: Du weist da deutlich auf einen Teil der Schattengeister unserer Kultur hin, wenn du von diesen 'Töchtern der Habsucht' sprichst. Besonders beeindruckt mich deine Erklärung der 'Ruhelosigkeit', die heute im Westen so sehr vorherrscht, und auch dein Hinweis auf das Vergessen des Mitgefühls.

Thomas: Verlangen nach 'schmutzigem Gewinn' gehört zur 'Ruhelosigkeit'. ... 'Unmenschlichkeit' ist dasselbe wie 'Verhärtung gegen das Mitgefühl'. (488)

Fox: Wiederum möchte ich hier sagen, daß dein Ansatz, Habsucht als geistige Sünde zu sehen, uns einen Hinweis darauf gibt, wo wir das Heilmittel dagegen finden werden, indem wir nämlich zu unserer Quelle zurückgehen. Wir brauchen spirituelle Lehren und Praktiken, die uns Wege zum wahrhaft Unendlichen zeigen und dadurch die Habsucht und ihre Ableger bekämpfen, die du uns so deutlich aufgewiesen hast.

Wenn wir uns jetzt anderen Themen der Ungerechtigkeit zuwenden, so scheint es doch so zu sein, daß die ökonomische Ungerechtigkeit oft Menschen benachteiligt. Wir können aber sehr in Verwirrung darüber geraten, wo die Rechte der Besitzenden enden und jene der Besitzlosen beginnen.

Thomas: Wer zum Theater vorläuft, um den anderen den Weg freizumachen, handelt nicht unerlaubt, er täte es nur, wenn er die anderen behinderte. Ebensowenig handelt ein Reicher unerlaubt, wenn er den Besitz von etwas, das ursprünglich allen gehörte, vorwegnimmt, um mit anderen zu teilen. Er sündigt aber, wenn er andere ohne Rücksicht vom Gebrauch dessen ausschließt. Deshalb sagt Basilius: „Weshalb lebst du im Überfluß, wenn andere betteln?“ (489)

Fox: Unser heutiges Wirtschaftsleben wird durch das Wesen des Kapitalismus kompliziert, der die Reichen immer reicher und die Armen ärmer macht. Das System bewirkt, mit anderen Worten, daß die Reichen noch mehr bekommen, während diejenigen ohne Reichtum kaum welchen erringen können. Du hast zwar nicht in einem so ausgeprägten kapitalistischen System gelebt, erlebtest aber dennoch die Geburt des Kapitalismus. Kannst du etwas zu dem Problem sagen, daß aus Geld Geld gemacht wird?

Thomas: Es ist an sich ungerecht, Zinsen für entliehenes Geld zu nehmen, weil man damit verkauft, was nicht existiert, wodurch offenkundig eine Ungleichheit aufgebaut wird, die der Gerechtigkeit widerspricht. ... Es ist an sich unerlaubt, für den Gebrauch von entliehenem Geld eine Bezahlung zu nehmen, die man Zinsen nennt. Und so wie der Mensch andere unrechtmäßig erworbene Güter zurückgeben muß, muß er auch das als Zins genommene Geld zurückgeben. (490)

Fox: Nur wenige würden heute den Wucher für eine ernsthafte Sünde halten.

Thomas: Zu Wucherzinsen Geld zu verleihen, ist eine schwere Sünde, ... weil sie sich gegen die natürliche Gerechtigkeit richtet. Bedenken wir die Wortbedeutung: Das (lateinische) Wort stammt von usus (Gebrauch). Wucher setzt einen Preis auf einen Geldverleih fest und verkauft den Gebrauch des Geldes als Verleih.

Bedenken wir, daß verschiedene Dinge verschiedene Verwendung haben. In manchen Fällen bedeutet die Benutzung von etwas, daß die Substanz aufgebraucht wird. Die richtige Verwendung des Weines ist, daß er getrunken wird, das Brot wird gegessen, und in beiden Fällen wird die Substanz verzehrt. So ist der rechte Gebrauch des Geldes, es im Austausch für etwas anderes zu geben; Aristoteles stellt fest, daß Münzen geprägt werden, um dem Austausch zu dienen. Es gibt jedoch andere Dinge, deren Verwendung keinen Verbrauch ihrer Substanz umfaßt. Der Nutzen eines Hauses ist, als Wohnung zu dienen, und das Wesen des Wohnens erfordert nicht, daß das Haus dabei niedergerissen wird. ... Da solche Dinge beim Benutzen nicht notwendig verbraucht werden, kann das Ding unabhängig von seinem Gebrauch übertragen oder verkauft werden. ...

Bei den Dingen, die beim Benutzen verbraucht werden, wird mit der Übertragung der Benutzung auch das Ding selbst übertragen und umgekehrt. Wenn nun jemand Geld verleiht und es zurückerwartet und zusätzlich eine Gebühr für die Benutzung verlangt, dann wird klar, daß er die Substanz des Geldes und seine Benutzung getrennt verkauft. Folglich verkauft er etwas, das gar nicht existiert, oder er verkauft das Gleiche zweimal, was klar gegen das Verständnis der natürlichen Gerechtigkeit verstößt. Deshalb ist es eine schwere Sünde, Geld zu Wucherzins zu verleihen, und das gleiche gilt für andere Dinge, deren Benutzung ihr Verbrauch ist, wie Wein oder Mehl. (491)

Fox: Ich nehme an, daß du mit Wucher die Erhebung von übermäßigen Zinsen auf eine Leihgabe meinst.

Thomas: Manche Leute, wie Zuhälter, verdienen an niedrigen oder ungesetzlichen Dingen, wie Prostitution oder ähnlichem. Andere bereichern sich an ungesetzlichem Eintreiben, wie zum Beispiel die Wucherer und jene, die wenigstens einen kleinen Gewinn von einer großen Leihgabe wollen. Alle diese nehmen aus verwerflichen Quellen, das heißt, von niederen oder schändlichen Werken, oder sie nehmen mehr als sie sollten, wie die Wucherer, die mehr als den Zins nehmen. Alle machen Profit, und zwar gewöhnlich ärmlichen. Diejenigen, die große Gewinne machen und es durch schändliche Mittel tun, die deshalb für unwürdig gehalten werden, werden nicht als geizig, sondern als böse, ungerecht und frevelhaft gegen Gott bezeichnet, als wären sie Kriminelle. (492)

Fox: Und dennoch verdammst du nicht jeden Handel.

Thomas: Der Tausch von Dingen ist zweierlei: Eines ist natürlich und notwendig, wenn nämlich für die Lebensbedürfnisse eine Sache gegen die andere oder eine Sache gegen Geld getauscht wird. ... Das andere ist der Tausch von Geld gegen Geld oder Geld gegen Dinge, nicht wegen der Lebensbedürfnisse, sondern wegen des Gewinnes. ... Die erste Art ist lobenswert, weil sie den natürlichen Bedürfnissen dient. Die zweite wird aber mit Recht kritisiert, weil sie aus sich heraus der Gier nach Gewinn dient, die keine Grenze kennt, sondern ins Unendliche strebt. (493)

Fox: Du meinst also, daß das Handeln mit einem anderen Zweck als dem Profit gerechtfertigt ist?

Thomas: Nichts spricht dagegen, einen Gewinn einem notwenigen oder ehrenhaften Ziel zuzuführen; dann wird das Handeln zu einem erlaubten. So kann jemand einen maßvollen Gewinn, den er im Handel sucht, für seinen Haushalt aufwenden oder zur Hilfe von Bedürftigen. Oder jemand kann auch zum öffentlichen Nutzen Handel treiben, wenn dem eigenen Land lebensnotwendige Dinge fehlen und wenn er den Gewinn dabei nicht als Ziel, sondern als Lohn seiner Arbeit sucht. (494) Nicht jeder, der etwas teurer verkauft, als er eingekauft hat, handelt, sondern nur, wer etwas einkauft, um es dann teurer zu verkaufen. Wenn jemand etwas kauft, nicht um es zu verkaufen, sondern um es zu behalten, und es dann später aus irgendeinem Grund wieder verkaufen will, so ist das auch dann kein Handel, wenn er es teurer verkauft. Denn das darf man tun, weil man entweder die Sache in irgendeiner Hinsicht verbessert hat, oder weil ihr Wert sich durch den Wechsel von Ort und Zeit verändert hat, oder wegen der Gefahr, der man sich ausgesetzt hat, die Sache von einem Ort zum anderen zu bringen oder bringen zu lassen. In diesem Sinne ist weder das Kaufen noch das Verkaufen ungerecht. (495)

Fox: Der gemeinsame Nenner des von dir Gesagten scheint mir zu sein, daß Geld nicht der Weg zum Glück ist.

Thomas: Geld wird durch Zwang erworben und durch Zwang wieder abgegeben. Das verträgt sich aber nicht mit dem Glück, welches das Ziel aller willentlichen Handlungen ist. (496)

Fox: Geld ist ein Mittel und kein Ziel.

Thomas: Geld wird um etwas anderen willen gewünscht, denn es ist von Natur aus ein nützliches Gut. Das Glück liegt deshalb nicht im Geld. (497)

Fox: Kann durch das großzügige Fortgeben von Geld Glück entstehen?

Thomas: Eine freigiebige Person gibt lobenswerterweise mehr für andere als für sich aus. (498)

Fox: Aber Großzügigkeit und Gerechtigkeit sind doch nicht das gleiche?

Thomas: Es gehört zur Freigiebigkeit, guten Gebrauch vom Reichtum zu machen, denn auf diesen Gegenstand bezieht sie sich. Zur Gerechtigkeit jedoch gehört der Gebrauch des Reichtums in anderer Hinsicht, nämlich in bezug auf eine Verpflichtung, sofern man nämlich einem anderen etwas Äußeres schuldet. (499) Freigiebigkeit ist keine Form der Gerechtigkeit. Denn die Gerechtigkeit gibt dem anderen, was ihm gehört, die Freigiebigkeit jedoch von dem, was einem selbst gehört. (500) Die Gerechtigkeit stellt in äußeren Dingen Gleichheit her, hat aber nichts mit der Mäßigung innerer Leidenschaften zu tun. (501)

Fox: Und Großzügigkeit hat mit unserer inneren Einstellung zum Geld zu tun?

Thomas: Zu einer freigiebigen Person gehört es, Geld zu verwenden. Die Verwendung des Geldes besteht aber darin, es auszugeben. Der Erwerb des Geldes ist nämlich einer Erzeugung ähnlicher als einem Gebrauch; während die Aufbewahrung des Geldes, sofern sie auf seine Verwendung zielt, mehr einer Gewohnheit ähnelt. ... Geld für andere auszugeben, entspringt einer größeren Tugend, als es für sich selbst zu verwenden. ... Deshalb loben wir eine freigiebige Person am meisten für das Schenken. (502)

Fox: Und dieses Geben kommt von innen?

Thomas: Das Verlangen nach Geld und die Lust daran, sind nicht körperlich, sondern seelisch. (503) Es ist Sache der Klugheit (prudentia), das Geld zu bewachen, damit es nicht gestohlen oder verschwendet wird. Doch braucht es zur nützlichen Verwendung nicht weniger Klugheit als zur Aufbewahrung, weil beim Gebrauch des Geldes, der wie die Bewegung ist, mehr zu beachten ist als bei der Aufbewahrung, die wie die Ruhe ist. (504)

Fox: Wir haben nun über einige praktische Anwendungen des Gerechtigkeitsprinzips in unserem Leben und der Gesellschaft gesprochen. Kehren wir nun zu einem anderen Aspekt der Via Transformativa zurück: zur Transformation, die Christus bringt. Wir haben von Christus als einem Propheten, als Gerechtigkeit und Lehrer der Gerechtigkeit und von Christus als Mitgefühl und Lehrer des Mitgefühls gesprochen. Gibt es noch mehr, was Christus uns als Hilfe dazu bringt, Werkzeuge der Wandlung und Prophetinnen und Propheten der Befreiung zu sein – für uns und für andere?

Thomas: Es gibt eine neue Art der Befreiung. Hebräer 9,12 sagt: „Durch sein eigenes Blut ist Christus in das Heiligtum eingegangen und hat für uns die ewige Erlösung gewonnen." „Und der Herr legte mir ein neues Lied in den Mund." Ein neues Lied meint das Neue Testament. Jesaja (55,3) sagt: „Ich will einen immerwährenden Bund mit euch schließen, gemäß der beständigen Liebe zu David." Und in der Offenbarung (14,3) heißt es: „Niemand konnte das Lied singen, außer den 144.000", denn es gibt einen neuen König, ein neues Gesetz, neue Freuden. ... Alle Menschen singen ein neues Lied, das Christus, der neue Mensch, gebracht hat. Offenbarung 21: „Siehe, ich mache die Dinge neu." Ein neues Volk singt also Neues, nämlich von der Inkarnation des Herrn, von seiner Auferstehung, seiner Himmelfahrt, seiner Geburt und anderes. In diesen besonderen Zeremonien singen oder lesen die Geistlichen der Kirche, in weiß oder Seide gekleidet, so daß niemand außer den erneuerten Menschen ein neues Lied singen darf. „Lied" sage ich nicht wegen der Eitelkeit oder der Sünde, sondern weil es Gott gefällt. Deshalb spricht der Psalmist von Hymnen oder Oden, die unserem Gott gefallen und zu seinem Lobpreis. Psalm 114 sagt: „Eine Hymne gefällt dir, Gott, in Zion." Und Epheser 5,19 spricht vom „Singen und Anstimmen von Hymnen im Herzen vor Gott." (505)

Fox: Du nennst Christus den 'neuen Menschen' und sprichst vom 'neuen Gesetz', das er bringt und das uns dazu drängt, 'neue Lieder zu singen'.

Thomas: Im Brief an die Epheser wird Christus selbst als der „neue Mensch" bezeichnet wegen der neuen Art seiner Empfängnis. „Denn der Herr schafft Neues auf der Erde: Eine Frau wird einen Mann umgeben" (Jer.31,22). Ein weiterer Faktor ist die Neuheit der Gnade, die er schenkt: „Denn in Christus kommt es nicht darauf an, ob einer beschnitten oder unbeschnitten ist, sondern daß er neue Schöpfung ist“ (Gal.6,15). „Und erneuert euren Geist und Sinn, und zieht den neuen Menschen an, der nach Gottes Bild geschaffen ist“ (Eph.4,23). Auch wegen der neuen Gebote, die er erläßt (ist Christus der neue Mensch): „Ein neues Gebot gebe ich euch: Daß ihr einander liebt, wie ich euch geliebt habe“ (Joh.13,34). (506)

Fox: Kannst du Weiteres über das 'neue Gesetz' sagen, das Christus uns bringt?

Thomas: Die Lehre Christi wird als Neues Testament bezeichnet, weil darin zwischen uns und Gott ein neuer Bund über das Himmelreich geschlossen wurde. (507) Christus sagt: „Denkt nicht, ich sei gekommen, das Gesetz oder die Propheten aufzulösen.“ Damit meint er den gesamten Fortbestand des Gesetzes, denn das Gesetz galt hauptsächlich, um Bösem zu widerstehen, und die Prophetie richtete sich auf das Tun von Gutem. Ersteres war für die, die Werke tun, das letztere für die Glaubenden. ... Christus kam nicht aufzulösen, weil es geistig erfüllt wird. Deshalb sagt er: „Ich bin nicht gekommen, das Gesetz aufzulösen, sondern es zu vollenden“, das heißt, es zur Vollendung zu führen. (508)

Fox: Wie erfüllte Christus das Gesetz vollkommen?

Thomas: Zunächst erfüllte er es moralisch mit der Süße der Liebe, indem er es zur Reife brachte, denn die Fülle des Gesetzes ist die Freude (Röm.13,10). Johannes 15,11 sagt: „Das ist mein Gebot, daß ihr einander liebt, wie ich euch geliebt habe.“ Zweitens füllte er es rituell, indem er den symbolischen Schleier wegnahm. Matthäus 27,51: „Da riß der Vorhang des Tempels entzwei.“ In der Offenbarung (5,9) heißt es: „Würdig ist das Lamm, das Buch zu öffnen und die Rätsel zu lösen“, das heißt die Beachtung der Formulierungen des Gesetzes. Drittens erfüllte Christus das Gesetz, indem er selbst zeigte, daß die Prophezeiungen sich erfüllten. Bei Lukas (24,44) heißt es: „Alles muß in Erfüllung gehen, was in den Prophezeiungen über mich gesagt ist.“ Viertens, indem er die Verheißungen bekräftigt. Im Galaterbrief (3,16) steht: „Die Versprechen wurden Abraham gemacht.“ Fünftens, indem er das Gericht durch Mitgefühl mildert. Bei Johannes 8,11 spricht er über den Ehebruch: „Auch ich verurteile dich nicht.“ Sechstens, indem er Ratschläge gibt, wie in Matthäus 19,21: „Geh und verkaufe alles“, und so weiter. Siebtens, indem er alle Verheißungen erfüllt und ihnen den Heiligen Geist schickt und die Inkarnation des Sohnes, und so weiter. In Hebräer 8,8 steht: „Es ist vollendet.“ (509)

Fox: In unserem vorherigen Gespräch hast du angedeutet, daß das neue Gesetz leicht sei und keine Last.

Thomas: Wer verliebt ist, fühlt sich von Leiden, die er für die Geliebte tragen muß, nicht überlastet. Es macht sie leicht. Auf diese Weise ist das neue Gesetz keine Last. (510) Es ist leichter, weil es ein Gesetz der Liebe ist, und weil die Liebe alles leicht macht. (511)

Fox: Dieses neue Gesetz klingt wahrhaft wie eine gute Nachricht! Wo finden wir es?

Thomas: Das neue Gesetz ... ist in unser Herz eingeschrieben. (512)

Fox: Da du sagst, daß alle Menschen dieses neue Gesetz und dieses neue Lied singen, folgt daraus, daß es allen zur Verfügung steht.

Thomas: Der Umfang eines Kreises hat sein Zentrum in der Mitte. Das Volk der Juden war die Mitte der Stämme, die in Judäa siedelten, wo Gott gepriesen wurde, Opfer gebracht wurden und immer neue Propheten kamen. Nun hat sich das Mitgefühl Gottes aber auf alle Völker verbreitet. Am Ende des Markusevangeliums heißt es: „Geht hin in alle Welt und verkündet das Evangelium der ganzen Schöpfung." Deshalb spricht der Psalmist von „der Umgebung der Stadt" und meint damit alle Völker und Stämme (der Erde). (513)

Fox: Du sagst, das neue Gesetz sei nur in zweiter Hinsicht ein geschriebenes. Ist es denn nicht in den Evangelien niedergeschrieben?

Thomas: Auch der Buchstabe des Evangeliums würde töten, wenn in ihm nicht die heilende Gnade des Glaubens wäre. (514) Das Evangelium enthält ausschließlich, was der Gnade des Heiligen Geistes entspricht, was auf sie vorbereitet oder uns zu ihrem Gebrauch anweist. (515)

Fox: Wie können uns die Evangelien dazu führen, die Gnade des Heiligen Geistes zu verwenden?

Thomas: Der Gebrauch der geistigen Gnade besteht in tugendhaften Handlungen, zu denen die Schriften des Neuen Testamentes die Menschen vielfältig ermahnen. (516) Das neue Gesetz ist den Menschen auf solche Weise eingegeben, daß es ihnen nicht nur zeigt, was zu tun ist, sondern ihnen auch hilft, dies zu erfüllen. (517)

Fox: Du hast vom neuen Gesetz als einem Gesetz der Liebe gesprochen, das leicht zu tragen ist. Wie würdest du das neue Gesetz noch kennzeichnen?

Thomas: Das neue Gesetz heißt 'Gesetz der vollkommenen Freiheit' (Jak.1,25). (518)

Fox: Was bedeutet das?

Thomas: Das Gesetz des Evangeliums heißt 'Gesetz der Freiheit', weil das alte Gesetz vieles festlegt und den Menschen wenig frei zu entscheiden läßt. (519) Das neue Gesetz fügte hinsichtlich der äußeren Handlungen nichts hinzu. (520)

Fox: Das ist interessant: Äußerlich fügt das neue Gesetz nichts hinzu. Es ist somit eine Vereinfachung unseres Lebens, die durch das Leben in einer großen Tiefe und aus einer geistigen Umkehr entsteht. Wie würdest du das Leben aus dem neuen Gesetz charakterisieren?

Thomas: Das Reich Gottes besteht hauptsächlich in inneren Handlungen. Infolge dessen gehört zum Reiche Gottes auch alles, was solche inneren Handlungen ermöglicht. Wenn das Reich Gottes also aus innerer Gerechtigkeit und Frieden und geistiger Freude besteht, so müssen alle äußeren Handlungen dem Reich Gottes entgegen gerichtet sein, die sich gegen Gerechtigkeit, Frieden oder geistige Freude richten. (521)

Fox: Stellst du dir vor, daß das Gottesreich sich in verschiedenen Epochen und Kulturen anders entwickelt?

Thomas: Der Zustand des neuen Gesetzes verändert sich mit verschiedenen Orten, Zeiten oder Personen, sofern die einen mehr, die anderen weniger vollkommen an der Gnade des Heiligen Geistes teilhaben. Dennoch ist kein zukünftiger Zustand zu erwarten, in dem man vollkommener am Heiligen Geist Anteil hätte, als sie in der Vergangenheit hatten, am meisten die Apostel. (522)

Fox: Geistiger 'Fortschritt' ist also nicht unbedingt linear?

Thomas: Die letzte Erfüllung der Gnade wurde durch Christus bewirkt, weshalb die Zeit seines Kommens als die Zeit der Fülle (Gal.4,4) bezeichnet wird. Deshalb hatten diejenigen, die Christus am nächsten waren, ob vor ihm, wie Johannes der Täufer, oder nach ihm, wie die Apostel, eine vollere Erkenntnis der Glaubensmysterien. Denn selbst hinsichtlich des menschlichen Zustandes finden wir, daß die Vollkommenheit des Menschen in der Jugend liegt und daß der Zustand eines Menschen um so vollkommener ist, je näher er oder sie der Jugend ist, entweder vorher oder nachher. (523)

Fox: In dieser gerade ausgesprochenen Ansicht räumst du der Jugendlichkeit ihren gebührenden Rang ein. Das ist ein gutes Argument gegen den Adultismus (die Beherrschung der Welt allein aus Sicht der Erwachsenen). Meinst du, daß Jesus uns etwas über dieses Bedürfnis gelehrt hat, jung oder kindlich zu sein?

Thomas: Jesaja sagt: „Ein Kind wurde geboren", weil Christus als ein Kind bezeichnet wird. Zunächst bei der Geburt, wegen seines Alters. Bei Matthäus (2) heißt es: „Als sie in das Haus kamen, fanden sie ein Kind mit seiner Mutter Maria." Zweitens wegen des Besitzes, weil Jesus arm war. 2 Korinther 8,9: „Ihr wißt um die Gnade unseres Herrn Jesus Christus, der für euch arm wurde, obwohl er reich war." Drittens durch sein Herz, wegen seiner Demut. Matthäus (11,29) sagt: „Lernt von mir, denn ich bin sanft und von Herzen demütig." Viertens durch seinen Tod, wegen der Scheußlichkeit seines Todes. In Weisheit 2 heißt es: „Verdammen wir ihn zu einem schmählichen Tod." (524)

Fox: Du siehst die Geschichte Jesu also als eine Bestätigung der Puer-Seite der Gottheit und auch in uns. Du scheinst das Kind in uns allen zu preisen.

Thomas: Der „alte Mensch" (nach dem Epheserbrief) ist durch die Senilität der Seele versklavt. Alles verfällt, was von der Ordnung seines inneren Wesens abfällt. (525)

Fox: Und unser inneres Wesen ist jugendlich und für das Neue offen. Du hast zuvor davon gesprochen, daß es beim neuen Gesetz um 'Rechtschaffenheit, Frieden und geistige Freude' als Gabe des Geistes ginge. Kannst du zu diesen Dimensionen des neuen Gesetzes noch mehr sagen?

Thomas: Christus war der Beginn des neuen Gesetzes, das auf dem Weg der Sanftmut fortschritt. (526) Die Bergpredigt des Herrn enthält die gesamte Gestaltung des christlichen Lebens. Darin werden die inneren Motive des Menschen vollkommen geordnet. Denn nachdem er erklärt, daß die Seligkeit (beatitudo) das Ziel des Menschen sei, ... ordnet er die inneren Motive des Menschen erstens im Hinblick auf sich selbst und zweitens auf den Nächsten. (527)

Fox: Du siehst die Bergpredigt also als eine Erläuterung des neuen Gesetzes an, nach dem alle Christen gebildet werden sollen?

Thomas: In jener Bergpredigt ist die ganze Vollkommenheit unseres Lebens enthalten. Matthäus zeigt das durch die Verheißungen des Herrn. Was die Menschen aber am meisten ersehnen, ist das Glück oder die „Seligkeit". (528)

Fox: Du scheinst wohl die Bergpredigt als eine Abhandlung über Segen oder Glück anzusehen?

Thomas: Man muß wissen, daß in diesen Worten das ganze Glück enthalten ist, denn alle suchen das Glück, sind aber nicht in ihrem Urteil darüber einig.

Deshalb suchen manche dieses und andere jenes. Wir aber haben eine vierfache Meinung zum Glück gefunden. Denn bestimmte Menschen glauben, daß es nur in äußeren Dingen bestehe, nämlich einem Überfluß an weltlichen Dingen. Psalm 144,15 sagt: „Wohl dem Volk, dem es so ergeht." Andere sagen, Glück bestehe in dem, was die eigenen Bedürfnisse erfüllt; weshalb wir sagen, glücklich sei, wer so lebt, wie er oder sie es wünscht. Kohelet 3,12: „Und ich weiß, daß es nichts Besseres gibt als glücklich zu sein", und so weiter. Andere sagen, das vollkommene Glück läge in den Tugenden eines aktiven Lebens. Andere, in den Tugenden eines kontemplativen Lebens, nämlich in göttlichen und geistigen Dingen. Diese Ansicht vertritt Aristoteles. All diese Meinungen aber sind falsch, jedoch nicht auf gleiche Weise. Deshalb widerlegt der Herr sie alle.

Jesus widerlegt diejenigen, die meinen, es läge im äußeren Überfluß, wenn er sagt: „Selig sind die Armen", nämlich als hieße es „unglücklich, die im Überfluß". Die Ansicht derer, die das Glück in die Bedürfnisbefriedigung legen, widerlegt er, wenn er sagt: „Selig sind die Trauernden." Man muß aber wissen, daß das menschliche Verlangen ein dreifaches ist: Wer von seinen Feinden Vergeltung sucht, neigt zum Ärger. Das widerlegt er mit den Worten: „Selig die Sanftmütigen." Lüstern sind, die ihr Wohl in Genuß und Vergnügen suchen. Das weist er mit den Worten zurück: „Selig sind die Trauernden." Das dritte Verlangen ist das des Willens, welches zweifach ist nach dem, was es sucht. Erstens, daß kein Wille durch ein höheres Gesetz erzwungen werden kann; zweitens, daß er andere als Untergebene einschränken kann und darum verlangt, die Kontrolle zu haben, statt sich zu unterwerfen. Der Herr zeigt aber in allen Fällen das Gegenteil. Zum ersten sagt er: „Selig sind, die nach Gerechtigkeit hungern und dursten." Zum zweiten sagt er: „Selig sind die Mitfühlenden." Deshalb irren auch die, die ihr Glück in äußeren Überfluß und in die Bedürfnisbefriedigung legen.

Aber auch diejenigen, die ihr Glück in der Tätigkeit eines aktiven Lebens suchen, nämlich im moralischen Handeln, irren, aber weniger, denn solches ist ein Weg zum Glück. Deshalb tadelt der Herr es nicht, sondern zeigt seine Hinordnung auf das Glück, entweder weil es auf sich selbst gerichtet ist, wie die Mäßigung und ähnliches. Dann hat es die Reinheit des Herzens zum Ziel, weil dadurch die Leidenschaften überwunden werden. Oder es ist auf anderes gerichtet und hat den Frieden oder ähnliches zum Ziel. Denn das Werk der Gerechtigkeit ist der Friede. Deshalb sind diese Tugenden Wege zum Glück und noch nicht das Glück selbst. Dazu gibt es die Aussage: „Selig sind, die reinen Herzens sind, denn sie werden Gott schauen." Er sagt nicht „sie sehen", denn das wäre schon das Glück selbst. Und wiederum: „Selig die Friedenstiftenden", nicht weil sie Frieden stiften, sondern weil sie zu etwas anderem neigen, „denn sie werden Kinder Gottes genannt werden."

Die Meinung derer, die glauben, das Glück bestehe in der Kontemplation göttlicher Dinge, tadelt der Herr nur in bezug auf die vergängliche Situation, weil es sonst wahr ist: Das letzte Glück besteht in der Vision des besten geistigen Wesens, nämlich Gott. Deshalb sagt er: „Sie werden sehen." (529)

Fox: Ich verstehe das unter anderem so, daß die Via Creativa, die auch die Geburt der Tugend in uns bezeichnet, nicht den Schlußpunkt unserer geistigen Reise ausmacht. Wir gehen noch darüber hinaus. Wir setzen sie auf der Via Transformativa um des Mitgefühls willen ein.

Thomas: Es ist sehr schwer, die tugendhaften Taten, die allgemein Werke der Gerechtigkeit genannt werden, nicht nur zu vollbringen, sondern sie auch mit unersättlicher Sehnsucht zu vollbringen, die als Hunger und Durst nach Gerechtigkeit bezeichnet werden kann. ... Die vierte Seligkeit, Hunger und Durst nach der Gerechtigkeit, wird der Gabe der Tapferkeit zugeordnet. (530)

Fox: Für die wahre Seligkeit brauchen wir also mehr als Tugend, wir brauchen noch die Gaben des Geistes.

Thomas: Das aktive Leben besteht hauptsächlich in unseren Beziehungen zu unseren Nächsten, entweder in Form von Verpflichtungen oder in spontaner Zuwendung. Zu den ersten sind wir durch eine Tugend gehalten, so daß wir uns nicht weigern, unsere Pflicht den Nächsten gegenüber zu erfüllen, und diese Tugend ist die Gerechtigkeit. Wir sind aber auch durch eine Gabe dazu veranlagt, daß wir es mit mehr Herzlichkeit tun, indem wir die Gerechtigkeit mit leidenschaftlichem Verlangen erfüllen, so wie ein hungriger und durstiger Mensch mit heftigem Appetit ißt und trinkt. Deshalb lautet die vierte Seligpreisung: „Selig sind, die nach der Gerechtigkeit hungern und dursten." (531)

Fox: Selbst auf der Via Transformativa ist Gerechtigkeit nicht die ganze Reise. Der Frieden und die Feier, die sie bringt, sind dem Ziel näher. Sagtest du aber nicht, daß kontemplative Handlungen uns nicht glücklich machen?

Thomas: Damit kontemplative Akte glücklich machen können, ist zweierlei erforderlich. Eines hinsichtlich der Substanz, nämlich daß sich der Akt auf das höchste geistige Wesen beziehe, also Gott. Das andere hinsichtlich der Form, nämlich in Liebe und Freude. Denn Freude ist die Vollendung des Glücks, so wie die Schönheit die der Jugend. Deshalb stellt der Herr zwei

Punkte heraus: „Sie werden Gott sehen“, und „sie werden Kinder Gottes genannt werden.“ Denn das gehört zur Natur der Liebe. Bei 1 Johannes 3,1 heißt es: „Seht, wie groß die Liebe ist, die der Schöpfer uns geschenkt hat, denn wir heißen Kinder Gottes und wir sind es.“ (532)

Fox: Was folgt daraus, daß wir Söhne und Töchter Gottes sind?

Thomas: Wir schulden Gott Nachahmung, denn Gott ist unser Vater: „Ihr sollt mich Vater nennen und nicht aufhören, mir nachzufolgen“ (Jer.3,19). (533)

Fox: Wie können wir Gott nachahmen und in Gottes Fußstapfen treten?

Thomas: Das geschieht auf dreierlei Weise: Erstens durch die Liebe zu Gott. Wir ahmen Gott nach, indem wir Gott lieben. „Ahmt Gott nach als Gottes geliebte Kinder und liebt einander“ (Eph.5,1). Und das muß im Herzen geschehen. Zweitens durch das Zeigen von Mitgefühl. Wir ahmen Gott nach, wenn wir mitfühlend sind, weil das Mitgefühl immer die Liebe begleitet. „Seid mitfühlend, wie euer Schöpfer im Himmel mitfühlend ist“ (Luk.6,36). Und das muß in Taten geschehen. Drittens, indem wir „vollkommen“ sind (Mt.5,48). (534)

Fox: Das Wort 'vollkommen' hat natürlich nichts mit Perfektionismus zu tun, sondern damit, daß wir unsere Fülle und Reife erreichen, wie eine reife Frucht.

Thomas: Das Wort „Vollkommenheit“ meint eine Vollständigkeit des Daseins. ... Die Ausdrücke 'vollkommen' und 'ganz' haben die gleiche oder fast die gleiche Bedeutung. (535)

Fox: Ist es, davon abgesehen, nicht auch wahr, daß die gute Nachricht unserer Vergöttlichung eine Nachricht ist, die uns erfreut und uns gesegnet oder glücklich macht?

Thomas: Die Tugenden, die uns zum Besten ausrichten, richten uns auf zweierlei, nämlich auf eine Vision Gottes und auf die Freude. So wie die Reinheit des Herzens zur Vision Gottes bereit macht, so macht der Friede bereit zur Freude Gottes, durch die wir Kinder Gottes genannt werden und sind. Darum richtet sie uns auf die Freude an unseren Nächsten, denn wie es bei 1 Johannes 4,20 heißt: „Wer seinen Bruder, den er sieht, nicht liebt, wie kann der Gott lieben, den er nicht sieht?“ (536)

Fox: Du betonst offenbar die Lehre Jesu über das Friedenstiften sehr. Dieses Werk der Via Transformativa bringt echtes Glück in unser Leben.

Thomas: Die beiden Belohnungen des Glücks werden in folgenden Aussagen festgehalten: „Selig die Friedenstiftenden“ und „selig diejenigen, die um der Gerechtigkeit willen Verfolgung erdulden.“ Alle vorhergehenden Punkte werden auf diese beiden zurückgeführt, die die Auswirkungen aller vorhergehenden sind. Denn was anders geschieht durch Armut des Geistes, durch Trauer, durch Sanftmut, als daß das Herz reingehalten wird? (537)

Fox: Wir können das auch so sagen, daß die Via Negativa, auf der wir Armut des Geistes und Sanftheit und Trauer lernen, ein Pfad zu einem reinen Herzen ist. Was aber ist ein reines Herz?

Thomas: Wie ein Auge, das eine Farbe sieht, rein sein sollte, so auch der Geist, der Gott sieht. Weisheit 1,1 sagt: „Sucht Gott mit reinem Herzen. Denn Gott läßt sich von denen finden, die Gott nicht versuchen, und Gott offenbart sich denen, die Gott trauen.“ Denn das Herz wird durch das Vertrauen gereinigt. In der Apostelgeschichte (15,9) steht: „Ihre Herzen wurden durch den Glauben gereinigt.“ Und weil die Vision auf das Vertrauen folgt, sagt Jesus: „Denn sie werden Gott schauen. Selig sind, die ein reines Herz haben“, nämlich diejenigen, die allgemein rein sind von den Gedanken anderer, wodurch ihr Herz zu einem heiligen Tempel Gottes wird, in welchem sie Gott kontemplierend schauen. Denn ein Tempel hat seinen Namen von der Kontemplation. ... „Selig sind, die ein reines Herz haben“, kann man aus der Vision des Weges verstehen. Denn die Heiligen haben ein Herz voller Gerechtigkeit. Sie sehen klarer als diejenigen, die anhand materieller Wirkungen sehen. Denn je näher die Wirkungen sind, um so mehr kann man Gott durch sie erkennen. Weil die Heiligen Gerechtigkeit, Liebe und Wirkungen dieser Art haben, die Gott am ähnlichsten sind, erkennen sie mehr als andere. Psalm 34,8 sagt: „Koste und sieh, daß Gott gut ist.“ (538)

Fox: Letztlich sagst du damit, daß das Herz durch die Via Negativa gereinigt wird. Mir fällt deine Formulierung auf, daß die Heiligen ein Herz voll Gerechtigkeit hätten. Könntest du noch mehr über den Weg der Gerechtigkeit sagen?

Thomas: Was geschieht durch Gerechtigkeit und Mitgefühl, als daß wir Frieden haben? Jesaja (32,17) sagt: „Die Frucht der Gerechtigkeit wird der Friede sein; der Ertrag der Gerechtigkeit ist Ruhe und Sicherheit für immer.“ „Selig“ sind darum „die Friedenstiftenden“. (539)

Fox: Ich verstehe das so, daß du den Frieden als eine Frucht unserer Arbeit für die Gerechtigkeit ansiehst, der uns wiederum froh macht. Wie definierst du Frieden, und wie verstehst du Jesu Lehre als eine Hilfe, ihn zu erlangen?

Thomas: Man muß sehen, was Friede ist und wie wir ihn erreichen. Friede ist ruhige Ordnung. Ordnung ist aber eine Einrichtung, die den Ort der Dinge unterschiedlich verteilt. Deshalb besteht Friede darin, daß jedes Ding seinen eigenen Platz hat. Deshalb sollte der menschliche Geist Gott unterstellt werden. Zweitens unterstehen Bewegung und niedere Kräfte, die wir mit den Tieren teilen, den Menschen, denn durch ihre Vernunft hat die Menschheit Verantwortung für die Tiere. So heißt es in Genesis 1,26: „Laßt uns Menschen schaffen nach unserem Bilde, uns ähnlich. Sie sollen vorsitzen allen Fischen des Meeres und den Vögeln in der Luft, allen Tieren der Erde und allen Kriechtieren am Boden." (540)

Fox: Es gefällt mir, daß du das Wort 'vorsitzen' (praesit) statt beherrschen verwendest.

Thomas: Drittens können die Menschen Frieden mit anderen haben, und so ist es grundlegend angeordnet worden. Diese Anordnung kann sich aber nur auf heilige Leute erstrecken. Psalm 119 sagt: „Dein Name ist Friede für jene, die durch vieles Probleme haben." Und Jesaja (48,22) sagt: „Die Frevler finden keinen Frieden", denn sie haben keinen inneren Frieden. In Weisheit 14,22 heißt es: „Die im Zwiespalt der Unwissenheit leben, nennen große Übel auch noch Frieden." Solchen Frieden kann die Welt nicht geben. Johannes 14,27: „Wie die Welt ihn nicht geben kann, gebe ich ihn euch." Ebenso reicht dieses Ganze nicht, aber sie sollen Frieden statt Zwietracht machen. Sprüche 12,20: „Wer friedvollen Rat gibt, erntet Freude." (541)

Fox: Aber obwohl der Friede eine Frucht des Geistes und der Gerechtigkeit ist, ist er in diesem Leben nur teilweise und unvollkommen zu erreichen.

Thomas: Man muß wissen, daß der Frieden hier unvollständig ist und nicht vollkommen, denn niemand kann seine tierischen Instinkte ganz der Vernunft unterwerfen. Römer 7,23 sagt: „Ich sehe ein anderes Gesetz in meinen Gliedern, das mit dem Gesetz der Vernunft im Streit liegt und mich gefangenhält im Gesetz der Sünde, das meine Glieder beherrscht." Wahrer Friede wird also der Friede erst im ewigen Leben sein. Psalm 4,9: „In Frieden schlafe und ruhe ich." Und Philipper 4,7: „Der Frieden Gottes übersteigt jedes Verstehen." (542)

Fox: Kannst du Näheres darüber sagen, daß Jesus uns Göttlichkeit verheißen hat, wenn er davon spricht, daß wir alle Kinder Gottes genannt werden?

Thomas: „Denn sie werden Kinder Gottes genannt werden", hat eine dreifache Bedeutung. Die erste ist, daß sie aus dem Grunde die Funktion des Gottessohnes tragen, daß geschrieben steht, er sei in die Welt gekommen, die Zerstreuten zu sammeln. Epheser 2,14 sagt: „Denn er ist unser Friede." Kolosser 1,20: „Durch sein Blut hat er Frieden gestiftet allem, was im Himmel und was auf der Erde ist." Zweitens wird durch den Frieden mit der Liebe das ewige Reich erlangt, in dem alle Kinder Gottes heißen. Weisheit 5,5 sagt: „Nun zählen sie zu den Kindern Gottes, und ihr Los ist bei den Heiligen." Und Epheser 4,3 spricht von denen, „die bemüht sind, die Einheit des Geistes in den Banden des Friedens zu wahren." Drittens, weil durch diesen Menschen eine Ähnlichkeit mit Gott kommt, denn wo Frieden ist, ist kein Widerstreben. Niemand aber kann Gott widerstehen. Hiob (9,4) sagt: „Wer kann ihm widerstehen und Frieden haben?" (543)

Fox: Die Seligpreisungen verheißen eine Fülle an Freude auch in diesem Leben.

Thomas: Alle Belohnungen (der Seligpreisungen) werden im kommenden Leben ganz vollendet werden; inzwischen haben sie aber auch in diesem Leben in gewisser Weise schon begonnen. Denn das 'Himmelreich' kann ... den Anfang vollkommener Weisheit bedeuten, wenn der Geist im menschlichen Leben zu herrschen beginnt. (544)

Fox: Damit kommen wir auf einen früher festgestellten Punkt zurück: Das ewige Leben beginnt hier und jetzt. Kannst du diesen Segen des ewigen Lebens näher beschreiben?

Thomas: Ewiges Leben besteht in der angenehmen Gesellschaft aller Heiligen, einer Gesellschaft, die von Freude erfüllt ist, denn alle haben alles Gute mit den Heiligen gemeinsam. Sie werden einander lieben wie sich selbst und sich deshalb am Glück der anderen und über deren Gutes wie über das eigene freuen. Deshalb wird ihre Freude und Seligkeit so groß sein wie die aller: „In dir zu wohnen, ist wie eine große Freude" (Ps.85,7). (545)

Fox: Damit beschreibst du die feiernde Seite des Mitgefühls sehr gut, in der wir uns über die Freude anderer ebenso freuen wie über die eigene.

Thomas: Diese Formen des Glücks ergänzen einander, denn Mitgefühl zu erlangen ist mehr, als gesättigt zu werden; denn gesättigt zu werden, heißt, mit etwas gefüllt zu werden, was ein rechtes Maß hat. Mitgefühl ist aber in Überfülle. Ebenso bekommen nicht alle, die Gnade erlangen, Gehör von einem König bis zum nächsten. Und ebenso ist es mehr, Sohn eines Königs zu sein, als den König zu sehen. (546)

Fox: Zu wissen, daß wir Kinder des 'Königs' oder des Schöpfers sind, heißt, Freude zu erleben?

Thomas: Die Weisheit macht uns zu Kindern Gottes. (547)

Fox: So wie sie Christus zum Sohn Gottes machte?

Thomas: Weisheit 10,21 sagt: „Die Weisheit hat den Mund der Stummen geöffnet und die Zungen der Unmündigen beredt gemacht." Denn Jesus selbst ist die Weisheit des Vaters. (548) Einige werden Kinder Gottes (filii Dei) genannt, indem sie an der Ähnlichkeit des eingeborenen und natürlichen Sohnes teilhaben, nach Römer 8,29: „Die Gott ihm voraus erkannt hat, hat Gott dazu bestimmt, dem Bilde seines Sohnes gleichgestaltet zu werden." Dieser Sohn ist die gezeugte Weisheit. Darum gelangt der Mensch, wenn er die Gabe der Weisheit empfängt, zur Kindschaft Gottes. (549)

Fox: Du siehst eine Verbindung zwischen dem Versprechen des Gottesreiches und der Weisheit?

Thomas: Die siebente Seligpreisung wird passend der Gabe der Weisheit zugeordnet, sowohl bezüglich des Verdienstes wie auch des Lohnes. Der Verdienst wird mit den Worten „Selig die Friedenstiftenden" bezeichnet. Friedenstiftende (pacifici) heißen aber diejenigen, die in sich oder anderen Frieden stiften. Beides geschieht dadurch, daß die Dinge, in denen Frieden herzustellen ist, in ihre rechte Ordnung gebracht werden. Denn Friede ist die „Ruhe der Ordnung" (Augustinus). Das Ordnen ist aber die Sache der Weisheit. ... Zum Lohn gehört aber, wie es heißt: „Sie werden Kinder Gottes genannt werden." (550)

Fox: Ein großer Teil unseres Glücks beruht darauf, daß wir unsere Göttlichkeit erkennen.

Thomas: Der Heilige Geist wird der 'Geist der Adoption' genannt, weil uns durch ihn die Ähnlichkeit mit dem natürlichen Sohn geschenkt wird, der die gezeugte Weisheit ist. (551)

Fox: Frieden und Glück scheinen also die Gabe der Weisheit zu begleiten.

Thomas: Zur Weisheit gehört zunächst die Kontemplation des Göttlichen, welche die Vision des Ursprungs ist. Dann folgt die Leitung des menschlichen Handelns nach der göttlichen Ordnung. Die Leitung der menschlichen Handlungen durch die Weisheit führt nicht zu Bitterkeit und Mühe, sondern im Gegenteil: durch die Weisheit wird das Bittere süß und die Mühe zur Ruhe. (552)

Fox: Du sagst, die Verheißungen des Glücks bauen aufeinander auf. Wie verbindest du das mit der letzten Seligpreisung, bei der es um das Leiden geht?

Thomas: Die achte Seligpreisung bezeichnet die Vervollkommnung aller vorhergehenden. Denn die Menschheit ist dann in diesen Dingen vollkommen, wenn die Menschen nichts davon aufgrund von Schwierigkeiten vernachlässigen. Sirach 27,5 sagt: „Der Brennofen ist die Prüfung für die Töpferware, Schwierigkeiten sind die Prüfung von Menschen." Deshalb sind „selig, die Verfolgung erleiden", und so weiter. (553)

Fox: Wie läßt sich aber Verfolgung mit dem Frieden vereinbaren, der uns glücklich macht?

Thomas: Manche werden sagen, daß die Betreffenden wegen ihrer Verfolgung nicht glücklich sind, denn Verfolgung stört den Frieden oder zerstört ihn. Gewiß aber nicht ihren inneren Frieden, sondern nur den äußeren. Psalm 119: „Friede ist dein Gesetz für jene, die mit vielen Sorgen belastet sind." (554)

Fox: Da verstehe ich dich so, daß der Gipfel der Seligpreisungen darin besteht, daß wir zu Prophetinnen und Propheten werden, da diese in ihrem Kampf für Gerechtigkeit und Mitgefühl alle Prüfungen und Schwierigkeiten durchmachen müssen. Willst du sagen, daß Prophetinnen und Propheten trotz ihrer Schwierigkeiten gesegnet und glücklich sind?

Thomas: Die Verfolgung an sich macht die Menschen nicht glücklich, sondern ihre Ursache. Darum sagt Jesus: „wegen der Gerechtigkeit". Bei 1 Petrus 3,14 heißt es: „Wenn ihr etwas um der Gerechtigkeit willen leiden müßt, seid ihr glücklich." Chrysostomus sagt: „Er sagte nicht, wegen der Heiden, oder wegen des Glaubens, sondern wegen der Gerechtigkeit." (555) Deshalb sagt Jesus: „Selig seid ihr", das heißt, die Ursache für das Erlangen des Glücks ist euch bewußt, „wenn man euch verflucht", das heißt, wenn euch die Sünder verfluchen. (556)

Fox: Das neue Gesetz, das du in den Seligpreisungen zusammengefaßt siehst, ist sicherlich ein spiritueller Weg und zwar einer, der – vielleicht gar nicht so überraschend – den vier Pfaden der Schöpfungsspiritualität folgt.

Thomas: Der Herr verspricht ein Reich, das alle Menschen umfaßt. Er sagt aber, daß man auf dem Wege der Armut, nicht des Reichtums in dieses Reich gelangen muß. Deshalb: „Selig sind die Armen." Andere kommen durch Kriege zu Ehren; der Herr aber sagt: „Selig sind die Sanften", und so weiter. Andere suchen ihren Trost im Vergnügen; der Herr aber sagt: „Selig sind, die nach Gerechtigkeit hungern und dursten." Manche möchten Unglück von sich abwenden, indem sie ihre Untergebenen unterdrücken; der Herr sagt: „Selig die Mitfühlenden", und so weiter. Manche stellen die Vision Gottes in der Kontemplation der Wahrheit an den Weg; der Herr aber verspricht sie in seinem eigenen Land, denn „selig sind, die ein reines Herz haben." (557)

Fox: Das Reich, von dem du sprichst und das das neue Gesetz verheißt und das schon während unserer Lebenszeit auf dem Weg ist, scheint nicht nur die Seligpreisungen, sondern auch die Früchte und Gaben des Geistes zu umfassen. Kannst du noch mehr über das Wesen dieser Früchte und Gaben sagen?

Thomas: Die Früchte des Geistes werden so genannt, weil sie etwas Endgültiges und Erfreuliches sind, das aus der Kraft des Heiligen Geistes auf uns kommt. (558) Die Vorstellung der Frucht impliziert zweierlei. Erstens, daß sich etwas vollendet; und zweitens, daß sie den Appetit mit einer gewissen Süße und Freude besänftigen. (559)

Fox: Wenn ich an Früchte denke, denke ich an etwas Köstliches.

Thomas: Römer 14,17 sagt: „Das Reich Gottes ist nicht Essen und Trinken, sondern Gerechtigkeit und Frieden und Freude im Heiligen Geist." Galater 5,22 sagt: „Die Früchte des Geistes sind Friede, Freude", und so weiter. Und das ist so, weil sie uns Gott lieben lassen. Und in dieser Liebe liegt immer Freude, denn alle freuen sich in der Gegenwart des Geliebten. Und die Gott lieben, denen ist Gott gegenwärtig. (560) In den Sprüchen (3,14) heißt es: „Die Weisheit zu erlangen ist lohnender als Gold und Silber." ... Das Hohelied (2,3) sagt: „Seine Frucht ist süß zu schmecken." ... Und Ezechiel 36,8: „Ihr Berge Israels sollt wieder grün werden und Frucht bringen für mein Volk Israel." ... Und im Hohenlied (4): „Dein Duft ist köstlich wie ein Granatapfelgarten mit vielen Früchten." (561)

Fox: Das klingt allerdings sehr köstlich.

Thomas: Unter den materiellen Dingen ist die Frucht das Produkt einer Pflanze, die zur Reife kommt; und sie hat eine doppelte Süße. Sie hat eine zweifache Beziehung: zum Baum, der sie hervorbringt, und zu der Person, die die Früchte vom Baum pflückt. Entsprechend können wir das Wort 'Frucht' in geistigen Dingen zweifach verwenden: Erstens, insofern eine Frucht von jemandem hervorgebracht wird, der oder die dann dem Baum entspricht. Und zweitens, insofern jemand Früchte sammelt. Aber nicht alles, was ein Mensch sammelt, ist Frucht, sondern nur was bleibt und Vergnügen bringt. (562) Die Früchte sind tugendhafte Taten, an denen man sich freut. (563)

Fox: Du sagst, Früchte bezeichneten etwas Vollendetes?

Thomas: Im praktischen Bereich ist nicht eine Erkenntnis das Letzte, sondern eine Handlung, die das Ziel ist. Deshalb wird zu den Früchten nichts gezählt, was zur praktischen Erkenntnis, sondern nur, was zur Handlung gehört, in der uns die praktische Erkenntnis leitet. Zu diesen werden Güte und Freundlichkeit gezählt, die dem Mitgefühl entsprechen. (564)

Fox: Die Früchte unterstützen also unsere Arbeit des Mitgefühls und der Wandlung und scheinen von diesen Aktivitäten auszufließen. Was wäre dafür ein weiteres Beispiel?

Thomas: Der Friede wird zu den Seligkeiten gezählt, die vollkommen tugendhafte Taten sind. Und er wird auch zu den Früchten (des Geistes) gerechnet, weil er ein endgültiges Gut voll geistiger Süße ist. (565)

Fox: Der Friede entsteht also aus der Gerechtigkeit, ist aber selbst keine Tugend.

Thomas: Der Friede ist keine Tugend, (sondern die Frucht der Tugend). (566) Friede ist indirekt ein Werk der Gerechtigkeit, indem er fortschafft, was sie behindert. Er ist aber ein direktes Werk der Liebe. (567) Im Frieden ist man gesammelt in sich und eines Geistes mit anderen. (568) Dem Frieden steht der Konflikt eines Menschen mit sich selbst, wie auch der Konflikt mit einem anderen entgegen. (569)

Fox: Was ist aber mit den Gaben: Was sind sie und was tun sie?

Thomas: Die Gaben des Heiligen Geistes sind bestehende Haltungen der Seele, durch die sie vom Heiligen Geist leichter bewegt werden kann. (570) Insofern die Gaben dazu angelegt sind, vom Heiligen Geist bewegt zu werden, vervollkommnen sie die Seelenkräfte. (571)

Fox: Vervollkommnen aber nicht die Tugenden, die wir auf der Via Creativa besprachen, die Seele?

Thomas: So vollkommen ein Mensch auch sei, braucht er doch die Hilfe Gottes. So brauchen die Tugenden die Gaben, die die Seelenkräfte vervollkommnen, sofern sie vom Heiligen Geist bewegt werden. (572) Um die Gaben von den Tugenden zu unterscheiden, müssen wir uns davon leiten lassen, wie die Bibel selbst sich ausdrückt, denn wir finden, daß dort statt 'Gabe' der Begriff 'Geist' verwendet wird. So heißt es (Jes.11,2): „Der Geist der Weisheit und der Einsicht ... läßt sich nieder auf ihm", und so weiter. Diese Worte geben uns deutlich zu verstehen, daß diese sieben Gaben aus göttlicher Inspiration in uns sind. (573)

Fox: Es ist bezeichnend, daß du die biblische Basis für diese Gaben beim Propheten Jesaja findest und sie auf Jesus anwenden kannst. So erfüllen sie eine echte 'Nachfolge Christi', da Christus, wie du sagst, ebenfalls ein Prophet war. Da diese Gaben besondere göttliche Inspirationen sind, scheinen sie sich auf die Wirklichkeit unserer Vergöttlichung zu beziehen.

Thomas: Diese Gaben gehen über die Tugenden im weiteren Sinne hinaus, insofern sie göttliche Tugenden sind und die Menschen durch die Bewegung Gottes vervollkommnen. Deshalb bespricht der Philosoph (Ethik VII.1) eine Art 'heroischer' oder 'göttlicher Tugend', die über die gewöhnlich so genannte Tugend hinausgeht. In bezug auf diese Tugend werden manche Menschen als 'göttlich' bezeichnet. (574) Die Bewegung der menschlichen Vernunft empfängt ... den Impuls des Heiligen Geistes, nach Römer 8,14 u.17: „Die sich vom Geist Gottes leiten lassen, sind Kinder Gottes, ... und wenn Kinder, dann auch Erben." (575)

Fox: Diese Gaben runden also die Bezeichnung unserer eigenen Göttlichkeit als Söhne und Töchter Gottes ab. Wo siehst du den Ursprung dieser Gaben?

Thomas: Alle Gaben als solche genommen werden dem Heiligen Geist zugesprochen, denn der Heilige Geist ist von seinem Wesen her die größte Gabe, denn der Heilige Geist ist Liebe. (576)

Fox: Könntest du diese Gaben, von denen wir sprechen, bitte benennen?

Thomas: Zur Wahrnehmung der Wahrheit wird die spekulative Vernunft vervollkommnet durch die Einsicht, die praktische Vernunft durch den Rat. Um recht zu urteilen, wird die spekulative Vernunft vervollkommnet durch die Weisheit, die praktische Vernunft durch das Wissen. Das instinktive Verlangen, sofern es das Verhältnis der Menschen zueinander betrifft, wird vervollkommnet durch die Frömmigkeit, in Belangen, die einen selbst betreffen, durch die Tapferkeit gegen die Angst vor Gefahren. Und gegen die ungeordnete Lust auf Vergnügen durch Furcht. ... Damit ist klar, daß sich diese Gaben auf all das erstrecken, was auch die geistigen und moralischen Tugenden betrifft. (577)

Fox: Hältst du diese Gaben für hervorragender als die Tugenden?

Thomas: Die Gaben des Heiligen Geistes sind der Ursprung der geistigen und moralischen Tugenden, während die göttlichen Tugenden der Ursprung der Gaben sind. (578) Die Gaben sind vollkommener als die moralischen oder intellektuellen Tugenden, aber nicht vollkommener als die göttlichen Tugenden. Vielmehr sind alle Gaben auf das Ziel der Vervollkommnung der göttlichen Tugenden gerichtet. (579)

Fox: Hatte Christus selbst diese Gaben?

Thomas: Insofern die Gaben dazu angelegt sind, vom Heiligen Geist bewegt zu werden, vervollkommnen sie die Seelenkräfte. Wie es bei Lukas (4,1) heißt: „Jesus kehrte voll des Heiligen Geistes vom Jordan zurück und wurde vom Geist in die Wüste geführt.“ Also besaß Christus die Gaben in herausragender Weise. (580)

Fox: Ich glaube, ich verstehe deine Spiritualität jetzt viel besser. Denn ich sehe, daß deine ganze Lehre, wie die von Jesus selbst, in der Bergpredigt gipfelt: in der Predigt über das Kommen des Gottesreiches. Du umreißt sogar, worum es beim Gottesreich geht, nämlich um die Seligpreisungen mit den sich daraus ergebenden Früchten und Gaben, und sagst uns auch, wie wir dort hinkommen, welchen 'Pfad' wir dazu nehmen. Dieser Pfad scheint mir mehr als je den vier Pfaden der Schöpfungsspiritualität zu entsprechen, die ebenfalls im Wege des Mitgefühls gipfeln. Das bringt uns wieder an unseren Ausgangspunkt zurück, denn wir begannen mit Segen (der Via Positiva), und wir enden mit Segen (den Seligpreisungen des Gottesreiches auf der Via Transformativa). Das führt uns dann wieder zur Via Positiva zurück. Du hast zuvor davon gesprochen, daß es bei der Kontemplation um den Anfang ginge. Anfang und Ende scheinen sich um Segen, Güte und schließlich um das zu drehen, was du 'absolute Freude' nanntest.

Thomas: Es kennzeichnet einen guten Menschen, daß er nach dem Guten trachtet. (581) Gottes Freude ist absolut und bedarf der Gemeinschaft. (582)

Fox: Und ich nehme an, wenn überhaupt, dann 'erklärt' sich das Mysterium unseres Daseins darin – daß wir Gefährten der 'absoluten Freude' Gottes sind. Ich danke dir für dieses Gespräch und verlasse dich mit einem tieferen Gefühl der Verbindung, als ich es je hatte. Vielleicht können wir mit einer Zeit gemeinsamer Stille schließen, denn in einem ganz wörtlichen Sinne war die Stille dein letztes Wort an uns, nicht nur die durch jenes rätselhafte letzte Lebensjahr erzwungene Stille, sondern auch die Stille, die dem Wort und der Schöpfung vorhergeht und die auf unsere Ehrfurcht vor der Schöpfung folgt. Sie liegt unserem Loslassen zugrunde und begleitet unser Leerwerden. Sie tritt auf, wenn wir ekstatisch gebären und wenn Wandlungen zustande kommen, so daß wir wieder in die Stille hinter der Schöpfung zurückkehren können. Danke für deine Worte und Gedanken. Und Dank auch für die tiefe Stille, aus der sie kommen und auf die sie deuten.

Anmerkungen

0 Psalmenkommentar 40, S.305*; und Psalmenkommentar 24, S.231*
1 Summa theologica Bd. III q.74.a.4
2 Psalmenkommentar 40, S.305*
3 Kommentar zum Korintherbrief II, 1, S.301*
4 Psalmenkommentar 32, S.264*
5 Summa theologica Bd. I q.21.a.4
6 Summa theologica Bd. I q.25.a.3. ad 3
7 Summa theologica Bd. I q.21.a.3
8 Summa theologica Bd. I q.21.a.3. ad 2
9- 10 Kommentar zum Epheserbrief 2.4, S.458* (Jer.31,8*)
11 Psalmenkommentar 24, S.231*
12- 13 Jesajakommentar 55, S.556*
14 Kommentar zum Epheserbrief 2.4, S.458-59*
15 Jesajakommentar 2, S.439*
16 Psalmenkommentar 51, S.353*
17 Psalmenkommentar 41, S.312*
18 Psalmenkommentar 35, S.278*
19- 21 Psalmenkommentar 50, S.345*
22 Psalmenkommentar 32, S.260*
23 Jesajakommentar 8, S.466*
24 Psalmenkommentar 32, S.260*
25 Kommentar zum Matthäusevangelium 5, S.52*
26 Jesajakommentar 56, S.557*
27 Psalmenkommentar 24, S.231*
28 Summa theologica Bd. I q.21.a.3. ad 2
29 Kommentar zum Matthäusevangelium 5, S.52*
30 Kommentar zum Johannesevangelium 1.14b, Der Prolog ..., S.64
31 Predigt über die zwei Liebesgebote und die zehn Gesetzesgebote, S.101*
32 Kommentar zum Buch Hiob 6, S.27f*
33 Kommentar zum Matthäusevangelium 5, S.52*
34 Summa theologica Bd. II,2 q.30.a.2
35 zu Dionysius' De divinis nominibus n.979, S.364*
36 Summa theologica Bd. I q.60.a.5
37 zu Aristoteles' Ethik, Bd. I, L.9, S.49*
38- 39 zu Aristoteles' Ethik, Bd. X, L.16, S.942*
40 zu Aristoteles' Ethik, Bd. I, L.2, S.15*
41 zu Aristoteles' Ethik, Bd. I, L.2, S.14f*
42 zu Aristoteles' Ethik, Bd. I, L.2, S.15*
43 zu Aristoteles' Ethik, Bd. I, L.19, S.98*
44 Jeremia-Kommentar 31, S.649*
45 Summa theologica Bd. II,2 q.30.a.3
46 Summa theologica Bd. II,2 q.30.a.3. ad 4
47 Summa theologica Bd. II,2 q.30.a.3
48 Summa theologica Bd. II,2 q.36.a.3. ad 3
49 Kommentar zum Matthäusevangelium 22, S.204*
50 Summa theologica Bd. II,2 q.30.a.4
51 Kommentar zum Epheserbrief 3.8, S.469*
52 Summa theologica Bd. II,2 q.30.a.4
53 Summa theologica Bd. II,2 q.30.a.4. ad 3
54 Summa theologica Bd. II,2 q.30.a.4. ad 2
55 Kommentar zum Matthäusevangelium 5, S.52*
56 Summa theologica Bd. II,2 q.32.a.5
57 Summa theologica Bd. II,2 q.32.a.5. ad 2
58 Summa theologica Bd. II,2 q.31.a.3. ad 2
59 Summa theologica Bd. II,2 q.32.a.7. ad 3
60 Summa theologica Bd. II,2 q.32.a.5

61 Compendium theologiae I, 241
62 Psalmenkommentar 48, S.335*
63 Summa theologica Bd. II,2 q.32.a.3
64 Summa theologica Bd. II,2 q.32.a.3*
65 Summa theologica Bd. II,2 q.32.a.3*
66 Summa theologica Bd. II,2 q.32.a.1
67 Summa theologica Bd. II,2 q.32.a.2
68 Summa theologica Bd. II,2 q.32.a.2
69 Kommentar zum Buch Hiob 31, S.107*
70 Kommentar zum Matthäusevangelium 13, S.128*
71 Kommentar zum Johannesevangelium 17.24, n.2253*
72- 73 Psalmenkommentar 47, S.333*
74 Jeremia-Kommentar 14, S.614*
75- 76 Kommentar zum Korintherbrief II, 11, S.364*
77 Jesajakommentar 30, S.513*
78 Kommentar zum Matthäusevangelium 9, S.91*
79- 80 Psalmenkommentar 39, S.302*
81 Summa theologica Bd. II,2 q.30.a.4. ad 1
82 Kommentar zum Matthäusevangelium 5, S.52* (Sir.33,11*)
83 Psalmenkommentar 39, S.50*
84 Kommentar zum Matthäusevangelium 5, S.52*
85 Summa theologica Bd. II,2 q.21.a.2*
86 Summa theologica Bd. I q.21.a.4
87 Summa theologica Bd. I q.21.a.4
88 Summa theologica Bd. II,2 q.32.a.1. ad 1
89 Summa theologica Bd. I q.21.a.1
90 Kommentar zum Matthäusevangelium 4, S.43*
91 Summa theologica Bd. I q.21.a.4
92 Summa theologica Bd. I q.21.a.4. ad 4
93 Summa contra gentiles Bd. I.93, n.12, S.351
94 Summa theologica Bd. I q.21.a.3. ad 2
95 Summa theologica Bd. I q.21.a.4
96 Summa theologica Bd. I q.21.a.2
97 Psalmenkommentar 35, S.278*
98 Jesajakommentar 32, S.515*
99 Summa theologica Bd. II,2 q.180.a.2. ad 2
100 Jesajakommentar 26, S.503*
101 Summa theologica Bd. I q.21.a.2. ad 1
102 Summa contra gentiles Bd. I.93, n.6, S.347
103 Summa theologica Bd. II,1 q.79.a.1*
104 Psalmenkommentar 32, S.259*
105 Psalmenkommentar 7, S.165*
106 Kommentar zu Boethius' De Hebdomadibus, 5*
107 zu Dionysius' De divinis nominibus n.742, S.281*
108 Summa theologica Bd. II,2 q.181.a.1. ad 1
109 Summa theologica Bd. II,1 q.66.a.4*
110 zu Dionysius' De divinis nominibus n.777, S.292*
111 Summa theologica Bd. II,1 q.61.a.5*
112 Summa theologica Bd. II,2 q.129.a.2
113 De veritate q.23.a.6. ad 6*
114 Summa theologica Bd. II,1 q.63.a.3*
115 Summa theologica Bd. II,1 q.66.a.3. ad 1*
116 Summa theologica Bd. II,2 q.58.a.12
117 Summa theologica Bd. II,2 q.58.a.6. ad 4
118 Summa theologica Bd. II,2 q.58.a.5
119 Summa theologica Bd. II,2 q.58.a.3
120 zu Aristoteles' Ethik, Bd. V, L.11, S.436*
121 zu Aristoteles' Ethik, Bd. V, L.11, S.436f*

122- 124 zu Aristoteles' Ethik, Bd. V, L.11, S.437*
125 Psalmenkommentar 36, S.287*
126 Kommentar zum Johannesevangelium 1.23, S.239*
127 Summa theologica Bd. II,2 q.57.a.1
128 Summa theologica Bd. II,2 q.58.a.1
129 Summa theologica Bd. II,2 q.58.a.1
130- 131 Summa theologica Bd. II,1 q.66.a.4*
132 Summa theologica Bd. II,2 q.58.a.12. ad 3
133 Summa theologica Bd. II,2 q.58.a.11. ad 1
134 Summa theologica Bd. I q.21.a.3. ad 2
135 Psalmenkommentar 50, S.350*
136 zu Dionysius' De divinis nominibus n.771, S.291*
137 zu Dionysius' De divinis nominibus n.22, S.8*
138 zu Dionysius' De divinis nominibus n.796, S.297*
139 zu Dionysius' De divinis nominibus n.786, S.295*
140 zu Dionysius' De divinis nominibus n.777, S.292*
141 zu Dionysius' De divinis nominibus n.743, S.282*
142 zu Dionysius' De divinis nominibus n.787, S.295*
143 zu Dionysius' De divinis nominibus n.788, S.295*
144 zu Dionysius' De divinis nominibus n.789, S.295*
145 zu Dionysius' De divinis nominibus n.792, S.296*
146 zu Dionysius' De divinis nominibus n.781, S.292*
148 zu Dionysius' De divinis nominibus n.793, S.296*
149 zu Dionysius' De divinis nominibus n.792, S.296*
150 Predigt zum Vaterunser, S.131*
151 Psalmenkommentar 50, S.348*
152 De veritate q.28.a.1. ad 3*
153 De veritate q.28.a.1. ad 2*
154 Summa theologica Bd. II,2 q.59.a.1
155 Summa theologica Bd. II,2 q.58.a.5
156 Summa theologica Bd. II,2 q.58.a.5
157 Summa theologica Bd. II,2 q.58.a.5. ad 2
158 Summa theologica Bd. II,2 q.58.a.6
159 Summa theologica Bd. II,2 q.58.a.6. ad 4
160 Summa theologica Bd. II,2 q.58.a.7
161 Summa theologica Bd. II,2 q.58.a.11
162 Summa theologica Bd. II,2 q.58.a.11
163 zu Aristoteles' Ethik, Bd. V, L.7, S.416*
164 Summa theologica Bd. II,2 q.58.a.12
165 Summa theologica Bd. II,1 q.96.a.1
166 Summa theologica Bd. II,1 q.92.a.1. ad 3
167 Über die Herrschaft der Fürsten, I.3, S.15f
168 Summa theologica Bd. II,1 q.92.a.1. ad 1
169 Summa theologica Bd. II,1 q.96.a.2
170 Summa theologica Bd. II,1 q.96.a.3. ad 1
171 Summa theologica Bd. II,1 q.91.a.3. ad 1
172 Summa theologica Bd. II,2 q.58.a.12
173 Summa theologica Bd. II,2 q.58.a.12. ad 2
174 Kommentar zum Matthäusevangelium 6, S.75*
175 Kommentar zum Matthäusevangelium 9, S.91*
176 Kommentar zum Matthäusevangelium 5, S.53*
177 Psalmenkommentar 17, S.193*
178 Psalmenkommentar, Prolog, S.148* (Hiob 2*)
179 Psalmenkommentar 36, S.281*
180- 181 zu Aristoteles' Ethik, Bd. I, L.13, S.68*
182 zu Aristoteles' Ethik, Bd. I, L.13, S.69*
183 Summa theologica Bd. II,1 q.47.a.2
184 Summa theologica Bd. II,1 q.47.a.1. ad 2

185 Summa theologica Bd. II,1 q.59.a.2. ad 3*
186 Kommentar zum Matthäusevangelium 6.9, S.70*
187 Psalmenkommentar 23, S.228*
188 Psalmenkommentar 24, S.229*
189 Summa theologica Bd. II,1 q.79.a.3*
190 Psalmenkommentar 45, S.329* (Luk.12*)
191 Summa theologica Bd. II,1 q.79.a.3*
192 Summa theologica Bd. II,1 q.73.a.5*
193 Summa theologica Bd. II,1 q.72.a.5*
194 Summa theologica Bd. II,1 q.72.a.5. ad 1*
195 Summa theologica Bd. II,1 q.74.a.5*
196- 197 Summa theologica Bd. II,1 q.76.a.2*
198 Summa theologica Bd. II,1 q.73.a.4*
199 Summa theologica Bd. II,1 q.68.a.5. ad 3*
200 Kommentar zum Matthäusevangelium 4, S.45*
201 Summa contra gentiles Bd. III. 154, n.25, S.309
202 De veritate q.10.a.12. ad 10
203 Jesajakommentar 8, S.466*
204 Psalmenkommentar 31, S.259*
205 Summa theologica Bd. II,1 q.59.a.5*
206- 207 Psalmenkommentar 31, S.259*
208 Psalmenkommentar 31, S.260*
209 Jesajakommentar 61, S.567*
210 Summa theologica Bd. II,1 q.24.a.3
211 zu Aristoteles' Ethik, Bd. I, L.13, S.69*
212 Summa theologica Bd. II,1 q.24.a.3. ad 1
213 Summa theologica Bd. II,1 q.59.a.5*
214 Psalmenkommentar 50, S.348*
215 Psalmenkommentar 50, S.347*
216 Jeremia-Kommentar 33, S.654*
217 Summa theologica Bd. II,1 q.69.a.2. ad 3*
218 Psalmenkommentar 42, S.314* (Lev.10*)
219 Psalmenkommentar 41, S.310*
220 zu Aristoteles' Ethik, Bd. VIII, L.7, S.737f*
221 Psalmenkommentar 34, S.276*
222 Kommentar zum Matthäusevangelium 6, S.75*
223 Kommentar zum Matthäusevangelium 25, S.233*
224 Compendium theologiae II, 9, S.514
225 Jeremia-Kommentar 17, S.620*
226 Jesajakommentar 52, S.551*
227 Kommentar zum Johannesevangelium 15.11, n.2004*
228 Kommentar zum Korintherbrief II, 1., S.301*
229 Jeremia-Kommentar 31, S.648* (Jes.13*)
230 Jeremia-Kommentar 14, S.614*
231 Kommentar zum Johannesevangelium 14,27, n.1962*
232 Jeremia-Kommentar 31, S.648*
233- 234 Kommentar zum Matthäusevangelium 11, S.110*
235- 236 Jesajakommentar 3, S.445*
237 Kommentar zum Matthäusevangelium 5, S.52*
238- 242 Summa theologica Bd. II,2 q.168.a.2*
243 Summa theologica Bd. II,2 q.168.a.4*
244 Summa contra gentiles Bd. III.2, n.9, S.11
245 Summa theologica Bd. II,2 q.182.a.1
246 Summa theologica Bd. II,2 q.180.a.7
247 Summa theologica Bd. II,2 q.180.a.7
248 Summa theologica Bd. II,2 q.180.a.7. ad 1
249 Psalmenkommentar 35, S.280* (Weish. 12*)
250 Jeremia-Kommentar 31, S.648*

251 Jeremia-Kommentar 33, S.655*
252 Kommentar zum Johannesevangelium 1.3, Der Prolog ..., S.64
253 Jeremia-Kommentar 33, S.655*
254 Kommentar zum Johannesevangelium 1.14a, Der Prolog ..., S.118
255 Kommentar zum Epheserbrief 1.19b, S.453*
256 Kommentar zum Epheserbrief 4.3, S.476*
257 Summa theologica Bd. II,2 q.29.a.3. ad 3
258 Summa theologica Bd. II,2 q.29.a.4
259 Psalmenkommentar 34, S.276* (Joh.17*)
260- 261 Kommentar zum Epheserbrief 2.14, S.462*
262 zu Peter Lombards Buch der Sentenzen Bd. I, 15.5.2 u. ad 2*
263 Jesajakommentar 52. S.552*
264- 265 Kommentar zum Johannesevangelium 15.11, n.2004*
266 Kommentar zum Matthäusevangelium 11, S.114*
267 Jesajakommentar 53, S.554*
268 Jesajakommentar 53, S.552*
269 Contra impugnantes Dei cultum et religionem 6, S.31*
270 Psalmenkommentar 39, S.304*
271 Summa theologica Bd. III q.7.a.2. ad 3
272 Kommentar zum Matthäusevangelium 11, S.111*
273 Kommentar zum Matthäusevangelium 11, S.114*
274 Kommentar zum Matthäusevangelium 11, S.108*
275 Kommentar zum Johannesevangelium 4.44, n.667*
276 Kommentar zum Johannesevangelium 1.21, n.233*
277 Kommentar zum Johannesevangelium 4.19, n.596*
278 De veritate q.12.a.3. ad 15
279 De veritate q.12.a.1
280 De veritate q.12.a.9
281 De veritate q.12.a.2
282 Kommentar zum Johannesevangelium 4.44, n.667*
283 De veritate q.12.a.13
284 De veritate q.12.a.4. ad 2*
285 De veritate q.12.a.3. ad 15
286 De veritate q.12.a.4
287 De veritate q.12.a.8
288 De veritate q.12.a.7. ad 3*
289 De veritate q.12.a.7. ad 5
290 De veritate q.12.a.7. ad 6*
291 De veritate q.12.a.7. ad 7*
292 Kommentar zum Matthäusevangelium 10, S.108*
293 Summa theologica Bd. II,2 q.25.a.6. ad 1
294 Kommentar zum Johannesevangelium 4.44, n.666*
295 Summa theologica Bd. II,2 q.174.a.6. ad 3
296 Summa theologica Bd. II,2 q.174.a.6
297 Summa theologica Bd. II,2 q.174.a.6
298 De substantiis separatis, 152*
299 Psalmenkommentar 39, S.301* (Koh.1*)
300 Jeremia-Kommentar 12, S.609*
301 De veritate q.12.a.13
302 Jeremia-Kommentar 26, S.639*
303- 304 Jesajakommentar 40, S.527*
305 Jesajakommentar 58, S.562*
306 Jeremia-Kommentar 30, S.645* (Weish.1*)
307 Predigt über die zwei Liebesgebote und die zehn Gesetzesgebote, S.97*
308 Über die Herrschaft der Fürsten, I.3, S.16
309 Jeremia-Kommentar 30, S.645*
310 Psalmenkommentar 37, S.295*
311 Psalmenkommentar 24, S.232*

312 Jesajakommentar 32, S.515*
313 Jeremia-Kommentar 42, S.667*
314 Jeremia-Kommentar 30, S.645*
315 Jeremia-Kommentar 30, S.646 (Jer.5*)
316 Jeremia-Kommentar 26, S.639*
317 Kommentar zum Matthäusevangelium 5, S.54*
318 Summa theologica Bd. II,1 q.69.a.3. ad 5*
319 Kommentar zum Johannesevangelium 15.21, n.2043*
320 De veritate q.25.a.2. ad 3
321 Summa theologica Bd. I q.81.a.2. ad 1
322 Summa theologica Bd. I q.81.a.2
323 Predigt zum Vaterunser, S.103*
324 Summa theologica Bd. II,2 q.120.a.1. ad 1*
325 Jeremia-Kommentar 6, S.594*
326 zu Aristoteles' Ethik, Bd. IV, L. 13, S.349*
327 zu Dionysius' De divinis nominibus n.507, S.177*
328 Summa theologica Bd. I q.81.a.2
329 Kommentar zum Matthäusevangelium 10, S.101*
330 zu Dionysius' De divinis nominibus n.783, S.293*
331 Summa theologica Bd. II,2 q.136.a.4. ad 3
332 zu Aristoteles' Ethik, Bd. I, L. 16, S.85*
333 Kommentar zum Johannesevangelium 18.23, n.2321*
334 Psalmenkommentar 37, S.293* (Sir.28*)
335 Psalmenkommentar 37, S.294*
336 Psalmenkommentar 5, S.162*
337 De veritate q.12.a.5
338 Psalmenkommentar, Präambel, S.148*
339 ebenda* (2 Kön.23*)
340 Jeremia-Kommentar, Präambel, S.578*
341 Jeremia-Kommentar 4, S.589*
342 Jeremia-Kommentar 13, S.611*
343 Jesajakommentar 22, S.495*
344 Jesajakommentar 47, S.559*
345 Jesajakommentar 58, S.562*
346 Jeremia-Kommentar 30, S.646*
347 Jesajakommentar 6, S.458*
348 Jesajakommentar 61, S.566f*
349 Summa theologica Bd. II,2 q.171.a.2. ad 2
350 Summa theologica Bd. II,2 q.172.a.1. ad 4
351 Jeremia-Kommentar, Präambel, S.577*
352 Jesajakommentar 8, S.464*
353 Kommentar zum Johannesevangelium 20.17, n.2519*
354 Kommentar zum Johannesevangelium 19.25, n.2438*
355- 356 Kommentar zum Johannesevangelium 20.15, n.2512*
357 Jeremia-Kommentar 1, S.579*
358 Summa theologica Bd. II,2 q.171.a.3. ad 3
359 Kommentar zum Hebräerbrief 1, S.678*
360 Jeremia-Kommentar 1, S.581*
361 De veritate q.12.a.9
362 Summa theologica Bd. II,2 q.173.a.1
363 Summa theologica Bd. II,2 q.171.a.4. ad 1
364 De veritate q.12.a.13. ad 3
365 Summa theologica Bd. II,2 q.171.a.2
366 Summa theologica Bd. II,2 q.171.a.4. ad 2
367 Kommentar zum Hebräerbrief 1, S.669*
368 De veritate q.12.a.1
369 Jesajakommentar 1, S.430*
370 Summa theologica Bd. II,2 q.171.a.2. ad 1

371 Jesajakommentar 1, S.430*
372 Summa theologica Bd. II,2 q.171.a.2. ad 2
373 Summa theologica Bd. II,2 q.172.a.1
374 Summa theologica Bd. II,2 q.172.a.1
375- 376 Jesajakommentar 1, S.431*
377 De veritate q.12.a.5
378 Summa theologica Bd. II,2 q.172.a.4. ad 1
379 Summa theologica Bd. II,2 q.172.a.4. ad 4
380 Summa theologica Bd. II,2 q.172.a.2. ad 2
381 Summa theologica Bd. II,2 q.172.a.2
382 Summa theologica Bd. II,2 q.172.a.2. ad 1
383 Summa theologica Bd. II,2 q.172.a.2. ad 3
384 Summa theologica Bd. II,2 q.173.a.4
385 Summa theologica Bd. II,2 q.173.a.4
386 Summa theologica Bd. II,2 q.171, Präambel
387 Summa theologica Bd. II,2 q.175.a.3. ad 2
388 Summa theologica Bd. II,2 q.175.a.1
389 Summa theologica Bd. II,2 q.175.a.2. ad 1
390 Summa theologica Bd. II,2 q.175.a.1. ad 2*
391 Summa theologica Bd. II,2 q.175.a.2. ad 1
392 Kommentar zum Epheserbrief 2.20, S.465*
393 Kommentar zum Hebräerbrief 1, S.677*
394 Jeremia-Kommentar 12, S.610*
395 Jeremia-Kommentar 5, S.592*
396 Jeremia-Kommentar 5, S.592*
397 De veritate q.12.a.5
398 Kommentar zum Matthäusevangelium 5, S.61*
399 Summa theologica Bd. I q.96.a.4
400 Questiones quodlibetales 3, q.12.a.2*
401 De veritate q.17.a.5
402 De veritate q.17.a.4. ad 4*
403 De veritate q.17.a.4. ad 1
404 Summa theologica Bd. II,1 q.19.a.5*
405 Summa theologica Bd. I q.79.a.13
406 De veritate q.23.a.6
407 De veritate q.23.a.6
408 De veritate q.17.a.5
409- 410 zu Peter Lombards Buch der Sentenzen Bd. II, 44.2.2*
411 Kommentar zum Matthäusevangelium 4, S.41*
412 Predigt zur Apostelgeschichte, S.13*
413 De veritate q.17.a.5. ad 3
414 De veritate q.17.a.5. ad 4
415 De veritate q.17.a.3
416 Summa theologica Bd. II,1 q.91.a.2
417 Summa theologica Bd. II,1 q.79.a.3*
418 De veritate q.17.a.4
419 Summa theologica Bd. II,2 q.10.a.8
420 Summa theologica Bd. II,2 q.12.a.2
421 zu Peter Lombards Buch der Sentenzen Bd. II, 44.2.2*
422 Summa theologica Bd. II,2 q.42.a.2. ad 3
423 Über die Herrschaft der Fürsten, I.6, S.24
424 Summa theologica Bd. II,2 q.104.a.5
425 zu Peter Lombards Buch der Sentenzen Bd. II, 44.1.3. ad 1*
426 Summa theologica Bd. II,2 q.104.a.5
427 Summa theologica Bd. II,2 q.104.a.5
428 Summa theologica Bd. II,2 q.104.a.6. ad 1
429 Summa theologica Bd. II,2 q.104.a.6. ad 3
430 Summa theologica Bd. II,1 q.90.a.4

431 Summa theologica Bd. II,1 q.92.a.1. ad 4
432 Summa theologica Bd. II,1 q.96.a.4
433 Summa theologica Bd. II,2 q.120.a.1
434 Summa theologica Bd. II,2 q.120.a.1. ad 1
435 Summa theologica Bd. II,1 q.96.a.6
436 Summa theologica Bd. II,2 q.66.a.7
437 Summa theologica Bd. II,1 q.96.a.6
438 Summa theologica Bd. II,1 q.97.a.3. ad 3
439 Summa contra gentiles Bd. III.31, n.5, S.129
440 Über die Herrschaft der Fürsten I.6*
441 Über die Herrschaft der Fürsten I.15, S.58
442 Über die Herrschaft der Fürsten I.15, S.57
443 Kommentar zum Buch Hiob 35, S.119*
444 Psalmenkommentar 34, S.272*
445 Jeremia-Kommentar 5, S.593*
446 Summa contra gentiles Bd. III. 133, n.1, S.219
447 Summa contra gentiles Bd. III. 133, n.1, S.219f
448- 449 Summa theologica Bd. II,1 q.2.a.1*
450 Summa theologica Bd. II,2 q.66.a.1
451 Summa theologica Bd. II,2 q.66.a.2
452 Summa theologica Bd. II,2 q.66.a.7
453 Kommentar zum Buch Hiob 12, S.52*
454 Summa theologica Bd. II,2 q.66.a.7
455 Summa theologica Bd. II,2 q.66.a.7. ad 2
456 Summa theologica Bd. II,2 q.66.a.7. ad 3
457 Summa theologica Bd. II,2 q.66.a.2. ad 1
458 Summa theologica Bd. I q.98.a.1. ad 3
459 Summa theologica Bd. II,2 q.66.a.2
460- 461 Kommentar zum Matthäusevangelium 6, S.73*
462 Kommentar zum Buch Hiob 12, S.52*
463 Summa theologica Bd. II,2 q.77.a.4
464 Summa theologica Bd. II,1 q.30.a.4
465 Summa theologica Bd. II,1 q.30.a.4
466 Summa theologica Bd. II,1 q.2.a.1. ad 3*
467 Summa theologica Bd. II,1 q.30.a.4
468 Summa theologica Bd. II,1 q.2.a.1. ad 1*
469 Summa theologica Bd. II,2 q.24.a.7
470 Psalmenkommentar 40, S.305*
471 Summa theologica Bd. II,2 q.118.a.1
472 Summa theologica Bd. II,2 q.118.a.1. ad 2
473 Summa theologica Bd. II,2 q.118.a.3
474 Kommentar zum Matthäusevangelium 5, S.52*
475 Summa theologica Bd. II,2 q.118.a.1. ad 2
476 Summa theologica Bd. II,2 q.118.a.3
477 Summa theologica Bd. II,2 q.118.a.4
478 Summa theologica Bd. II,2 q.118.a.4. ad 3
479 Summa theologica Bd. II,2 q.118.a.5
480 Summa theologica Bd. II,2 q.118.a.5. ad 1
481 Summa theologica Bd. II,2 q.118.a.6
482 Summa theologica Bd. II,1 q.72.a.2*
483 Summa theologica Bd. II,1 q.73.a.5. ad 1*
484 Summa theologica Bd. II,1 q.74.a.4*
485 Summa theologica Bd. II,1 q.74.a.4. ad 1*
486 Summa theologica Bd. II,2 q.118.a.6. ad 1
487 Summa theologica Bd. II,2 q.118.a.8
488 Summa theologica Bd. II,2 q.118.a.8. ad 3
489 Summa theologica Bd. II,2 q.66.a.2. ad 2
490 Summa theologica Bd. II,2 q.78.a.1

491 Über das Böse XIII, 4*
492 zu Aristoteles' Ethik, Bd. IV, L. 5, S.307*
493 Summa theologica Bd. II,2 q.77.a.4
494 Summa theologica Bd. II,2 q.77.a.4
495 Summa theologica Bd. II,2 q.77.a.4. ad 2
496- 497 zu Aristoteles' Ethik, Bd. I, L.5, S.31*
498 Summa theologica Bd. II,2 q.117.a.1. ad 1
499 Summa theologica Bd. II,2 q.117.a.3. ad 1
500 Summa theologica Bd. II,2 q.117.a.5
501 Summa theologica Bd. II,2 q.117.a.2. ad 3
502 Summa theologica Bd. II,2 q.117.a.4
503 Summa theologica Bd. II,2 q.117.a.5. ad 2
504 Summa theologica Bd. II,2 q.117.a.4. ad 1
505 Psalmenkommentar 39, S.300* (Ps.114*)
506 Kommentar zum Epheserbrief 2.15, S.463*
507 Kommentar zum Matthäusevangelium 4, S.43*
508 Kommentar zum Matthäusevangelium 5, S.57*
509 ebenda* (Heb.8,8*)
510 Kommentar zum Matthäusevangelium 11, S.114*
511 Kommentar zum Matthäusevangelium 5, S.58*
512 Summa theologica Bd. II,1 q.106.a.1
513 Psalmenkommentar 30, S.255*
514 Summa theologica Bd. II,1 q.106.a.2
515 Summa theologica Bd. II,1 q.106.a.1. ad 1
516 Summa theologica Bd. II,1 q.106.a.1. ad 1
517 Summa theologica Bd. II,1 q.106.a.1. ad 2
518 Summa theologica Bd. II,1 q.108.a.1. ad 3
519 Summa theologica Bd. II,1 q.108.a.1
520 Summa theologica Bd. II,1 q.108.a.2
521 Summa theologica Bd. II,1 q.108.a.1. ad 1
522 Summa theologica Bd. II,1 q.106.a.4
523 Summa theologica Bd. II,2 q.1.a.7. ad 4*
524 Jesajakommentar 9, S.469*
525 Kommentar zum Epheserbrief 4.22, S.484*
526 Kommentar zum Matthäusevangelium 11, S.111*
527 Summa theologica Bd. II,1 q.108.a.3
528- 529 Kommentar zum Matthäusevangelium 5, S.49*
530 Summa theologica Bd. II,2 q.139.a.2
531 Summa theologica Bd. II,1 q.69.a.3*
532 Kommentar zum Matthäusevangelium 5, S.49*
533- 534 Predigt zum Vaterunser, S.109*
535 zu Aristoteles' Metaphysik Bd. V, L. 18, S.391*
536- 543 Kommentar zum Matthäusevangelium 5, S.53*
544 Summa theologica Bd. II,1 q.69.a.2. ad 3*
545 Predigt zur Apostelgeschichte, S.96*
546 Kommentar zum Matthäusevangelium 5, S.53*
547 Kommentar zum Matthäusevangelium 5, S.54*
548 Kommentar zum Matthäusevangelium 5, S.48*
549 Summa theologica Bd. II,2 q.45.a.6
550 Summa theologica Bd. II,2 q.45.a.6
551 Summa theologica Bd. II,2 q.45.a.6. ad 1
552 Summa theologica Bd. II,2 q.45.a.3. ad 3
553- 556 Kommentar zum Matthäusevangelium 5, S.54*
557 Kommentar zum Matthäusevangelium 5, S.49*
558 Summa theologica Bd. II,2 q.8.a.8
559 Summa theologica Bd. II,1 q.11.a.3*
560 Psalmenkommentar 45, S.327*
561 Jesajakommentar 3, S.433*

562 Summa theologica Bd. II,1 q.70.a.1*
563 Summa theologica Bd. II,1 q.70.a.2*
564 Summa theologica Bd. II,2 q.52.a.4. ad 3
565 Summa theologica Bd. II,2 q.29.a.4. ad 1
566 Summa theologica Bd. II,2 q.29.a.4
567 Summa theologica Bd. II,2 q.29.a.3. ad 3
568 Kommentar zum 2. Thessalonicherbrief, S.584*
569 Summa theologica Bd. II,2 q.29.a.1. ad 2
570 Summa theologica Bd. II,2 q.121.a.1
571 Summa theologica Bd. III q.7.a.5
572 Summa theologica Bd. III q.7.a.5. ad 1
573 Summa theologica Bd. II,1 q.68.a.1*
574 Summa theologica Bd. II,1 q.68.a.1. ad 1*
575 Summa theologica Bd. II,1 q.68.a.2*
576 Summa theologica Bd. I q.43.a.5. ad 1*
577 Summa theologica Bd. II,1 q.68.a.4*
578 Summa theologica Bd. II,2 q.9.a.9. ad 4*
579 Summa theologica Bd. II,2 q.9.a.1. ad 3
580 Summa theologica Bd. III q.7.a.5
581 zu Aristoteles' Ethik, Bd. IX, L. 4, S.805*
582 zu Peter Lombards Buch der Sentenzen Bd. I, 2.1.4*

Nachwort

Gegen Ende des vorigen Jahrhunderts gab es eine von Rom geförderte Bewegung, das Studium des Heiligen Thomas von Aquin wiederzubeleben und seine Theologie für alle katholischen Seminare der Welt als Norm zu etablieren. Das Aufleben der biblischen und patristischen Exegese, später in unserem Jahrhundert, und die Öffnung der Liturgie für die Landessprachen, und somit die Verdrängung des herrschenden Latein innerhalb der Kirche, führte dazu, daß Thomas von Aquin nicht mehr im Mittelpunkt stand und seine Philosophie den größten Teil ihrer Wichtigkeit für die Gesamtkirche verlor. Sicherlich ist richtig, daß Gilson mit seiner Studie über den Geist der mittelalterlichen Philosophie und Maritain mit seinem Versuch, die Bedeutung des Aquinaten für Wissenschaft, Kunst und Politik sowie für die Metaphysik zu zeigen, eine tiefe Wirkung auf das katholische Denken hatten. Auch Garrigou Lagranace konnte mit seinem Werk über die Kontemplation und das kontemplative Leben der mystischen Theologie des Thomas eine zentrale Stelle in der Lehre vom geistlichen Leben geben. Aber die Perspektive dieser Renaissance des Thomismus war zu beschränkt, um für die Theologie als Ganze eine angemessene Grundlage zu ergeben.

In diesem Buch ist es Matthew Fox gelungen, dem Aquinaten im Lichte seiner Schöpfungsspiritualität und seiner Theologie des Kosmischen Christus wieder eine zentrale Stellung in der heutigen Theologie zu geben. Indem er die Theologie des Thomas in den Rahmen der vier Wege des geistlichen Lebens, den positiven, negativen, kreativen und transformativen, stellt, hat er ihr für die heutige Welt neue Bedeutung verliehen. Dieses Paradigma der vier Wege ist eine absichtliche Abkehr von dem läuternden, erleuchtenden und vereinenden Weg der katholischen Tradition. Indem sie den läuternden Weg an den Anfang stellte, gab diese Tradition ihrem spirituellen Leben eine negative Wendung und betonte Sünde und Erlösung, während sie die positiven Werte der gegenwärtigen Welt, der Natur, des Körpers und der Sinne ablehnte.

Indem Matthew Fox den positiven Weg an den Anfang stellte, konnte er zeigen, daß die Theologie des Thomas von Aquin zu allererst eine Kosmologie ist, die die Offenbarung Gottes in der Schöpfung als in einem 'Buch' der Offenbarung anerkennt, das eine Parallele zur Offenbarung in der Schrift bildet und Gott vor allem als jemanden offenbart, der die göttliche Güte auf alle Kreaturen und vor allem auf die Menschheit ergießt, die Gott in Christus in

Gottes eigenes göttliches Leben aufnimmt. Thomas Betonung der Immanenz Gottes in der Schöpfung, wie er es im Licht der aristotelischen Philosophie verstand, führte dann nach seinem Tode zu seiner Verdammung durch die etablierten Theologen seiner Zeit. Heute können wir sie aber als eine Rechtfertigung der Methoden der modernen Wissenschaft in ihrem Versuch, das Mysterium des erschaffenen Universums zu erforschen, verstehen.

Der positive Weg des Thomas steht im Gleichgewicht mit dem negativen Weg, auf welchem er zeigt, daß Gott zwar in allen Geschöpfen offenbart wird, daß die Gottheit aber über alle Geschöpfe hinaus in sich bleibt und insofern unser menschliches Verständnis transzendiert. Wir müssen also sagen, daß das Universum uns eher sagt, was Gott nicht ist, als was Gott ist. Das göttliche Wesen bleibt in sich ein unergründliches Geheimnis.

Da wir jedoch die Gegenwart Gottes in der ganzen Schöpfung erkennen, werden wir dazu geführt, Gott für die Schöpfung zu danken und zu loben und sie als unser Leben und unsere Arbeit zu feiern. Das führt uns zum kreativen Weg. Der Sinn für die Gegenwart Gottes in der Welt um uns und in unserem Herzen erweckt unsere schöpferischen Kräfte und ruft uns dazu auf, unsere Freude in Kunst und Dichtung, Musik und Tanz auszudrücken und unser Leben in Gerechtigkeit und Wahrheit zu ordnen.

Das wiederum führt uns zum transformativen Weg, auf welchem eine innere Wandlung stattfindet. Geist und Wille werden durch die innewohnende Gegenwart Gottes verwandelt, besonders durch die Gaben des Heiligen Geistes. Und soziale Wandlung kommt zustande, wo Gerechtigkeit und Mitgefühl als Ausdruck der inneren Antwort auf Gottes Gnade und Liebe in den menschlichen Belangen angesehen wird. Thomas von Aquin führt uns so durch alle Stadien des spirituellen Lebens, bis wir schließlich die letzte Transformation unseres menschlichen Lebens, der Menschheit und des gesamten Universums in der Vision Gottes erreichen.

Als Methode zur Entwicklung der Lehre des Aquinaten hat Matthew Fox einen Dialog zwischen sich und dem Hl. Thomas gewählt, in welchem er Fragen stellt, die unser gegenwärtiges Verständnis der Welt betreffen und die Antworten von Thomas anregen, die alle aus seinen Schriften entnommen sind. Dabei greift Fox nicht nur auf die Summa theologica und andere philosophische und theologische Werke zurück, sondern auch auf die Bibelkommentare, von denen viele noch nie zuvor ins Englische übersetzt worden sind, wie auch auf die Kommentare zu den Werken von Dionysius dem Areopagiten, dessen Werken Thomas in seiner Jugend begegnete, anhand derer sich die Tiefe seiner mystischen Theologie offenbart.

So finden wir in diesem Buch ein Kompendium der spirituellen Theologie des Thomas von Aquin, in welchem seine Lehre mit einer Fülle und Einsicht durchscheint, wie sie im Englischen noch nie zuvor dargestellt wurde, und das darüber hinaus eine wichtige Botschaft für unsere heutige Welt enthält. Dieses Werk ist deshalb nicht nur für die Kirche und den Dominikanerorden, sondern auch für die größere Welt äußerst wichtig, denn diese sucht nach einer Philosophie, die in moralischen, sozialen und politischen Problemen der heutigen Welt als Leitlinie dienen kann.

Es sollte hinzugefügt werden, daß sich im Leben des Heiligen ein unerwartetes persönliches Drama abgespielt hat. In seinem letzten Lebensjahr wurde er mit Stummheit geschlagen. Er war nicht mehr fähig, zu sprechen oder zu schreiben. Ihm wird die Aussage zugeschrieben, daß ihm angesichts dessen, was er geschaut, alles, was er vorher geschrieben hatte, im Vergleich wie Stroh erschiene. Das weist darauf hin, daß er eine mystische Erfahrung durchlaufen hat, die sein Wesen verwandelte. Es scheint aber auch so zu sein, daß seine menschliche Natur nach einem leidenschaftlichen intellektuellen Leben, in welchem er auf viel Widerstand stieß, einen psychischen Schock erlitt. Thomas von Aquin scheint also gar nicht so weit von anderen genialen Frauen und Männern entfernt zu sein, die ähnliche psychische Traumata erlitten. Doch bleibt er Vorbild eines Philosophen, der sein ganzes Leben dem Studium der letzten Bedeutung der Natur und der menschlichen Welt widmete und sich am Ende dem göttlichen Mysterium unterwerfen mußte, das die Welt übersteigt.

Bede Griffiths

Anhang:

Thomas von Aquin über die Kosmologie

Auf den folgenden Seiten gebe ich eine Passage von Thomas wieder, in der er unter anderem die Astronomie des Aristoteles korrigiert. Dabei erwarte ich nicht, daß Leserinnen und Leser seiner gesamten Argumentation folgen, da ich auch selbst es nicht tue. Der Zweck dieser Wiedergabe ist es, zu zeigen, wie Thomas die antike Kosmologie verstanden hat. Beim Lesen des Textes können wir die Leidenschaft des Aquinaten schätzen lernen, die er in Fragen der Wissenschaft zeigte. Man kann sich gut vorstellen, wie intensiv Thomas heute die Geschichte des Universums studieren würde, die die Naturwissenschaft lehrt. Seitdem hat es kaum einen Theologen gegeben, der sich so für die Naturwissenschaft (die zu seiner Zeit 'Naturphilosophie' hieß) eingesetzt hat.

Die folgende Passage ist die Lektion 10 des zwölften Bandes des Kommentars zu Aristoteles' Metaphysik (XII, L.10, S.904-910). Abgesehen von Auslassungen kurzer Aristoteles-Formulierungen, um den Text lesbarer zu machen, wurde nichts verändert. Weitere Texte zur Kosmologie des Aquinaten finden sich in De caelo et mundo und in „A Note on St. Thomas' Cosmology" in: Matthew Lamb, Übers., St. Thomas' Commentary on St. Paul's Epistle to the Ephesians (Albany, NY, 1966, S.306-09).

Aristoteles führt die Meinungen auf, die die Astronomen seiner Zeit über die Anzahl der planetaren Bewegungen hatten. Zuerst gibt er die Meinung des Eudoxus, dann die des Callipus wieder.

Zur ersten Ansicht muß man wissen, daß Platon, der den Himmelsbewegungen unfehlbare Kreisbahnen und Ordnung zusprach, mathematische Hypothesen darüber aufgestellt hat, durch welche die offenkundig unregelmäßigen Planetenbewegungen erklärt werden können. Denn er behauptete, die Planetenbewegungen seien kreisförmig und folgten einer Ordnung. Die Pythagoräer versuchten, eine Ordnung in die Unregelmäßigkeiten zu bringen, die sich im Stillstehen, den Rückwärtsbewegungen, der Schnelligkeit und Langsamkeit und der unterschiedlichen Größe der Planeten zeigt. Sie behaupteten, die Planetenbewegungen umfaßten exzentrische Sphären und Kleinkreise, die sogenannten Epizyklen. Diese Ansicht vertrat auch Ptolemäus.

Aus dieser Hypothese scheint aber etwas zu folgen, was einigen in der Naturphilosophie demonstrierten Punkten widerspricht. Denn nicht jede Bewegung verläuft entweder auf die Mitte der Welt zu, von ihr fort oder um sie herum. Außerdem folgt daraus, daß eine Sphäre, die eine exzentrische Sphäre enthält, entweder von anderer Dichte sein muß, oder es gibt ein Vakuum zwischen der einen und der anderen Sphäre, oder es gibt einen Körper außerhalb der Substanz der beiden Sphären, der zwischen ihnen liegt und kein kreisförmiger Körper ist und keine Eigenbewegung hat.

Aus der Hypothese der Epizyklen folgt ferner, daß die Sphäre, durch welche die Epizyklen bewegt werden, entweder nicht ganz und kontinuierlich ist oder daß sie geteilt, ausdehnbar und komprimierbar ist, so wie Luft geteilt, gedehnt und gepreßt wird, wenn ein Körper bewegt wird. Außerdem folgt daraus, daß der Sternenkörper sich von selbst bewegt und nicht nur aufgrund der Bewegung einer Kugel; und daß aus dieser Bewegung der Klang entsteht, den die Pythagoräer annahmen.

Alle diese Schlußfolgerungen widersprechen aber Wahrheiten, die in der Naturphilosophie festgestellt worden sind. Eudoxus sah das und versuchte es dadurch zu vermeiden, daß er für jeden Planeten der Welt viele konzentrische Sphären annahm, die je ihre Eigenbewegungen haben; und das Ergebnis all dieser Bewegungen soll die beobachtbare Planetenbewegung sein. So nahm Eudoxus an, daß die Bewegung der Sonne wie auch die des Mondes drei Sphären umfaßt.

Die erste Bewegung von Sonne und Mond, die Tagesbewegung, ist diejenige, durch welche sie sich von Ost nach West bewegen. Diese Bewegung nennt er „die der Sterne, deren Position unverändert bleibt", das heißt, der Sterne, die nicht wandern, der Fixsterne. Da man noch nicht entdeckt hatte, daß die Bewegung der Fixsterne von Ost nach West der ersten Bewegung entgegengerichtet ist, dachte man, wie oben gesagt, daß die Tagesbewegung der achten Sphäre entspräche, die die Sphäre der Fixsterne ist. Es wurde aber nicht bedacht, daß die erste Sphäre ausreichen könnte, allen Planetensphären die Tagesbewegung mitzuteilen, wie Ptolemäus annahm. Er dachte aber, jeder Planet habe seine eigene Sphäre, die ihn durch die tägliche Bewegung weiterbewegt. Um nun diese Bewegung zu erklären, nahm er für Sonne und Mond eine erste Sphäre an.

Für die Bewegung von Sonne und Mond nahm er noch eine zweite Sphäre an. Diese verläuft mit der sogenannten Longitudinalbewegung mitten durch den Tierkreis, und durch sie werden Sonne und Mond entgegen der Richtung des Himmelsgewölbes von Ost nach West bewegt.

Und er nahm eine dritte Sphäre an, um die Schrägbewegung entlang der

Breite der Tiere zu erklären, die den Zodiak symbolisieren, aufgrund derer ein Planet manchmal südlicher und manchmal nördlicher als die Mittellinie des Zodiaks zu sein scheint. Diese Schwankung ist beim Mond offensichtlicher und im Ausschlag weiter als bei der Sonne. Deshalb fügt er hinzu, daß die Bewegung, die den Mond trägt, einen größeren Neigungswinkel hat als die der Sonne. Und Ptolemäus schrieb der Mondbewegung eine Breite zu, nicht aber der der Sonne. Eudoxus nahm also noch eine dritte Bewegung an, wie Simplicius sagt, weil er dachte, auch die Sonne würde von der Mittellinie des Tierkreises zu den Polen hin abweichen. Diese Annahme machte er, weil die Sonne zur Sommer- und Wintersonnenwende nicht immer an der gleichen Stelle aufgeht. Würde sie in gleicher Länge und Breite wiederkehren, entsprechend der Deklination des Großkreises (d.h. der Ekliptik), auf dem die Sonne wandert, so würde eine Sphäre dafür ausreichen. Da dies aber nicht der Fall ist, sondern sie zu verschiedenen Zeiten mit unterschiedlicher Länge und Breite wiederkehrt, ist die Annahme einer dritten Sphäre notwendig. Und er behauptete, diese dritte Sphäre der Sonne bewege sich in die gleiche Richtung wie die zweite, nur um eine andere Achse und an anderen Polen. Er behauptete außerdem, die dritte Sphäre des Mondes bewege sich in die gleiche Richtung wie die erste. In jedem Fall aber ging er davon aus, daß die Bewegung der dritten Sphäre langsamer sei als die der zweiten.

Und er behauptete, die Bewegungen jedes der fünf Planeten umfasse vier Sphären, wobei die erste und zweite Sphäre eines jeden Planeten die gleiche Funktion habe wie die erste und zweite Sphäre der Sonne und des Mondes. Denn die erste Bewegung, die er als diejenige der Fixsterne annahm, sowie die zweite, die longitudinal durch die Mittellinie des Zodiaks verläuft, scheinen allen Planeten gemeinsam zu sein.

Sodann nahm er eine dritte Sphäre an für alle Planeten gemäß ihrer Breitenschwankung. Die Pole ihrer Umdrehung legte er in die Mittellinie des Zodiaks. Da er annahm, alle Sphären seien konzentrisch, würde daraus folgen, daß der Zodiak durch die Pole des Großkreises der dritten Sphäre verläuft; und umgekehrt, daß der Großkreis der dritten Sphäre durch die Pole des Zodiaks verläuft. Daraus folgte, daß die Bewegung der dritten Sphäre einen Planeten direkt zu den Polen des Zodiaks führt, was man aber nie geschehen sieht.

Deshalb mußte er eine vierte Sphäre postulieren, die den Planeten trägt und sich entgegen der dritten bewegt, nämlich von Ost nach West, und zwar gleichzeitig, um zu verhindern, daß der Planet sich in der Breite weiter vom Zodiak entfernt. Das meint Aristoteles damit, daß Eudoxus behauptet habe, die vierte Bewegung des Sternes verlaufe in einem gegen die Mitte der dritten Sphäre, das heißt ihren Großkreis geneigten Winkel.

Wenn er also vier Sphären für jeden der fünf Planeten postuliert, so ergeben sich daraus zwanzig Sphären für die fünf Planeten. Zählt man noch die je drei Sphären von Sonne und Mond hinzu, so ergeben sich insgesamt sechsundzwanzig Sphären, sofern jeder Planetenkörper an der letzten seiner eigenen Sphären befestigt ist.

Dann gibt Aristoteles die Auffassung des Callipus über die Zahl der Sphären an. Wie Simplicius uns berichtet, hatte Callipus mit Aristoteles in Athen zu tun, als die Entdeckungen des Eudoxus von ihm korrigiert und ergänzt wurden. Callipus behielt also die gleiche Sphärentheorie bei wie Eudoxus und erklärt die Position der Sphären durch den Aufbau ihrer Entfernungen. Er gab nämlich den Planeten und ihren Bewegungen und den Sphären die gleiche Anordnung wie Eudoxus.

Er stimmt mit Eudoxus in der Sphärenzahl für Jupiter und Saturn überein und erkannte ihnen je vier Sphären zu. Callipus nahm aber an, daß man Sonne und Mond je zwei Sphären hinzufügen müsse, wenn man eine Theorie aufstellen will, die mit ihren Bewegungen übereinstimmt. Er scheint diese Sphären hinzugefügt zu haben, um die Schnelligkeit und Langsamkeit, die in ihren Bewegungen auftritt, zu erklären. Die Sonne würde also fünf Sphären haben und der Mond ebenfalls. Allen verbleibenden Planeten – Mars, Venus und Merkur – fügte er je eine Sphäre hinzu, so daß sie jeweils fünf Sphären erhielten. Vielleicht postulierten sie diese fünfte Sphäre, um den Rückwärtsbewegungen und Stillständen Rechnung zu tragen, die bei diesen Sternen auftreten. Diese Sphären werden dann als ausführende Sphären bezeichnet, weil die Planetenkörper von ihnen getragen werden.

Zusätzlich zu diesen Sphären nahmen sie noch andere an, die sie gegenrotierende Sphären nannten. Zu dieser Annahme wurden sie wohl geführt, weil ein höherer Planet, zum Beispiel Saturn, an der Bewegung aller höheren Planeten Anteil haben muß, so daß seine Bewegung sich etwas von der der ersten Sphäre entfernt. Die erste Sphäre des Jupiter, deren Pole in gewisser Weise an der höchsten Sphäre des Saturn befestigt sind, nimmt in gewissem Maße an den Bewegungen der Saturnsphären teil. Deshalb würde sie in den Tagesbewegungen nicht gleichmäßig bewegt, wie die erste Sphäre des Saturn; und so schien es notwendig, eine weitere Sphäre zu postulieren, die diese erste Sphäre dreht, um die Geschwindigkeit wiederherzustellen, die sie durch die höheren Planeten verliert. Mit der gleichen Begründung war es notwendig, noch eine Sphäre anzunehmen, die die zweite Sphäre des Jupiter dreht, und eine dritte, die die dritte Sphäre des Jupiter dreht. Es war aber unnötig, eine weitere Sphäre anzunehmen, die die vierte Sphäre dreht, weil sich die Bewegung der ersten Sphäre, an der der Stern befestigt ist, aus allen höheren Bewegungen zusammensetzt. Jupiter hat also vier ausführende Sphären und drei gegenrotierende. Auf gleiche Weise haben die anderen Planeten je eine gegenrotierende Sphäre weniger, als sie ausführende haben.

Er sagt also: Wolle man allen Sphären zusammen gerecht werden und alle auftretenden Bewegungen der Planeten erklären, so müsse man zusätzlich zu den oben erwähnten ausführenden Sphären andere Sphären postulieren, je eine weniger an Zahl, die sich drehen und die erste Sphäre des nächstfolgenden Sternes an den gleichen Ort zurückbringen. Nur auf diese Weise ließen sich die Bewegungen der Planeten mit all ihren Erscheinungen erklären.

Da nun die ausführenden Sphären Jupiters und Saturns zusammen acht sind, denn jedem werden vier zugesprochen, und weil die zu den anderen fünf Planeten gehörigen fünfundzwanzig sind, denn jedem gehören nur fünf, und wenn die am Ende, die den Stern tragen und führen, sich nicht drehen, dann folgt daraus, daß die gegenrotierenden Sphären der ersten beiden Planeten, Jupiter und Saturn, sechs an der Zahl sind, und die der letzten vier Planeten sechzehn. Da es aber außer Jupiter und Saturn noch fünf Planeten gibt, läßt er offenbar einen aus, das heißt, entweder Mars oder Merkur, so daß sich seine Bemerkung über die vier letzten auf die vier niedrigsten bezieht. Oder er läßt den Mond aus, so daß er sich auf die vier direkt folgenden Planeten bezieht. Entweder diese Auslassung beruht auf einem Fehler, was bei Zahlen manchmal passiert, oder aus einem uns unbekannten Grund; denn, wie uns Simplicius mitteilt, sind die Schriften des Callipus nicht erhalten. Die Gesamtzahl der ausführenden und der gegenrotierenden Sphäre ist also fünfundfünfzig.

Da sich die Schwierigkeit ergibt, ob es notwendig sei, der Sonne und dem Mond je zwei Sphären hinzuzufügen, wie Callipus es tat, oder ob ihnen nur zwei Sphären gegeben werden müssen, wie bei Eudoxus, sagt er (Aristoteles) deshalb: Falls man zu Sonne und Mond nicht je zwei Bewegungen hinzufügt, wie Callipus es machte, folgt daraus, daß die Gesamtzahl der Sphären siebenundvierzig beträgt. Denn man müßte von der oben angegebenen Zahl vier ausführende Sphären abziehen, zwei für die Sonne und zwei für den Mond, und auch die gleiche Anzahl gegenrotierender Sphären. Wenn man nun von fünfundfünfzig acht abzieht, bleiben siebenundvierzig.

Man muß aber bemerken: Wenn er oben sagt, daß die gegenrotierenden Sphären der letzten vier Planeten sechzehn an der Zahl seien und er den Mond ausgelassen hätte, dann würden von Mond und Sonne je zwei ausführende Sphären abgezogen, aber nicht vier gegenrotierende, sondern nur zwei – angenommen eben, der Mond habe keine gegenrotierenden –, zusammen also vier ausführende und zwei gegenrotierende Sphären, so daß sich eine verbleibende Gesamtzahl von neunundvierzig ergäbe. Daran zeigt sich, daß Aristoteles nicht den Mond auslassen wollte, sondern eher Mars, falls man nicht sagen will, Aristoteles habe vergessen, daß er dem Mond gegenrotierende Sphären zugesprochen hatte, und daß der Fehler aus diesem Grund gemacht wurde, was aber nicht wahrscheinlich erscheint.

Zuletzt zieht er den Schluß, daß die Anzahl der Sphären die erwähnte sei.

Dann leitet Aristoteles die Zahl der immateriellen Substanzen aus der Zahl der Himmelsbewegungen ab. Und im Hinblick darauf tut er dreierlei. Erstens zieht er den Schluß, auf den er abzielt. Zweitens weist er gewisse Spekulationen zurück, die seine vorherige Folgerung schwächen würden („Wenn es jedoch gäbe"). Drittens vergleicht er die über verschiedene Substanzen gezeigten Punkte mit den Meinungen der Alten und mit verbreiteten Meinungen seiner Zeit („Die Überlieferung sagt nun").

Er sagt: Da erstens die Zahl der Himmelssphären und der Himmelsbewegungen die genannte ist, sei es vernünftig anzunehmen, daß es eine gleiche Anzahl von immateriellen Substanzen und unbeweglichen Prinzipien und sogar die gleiche Zahl „wahrnehmbarer Prinzipien", d.h. Himmelskörper, gibt. Er benutzt den Ausdruck „vernünftig", um anzuzeigen, daß es sich um einen wahrscheinlichen und nicht um einen notwendigen Schluß handelt. Er fügt darum hinzu, daß er die Notwendigkeit desselben denen überließe, die stärker und fähiger als er seien, es zu entdecken.

Dann weist der Philosoph diejenigen Spekulationen zurück, die die oben genannte Folgerung schwächen können, und das sind drei. Die erste ist, daß es gewisse einzelnen Substanzen gebe, denen keine Himmelsbewegung entspricht.

Um dies zu widerlegen sagt er: Wenn es keine Himmelsbewegung geben kann, die nicht mit der Bewegung eines Sternes verbunden ist, und wenn wiederum jede unveränderliche Substanz, die „in sich ihr höchstes Gut erreicht hat", das heißt, die ihre eigene bewegungslose Vollkommenheit erreicht hat, als das Ziel einer Bewegung betrachtet werden muß, dann wird es keine unveränderliche und immaterielle Natur geben außer den Substanzen, die das Ziel der Himmelsbewegung bilden. Die Zahl der einzelnen Substanzen entspricht also notwendig der Zahl der Himmelsbewegungen.

Doch ist die erste dieser Annahmen nicht notwendig, nämlich daß jede immaterielle und unveränderliche Substanz das Ziel einer Himmelsbewegung sei. Denn man kann sagen, daß es einzelne Substanzen gibt, die zu hoch sind, um sie Himmelsbewegungen als ihr Ziel zuzuordnen. Und das ist nicht einmal eine absurde Spekulation. Denn immaterielle Substanzen existieren nicht wegen materieller Dinge, sondern eher umgekehrt.

Dann weist er die zweite Spekulation zurück, die die oben genannte Folgerung schwächen könnte. Denn man könnte sagen, es gäbe viel mehr Himmelsbewegungen als gezählt worden seien. Diese könnten jedoch nicht wahrgenommen werden, weil sie für die Bewegungen der einzelnen Himmelskörper, die man mit den Sinnen wahrnehmen kann und die wir Sterne nennen, keinen Unterschied machen.

Um dies zu widerlegen, hat er bereits entsprechend gesagt, daß es keine Himmelsbewegung geben könne, die nicht mit der Bewegung eines Sternes verknüpft ist. Er sagt damit, daß es keine anderen Himmelsbewegungen geben könne als solche, die Einfluß auf die Gestirnsbewegungen nehmen, entweder die besprochenen Bewegungen oder andere, entweder die gleichen an Zahl oder mehr oder weniger.

Das kann man von den bewegten Körpern her als einen wahrscheinlichen Schluß ansehen. Denn wenn jedes Bewegende um etwas Bewegten willen existiert und jede Bewegung zu etwas Bewegtem gehört, dann kann es keine Bewegung geben, die nur für sich selbst und um einer anderen Bewegung willen existiert, sondern alle Bewegungen müssen wegen der Sterne da sein. Denn wenn eine Bewegung nur wegen einer anderen existiert, dann muß wiederum diese Bewegung aus dem gleichen Grund für noch eine andere existieren. Da aber ein infiniter Regreß unmöglich ist, folgt daraus, daß das Ziel jeder Bewegung einer der Himmelskörper sein muß, die als die Sterne bewegt werden. Deshalb kann es keine Himmelsbewegung geben, deren Ergebnis nicht als Gestirnsbewegung wahrnehmbar wäre.

Dann weist er eine dritte Spekulation zurück, die die oben genannte Folgerung schwächen könnte. Denn es könnte jemand sagen, es gäbe viele Welten, und in jeder derselben gäbe es so viele Sphären und Bewegungen wie in unserer oder sogar mehr, und deshalb sei es nötig, viele immaterielle Substanzen zu postulieren.

Er widerlegt diese Position, indem er sagt, daß es offenbar nur einen Himmel gebe. Gäbe es zahlenmäßig viele der gleichen Art davon, so viele es Menschen gibt, so müßte das gleiche auch vom ersten Prinzip jedes Himmels gesagt werden, welches das unbewegte Bewegende ist, wie gesagt wurde. Dann müßte es viele erste Prinzipien geben, von der Art her eines und viele an der Zahl.

Das ist aber unmöglich, weil alle Dinge, die von gleicher Art und vielzählig sind, Materie enthalten. Denn sie unterscheiden sich nicht in ihrer geistigen Struktur oder Form, weil alle Individuen die gleiche geistige Struktur haben, zum Beispiel Menschen. Daraus folgt, daß sie sich nur durch ihre Materie unterscheiden lassen. Sokrates ist also nicht nur seiner geistigen Struktur nach als ein Mensch einer, sondern auch der Zahl nach.

Das erste Prinzip aber, „da es eine Quiddität ist“, das heißt, da es ein eigenes Wesen und geistige Struktur hat, enthält keine Materie, weil seine Substanz „reines Sein“ ist, das heißt, Aktualität, während Materie Potentialität ist. Es bleibt also, daß das erste unbewegte Bewegende nicht nur der Zahl nach eines ist. Die erste ewige Bewegung, die von ihm hervorgerufen wird, muß also einzigartig sein. Daraus folgt, daß es nur einen Himmel gibt.

Aristoteles zeigt dann, in welchem Verhältnis die gefundenen Feststellungen über die immateriellen Substanzen zu den überlieferten und den gängigen Meinungen stehen. Er sagt, daß gewisse Traditionen bezüglich der einzelnen Substanzen von den alten Philosophen weitergegeben worden seien und der Nachwelt in Form von Mythen hinterlassen wurden. Die Substanzen seien als Götter dargestellt worden, und es wurde gezeigt, daß das Göttliche die gesamte Natur umfaßt. Das folgt aus den oben genannten Punkten, sofern alle immateriellen Substanzen Götter genannt werden. Wird aber nur das erste Prinzip als Gott bezeichnet, gibt es nur einen Gott, wie aus dem Gesagten deutlich wird. Der Rest der Überlieferung wird in Form von Mythen vorgestellt, um die Masse zu überzeugen, die rein Geistiges nicht begreifen kann, und insofern es angebracht zum Erlaß von Gesetzen und zum Wohl der Gesellschaft war, daß die Mehrheit durch solche Erfindungen dazu überredet wurde, tugendhafte Handlungen anzustreben und böse zu meiden. Er erklärt den mythologischen Teil der Tradition, indem er hinzufügt, daß man gesagt habe, die Götter hätten menschliche oder andere tierische Gestalt. Denn man machte sich Geschichten zurecht, daß manche Menschen, wie auch andere Tiere, in Götter verwandelt wurden; und sie fügten bestimmte Aussagen hinzu, die daraus folgten und andere ähnliche, die soeben erwähnt wurden. Wenn man nun von diesen Überlieferungen nur die oben zuerst genannte akzeptiert, nämlich daß die Götter immaterielle Substanzen seien, so wird das als eine theologische Feststellung betrachtet, die wahrscheinlich richtig ist. Das ist so, weil jede Kunst und jede Philosophie aus menschlicher Kraft vielmals entdeckt worden ist und wieder verlorenging, sei es durch Kriege, die das Studium verhindern, oder durch Überschwemmungen oder andere ähnliche Katastrophen.

Aristoteles mußte diese Sichtweise auch beibehalten, um die Ewigkeit der Welt zu retten. Denn es war offenkundig, daß die Menschen irgendwann begannen, zu philosophieren und die Künste zu entdecken; und es wäre absurd anzunehmen, die Menschheit sollte eine unendliche Zeit lang ohne diese auskommen. Deshalb sagt er, daß die Philosophie und die verschiedenen Künste oft entdeckt und wieder verloren wurden, und daß die Meinungen jener alten Denker als Relikte bis auf den heutigen Tag erhalten geblieben sind.

Bibliographie

Im folgenden werden die in den Quellenangaben verwendeten Werkbezeichnungen (mit dem wahrscheinlichsten Datum der Erstellung), sowie die zum Textvergleich herangezogenen lateinischen und deutschen Ausgaben, aufgelistet:

Compendium theologiae, Grundriß der Glaubenslehre (1269-73)
- deutsch-lateinisch, Übers. Hans Louis Fäh, Hrsg. Rudolf Tannhof, Heidelberg 1963

De veritate, Quaestiones disputatae de veritate (1256-59)
- nur dt.: Des Hl.Thomas von Aquino Untersuchungen über die Wahrheit (Quaestiones disputatae de veritate), Übers. Edith Stein, Freiburg 1952, 2 Bd.

Kommentar zum Johannesevangelium, Super Evangelium S.Joannis Lectura (1269-72)
- Caput I, Lectio I-XI nach lat. Text und dt.Übers. von Wolf-Ulrich Klünker, Der Prolog des Johannes-Evangeliums, Stuttgart 1986, nach dem latein. Text der Ausgabe des Marietti-Verlages, Rom 1952.

Kommentar zum Philipperbrief, In omnes epistolas S. Pauli, ad Philippenses (1259-65; 1272-73)
- lat. Ausgabe: S.Thomae Aquinatis doctoris angelici, In omnes S.Pauli apostoli epistolas commentaria, Taurini 1929, Vol.2

Kommentar zum Römerbrief, In omnes epistolas S. Pauli, ad Romanos (1259-65; 1272-73)
- lat. Ausgabe: S.Thomae Aquinatis doctoris angelici, In omnes S.Pauli apostoli epistolas commentaria, Taurini 1929, Vol. 1
- dt. Übers.: Des heiligen Thomas von Aquin Kommentar zum Römerbrief, Übers. Helmut Fahsel, Freiburg 1927

Summa contra gentiles (1259-64)
- lat.-dt. Ausgabe: Thomae Aquinatis summae contra gentiles libri quattuor, Summe gegen die Heiden, Hrsg. u. Übers. Karl Albert u. Paulus Engelhardt, Darmstadt 1974 f, 3 Bde. bis III.83 ab III.84 und IV. Band: Die Summe wider die Heiden, in vier Büchern, dt. Übers.: Hans Nachod u. Paul Stern, Leipzig 1937. (Diese Übersetzung ist in so katastrophalem Deutsch geschrieben, daß sie sich höchstens zu vorsichtigem Vergleich eignet.)
(Die Seitenangaben im Quellenverzeichnis beziehen sich auf diese beiden Ausgaben, bis III.83 auf die erste, danach auf die zweite.)

Summa theologica (1266-73)
- Die deutsche Thomas-Ausgabe. Vollständige, ungekürzte deutsch-lateinische Ausgabe der Summa theologica, übersetzt von Dominikanern und Benediktinern Deutschlands und Österreichs, Graz, Wien, Köln 1982, in 36 Bänden.

Nicht verglichen werden konnten I q.27-43 u.65-74, II,1 q.1-21 u.49-89, II,2 q.17-34 u.80-100 u.151-170, die jeweils mit * markiert sind. Die *-Markierungen der übrigen Questiones bedeuten, daß die betreffende Stelle nach den Angaben nicht gefunden werden konnte.

Über die Herrschaft der Fürsten (De regimine principum) (1265-67)
- deutsche Übers.: Friedrich Schreyvogl u. Ulrich Matz, Stuttgart 1971

sonstige, nur aus dem Englischen zitierte Werke (Nennung in Fußnoten kursiv):
Antrittsrede (1256)
Brief an den Erzbischof von Palermo (1261-62?)
Contra impugnantes Dei cultum et religionem (Gegen jene, die den Kult und die Religion angreifen) (1256)
De anima (Über die Seele) (1270)
De caritate (Über die Liebe) (1269-72)
De caelo et mundo (Über Himmel und Erde) (1272-73)
De ente et essentia (Über Sein und Wesen) (1252-56)
De malo (Über das Böse) (1266-67)
De perfectione vitae spiritualis (Über die Vollkommenheit des geistlichen Lebens) (1269)
De potentia (Über die Macht) (1265-66)
De spe (Über die Hoffnung) (1269-72)

De substantiis separatis (Über die Einzelsubstanzen) (1271-73)
De unione verbi incarnati (Über die Einheit des inkarnierten Wortes) (1272)
De virtutibus (Über die Tugenden) (1269-72)
In Decretalem I. Expositio ad Archdiaconum Tridentium (Erstes Dekret. Brief an den Erzdiakon von Trient)
In Decretalem II. Expositio ad Archdiaconum Tridentium de errore Abbatis Joachim contra Magistrum Petrum Lombardum (Zweites Dekret. Brief an den Erzdiakon von Trient über den Irrtum des Abtes Joachim in seiner Polemik gegen Peter Lombard)
Jesajakommentar (1256-57?)
Jeremia-Kommentar (1268?)
Kommentar zu Aristoteles' De anima (1269-70)
Kommentar zu Aristoteles' Ethik (1271)
Kommentar zu Aristoteles' Metaphysik (1269-72)
Kommentar zu Aristoteles' Politik (1269-72)
Kommentar zu Boethius' De Hebdomadibus (1256-59)
Kommentar zu Boethius' De Trinitate (1258-59)
Kommentar zu Dionysius' De divinis nominibus (1261?)
Kommentar zum Epheserbrief (1259-65; 1272-73)
Kommentar zum Hebräerbrief (1259-65; 1272-73)
Kommentar zum Buch Hiob (1261)
Kommentar zu den Klageliedern (1268?)
Kommentar zum Kolosserbrief (1259-65; 1272-73)
Kommentar zum Korintherbrief (1259-65; 1272-73)
Kommentar zum Matthäusevangelium (1256-59)
Kommentar zu Peter Lombards Buch der Sentenzen (1252-56)
Kommentar zu Proclus' De causis (1271-72)
Kommentar zum Thessalonicherbrief (1259-65; 1272-73)
Kommentar zum Timotheusbrief (1259-65; 1272-73)
Kurze Predigten zu Fronleichnam (1264)
Predigt zur Apostelgeschichte (1273)
Predigt über die zwei Liebesgebote und die zehn Gesetzesgebote (1273)
Predigt zum Vaterunser (1273)
Psalmenkommentar (1273)
Questiones de virtutibus cardinalibus (Fragen zu den Kardinaltugenden) (1269-72)
Questiones quodlibetales (Fragen zu beliebigen Themen) (1271)
Über die Geistwesen (1267-68)